LOIS, DÉCRETS,

ORDONNANCES, RÉGLEMENS,

AVIS DU CONSEIL-D'ÉTAT.

TOME VINGT-SIXIÈME.

DE L'IMPRIMERIE DE A. GUYOT,

IMPRIMEUR DU ROI, DE LA MAISON D'ORLÉANS,

ET DE L'ORDRE DES AVOCATS AUX CONSEILS ET A LA COUR DE CASSATION,

Rue Neuve-des-Petits-Champs, N° 37.

COLLECTION COMPLETE

DES

LOIS,

Décrets, Ordonnances, Réglemens,

AVIS DU CONSEIL-D'ÉTAT,

PUBLIÉE SUR LES ÉDITIONS OFFICIELLES DU LOUVRE ; DE L'IMPRIMERIE NATIONALE,
PAR BAUDOUIN ; ET DU BULLETIN DES LOIS ;

(Depuis 1788, par ordre chronologique),

Avec un choix d'*Actes inédits*, d'*Instructions ministérielles*, et des Notes sur chaque Loi,
indiquant : 1° les Lois analogues; 2° les *Décisions* et *Arrêts* des Tribunaux et du Conseil-
d'État; 3° les *Discussions* rapportées au Moniteur ;

SUIVIE D'UNE TABLE ANALYTIQUE ET RAISONNÉE DES MATIÈRES,

PAR J. B. DUVERGIER,

Avocat à la Cour royale de Paris.

TOME VINGT-SIXIÈME.

Deuxième Édition.

PARIS,

CHEZ A. GUYOT ET SCRIBE, LIBRAIRES-ÉDITEURS,

RUE NEUVE-DES-PETITS-CHAMPS, N° 37.

1833.

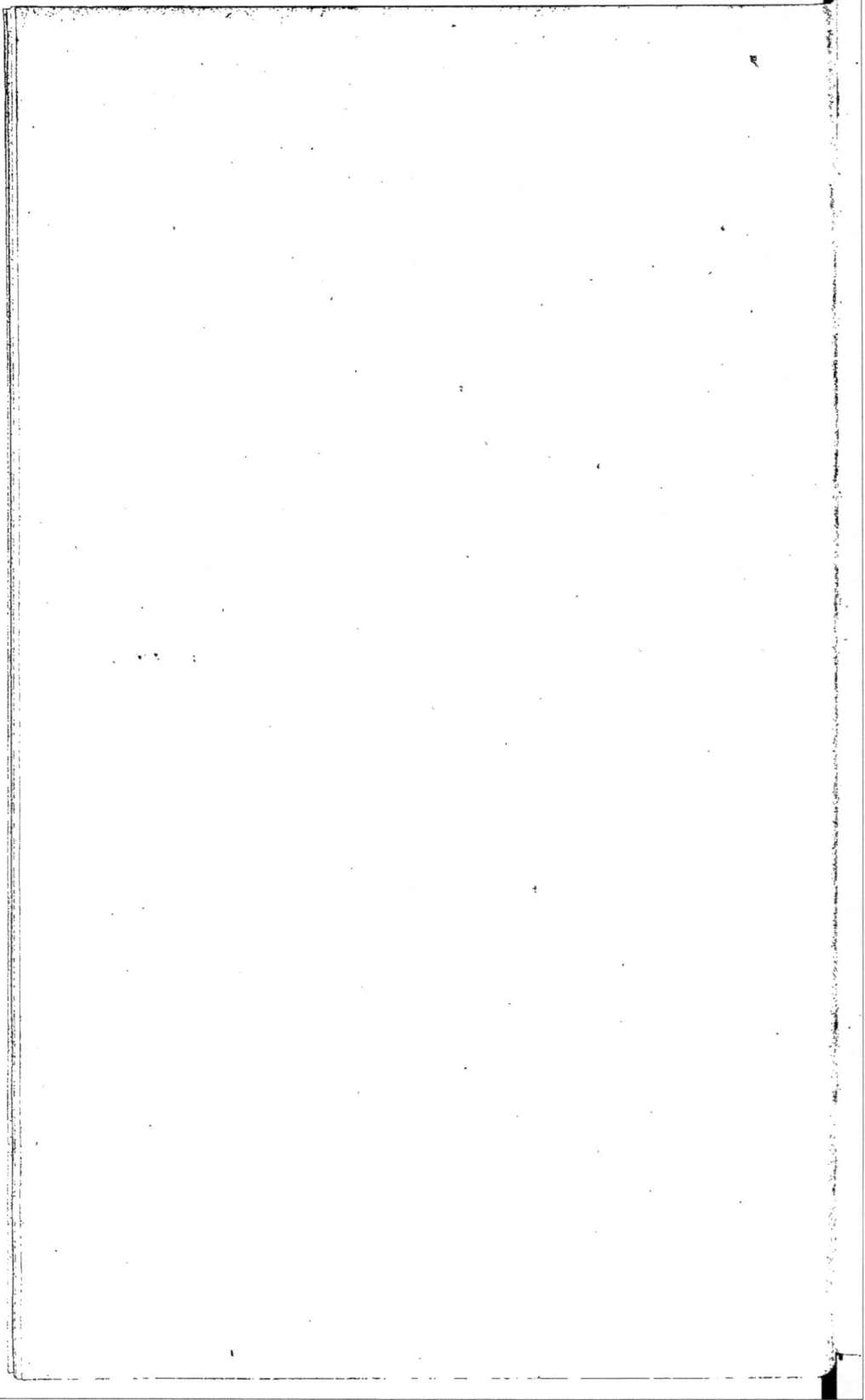

COLLECTION COMPLÈTE

DES

LOIS, DÉCRETS,

ORDONNANCES, RÉGLEMENS,

ET

AVIS DU CONSEIL-D'ÉTAT,

DEPUIS 1788 JUSQU'A 1830.

─────────────────────

MONARCHIE CONSTITUTIONNELLE.—CHARLES X.

─────

2 JANVIER 1826 ⹃ Pr. 25 NOVEMBRE 1831. — Ordonnance du Roi (Charles X) sur le gouvernement civil et militaire de la Martinique. (8, Bull. O. 24, n° 440.)

Charles, etc.

Notre intention étant de faire jouir au plus tôt la colonie de la Martinique des avantages que doit procurer aux habitan de nos possessions d'outre-mer le nouveau système de gouvernement adopté pour l'île de Bourbon par l'ordonnance royale du 24 août dernier (1), et voulant faire coïncider la mise en vigueur de cette ordonnance avec l'époque très prochaine de l'entrée en fonctions du sieur comte de Bouillé, que nous venons de nommer gouverneur de la Martinique;

Sur le rapport du ministre secrétaire-d'État de la marine,

Nous avons ordonné et ordonnons ce qui suit :

Art. 1er. Aussitôt après l'installation du sieur comte de Bouillé dans l'exercice de ses fonctions, l'ordonnance royale du 24 août 1825, concernant le gouvernement de l'île Bourbon, sera mise en vigueur à la Martinique, sous les modifications portées aux articles ci-après.

2. L'emploi de commandant militaire qui existe à la Martinique est maintenu. Le commandant militaire sera choisi parmi les officiers supérieurs de l'armée de terre, et ne pourra être d'un grade inférieur à celui de colonel.

Le commandant militaire sera membre du conseil privé, du conseil de défense et de la commission locale des prises.

─────

(1) Voy. cette ordonnance, et le rapport au Roi qui la précède.

Au surplus, une ordonnance postérieure et en date du 9 février 1827, a réglé le mode de gouvernement de la Martinique et de la Guadeloupe; ainsi la présente ordonnance du 2 janvier 1826 est abrogée.

Voy. l'art. 210 de l'ordonnance du 9 février 1827.

26

1

En cas de mort, d'absence ou autre empêchement, et lorsque nous n'y aurons pas pourvu d'avance, le gouverneur de la Martinique sera remplacé provisoirement par le commandant militaire, et, à défaut de celui-ci, par le commissaire ordonnateur.

Le commandant militaire prendra rang dans les conseils, comme dans les cérémonies publiques, immédiatement après le gouverneur.

Lorsque le gouverneur n'assiste pas au conseil privé, la présidence appartient au commandant militaire, et à défaut de celui-ci, au commissaire ordonnateur.

Le commandant militaire est adjudant-commandant des milices de la colonie; il exerce d'ailleurs, en ce qui concerne le service militaire, les fonctions que le gouverneur juge convenable de lui déléguer.

3. Il y aura à la Martinique trois conseillers coloniaux et deux suppléans : la durée de leurs fonctions sera de deux ans; ils pourront être réélus.

4. Pour la première nomination du conseil général de la Martinique, la liste des candidats sera formée sur la présentation des commandans et capitaines des milices, réunis aux commissaires-commandans et aux lieutenans-commandans des divers quartiers.

5. Les articles 190, 191, 192 et 193, titre VII de l'ordonnance du 21 août 1825, qui sont relatifs aux dépendances de l'île de Bourbon, ne seront point appliqués à la Martinique.

Notre ministre de la marine déterminera provisoirement les modifications que devront subir, dans leur application à la Martinique, les dispositions de détail de la même ordonnance, et notamment celles qui se rapportent spécialement aux localités de l'île Bourbon; il nous présentera d'ailleurs, dans le plus bref délai possible, un projet d'ordonnance royale ayant pour objet de régler définitivement ce qui concerne le gouvernement de la colonie de la Martinique.

6. Notre ministre secrétaire-d'État de la marine (comte Chabrol) est chargé de l'exécution de la présente ordonnance.

———

2 = Pr. 25 JANVIER 1826. — Ordonnance du Roi portant autorisation, conformément aux statuts y annexés, de la société anonyme formée à Paris, sous le titre de Compagnie des salines et mines de sel de l'Est. (8, Bull. 73 *bis*, n° 1.)

Charles, etc.

Sur le rapport de notre ministre secrétaire-d'État au département de l'intérieur;

Vu les articles 29 à 37, 40 et 45 du Code de commerce;

Notre Conseil-d'État entendu,

Nous avons ordonné et ordonnons ce qui suit :

Art. 1er. La société anonyme formée à Paris sous le titre de *Compagnie des salines et mines de sel de l'Est* est autorisée. Ses statuts, ainsi qu'ils sont contenus dans l'acte passé le 28 décembre 1825, par-devant Chodron et son collègue, notaires à Paris, sont approuvés, et demeureront annexés à la présente ordonnance.

2. Les fonctions de commissaire du Gouvernement auprès de la société anonyme seront remplies par le commissaire général près de la régie intéressée, instituée par l'article 4 de notre ordonnance du 15 septembre : en cette qualité, il veillera à l'observation des statuts, et pourra suspendre, jusqu'à décision compétente, l'exécution des délibérations qui y seraient contraires en cette partie; il rendra compte à notre ministre secrétaire-d'État de l'intérieur.

3. Nous nous réservons de révoquer la présente autorisation en cas de violation ou de non exécution des statuts, sans préjudice des dommages-intérêts des tiers.

4. La société sera tenue de remettre, tous les six mois, une copie de son état de situation au préfet du département de la Seine, au greffe du tribunal de commerce et à la chambre de commerce de Paris; pareille copie sera transmise à notre ministre de l'intérieur.

5. Notre ministre secrétaire-d'État de l'intérieur est chargé de l'exécution de la présente ordonnance, qui sera publiée au Bulletin des Lois, insérée au *Moniteur*, et dans un des journaux consacrés aux annonces judiciaires, tant du département de la Seine que de chacun de ceux où sont situées les exploitations de la compagnie.

———

Par-devant Me Claude-François Chodron et son collègue, notaires royaux à Paris, soussignés, ont comparu :

1° M. Jean-George Humann, membre de la Chambre des députés, demeurant ordinairement à Strasbourg, actuellement à Paris, logé rue Neuve-Saint-Augustin, n° 46, agissant tant en son nom personnel, qu'au nom et comme mandataire de M. Florent Saglio, propriétaire, demeurant à Strasbourg, fondé de sa procuration spéciale à l'effet des présentes, passée devant Me Rencker et son collègue, notaires en ladite ville, le 9 décembre présent mois, enregistrée, dont l'original, légalisé par M. le président du tribunal civil de Strasbourg, est demeuré joint à la minute des présentes, après avoir été de

M. Humann certifié véritable, signé et paraphé en présence des notaires soussignés;

2° M. Pierre-François Paravey, banquier à Paris, y demeurant, rue de Paradis-Poissonnière, n° 24, agissant pour sa maison de banque connue à Paris sous la raison P. F. Paravey et compagnie, dont il a la signature, patenté pour la présente année sous le n° 113;

3° M. Jacob-Frédéric Gontard, banquier à Paris, y demeurant rue Neuve-d'Artois, n° 42, patenté pour la présente année sous le n° 349;

4° M. Jean-Auguste Hermann, banquier à Francfort, y demeurant ordinairement, de présent à Paris, logé rue de Richelieu, hôtel de l'Europe, agissant ici comme associé de la maison de MM. Bethmann frères, à Francfort, dont il a la signature;

5° M. Adrien Delahante, receveur général des finances du département de Saône-et-Loire, demeurant ordinairement à Mâcon, de présent à Paris, logé rue de Richelieu, hôtel des Colonies;

6° Et M. Philippe-Albert-Joseph de Saulty, receveur général des finances du département de Seine-et-Oise, demeurant à Paris, rue des Moulins, n° 19;

MM. Delahante et de Saulty, agissant ici comme représentant le syndicat de MM. les receveurs généraux des finances, créé par arrêté de son excellence le ministre des finances, en date du 15 juin dernier:

Lesquels ont dit que, s'étant rendus adjudicataires du bail des salines de l'Est, de la mine de sel gemme à Vic, et celles qui pourraient être découvertes dans les départemens de la Meurthe, de la Moselle, de la Meuse, des Vosges, du Haut et du Bas-Rhin, du Doubs, de la Haute-Saône, du Jura et de la Haute-Marne, et désirant se former en société anonyme pour l'exploitation des objets du bail et des fabrications accessoires, ils vont procéder à l'établissement de cette compagnie, dont ils fixent les statuts ainsi qu'il suit:

TITRE Ier. Fondation et but de la société.

Art. 1er La société se constitue sous le titre de compagnie des salines et mines de sel de l'Est.

2. Elle se propose d'exploiter, en communauté d'intérêts avec l'État, les salines de Dieuze et de Moyenvic, département de la Meurthe, d'Arc, département du Doubs, de Salins et de Montmorot, département du Jura, la mine de sel gemme à Vic, celles qui pourront être découvertes dans les dix départemens ci-dessus dénommés, les fabriques de soude et autres produits chimiques déjà

existans dans ces établissemens, et celles qu'elle pourra créer par la suite.

Elle traitera aussi de la fourniture du sel, tant à l'intérieur qu'à l'étranger, et exécutera les marchés conclus par la compagnie à laquelle elle succède.

3. Le siége de la société est établi à Paris.

4. L'association se forme pour toute la durée du bail, c'est-à-dire pour *quatre-vingt-dix-neuf ans*, à dater du 1er janvier 1826.

TITRE II. Du fonds social.

5. Le capital de la société est fixé à *dix millions de francs*, divisés en deux mille actions de cinq mille francs chacune.

6. Ces deux mille actions composeront dix séries, marquées de A à K, chacune de deux cents actions, numérotées de un à deux cents.

7. Pour la première formation, les actions seront réparties entre les adjudicataires, ainsi qu'il suit, savoir:

8. Chacun des adjudicataires ci-dessus dénommés prendra les actions qui lui reviennent en nombre égal, en tant que possible dans chaque série.

9. Le fonds social se composera:

1° Des cent mille francs de rente, trois pour cent, déjà déposés à la caisse des consignations, à titre de cautionnement, et qui sont comptés, au cours de soixante-quinze, pour deux millions cinq cent mille francs. Les actionnaires verseront cette somme pour le compte des adjudicataires, qui en ont fait l'avance entre les mains de MM. Paravey et compagnie, banquiers à Paris, le 1er janvier prochain, à raison de douze cent cinquante francs par action;

2° De sept millions cinq cent mille francs qui seront versés à la caisse du Trésor royal, savoir:

Cinq millions, soit deux mille cinq cents francs par action, le 25 mars 1826, et deux millions cinq cent mille francs, soit douze cent cinquante francs par action, le 25 juin de la même année.

Ces versemens au trésor serviront jusqu'à concurrence à acquitter les obligations imposées à la compagnie par le traité de régie. Elle restera créditée du surplus pour en disposer à mesure des besoins de son service courant.

TITRE III. Des actions.

10. Les actions sont indivisibles et nominatives. La compagnie ne reconnaît point de fractions d'actions.

11. Les titres sont extraits d'un registre à souche; ils indiquent la série et un numéro d'ordre; ils portent la signature de l'agent principal et du caissier central, et le *visa* du président du comité d'administration.

12. Les actions sont stipulées à ordre, et seront transmissibles par endossement : cet endossement, ou tout autre titre translatif, fait passer à l'acquéreur ou à l'ayant-droit la propriété de l'action ou des actions; mais le transfert n'aura d'effet envers la compagnie, et le nouveau propriétaire ne pourra exercer le droit d'actionnaire qu'après que l'endossement ou le titre de transmission aura été visé au comité d'administration, et transcrit sur un registre tenu à cet effet.

13. En cas de mort de l'un des actionnaires, sa personne se continue dans celle de ses héritiers, lesquels sont tenus de désigner celui d'entre eux qui, durant l'indivision de l'héritage, devra représenter l'actionnaire décédé.

14. Les héritiers ou ayans-cause d'un actionnaire ne pourront, dans aucun cas ou sous aucun prétexte que ce soit, faire apposer aucun scellé, former aucune opposition, exiger aucun inventaire extraordinaire, ni provoquer aucune licitation.

Ils devront s'en tenir uniquement aux inventaire et bilan annuels, et se contenter des intérêts et dividendes qui seront réglés conformément aux dispositions des présens statuts.

15. La transmission d'une action emporte toujours, à l'égard de la société, la cession des intérêts et des dividendes de l'année courante.

16. La qualité d'actionnaire, de quelque manière qu'elle soit acquise, emporte, pour ceux auxquels elle appartient et pour leurs ayans-cause, élection de domicile attributif de juridiction pour tout ce qui concerne la société au siége de l'administration centrale à Paris.

Titre IV. Organisation.

17. La société est représentée, dans les différens cas ci-après prévus, par l'assemblée générale des actionnaires et par un comité d'administration.

Titre V. De l'assemblée générale.

18. L'assemblée générale se compose de la réunion de tous les actionnaires.

19. Les voix y seront comptées par action, et chaque action donne droit à une voix.

Les actionnaires absens ou empêchés pourront s'y faire représenter en vertu d'une procuration spéciale. Nul ne peut être fondé de pouvoir, s'il n'est actionnaire lui-même.

20. Aucun actionnaire, quel que soit le nombre des actions qu'il possède ou qu'il se trouvera représenter, ne pourra avoir plus de dix voix à l'assemblée générale.

21. Les résolutions y seront prises à la majorité des voix présentes.

L'assemblée générale ne peut pas délibérer, si au moins la moitié, plus une des actions n'y est représentée par leurs propriétaires ou par des fondés de pouvoirs.

Cependant si une première assemblée restait sans résultat, faute d'un nombre suffisant de membres présens, il en sera convoqué une seconde, à quinze jours d'intervalle, dans les formes ci-après prescrites ; et cette seconde assemblée pourra délibérer, quel que soit le nombre des actions qui y seront représentées.

22. Les assemblées générales se tiendront en présence du commissaire général des salines, ou lui dûment appelé.

23. Elles auront lieu à Paris.

Le président du comité d'administration présidera l'assemblée ; les fonctions de secrétaire seront remplies par l'agent principal de la compagnie.

24. Les arrêtés des assemblées générales seront transcrits sur un registre, et signés par le commissaire général des salines, s'il est présent, par le président et le secrétaire.

25. Les actionnaires se réuniront, sans convocation et de plein droit, en assemblée générale, le 15 avril de chaque année, ou le lendemain, si ce jour est férié.

Des assemblées extraordinaires seront convoquées toutes les fois que le comité d'administration le jugera nécessaire, ou que le commissaire général des salines le requerra.

Dans ce cas, comme aussi dans celui prévu par l'article 21, les convocations seront faites par lettres adressées aux actionnaires, à domicile, et, en outre, par insertion dans les journaux destinés aux annonces publiques, quinze jours au moins avant le jour fixé pour la réunion.

L'avis inséré dans les journaux et la transcription de la minute des circulaires au registre de correspondance, feront preuve de la notification de leur contenu.

26. La première réunion ordinaire aura lieu au 15 avril 1827.

27. L'assemblée générale arrête définitivement dans ses réunions ordinaires les comptes annuels de la société, qui lui sont fournis par le comité d'administration, après qu'ils auront été communiqués préalablement au commissaire général des salines, vérifiés et certifiés par lui.

Cet arrêté de compte sera toujours précédé d'un rapport fait au nom du comité d'administration, et présentant les changemens, accroissemens et améliorations faits dans l'année précédente, et la situation générale de la société.

28. Il sera procédé dans ces assemblées générales au tirage au sort des séries dont les actions devront être successivement remboursées, conformément à l'article 52.

29. Les actionnaires réunis en assemblée générale procéderont, s'il y a lieu, au remplacement des administrateurs sortans, décédés, démissionnaires, ou qui ne posséderont plus le nombre d'actions nécessaire.

TITRE VI. Du comité d'administration.

30. Les affaires de la compagnie seront gérées par un comité d'administration composé de neuf membres pris parmi les actionnaires propriétaires de dix actions au moins, et nommés par l'assemblée générale à la majorité simple des voix délibérantes.

31. La durée des fonctions d'administrateurs est de trois ans; ils seront renouvelés annuellement par tiers.

Pour la première et la seconde fois, le sort désignera les sortans; plus tard, ce sera l'ancienneté.

Les administrateurs sortans seront rééligibles.

32. Si, dans le courant de l'année, un administrateur vient à décéder, s'il donne sa démission, ou s'il cesse de posséder le nombre requis d'actions, il sera provisoirement pourvu à son remplacement par les administrateurs restans; les fonctions d'un membre ainsi nommé ne dureront que jusqu'à l'assemblée générale la plus prochaine, qui procédera au remplacement définitif.

L'administrateur nommé dans les cas prévus par le présent article prendra le rang d'ancienneté de celui qu'il aura remplacé.

33. Le comité d'administration tiendra ses séances à Paris.

Il choisira dans son sein un président nommé pour une année, et rééligible tant qu'il sera administrateur.

En cas de maladie ou d'absence du président, le comité d'administration pourvoira à son remplacement provisoire.

Les fonctions de secrétaire près de ce comité seront remplies par l'agent principal de la compagnie, qui tiendra le registre de ses délibérations.

34. Le comité se réunira au moins une fois par semaine; il ne pourra délibérer si cinq de ses membres sont présens; le commissaire général des salines y sera toujours appelé.

35. Les résolutions seront prises à la majorité des voix; chaque administrateur présent n'aura qu'une voix, quel que soit le nombre des actions qu'il possède.

En cas de partage d'opinions, et si les administrateurs délibérans sont en nombre pair, la voix du président ou de celui qui le remplacera sera prépondérante.

36. Les résolutions du comité d'administration sont inscrites sur un registre et signées par les membres présens et par le commissaire général pour *visa*; celles prises en l'absence du commissaire général lui seront communiquées. Des expéditions signées par le président et contresignées par le secrétaire seront adressées à qui il appartiendra.

37. Le comité a la gestion et la direction de toutes les affaires de la société.

Il ordonne, après en avoir obtenu l'autorisation de son excellence le ministre des finances, la création de nouveaux établissemens et les constructions à faire; il fait procéder aux réparations, après avoir soumis les devis de celles entraînant une dépense de plus de trois mille francs à l'approbation de son excellence. Il correspond avec les ministres et les chefs des administrations supérieures. Il peut décider la suppression d'un établissement et en faire la remise à l'Etat.

Il ordonne les changemens et les perfectionnemens qu'il croira convenable d'introduire dans le mode d'extraction et de fabrication; il autorise ou ratifie tous traités et marchés, sous l'autorisation du ministre pour ceux dont l'approbation lui est réservée; il règle les prix de ventes dans les limites du *maximum* imposé; il surveille les recettes et toutes les parties de la comptabilité; il fait placer les fonds qui n'auront pas une destination immédiate à la caisse du Trésor royal, en ordonne le retrait au fur et à mesure des besoins, règle les budgets des divers établissemens et autorise les paiemens.

Il prononce la suppression des emplois inutiles et surabondans, et régit en général tout ce qui concerne les affaires de la compagnie, ainsi qu'il le jugera le plus conforme à l'intérêt commun de l'Etat et des actionnaires.

38. Le comité nomme tous les employés et agens de la compagnie, détermine leurs fonctions, fixe les traitemens et autres avantages, ainsi que le montant du cautionnement qu'ils devront fournir. Il peut les suspendre de leurs fonctions et les destituer; néanmoins, l'agent principal, le caissier central, l'inspecteur pour la compagnie, et les directeurs des établissemens, ne pourront être déplacés qu'avec l'assentiment de six administrateurs au moins.

39. Le comité détermine le mode de comptabilité d'après les formes qui lui sont prescrites, fait rédiger les comptes annuels, les transmet à son excellence le ministre des finances par l'intermédiaire du commissaire

général, et les présente à l'assemblée des actionnaires avec son rapport et ses propositions.

40. Les administrateurs ne recevront, pour l'exercice de leurs fonctions, que des jetons de présence et le remboursement des frais de voyage et de tournée faits dans l'intérêt de la compagnie.

41. Le comité délègue annuellement un ou plusieurs de ses membres pour faire l'inspection des établissemens.

Titre VII. Des agens et employés.

42. La compagnie aura un agent principal à Paris, qui sera chargé de la gestion des affaires de la société, sous la direction et l'autorité du comité d'administration : il dirige et signe la correspondance, à l'exception de celle réservée au comité ; il ordonne les paiemens à faire par le caissier central, d'après les bases arrêtées par le comité d'administration. Ces ordonnances de paiement seront toujours visées par le président du conseil d'administration, ou par celui qui le remplace. L'agent principal dirige le bureau central, contrôle les opérations du caissier et de la comptabilité en général ; il intente toutes actions, fait tous actes conservatoires, et représente la compagnie devant tous les tribunaux et corps administratifs.

Il fait placer les fonds disponibles à la caisse du Trésor, d'après les ordres du comité d'administration ; fait payer les intérêts et dividendes, ainsi que le montant des actions à rembourser.

Il transmet les ordres et instructions du comité aux directeurs des établissemens, en reçoit les bordereaux et états périodiques, et se fait rendre compte du roulement général de toutes les usines et exploitations.

Il fait, avec le concours du caissier central, l'inventaire général et le bilan de l'année.

43. Le caissier central est chargé de la caisse, du portefeuille, des recouvremens et du contrôle de l'ensemble de la comptabilité.

Il est responsable de la caisse et du portefeuille, et ne peut faire de paiement que sur les ordonnances délivrées par l'agent principal et visées par le président du conseil d'administration. Les traites à fournir en recouvrement de ce qui sera dû à la compagnie, et l'endossement et l'acquit des effets qui entreront dans son portefeuille, seront signés collectivement de l'agent principal et du caissier.

44. Un inspecteur pour la compagnie sera chargé de visiter les établissemens, d'examiner et de vérifier leur gestion et leur comptabilité, de surveiller les entreposeurs, de négocier les traités pour la fourniture de sels à l'étranger, et de remplir les missions spéciales qui pourront lui être données par le comité d'administration, avec lequel il correspondra par l'entremise de l'agent principal.

L'inspecteur constatera sa visite dans les établissemens par un procès-verbal de vérification de caisse qu'il consignera sur le registre.

45. Chaque établissement est dirigé par un directeur qui a sous ses ordres les employés et ouvriers attachés à l'établissement. Il est tenu d'y résider.

Il y représente la compagnie, et fait tous les actes administratifs prévus et imprévus dans les limites des pouvoirs et instructions qui lui seront donnés par le comité d'administration.

Les directeurs des établissemens sont tenus d'envoyer, tous les mois, à l'agent principal, des états de situation dans les formes qui leur seront tracées, et qui indiqueront la fabrication, les ventes et leurs produits, les achats de matières d'approvisionnement et les consommations, les recettes et dépenses de toute nature, et les restans en matières et deniers.

Ils établissent et font parvenir à l'agent principal, à la fin de chaque année, l'inventaire général de l'établissement dont la direction leur est confiée.

Ils entretiennent la correspondance avec ledit agent sur tout ce qui intéresse la prospérité de l'établissement, et lui adressent, tous les ans, au mois d'octobre, le plan raisonné des opérations de la campagne prochaine.

Ils peuvent suspendre les employés sous leurs ordres et les remplacer provisoirement, sauf à en référer sur-le-champ au comité d'administration.

46. En cas de maladie ou d'absence prolongée d'un des agens et employés supérieurs mentionnés au présent titre, le comité pourvoira à son remplacement provisoire.

Titre VIII. Du partage des bénéfices, du paiement des intérêts, du dividende et de l'amortissement.

47. Les bénéfices nets de toute origine et de toute nature produits par les opérations de la compagnie, y compris les intérêts du cautionnement, seront partagés dans la proportion déterminée par l'adjudication entre l'État et les actionnaires, savoir :

Cinquante-neuf centimes par franc, pour l'Etat ;

Et quarante-un centimes par franc, pour la compagnie.

Sera considérée comme bénéfice net à partager entre l'Etat et la compagnie, la somme restant libre après prélèvement :

1° De la somme de dix-huit cent mille francs formant le prix du bail, et stipulée invariablement au profit de l'Etat, quel que soit le résultat des opérations de la compagnie ;

2° De toutes dépenses d'exploitation, d'administration et de conservation ;

3° D'une somme de quatre cent mille francs allouée par l'Etat et par abonnement pendant toute la durée du bail, pour les intérêts annuels, au taux de quatre pour cent, du fonds social de dix millions.

48. Chaque action portera un intérêt fixe de deux cent cinquante francs par an, qui seront payés annuellement à Paris dans la seconde quinzaine du mois d'avril, et pour la première fois en l'année 1827.

Pour l'exercice 1826 seulement, il sera fait un décompte d'intérêts au taux de cinq pour cent par an, à partir des époques de versement.

49. Pour compléter le paiement des intérêts au taux de cinq pour cent, il sera prélevé annuellement, sur la portion du bénéfice net revenant aux actionnaires, une somme de cent mille francs, qui sera ajoutée à celle de quatre cent mille francs, allouée au même titre par l'Etat, ainsi qu'il a été dit en l'article 47.

50. Le bénéfice net revenant à la compagnie, et réglé ainsi qu'il l'a été dit ci-dessus, appartiendra par égale part à toutes les actions ; mais la répartition en sera limitée à un dividende de deux pour cent, aussi longtemps que les actions ne seront pas complètement remboursées. Les dividendes des bénéfices seront payés à Paris à la même époque fixée pour l'acquittement des intérêts annuels.

51. Le surplus du bénéfice net acquis à la compagnie servira à former un fonds d'amortissement pour rembourser les actions. Ce fonds d'amortissement sera annuellement augmenté des deux cent cinquante francs d'intérêts revenant à chacune des actions remboursées, qui seront prélevés comme pour les actions non remboursées.

52. Le remboursement des actions se fera par série.

La lettre indiquant la série sera tirée au sort, et les actions seront appelées au paiement par ordre de numéros, en commençant, pour la première série désignée par le sort, par les premiers numéros ; pour la seconde série, par les derniers numéros, et ainsi de suite en alternant.

Une nouvelle série ne sera tirée au sort que lorsque la précédente sera complètement remboursée.

53. L'acquittement des actions appelées au remboursement aura lieu à Paris dans les dix jours qui suivront la tenue de l'assemblée générale, dans laquelle le nombre des actions à rembourser aura été constaté.

Les intérêts de l'année entière dans laquelle une action aura été remboursée, appartiendront au fonds d'amortissement.

54. Les propriétaires d'actions remboursées continueront à participer aux dividendes des bénéfices, comme les autres actionnaires.

55. Lorsque le capital de toutes les actions sera amorti, la totalité des bénéfices nets revenant à la compagnie, y compris les quatre cent mille francs qui lui sont alloués pour l'intérêt annuel de la mise de fonds, sera annuellement distribuée entre les actionnaires, et chaque action y participera pour un deux-millième.

Chaque action conserve, en outre, le droit de participer proportionnellement pour sa part, au produit de la liquidation qui aura lieu à l'expiration du terme fixé pour la durée de la société.

56. Il ne sera fait aucune répartition de bénéfices aux actionnaires, si, par suite des opérations des années précédentes, la compagnie se trouvait en perte.

TITRE IX. De la liquidation.

57. Au terme de la société, il sera procédé à la liquidation de l'actif et du passif de la compagnie. Cette liquidation se fera par l'agent principal, sous la direction du comité d'administration.

TITRE X. Dispositions transitoires.

58. Pendant cinq ans à dater du 1er janvier 1826, le comité d'administration est composé de

MM. Jean-George Humann, membre de la Chambre des députés ;
P. F. Paravey, banquier ;
Florent Saglio, propriétaire ;
Ehrmann, associé de la maison Bethmann frères, à Francfort ;
Jacob-Frédéric Gontard, banquier ;
Reiset, receveur-général des finances et membre du syndicat ;
De Saint-Albin, *idem* ;
De Saulty, député, *idem* ;
Dominique André, banquier.

59. Toutes les difficultés qui pourraient s'élever entre la société et les actionnaires ou ayans-droit de ceux-ci relativement aux affaires de la société seront soumises à la décision de deux arbitres nommés par les parties respectives.

A défaut par l'une des parties de nommer son arbitre dans les trois jours de la sommation qui lui aura été faite, il sera nommé d'office par le tribunal de commerce de Paris.

En cas de partage d'avis, les arbitres sont autorisés à choisir eux-mêmes un sur-arbitre ; et, dans le cas où ils ne s'accorderaient pas sur le choix du sur-arbitre, il serait nommé par le tribunal de commerce de Paris.

Ces arbitres et sur-arbitre sont dispensés de l'observation des délais et des formes établis pour les tribunaux. Les parties seront tenues de s'en rapporter à la décision arbitrale comme à un jugement en dernier ressort, sans pouvoir en appeler ni se pourvoir en cassation.

60. Les cinquante-neuf articles qui précèdent formeront les statuts fondamentaux de la société, et le seul fait de l'inscription au registre des actions et des mutations emportera l'adhésion de celui qui sera devenu actionnaire.

61. Ces statuts seront soumis à l'approbation de sa majesté.

Pour l'exécution des présentes, les parties intéressées font élection de domicile à Paris, en la demeure de M. Paravey, banquier, rue de Paradis-Poissonnière, n° 21.

Fait et passé à Paris, ès demeures respectives des parties, le 28 décembre 1825, et ont signé avec les notaires, après lecture faite

2 = Pr. 11 JANVIER 1826. — Ordonnance du Roi qui appelle soixante mille hommes sur la classe de 1825, et fixe leur répartition entre les départemens du royaume, conformément au tableau y annexé. (8, Bull. 71r, n° 2455.)

4 JANVIER 1826. — Lettres-patentes relatives à l'érection d'un majorat en faveur de M. Stanislas de Gramont. (8, Bull. 72, n° 2470.)

6 JANVIER 1826. — Ordonnances du Roi qui autorisent l'acceptation de dons et legs faits aux évêchés de Rennes et d'Angers, à des presbytères et à des fabriques. (8, Bull. 141, n°s 4848 à 4873.)

9 JANVIER 1826. — Ordonnances du Roi qui autorisent l'acceptation de dons et legs faits à des hospices et à des pauvres. (8, Bull. 77, n°s 2679 à 2701.)

9 JANVIER 1826. — Ordonnance du Roi portant concession au sieur Berthier des mines d'antimoine d'Ouche (Cantal). (8, Bull. 77. n° 2704.)

6 JANVIER 1826. — Ordonnance du Roi qui autorise le sieur Dugnolle à établir une verrerie à Fresnes (Nord). (8, Bull. 77, n° 2705.)

6 JANVIER 1826. — Ordonnance du Roi qui autorise le sieur Tournier à établir une taillanderie à Renage (Isère). (8, Bull. 77, n° 2706.)

6 JANVIER 1826. — Ordonnance du Roi qui autorise le sieur Burand à convertir l'ancienne forerie de Gonds en une usine à battre le fer, commune de Lhoumeau (Charente). (8, Bull. 77, n° 2707.)

9 JANVIER 1826. — Lettres-patentes qui attachent le titre de comte au majorat précédemment institué sous le titre de baron en faveur de M. Certain. (8, Bull. 72, n° 2470.)

11 JANVIER = Pr. 15 AVRIL 1826. — Ordonnance du Roi portant approbation, conformément aux statuts y annexés, de la société anonyme formée à Paris sous le titre de Compagnie des hauts-fourneaux de Pontkalleucq. (8, Bull. 84 bis, n° 1.)

Charles, etc.

Sur le rapport de notre ministre secrétaire-d'Etat au département de l'intérieur ;

Vu les articles 29 à 37, 40 et 45 du Code de commerce ;

Notre conseil-d'Etat entendu,

Nous avons ordonné et ordonnons ce qui suit :

Art. 1er. La société anonyme formée à Paris sous le titre de Compagnie des hauts-fourneaux et forges de Pontkallecq, est approuvée.

Ses statuts, contenus dans l'acte passé, le 2 janvier 1826, par-devant Jacques Beaudenon-Delamaze et son collègue, notaires à Paris, sont autorisés, et demeureront annexés à la présente ordonnance.

2. Nous nous réservons de révoquer la présente autorisation en cas de violation ou de non exécution des statuts, sans préjudice des dommages-intérêts des tiers.

3. La société sera tenue de remettre, tous les six mois, une copie de son état de situation au greffe du tribunal de commerce et à la chambre de commerce de Paris ; aux préfets des départemens de la Seine et du Morbihan ; pareille copie sera adressée à notre ministre de l'intérieur.

4. Notre ministre secrétaire-d'Etat au département de l'intérieur est chargé de l'exécution de la présente ordonnance, qui sera

publiée au Bulletin des Lois, et insérée au Moniteur, ainsi que dans un des journaux consacrés aux annonces judiciaires dans chacun des départemens de la Seine et du Morbihan.

Copie de l'acte de société, du 2 janvier 1826.

Par-devant Me Jacques Beaudenon-Delamaze et son collègue, notaires à Paris, soussignés, furent présens :

MM. Armand-Auguste-Corentin, marquis de Malestroit de Bruc, colonel au corps royal d'état-major, officier de l'ordre royal de la Légion-d'Honneur, demeurant à Paris, rue de Tournon, n° 4 ;

Désiré-Emmanuel-Délie-Louis-Michel-Timoléon de Cossé comte de Brissac, lieutenant-colonel, chevalier d'honneur de son altesse royale Madame, aide-de-camp de monseigneur le duc de Bordeaux, officier de l'ordre royal de la Légion-d'Honneur, demeurant à Paris, rue Saint-Guillaume, n° 18, faubourg Saint-Germain ;

Félix Worms de Romilly, banquier, demeurant à Paris, rue Cadet, n° 9,

Agissant en son nom personnel, et au nom et comme ayant charge et pouvoir, ainsi qu'il le déclare, de M. Léopold Lefebvre, négociant, demeurant à Tournay en Belgique ;

Les comparans procédant au nom et comme administrateurs de la société anonyme établie, sauf l'approbation du Gouvernement, sous la dénomination *des hauts-fourneaux et forges de Pontkallecq*, par acte passé devant Me Delamaze, l'un des notaires soussignés, et son confrère, les 13 et 14 septembre 1825, enregistré, et nommés à cette qualité par acte du 17 du même mois de septembre dernier, étant en suite dudit traité de société, et autorisés aux effets ci-après par l'article 13 et dernier de même traité ;

Lesquels, voulant coordonner toutes les dispositions de l'acte de société des 13 et 14 septembre dernier avec ce qui est demandé par l'autorité pour en donner l'homologation, et considérant qu'il sera infiniment plus simple de présenter ici l'ensemble de toutes les conventions que de faire un nouvel acte supplémentaire qui rendrait l'examen de l'ensemble plus long, plus compliqué et plus difficile, ont résumé ainsi qu'il suit toutes les conventions et conditions du traité de société qui régira la compagnie des hauts-fourneaux et forges de Pontkallecq, et ce, tant en conséquence des bases posées dans le premier traité que des observations qui ont été faites sur ce même traité par l'autorité, ce qui, du reste, n'altérera en rien aucune des conventions essentielles portées au traité de société des 13 et 14 septembre dernier ;

Et préalablement, M. le marquis de Malestroit de Bruc réitère, en tant que de besoin, la promesse qu'il a faite par l'acte des 13 et 14, de vendre à la société anonyme, aussitôt que le Gouvernement aura approuvé le traité de société, les terre et domaine de Pontkallecq, situés commune de Berné et ès-environs, arrondissemens de Lorient et de Pontivy, département du Morbihan, dans l'état où elle se trouve audit jour, tel qu'en est propriétaire M. de Malestroit de Bruc, et ce moyennant,

1° Le prix de huit cent mille francs payables, savoir : deux cent mille francs le jour de la passation du contrat de vente, et six cent mille francs trois ans après, en prévenant la société un an d'avance, avec faculté à M. le marquis de Malestroit de Bruc de reculer l'époque de son remboursement, le prix devant produire des intérêts à cinq pour cent par an sans retenue, payables de six mois en six mois en la demeure, à Paris, de M. le marquis de Malestroit de Bruc, à compter du jour du contrat de vente ;

2° Et de plus, cent dix actions, non payantes, de dix-sept cent francs chacune, dans la société, et, en outre, aux charges, clauses, conditions et réserves stipulées au même acte des 13 et 14 septembre dernier ;

Laquelle somme de huit cent mille francs MM. Piat, Lefebvre et fils, Worms de Romilly et compagnie, et M. le comte Duchastel, se sont obligés de payer en l'acquit de la société, sous les conditions qu'il leur en sera bonifié un intérêt annuel sur le pied de cinq pour cent par an sans retenue, à compter du jour du paiement, et que la société sera tenue de leur rembourser le principal sur les fonds d'amortissement dont il sera question sous les articles 5 et 6 de l'acte de société ci-après ; que, dans le cas où il ne serait fait aucun fonds d'amortissement, s'il n'y avait pas lieu à l'application des cas prévus sous cet article, MM. Piat, Lefebvre et fils, Worms de Romilly et compagnie, et M. le comte Duchastel, conserveraient leur privilège et leurs droits sur la terre, toucheraient les intérêts des sommes avancées, et attendraient à faire valoir leurs droits sur le prix à provenir de cette terre, lors de la dissolution de la société.

Cette promesse de vente n'aura d'effet, ainsi qu'il a été stipulé, que du moment où le Gouvernement aura approuvé le traité de société anonyme ci-après ; et, aussitôt après cette approbation, ladite vente devra être réalisée par acte devant notaires ; si, contre toute attente, cette autorisation n'était pas obtenue, la promesse de vente serait considérée comme nulle, non faite ni avenue.

. Société.

Art. 1ᵉʳ. Il est établi entre tous les intéressés dénommés dans l'acte des 13 et 14 septembre 1825, une société anonyme pour l'exploitation des hauts-fourneaux et fabrique de fer. Cette société commencera du jour qu'elle aura été autorisée par le Gouvernement, et durera pendant trente ans, à compter du jour de cette autorisation.

Elle sera connue sous la dénomination de *Compagnie des hauts-fourneaux et forges de Pontkallecq.*

Elle aura son domicile à Paris; chaque associé ou actionnaire y aura aussi un domicile élu.

2. La société exploitera le haut-fourneau de Pontkallecq, actuellement existant, et elle fera toutes les améliorations et augmentations qu'elle jugera utiles et convenables; elle exploitera également les hauts-fourneaux et forges qu'elle serait autorisée à établir par la suite sur la terre de Pontkallecq et autres lieux, et y fera aussi les améliorations qu'elle trouvera à propos.

3. Le fonds est de dix-sept cent mille francs divisés en mille actions de dix-sept cents francs chacune; elles seront distribuées, savoir : etc.

Les conventions spéciales faites avec MM. Piat, Lefebvre et fils, Worms de Romilly et compagnie, et le comte Duchastel, relativement à la quotité de leurs actions dans l'ancienne société et au mode de paiement, seront exécutées ainsi et de la manière établie dans l'acte des 13 et 14 septembre dernier.

4. Le fonds capital de dix-sept cent mille francs sera composé :

1° De la terre de Pontkallecq, dont M. le marquis de Malestroit de Bruc fera la vente à la société, ainsi qu'il est dit ci-dessus, et ce, moyennant le prix principal de huit cent mille francs, ci. . . .　800,000 f

Mais il est bien expliqué que la mise en société de cette terre n'atténuera, sous aucun rapport, les droits, priviléges et hypothèques de M. le marquis de Malestroit de Bruc, qui restera conservé sans novation ni dérogation dans tous ses droits jusqu'à parfait et final paiement du prix de ladite terre en principal et accessoires, son intention formelle étant de ne mettre en société que les cent dix actions formant le complément du prix de ladite terre;

2° De la somme de quatre cent mille francs, à quoi sont évalués les hauts-fourneaux et autres bâtimens que la société actuelle a fait établir à Pontkallecq, le droit au bail qui a été fait par M. le marquis de Malestroit de Bruc à cette société, les ustensiles, les chevaux et tous autres objets appartenant à ladite société, sous la simple exception des approvisionnemens et des produits en magasin qui demeurent réservés à l'ancienne société, laquelle doit les céder à la nouvelle société à prix coûtant, et subroger la nouvelle société dans les droits aux marchés qu'elle a faits pour les charbons de la forêt de Pontkallecq. . . . .　400,000

3° Et de cinq cent mille francs en espèces, que MM. Piat, Lefebvre et fils, Worms de Romilly et compagnie, et M. le comte Duchastel, ont mis dans la société, laquelle somme de cinq cent mille francs, d'après les arrangemens particuliers pris par les intéressés pour s'acquitter du solde de leurs mises, se trouve former le complément du prix des cinq cent vingt-neuf actions attribuées à MM. Piat, Lefebvre et fils, Worms de Romilly et compagnie, et M. le comte Duchastel, lesquels se sont obligés de verser ladite somme de cinq cent mille francs dans la caisse sociale, sans autres délais que ceux des besoins de la société, et ce, aussitôt que l'autorisation du Gouvernement aura été accordée, ci.　500,000

TOTAL, dix-sept cent mille francs, ci. . . . . . .　1,700,000

5. Lorsque le dividende s'élèvera au-dessus de sept pour cent du capital de la société, il sera établi avec tout le surplus des bénéfices un fonds de réserve ou d'amortissement : lorsque ce prix sera payé en totalité, l'administration déterminera la quotité du dividende; mais jusqu'au paiement final du prix de la terre il ne pourra être au-dessus de sept pour cent.

Sur les mille actions il en sera prélevé cent cinquante qui ne contribueront pas à l'amortissement, savoir : cent dix au profit de M. le marquis de Malestroit de Bruc, et quarante au profit de MM. Piat, Lefebvre et fils, Worms de Romilly et compagnie, et le comte Duchastel. Ce prélèvement sera ainsi fait de convention formelle entre les parties; mais pour tout le surplus, notamment la contribution et la perte, s'il y en avait, ces actions seront soumises aux mêmes règles et conditions que les autres actions de la société. Il sera fait mention de la disposition ci-dessus sur lesdites cent cinquante actions.

6. Les actions seront inscrites sur un registre à souche tenu à cet effet ; elles seront nominatives et numérotées, tant sur le certificat d'actions délivré au possesseur que sur la souche ; sur cette souche seront inscrits le nom du propriétaire de l'action et son domicile à Paris.

Les actions seront transmissibles par la voie du transfert sur le registre de la société. Il est expressément et formellement convenu qu'il ne pourra être fait aucun transfert desdites actions avant le délai de quatre ans à compter du jour de leur émission, sauf l'exception ci-après ; en conséquence, chacun des sociétaires ou actionnaires sera obligé de conserver ses actions au moins pendant ce délai.

Aucun transfert d'actions (pour celles qui doivent concourir au paiement du prix de la terre de Pontkallecq) ne sera admis, sans qu'au préalable le porteur de l'action ait versé à la caisse d'amortissement de la société sa part proportionnelle dans ce qui restera dû sur le prix de la terre de Pontkallecq, et d'après ce qui sera déterminé par l'administration.

Les cent cinquante actions qui seront dispensées de contribuer à l'amortissement sont exceptées de la prohibition dont il vient d'être parlé, et pourront être transférées, savoir : les cent dix actions de M. le marquis de Malestroit de Bruc immédiatement, et les quarante de MM. Piat, Lefebvre et fils, Worms de Romilly et compagnie, et M. le comte Duchastel, dans quatre ans à compter du jour où la société aura été autorisée par le Gouvernement

7. La société sera régie par quatre administrateurs ; ils choisiront entre eux un président.

Les quatre administrateurs actuels resteront en fonctions pendant les quatre premières années ; M. le marquis de Malestroit de Bruc sera adjoint à l'administration jusqu'au paiement intégral du prix de la terre de Pontkallecq, attendu l'intérêt important qu'il a à la conservation de son gage, et les services essentiels qu'il peut rendre à la société.

Pour être administrateur, il faudra être propriétaire au moins de trente actions, et les posséder pendant tout le temps que durera l'administration.

M. Worms de Romilly, l'un des administrateurs actuels, pourra se faire représenter par M. Maurice Haber, son associé, ayant la signature de sa maison, et par M. Jacques Haber, pourvu qu'ils soient actionnaires ; M. Piat-Lefebvre, aussi l'un des administra-

teurs actuels, pourra se faire substituer par M. le comte Duchastel, par M. Désiré Dehults ou par M. Victor Lefebvre.

En cas de partage entre les administrateurs, la voix du président sera prépondérante.

Dans le cas où un ou plusieurs administrateurs cesseraient leurs fonctions pour quelque cause que ce soit, ils seront remplacés par les actionnaires réunis en assemblée générale.

8. Les administrateurs auront la direction et la surveillance de tous les travaux de la société et de toutes les parties de l'administration ; ils exprimeront la volonté de la société et régleront tout ce qui la concernera, le tout conformément aux statuts déposés à la suite du traité de société des 13 et 14 septembre de nier, par acte passé devant Me Lamaze, l'un des notaires soussignés, et son confrère, le 22 du même mois de septembre dernier, enregistré, lesquels statuts ont été soumis à l'approbation de l'autorité.

Tout ce qui est porté aux statuts, sauf les modifications qui pourraient résulter des présentes, ne pourra être changé qu'avec l'assentiment des deux tiers des actionnaires et avec l'approbation de Sa Majesté.

9. L'assemblée générale des actionnaires a le droit de prononcer la dissolution de la société si les pertes excèdent les bénéfices pendant quatre années successives, et si le fonds capital de la société se trouve réduit à un tiers ; mais cette dissolution ne pourra être prononcée qu'à une majorité composée des deux tiers des intéressés.

La dissolution aura lieu de plein droit, si le capital se trouve réduit, par suite des pertes, à un sixième.

10. Lors de la liquidation de la société, il y sera procédé amiablement sans aucuns frais judiciaires ; les immeubles seront vendus sur publication volontaire, par le ministère du notaire de la société, à la requête des administrateurs, qui recevront le prix des ventes et toutes les sommes dues à la société, pour en faire la distribution entre tous les intéressés et à chacun selon ses droits.

11. Sont nommés conseils de la société :
M. Berryer père, avocat à Paris ;
M. Fourret, avoué près le tribunal de première instance du département de la Seine ;
Et M. Lamaze, notaire de la société.

12. Toutes les difficultés qui pourraient survenir entre la société et un ou plusieurs actionnaires seront jugées souverainement et sans appel ni recours en cassation par trois arbitres, dont deux seront nommés respectivement par les parties intéressées, et le troisième par les deux arbitres choisis.

En cas de refus ou de retard de nommer des arbitres, la partie la plus diligente est autorisée à en faire nommer un d'office par le président du tribunal de commerce de Paris, et ce, dans la huitaine et sur le simple vu de la sommation non satisfaite qui en aura été faite à la partie en retard.

13. Les conventions particulières faites entre les parties intéressées continueront à être exécutées selon leur forme et teneur, sans aucune novation ni dérogation.

Pour l'exécution des présentes, les parties font élection de domicile en leurs demeures respectives ci-devant déclarées.

Fait et passé en l'étude, l'an 1826, le 2 janvier.

Lecture faite aux parties, elles ont signé avec les notaires.

---

11 JANVIER 1826 = Pr. 6 AVRIL 1827. — Ordonnance du Roi qui charge le bureau du commerce de procéder à une enquête pour établir la valeur moyenne des objets d'échange de la France avec les autres contrées. (8, Bull. 151, n° 5429.)

Charles, etc.

Vu les articles 3 et 6 de l'ordonnance du 6 janvier 1824, portant institution du bureau et du conseil supérieur de commerce et des colonies;

Considérant que, l'évaluation des marchandises dont se composent les importations et les exportations du royaume étant l'une des bases principales de la législation destinée à régler les rapports commerciaux de nos sujets avec l'étranger, il importe qu'il y soit procédé de manière à en assurer l'exactitude.

Sur le rapport du président de notre conseil des ministres;

Notre conseil supérieur de commerce et des colonies entendu,

Nous avons ordonné et ordonnons ce qui suit :

Art. 1er. Il sera procédé, par les soins de notre bureau de commerce et des colonies, à une enquête ayant pour objet d'assigner le plus approximativement possible sa valeur moyenne à chacun des objets d'échange de la France avec les autres contrées.

2. Dans cette enquête sont entendus :

Les sieurs Bellangé, ancien fabricant de soieries; Berthier, ingénieur des mines; Blerzy-Sauvage, négociant commissionnaire; Bouvatier, négociant en bois; Brongniart, directeur de la manufacture royale de Sèvres; Brunet, directeur de la caisse de Poissy; Carrère, négociant commissionnaire; Chardin, fabricant de parfumeries; Chédeaux, négociant; Chenevard, fabricant de

tapisseries et tapis; David, administrateur des douanes; Delondre, ancien négociant; Dequesne, négociant en marbres; Durant (François), membre de la Chambre des députés; Ferouillat, fabricant de chapeaux de paille; Fléron, fabricant d'armes; Gautier, membre de la Chambre des députés; Giroux (Alphonse), négociant en merceries; Grimoult, ancien négociant; Guyot, négociant en pelleteries; Hottinguer, négociant et banquier; Legentil, négociant en toiles; Levesque, membre de la Chambre des députés; Malard, fabricant de chapeaux; Marchand, négociant en drogueries; Mertian, fabricant de fers; Moreau, négociant en bois; Odier, fabricant de tissus de coton; Payen, fabricant de produits chimiques; Perrée (Louis), négociant; Petit, négociant en soieries; Pfeiffer, négociant en peaux; Renouard, imprimeur; Riant, négociant en fers; Roard, fabricant de céruse et de minium; Robiquet, pharmacien; Salleron, fabricant de cuirs; Saint-Cricq-Caseaux, fabricant de faïences fines et de cristaux; Ternaux aîné, fabricant de tissus de laine; et toutes autres personnes dont le concours sera jugé propre à faciliter et améliorer le travail prescrit par l'article 1er.

3. Le résultat de cette enquête sera mis sous les yeux de notre conseil supérieur de commerce et des colonies, sur l'avis duquel nous nous réservons d'arrêter ultérieurement une table générale d'évaluation pour les marchandises portées aux tableaux d'importation et d'exportation annuellement dressés par les soins de l'administration des douanes.

4. Le président de notre conseil des ministres, ministre secrétaire-d'Etat des finances (comte de Villèle) est chargé de l'exécution de la présente ordonnance.

---

11 JANVIER 1826. — Ordonnance du Roi qui autorise le sieur Laurent à ajouter à son nom celui de Desglissières. (8, Bull. 72, n° 2477.)

---

11 JANVIER 1826. — Ordonnance du Roi qui admet le sieur Starck à établir son domicile en France. (8, Bull. 72, n° 2478.)

---

11 JANVIER 1826. — Ordonnance du Roi qui autorise la dame veuve Hufty à conserver et à maintenir en activité deux lavoirs à bras pour le minerai de fer dans la commune de Glageon (Nord). (8, Bull. 77, n° 2708.)

---

11 JANVIER 1826. — Ordonnances du Roi qui autorisent l'acceptation de dons et legs faits à des fabriques et à des établissemens religieux. (8, Bull. 141, n° 4874 à 4891.)

11 JANVIER 1826.—Ordonnance du Roi qui autorise le sieur Auvert à établir une usine à fer dans la commune de Chenières (Moselle). (8, Bull. 77, n° 2709.)

11 JANVIER 1826.—Ordonnance du Roi portant concession aux sieurs Jourdan et Pitorre des mines de houille situées dans la commune de Cesseras (Hérault). (8, Bull. 78, n° 2719.)

11 JANVIER 1826.—Ordonnance du Roi portant concession des mines de fer spathique existant sur le territoire des communes de Saint-Pierre de Mézage et de Saint-Barthélemy de Séchilienne (Isère). (8, Bull. 78, n° 2720.)

11 JANVIER 1896. —Ordonnance du Roi qui accorde des pensions à des veuves de militaires. (8, Bull. 81 bis, n° 3.)

11 JANVIER 1826.—Ordonnances du Roi qui accordent des pensions de retraite à des militaires. (8, Bull. 81 bis, n°s 4 et 5.)

11 JANVIER 1826.—Ordonnances du Roi qui accordent des lettres de déclaration de naturalité aux sieurs Brion (Jean-Baptiste et Jean-Nicolas) et Claude-Lambert, Lahur, Coton, Marchal, Graisse, Techer dit Teicher et Bouillon. (8, Bull. 121, n°s 4048 à 4057.)

15 = 19 JANVIER 1826. — Ordonnance du Roi portant réglement pour le service de la cour de cassation. (8, Bull. 72, n° 2469.)

Voy. lois des 27 NOVEMBRE = 1er DÉCEMBRE 1790; 7 et 10 = 15 AVRIL 1792; 28 JUIN = 6 JUILLET 1792; 8 JUILLET et 2 SEPTEMBRE 1793; 1er BRUMAIRE et 4 GERMINAL an 2; 2 BRUMAIRE an 4; 21 FRUCTIDOR an 4; 14 BRUMAIRE an 5; ordonnance du 15 FÉVRIER 1815.

Voy. aussi les actes cités dans la présente ordonnance et le réglement de 1738.

Charles, etc.

Ayant été informé que les dispositions réglementaires qui ont organisé le service de la cour de cassation sont consignées dans un certain nombre d'actes publiés à des époques différentes;
Voulant réunir ces dispositions dans une seule ordonnance, et en même temps abolir

ou modifier celles que nous avons reconnues inutiles ou défectueuses :
Vu les articles 5 et 38 de la loi du 28 avril 1810,
La loi du 18 mars 1800,
Le réglement du 24 mai 1800,
Le décret du 1er mars 1813,
L'ordonnance du 24 août 1815,
Et le projet de réglement proposé par la cour de cassation pour les diverses parties de son service;
Sur le rapport de notre garde-des-sceaux, ministre secrétaire-d'Etat au département de la justice,
Notre Conseil-d'Etat entendu,
Nous avons ordonné et ordonnons ce qui suit :

§ Ier. Du service général de la cour.

Art. 1er. La cour de cassation se divise en trois chambres, savoir :
La chambre des requêtes, la chambre civile, et la chambre criminelle.

2. Les chambres siégent isolément, ou se réunissent en assemblée générale et en audience solennelle, selon les règles de compétence fixées par la loi.

3. Conformément à l'article 63 de la loi du 18 mars 1800, les chambres ne rendent d'arrêts qu'au nombre de onze membres au moins.

4. Si, par l'effet des empêchemens ou des absences, le nombre des conseillers présens se trouve inférieur au nombre porté en l'article précédent, il y sera pourvu en appelant, selon l'ordre de l'ancienneté, les conseillers attachés aux chambres qui ne tiendraient pas audience.

5. Conformément à l'article 64 de la loi du 18 mars 1800, en cas de partage, cinq conseillers seront appelés pour le vider.

Ces cinq conseillers seront pris d'abord parmi les membres de la chambre qui n'auraient pas assisté à la discussion de l'affaire, et subsidiairement les membres des autres chambres, selon l'ordre de l'ancienneté.

6. Lorsque la cour, dans les cas prévus par les articles 78 de la loi du 18 mars 1800, 82 de l'acte du 4 août 1802, 56 de la loi du 20 avril 1810, et 4 de la loi du 16 septembre 1807, est présidée par notre garde-des-sceaux, ministre secrétaire-d'Etat de la justice, elle ne rend arrêt ou ne prend de décision qu'au nombre de trente-quatre juges au moins.

§ II. De la distribution des affaires.

7. Il y a, pour le service de la cour, un registre général, sur lequel sont inscrites

toutes les affaires, par ordre de dates et de numéros, au moment de leur dépôt au greffe.

8. Il y a en outre deux rôles de distribution pour chaque chambre :

L'un, des affaires urgentes;

L'autre, des affaires ordinaires.

9. Sont réputées affaires urgentes,

Les réquisitions du ministère public,

Les affaires criminelles où la peine de mort a été prononcée,

Les affaires qui requièrent célérité suivant la loi.

10. Les affaires ne seront distribuées aux chambres qui devront en connaître, que lorsqu'elles auront été mises en état.

L'affaire est réputée en état lorsque les mémoires et pièces ont été produits, ou que les délais pour produire sont expirés.

11. Dans les matières réservées à la chambre des requêtes, si les moyens proposés à l'appui de la demande ne sont pas développés dans la requête introductive du pourvoi, le mémoire ampliatif devra être produit, savoir : pour les affaires urgentes dans le délai d'un mois, et pour les affaires ordinaires, dans le délai de deux mois, à dater de leur inscription sur le registre général prescrit par l'article 7.

Ces délais pourront néanmoins être prorogés par le président, sur la demande écrite et motivée de l'avocat du demandeur en cassation.

Une copie de l'arrêt ou du jugement attaqué, certifiée par l'avocat, sera produite avec le mémoire ampliatif.

12. Les affaires attribuées à chaque chambre y seront inscrites, par ordre de numéros et de dates, sur le rôle auquel elles appartiendront, suivant la distinction établie par les articles 8 et 9.

13. Lorsque les affaires ont été mises en état, elles sont distribuées par le président de chaque chambre aux conseillers qui doivent en faire le rapport.

La distribution des affaires criminelles et des affaires urgentes a lieu au fur et à mesure qu'elles sont prêtes.

Il y a, chaque mois, une distribution pour les autres affaires.

14. Les rapporteurs sont tenus de remettre les pièces au greffe, avec leur rapport écrit, savoir : pour les affaires urgentes, dans le mois, et pour les affaires ordinaires, dans les deux mois, à dater du jour de la distribution.

Ces délais ne pourront, dans aucun cas, être prolongés pour attendre les productions qui n'auraient pas été faites en temps utile.

15. La date de la nomination du rapporteur et celle de la remise du rapport au greffe sont inscrites par le greffier sur le rôle de distribution auquel l'affaire appartient.

16. A l'expiration des délais fixés par l'article 14, si le rapporteur n'a pas déposé son rapport au greffe, il fera connaître les motifs du retard au président de sa chambre, qui pourra fixer un nouveau délai.

Si le second délai expire sans que le rapport ait été remis au greffe, l'affaire sera immédiatement distribuée à un autre rapporteur.

17. Il y a dans chaque chambre deux rôles d'audience :

L'un, pour les affaires urgentes ;

L'autre pour les affaires ordinaires.

18. Les affaires sont inscrites sur les rôles d'audience par ordre de dates et de numéros, au moment où les pièces ont été rétablies au greffe par les rapporteurs.

19. Les rôles d'audience sont renouvelés, savoir : le rôle des affaires urgentes, le premier et le quinzième jour de chaque mois; et celui des affaires ordinaires, le premier jour de chaque mois seulement.

20. Les rôle d'audience sont certifiés par le greffier, et arrêtés par le président de la chambre.

Ils restent affichés au greffe et dans la salle d'audience jusqu'à leur renouvellement.

21. Lorsqu'une affaire poursuivie par défaut aura été mise en état et inscrite au rôle d'audience, si elle devient contradictoire avant le jour de l'arrêt par la production des défendeurs, elle sera retirée de ce rôle, et n'y sera inscrite de nouveau que lorsque l'instruction en aura été achevée.

Les délais de ce complément d'instruction ne pourront excéder quinze jours pour les affaires urgentes, et un mois pour les affaires ordinaires.

22. Dans le jour du dépôt des pièces au greffe par les conseillers rapporteurs, elles seront transmises par le greffier au parquet du procureur général, qui en fera immédiatement la distribution aux avocats généraux.

23. Les avocats généraux prépareront leurs conclusions dans le plus bref délai.

Ils donneront toujours la priorité aux affaires urgentes, et suivront, tant à l'égard des affaires urgentes qu'à l'égard des affaires ordinaires, l'ordre de leur inscription sur le rôle d'audience.

24. Aussitôt que les conclusions des avocats généraux sont préparées, le procureur général fait rétablir les pièces au greffe.

Ce dépôt a lieu trois jours au moins avant celui où l'affaire doit être portée à l'audience.

§ III. Des audiences.

25. Les audiences de la cour de cassation

sont publiques et durent quatre heures.

26. Il y a dans chaque chambre trois audiences par semaine ; les jours et heures d'ouverture de ces audiences sont fixés par une délibération de la cour.

27. Les chambres peuvent accorder des audiences extraordinaires, selon la nature, le nombre ou l'urgence des affaires portées devant elles ; les jours et heures d'ouverture de ces audiences sont fixés par la chambre qui les accorde.

28. Le premier président préside les assemblées générales de la cour, autres que celles qui sont mentionnés en l'article 6, et qui sont présidées par notre garde-des-sceaux.

En l'absence du premier président, ces assemblées sont présidées par le plus ancien des présidens de chambre.

Chaque chambre est présidée par l'un des présidens de la cour.

Le premier président préside la chambre civile et les autres chambres, quand il le juge convenable.

Chaque chambre, en l'absence de son président et du premier président, est présidée par le plus ancien de ses conseillers.

L'ancienneté se règle par la date et l'ordre de la nomination.

29. Les conseillers prennent rang et séance, dans les assemblées générales de la cour, dans les audiences des chambres réunies, dans les audiences de leur chambre et dans les cérémonies publiques, suivant l'ancienneté.

Les présidens de chambre et les avocats-généraux prennent rang et séance entre eux, suivant le même ordre.

30. Il sera ouvert dans chaque chambre un registre de présence.

Ce registre sera arrêté, chaque jour d'audience, par le président, à l'heure fixée pour l'ouverture de l'audience.

Le greffier inscrira sur ce registre le nom des membres absens, et les causes de leur absence, si elles sont connues.

31. Il sera ouvert également un registre de présence pour les audiences des chambres réunies et pour les assemblées générales de la cour.

Les lettres de convocation devront, dans ce cas, indiquer l'heure de l'assemblée ou de l'audience.

Cette heure passée, le registre de présence sera arrêté par le premier président.

32. Dans les cas prévus par les deux articles qui précèdent, tout membre de la cour absent sans congé sera tenu d'informer des motifs de son absence le président de la chambre dont il fait partie. Le président les fera connaître à la chambre.

Si la chambre n'approuve pas ces motifs,

il en sera référé par elle à l'assemblée générale de la cour, qui statuera ainsi qu'il appartiendra.

33. Les affaires sont appelées et jugées suivant le rang de leur inscription sur le rôle d'audience.

Le président peut néanmoins, sur la demande du ministère public, accorder la priorité, parmi les affaires urgentes, à celles dont il est le plus nécessaire de hâter la décision.

34. Les réquisitoires du procureur général peuvent être présentés à chaque audience, et ils sont jugés par la cour, sans qu'il soit nécessaire de les inscrire aux rôles d'audience.

35. Les affaires inscrites aux rôles d'audience peuvent, sur la demande des parties ou de l'une d'elles, être continuées par la cour, une seule fois et à jour fixe.

Il ne peut être accordé, sous aucun prétexte, de nouveaux délais ; l'ordre, soit de l'inscription, soit de la remise, est invariablement suivi pour le rapport et le jugement.

36. Les rapports sont faits à l'audience.

Le rapporteur occupe, pendant le rapport et le jugement de l'affaire, une place particulière auprès du président de la chambre.

37. Les avocats des parties sont entendus après le rapport, s'ils le requièrent.

Les parties peuvent aussi être entendues, après en avoir obtenu la permission de la cour.

Le président avertit les parties et les avocats, s'il y a lieu, qu'ils doivent se borner à présenter des observations.

38. Les parties et leurs avocats ne peuvent obtenir la parole après les gens du Roi, si ce n'est dans les affaires où le procureur général est partie poursuivante et principale.

39. Les membres de la cour ne prennent la parole dans ses délibérations qu'après l'avoir obtenue du président.

Nul ne peut interrompre l'opinant.

Néanmoins le président peut rappeler à la question ceux qui s'en écartent.

40. Les opinions sont recueillies par le président suivant l'ordre des nominations, et en commençant par la plus récente.

Le rapporteur opine toujours le premier.

Le président opine toujours le dernier.

41. Les rapporteurs remettront au greffe, chaque semaine, la rédaction des motifs et du dispositif des arrêts rendus sur leur rapport dans la semaine précédente.

Ces motifs et ce dispositif seront écrits de leur main dans la minute des arrêts.

La minute est signée du président, du rapporteur et du greffier.

42. Le plumitif des audiences de chaque

chambre est visé et arrêté, le dernier jour de chaque semaine, par le président.

§ IV. Du ministère public.

43. Toutes les fonctions du ministère public sont personnellement confiées au procureur général.

Les avocats généraux participent à l'exercice de ces fonctions, sous la direction du procureur général.

44. Le ministère public est entendu dans toutes les affaires.

45. Le procureur général porte la parole aux audiences des chambres réunies et dans les assemblées générales de la cour.

Il la porte aussi aux audiences des chambres, quand il le juge convenable.

46. Les avocats généraux portent la parole, au nom du procureur général, dans les audiences des chambres.

Ils la portent également aux audiences des chambres réunies et dans les assemblées générales, en l'absence du procureur général.

47. Le procureur général attache les avocats généraux à celle des chambres où il juge que leur service sera le plus utile.

Il peut les y employer pour le temps qu'il croit convenable et pour les affaires qu'il juge à propos de leur confier.

48. En l'absence du procureur général, il est remplacé par le plus ancien des avocats généraux pour les actes de son ministère.

49. Dans les causes importantes, les conclusions de l'avocat général seront communiquées au procureur général.

Si le procureur général n'approuve pas les conclusions, et que l'avocat général persiste, le procureur général déléguera un autre avocat général, ou portera lui-même la parole à l'audience.

50. Le plus ancien des avocats généraux porte le titre de *premier avocat général*.

§ V. Des congés.

51. Les membres de la cour n'obtiennent des congés que pour des causes déterminées.

52. Si l'absence ne doit pas se prolonger plus d'un mois, le congé est acordé par le premier président.

Si l'absence doit se prolonger plus d'un mois, le congé est accordé par notre garde-des-sceaux.

53. Les congés demandés par les avocats généraux sont accordés par le procureur général, si l'absence ne doit pas durer plus d'un mois.

Si l'absence doit se prolonger au-delà, les congés sont accordés par notre garde-des-sceaux.

54. Toute demande en prolongation tendant à faire durer le congé plus d'un mois doit être adressée à notre garde-des-sceaux.

55. Nulle demande de congé ne peut être formée qu'après qu'il a été reconnu et attesté par le président de la chambre dont l'auteur de la demande fait partie, que le service ne souffrira pas de son absence.

56. Toute demande de congé doit être formée par écrit.

L'attestation exigée par l'article précédent doit être annexée à cette demande.

57. Le premier président vérifie, avant d'accorder les congés, si le nombre des magistrats présens et valides sera suffisant pour assurer le service de chaque chambre, des audiences solennelles présidées par notre garde-des-sceaux, et des assemblées générales de la cour.

58. S'il s'agit d'un congé qui doive être accordé par notre garde-des-sceaux, la vérification prescrite par l'article précédent sera constatée par écrit, et la déclaration du premier président sera annexée à la demande.

59. Les congés accordés par le premier président sont inscrits au greffe. Le greffier en délivre une expédition au magistrat qui l'a obtenu.

Les congés accordés par le procureur général sont inscrits au parquet.

60. Les présidens ou conseillers qui ont obtenu un congé ou une prolongation de congé de notre garde-des-sceaux, sont tenus d'en donner immédiatement avis au greffier, qui l'inscrit, dans le jour, sur le registre des congés.

Les avocats généraux informeront notre procureur général des congés ou prolongations de congés qu'ils obtiennent de notre garde-des-sceaux : notre procureur général les fait inscrire au parquet.

61. Le premier président transmet, tous les six mois, à notre garde-des-sceaux, l'état des congés accordés par lui pendant le semestre.

Le procureur général transmet également, tous les six mois, l'état des congés accordés par lui à nos avocats généraux.

62. Nous nous réservons d'autoriser nous-même, quand il y aura lieu, sur le rapport de notre garde-des-sceaux, l'absence du premier président et du procureur général.

§ VI. Des vacations.

63. Les vacances de la cour de cassation commencent le 1er septembre et finissent le 1er novembre.

64. La chambre criminelle n'a point de vacances.

Il y est suppléé par des congés délivrés successivement aux magistrats qui la composent, dans la forme prescrite par le § 5 de la présente ordonnance.

65. Si, par l'effet des empêchemens ou autres causes semblables, le nombre des membres de la chambre criminelle se trouve incomplet pendant le temps des vacances, il y est pourvu dans la forme prescrite par l'art. 4 de la présente ordonnance.

66. La chambre criminelle, indépendamment de son service ordinaire, est chargée du service des vacations.

67. Le service des vacations consiste dans l'expédition des affaires déclarées urgentes par l'art. 9 de la présente ordonnance.

Toutefois, à l'égard de celles qui requièrent célérité suivant la loi, la chambre des vacations prononcera préalablement sur l'urgence.

68. Il sera dressé pour le service des vacations, en matière civile, des rôles spéciaux de distribution et d'audience.

69. Seront inscrites sur ces rôles,

1° Toutes les affaires urgentes déjà inscrites sur les rôles de la chambre des requêtes et de la chambre civile, et qui n'auraient pas été expédiées avant le 1er septembre ;

2° Toutes les affaires de la même nature qui seraient déposées au greffe pendant la durée des vacances.

70. A l'expiration des vacances, les affaires inscrites sur ces rôles et non expédiées seront transportées sur les rôles correspondans de la chambre des requêtes et de la chambre civile.

71. La rentrée de la cour de cassation se fera, chaque année, dans une audience solennelle, à laquelle assisteront les trois chambres.

Le premier président recevra le serment qui sera renouvelé par les avocats.

§ VII. Du greffier.

72. Le greffier de notre cour de cassation prend le titre de *greffier en chef*.

73. Nul ne peut être nommé greffier en chef de notre cour de cassation, s'il n'est licencié en droit et s'il n'a ving-sept ans accomplis.

74. Le greffier en chef présente à la cour et fait admettre au serment les commis greffiers nécessaires pour le service.

75. Les commis greffiers peuvent être révoqués par le greffier en chef, avec l'agrément de la cour.

A l'avenir, nul ne pourra être nommé commis-greffier, s'il n'est licencié en droit et s'il n'est âgé de vingt-cinq ans.

76. Dans les cas de faute grave, la cour peut, sur les réquisitions du procureur général, et le commis-greffier entendu ou dûment appelé, ordonner que celui-ci cessera sur-le-champ ses fonctions.

Le greffier en chef est tenu, dans ce cas, de remplacer le commis-greffier révoqué, dans le délai qui aura été fixé par la cour.

77. Le greffier en chef tient la plume aux audiences solennelles et aux assemblées générales de la cour.

Il la tient aussi aux audiences des chambres, lorsque le service l'exige.

Les commis-greffiers tiennent la plume aux audiences des chambres.

78. Le greffe est ouvert tous les jours, excepté les dimanches et fêtes, aux heures fixées par la cour.

79. Le greffier déposera, chaque année, au parquet de la cour, dans les quinze premiers jours du mois de septembre, un état certifié, contenant,

1° Le nombre des causes jugées contradictoirement dans chaque chambre depuis le 1er septembre de l'année précédente ;

2° Le nombre des causes jugées par défaut ;

3° Le nombre des affaires restant à juger.

Notre procureur général transmettra immédiatement cet état à notre garde-des-sceaux.

§ VIII. Dispositions générales.

80. Les convocations relatives aux audiences solennelles, aux assemblées générales de la cour et aux cérémonies publiques, sont faites par le premier président, ou, en son absence, par le plus ancien des présidens de chambre.

81. Le plus ancien des conseillers de la cour de cassation porte le titre de *Doyen*.

82. La direction de la bibliothèque est confiée, sous la surveillance du premier président, à l'un des membres de la cour, choisi par elle.

Le directeur a sous ses ordres un conservateur.

Le conservateur est nommé par la cour, sur la proposition du directeur.

83. Notre garde-des-sceaux, ministre secrétaire-d'Etat au département de la justice (comte de Peyronnet) est chargé de l'exécution de la présente ordonnance, qui sera insérée au Bulletin des Lois.

15 JANVIER⇌Pr. 9 FÉVRIER 1826. — Ordonnance du Roi portant nomination des présidens de deux colléges électoraux. (8, Bull. 75, n° 2580.)

18⇌Pr. 23 JANVIER 1826. — Ordonnance du Roi relative au tarif des dépens pour les procédures qui s'instruisent au Conseil-d'Etat. (8, Bull. 75, n° 2483.)

Voy. les art. 41, 42, 43, 45, 46, 47, 48 et 51 du décret du 22 JUILLET 1806.

Charles, etc.

Vu les réglemens du 28 juin 1738, du 12 septembre 1739 et du 22 juillet 1806;

Considérant que les tarifs de 1738 et de 1739, remis en vigueur par le décret du 22 juillet 1806, contiennent des dispositions in° applicables aux procédures qui s'instruisent actuellement dans notre Conseil-d'Etat ;

Qu'il importe, afin de prévenir les abus, de spécifier celles de ces dispositions qui doivent continuer d'être exécutées ;

Sur le rapport de notre garde-des-sceaux, ministre secrétaire-d'Etat au département de la justice,

Notre Conseil-d'Etat entendu,

Nous avons ordonné et ordonnons ce qui suit :

Art. 1er. Les dépens continueront d'être réglés au Conseil-d'Etat, conformément aux tarifs établis par l'ordonnance du 28 juin 1738 (2e partie, tit. XVI, art. 22), et par celle du 12 septembre 1739, en tant que ces tarifs s'appliquent à la procédure actuelle, ainsi qu'il suit (1) :

---

(1) M. de Cormenin, dans ses *Questions de droit administratif*, t. 1er, p. 88 et suiv., établit les règles ci-après, qui sont puisées dans la jurisprudence :

1° On condamne aux dépens la partie qui succombe, tant envers les parties principales, qu'envers les parties intervenantes de propre mouvement, ou sur mise en cause;

Même quoiqu'elle ait fait défaut.

Voy. ordonnances des 18 novembre 1814 et 18 novembre 1818; jurisp. du Conseil-d'État, t. 5, p. 21;

2° C'est aux conseils de préfecture, et non aux préfets, à taxer les dépens faits devant ces conseils;

Voy. ordonnance du 12 décembre 1818; J. C., t. 5, p. 25.

3° Le Conseil-d'État condamne aux dépens faits devant lui et devant le conseil de préfecture, s'il y a lieu, c'est-à-dire, s'il annulle pour cause d'incompétence ;

Voy. ordonnances des 24 décembre 1818 et 1er septembre 1819; J. C., t. 5, p. 34;

4° Lorsque, sur le conflit, l'autorité administrative a été reconnue compétente pour prononcer sur le principal de la cause, elle l'est aussi pour prononcer sur les frais, qui n'en sont que l'accessoire.

Ainsi, les tribunaux ne peuvent, dans ce cas, régler les frais faits devant eux.

Voy. décret du 8 floréal an 12, Archives;

5° On condamne aux dépens la partie qui porte devant le Conseil-d'Etat des questions qui n'ont pas été jugées en première instance, soit devant les ministres, soit devant les conseils de préfecture.

Voy. ordonnance du 26 février 1817 et autres;

6° On condamne aux dépens les administrations générales qui procèdent par le ministère d'un avocat.

Voy. ordonnances des 13 janvier et 6 mars 1816, et autres;

7° On condamne aux dépens la partie qui, dans une instance contradictoire, offre son désistement dont on donne acte, dans l'ordonnance, en confirmant la décision attaquée.

Voy. ordonnances des 18 août 1816, 24 décembre 1818, 17 juin et 1er novembre 1820, 4 septembre 1822, 19 février et 5 novembre 1823, 18 janvier, 19 avril et 19 juillet 1826; J. C., t. 5, p. 43 et 470; Macarel, t. 4, p. 324.

Mais les frais faits postérieurement au désistement ne retombent pas à la charge du désistant.

Voy. ordonnance du 31 juillet 1822.

8° On condamne aux dépens, personnellement, les maires qui se pourvoient, au nom de leur commune, sans autorisation préalable du conseil municipal.

Voy. ordonnance du 5 novembre 1823.

Il n'y a pas de condamnation aux dépens envers l'adversaire, ministre ou particulier, lorsque l'affaire a été introduite dans la forme des articles 16 et 17 du réglement, ni lorsque la requête du demandeur est immédiatement rejetée sans communication préalable.

Dans ces deux cas les dépens sont personnels.

La condamnation aux dépens faite dans les tribunaux ne peut être prononcée, ni par le Conseil-d'Etat, ni par les conseils de préfecture.

Voy. décret du 5 juin 1812; ordonnance des 17 juillet 1816 et 14 mai 1817.

Les dépens sont compensés :

1° Lorsque, par suite d'une transaction qui doit rester annexée aux pièces, les deux parties offrent leur désistement.

Voy. décret du 1er février 1813; ordonnance des 26 septembre 1816 et 5 juin 1820; J. C. t. 5, p. 380;

Dépens d'avocat.

N° 1. Pour frais de ports de lettres et paquets,

Lorsque la partie demeurera à Paris, ou n'en sera pas éloignée de plus de cinq myriamètres. 5f 00

Lorsqu'elle demeurera à une distance plus éloignée dans le ressort de la cour royale de Paris, ou dans l'un des ressorts des cours royales d'Orléans, Rouen, Douai, Nancy, Metz, Dijon et Bourges. 10f 00

2. Le droit de consultation (*Tarif de 1738, alinéa 7. Réglement du 22 juillet 1806, art. 1er*). 10 00

Lorsqu'elle demeurera dans tout autre lieu. . . . . 15 00 (*Tarif de 1738, alinéa 2, 3 et 4. Réglement du 22 juillet 1806, art. 4*) (1).

3. Le droit de présentation ou de dépôt et enregistrement (*Tarif de 1738, alinéa 9. Réglement du 22 juil-*

let 1806, *art.* 2). 6 00

4. Le droit de communication (*Tarif de 1738, alinéa 27. Réglement du 22 juillet 1806, art. 8*). 3 00

5. Chaque rôle des requêtes présentées au Conseil, contenant vingt-cinq lignes à la page et douze syllabes à la ligne (*Tarif de 1738, alinéa 14. Réglement du 22 juillet 1806, art. 46*). 2 00

6. Le mis au net, par rôle (*Tarif de 1738, alinéa 15. Réglement du 22 juillet 1806, art. 46*). 0 50

7. La copie desdites requêtes, chaque rôle (*Tarif de 1738, alinéa 16. Réglement du 22 juillet 1806, art. 47*). 0 25

8. Pour la comparution d'un avocat à un procès-verbal d'interrogatoire et autres qui peuvent être faits dans le cours de l'instance (*Tarif de 1738, alinéa 16. Réglement du 22 juillet 1806, art. 4*). 3 00

9. Pour la copie de l'ordonnance

2° Lorsque le Conseil-d'Etat annule l'arrêté attaqué d'office ou pour vice d'incompétence, ou pour tout autre moyen ou exception que ni l'une ni l'autre des parties n'a proposé dans ses conclusions;

3° Lorsque chacune des parties n'obtient que certains chefs de ses conclusions et perd les autres.

Voy. décret du 21 novembre 1808; ordonnance du 16 janvier 1822 et autres;

4° Hors de ces cas, il n'y a, et il ne peut y avoir pour la compensation des dépens aucune règle fixe; on se détermine d'après les circonstances de chaque affaire.

Les dépens sont réservés jusqu'à la décision du fond:

1° Lorsque le sursis a été prononcé, ou lorsque l'opposition à une ordonnance par défaut a été admise;

2° Les dépens sont réservés jusqu'au jugement définitif des tribunaux ou des conseils de préfecture, lorsque le Conseil-d'Etat renvoie préalablement les parties devant eux, soit sur des questions de titres et de propriété, soit sur des questions d'interprétation de ventes nationales.

Voy. ordonnances des 20 novembre 1815, 6 et 8 mars 1816, 4 juin 1823; J. C. t. 3, p. 140 et 142; Macarel, t. 5, p. 382.

Dans ce cas, les dépens sont supportés par la partie qui succombe en définitive.

On condamne aux dépens la partie qui succombera en définitive devant les tribunaux, lorsqu'après la déclaration donnée par le Conseil-d'Etat des termes textuels de la vente administrative, il renvoie les parties devant les tribunaux pour y faire décider, par voie de bornage, ou par application de titres anciens

ou des maximes du droit civil, la question de savoir si l'objet en litige a été ou non compris dans cette vente.

Voy. ordonnance du 19 juillet 1826 et autres; Macarel, t. 8, p. 370.

La même règle s'applique en cas de conflit négatif.

Voy. ordonnance du 21 juin 1826 et autres.

Si l'on ne conclut pas aux dépens, le Conseil-d'Etat ne peut, d'office, en allouer.

Voy. ordonnance du 21 juin 1826.

La partie qui retire sa requête en pourvoi et les pièces qu'elle avait produites doit être condamnée aux dépens, quoiqu'elle n'ait pas fait signifier de désistement.

Voy. ordonnance du 25 juin 1817.

Le *minimum* des dépens dans les affaires contentieuses est de 150 fr.; et le *maximum* de 350 fr. environ.

Le taux des dépens varie entre ces deux points, d'après le volume et le nombre des requêtes et productions de pièces.

L'omission des dépens dans une ordonnance ne peut être réparée que par une ordonnance additionnelle.

Voy. ordonnances des 23 décembre 1815 et 1er décembre 1819; J. C. t. 3, p. 166; et t. 5, p. 261.

(1) *Lisez:* Lorsqu'elle demeurera dans tout autre lieu. . . . . 15 00 (*Tarif de 1738, alinéa 2, 3 et 4. Réglement du 22 juillet 1806, article 4.*)

2. Le droit de consultation (*Tarif de 1738, alinéa 7; Réglement du 22 juillet 1806, article 1er*). . . . 10 00

Errata du Bulletin 78.

royale, signifiée aux avocats de l'instance, chaque rôle (*Tarif de 1738, alinéa* 22. *Réglement du 22 juillet* 1806, *art.* 28)............ 0 50

10. Chaque signification de requête ou d'ordonnance pendant le cours d'une instance (*Tarif de 1738, alinéa* 25. *Réglement du 22 juillet* 1806, *art.* 28 *et* 47)........... 1 00

11. La vacation au retrait du greffe des productions de l'instance, après le jugement d'icelle (*Tarif de 1738, alinéa* 28. *Réglement du 11 juin* 1806 *art.* 27)............ 3 00

12. Le dressé de chaque article passé en taxe............ 0 25
Les articles indûment divisés et dont le taxateur aura fait la réunion ne seront comptés que pour un seul article (*Tarif de 1738, alinéa* 38. *Réglement du 22 juillet* 1806, *art.* 43).

13. La vacation à la taxe (*Tarif de* 1738, *alinéa* 40. *Réglement du 22 juillet* 1806, *art.* 43)........ 4 00

Frais de greffe.

14. Pour l'enregistrement de chaque requête au greffe (*Tarif de 1739, art.* 1er, *alinéa* 18. *Réglement du 22 juillet* 1806, *art.* 2)........ 4 00

15. L'ordonnance de *committitur* d'un rapporteur............ 3 00
Cette ordonnance ne pourra être expédiée ni notifiée (*Tarif de 1739, art.* 1er, *alinéa* 3. *Réglement du 11 juin* 1806, *art.* 28. *Réglement du 22 juillet* 1806, *art.* 2. *Ordonnance du* 23 *août* 1815, *art.* 15).

16. Expédition des ordonnances du garde-des-sceaux (*Tarif de 1739, art.* 2, *alinéa* 7. *Réglement du 22 juillet* 1806, *art.* 4, 9, 12, 14, 15, 18, 20, 21, 23 *et* 26)........ 4 00

17. Tout certificat délivré par le greffier (*Tarif de 1739, art* 1er, *alinéa* 21)............ 4 00

18. La signature de l'expédition d'une ordonnance royale (*Tarif de 1739, art.* 1er, *alinéa* 2. *Réglement du 11 juin* 1806, *art.* 35)..... 12 00

19. La signature de l'exécution des dépens (*Tarif de 1739, art.* 2, *alinéa* 7. *Réglement du 22 juillet* 1806, *art.* 43)................ 4 00

20. Chaque rôle d'expéditions du greffe, de quelque nature qu'elles soient, à raison de vingt-cinq lignes à la page et de douze syllabes à la ligne

(*Tarif de 1739, art.* 1er, *alinéa* 16. *Réglement de 1738,* 2e *partie, titre* XIII, *art.* 7. *Réglement du 11 juin* 1806, *art.* 35)............ 0 50
Le retrait des pièces (*Tarif de* 1739, *art.* 1er, *alinéa* 19. *Réglement du 11 juin* 1806, *art.* 27)........ 4 00

2. Il ne sera employé dans la liquidation des dépens, aucuns frais de voyage, séjour ou retour des parties, ni aucuns frais de voyage d'huissier, au-delà d'une journée.

3. La liquidation et la taxe des dépens seront faites au comité du contentieux par le maître des requêtes rapporteur.

4. La taxe sera rendue exécutoire par notre garde-des-sceaux, et, dans le cas où il serait empêché, par le conseiller-d'État vice-président du comité du contentieux.

5. L'opposition à la taxe sera recevable dans les trois jours de la signification de l'exécutoire.
Elle sera jugée par notre garde-des-sceaux, conformément à l'art. 43 du réglement du 22 juillet 1806 (1).

6. Notre garde-des-sceaux, ministre secrétaire-d'État au département de la justice (comte de Peyronnet), est chargé de l'exécution de la présente ordonnance, qui sera insérée au Bulletin des Lois.

18 JANVIER ⚏ Pr. 1er FÉVRIER 1826. — Ordonnance du Roi relative à l'établissement des droits de navigation sur la partie du canal Monsieur comprise entre Dôle et Besançon. (8, Bull. 74, n° 2538.)

Voy. ci-après ordonnance du 19 AVRIL.

Charles, etc.

Sur le rapport de notre ministre secrétaire d'État des finances ;
Vu la loi du 5 août 1821, relative à l'achèvement du canal *Monsieur.*
Vu l'arrêté réglementaire relatif à la navigation intérieure de la France, du 8 prairial an 11 (28 mai 1803) ;
Vu le décret du 11 avril 1811, concernant les droits de navigation sur la partie du canal *Monsieur* formant la jonction du Doubs à la Saône ;
Notre Conseil entendu,
Nous avons ordonné et ordonnons ce qui suit :

Art. 1er. A compter du 1er mars prochain, le tarif des droits de navigation, contenu

___

(1) M. de Cormenin fait remarquer qu'il n'y a pas encore eu d'exemple d'opposition à la taxe.

dans le décret du 11 avril 1811, et mis en vigueur depuis le 1er janvier 1812, sur la partie du canal *Monsieur* qui forme la jonction du Doubs à la Saône, sera appliqué à la partie nouvellement mise en état de navigation entre Dôle et Besançon.

Notre ministre secrétaire-d'Etat des finances est autorisé à fixer les époques de l'application successive de ce tarif aux autres parties du canal, à mesure qu'elles seront livrées à la navigation.

La régie des contributions indirectes demeure chargée de la perception des droits qui seront faite pour le compte de l'Etat, jusqu'à l'époque fixée par l'art. 5 de l'acte du 25 avril 1821, annexé à la loi du 5 août de la même année.

2. Les droits à percevoir sur les objets non compris au présent tarif sont les mêmes que ceux du tarif du canal du Centre.

3. Le droit sera calculé d'après les distances de cinq kilomètres à parcourir.

Le tarif n'admettant pas de fractions de distance, l'espace compris entre le point de départ et la première borne, ou depuis la dernière borne jusqu'au point d'arrivée, sera compté pour une distance entière.

4. La longueur totale de la partie navigable du canal, à partir de son embouchure dans la Saône, est partagée provisoirement, et sauf le bornage indiqué dans l'article suivant, en quinze distances, savoir :

Quatre distances de l'embouchure du canal à Dôle, trois distances de Dôle à Orchamps, et huit distances d'Orchamps au point où le canal cesse d'être navigable près de Besançon.

5. Il sera placé des bornes pour indiquer les distances (de cinq kilomètres).

6. Les bureaux de perception sur la partie actuellement navigable seront placés à Saint-Symphorien, Dôle, Orchamps et Besançon,

Le bureau de Saint-Symphorien percevra les droits à la remonte jusqu'à Dôle ;

Celui de Dôle, les droits à la remonte jusqu'à Orchamps, et à la descente jusqu'à St-Symphorien ;

Celui d'Orchamps, les droits à la remonte jusqu'à Besançon, et à la descente jusqu'à Dôle ;

Celui de Besançon, les droits à la descente jusqu'à Orchamps.

7. Aucun bateau chargé ou en vidange, aucun train, etc., ne pourra naviguer sur le canal sans une déclaration préalable, et sans un *laissez-passer* énonçant la destination, l'espèce et la quantité des objets transportés.

8. Les bateaux, trains, etc. qui partiront d'un point situé en dedans de la distance de cinq kilomètres de l'un des bureaux de perception, seront toujours déclarés à ce bureau. Le droit y sera acquitté avant le départ,

pour le nombre de distance à parcourir jusqu'à la destination déclarée, ou jusqu'au premier bureau de perception, si la destination déclarée est au-delà.

9. Les bateaux, trains, etc., qui partiront d'un point situé en dehors de la distance de cinq kilomètres du bureau de perception, seront déclarés, soit à ce bureau, soit aux bureaux particuliers de déclaration qui seront désignés par la régie des contributions indirectes.

10. Il ne sera délivré de *laissez-passer* dans les bureaux particuliers de la déclaration, qu'autant que les propriétaires ou conducteurs prendront l'engagement par écrit, dans la forme qui sera donnée par la régie des contributions indirectes, d'acquitter les droits au bureau de perception le plus voisin du lieu de destination, ou au premier bureau devant lequel ils auraient à passer pour s'y rendre.

11. Le conducteur d'un bateau parti en vidange et qui prendra un chargement en route ne pourra effectuer ce transport qu'après avoir fait une nouvelle déclaration et obtenu un nouveau *laissez-passer*. La somme payée pour le bateau en vidange sera admise à compte des droits à payer pour les marchandises chargées ; il sera de même fait une nouvelle déclaration et pris un nouveau *laissez-passer* pour les bateaux qui auront chargé en route de nouvelles marchandises.

12. Les conducteurs de bateaux, trains, etc., sont tenus de représenter, à toute réquisition, aux employés des contributions indirectes, des octrois ou de la navigation, ainsi qu'aux éclusiers, maîtres de pont ou de pertuis, les *laissez-passer*, connaissemens et lettres de voiture relatifs aux bateaux, trains, etc., qu'ils conduisent, et de faciliter les visites et vérifications des employés. Ils sont tenus, en outre, de remettre à chaque bureau de perception les *laissez-passer* qui leur auront été délivrés, tant au bureau de perception précédent qu'aux intermédiaires de déclaration.

13. Il est défendu aux éclusiers, maîtres de pont et de pertuis, de laisser passer tout bateau, train, etc., pour lequel il ne leur serait pas représenté d'expédition applicable à la nature du transport, comme aussi de percevoir aucun droit particulier pour la manœuvre des écluses ; le tout à peine de destitution, d'être contraints personnellement au remboursement des sommes perçues ou des droits fraudés, et d'être poursuivis comme concussionnaires.

14. Les autorités civiles et militaires seront tenues, sur la demande écrite des préposés aux droits de navigation, de requérir et de prêter main-forte pour l'exécution des lois et réglemens relatifs à leurs fonctions.

15. Les contraventions aux droits de navigation établis sur le canal *Monsieur* seront constatées par des procès-verbaux, pour les contrevenans être poursuivis et jugés conformément aux dispositions législatives existantes (*arrêté du 8 prairial an 11, art. 23 et 24*).

16. Les contestations sur l'application des taxes comprises au tarif annexé au décret du 11 avril 1811 seront, conformément à l'article 15 de l'arrêté du 8 prairial an 11, portées devant le sous-préfet dans l'arrondissement duquel le bureau de perception sera situé, sauf le recours au préfet, qui prononcera en conseil de préfecture.

17. Les droits contestés seront provisoirement acquittés, par forme de consignation, entre les mains du receveur du bureau où la contestation s'est élevée ; et il ne pourra être statué sur la contestation qu'autant que le réclamant en représentera quittance valable.

Les droits consignés seront ou portés définitivement en recette, ou restitués en tout ou en partie, d'après la décision qui interviendra et dont le réclamant devra produire un extrait en forme.

18. Notre ministre secrétaire-d'Etat des finances (comte de Villèle) est chargé de l'exécution de la présente ordonnance, qui sera insérée au Bulletin des Lois.

18 JANVIER = Pr. 1er FÉVRIER 1826. — Ordonnance du Roi relative à l'établissement des droits de navigation sur la partie du canal de Bourgogne à partir de son embouchure dans l'Yonne jusqu'à Tonnerre. (8, Bull. 74, n° 2539.)

Charles, etc.

Sur le rapport de notre ministre secrétaire-d'Etat des finances,

Vu la loi du 14 août 1822, relative à l'achèvement du canal de Bourgogne ;

Vu la loi du 30 floréal an 10 (20 mai 1802), autorisant l'établissement d'un droit de navigation intérieure sur les fleuves et canaux ;

Vu l'arrêté réglementaire du 8 prairial an 11 (28 mai 1803) sur la navigation intérieure de la France ;

Notre Conseil entendu,

Nous avons ordonné et ordonnons ce qui suit :

Art. 1er. A compter du 1er mars prochain, le tarif des droits de navigation établis d'abord par le décret du 11 avril 1811 sur la partie du canal de Bourgogne comprise entre Saint-Jean de Losne et Dijon, et ensuite par l'ordonnance du 24 février 1815, sur la partie du même canal mise en état de navigation depuis Dijon jusqu'à Pont-de-Pany, sera appliqué à la navigation de l'autre extrémité du canal à partir de son embouchure dans l'Yonne jusqu'à Tonnerre.

Notre ministre secrétaire-d'Etat des finances est autorisé à fixer les époques de l'application successive de ce tarif aux autres parties du canal, à mesure qu'elles seront livrées à la navigation.

La régie des contributions indirectes demeure chargée de la perception des droits qui sera faite pour le compte de l'Etat, jusqu'à l'époque fixée par l'article 7 de l'acte du 3 avril 1822, annexé à la loi du 14 août de la même année.

2. Conformément à l'article 2 du décret du 11 avril 1811, les droits à percevoir sur les objets non compris au tarif sont les mêmes que ceux du tarif du canal du Centre.

En cas de fraction, le centime entier sera perçu.

Les droits se paieront par distances entières de *cinq kilomètres*, sans avoir égard aux fractions de distance parcourue ou à parcourir.

Les poids ne seront pas comptés au-dessous de dix myriagrammes, et les cubes, au-dessous du kilolitre et du dixième de mètre cube.

3. La longueur totale de la partie soumise aux droits par la présente ordonnance, à partir de l'embouchure du canal dans l'Yonne, est partagée provisoirement, et sauf le bornage indiqué dans l'article suivant, en neuf distances, savoir :

Quatre distances de la Roche à Saint-Florentin, et cinq distances de Saint-Florentin à Tonnerre.

4. Il sera placé des bornes pour indiquer les distances.

5. Les bureaux de perception sur la partie soumise aux droits par la présente ordonnance seront placés à la Roche, à Saint-Florentin, à Tonnerre.

Le bureau de la Roche percevra les droits sur le canal, à la remonte de la Roche à Saint-Florentin ;

Le bureau de Saint-Florentin percevra les droits à la remonte jusqu'à Tonnerre, et à la descente jusqu'à la Roche ;

Le bureau de Tonnerre, les droits à la descente jusqu'à Saint-Florentin.

6. Toutes les dispositions de notre ordonnance de ce jour relatives à l'établissement des droits sur le canal *Monsieur* et contenues dans les articles 7 et suivans jusqu'à l'article 17, aussi compris, sont rendues communes à la navigation du canal de Bourgogne, de la Roche à Tonnerre.

7. Notre ministre secrétaire-d'Etat des finances (comte de Villèle) est chargé de

l'exécution de la présente ordonnance qui sera insérée au Bulletin des Lois.

---

18 JANVIER = Pr. 9 FÉVRIER 1826. — Ordonnance du Roi portant réglement pour l'exercice de la profession de boulanger dans la ville du Puy. (8, Bull. 75, n° 2578.)

Charles, etc.

Sur le rapport de notre ministre secrétaire-d'État de l'intérieur ;
Vu les délibérations du conseil municipal du Puy, des 26 septembre 1823 et 27 juin 1825 ;
Notre Conseil-d'État entendu,
Nous avons ordonné et ordonnons ce qui suit :

Art. 1er. A l'avenir, dans la ville du Puy, département de la Haute-Loire, nul ne pourra exercer la profession de boulanger sans une permission spéciale du maire ; elle ne sera accordée qu'à ceux qui justifieront être de bonnes vie et mœurs, et avoir les facultés suffisantes.

Dans le cas de refus d'une permission, le boulanger aura recours, de la décision du maire, à l'autorité administrative supérieure, conformément aux lois.

Ceux qui exercent actuellement au Puy l'état de boulanger, sont maintenus dans l'exercice de leur profession ; mais ils devront se munir de la permission du maire dans un mois pour tout délai, à partir de la publication de la présente ordonnance.

2. Cette permission ne sera accordée que sous les conditions suivantes :

Chaque boulanger se soumettra à avoir constamment en réserve dans son magasin un approvisionnement en denrées de première qualité, équivalant,

Pour le boulanger de première classe, à vingt hectolitres de froment, dix hectolitres de méteil et dix hectolitres de seigle;

Pour celui de seconde classe, à quinze hectolitres de froment, sept hectolitres et demi de méteil et sept hectolitres et demi de seigle;

Pour celui de troisième classe, à dix hectolitres de froment, cinq hectolitres de méteil et cinq hectolitres de seigle.

La moitié au moins de cet approvisionnement devra exister en farines, dans chaque magasin, au degré de blutage déterminé par les usages de la boulangerie du Puy.

3. Dans le cas où le nombre des boulangers viendrait à diminuer par la suite, les approvisionnemens de réserve des boulangers restant en exercice seront augmentés proportionnellement en raison de leur classe, de manière que la masse totale présente toujours la quantité jugée nécessaire pour satisfaire aux besoins de toute la population pendant un mois.

4. Chaque boulanger s'obligera de plus, par écrit, à remplir toutes les conditions qui lui sont imposées par la présente ordonnance : il affectera, pour garantie de l'accomplissement de cette obligation, l'intégralité de son approvisionnement stipulé comme ci-dessus, et il souscrira à toutes les conséquences qui peuvent résulter de la non-exécution.

5. La permission délivrée par le maire constatera la soumission souscrite par le boulanger, tant pour cette obligation que pour la quotité de son approvisionnement de réserve ; elle énoncera aussi le quartier dans lequel chaque boulanger exercera ou se propose d'exercer sa profession.

Si un boulanger en activité vient à quitter son établissement pour le transporter dans un autre quartier, il sera tenu d'en faire la déclaration au maire dans les vingt-quatre heures.

Mais, dans aucun cas, l'autorité ne pourra déterminer les rues ou quartiers où un boulanger devra exercer son commerce.

6. Le maire s'assurera, par lui-même ou par l'un de ses adjoints, si les boulangers ont constamment en magasin et en réserve la quantité de grains ou de farines pour laquelle chacun d'eux aura fait sa soumission : il en enverra, tous les mois, l'état certifié par lui au préfet, et celui-ci en transmettra une ampliation au ministre de l'intérieur.

Les boulangers, pour aucune cause que ce soit, ne pourront refuser la visite de leurs magasins, toutes les fois que l'autorité se présentera à cet effet.

7. Le maire réunira auprès de lui vingt boulangers de la ville, pris parmi ceux qui exercent leur profession depuis longtemps ; ils procéderont, en sa présence, à la nomination d'un syndic et de deux adjoints.

Le syndic et les adjoints seront renouvelés tous les ans au quinze décembre, pour entrer en fonctions le 1er janvier suivant. Ils pourront être réélus ; mais, après un exercice de trois années, le syndic et les adjoints devront être définitivement remplacés.

8. Le syndic et les adjoints procéderont, en présence du maire, au classement des boulangers, conformément aux dispositions énoncées aux articles 2 et 3. Ils régleront pareillement, sous son autorité, le *minimum* du nombre des fournées que chaque boulanger sera tenu de faire journellement, suivant les différentes saisons de l'année.

9. Le syndic et les adjoints seront chargés de la surveillance de l'approvisionnement de réserve des boulangers, et de constater la

nature, la qualité et la quantité de farines dudit approvisionnement, sans préjudice des autres mesures de surveillance qui devront être prises par le maire, auquel ils rendront toujours compte.

10. Les boulangers admis et ayant commencé à exploiter ne pourront quitter leur établissement que six mois après la déclaration qu'ils en auront faite au maire, lequel ne pourra se refuser à la recevoir.

11. Nul boulanger ne pourra restreindre, sans y avoir été autorisé par le maire, le nombre de fournées auquel il sera obligé suivant sa classe.

12. Tout boulanger qui contreviendra aux articles 1, 2, 10 et 11 sera interdit temporairement ou définitivement, selon l'exigence des cas, de l'exercice de sa profession. Cette interdiction sera prononcée par le maire, sauf au boulanger à se pourvoir de la décision du maire auprès de l'autorité administrative supérieure, conformément aux lois.

13. Les boulangers qui, en contravention à l'article 10, auraient quitté leur établissement sans avoir fait préalablement la déclaration prescrite, et avant le délai fixé par ledit article ; ceux qui auraient fait disparaître tout ou partie de l'approvisionnement qu'ils sont tenus d'avoir en réserve, et qui, pour ces deux cas, auraient encouru l'interdiction définitive, seront considérés comme ayant manqué à leur engagement. Leur approvisionnement de réserve, ou la partie de cet approvisionnement qui aura été trouvée dans leurs magasins, sera saisi, et ils seront poursuivis à la diligence du maire, devant les tribunaux compétens, pour être statué conformément aux lois.

14. Le fonds d'approvisionnement de réserve deviendra libre, sur une autorisation du maire, pour tout boulanger qui, en conformité de l'article 10, aura déclaré, six mois d'avance, vouloir quitter sa profession.

La veuve et les héritiers du boulanger décédé pourront être pareillement autorisés à disposer de son approvisionnement de réserve, s'ils ne continuent pas le même commerce.

15. Tout boulanger sera tenu de peser le pain, s'il en est requis par l'acheteur ; il devra, à cet effet, avoir, dans le lieu le plus apparent de sa boutique, des balances et un assortiment de poids métriques dûment poinçonnés.

16. Nul boulanger ne pourra vendre son pain au-dessus de la taxe légalement faite et publiée.

17. Il est défendu d'établir des regrats de pain en quelque lieu que ce soit. En conséquence, les traiteurs, aubergistes, cabaretiers et tous autres, soit qu'ils fassent ou non métier de donner à manger, ne pourront tenir d'autre pain chez eux que celui qui est nécessaire à leur propre consommation et à celle de leurs hôtes.

18. Les boulangers et débitans forains seront admis, concurremment avec les boulangers de la ville du Puy, à vendre ou faire vendre du pain sur les marchés ou lieux publics et aux jours qui seront désignés par le maire, en se conformant aux réglemens.

19. Le maire du Puy pourra faire les réglemens locaux nécessaires sur la nature, la qualité, la marque et le poids du pain en usage dans cette ville, sur la police des boulangers et débitans forains et des boulangers du Puy qui ont coutume d'approvisionner les marchés, et sur la taxation des différentes espèces de pain.

Mais ces réglemens ne seront exécutoires qu'après avoir reçu l'approbation de notre ministre de l'intérieur, sur l'avis du préfet.

20. Les contraventions à la présente ordonnance, autres que celles qui sont spécifiées en l'article 12 et aux réglemens locaux dont il est fait mention en l'article précédent, seront poursuivies devant les tribunaux compétens, qui pourront prononcer l'impression et l'affiche des jugemens aux frais des contrevenans.

21. Notre garde-des-sceaux, ministre de la justice, et notre ministre de l'intérieur (comtes de Peyronnet et Corbière), sont chargés, etc.

---

18 JANVIER = Pr. 11 FÉVRIER 1826. — Ordonnance du Roi qui élève à la dignité de pair du royaume M. Antoine-Eugène-Amable-Stanislas comte de Gramont d'Aster. (8, Bull. 77, n° 2672.)

Charles, etc.

Vu l'article 27 de la Charte constitutionnelle et les ordonnances des 25 août 1817 et 5 mars 1819 ;

Sur le compte qui nous a été rendu que notre amé et féal le comte de Gramont d'Aster, pair de France, est décédé sans avoir rempli l'obligation qui lui était imposée de constituer un majorat à l'effet de rendre héréditaire dans sa famille la dignité de pair dont il était revêtu ;

Considérant que, depuis son décès, ce majorat a été constitué par sa famille, ainsi qu'il résulte des lettres-patentes signées de notre main et scellées du grand sceau de l'Etat, qui lui ont été délivrées le 4 du présent mois de janvier ;

Considérant, en outre, que notre amé et féal le comte de Gramont d'Aster est mort à notre service, et voulant donner à sa famille une marque de notre bienveillance particulière,

Nous avons ordonné et ordonnons ce qui suit :

Art. 1er. Le sieur comte de Gramont d'Aster (Antoine Eugène-Amable-Stanislas) est élevé à la dignité de pair du royaume, pour en jouir lui et ses descendans eh ligne directe, naturelle et légitime, de mâle en mâle et par ordre de primogéniture, ainsi que des droits, honneurs et prérogatives qui y sont attachés.

2. Le président de notre conseil des ministres (comte de Villèle) est chargé de l'exécution de la présente ordonnance.

18 JANVIER ⸗ Pr. 22 FÉVRIER 1826. — Ordonnance du Roi qui rectifie, en ce qui concerne le département de Maine - et- Loire, le tableau de la population du royaume, annexé à l'ordonnance royale du 16 JANVIER 1822. (8, Bull. 78, n° 2715.)

Charles, etc.

Sur le rapport de notre ministre secrétaire-d'Etat au département de l'intérieur ;

Vu le tableau de la population de notre royaume, approuvé par l'ordonnance du 16 janvier 1822, lequel a fixé à quatre cent quarante-deux mille huit cent cinquante-neuf individus celle du département de Maine-et-Loire ;

Vu les états des derniers recensemens faits dans la ville de Chollet, qui constatent que sa population est de sept mille quatre cent six habitans, au lieu de quatre mille huit cent soixante-cinq, nombre auquel elle avait été évaluée ; d'où il résulte qu'une erreur en moins de deux mille cinq cent quarante-un avait été commise dans l'évaluation de la population de cette ville, et par suite, dans celle du département, qui doit être portée à quatre cent quarante-cinq mille trois cent quatre-vingt-onze habitans.

Nous avons ordonné et ordonnons ce qui suit :

Art. 1er. Le tableau de la population de notre royaume, approuvé par l'ordonnance du 16 janvier 1822 et y annexé, est rectifié en ce qui concerne le département de Maine-et Loire, ainsi qu'il suit :

DÉPARTEMENT.	POPULATION.
Maine-et-Loire.	445,391 ames.

2. Nos ministres secrétaires-d'Etat aux départemens de l'intérieur et des finances (comtes Corbière et de Villèle) sont chargés de l'exécution de la présente ordonnance.

18 JANVIER 1826. — O. donnances du Roi qui autorisent l'acceptation de dons et legs faits à des sœurs hospitalières, à une fabrique et à un séminaire. (8, Bull. 141, n°s 4892 à 4895.)

18 JANVIER 1826. — Ordonnance du Roi qui accorde des lettres de déclaration de naturalité au sieur Liès. (8, Bull. 145, n° 5088.)

18 JANVIER 1826. — Ordonnance du Roi qui accorde des lettres de déclaration de naturalité au sieur Stull. (8, Bull. 146, n° 5106.)

18 JANVIER ⸗ Pr. 22 FÉVRIER 1826. — Ordonnance du Roi portant proclamation des brevets d'invention, de perfectionnement et d'importation, pris pendant le 4e trimestre de 1825, et des cessions qui ont été faites, durant le cours de ce trimestre, de tout ou partie des droits résultant de titres dé la même nature. (8, Bull. 78, n° 2715.)

18 JANVIER 1826. — Ordonnance du Roi qui autorise le sieur Le Cesne à ajouter à son nom celui de Guillot. (8, Bull. 74, n° 2541.)

18 JANVIER 1826. — Ordonnance du Roi qui admet les sieurs Claude et Lawson à établir leur domicile en France. (8, Bull. 74, n° 2542.)

18 JANVIER 1826. — Ordonnances du Roi qui autorisent l'acceptation de dons et legs faits à des communes. (8, Bull. 78, n°s 2721 à 2724.)

18 JANVIER 1826. — Ordonnances du Roi qui autorisent l'acceptation de dons et legs faits à des pauvres, à des paroisses et à des hospices. (8, Bull. 80, n°s 2753 à 2778.)

18 JANVIER 1826. — Ordonnance du Roi qui change le jour de la tenue de foires de Curzay, de Chaunay et de Persac. (8, Bull. 80, n° 2810.)

18 JANVIER 1826. — Ordonnance du Roi portant établissement de foires et changement des jours de la tenue de celles qui existent dans les communes de Solers, d'Orthez, d'Ollières, de Mézilhac, de Villecroze, de la Garde-Freynet, de Dijon, de Louhans, de Sainte-Tulle, de Molac, de Verdun, de

Saint-Ganton, de Beaulon, de Nancy, de Neuvy et de Saint-Amand. (8, Bull. 81, nᵒˢ 2814 à 2827.)

---

18 JANVIER 1826. — Ordonnance du Roi qui convertit la foire établie dans la commune de Cinq-Mars en une assemblée pour la location des domestiques. (8, Bull. 81, nᵒ 2819.)

---

18 JANVIER 1826. — Ordonnance du Roi qui autorise le sieur Caroillon de Vandeul à maintenir en activité les usines qu'il possède dans la commune de Thonnance-lès-Joinville. (8, Bull. 81, nᵒ 2828.)

---

18 JANVIER 1826. — Ordonnance du Roi qui autorise le sieur Crozier Lamerlée à construire une affinerie et deux fourneaux dans la commune de Chavanay. (8, Bull. 81, nᵒ 2829.)

---

18 JANVIER 1826. — Ordonnance du Roi qui autorise la société anonyme des mines de plomb de Chabrignac à établir une verrerie dans la commune de Saint-Lazare (Dordogne). (8, Bull. 81, nᵒ 2830.)

---

18 JANVIER 1826. — Ordonnances du Roi qui autorisent les sieurs Poucelin et Villequez à construire deux lavoirs à bras dans la commune de Ventoux (Haute-Saône). (8, Bull. 81, nᵒ 2831.)

---

18 JANVIER 1826. — Ordonnances du Roi qui accordent des lettres de déclaration de naturalité aux sieurs Jacquinet, Veron et Bourjeaux. (8, Bull. 121, nᵒˢ 4058, 4059 et 4060.)

---

25 JANVIER = Pr. 9 FÉVRIER 1826. — Ordonnance du Roi portant fixation du prix des poudres qui seront livrées, pendant l'année 1826, aux départemens de la guerre, de la marine et des finances. (8, Bull. 75, nᵒ 2579.)

Charles, etc.

Vu l'article 2 de l'ordonnance du 25 mars 1818, relatif à la fixation du prix des poudres par la direction générale du service des poudres fournies aux départemens de la guerre, de la marine et des finances;

Sur la proposition de notre ministre secrétaire-d'Etat au département de la guerre,

Nous avons ordonné et ordonnons ce qui suit :

Art. 1ᵉʳ. Le prix des poudres qui seront livrées pendant l'année 1826, par la direction générale du service des poudres, aux départemens de la guerre, de la marine et des finances, est réglé ainsi qu'il suit :

Poudre de guerre pour le département de la guerre, 2 fr. 55 cent. le kilogr.
Idem pour celui de la marine, 2 fr. 60 cent.
Idem pour celui des finances, 2 fr. 46 cent.
Poudre de mine, 2 fr. 21 cent.
Poudre de commerce extérieur, 1 fr. 80 cent.
Poudre de chasse fine, 2 fr. 81 cent.
Idem superfine, 2 fr. 95 cent.
Plus 50 cent. sur chaque kilogramme de poudre royale, pour prix des boîtes dans lesquelles cette espèce de poudre est renfermée.

2. Nos ministres secrétaires-d'Etat de la guerre, de la marine et des finances (marquis de Clermont-Tonnerre, comtes Chabrol et de Villèle), sont chargés, chacun en ce qui le concerne, de l'exécution de la présente ordonnance.

---

25 JANVIER 1826. — Ordonnance du Roi qui accorde des lettres de déclaration de naturalité au sieur Mignon. (8, Bull. 232, nᵒ 8479.)

---

25 JANVIER 1826. — Ordonnance du Roi qui admet les sieurs Rion et Wadkings à établir leur domicile en France. (8, Bull. 74, nᵒ 2543.)

---

25 JANVIER 1826. — Ordonnances du Roi qui autorisent l'acceptation de dons et legs faits à des communes, à des hospices et à des pauvres. (8, Bull. 80, nᵒˢ 2779 à 2809.)

---

25 JANVIER 1826. — Ordonnances du Roi qui autorisent l'inscription de pensions au Trésor royal. (8, Bull. 81 *bis*, nᵒˢ 6, 7 et 8.)

---

25 JANVIER 1826. — Ordonnance du Roi qui accorde des lettres de déclaration de naturalité au sieur Biglione. (8, Bull. 105, nᵒ 3507.)

---

28 JANVIER 1826. — Lettres-patentes relatives à l'érection des majorats en faveur de MM. Jankovitz de Jeszenièze, Boissel de Monville, de Lahaye de Cormenin, d'Argent de Deux Fontaines, Juchault et Marbotin de Contenueil. (8, Bull. 76, nᵒ 2646.)

---

29 JANVIER = Pr. 11 FÉVRIER 1826. — Ordonnance du Roi portant autorisation définitive

de la maison de miséricorde dite de Notre-Dame du Refuge de Laval, département de la Maïenne. (8, Bull. 77, n° 2673.)

Charles, etc.

Vu la loi du 24 mai 1825;

Vu la déclaration des religieuses qui composent l'établissement du Refuge de Laval, qu'elles sont régies par les mêmes statuts que ceux approuvés pour la maison du Refuge de Tours;

Vu la délibération du conseil municipal de Laval, du 16 avril 1821, tendant à ce que ledit établissement soit autorisé dans cette ville;

Vu le consentement de l'évêque du Mans, du 30 décembre 1825;

Vu l'ordonnance royale du 11 septembre 1816, portant autorisation des statuts de ladite maison de Tours;

Sur le rapport de notre ministre secrétaire-d'Etat au département des affaires ecclésiastiques et de l'instruction publique,

Nous avons ordonné et ordonnons ce qui suit:

Art. 1er. La maison de miséricorde, dite de *Notre-Dame du Refuge* de Laval, département de la Mayenne, gouvernée par une supérieure locale, est définitivement autorisée.

2. Notre ministre secrétaire-d'Etat au département des affaires ecclésiastiques et de l'instruction publique (Frayssinous), est chargé de l'exécution de la présente ordonnance, qui sera insérée au Bulletin des Lois.

———

29 JANVIER = Pr. 11 FÉVRIER 1826. — Ordonnance du Roi portant autorisation définitive de la maison des filles de la Sagesse de Saint-Coulomb, département d'Ille-et-Vilaine. (8, Bull. 77, n° 2674.)

Charles, etc.

Vu la loi du 24 mai 1825;

Vu la déclaration des filles de la Sagesse, qui composent la communauté établie à Saint-Coulomb, qu'elles sont régies par les mêmes statuts que ceux approuvés pour la maison chef-lieu de Saint-Laurent-sur-Sèvre, dont elles dépendent;

Vu la délibération du conseil municipal de Saint-Coulomb, du 26 mars 1818, tendant à ce que cet établissement soit autorisé dans cette commune;

Vu le consentement de l'évêque de Rennes, du 11 janvier 1826;

Vu le décret du 27 février 1811, portant autorisation de ladite maison de Saint-Laurent-sur-Sèvre;

Sur le rapport de notre ministre secrétaire-d'Etat au département des affaires ecclésiastiques et de l'instruction publique,

Nous avons ordonné et ordonnons ce qui suit:

Art. 1er. La maison des filles de la Sagesse de Saint-Coulomb, diocèse de Rennes, département d'Ille-et-Vilaine, gouvernée par une supérieure locale, dépendant d'une supérieure générale dont la résidence est à Saint-Laurent-sur-Sèvre, est définitivement autorisée.

2. Notre ministre secrétaire-d'Etat au département des affaires ecclésiastiques et de l'instruction publique (Frayssinous), est chargé de l'exécution de la présente ordonnance, qui sera insérée au Bulletin des Lois.

———

29 JANVIER = Pr. 22 FÉVRIER 1826. — Ordonnance du Roi qui prescrit la publication de la bulle portant extension du jubilé à tout l'univers catholique. (8, Bull. 78, n° 2710.)

Charles, etc.

Voulant procurer à nos peuples le bienfait du jubilé que le souverain Pontife vient d'accorder à tout l'univers catholique;

Reconnaissant combien il nous importe de profiter de ce moyen extraordinaire pour attirer sur la France, sur notre famille et sur notre personne, les grâces et les bénédictions célestes;

Vu la bulle de Sa Sainteté, du 8 des calendes de janvier de l'année 1825;

Sur le rapport de notre ministre secrétaire-d'Etat au département des affaires ecclésiastiques et de l'instruction publique,

Notre Conseil-d'Etat entendu,

Nous avons ordonné et ordonnons ce qui suit:

Art. 1er. La bulle donnée à Rome, à Sainte-Marie-Majeure, le 8 des calendes de janvier de l'année 1825, portant extension du jubilé à tout l'univers catholique, est reçue et sera publiée dans le royaume en la forme accoutumée.

2. Ladite bulle est reçue sans approbation des clauses, formules ou expressions qu'elle renferme, qui sont ou pourraient être contraires à la Charte constitutionnelle, aux lois du royaume, aux franchises, libertés et maximes de l'église gallicane.

3. Ladite bulle sera transcrite en latin et en français sur les registres de notre Conseil-d'Etat; mention desdites transcriptions sera faite par le secrétaire-général du Conseil, sur la pièce enregistrée.

4. Notre ministre secrétaire-d'Etat au département des affaires ecclésiastiques et de

l'instruction publique, et notre garde-des-sceaux ministre et secrétaire-d'Etat au département de la justice (Frayssinouss et comte de Peyronnet), sont chargés, chacun en ce qui le concerne, de l'exécution de la présente ordonnance, qui sera insérée au Bulletin des Lois.

---

29 JANVIER 1826. — Ordonnances du Roi qui autorisent l'acceptation de dons et legs faits à des séminaires, à des dames de charité, à des fabriques et à des curés. (8, Bull. 141, n° 4896 à 4909.)

---

29 JANVIER 1826. — Ordonnances du Roi qui autorisent l'acceptation de donations faites à une fabrique et à une congrégation. (8, Bull. 142, n°s 4917 et 4918.)

---

29 JANVIER ⇆ Pr. 22 FÉVRIER 1826. — Ordonnance du Roi qui prescrit la publication des bulles d'institution canonique de MM. les évêques de Troyes et de Viviers. (8, Bull. 78, n° 2711.)

---

31 JANVIER 1826. — Discours du Roi à l'ouverture de la session des Chambres. (Mon. du 1er FÉVRIER 1826.)

Messieurs, c'est avec une véritable satisfaction que je me retrouve au milieu de vous. Attentif au mouvement des esprits et à la marche des affaires, j'ai jugé qu'aucun motif sérieux n'exigeait que l'époque où je m'etais proposé de vous réunir fût devancée. Ma prévoyance a été justifiée, et je me félicite de n'avoir pas abrégé le repos sur lequel il vous était permis de compter.

La mort vient de frapper au milieu de sa carrière l'un de mes plus magnanimes alliés : cette perte a profondément affligé mon cœur. Je reçois de son successeur, ainsi que des autres puissances, les assurances les plus positives sur la continuation de leurs dispositions amicales ; et j'ai la confiance que rien n'altérera la bonne harmonie qui fut établie entre mes alliés et moi, pour le repos des peuples.

J'ai conclu avec S. M. Britannique une convention qui rendra plus uniformes et moins onéreuses les conditions auxquelles est soumise la navigation réciproque des deux royaumes et de leurs colonies. J'attends de cet arrangement d'heureux résultats pour notre commerce maritime.

Je me suis déterminé à fixer enfin le sort de Saint-Domingue. Le temps était venu de fermer une plaie si douloureuse, et de faire cesser un état de choses qui compromettait tant d'intérêts. La séparation définitive de cette colonie, perdue pour nous depuis plus de trente années, ne troublera point la sécurité de celles que nous conservons.

Une loi devient nécessaire pour la répartition de l'indemnité que j'ai réservée aux anciens colons ; elle vous sera proposée.

Je ferai mettre immédiatement sous vos yeux les comptes de 1824, l'aperçu des rettes et des dépenses de 1825 et le budget de 1827. Le développement de notre commerce et de notre industrie, élevant de jour en jour le produit des taxes sur les consommations et les transactions, permettra d'améliorer le sort de nos ministres de notre sainte religion, d'accroître la dotation de plusieurs autres services, et d'ajouter au dégrèvement que les contributions directes ont déjà obtenu cette année, un nouveau dégrèvement de dix-neuf millions.

Vous vous féliciterez avec moi, Messieurs, de trouver ainsi dans les progrès de notre prospérité intérieure les moyens de réduire les charges les plus onéreuses aux contribuables.

La législation doit pourvoir par des améliorations successives à tous les besoins de la société. Le morcellement successif de la propriété foncière, essentiellement contraire au principe du gouvernement monarchique, affaiblirait les garanties que la Charte donne à mon trône et à mes sujets.

Des moyens vous seront proposés, Messieurs, pour rétablir l'accord qui doit exister entre la loi politique et la loi civile, et pour conserver le patrimoine des familles, sans restreindre cependant la liberté de disposer de ses biens.

La conservation des familles amène et garantit la stabilité politique, qui est le premier besoin des Etats et qui est surtout celui de la France, après tant de vicissitudes.

Vous me seconderez, Messieurs, pour accomplir les desseins que j'ai médités, et pour assurer de plus en plus le bonheur des peuples que la divine Providence a confiés à mes soins. Vous ne serez pas plus émus que moi de ces inquiétudes irréfléchies qui agitent encore quelques esprits, malgré la sécurité dont nous jouissons. Cette sécurité ne sera pas compromise, Messieurs : comptez que je veillerai avec une égale sollicitude à tous les intérêts de l'Etat, et que je saurai concilier ce qu'exigent l'exercice des libertés légales, le maintien de l'ordre et la répression de la licence.

---

31 JANVIER 1826. — Tableau du prix des grains pour servir de régulateur de l'exportation et de l'importation, conformément aux lois des 16 JUILLET 1819 et 4 JUILLET

1821; arrêté le 31 janvier 1826. (8, Bull. 74, n° 2537.)

cution de la présente ordonnance, qui sera insérée au Bulletin des Lois.

2 = Pr. 22 février 1826. — Ordonnance du Roi portant répartition du centime du fonds de non-valeurs à la disposition du ministre des finances. (8, Bull. 78, n° 2717.)

Charles, etc.

Vu l'état annexé à la loi de finances du 13 juin 1825, duquel il résulte qu'il est imposé additionnellement au principal des contributions foncière, personnelle et mobilière de 1826, deux centimes, dont un à la disposition de notre ministre des finances pour couvrir les remises, modérations et non-valeurs, et l'autre à celle de notre ministre de l'intérieur, pour secours effectifs en raison de grêles, orages, incendies, etc. ;

Voulant déterminer la portion du centime mis à la disposition de notre ministre des finances dont les préfets pourront faire jouir les administrés ;

Sur le rapport de notre ministre secrétaire-d'Etat des finances ;

Nous avons ordonné et ordonnons ce qui suit :

Art. 1er. Le produit du centime du fonds de non-valeurs à la disposition de notre ministre des finances sera réparti de la manière suivante :

Un tiers de centime est mis à la disposition des préfets ;

Les deux autres tiers resteront à la disposition du ministre.

2. Ce centime sera exclusivement employé à couvrir les remises et modérations à accorder sur les contributions foncière, personnelle et mobilière, et les non-valeurs qui existeraient sur ces deux contributions en fin d'exercice.

3. Notre ministre secrétaire-d'Etat des finances (comte de Villèle) est chargé de l'exé-

2 février = Pr. 24 mai 1826. — Ordonnance du Roi relative à la vente, aux prix réduits, de différentes qualités de tabac, et à la délimitation des lignes où cette vente est autorisée. (8, Bull. 92, n° 3082.)

Charles, etc.

Vu l'article 176 de la loi du 28 avril 1816, portant :

« Les prix fixés par les articles 174 et 175
« pourront être réduits en vertu d'ordon-
« nances du Roi, et il pourra de plus être
« établi des qualités intermédiaires de tabac,
« dont les prix seront proportionnés à ceux
« fixés par ces articles ; »

Vu les ordonnances du 14 août 1816, et du 3 mars 1820, qui fixent divers prix pour la vente du tabac dit de cantine, et autorise la régie des contributions indirectes à vendre cette espèce de tabac dans les lieux qui sont le plus exposés à la fraude ;

Sur le rapport de notre ministre-secrétaire d'Etat des finances,

Nous avons ordonné et ordonnons ce qui suit :

Art. 1er. L'administration des contributions indirectes est autorisée à fabriquer une qualité intermédiaire de tabac en poudre et à fumer, pour être livrée au consommateur au prix de six francs quarante centimes le kilogramme.

2. La délimitation des différentes lignes où sera désormais vendu le tabac de cantine est fixée conformément aux états annexés à la présente ordonnance.

3. Dans chacune des lignes dont l'article ci-dessus règle la démarcation, les diverses qualités de tabac de cantine pourront être vendues au consommateur, par la régie des contributions indirectes, aux prix ci-après, savoir :

	SCAFERLATI.	ROLES.	POUDRE.
Dans la 1re ligne.	de 1f 60c à 2f 40c	2f 20c	4f
Dans la 2e.	2 40 à 3 20	4 00	4
Dans la 3e.	3 20 à 4 00	0 00	0
Dans la 4e.	4 00 à 0 00	0 00	0

4. La qualité intermédiaire de tabac dont l'art. 1er autorise la fabrication ne pourra être vendue que dans les localités où la vente du tabac de cantine est autorisée.

5. Notre ministre secrétaire-d'Etat des fi-

nances (comte de Villèle) est chargé de l'exécution de la présente ordonnance.

État de démarcation des lignes dans lesquelles la vente des tabacs à prix réduits est autorisée, en vertu de l'ordonnance du Roi du 2 février 1826.

Ire LIGNE.

La 1re ligne restera limitée, dans sa première partie commençant à Offekerques (Pas-de-Calais), et finissant à Anor (Nord), par les communes dont la désignation suit :

PAS-DE-CALAIS.

Arrondissement de Saint-Omer.

Offekerques, Guemps, Norkerques, Nielle, Xouafques, Tournehem, Nort-Leulinghem, Mentqués, Norbécourt, Boldingoem, Lumbres, Wavrans, Wirquin, Ouve, Mercq-Saint-Liévin, Coyecques, Capelle, Reclinghem, Bomy, Cuhem, Fléchim.

Arrondissement de Béthune.

Ligny, Anchy, Lierres, Ham, Burbures, Allouagues, Gonnay, Hédigneul, Drouvin, Noeux-lès-Béthune, Mazingarbe, Loison, Noyelle-sous-Lens, Fouquières, Montirny, Dourges, Evin, le Forest.

NORD.

Arrondissement de Douai.

Raimbeaucourt, Saint-Léonard-du-Rache, Lallaing, Pecquencourt, Auberchicourt, Aniche.

Arrondissement de Valenciennes.

Mastaing, Bouchain, Lieu-Saint-Amand, Avesnes-le-Sec.

Arrondissement de Cambrai.

Villers-en-Cauchie, Montrécourt, Haussy, Saint-Pithon, Solesmes, Beaurain.

Arrondissement d'Avesnes.

Croix, Bousies, Fontaine, Maroilles, Dompierre, Saint-Hilaire, Avesnes, Rinsart, Féron, Anor.
Et dans sa seconde partie, commençant à Rothbach (Bas-Rhin), et finissant à Croix (Haut-Rhin), par les communes dont la désignation suit :

BAS-RHIN.

Arrondissement de Saverne.

Rothbach, Bischoltz, Mulhausen, Schil-lersdorff, Menchoffen, Uttwiller, Bouxviller, Riedheim, Printzheim, Gottesheim, Rosenwiler, Denttwiler, Waldolwisheim, Furchhausen, Wolschheim, Kleingoeft, Knoersheim, Rangen, Zehnacker, Crastatt.

Arrondissement de Strasbourg.

Wasselonne, Vangen, Westoffen, Ballbroon, Flexbourg, Still, Heiligenberg.

Arrondissement de Schelestadt.

Molkirch, Saint-Nabor, Saint-Oulle, Barr, Mittelbergheim, Andlau, Bernardswiller, Saint-Pierrebois, Saint-Maurice, Dieffembach, Neubois.

HAUT-RHIN.

Arrondissement de Colmar.

Liepvre, Sainte-Croix, Aubure, Fréland, La Poutroye, Orbey, La Baroche, Ximmerbach, Walbach, Wir, Gunspach, Wasserbourg, Lautembach, Lautembach-Zell, Rimbach, Rimbach-Zell.

Arrondissement de Béfort.

Watwiller, Steinbach, Vieux-Tann, Roderen, Soppe-le-Bas, Bretten, Saint-Cosme, Bréchaumont, Reppe, Chavanne, Vieux-Montreux, Jeune-Montreux, Bretagne, Grosne, Vellescot, Boron, Joncherey, Delle, Le Bélain, Saint-Dizier, Croix.

IIe LIGNE.

La 2e ligne, commençant à Andresselles (Pas-de-Calais), et finissant à Bonneuille-les-Bouchoux (Jura), aura pour limites les communes dont la désignation suit :

PAS-DE-CALAIS.

Arrondissement de Boulogne.

Andresselles, Ambleteuse, Wacquinghen, Maninghen, Pittefaut, Pernes, Bainctun, Aesdin-l'Abbé, Carly, Samer, Tingry, Lacres.

Arrondissement de Montreuil.

Bernieulles, Beussent, Inquexen, Recques, Etrée, Marant, Marenla, Campagne, Gouy, Mourriers, Capelle.

Arrondissement de Saint-Pol.

Quesnoy-lès-Hesdin, Vacqueriette, Haut Ménil, Haravesne, Ronge-Fays, Vacqu rie-le-Boucq, Bourets, Rebreuve, Rebreu-viette, Wamin, Grand-le-Rullecourt, Barly.

Arrondissement d'Arras.

Gony, Simencourt, Mercatel, Hénin, Fontaine-lès-Croisille, Hendecourt, Rien-conrt, Quéant, Pronville, Graincourt.

NORD.

Arrondissement de Cambrai.

Mœuvres, Marcoing, Crevecœur, Les-daing, Walincourt, Marest, Busigny.

AISNE.

Arrondissement de Saint-Quentin.

Becquigny.

Arrondissement de Vervins.

Grand-Audigny, Mennevret, Hennape, Iron, La Vacqueresse, Crupilly, Englan-court, Erloy, Sorbais, Etré-au-Pont, Origny, La Herrie, Eparcy, Bucilly, Martigny, Leuse, Aubenton.

ARDENNES.

Arrondissement de Rocroy.

Hannapes, Rumigny, Aouste, Logny-Bo-gny, Aubigny, Rouvroy.

Arrondissement de Charleville.

Le Hau-des-Moines, Mezières, Lumes, Nouvion, Vrignemeuse.

Arrondissement de Sedan.

Donchery, Le Dancourt, Vrigue-aux-Bois, Saint-Menges, Sedan, Balan, Bazeille, Douzy, Mairy, Amblimont, Mouzon.

MEUSE.

Arrondissement de Montmédy.

Pouilly, Inor, Martincourt, Stenay, Baa-lon, Quincy, Juvigny, Louppy, Remoiville, Jametz, Delut, Dombras, Merles, Pillon, Rouvroy-sur-Othain, Saint-Pierre-Villers.

MOSELLE.

Arrondissement de Briey.

Saint-Supplet, Mercy-le-Bas, Joppécourt, Mercy-le-haut, Malavillers, Sancy-le-Bas, Lommerange.

Arrondissement de Thionville.

Hayange, Morlange, Bertange, Volstroff, Metzerwisse, Ebersswiller.

Arrondissement de Metz.

Bertoncourt, Hinckange, Volmerange, Varise, Bannay, Bionville, Hautes-Vi-gneulles.

Arrondissement de Sarreguemines.

Valmont, Petite-Eberswillers, Macheren, Marienthal, Cappel, Puttelange, Grund-weiller, Villervaldt.

BAS-RHIN.

Arrondissement de Saverne.

Herbesheim, Domfessed, Rimsdorff, Eyweller, Hirschland, Rauwiller, Gœrlin-gen.

MEURTHE.

Arrondissement de Sarrebourg.

Hilbesheim, Hoff, Sarrebourg, Imling, Hesse, La Neuville, Niderhoff, Bertrambois, Châtillon, Saint-Sauveur.

Arrondissement de Lunéville.

Angomont, Pierre-Percée.

VOSGES.

Arrondissement de Saint-Diey.

Celles, Moussey, Raon-sur-Plaine, Seno-nes, Hurbache, La Voivre, Taintrux, Cor-cieux, Gérardmer.

Arrondissement de Remiremont.

La Bresse, Cornimont, Travexin, Le Mé-nil, Le Tillot.

HAUTE-SAÔNE.

Arrondissement de Lure.

Château-Lambert, Balfay, Plancher-Haut, Plancher-Bas, Champagney, Ron-champ, Magny-d'Anignon, Claire-Goutté, Frédéric-Fontaine, Beverne, Courmont, Malval, Saulnot, Villers-sur-Saulnot.

DOUBS.

Arrondissement de Baume.

Arcey, Onans, Faimbe, Etrappe, Appenans, Saint-George, Anteuil, Grand-Crosey, Fontenelle, Vellevrans, Ouvans, Landresse, Vellerot-lès-Vercel, Villers-la-Colombe, Villers-Chief, Grand'-Fontaine, Rantechaux, Nods.

Arrondissement de Pontarlier.

Aubonne, Saint-Gorgon, Oubans, Goux, Bians, Sombacour, Chaffois, Bulle, Dompierre, Fràne.

JURA.

Arrondissement de Poligny.

Cuvier, Esserval-Tartre, Esserval-Combe, Miéges, Nozeroy, Doye, Lent, Le Bourg, Châteauneuf.

Arrondissement de Lons-le-Saulnier.

Le Franois.

Arrondissement de Saint-Claude.

La Chaux, Saint-Pierre, Le Château-des-Prés, La Rixouse, Valfin, Avignon, Saint-Claude, Chevry, Chassal, Molinges, La Rivoire, Vulvoz, Bonneville-les-Bouchoux.
Les parties des départemens du Nord, du Pas-de-Calais et de l'Aisne, comprises dans cette seconde ligne, en forment la seconde subdivision.

IIIᵉ LIGNE.

La 3ᵉ ligne, commençant à Quend-le-Jeune (Somme), et finissant à l'Hôpital (Ain), aura pour limites les communes dont la désignation suit :

SOMME.

Arrondissement d'Abbeville.

Quend-le-Jeune, Vercourt, Arry, Machy, Machiel, Crécy, Marcheville, Domvast, Capennes, Cramont, Longvillier.

Arrondissement de Doulens.

Bernaville, Vacquerie, Gorges, Fienvillers, Candas, Beauquène, Arquèves, Léalvillers, Varennes.

Arrondissement de Péronne.

Authuille, Contalmaison, Montauban, Hardecourt, Maurepas, Boucbavesnes, Driencourt, Tincourt, Berne.

AISNE.

Arrondissement de Saint-Quentin.

Maissemy, Fayot, Rouvroy, Harly, Ménil-Saint-Laurent, Sissy, Ribemont, Pleine-Selve, Parpeville.

Arrondissement de Vervins.

Berlancourt.

Arrondissement de Laon.

Thiernut, Montigny, Lavaux, Agnicourt, La Basse-Chaourse, Montcornet, Lisier, Noircourt.

ARDENNES.

Arrondissement de Rethel.

Renneville, Logny-les-Chaumont, Adon, Mesmont, Novion-en-Portien, Macheroménil, La Vieille-Ville, Saulces-aux-Bois, Monclain.

Arrondissement de Vouziers.

Tourteron, Lametz, Longwé, Le Chesne-le-Populeux, Les Petites-Armoises, Brieulles-sur-Bar, Authe, Autruche, Harricourt, Bar, Buzency, Sivry, Bayonville, Chennery, Rémonville, Andevannes.

MEUSE.

Arrondissement de Montmédy.

Aincreville, Grand-Clairy, Brieulles, Dannevoux, Gercourt, Forges.

Arrondissement de Verdun.

Samoigneux, Louvemont, Bésonvaux, Dieppe, Fromézey, Estain, Lanhères.

MOSELLE.

Arrondissement de Briey.

Béchamps, Mouaville, Thumeréville, Abbeville, Hatrize, Bastilly, Habouville.

Arrondissement de Metz.

Montigny, Vigneulles, Lorry, Plappeville, Longeville, Montigny-lès-Metz, Mercy, Chailly, Sorbey, Aubé, Béchy, Flocourt.

MEURTHE.

Arrondissement de Château-Salins.

Lucy, Frémery, Oron, Chicourt, Château-Bréhain, Vannecourt, Bourlioncourt, Obreck, Hampont, Saint-Médard, Marsal, Montcourt, Xures.

Arrondissement de Lunéville.

Vaucourt, Emberménil, La Neuville-aux-Bois, Manonvillier, Bénaménil, Azerailles, Gronville, Fontenoy.

VOSGES.

Arrondissement d'Épinal.

Ménarmont, Nossoncourt, Anglemont, Rambervillers, Vomecourt, Bult, Destord, Girecourt, Fontenay, Charmois-le-Roulier, Cheniménil.

Arrondissement de Remiremont.

Jarménil, Poucheux, Saint-Nabord, Remiremont, Hérival, Le Val-d'Ajol.

HAUTE-SAÔNE.

Arrondissement de Lure.

Saint-Bresson, Raddon, Amage, Fessey, Belmont, Rignovelle, Linexert, Franchevelle, Quers, Adelans, Bouhans, Amblans-Vi-lès-Lure, Amance, Oricourt, Marat, Autrey-leVey, Pont-de-Noire.

DOUBS.

Arrondissement de Baume.

Cubrial, Cusé, Romain, Mésandans, Rillans, Verne, Luxiol, Flontenotte, Gros-Bois, Fourbanne, Petit-Roulans, Laissey, Osse, Nancray.

Arrondissement de Besançon.

Mamirolle, Torpes, Foucherans, Tarcenay, Villers, Malbrans, Maizières, Scey-en-Vareix, Cléron, Amondans, Malans, Colans, Eternoz, Nans, Saint-Agne.

JURA.

Arrondissement de Poligny.

Dournon, Cernans, Labergement, Thésy, Aresches, Fonteny, Pont-d'Héry, Valampouillières, Montrond, Besain, Crotenay, Faisses.

Arrondissement de Lons-le-Saulnier.

Mirebel, Châtillon, Blie, Turon, Poitte, Saint-Christophe, La Tour-du-May, Bellecin, Le Bourget, Onnoz, Cernon, Menouille, Rupt, Vescles, Condé,

26

AIN.

Arrondissement de Nantua.

Dortan, Bouvent, Veyziat, Belignat, Groissiat, Martignat, Charix, Laleyriat, Cras, L'Hôpital,

Les parties des départemens du Pas-de-Calais, de la Somme, du Nord et de l'Aisne, comprises dans cette troisième ligne, en forment la seconde subdivision.

IV° LIGNE.

La 4e ligne, commençant à Cayeux (Somme), et finissant à Saint-Benoît de Seyssieu (Ain), aura pour limites les communes dont la désignation suit :

SOMME.

Arrondissement d'Abbeville.

Cayeux, Brutelles, Vaudricourt, Nibas, Acheux, Ercourt, Huppy, Limeux, Hocquincourt, Hallencourt, Dreuil.

Arrondissement d'Amiens.

Airaines, Le Quesnoy, Fourdrinoy, La Ferrière, Saint-Acheul, Longueau, Glisy, Blangy, Aubigny, Fouilloy, Hamelet, Vaire.

Arrondissement de Péronne.

Bouzincourt, Gerizy, Morcourt, Proyart; Faucoucourt, Vermandovilliers, Ablaincourt, Marché-le-Pot, Licourt, Morchain, Béthancourt, Grand-Rouy, Voyennes, Offois, Eppeville, Ham.

AISNE.

Arrondissement de Saint-Quentin.

La Sommette, Ollezy, Annois, Jussy.

Arrondissement de Laon.

Menessis, Liez, Travecy, Danisy, Versigny, Couvron, Vivaise, Aulnois, Chambry, Athies, Eppes, Coucy-lès-Eppes, Montaigu, Ramecourt, La Malmaison.

ARDENNES.

Arrondissement de Rethel.

Villers-devant-le-Thour, Jusancourt, Aire, Saint-Loup, Tagnon, Annelles.

Arrondissement de Vouziers.

Pauvre, Tourcelles, Mars, Vouziers, Falaise, Primat, Olizy, Mouron, Grandpré, Saint-Juvin, Sommerance, Fléville, Chéhéry.

3

NEUSE.

Arrondissement de Verdun.

Baulny, Varennes, Boureuilles, Neuvilly, Aubreville, Parois, Récicourt, Dombasle, Jouy, Blercourt, Nixéville, Lempire, Landrecourt, Somme-Dieue, Mont, Bouzée, Fresnes, Marcheville, Saint-Hilaire, Bulgnéville, La Tour-en-Voivre.

MOSELLE.

Arrondissement de Metz.

Sponville, Xonville, Chambley, Gorze, Corny, Coin-sur-Seille, Scillegny, Gheminot.

MEURTHE.

Arrondissement de Nancy.

Morville-sur-Seille, Port-sur-Seille, Clémery, Manoncourt, Lixières, Jandelincourt, Moivron, Villers, Leyr, Bouxières, Amance, Laitre, Velaine, Cercueil, Lenoncourt, St-Nicolas, Rosières-aux-Salines.

Arrondissement de Lunéville.

Vigneules, Barbonville, Le Charmois, Méhencourt, Einvaux, Clayeures, Saint-Boing.

VOSGES.

Arrondissement d'Épinal.

Passoncourt, Rébincourt, Hadigny, Zincourt, Igney, Oncourt, Domèvres-sur-Avière, Uxégney, Les Forges, Chaumousey, Sanchey, Renauvoid, Le Charmois, Bains, Tremonzey.

HAUTE-SAÔNE.

Arrondissement de Lure.

Saint-Loup, Ainvelle, Conflans, Meurecour, Neurey-en-Vaux.

Arrondissement de Vesoul.

Val-Saint-Eloi, Varogne, Vellefrie, Auxon, Pusy, Pusey, Vaivres, Charriez, Andelarre, Andelarrot, Villeguindry, Magnoray, Courboult, Pennecière, La Malachère, Rioz, Sorans, Voray.

DOUBS.

Arrondissement de Besançon.

Chevroz, Geneuille, Auxon-dessous, Pouilly-les-Vignes, Serre-les-Sapins, Francey, Chemaudin, Dannemarie, Vélesme, Torpes, Byans, Lombard, Mesmay, Buffard.

JURA.

Arrondissement de Poligny.

Champagne, Cramans, Villers-Farlay,

Villeneuve-d'Aval, Montmalin, Molamboz, Mathenay, Grand-Abergement, Rathier, Bersaillin.

Arrondissement de Lons-le-Saulnier.

Monay, Toulouse, Montchauverot, Bréry, Saint-Germain, Plainoiseau, Domblans, L'Etoile, Montmorot, Chilly, Sainte-Agnès, Paysia, Orbagna, Beaufort, Rambey, L'Abergement, Rosay, Graveleuse, Loisiat, Graye, Gigny, Croupet, Saint-Julien, Ville-Chantriat, Grand-Montagnat, Favesges, Charnod, Cessiat, Burignat, Chaléat.

AIN.

Arrondissement de Nantua.

Sonthonnax, Napt, Mornay, Vollognat, Peyriat, Condamine, de la Doye, Vieux d'Izénavé, Lantency, Izenave.

Arrondissement de Belley.

Aranc, Lacous, Holiaz, Ordonnaz, Lompnas, Chaley, Tenay, Lhufs, Groslée, Saint-Benoît de Seyssieu.

---

2 FÉVRIER = Pr. 16 MAI 1826. — Ordonnance du Roi concernant l'administration des fondations anglaises établies en France pour l'instruction des jeunes catholiques d'Angleterre. (8, Bull. 168, n° 5940.)

Charles, etc.

Vu la requête présentée par l'évêque d'Halie, afin d'obtenir que les fondations faites en France pour l'instruction des jeunes catholiques d'Angleterre soient administrées séparément, suivant le mode établi pour les fondations écossaises par l'ordonnance du 3 mars 1824, et pour les fondations irlandaises par l'ordonnance du 15 juillet suivant;

Sur le rapport de notre ministre secrétaire-d'Etat de l'intérieur;

Nous avons ordonné et ordonnons ce qui suit:

Art. 1er. Les fondations anglaises établies en France pour l'instruction des jeunes catholiques d'Angleterre cesseront d'être administrées par l'ancien bureau gratuit, pour l'être séparément sous la surveillance de notre ministre secrétaire-d'Etat de l'intérieur.

2. L'administrateur chargé de la gestion générale des fondations anglaises sera nommé par notre ministre de l'intérieur. Il sera, autant que possible, prêtre de l'église catholique d'Angleterre, né sujet de sa majesté Britannique.

3. Il pourra déléguer temporairement ses fonctions à un ecclésiastique français, qui devra être agréé par notre ministre de l'intérieur.

4. L'administrateur anglais, ou son délégué, aura, pour l'administration des biens tant séculiers que réguliers, la rentrée et l'emploi des revenus, les mêmes pouvoirs qui ont été attribués à l'administrateur général par l'ordonnance du 17 décembre 1818, notamment par l'article 25 de cette ordonnance.

5. Les revenus recouvrés par l'administrateur seront versés par lui intégralement et sans retard à notre Trésor royal, qui ouvrira un *compte courant* à notre ministre de l'intérieur pour le service desdites fondations.

6. Le budget de l'emploi des fonds résultant des fondations anglaises sera arrêté d'avance, pour chaque année, par le ministre de l'intérieur.

7. Les comptes annuels seront soumis à son approbation et arrêtés définitivement par lui.

8. La nomination des boursiers sera également approuvée par lui, et aura lieu conformément aux dispositions de l'ordonnance du 17 décembre 1818.

9. L'ordonnance du 21 juin 1814, portant établissement d'un bureau gratuit d'administration, ainsi que les ordonnances des 30 octobre 1815, 25 janvier 1816, 17 septembre 1817 et 17 décembre 1818, sont rapportées en ce qui serait contraire aux dispositions prescrites par la présente ordonnance.

10. Nos ministres secrétaires-d'Etat de l'intérieur et des finances (comtes de Corbière et de Villèle) sont chargés de l'exécution de la présente ordonnance.

2 FÉVRIER 1826. — Ordonnances du Roi qui autorisent l'acceptation de dons et legs faits à des communautés religieuses, à des fabriques, à un hospice, à des séminaires et à un évêché, à des hospices et aux pauvres. (8, Bull. 142, n° 4919 à 4939 ; et 8, Bull. 81 , n°s 2832 à 2852 ; et 8, Bull. 82, n°s 2802 à 2870.)

2 FÉVRIER 1826. — Ordonnance du Roi qui accorde des lettres de déclaration de naturalité au sieur Stoffel. (Bull. 146, n° 5107.)

2 FÉVRIER 1826. — Ordonnance du Roi qui admet le sieur Kirsch à établir son domicile en France. (8, Bull. 76, n° 2647.)

2 FÉVRIER 1826. — Ordonnance du Roi qui autorise les sieurs Bocquet et compagnie à conserver et tenir en activité l'usine à fer qu'ils possèdent dans la commune d'Anor (Nord). (8, Bull. 82, n° 2880.)

2 FÉVRIER 1819. — Ordonnance du Roi qui autorise le sieur Georges à conserver et tenir en activité un martinet dans la commune de Biesles (Haute-Marne). (8, Bull. 82, n° 2881.)

2 FÉVRIER 1826. — Ordonnance du Roi qui autorise le sieur Guy à conserver et tenir en activité les trois lavoirs à bras pour le lavage du minerai de fer, situés dans la communes de Traves (Haute-Saône). (8, Bull. 82, n° 2882.)

2 FÉVRIER 1826. — Ordonnances du Roi qui accordent des lettres de déclaration de naturalité aux sieurs Deron, Morra et Schüler, Parain et Schener. (8, Bull. 105, n°s 3508, 3509 et 3510; et 8, Bull. 130, n°s 4512 et 4513.)

5 = Pr. 22 FÉVRIER 1826. — Ordonnance du Roi portant autorisation d'importer par navires nationaux ou étrangers, dans les îles de la Martinique et de la Guadeloupe, diverses denrées désignées par le tarif annexé. (8, Bull. 78, n° 2712.)

Charles, etc.

Vu l'arrêt du Conseil du 30 août 1784, concernant le commerce des colonies avec l'étranger ;

Vu les tarifs maintenant en vigueur dans les îles de la Martinique et de la Guadeloupe, en vertu des ordonnances de nos gouverneurs ;

Voulant donner plus d'uniformité au régime commercial desdites îles, et en même temps étendre et faciliter leurs relations de commerce avec l'étranger en tout ce qui n'est pas contraire aux intérêts de la métropole ;

Sur le rapport du président de notre Conseil des ministres ;

Notre conseil supérieur de commerce et des colonies entendu,

Nous avons ordonné et ordonnons ce qui suit :

Art. 1er. A dater du 1er juillet de la présente année, il sera permis aux navires, soit nationaux, soit étrangers, d'importer dans les deux îles de la Martinique et de la Guadeloupe, mais seulement dans les ports qui seront ci-après désignés, les diverses denrées et marchandises étrangères énumérées dans les tableaux annexés sous les n°s 1 et 2 à la présente ordonnance,

2. Les seuls ports où lesdites denrées et marchandises pourront être importées, sont : pour la Martinique, Saint-Pierre, le Fort-Royal et la Trinité; et pour la Guadeloupe, la Basse-Terre et la Pointe-à-Pitre.

3. Celles desdites denrées et marchandises qui sont portées au tableau n° 1 paieront, à leur importation de l'étranger, les droits énoncés audit tableau, et ce, sans aucune distinction de pavillon, soit étranger, soit national. Les marchandises de même espèce apportées de France sur navires français, ne paieront qu'un droit de cinq centimes par cent kilogrammes.

4. Les droits portés au tarif sus-énoncé ne pourront être augmentés ni diminués par aucun acte de nos gouverneurs, ou de toute autre autorité dans les colonies ; et nous faisons, à ce sujet, aux uns et aux autres les inhibitions les plus expresses.

Ces droits commenceront à être perçus à dater du 1er juillet de la présente année ; et à compter dudit jour, tous les droits alors existans dans les deux colonies sur les objets portés audit tarif, seront et demeureront révoqués.

5. Il n'est rien innové par ces présentes aux dispositions qui ont fixé à un pour cent dans les deux colonies, les droits à percevoir sur les marchandises importées de la métropole, en tant qu'ils affectent des marchandises non comprises dans les tableaux n°' 1 et 2 : ledit droit d'un pour cent, en ce qui concerne les marchandises non portées dans lesdits tableaux, est au contraire confirmé par ces présentes ; et faisons aux autorités des colonies les mêmes inhibitions que dessus d'y rien changer sans nos ordres exprès, transmis par notre ministre secrétaire-d'Etat au département de la marine et des colonies.

6. Les denrées et marchandises énumérées dans le tableau n° 2 ne seront assujéties qu'à un droit de cinq centimes par cent kilogrammes, quel que soit le pavillon qui les importe.

Il est interdit aux autorités des deux colonies d'y apporter aucun changement.

7. Les navires étrangers important les denrées et marchandises autorisées par la présente ordonnance, ne seront soumis à aucun droit de tonnage, de port, de phare, et autres de même nature, plus élevés que ceux auxquels seraient soumis les navires nationaux.

8. Aucune denrée ou marchandise autres que celles portées aux tableaux n°' 1 et 2, ne pourra être importée, soit par navires étrangers, soit par navires français venant de l'étranger, sous peine de confiscation du navire et du chargement.

9. Aucun navire étranger, ni aucun navire français venant de l'étranger, chargé même d'objets permis, ne pourra, sauf les cas de relâche forcée légalement constatés, entrer que dans les ports ouverts par la présente ordonnance, à peine de confiscation.

10. Les marchandises énumérées dans les tableaux n°' 1 et 2 pourront, ainsi que toutes marchandises venues de France, être réexportées d'une colonie dans l'autre, mais par bâtimens français seulement. Elles y seront reçues en franchise de tous droits, à la condition toutefois que l'importateur de marchandises tarifiées, lesquelles sont énumérées dans l'état n° 1, justifiera que les droits ont été acquittés sur lesdites marchandises dans la colonie où aura été faite la première importation.

11. Les navires étrangers pourront, ainsi que les navires français, exporter à l'étranger, en franchise de tous droits, mais seulement par les ports ouverts en vertu de l'article 2, les denrées et marchandises importées dans les deux colonies, soit de France, soit de tout autre pays.

12. Il n'est rien innové quant aux produits des deux colonies dont l'exportation n'est maintenant permise que pour les ports de France et par navires français. Seulement, ceux desdits produits dont l'exportation pour l'étranger est ou serait ultérieurement autorisée ne seront point assujétis, quand ils seront exportés par navires étrangers, à des droits plus élevés que ceux auxquels ils seraient assujétis étant exportés par bâtimens français.

13. Les droits mentionnés en l'article 5, lesquels seront prélevés dans nos colonies sur les marchandises françaises, continueront à être restitués, lorsque lesdites marchandises seront réexportées des deux colonies, sous quelque pavillon que ce soit.

14. Dans le cas où des circonstances impérieuses et extraordinaires paraîtraient à nos gouverneurs, dans l'une ou l'autre colonie, rendre indispensable l'appel momentané des farines étrangères, il sera procédé dans les formes ci-après indiquées, lesquelles sont toutes de rigueur :

1° Le gouverneur convoquera un conseil privé, auquel, indépendamment des personnes qui le composent ordinairement, seront appelés trois capitaines de navires marchands appartenant aux ports de France.

Ces trois capitaines seront désignés par les capitaines des navires français mouillés dans les ports de la colonie ouverts au commerce étranger.

2° A ce conseil seront produits par écrit, 1° le cours ou prix des farines dans les villes principales de la colonie, 2° l'état des quantités existantes dans la colonie ; 3° l'aperçu des quantités de farines attendues de France.

3° Il sera dressé procès-verbal des séances, dans lequel seront inscrits les trois documens mentionnés en l'article précédent. En outre, le procès-verbal rendra un compte exact des dires de chacun des membres appelés au conseil.

4° Ces faits étant vérifiés et toutes les observations entendues, le gouverneur, s'il juge qu'il y a nécessité et urgence, autorisera l'importation d'une quantité de farines étrangères, qui ne pourra, dans aucun cas, excéder quatre mille barils. La faculté d'effectuer ou de compléter cette importation ne pourra, dans aucun cas, s'étendre au-delà d'un délai de trois mois.

5° Les farines étrangères dont l'importation aura été ainsi autorisée paieront à la douane un droit de vingt-un francs cinquante centimes par baril de quatre-vingt-dix kilogrammes. Il est expressément interdit aux gouverneurs d'accorder, dans aucun cas et sous quelque prétexte que ce soit, aucune remise ou modération dudit droit.

6° Il est également interdit aux gouverneurs de donner des permissions ou des licences à des particuliers : leur ordonnance indiquera la quantité de farines étrangères dont l'importation aura été autorisée, et le délai après lequel ladite autorisation cessera de plein droit.

7° Cette ordonnance sera publiée et affichée dans les formes ordinaires; et à son arrivée en France, elle sera rendue publique par la voie du Moniteur, ainsi que l'extrait du procès-verbal énonçant les cours et l'état des farines existantes dans la colonie à l'époque où l'ordonnance aura été rendue.

15. L'arrêt du 30 août 1784 et tous autres réglemens en vigueur continueront d'être exécutés dans toutes celles de leurs dispositions auxquelles il n'est point dérogé par la présente ordonnance ou par des actes antérieurs.

16. Le président de notre Conseil des ministres, et notre ministre secrétaire-d'Etat au département de la marine et des colonies (comtes de Villèle et Chabrol), sont chargés, chacun en ce qui le concerne, de l'exécution de la présente ordonnance, laquelle sera insérée au Bulletin des Lois.

TABLEAU N° I.

Marchandises étrangères dont l'importation est autorisée dans les îles de la Martinique et de la Guadeloupe, à la charge de payer les droits ci-après indiqués.

Animaux vivans, dix pour cent de la valeur.
Bœuf salé, quinze francs par cent kilogrammes.
Bois feuillard, dix francs le millier.
Légumes secs, trois francs cinquante centimes par hectolitre.
Maïs en grains, deux francs par hectolitre.
Morue et autres poissons salés, sept francs par cent kilogrammes.

Riz, sept francs par cent kilogrammes.
Sel, cinq francs par cent kilogrammes.
Tabac, sept pour cent de la valeur.
Bois de toute sorte, autres que le bois feuillard, y compris les essentes, les planches et les merrains, quatre pour cent de la valeur.
Brai, goudron et autres résineux de pin, de sapin et de mélèze, quatre pour cent de la valeur.
Charbon de terre, *idem.*
Cuirs verts en poil, non tannés, *idem.*
Fourrages verts et secs, *idem.*
Fruits de table, *idem.*
Graines potagères, *idem.*

TABLEAU N° II.

Marchandises étrangères dont l'admission est autorisée dans les îles de la Martinique et de la Guadeloupe, à la charge de payer un droit de cinq centimes par cent kilogrammes.

Baume et sucs médicinaux. Bois odorans, de teinture et d'ébénisterie. Casse. Cire non ouvrée. Cochenille. Coques de coco. Cuivre brut. Curcuma. Dents d'éléphant. Ecailles de tortue. Etain brut. Fanons de baleine. Girofle. Gingembre. Gommes. Graines d'amome. Grains durs à tailler. Graisses, sauf celles de poisson. Indigo. Joncs et roseaux. Kermès. Légumes verts. Laque naturelle. Muscade. Nacre. Or et argent. Os et cornes de bétail. Peaux sèches et brutes. Pelleteries non ouvrées. Plomb brut. Poivre. Potasse. Quercitron. Quinquina. Rocou. Racines, écorces, herbes, feuilles et fleurs médicinales. Substances animales, propres à la médecine et à la parfumerie. Sumac. Vanille.

5 = Pr. 9 FÉVRIER 1826. — Ordonnance du Roi qui nomme M. Ravez président de la Chambre des députés. (8, Bull. 75, n° 2577.)

8 = Pr. 9 FÉVRIER 1826. — Ordonnance du Roi qui prescrit la publication de la convention de navigation et des articles additionnels conclus entre sa majesté Très-Chrétienne et sa majesté Britannique le 26 JANVIER 1826, et ratifiés à Paris le 31 du même mois. (8, Bull. 76, n° 2645.)

Voy. ci-après ordonnance du 8 FÉVRIER 1826.

AU NOM DE LA TRÈS-SAINTE TRINITÉ.

Sa majesté le roi de France et de Navarre, d'une part, et sa majesté le roi du royaume uni de la Grande-Bretagne et de l'Irlande, de l'autre part, animés également du désir de rendre plus faciles les communications commerciales entre leurs sujets respectifs, et persuadés que rien ne saurait contribuer davantage à l'accomplissement de leurs vœux mutuels à cet égard, que de simplifier et d'égaliser les réglemens qui sont aujourd'hui en vigueur, quant à la navigation de l'un et l'autre royaume, par l'abolition réciproque de tous droits différentiels levés sur les navires d'une des deux nations dans les ports de l'autre, soit à titre de droits de tonnage, de ports, de phares, de pilotage et autres de même nature, soit à titre de surtaxes sur les marchandises en raison de la non-nationalité du bâtiment qui les importe ou qui les exporte, ont nommé pour plénipotentiaires, afin de conclure une convention à cet effet, savoir :

Sa majesté le roi de France et de Navarre, le prince Jules comte de Polignac, pair de France, maréchal-de-camp de ses armées, chevalier de l'ordre royal et militaire de Saint-Louis, officier de l'ordre royal de la Légion-d'Honneur, grand'croix de l'ordre de Saint-Maurice de Sardaigne, aide-de-camp de sa majesté Très-Chrétienne, et son ambassadeur près sa majesté Britannique ;

Et sa majesté le roi du royaume uni de la Grande-Bretagne et de l'Irlande,

Le très honorable George Canning, conseiller de sa majesté Britannique en son conseil privé, membre du Parlement, et son principal secrétaire-d'Etat ayant le département des affaires étrangères, et le très honorable William Huskisson, conseiller de sa majesté Britannique en son conseil privé, membre du Parlement, président du comité du conseil privé pour les affaires de commerce et des colonies, et trésorier de la marine de sa majesté Britannique :

Lesquels, après s'être communiqué réciproquement leurs pleins pouvoirs respectifs, trouvés en bonne et due forme, ont arrêté et conclu les articles suivans :

Art. 1er. A dater du 5 avril de la présente année, et après cette époque, les navires français venant avec chargement des ports de France, et sans chargement de tous ports quelconques, ou se rendant avec chargement dans les ports de France, et sans chargement dans tous ports quelconques, ne seront pas assujettis dans les ports du royaume uni, soit à leur entrée, soit à leur sortie, à des droits de tonnage, de ports, de phares, de pilotage, de quarantaine, ou autres droits semblables ou analogues, quelle que soit leur nature ou leur dénomination, plus élevés que ceux auxquels sont ou seront assujettis dans ces mêmes ports, à leur entrée et à leur sortie, les navires britanniques effectuant les mêmes voyages avec chargement ou sans chargement ; et réciproquement, à dater de la même époque, les navires britanniques venant avec chargement des ports du royaume uni, et sans chargement de tous ports quelconques, ou se rendant avec char-

gement dans les ports du royaume uni, et sans chargement dans tout port quelconque, ne seront pas assujettis dans les ports de France, soit à leur entrée, soit à leur sortie, à des droits de tonnage, de ports, de phares, de pilotage, de quarantaine, ou autres droits semblables ou analogues, quelle que soit leur nature ou leur dénomination, plus élevés que ceux auxquels sont ou seront assujettis dans ces mêmes ports, à leur entrée et à leur sortie, les navires français effectuant les mêmes voyages avec chargement ou sans chargement, soit que ces droits se perçoivent séparément, soit qu'ils se trouvent représentés par un seul et même droit, sa majesté Très-Chrétienne se réservant de régler en France le montant de ce droit ou de ces droits d'après le taux auquel ils sont ou seront établis dans le royaume uni, en même temps que, dans le but d'alléger les charges imposées à la navigation des deux pays, elle sera toujours disposée à en réduire proportionnellement l'élévation en France d'après la réduction que pourront par la suite éprouver les droits perçus maintenant dans les ports du royaume uni.

2. Toute marchandises et tous objets de commerce qui peuvent ou pourront être légalement importés des ports de France dans les ports du royaume uni, et qui y seront apportés sur navires français, ne seront pas assujettis à des droits plus élevés que s'ils étaient importés sur navires britanniques ; et, réciproquement, toutes marchandises et tous objets de commerce qui peuvent ou pourront être légalement importés des ports du royaume uni dans les ports de France sur navires britanniques, ne seront point assujettis à des droits plus élevés que s'ils étaient importés sur navires français, sa majesté Très-Chrétienne se réservant d'ordonner que, de même que les produits de l'Asie, de l'Afrique et de l'Amérique ne peuvent être importés de ces pays, ni de tout autre, sur vaisseaux français, ni de France sur vaisseaux français, britanniques ou autres, dans les ports du royaume uni, pour la consommation du royaume, mais seulement pour l'entrepôt et la réexportation, de même aussi les produits de l'Asie, de l'Afrique et de l'Amérique ne pourront être importés de ces pays, ni de tout autre, sur vaisseaux britanniques, ni du royaume uni sur vaisseaux britanniques, français ou autres, dans les ports de France, pour la consommation du royaume, mais seulement pour l'entrepôt et la réexportation. A l'égard des produits des pays de l'Europe, il est entendu entre les hautes parties contractantes que ces produits ne pourront être importés sur navires britanniques en France, pour la consommation du royaume, qu'autant que

ces navires les auront chargés dans un port du royaume uni, et que sa majesté Britannique adoptera, si elle le juge convenable, une mesure restrictive analogue à l'égard des produits des pays d'Europe qui seraient importés sur navires français dans les ports du royaume uni ; les hautes parties contractantes se réservant néanmoins la faculté de déroger en partie à la stricte exécution du présent article, lorsque, par suite d'un consentement mutuel et de concessions faites de part et d'autre, dont les avantages seront réciproques ou équivalens, elles croiront utile de le faire dans l'intérêt respectif des deux pays.

3. Toutes marchandises et tous objets de commerce qui peuvent ou pourront être légalement exportés des ports de l'un ou de l'autre des deux pays, paieront, à la sortie, les mêmes droits d'exportation, soit que l'exportation de ces marchandises ou objets de commerce soit faite par navires français, soit qu'elle ait lieu par navires britanniques, ces navires allant respectivement des ports de l'un des deux pays dans les ports de l'autre ; et il sera réciproquement accordé, de part et d'autre, pour toutes cesdites marchandises et objets de commerce ainsi exportés sur navires français ou britanniques, les mêmes primes, remboursemens de droits et autres avantages de ce genre assurés par les réglemens de l'un et de l'autre État.

4. Il est réciproquement convenu entre les hautes parties contractantes que, dans les rapports de navigation entre les deux pays, aucun tiers pavillon ne pourra, dans aucun cas, obtenir des conditions plus favorables que celles qui sont stipulées dans la présente convention, en faveur des navires français et britanniques.

5. Les bateaux pêcheurs des deux nations, forcés par les mauvais temps de chercher refuge dans les ports ou sur les côtes de l'un ou de l'autre État, ne seront assujettis à aucuns droits de navigation, sous quelque dénomination que ces droits soient respectivement établis, pourvu que ces bateaux, dans ces cas de relâche forcée, n'effectuent aucun chargement ni déchargement dans les ports ou sur les points de la côte où ils auront cherché refuge.

6. Il est convenu que les clauses de la présente convention entre les hautes parties contractantes seront réciproquement mises à exécution dans toutes les possessions soumises à leur domination respective en Europe.

7. La présente convention sera en vigueur pendant dix ans, à dater du 5 avril de la présente année, et au-delà de ce terme, jusqu'à l'expiration de douze mois après que l'une des hautes parties contractantes aura annoncé à l'autre son intention d'en faire cesser les effets, chacune des hautes parties contractantes se réservant le droit de faire à l'autre une telle déclaration à l'expiration des dix ans susmentionnés ; et il est convenu entre elles qu'après les douze mois de prolongation accordés de part et d'autre, cette convention et toutes les stipulations y renfermées cesseront d'être obligatoires.

8. La présente convention sera ratifiée, et les ratifications seront échangées à Londres, dans l'espace d'un mois, ou plus tôt, si faire se peut.

En foi de quoi les plénipotentiaires respectifs l'ont signée et y ont apposé le cachet de leurs armes,

Fait à Londres, le 26 janvier, l'an de grâce 1826.

(L. S.) *Signé* le·prince de POLIGNAC.
(L. S.) *Signé* GEORGE CANNING.
(L. S.) *Signé* WILLIAM HUSKISSON.

Articles additionnels.

Art. 1er. A dater du 1er octobre de la présente année, et après cette époque, les navires français pourront faire voile, de quelque port que ce soit des pays soumis à la domination de sa majesté Très-Chrétienne, pour toutes les colonies du royaume uni (excepté celle possédées par la compagnie des Indes), et importer dans ces colonies toutes marchandises (produit du sol ou des manufactures de France, ou de quelque pays que ce soit, soumis à la domination française), à l'exception de celles dont l'importation dans ces colonies serait prohibée, ou ne serait permise que des pays soumis à la domination britannique ; et lesdits navires français et lesdites marchandises importées sur ces navires ne seront pas assujettis, dans les colonies du royaume uni, à des droits plus élevés ni à d'autres droits que ceux auxquels seraient assujettis les navires britanniques important lesdites marchandises de quelque pays étranger que ce soit, et lesdites marchandises elles-mêmes.

Il sera accordé réciproquement dans les colonies de la France les mêmes facilités, quant à l'importation sur navires britanniques de toutes marchandises (produits du sol et des manufactures du royaume uni, ou de quelque pays que ce soit, soumis à la domination britannique), à l'exception de celles dont l'importation dans ces colonies serait prohibée, ou ne serait permise que des pays soumis à la domination française. Et, attendu que les produits des pays étrangers peuvent être importés maintenant dans les colonies du royaume uni sur les vaisseaux appartenant à ces pays, à l'exception d'un nombre limité d'articles spécifiés, lesquels ne peuvent être importés dans lesdites colonies que sur vaisseaux britanniques, sa majesté le roi du royaume uni se réserve la faculté d'étendre cette exception sur tout autre produit des pays soumis à la domination de sa majesté Très-Chrétienne, lorsque sa majesté Britannique jugera convenable de le faire pour placer le commerce et la navigation permis aux sujets de chacune des hautes parties contractantes avec les colonies de l'autre, sur le pied d'une juste réciprocité.

2. A dater de la même époque, les navires français pourront exporter de toutes les colonies du royaume uni (excepté celles possédées par la compagnie des Indes) toutes marchandises dont l'exportation de ces colonies par navires autres que ceux britanniques ne serait point prohibée; et lesdits navires et lesdites marchandises exportées sur ces navires ne seront point assujétis à des droits plus élevés ou à d'autres droits que ceux auxquels seraient assujétis les navires britanniques exportant lesdites marchandises, et lesdites marchandises elles-mêmes, et ils auront droit aux mêmes primes, remboursemens de droits et autres allocations de cette nature auxquelles pourraient prétendre les navires britanniques pour ces exportations.

Il sera accordé réciproquement dans toutes les colonies de la France les mêmes facilités et priviléges pour l'exportation sur navires britanniques de toutes marchandises dont l'exportation de ces colonies par navires autres que ceux français ne serait pas prohibée.

Ces deux articles additionnels auront la même force et valeur que s'ils étaient insérés mot à mot dans la convention de ce jour. Ils seront ratifiés, et les ratifications en seront échangées en même temps.

En foi de quoi, les plénipotentiaires respectifs les ont signés et y ont apposé le cachet de leurs armes.

Fait à Londres, le 26 janvier, l'an de grâce 1826.

(L. S.) *Signé* le prince DE POLIGNAC.
(L. S.) *Signé* GEORGE CANNING.
(L. S.) *Signé* WILLIAM HUSKISSON.

8 ⚌ Pr. 22 FÉVRIER 1826. — Ordonnance du Roi qui prescrit l'accomplissement des conditions de réciprocité stipulées par une convention du 26 JANVIER 1826, à l'égard de la navigation britannique. (8, Bull. 78, n° 2713.)

Charles, etc.

Vu la convention conclue et signée entre nous et sa majesté Britannique, le 26 janvier de la présente année;

Voulant assurer, en tout ce qui ne résulte pas déjà des réglemens français sur la navigation générale, l'accomplissement des conditions de réciprocité stipulées en ladite convention à l'égard de la navigation britannique;

Sur le rapport du président de notre conseil des ministres, ministre secrétaire d'Etat des finances:

Notre conseil supérieur de commerce et des colonies entendu,

Nous avons ordonné et ordonnons ce qui suit:

Art 1er. A dater du 5 avril prochain, les navires britanniques venant avec ou sans chargement des ports du royaume uni de l'Angleterre et de l'Irlande, et des possessions dudit royaume en Europe, dans les ports de France, et les navires français revenant des ports du royaume uni et de ses possessions en Europe, paieront un droit de tonnage égal, lequel, jusqu'à ce qu'il en soit autrement ordonné, n'excédera pas le droit maintenant perçu à l'entrée des ports de France sur tous navires étrangers.

Les navires britanniques venant des ports du royaume uni ou des possessions de ce royaume en Europe ne supporteront les re-redevances de pilotage, de bassin, de quarantaine, et autres analogues, que d'après le taux établi pour les navires français.

2. A dater de la même époque, toutes marchandises et tous objets de commerce qui peuvent ou pourront être légalement importés des ports du royaume uni et de ses possessions en Europe, pour la consommation de notre royaume, ne paieront, à leur importation par navires britanniques, que les mêmes droits qui sont ou seront perçus sur lesdites marchandises et objets de commerce à leur importation par navire français.

3. Les produits de l'Asie, de l'Afrique et de l'Amérique, importés de quelque pays que ce soit par navires britanniques, ou bien chargés par navires français, ou tous autres, dans un des ports de la domination britannique en Europe, ne pourront, à dater de la même époque du 5 avril prochain, être admis en France pour la consommation du royaume, mais seulement pour l'entrepôt et la réexportation.

La même disposition est applicable aux produits des pays d'Europe autres que le royaume uni ou ses possessions, lorsqu'ils seront importés par navires britanniques venant d'un autre port que ceux du royaume uni ou de ses possessions en Europe.

4. Seront affranchis de tout droit de navigation les bateaux pêcheurs appartenant au royaume uni ou à ses possessions en Europe, lorsqu'étant forcés par le mauvais temps de chercher un refuge dans les ports ou sur les côtes de France, ils n'y auront effectué aucun chargement ni déchargement.

5. Le président de notre conseil des ministres, ministre secrétaire-d'Etat au département des finances (comte de Villèle), est chargé de l'exécution de la présente ordonnance, qui sera insérée au Bulletin des Lois.

---

8 = Pr. 22 FÉVRIER 1825. — Ordonnance du Roi portant autorisation définitive de la maison des religieuses du Verbe Incarné établie à Saint-Benoît du Sault, département de l'Indre. (8, Bull. 78, n° 2714.)

Charles, etc.

Vu la loi du 24 mai 1825;

Vu la déclaration des religieuses du Verbe incarné qui composent la communauté établie à Saint-Benoît du Sault, qu'elles sont régies par les mêmes statuts que ceux approuvés pour la maison chef-lieu d'Azérables, diocèse de Limoges;

Vu la délibération du conseil municipal de Saint-Benoît du Sault, du 30 octobre 1825, tendant à ce que cet établissement soit autorisé dans cette ville;

Vu le consentement de l'archevêque de Bourges, du 16 janvier 1826;

Vu le décret du 23 juillet 1811, portant autorisation de ladite maison d'Azérables;

Sur le rapport de notre ministre secrétaire-d'Etat des affaires ecclésiastiques et de l'instruction publique,

Nous avons ordonné et ordonnons ce qui suit :

Art. 1er. La maison des religieuses du Verbe incarné établie à Saint-Benoît du Sault, diocèse de Bourges, département de l'Indre, gouvernée par une supérieure locale, dépendant de la maison chef-lieu d'Azérables, est définitivement autorisée.

2. Notre ministre secrétaire-d'Etat au département des affaires ecclésiastiques et de l'instruction publique (Frayssinous) est chargé de l'exécution de la présente ordonnance, qui sera insérée au Bulletin des Lois.

---

8 FÉVRIER = Pr. 7 MARS 1826. — Ordonnance du Roi qui élève au rang des routes royales celle de Gisors à Ecouis, et contient des dispositions pour la construction de la route royale n° 181, entre Pacy et Gisors. (8, Bull. 80, n° 2744.)

---

8 FÉVRIER 1826. — Ordonnances du Roi qui autorisent l'acceptation de dons et legs faits à des fabriques, à des séminaires et à des communautés religieuses, etc. (8, Bull. 142, n° 4940 à 4962.)

---

8 FÉVRIER 1826. — Ordonnance du Roi qui accorde des lettres de déclaration de naturalité au sieur Denoël. (Bull. 343, n° 13,523.)

---

8 FÉVRIER 1826. — Ordonnance du Roi qui admet le sieur Cristoval à établir son domicile en France. (8, Bull. 78, n° 2718.)

---

8 FÉVRIER 1826. — Ordonnance du Roi qui autorise l'inscription d'une pension au Trésor royal, au nom du sieur Drouet, comte d'Erlon, en indemnité de la perte de deux dotations. (8, Bull. 81 bis, n° 9.)

---

8 FÉVRIER 1826. — Ordonnance du Roi qui accorde des pensions à des veuves de militaires. (8, Bull. 81 bis, n° 10.)

---

8 FÉVRIER 1826. — Ordonnances du Roi qui accordent des pensions de retraite à des militaires. (8, Bull. 81 bis, n° 11, 12, 13, 15, 16 et 17.)

---

8 FÉVRIER 1826. — Ordonnance du Roi qui autorise l'inscription au Trésor royal de treize pensions ecclésiastiques. (8, Bull. 81 bis, n° 14.)

---

8 FÉVRIER 1826. — Ordonnance du Roi qui autorise le sieur Klinglin à construire un patouillet près du haut-fourneau qu'il possède dans la commune de Saint-Loup-lès-Gray (Haute-Saône). (8, Bull. 82, n° 2883.)

---

12 FÉVRIER 1826. — Ordonnance du Roi qui autorise l'acceptation de legs faits au séminaire de Saint-Sulpice et à l'établissement des missions étrangères. (Bull. 142, n° 4963.)

---

16 FÉVRIER = Pr. 1er MARS 1826. — Ordonnance du Roi portant autorisation définitive de la communauté des religieuses de Saint-Joseph des Rousses, département du Jura. (8, Bull. 79, n° 2726.)

Charles, etc.

Vu la loi du 24 mai 1825 ;
Vu la déclaration des religieuses qui composent l'établissement des Rousses, qu'elles sont régies par les mêmes statuts que ceux approuvés pour les sœurs de Saint-Joseph de Lyon ;
Vu la délibération du conseil municipal des Rousses, du 14 septembre 1825, tendant à ce que ledit établissement soit autorisé dans cette commune ;
Vu le consentement de l'évêque de Saint-Claude, du 7 décembre 1825 ;
Vu le décret du 10 avril 1812, portant autorisation des statuts desdites religieuses de Lyon ;
Sur le rapport de notre ministre secrétaire-d'Etat au département des affaires ecclésiastiques et de l'instruction publique.
Nous avons ordonné et ordonnons ce qui suit :
Art. 1er. La communauté des religieuses de Saint-Joseph des Rousses, département du Jura, diocèse de Saint-Claude, gouvernée par une supérieure locale, est définitivement autorisée.
2. Notre ministre secrétaire-d'Etat au département des affaires ecclésiastiques et de l'instruction publique (Frayssinous) est chargé de l'exécution de la présente ordonnance, qui sera insérée au Bulletin des Lois.

———

16 FÉVRIER ⇌ Pr. 1er MARS 1826. — Ordonnance du Roi portant autorisation définitive de la communauté des religieuses de Saint-Joseph établie à Oulias, commune de Castelnau, département du Tarn. (8, Bull. 79, n° 2727.)

———

16 FÉVRIER 1826. — Ordonnances du Roi qui autorisent l'acceptation de dons et legs faits aux sœurs hospitalières de l'hospice de Caen, aux frères de la doctrine chrétienne et au petit séminaire de Bordeaux. (8, Bull. 142, n° 4964, 4965 et 4966.)

———

16 FÉVRIER 1826. — Ordonnances du Roi qui autorisent l'acceptation de dons et legs faits à des séminaires, à des fabriques, à des curés et à des communautés religieuses. (8, Bull. 143, n° 4974 à 4990.)

———

16 FÉVRIER 1826. — Ordonnance du Roi qui admet les sieurs Conion, de Arana, Hug, Schneider, Gast, Dreifus, Kiefer, Preiss et Ranney, à établir leur domicile en France. (8, Bull. 80, n° 2751.)

16 FÉVRIER 1826. — Ordonnances du Roi qui autorisent l'acceptation de dons et legs faits à des communes. (8, Bull. 82, n°s 2871 à 2879.)

———

16 FÉVRIER 1826. — Ordonnance du Roi qui autorise le sieur Aubert à construire un martinet et un feu de chaufferie dans la commune de Boulay (Moselle). (8, Bull. 82, n° 2884.)

———

16 FÉVRIER 1826. — Ordonnances du Roi qui accordent des pensions à des veuves de militaires. (8, Bull. 82 bis, n°s 1, 2 et 3.)

———

16 FÉVRIER 1826. — Ordonnances du Roi qui accordent des pensions de retraite à des militaires. (8, Bull. 82 bis, n°s 4, 5, 6, 9 et 10.)

———

16 FÉVRIER 1826. — Ordonnances du Roi qui accordent des secours à des orphelins de militaires. (8, Bull. 82 bis, n°s 7 et 8.)

———

16 FÉVRIER 1826. — Ordonnances du Roi qui accordent des lettres de déclaration de naturalité aux sieurs Jean-Louis et Maurice-Raymond Toinet. (8, Bull. 105, n°s 3511 et 3512.)

———

22 FÉVRIER ⇌ Pr. 1er MARS 1826. — Ordonnance du Roi relative à la fixation du traitement des professeurs civils et militaires employés dans l'école royale d'application de l'artillerie et du génie à Metz. (8, Bull. 79, n° 2728.)

Charles, etc.

Voulant donner aux professeurs civils et militaires employés dans notre école royale d'application de l'artillerie et du génie à Metz, un témoignage de l'intérêt que nous leur portons, et leur assurer les avantages auxquels ils peuvent justement prétendre ;
Sur le rapport de notre ministre secrétaire-d'Etat de la guerre,
Nous avons ordonné et ordonnons ce qui suit :
Art. 1er. Le traitement affecté à chacun des emplois des professeurs civils et militaires dans notre école royale d'artillerie et du génie à Metz, demeure fixé à la somme de quatre mille francs par an.
2. Ces traitements de professeurs seront, en raison des années d'exercice, progressivement élevés aux taux indiqués ci-dessous, à partir du 1er janvier 1826 :

à 4,800 f. après 10 ans de service;
5,400 f. après 15 ans *idem*;
et à 6,000 f. après 20 ans *idem*.

3. Notre ministre secrétaire-d'Etat de la guerre (marquis de Clermont-Tonnerre) est chargé de l'exécution de la présente ordonnance.

_____

22 FÉVRIER ⟷ Pr. 7 MARS 1826. — Ordonnance du Roi portant autorisation définitive de la communauté des religieuses de la Visitation établie à Dijon, département de la Côte-d'Or. (8, Bull. 80, n° 2745.)

Charles, etc.

Vu la loi du 24 mai 1825;
Vu la déclaration des religieuses de la Visitation qui composent la communauté établie à Dijon, qu'elles sont régies par les mêmes statuts que ceux approuvés pour la maison de Mâcon;
Vu la délibération du conseil municipal de Dijon du 7 janvier 1825, tendant à ce que ledit établissement soit autorisé dans cette ville;
Vu le consentement de l'évêque de Dijon, du 26 janvier 1826;
Vu l'ordonnance royale du 20 novembre 1816, portant autorisation des statuts de ladite maison de la Visitation de Mâcon;
Sur le rapport de notre ministre secrétaire-d'Etat au département des affaires ecclésiastiques et de l'instruction publique;
Nous avons ordonné et ordonnons ce qui suit:
Art. 1er. La communauté des religieuses de la Visitation établie à Dijon, département de la Côte-d'Or, gouvernée par une supérieure locale, est définitivement autorisée.
2. Notre ministre secrétaire-d'Etat au département des affaires ecclésiastiques et de l'instruction publique (Frayssinous) est chargé de l'exécution de la présente ordonnance, qui sera insérée au Bulletin des Lois.

_____

22 FÉVRIER ⟷ Pr. 7 MARS 1826. — Ordonnance du Roi portant autorisation définitive de la communauté des religieuses de la Visitation établie à Metz, département de la Moselle. (8, Bull. 80, n° 2746.)

Charles, etc.

Vu la déclaration du 24 mai 1825;
Vu la déclaration des religieuses de la Visitation qui composent l'établissement de Metz, qu'elles sont régies par les mêmes statuts que ceux approuvés pour la maison de Paray-le-Monial;

Vu la délibération du conseil municipal de Metz, du 17 décembre 1825, tendant à ce que ledit établissement soit autorisé dans cette ville;
Vu le consentement de l'évêque de Metz, du 24 janvier 1826;
Vu l'ordonnance royale du 20 novembre 1816, portant autorisation des statuts de ladite maison de Paray-le-Monial;
Sur le rapport de notre ministre secrétaire-d'Etat au département des affaires ecclésiastiques et de l'instruction publique;
Nous avons ordonné et ordonnons ce qui suit:
Art. 1er. La communauté des religieuses de la Visitation établie à Metz, département de la Moselle, gouvernée par une supérieure locale, est définitivement autorisée.
2. Notre ministre secrétaire-d'Etat au département des affaires ecclésiastiques et de l'instruction publique (Frayssinous) est chargé de l'exécution de la présente ordonnance, qui sera insérée au Bulletin des Lois.

_____

22 FÉVRIER ⟷ Pr. 7 MARS 1826. — Ordonnance du Roi portant autorisation définitive de la communauté des religieuses de la Visitation établie à Montluel, département de l'Ain. (8, Bull. 80, n° 2747.)

_____

22 FÉVRIER ⟷ Pr. 7 MARS 1826. — Ordonnance du Roi portant autorisation définitive de la communauté des religieuses de la Visitation établie à Caen, département du Calvados. (8, 80, n° 2748.)

_____

22 FÉVRIER ⟷ Pr. 7 MARS 1826. — Ordonnance du Roi portant autorisation définitive des deux communautés des religieuses de la Visitation établies l'une à Bourg et l'autre à Gex, département de l'Ain. (8, Bull. 80, n° 2749.)

_____

22 FÉVRIER 1826. — Ordonnance du Roi qui accorde des lettres de déclaration de naturalité au sieur Feltgen. (8, Bull. 153, n° 5533.)

_____

22 FÉVRIER 1826. — Ordonnance du Roi qui accorde des lettres de déclaration de naturalité au sieur Clausse. (8, Bull. 175, n° 6702.)

_____

22 FÉVRIER 1826. — Ordonnance du Roi qui admet les sieurs Vacil Hardy et Wakefield à établir leur domicile en France. (8, Bull. 80, n° 2752.)

22 FÉVRIER 1826. — Ordonnance du Roi qui accorde une pension de retraite à un militaire. (8, Bull. 82 *bis*, n° 11.)

22 FÉVRIER 1826. — Ordonnance du Roi qui accorde des pensions à sept veuves de militaires. (8, Bull. 82 *bis*, n° 12.)

22 FÉVRIER 1826. — Ordonnances du Roi qui autorisent l'acceptation de dons et legs faits à des communes, aux pauvres, à des hospices et à des fabriques. (8, Bull. 83, n°s 2886 à 2918.)

22 FÉVRIER 1826. — Ordonnance du Roi qui autorise les sieurs Ardaillon père et fils, Bessy et compagnie, à établir une usine à fer dans la commune de Saint-Julien-en-Jarret (Loire). (8, Bull. 83, n° 2927.)

22 FÉVRIER 1826. — Ordonnances du Roi qui accordent des lettres de déclaration de naturalité aux sieurs Bernabo, Gefald dit Ghefaldy, et Lebeau. (8, Bull. 105, n°s 3513, 3514 et 3515.)

22 FÉVRIER 1822. — Ordonnance du Roi qui autorise le sieur baron d'Andlau à continuer de servir près de S. A. R. le grand-duc de Bade. (8. Bull. 105, n° 3527.)

26 FÉVRIER ⇄ Pr. 7 MARS 1826. — Ordonnance du Roi portant autorisation définitive de la communauté des religieuses de la Visitation établie à Poïtiers, département de la Vienne. (8, Bull. 80, n° 2750.)

28 FÉVRIER 1826. — Tableau des prix des grains pour servir de régulateur de l'exportation et de l'importation, conformément aux lois des 16 JUILLET 1819 et 4 JUILLET 1821, arrêté le 28 FÉVRIER 1826. (8, Bull. 79, n° 2725.)

1er ⇄ Pr. 25 MARS 1826. — Ordonnance du Roi qui accorde une pension de quinze mille francs à madame la maréchale duchesse d'Albuféra. (8, Bull. 81 *bis*, n° 18.)

Charles, etc.

Vu la loi du 11 septembre 1807, relative aux pensions des grands fonctionnaires de l'Etat et à celles de leurs veuves;

Le titre IV de la loi du 25 mars 1816, et l'ordonnance royale du 20 juin suivant, rendue pour son exécution;

Notre décision du 2 du mois dernier, reconnaissant,

1° Les droits que notre cousin le maréchal duc d'Albuféra, décédé à Marseille le 3 janvier précédent, avait acquis, par ses éminens services, à une récompense extraordinaire;

2° Les titres de sa veuve à obtenir, dans les limites de ladite loi du 11 septembre 1807, une pension que nous avons fixée à quinze mille francs;

Les pièces produites par madame la maréchale duchesse d'Albuféra et particulièrement l'acte de son mariage, célébré à Paris, le 16 novembre 1808;

L'avis de notre ministre secrétaire-d'Etat des finances, en date du 21 février, portant qu'il a vérifié la légalité de ladite pension, et la possibilité de l'imputer sur le crédit ouvert pour l'inscription des pensions civiles à notre Trésor royal;

Sur le rapport de notre ministre secrétaire-d'Etat de la guerre,

Nous avons ordonné et ordonnons ce qui suit:

Art. 1er. Une pension annuelle et viagère de quinze mille francs est accordée à madame la maréchale duchesse d'Albuféra (Honorine-Anthoine de Saint-Joseph), née le 26 février 1790, à Marseille (Bouches-du-Rhône), demeurant à Paris, veuve de notre cousin le maréchal duc d'Albuféra (Louis-Gabriel Suchet), pair de France.

2. Cette pension courra du 4 janvier dernier, et sera inscrite à notre Trésor royal sur le crédit affecté aux pensions civiles.

3. Nos ministres secrétaires-d'Etat de la guerre et des finances (marquis de Clermont-Tonnerre et comte de Villèle), sont chargés, chacun en ce qui le concerne, de l'exécution de la présente ordonnance, qui sera insérée au Bulletin des Lois.

1er MARS 1826. — Ordonnance du Roi qui accorde des lettres de déclaration de naturalité au sieur Foncin. (8, Bull. 146, n° 5108.)

1er MARS 1826. — Ordonnance du Roi qui accorde des lettres de déclaration de naturalité au sieur Schils. (8, Bull. 190, n° 7269.)

1er MARS 1826. — Ordonnance du Roi qui accorde des lettres de déclaration de naturalité au sieur Bastin. (8, Bull. 343, n° 13,528.)

1er MARS 1826. — Ordonnance du Roi qui admet les sieurs Stoeffler, Timmer et Zvezdine, à établir leur domicile en France. (8, Bull. 81, n° 2812.)

1er MARS 1826. — Ordonnance du Roi qui autorise l'inscription au Trésor royal d'une pension militaire. (8, Bull. 81 bis, n° 19.)

1er MARS 1826. — Ordonnance du Roi qui accorde des pensions à quatre veuves de militaires. (8, Bull. 82 bis, n° 13.)

1er MARS 1826. — Ordonnances du Roi qui accordent des pensions de retraite à des militaires. (8, Bull. 82 bis, n°s 14 et 15.)

1er MARS 1826. — Ordonnance du Roi qui autorise le sieur Pagès à construire un martinet à parer le fer, dans la commune de Saurat (Arriége). (8, Bull. 83, n° 2928.)

1er MARS 1820. — Ordonnance du Roi qui autorise la dame veuve Dornier à convertir en un patouillet à roue, pour le lavage du minerai de fer, un moulin qu'elle possède dans la commune de Valay Haute-Saône. (8, Bull. 83, n° 2929.)

1er MARS 1826. — Ordonnance du Roi qui autorise le sieur Beuret à conserver et tenir en activité la forge dite *la Galoperie*, commune d'Anor (Nord). (8, Bull. 83, n° 2930.)

---

5 ⚌ Pr. 18 MARS 1826. — Ordonnance du Roi portant autorisation définitive de la communauté des sœurs de la Charité de Notre-Dame de Clermont, département de l'Hérault. (8, Bull. 81, n° 2812.)

Charles, etc.

Vu la loi du 24 mai 1825 ;

Vu la déclaration des sœurs de la Charité de Notre-Dame de Clermont, qu'elles sont régies par les mêmes statuts que ceux approuvés pour la maison de Béziers ;

Vu la délibération du conseil municipal de Clermont, du 22 novembre 1824, tendant à ce que cet établissement soit autorisé dans cette ville ;

Vu le consentement de l'évêque de Montpellier, du 12 novembre 1824 ;

Vu le décret du 14 décembre 1810, portant autorisation des statuts desdites religieuses de la Charité de Notre-Dame de Béziers ;

Sur le rapport de notre ministre secrétaire-d'Etat au département des affaires ecclésiastiques et de l'instruction publique,

Nous avons ordonné et ordonnons ce qui suit :

Art. 1er. La communauté des sœurs de la Charité de Notre-Dame de Clermont, département de l'Hérault, diocèse de Montpellier, gouvernée par une supérieure locale, est définitivement autorisée.

2. Notre ministre secrétaire-d'Etat au département des affaires ecclésiastiques et de l'instruction publique (Frayssinous), est chargé de l'exécution de la présente ordonnance, qui sera insérée au Bulletin des Lois.

---

5 MARS 1826. — Ordonnances du Roi qui autorisent l'acceptation de dons et legs faits à des fabriques et à des séminaires. (8, Bull. 143, n°s 4991 à 5007.)

---

5 ⚌ Pr. 18 MARS 1826. — Ordonnance du Roi portant autorisation définitive de la communauté des religieuses de la Visitation établie à Limoges, département de la Haute-Vienne. (8, Bull. 81, n° 2811.)

---

9 ⚌ Pr. 29 MARS 1826. — Ordonnance du Roi portant établissement d'un conseil de prud'hommes dans la ville de Châlons (Marne). (8, Bull. 82, n° 2853.)

Voy. loi du 18 MARS 1806 et décret du 11 JUIN 1809.

Charles, etc.

Sur le rapport de notre ministre secrétaire-d'Etat de l'Intérieur ;

Notre Conseil-d'Etat entendu ,

Nous avons ordonné et ordonnons ce qui suit :

Art. 1er. Il sera établi un conseil de prud'hommes dans la ville de Châlons (Marne). Ce conseil sera composé de sept membres, dont quatre pris parmi les marchands-fabricans, seront choisis ainsi qu'il suit, savoir :

Filateurs de laine et de coton et fabricans de bonneterie, deux membres, ci.	2
Tanneurs, un membre, ci.	1
Fabricans de surfaix ou de sacs sans couture, un membre, ci.	1
Trois autres membres seront pris parmi les chefs d'atelier contre-maitres ou ouvriers patentés, dans les mêmes branches d'industrie, ci.	3
TOTAL PAREIL. . . .	7

46 CHARLES X. — 9 MARS 1826.

2. Indépendamment des sept membres
dont il est question en l'article précédent, il
sera attaché audit conseil deux suppléans :
l'un marchand-fabricant, et l'autre, chef
d'atelier, contre-maître ou ouvrier patenté,
tous deux pris parmi les fabricans et ouvriers
du pays. Ces suppléans remplaceront ceux
des membres qui, par des motifs quelconques, ne pourront assister aux séances, soit
du bureau particulier, soit du bureau général des prud'hommes.

3. La juridiction du conseil s'étendra sur
tous les marchands-fabricans, chefs d'ateliers, contre-maîtres, commis, teinturiers,
ouvriers, compagnons et apprentis travaillant pour les fabriques de la ville de Châlons, quel que soit l'endroit de la résidence
des uns et des autres.

4. Dans le cas où il serait interjeté appel
d'un jugement rendu par les prud'hommes,
cet appel sera porté devant le tribunal de
commerce de l'arrondissement de Châlons-
sur-Marne.

5. L'élection et le renouvellement des
membres du conseil auront lieu suivant le
mode et de la manière qui sont réglés par le
décret du 11 juin 1809. Ces membres se conformeront, dans l'exercice de leurs fonctions, aux dispositions établies par ledit décret, ainsi que par la loi du 18 mars 1806,
et par un autre décret du 3 août 1810.

6. La ville de Châlons-sur-Marne fournira le local pour la tenue des séances du
conseil; les dépenses de premier établissement, et celles de chauffage, d'éclairage, et
de paiement de traitement de secrétaire,
seront également à sa charge.

7. Notre garde-des-sceaux et notre ministre secrétaire-d'Etat au département de
l'intérieur (comtes de Peyronnet et Corbière), sont chargés de l'exécution de la
présente ordonnance.

9-MARS = Pr. 8 AVRIL 1826.—Ordonnance du
Roi contenant des dispositions relatives aux
élèves qui, après avoir terminé leur cours
de philosophie, désireront suivre la carrière de l'enseignement. (8, Bull. 84, n°
2933.)

Charles, etc.

Vu le titre VI de l'ordonnance du 27 février 1821, relatif aux écoles normales partielles;
Considérant qu'il importe de perfectionner cette institution destinée à préparer des
sujets capables de bien diriger l'éducation
de la jeunesse, et de perpétuer dans les
écoles les saines doctrines et les bonnes
études;
Sur le rapport de notre ministre secré-

taire-d'Etat au département des affaires ecclésiastiques et de l'instruction publique;
Nous avons ordonné et ordonnons ce qui
suit :
Art. 1er. Les bourses affectées aux écoles
normales partielles par l'article 25 de l'ordonnance du 27 février 1821 pourront être
données à des élèves qui, après avoir terminé
leur cours de philosophie, désireront suivre
la carrière de l'enseignement.

2. Ces élèves seront nommés par nous sur
le rapport de notre ministre secrétaire-d'E-
tat au département des affaires ecclésiastiques et de l'instruction publique, et après
un examen préalable de leurs principes religieux, de leurs qualités morales et de leur
instruction.

3. Les jeunes gens ainsi nommés contracteront, avec l'approbation de leurs père,
mère, tuteurs ou curateurs, toutes les obligations qui doivent les lier au corps ensei-
gnant, et notamment celle de se vouer pendant dix ans à l'instruction publique; ils seront exempts du service militaire, en vertu
de l'article 15 de la loi du 10 mars 1818. Ils
seront placés dans des écoles préparatoires
établies près des collèges royaux ou autres
collèges de plein exercice que désignera
notre ministre grand-maître de l'Université.

4. Ils jouiront de leurs bourses pendant
deux ans au moins et trois ans au plus. Ils
emploieront ce temps à perfectionner leur
instruction, sous la direction de maîtres particuliers nommés par notre ministre grand-
maître de l'Université; le tout conformément
aux réglemens qui seront arrêtés par lui,
sur l'avis de notre conseil royal de l'instruction publique. Ces réglemens auront pour
but de former des écoles pratiques de l'art
d'enseigner, de conduire et d'élever la jeunesse.

5. Ces élèves pourront être privés de leurs
bourses par notre ministre secrétaire-d'Etat
au département des affaires ecclésiastiques
et de l'instruction publique, lorsqu'ils man-
queront d'aptitude ou d'application, ou
quand ils auront encouru des reproches
graves.

6. A l'expiration du terme fixé par l'article 4, les élèves des écoles préparatoires
seront nommés aux places vacantes de maîtres d'études dans les collèges royaux ou de
régens dans les collèges communaux. Ils
pourront, en prenant les grades exigés par
les réglemens, se présenter immédiatement
au concours pour l'agrégation.

7. Dès qu'ils auront obtenu le titre d'a-
grégé, les élèves des écoles préparatoires auront droit, concurremment avec les autres
agrégés, aux places de professeurs qui viendront à vaquer dans les collèges royaux. En
outre, le tiers de ces places est exclusive-

ment affecté à ceux de ces élèves devenus agrégés qui auront rempli pendant deux ans, à la satisfaction de leurs chefs, les fonctions de régens dans les colléges communaux, ou de maitres d'étude, soit dans les colléges royaux, soit dans les autres colléges de plein exercice.

8. Notre ministre secrétaire-d'Etat au département des affaires ecclésiastiques et de l'instruction publique (Frayssinous) est chargé de l'exécution de la présente ordonnance.

———

9 MARS 1826. — Ordonnances du Roi qui autorisent l'acceptation de dons et legs faits à des fabriques et au séminaire de Carcassonne. (8, Bull. 143, nos 5008 à 5027.)

———

9 MARS 1826. — Ordonnance du Roi qui accorde des lettres de déclaration de naturalité au sieur Roch. (8, Bull. 146, n° 5109.)

———

9 MARS 1826. — Lettres-patentes portant érection de majorat en faveur de MM. de Drouilhet, Juliac, Jaubert, Pierlot et Sylvestre. (8, Bull. 82, n° 2858.)

———

9 MARS 1826. — Ordonnance du Roi qui autorise les sieurs Monnot frères à ajouter à leur nom celui d'Arbilleur. (8, Bull. 82, n° 2859.)

———

9 MARS 1826. — Ordonnance du Roi qui admet les sieurs Defresne, Idiarte et Maragon, à établir leur domicile en France. (8, Bull. 82, n° 2860.)

———

9 MARS 1826. — Ordonnances du Roi qui autorisent l'acceptation de donnations faites à des communes. (8, Bull. 83, nos 2919 à 2926.)

———

9 MARS 1826. — Ordonnances du Roi qui autorisent l'acceptation de legs faits à un hospice et aux pauvres. (8, Bull. 84, nos 2939 et 2940.)

———

9 MARS 1826. — Ordonnances du Roi qui autorisent l'acceptation de dons et legs faits aux pauvres et à des hospices. (8, Bull. 85, nos 2948 à 2959.)

———

9 MARS 1826. — Ordonnances du Roi qui autorisent l'acceptation de dons et legs faits aux pauvres, à des hospices et à des communes. (8, Bull. 86, nos 2963 à 2979.)

———

9 MARS 1826. — Ordonnance du Roi qui autorise le sieur Beaumont à rétablir et tenir en activité la forge qu'il possède sur le ruisseau de Beyssac, communes de Sireuil et Meyral (Dordogne). (8, Bull. 86, n° 2980.)

———

9 MARS 1826. — Lettres-patentes relatives à l'institution d'un titre de pairie en faveur de M. Elie duc Decazes. (8, Bull. 99, n° 3279.)

———

9 MARS 1826. — Ordonnance du Roi qui accorde des lettres de déclaration de naturalité au sieur Werner. (8, Bull. 105, n° 3516.)

———

9 MARS 1826. — Ordonnance du Roi qui accorde des lettres de déclaration de naturalité au sieur Nehl. (8, Bull. 125, n° 4167.)

———

9 MARS 1826. — Ordonnance du Roi qui accorde des lettres de déclaration de naturalité au sieur Schmit. (8, Bull. 130, n° 4514.)

———

9 MARS 1826. — Ordonnance du Roi qui accorde des lettres de déclaration de naturalité au sieur Lejeune. (8, Bull. 135, n° 4679.)

———

12 = Pr. 29 MARS 1826. — Ordonnance du Roi concernant les soldes de retraite, demi-soldes, pensions et secours, que sont susceptibles d'obtenir les officiers militaires et civils et maitres non entretenus, les marins et les ouvriers des ports, ainsi que leurs veuves et enfans orphelins. (8, Bull. 82, n° 2854.)

Charles, etc.

Vu la loi du 13 mai 1791 ;
Vu la loi du 14 septembre 1799 (28 fructidor an 7) ;
Vu l'arrêté du 29 octobre 1800 (7 brumaire an 9) ;
Vu l'arrêté du 29 août 1803 (11 fructidor an 11) ;
Vu l'ordonnance du 21 février 1816 et celle du 17 septembre 1823.
Sur le rapport du ministre secrétaire-d'Etat au département de la marine et des colonies,
Nous avons ordonné et ordonnons ce qui suit :

TITRE Ier. Soldes de retraites et pensions spéciales.

Art. 1er. Les officiers militaires et civils

non entretenus de tout grade, et les premiers maîtres non entretenus de toute profession, qui auront complété, à notre service exclusivement, vingt-cinq années d'activité, dont six au moins de navigation effective sur nos vaisseaux, seront assimilés aux entretenus, et obtiendront la solde de retraite attribuée par l'arrêté du 29 août 1803 aux grades qu'ils auront exercés.

Ils jouiront également du bénéfice de cette assimilation, lorsque, soit par le fer ou le feu de l'ennemi, soit par accident, en remplissant un service requis ou commandé en notre nom, ils auront éprouvé les mutilations, reçu les blessures ou contracté les infirmités qui, d'après les dispositions du même arrêté, sont l'objet d'une solde de retraite spéciale.

2. Les seconds maîtres et autres officiers-mariniers de toute profession, les matelots, novices et mousses, qui se trouveront dans l'un des cas prévus par l'article précédent, obtiendront aussi, par assimilation aux entretenus, une solde de retraite dont la quotité sera réglée d'après le tarif supplémentaire annexé à la présente ordonnance.

3. Les veuves des officiers et marins mentionnés dans les articles 1 et 2 auront droit, comme les veuves des entretenus, au quart du *maximum* de la solde de retraite d'ancienneté de leurs maris, conformément aux principes établis par l'arrêté déjà cité du 29 août 1803, par l'ordonnance du 21 février 1816, et par la présente ordonnance; elles conserveront toutefois la faculté d'opter entre les pensions ainsi réglées et celles qui résulteraient pour elles de l'application de la loi du 13 mai 1791.

Les enfans orphelins des mêmes officiers et marins, également assimilés à ceux des entretenus, recevront les secours temporaires déterminés, ou par l'ordonnance du 21 février 1816, ou par la loi du 13 mai 1791, suivant que l'un ou l'autre de ces actes leur sera plus favorable.

TITRE II. Demi-soldes et pensions.

4. Pourront obtenir la demi-solde à cinquante au lieu de soixante ans, si d'ailleurs ils remplissent les conditions voulues par la loi du 13 mai 1781, savoir :

Les ouvriers classés et autres salariés non navigans, qui auront servi trois cents mois dans nos arsenaux ;

Les officiers militaires ou civils et maîtres non entretenus, les officiers-mariniers de toute profession, les marins, ouvriers, et surnuméraires, qui, sans avoir fourni trois cents mois d'activité à notre service exclusif, les auront complétés sur les bâtimens du commerce et à la pêche.

Aux termes de l'ordonnance du 17 septembre 1823, il ne sera néanmoins tenu compte du temps d'activité à la pêche que pour moitié de sa durée.

5. Les veuves des demi-soldiers, ou des marins, ouvriers surnuméraires et autres non entretenus non susceptibles de la demi-solde, qui rempliront aussi les conditions établies par la loi du 13 mai 1791, pourront obtenir la pension à quarante au lieu de cinquante.

Il n'est apporté aucun changement aux dispositions concernant les enfans des demi-soldiers, ou des marins, ouvriers et autres ayans-droit à la demi-solde.

6. Le supplément de six ou neuf francs par mois, selon la paie, qui n'était précédemment alloué aux demi-soldiers qu'à soixante-quinze ans, pourra désormais leur être accordé à soixante-dix ans.

7. Notre ministre secrétaire-d'Etat de la marine et des colonies (comte Chabrol) est chargé de l'exécution de la présente ordonnance, qui sera insérée au Bulletin des Lois, et dont les dispositions seront appliquées aux droits ouverts depuis le 1er janvier 1826.

Louis-Antoine, fils de France, Dauphin, amiral de France ;

Vu l'ordonnance ci-dessus, à nous adressée,

Mandons et ordonnons aux commandans, intendans et ordonnateurs, aux officiers civils et militaires de la marine, et à tous autres qu'il appartiendra, de tenir la main à l'exécution de la présente ordonnance.

Donné au château des Tuileries, le 12 mars 1826.

Signé LOUIS-ANTOINE.

Par Monsieur le Dauphin, amiral de France :

Signé le Chevalier DE PANAT.

TARIF SUPPLÉMENTAIRE DES SOLDES DE RETRAITE,

Faisant suite à celui qui est annexé au règlement du 29 août 1803 (11 fructidor an 11).

GRADES.	POUR ANCIENNETÉ.		POUR MUTILATIONS OU BLESSURES GRAVES.				POUR INFIRMITÉS Provenant de blessures ou des événemens du service.		
	Minimum.	Maximum.	Perte de deux membres ou de la vue.	Perte d'un membre.	Blessures qui, sans occasionner la perte d'un membre, en ôtent l'usage. Minimum.	Maximum, à vingt ans, campagnes comprises.	Le quart du maximum.	25e des 3/4 restans, pour chaque année au-delà de vingt ans, campagnes comprises.	Maximum à quarante-cinq ans.
Seconds maîtres et autres; servant sur les vaisseaux du Roi, dont le grade à bord est assimilé à celui de sergent.	200f	400f	600f	500f	200f	400f	100f	12	400f
Officiers-mariniers navigans, de toute profession, et autres dont le grade à bord est assimilé à celui de caporal.	170	340	510	425	170	340	85	10	340
Matelots, novices, mousses et autres, assimilés aux soldats.	150	300	450	375	150	300	75	9 00	300

12 MARS 1826. — Rapport au Roi sur les gens de mer. (Mon. du 13 MARS 1826.)

Voy. ordonnance du 12 MARS 1826, qui précède.

Sire, depuis 1814, la population maritime a été l'objet de la sollicitude de Votre Majesté et de la bienveillance toute spéciale du feu roi. La solde à la mer a été augmentée ; la ration de bord a été améliorée, et des services au commerce, précédemment écartés, ont pu être admis dans la liquidation des demi-soldes. Il a donc été fait beaucoup pour l'avantage commun de la marine militaire et de la marine marchande, dont les intérêts sont inséparables.

Mais Votre Majesté, incessamment occupée du bonheur de ses peuples, a voulu ajouter encore au bien qui a été produit, et elle m'a ordonné de rechercher les moyens d'améliorer le sort de cette portion si intéressante et si utile de ses sujets.

Je me suis livré à ce soin avec zèle et avec persévérance ; et, aidé des lumières et des avis de la commission supérieure de l'établissement des invalides de la marine, je suis arrivé à des résultats qui mettront, j'ose l'espérer, Votre Majesté à portée de répandre de nouvelles faveurs sur cette classe à la fois laborieuse et dévouée.

Les charges énormes qui, depuis la restauration, ont pesé sur la caisse des invalides, avaient jusqu'ici absorbé les ressources dont elle pouvait disposer. Il a même fallu, en 1818, que le Trésor royal vînt à son aide pour acquitter une partie des pensions dont les circonstances lui avaient imposé le fardeau. C'est cette situation difficile qui a constamment empêché de proposer les mesures dont, plus heureux que mes prédécesseurs, il m'est réservé d'entretenir Votre Majesté.

Mais aujourd'hui, grâce à la bonne administration qui a présidé à la gestion de ce précieux établissement, grâce aux recouvremens presque inespérés qui sont le fruit de ses constans efforts et par suite des nombreuses extinctions qui ont eu lieu, la caisse des invalides présente des économies et des revenus disponibles qui peuvent recevoir un généreux emploi. Et quel plus bel usage Votre Majesté peut-elle en faire que de les appliquer au soulagement d'une population nombreuse dont la position est si digne de toute sa protection !

Il est également reconnu, Sire, que les conditions d'admission à la demi-solde pour les diverses classes des gens de mer ne peuvent être remplies que trop tardivement. La navigation et les travaux des ports usent, avant le temps, ceux qui se livrent à ces pénibles et périlleuses professions, et il serait rigoureux de trop reculer l'époque à laquelle il leur est permis de réclamer la récompense de leurs services et de leurs travaux. C'est le vœu manifesté depuis longtemps par le département de la marine tout entier, et en particulier par les officiers généraux, qui ont été successivement envoyés dans les quartiers pour l'inspection des classes.

D'un autre côté, quelques lacunes existent dans les réglemens à l'égard des officiers militaires et civils et des premiers maîtres non entretenus, ainsi que des seconds maîtres et de quelques autres marins des classes inférieures, et la justice demande qu'ils ne restent pas plus longtemps dans cette position tout-à-fait décourageante.

L'ordonnance que je soumets à Votre Majesté a pour but de remédier, autant qu'il est possible de le faire, aux inconvéniens que je viens de signaler. Le projet en a été préalablement discuté par la commission supérieure de l'établissement des invalides, qui, après un examen approfondi, en a adopté toutes les bases.

Il renferme trois dispositions principales :

La première concerne les officiers militaires et civils et les premiers maîtres non entretenus qui auront consacré toute leur carrière, ou qui auront été blessés au service de Votre Majesté. Il ne leur est accordé dans ce moment que des demi-soldes trop inférieures aux services qu'ils ont rendus. À partir de l'époque fixée par le projet d'ordonnance, ils pourront prétendre à des soldes de retraite qui rendront leur condition meilleure. Les réglemens de la marine, moins favorables sous ce rapport que ceux de la guerre, exigeaient ces modifications, et il importait surtout de s'en occuper au moment où les équipages des vaisseaux, devenus permanens, vont être, en grande partie, recrutés d'après le même mode que l'armée de terre.

Des avantages semblables sont concédés aux seconds maîtres, aux officiers mariniers et aux matelots, selon la situation particulière dans laquelle ils sont placés.

Enfin, les droits des veuves et des enfans orphelins sont déterminés de manière à ne laisser aucune incertitude.

La seconde disposition embrasse en même temps les ouvriers des ports et les marins dont la carrière se sera partagée entre le service du commerce et le service de l'État. Sans toucher aux conditions établies par la loi du 13 mai 1791, elle réduit de dix années l'âge d'admission aux demi-soldes et pensions, et rend ainsi les gens de mer et leurs veuves susceptibles de recevoir à cinquante et à quarante ans les récompenses qu'il ne leur était permis de réclamer qu'à soixante et cinquante ans.

La troisième disposition a pour objet de faire allouer à soixante-dix ans. au lieu de soixante-quinze, le supplément de six et neuf francs par mois, que, dans des vues toutes paternelles, la loi accorde aux vieux marins, au moment où l'âge et les infirmités créent pour eux de nouveaux besoins.

Les mesures que j'ai l'honneur de soumettre à Votre Majesté ne peuvent manquer d'avoir les résultats les plus satisfaisans. Elles sont à la fois favorables au service du commerce et au service de l'État ; elles exciteront l'émulation et ranimeront le zèle de la population maritime, et elles auront la plus heureuse influence sur le nouveau recrutement de la marine. Elles intéressent enfin plus de quatre-vingt mille familles répandues sur tout le littoral du royaume. Quatre mille marins ou veuves de marins dont les réclamations sont suspendues, parcequ'ils n'avaient pas atteint l'âge exigé, vont, dès ce moment, profiter du bénéfice des dispositions bienveillantes de l'ordonnance que je viens d'analyser. Deux mille autres familles en profiteront également dans le cours de cinq années, et ces nouveaux bienfaits, dus aux bontés inépuisables de Votre Majesté, seront accueillies dans les ports, au milieu des accens de la joie la plus vive et de la reconnaissance la plus profonde.

———

15 MARS = Pr. 15 AVRIL 1826. — Ordonnance du Roi portant autorisation de la société formée à Dieppe sous le titre de Société anonyme des bains Caroline. (8, Bull. 84 bis, n° 2.)

Charles, etc.

Sur le rapport de notre ministre secrétaire-d'Etat au département de l'intérieur ;

Vu les articles 29 à 37, 40 et 45 du Code de commerce ;

Notre Conseil-d'Etat entendu,

Nous avons ordonné et ordonnons ce qui suit :

Art. 1er. La société formée à Dieppe, sous le titre de Société anonyme des bains Caroline, par acte passé par-devant Lapierre, notaire à Dieppe, et témoins, les 3, 4, 7, 9, 10, et 12 janvier 1826, est autorisée ; les statuts contenus audit acte sont approuvés pour demeurer annexés à la présente ordonnance.

2. Nous nous réservons de révoquer la présente autorisation en cas de non exécution ou de violation des statuts par nous approuvés, sans préjudice des dommages et intérêts des tiers.

3. La société sera tenue de remettre, tous les six mois, copie de son état de situation au préfet du département de la Seine-Infé-

rieure, et au greffe du tribunal de commerce et à la chambre de commerce de Dieppe ; pareille copie sera adressée à notre ministre de l'intérieur.

4. Notre ministre secrétaire-d'Etat de l'intérieur est chargé de l'exécution de la présente ordonnance, qui sera insérée au Bulletin des Lois, publiée au Moniteur et dans le journal destiné aux annonces judiciaires du département de la Seine-Inférieure, le tout sans préjudice de saffiches ordonnées par l'art. 45 du Code de commerce.

———

15 MARS = Pr. 15 AVRIL 1826. — Ordonnance du Roi portant autorisation de la société formée à Paris sous le nom de Société anonyme des ponts de Montrejeau, Roche-de-Glun, Petit-Vey et Souillac. (8, Bull. 84 bis, n° 3.)

Charles, etc.

Sur le rapport de notre ministre secrétaire-d'Etat au département de l'intérieur ;

Vu l'ordonnance royale du 20 février 1823 ;

Vu les art. 29 à 37, 40 et 45 du Code de commerce;

Notre Conseil-d'Etat entendu,

Nous avons ordonné et ordonnons ce qui suit :

Art. 1er. La société formée à Paris sous le nom de Société anonyme des ponts de Montrejeau, Roche-de-Glun, Petit-Vey et Souillac, par acte passé par-devant Chodron et son collègue, noiaires à Paris, le 9 décembre 1825, est autorisée ; ses statuts contenus audit acte sont approuvés, et demeureront annexés à la présente ordonnance.

2. Nous nous réservons de révoquer la présente autorisation en cas de non-exécution ou de violation des statuts par nous approuvés, sans préjudice des dommages et intérêts des tiers.

3. La société sera tenue de remettre, tous les six mois, copie de son état de situation au préfet de police, au greffe du tribunal de commerce et à la chambre de commerce de Paris.

4. Notre ministre secrétaire-d'Etat de l'intérieur est chargé de l'exécution de la présente ordonnance, qui sera insérée au Bulletin des Lois, et publiée au Moniteur et dans le journal destiné aux annonces judiciaires du département de la Seine, sans préjudice des affiches ordonnées par l'article 45 du Code de commerce.

———

Par-devant Me Claude François Chodron et son collègue, notaires royaux à Paris, soussignés, sont comparus :

M. Urbain Sartoris, banquier à Paris, y demeurant, rue de la Chaussée-d'Antin, n° 32, et M. Jean-Louis Greffulhe, propriétaire à Paris, y demeurant, rue de Provence, n° 43, tous deux propriétaires d'actions pour plus d'un quart, ainsi qu'ils le déclarent, dans l'opération dont il va être parlé.

Stipulant en leurs noms personnels, et encore M. Sartoris au nom de la compagnie qu'il représente :

Lesquels déclarent :

Qu'à la suite de l'acte passé devant ledit Mᵉ Chodron, qui en a minute, et son collègue, le 6 janvier 1823, enregistré, portant création de dix-huit cents actions de l'emprunt des ponts de Montrejeau, Roche-de-Glun, Petit-Vey et Souillac, vingt-cinq actions administratives et cent quatre-vingts actions de jouissance desdits ponts ;

Lesdits comparans, tant pour eux que pour les intéressés à présent et à venir, ont réglé les articles suivans, pour complément des statuts de la compagnie.

Art. 1er. Il est formé une association anonyme sous le titre de *Société anonyme des ponts de Montrejeau, Roche-de-Glun, Petit-Vey et Souillac*, dont l'objet est de surveiller les intérêts des actions ci-dessus détaillées. Son siège est à Paris, et son fonds capital, dix-huit cent mille franc , montant de l'emprunt représenté par lesdites actions. Elle commencera à compter de ce jour, et subsistera jusqu'à l'amortissement effectué dudit emprunt.

2. Les actions administratives et de jouissance seront conformes aux modèles représentés par mesdits sieurs Sartoris et Greffulhe, lesquels sont demeurés joints à la minute des présentes, après avoir été d'eux signés et paraphés en présence desdits notaires soussignés. Les unes et les autres seront nominatives et transmissibles par endossement. Toutefois, pour celles administratives, les transferts ainsi opérés devront être notifiés sur les registres de l'administration.

3. Toutes les actions d'emprunt, de jouissance et administratives, n'ayant qu'un seul intérêt commun, purement financier, la disposition contenue à l'article 6 de l'acte du 6 janvier 1823, qui les divisait en deux classes distinctes, est rapportée, et il n'y aura qu'une seule administration pour les trois espèces d'actions.

Le conseil d'administration sera composé de trois administrateurs et de deux censeurs, lesquels géreront conformément aux art. 31 et 32 du Code de commerce. Ils seront élus en assemblée générale, à la majorité absolue des voix des propriétaires des actions (sans égard au droit accordé à M. Sartoris par l'art. 6 de l'acte du 6 janvier 1823, d'être adjoint aux administrations successives, M. Sartoris y renonçant). Leurs fonctions, qui seront gratuites, dureront cinq ans, et ils seront indéfiniment rééligibles.

4. Chaque administrateur sera tenu, avant d'entrer en fonction et pour garantie de sa gestion, de déposer dix actions d'emprunt et trois actions administratives, ou cinq actions de jouissance et trois actions administratives, à la caisse de la société. Ladite caisse sera déposée chez le notaire de la société.

Elle sera à deux clés, dont l'une sera entre les mains dudit notaire, l'autre entre celles de l'un des censeurs.

Chaque censeur déposera de même dix actions d'emprunt ou trois actions de jouissance.

5. Les fonctions des administrateurs sont de statuer sur les intérêts de la société conformément aux statuts, sauf à rendre compte à l'assemblée générale, dans la plus prochaine réunion, des opérations qui n'auraient pas été arrêtées par cette assemblée.

6. Les fonctions des censeurs sont de surveiller les opérations des administrateurs et d'en rendre compte à l'assemblée générale. Ils n'auront pas voix consultative dans le conseil d'administration.

7. L'assemblée générale sera convoquée le 31 décembre 1826, ou plus tôt, si des propriétaires pour un quart des actions d'une des trois espèces le demandaient, ou s'il se présentait un nombre de vingt actionnaires pour élire les administrateurs et les censeurs, et se rassemblera ensuite d'année en année. Elle pourra, en outre, être en tout temps convoquée extraordinairement par les administrateurs, ou sur la demande des deux censeurs, ou à la requête des porteurs d'actions réunissant ensemble le quart des actions comme ci-dessus. Les convocations seront annoncées dans les papiers publics un mois d'avance.

Pour être admis à l'assemblée générale, il faudra être propriétaire de dix actions d'emprunt, ou cinq actions de jouissance, ou une action administrative. Elle sera présidée par l'un des administrateurs.

Les voix se compteront à raison d'une voix par dix actions d'emprunt, d'une voix pour cinq actions de jouissance et d'une voix pour une action administrative, sans qu'aucun propriétaire puisse avoir plus de cinq voix pour chaque espèce d'action, quel que soit le nombre de ses actions.

Les délibérations seront prises à la majorité absolue des voix.

Elles seront transcrites sur un registre et signées par les administrateurs, les censeurs et les actionnaires présens.

8. Le sieur Sartoris est nommé par les présentes administrateur provisoire, jusqu'à

la nomination des administrateurs et censeurs en assemblée générale, ainsi qu'il est stipulé à l'art. 7. Il sera responsable de sa gestion, d'après les art. 31 et 32 du Code de commerce.

9. Les contestations qui naîtraient entre les actionnaires et l'administration stipulant pour la société, ou entre la société et l'administration pour raison de gestion, seront jugées souverainement et en dernier ressort par arbitres nommés à l'amiable ou d'office, qui ne seront point assujétis aux délais ni formes judiciaires ; lesquels, en cas de partage, choisiront un sur-arbitre pour juger avec eux à la pluralité des voix, les parties renonçant à recourir en appel et à se pourvoir en cassation.

Pour l'exécution des présentes, les parties font élection de domicile à Paris, en leurs demeures susdites.

Fait à Paris, ès demeures des parties, le 9 décembre 1825, et ont signé avec lesdits notaires, après lecture faite de la minute des présentes, demeurée en la possession dudit Me Chodron.

15 MARS 1826. — Ordonnance du Roi qui accorde des lettres de déclaration de naturalité au sieur Weber. (Bull. 317, no 12,197.)

15 MARS 1826. — Ordonnance du Roi qui accorde des lettres de déclaration de naturalité au sieur Tussing dit Toussaint. (Bull. 146, no 5110.)

15 MARS 1826. — Ordonnances du Roi qui autorisent l'acceptation de dons et legs faits à des fabriques, à des communautés religieuses, à des séminaires, etc. (8, Bull. 146, nos 5124 à 5144.)

15 MARS 1826. — Ordonnances du Roi qui accordent des lettres de déclaration de naturalité aux sieurs Rossignon et Juillien dit Jullien. (Bull. 160, nos 5948 et 5949.)

15 MARS 1826. — Ordonnance du Roi qui accorde des lettres de déclaration de naturalité au sieur Selobas. (Bull. 185, no 7084.)

15 = Pr. 29 MARS 1826. — Ordonnance du Roi portant autorisation définitive de la communauté des religieuses de la Visitation établie dans la maison de Sainte-Marie à Rouen. (8, Bull. 82, no 2855.)

15 = Pr. 29 MARS 1826. — Ordonnance du Roi qui classe au rang des routes départementales quatre chemins du département du Tarn. (8, Bull. 82, no 2856.)

15 MARS 1826. — Ordonnance du Roi qui admet les sieurs Guasch-Vidal et Lehman à établir leur domicile en France. (8, Bull. 82, no 2861.)

15 MARS 1826. — Ordonnance du Roi qui accorde une pension à la dame veuve Colombeau. (8, Bull. 83 bis, no 1.)

15 MARS 1826. — Ordonnances du Roi qui accordent des pensions de retraite à des militaires. (8, Bull. 83 bis, nos 2 et 3.)

15 MARS 1826. — Ordonnance du Roi qui autorise le sieur de Malet à convertir en une affinerie le moulin des Fourches qu'il possède dans la commune de Saint-Médard-d'Exideuil (Dordogne). (8, Bull. 87, no 2984.)

15 MARS 1826. — Ordonnance du Roi qui accorde des pensions à dix-huit veuves de militaires. (8, Bull. 87 bis, no 1.)

15 MARS 1826. — Ordonnance du Roi qui autorise les sieurs Derosne et compagnie à maintenir le patouillet à cheval existant dans la commune de la Chapelle-Saint-Quillain (Haute-Saône). (8, Bull. 89, no 2992.)

15 MARS 1826. — Ordonnance du Roi qui autorise le sieur Chouard à faire des changemens et additions aux usines dites de Zornhoff, commune de Monswiller (Bas-Rhin). (8, Bull. 89, no 2993.)

15 MARS 1826. — Ordonnances du Roi qui autorisent l'acceptation de dons et legs faits à des hospices, à des communes, à des pauvres, etc. (8, Bull. 89, no 2995 à 3005.)

15 MARS 1826. — Ordonnance du Roi qui accorde des lettres de déclaration de naturalité au sieur Etienne. (8, Bull. 135, no 4680.)

17 MARS 1826. — Ordonnance du Roi qui nomme M. le comte de Villemanzy président de la commission de surveillance de la caisse d'amortissement et de celle des dépôts et consignations. (8, Bull. 82, n° 2857.)

———

19 MARS 1826 ⊨ Pr. 25 NOVEMBRE 1830. — Ordonnance du Roi (CHARLES X) sur le traitement et les indemnités du gouverneur, des chefs de service et des conseillers coloniaux à la Martinique. (9, Bull. O., 24, n° 441.)

Voy. les ordonnances du 16 AOUT 1830, et du 2 JANVIER 1826.

Charles, etc.

Vu notre ordonnance du 2 janvier 1826, relative au gouvernement de la Martinique ;

Sur le rapport de notre ministre secrétaire-d'Etat de la marine et des colonies,

Nous avons ordonné et ordonnons ce qui suit :

Art. 1er. Le gouverneur de la Martinique reçoit sur les fonds de la colonie, pendant la durée de ses fonctions, un traitement annuel de quatre-vingt-deux mille francs.

Il jouit, en outre, sur les fonds du département de la guerre ou du département de la marine, du traitement attribué au grade dont il est personnellement revêtu.

Ces allocations lui tiennent lieu de tous frais de représentation, de tournée, de secrétariat, et autres, de quelque nature qu'ils soient.

Le gouverneur a la jouissance des hôtels du Gouvernement au Fort-Royal et à Bellevue. Le mobilier des hôtels est fourni en nature aux frais de la colonie : deux concierges gardes du mobilier, et quinze noirs ou négresses pris parmi ceux qui appartiennent à la colonie, sont attachés au service du gouverneur.

2. Le commandant militaire, le commissaire ordonnateur, le directeur général de l'intérieur et le procureur général, reçoivent sur les fonds de la colonie, pendant la durée de leurs fonctions, un traitement annuel de vingt-quatre mille francs.

Sur ce traitement seront précomptés ceux que le commandant militaire et le commissaire ordonnateur touchent du département de la guerre et du département de la marine à raison de leur grade ; il en sera de même à l'égard du directeur de l'intérieur, si ce fonctionnaire appartient à l'administration de la marine.

Le contrôleur colonial reçoit, sous la déduction du traitement de son grade, un traitement annuel de douze mille francs.

Le traitement du secrétaire archiviste est de huit mille francs.

Ces six fonctionnaires ont droit au logement et à l'ameublement en nature, aux frais de la colonie.

Chacun de ces fonctionnaires aura à son service le nombre de noirs de l'un et de l'autre sexe fixé ci-après :

Le commandant militaire, le commissaire ordonnateur, le directeur général de l'intérieur et le procureur général, cinq noirs ; le contrôleur, quatre noirs ; le secrétaire archiviste, deux noirs. L'huissier du conseil est placé sous ses ordres.

Les allocations réglées au présent article tiennent lieu de tous frais de représentation, de tournée, de secrétaire, et autres, de quelque nature qu'ils soient.

Il est alloué, pour frais de déplacement, savoir :

Au gouverneur, 30,000 fr. ; au commandant militaire, 10,000 fr. ; au commissaire ordonnateur, 10,000 fr. ; au directeur général de l'intérieur, 10,000 fr. ; au procureur général, 10,000 fr. ; au contrôleur colonial, 6,000 fr. ; au secrétaire archiviste, 3,000 fr.

Ces allocations tiennent lieu de traitement depuis le jour de la nomination jusqu'à celui de l'arrivée dans la colonie, de frais de route jusqu'au port d'embarquement, de frais de relâche, de frais d'installation et autres, ceux de passage exceptés.

Toutefois, il n'y aura point de suspension dans le paiement des traitemens de grade que les fonctionnaires ci-dessus désignés recevraient du département de la guerre ou du département de la marine ; mais le montant du traitement qu'ils auront reçu depuis le jour de leur nomination jusqu'à celui de leur arrivée dans la colonie, sera déduit des premiers paiemens qu'ils auront à recevoir sur les fonds coloniaux.

3. Les dispositions qui précèdent ne seront applicables qu'aux fonctionnaires résidant en France au moment de leur nomination : il sera statué spécialement à l'égard de ceux qui seraient envoyés d'une autre colonie dans celle de la Martinique.

4. La valeur de l'ameublement des hôtels du Gouvernement ne pourra excéder cinquante mille francs ; celle du mobilier des maisons affectées au logement des quatre fonctionnaires membres du Gouvernement, et à celui du contrôleur colonial, ne pourra excéder douze mille francs pour chacun des quatre premiers, et huit mille francs pour le contrôleur : la valeur de l'ameublement du secrétaire archiviste est fixée à quatre mille francs.

Ces divers ameublemens ne doivent être composés que de meubles dits *meublans*, et leur entretien reste à la charge de la colonie.

5. Au moyen des allocations qui précèdent, le gouverneur, les quatre fonctionnaires membres du Gouvernement colonial, le contrôleur et le secrétaire archiviste, ne peuvent, sous aucun prétexte, se faire délivrer aucune fourniture quelconque des magasins du Roi ni de ceux de la colonie; il est, de plus, défendu d'attacher à leur service personnel aucun agent salarié ni aucun noir appartenant à la colonie, autre que ceux qui leur sont accordés par l'article 2 de la présente ordonnance.

Ces noirs ne peuvent être choisis parmi les commandeurs et parmi les ouvriers.

6. Le traitement des fonctionnaires qui s'absenteront de la colonie, sera réglé conformément aux dispositions de l'arrêté du 14 août 1798.

Il sera statué par des dispositions spéciales sur le traitement de congé dont les fonctionnaires qui ne sont pourvus d'aucun grade seront dans le cas de jouir, lorsqu'ils reviendront en France pour cause de maladie.

7. Le fonctionnaire appelé à l'intérim de la place de gouverneur jouira, pendant la durée de la vacance, et sous la déduction du traitement de son grade, des deux tiers du traitement intégral attribué au titulaire.

A l'égard des autres emplois, l'intérimaire jouira, sous la même déduction, des trois quarts du traitement que recevait le titulaire.

8. Il sera alloué aux conseillers coloniaux, à titre de droit de présence, et à chaque séance du conseil privé à laquelle ils assisteront, un jeton d'or à l'effigie du Roi, dont la valeur sera ultérieurement déterminée.

9. Notre ministre secrétaire-d'Etat de la marine et des colonies (comte Chabrol), est chargé de l'exécution de la présente ordonnance.

---

22 MARS ⇌ Pr. 6 MAI 1826. — Ordonnance du Roi portant réglement sur l'exercice de la profession de boulanger dans la ville de Saint-Etienne, département de la Loire. (8, Bull. 87, n° 2982.)

Charles, etc.

Sur le rapport de notre ministre secrétaire-d'Etat au département de l'intérieur,

Vu les délibérations du conseil municipal de Saint-Etienne, département de la Loire, des 18 mars et 14 octobre 1825;

Notre conseil d'Etat entendu,

Nous avons ordonné et ordonnons ce qui suit :

Art. 1er. A l'avenir, dans la ville de Saint-Etienne, département de la Loire, nul ne pourra exercer la profession de boulanger sans une permission spéciale du maire; elle ne sera accordée qu'à ceux qui justifieront être de bonnes vie et mœurs et avoir les facultés suffisantes.

Dans le cas de refus d'une permission, le boulanger aura recours de la décision du maire à l'autorité administrative supérieure, conformément aux lois.

Ceux qui exercent actuellement à Saint-Etienne la profession de boulanger sont maintenus dans l'exercice de leur profession; mais ils devront se munir, à peine de déchéance, de la permission du maire, dans un mois pour tout délai, à compter de la publication de la présente ordonnance.

2. Cette permission ne sera accordée que sous les conditions suivantes :

Chaque boulanger se soumettra à avoir constamment en réserve, dans son magasin, un approvisionnement en farines de froment, de qualité propre au service de la boulangerie.

Cet approvisionnement sera, savoir :

Pour les boulangers de première classe, de soixante-dix quintaux métriques;

Pour ceux de seconde classe, de cinquante idem;

Pour ceux de troisième classe, de trente idem;

Et pour la totalité des boulangers, de quatre mille quintaux métriques.

3. Dans le cas où le nombre des boulangers viendrait à diminuer par la suite, les approvisionnemens de réserve des boulangers restans en exercice seront augmentés proportionnellement, à raison de leur classe, de manière que la masse totale demeure toujours au complet de quatre mille quintaux, quantité nécessaire pour nourrir la population pendant un mois.

4. Chaque boulanger s'obligera de plus, par écrit, à remplir toutes les conditions qui lui sont imposées par la présente. Il affectera pour garantie de l'accomplissement de cette obligation l'intégralité de son approvisionnement stipulé comme ci-dessus, et il souscrira à toutes les conséquences qui peuvent résulter de la non-exécution.

5. La permission délivrée par le maire constatera la soumission souscrite par le boulanger, tant pour cette obligation que pour la quotité de son approvisionnement de réserve : elle énoncera aussi le quartier dans lequel chaque boulanger exerce ou se proposera d'exercer sa profession.

Si un boulanger en activité vient à quitter son établissement pour le transporter dans un autre quartier, il sera tenu d'en faire la déclaration au maire dans les vingt-quatre heures.

Mais, dans aucun cas, l'autorité ne pourra déterminer les rues ou quartiers où un boulanger devra exercer son commerce.

6. Le maire s'assurera, par lui-même ou par l'un de ses adjoints, si les boulangers ont constamment en magasin et en réserve la quantité de farine pour laquelle chacun d'eux aura fait sa soumission ; il en enverra, tous les mois, l'état, certifié par lui, au préfet, et celui-ci en transmettra une ampliation au ministre de l'intérieur.

Les boulangers, pour aucune cause que ce soit, ne pourront refuser la visite de leurs magasins, toutes les fois que l'autorité se présentera pour la faire.

7. Le maire réunira auprès de lui quinze boulangers de la ville, pris parmi ceux qui exercent leur profession depuis longtemps : ils procéderont, en sa présence, à la nomination d'un syndic et de quatre adjoints.

Le syndic et les adjoints seront renouvelés tous les ans au 15 décembre, pour entrer en fonctions le 1er janvier suivant : ils pourront être réélus ; mais, après un exercice de trois années, le syndic et les adjoints devront être définitivement remplacés.

8. Le syndic et les adjoints procéderont, en présence du maire, au classement des boulangers, conformément aux dispositions énoncées aux articles 2 et 3. Ils régleront pareillement, sous son autorité, le *minimum* du nombre des fournées que chaque boulanger sera tenu de faire journellement, suivant les différentes saisons de l'année.

- 9. Le syndic et les adjoints seront chargés de surveiller l'approvisionnement de réserve des boulangers, et de constater la nature et la qualité des farines dudit approvisionnement, sans préjudice des autres mesures de surveillance qui devront être prises par le maire, auquel ils rendront toujours compte.

10. Les boulangers admis et ayant commencé à exploiter ne devront quitter leur établissement que six mois après la déclaration qu'ils en auront faite au maire, lequel ne pourra se refuser à le recevoir.

11. Nul boulanger ne pourra restreindre, sans y être autorisé par le maire, le nombre des fournées auxquelles il sera obligé suivant sa classe.

12. Tout boulanger qui contreviendra aux articles 1, 2, 10 et 11, sera interdit temporairement ou définitivement, selon l'exigence des cas, de l'exercice de sa profession. Cette interdiction sera prononcée par le maire, sauf au boulanger à se pourvoir de la décision du maire auprès de l'autorité administrative supérieure, conformément aux lois.

13. Les boulangers qui, en contravention à l'article 10, auraient quitté leur établissement, sans en avoir préalablement fait la déclaration prescrite par ledit article ; ceux qui auraient fait disparaître tout ou partie de l'approvisionnement qu'ils sont tenus d'avoir en réserve, et qui, pour ces deux cas, auraient encouru l'interdiction définitive, seront considérés comme ayant manqué à leurs obligations. Leur approvisionnement de réserve ou la partie de cet approvisionnement qui aura été trouvée dans leur magasin, sera saisi ; ils seront poursuivis, à la diligence du maire, devant les tribunaux compétens, pour être statué conformément aux lois.

14. Le fonds d'approvisionnement de réserve deviendra libre, sur une autorisation du maire, pour tout boulanger qui, en conformité de l'article 10, aura déclaré, six mois d'avance, vouloir quitter sa profession. La veuve et les héritiers d'un boulanger pourront être pareillement autorisés à disposer de son approvisionnement de réserve, s'ils ne veulent pas continuer à exercer le même état.

15. Tout boulanger sera tenu de peser le pain s'il en est requis par l'acheteur ; il devra, à cet effet, avoir, dans le lieu le plus apparent de sa boutique, des balances et un assortiment de poids métriques dûment poinçonnés.

16. Nul boulanger ne pourra vendre son pain au-dessus de la taxe légalement faite et publiée.

17. Il est défendu d'établir des regrats de pain en quelque lieu public que ce soit. En conséquence, les traiteurs, aubergistes, cabaretiers et tous autres, soit qu'ils fassent métier ou non de donner à manger, ne pourront tenir d'autre pain chez eux que celui qui est nécessaire à leur propre consommation et à celle de leurs hôtes.

18. Les boulangers ou débitans forains seront admis, concurremment avec les boulangers de Saint-Etienne, à vendre ou faire vendre du pain sur les marchés ou lieux publics et aux jours qui seront désignés par le maire, en se conformant aux réglemens.

19. Le maire de Saint-Etienne pourra faire les réglemens locaux nécessaires sur la nature, la qualité, la marque et le poids du pain en usage dans cette ville, sur la police des boulangers et débitans forains, et des boulangers de cette ville qui ont coutume d'approvisionner les marchés, et sur la taxation des différentes espèces de pain.

Ces réglemens ne seront exécutoires qu'après avoir reçu l'approbation de notre ministre de l'intérieur, sur l'avis du préfet et du sous-préfet de l'arrondissement.

20. Les contraventions à la présente ordonnance, autres que celles qui sont spécifiées en l'article 12, et aux réglemens locaux dont il est fait mention en l'article précédent, seront poursuivies devant les tribunaux cor-

pétens, qui pourront prononcer l'impression et l'affiche du jugement, aux frais des contrevenans.

21. Notre garde-des-sceaux, ministre secrétaire d'Etat de la justice, et notre ministre secrétaire-d'Etat de l'intérieur (comtes Peyronnet et Corbière), sont chargés de l'exécution de la présente ordonnance, qui sera insérée au Bulletin des Lois.

22 MARS ⹀ Pr. 8 AVRIL 1826. — Ordonnance du Roi qui autorise la ville de Narbonne à élever un abattoir public et commun. (8, Bull. 84, n° 2935.)

Charles, etc.

Sur le rapport de notre ministre secrétaire-d'Etat au département de l'intérieur,

Vu la délibération du conseil municicipal de Narbonne, du 23 octobre 1825;

Notre Conseil-d'Etat entendu,

Nous avons ordonné et ordonnons ce qui suit:

Art. 1er. La ville de Narbonne, département de l'Aude, est autorisée à élever un abattoir public et commun.

Elle se conformera, pour établir cet abattoir (soit au lieu où il existait autrefois, soit dans tout autre emplacement reconnu plus convenable), aux dispositions du décret du 15 octobre 1810 et de l'ordonnance du 14 janvier 1815.

2. A partir du moment où l'abattoir public et commun sera mis en activité, l'abattage des bestiaux et porcs destinés à la boucherie et à la charcuterie de cette ville et de ses faubourgs aura lieu exclusivement dans ledit abattoir, et toutes les tueries particulières seront fermées.

Toutefois, les particuliers qui voudront faire abattre dans leur domicile les porcs nécessaires à leur propre consommation, conserveront cette faculté, à la charge par eux de se conformer aux réglemens de police.

3. Les bouchers forains pourront également faire usage dudit abattoir public; mais cette disposition est purement facultative pour eux, soit qu'ils concourent à l'approvisionnement de la ville, soit qu'ils approvisionnent seulement la banlieue; ils seront libres de tenir des abattoirs et des étaux dans les communes environnantes, sous l'approbation des autorités locales.

4. Les droits à payer par les bouchers et charcutiers, pour l'occupation des places et l'abattage des bestiaux et porcs à l'abattoir public, seront réglés par un tarif arrêté suivant la forme ordinaire.

5. A partir de la même époque, nul ne pourra exercer à Narbonne la profession de boucher ou de charcutier, sans avoir fait préalablement la déclaration au maire et soumis sa patente au *visa* de ce magistrat.

6. Les bouchers et charcutiers de la ville auront la faculté d'exposer en vente et de débiter les viandes de leur commerce respectif, soit dans la boucherie publique, soit dans leur domicile, dans des étaux convenablement disposés et appropriés à cet usage, suivant les règles de la police sanitaire.

7. Les bouchers et charcutiers forains ne pourront exposer en vente, étaler et colporter de la viande dans la ville et les faubourgs, ailleurs que dans les lieux publics désignés par le maire, et aux jours et heures fixées par lui; et ce, en concurrence avec les bouchers et charcutiers de la ville et des faubourgs qui voudront profiter de la même faculté.

8. Le maire de Narbonne pourra faire les réglemens locaux nécessaires pour la police de l'abattoir public et pour celle du commerce de la boucherie et charcuterie. Toutefois, ces réglemens ne deviendront exécutoires qu'après avoir été approuvés par notre ministre de l'intérieur, sur l'avis du préfet du département et du sous-préfet de l'arrondissement.

9. Notre ministre secrétaire-d'Etat au département de l'intérieur (comte Corbière) est chargé de l'exécution de la présente ordonnance, qui sera insérée au Bulletin des Lois.

22 MARS ⹀ Pr. 8 AVRIL 1826. — Ordonnance du Roi portant réglement pour l'exercice de la profession de boulanger dans la ville de Fontenay-le-Comte. (8, Bull. 84, n° 2934.)

Charles, etc.

Sur le rapport de notre ministre secrétaire-d'Etat au département de l'intérieur,

Vu les délibérations du conseil municipal de Fontenay-le-Comte, département de la Vendée, des 24 septembre et 10 décembre 1825:

Notre Conseil-d'Etat entendu,

Nous avons ordonné et ordonnons ce qui suit:

Art. 1er. A l'avenir, dans la ville de Fontenay-le-Comte, département de la Vendée, nul ne pourra exercer la profession de boulanger sans une permission spéciale du maire: elle ne sera accordée qu'à ceux qui justifieront être de bonne vie et mœurs et avoir les facultés suffisantes.

Dans le cas de refus d'une permission, le boulanger aura recours de la décision du maire à l'autorité administrative supérieure, conformément aux lois.

Ceux qui exercent actuellement la profession de boulanger dans la ville ci-dessus désignée sont maintenus dans l'exercice de leur profession; mais ils devront se munir, à peine de déchéance, de la permission du maire, dans un mois pour tout délai, à compter de la publication de la présente ordonnance.

2. Cette permission ne sera accordée que sous les conditions suivantes :

Chaque boulanger se soumettra à avoir constamment en réserve, dans son magasin, un approvisionnement de farines de première qualité bluté et prêt à mettre en œuvre.

Cet approvisionnement sera, savoir :

Pour les boulangers de première classe, de huit mille kilogrammes ;

Pour ceux de seconde classe, de six mille kilogrammes ;

Pour ceux de troisième classe, de quatre mille kilogrammes ;

Et pour la totalité des boulangers, de cent mille kilogrammes, quantité représentant le *minimum* de la consommation de toute la ville pendant au moins un mois.

3. Dans le cas où le nombre des boulangers viendrait à diminuer par la suite, les approvisionnemens de réserve des boulangers restans en exercice pourront être, sur l'autorisation de notre ministre de l'intérieur, augmentés proportionnellement, à raison de leur classe, de manière que la masse totale demeure toujours au complet, telle qu'elle se trouve fixée par l'article précédent.

4. Chaque boulanger s'obligera de plus, par écrit, à remplir toutes les conditions qui lui sont imposées par la présente. Il affectera pour garantie de l'accomplissement de cette obligation l'intégralité de son approvisionnement stipulé comme ci-dessus, et il souscrira à toutes les conséquences qui peuvent résulter de la non-exécution.

5. La permission délivrée par le maire constatera la soumission souscrite par le boulanger, tant pour cette obligation que pour la quotité de son approvisionnement de réserve : elle énoncera aussi le quartier dans lequel chaque boulanger exerce ou se proposera d'exercer sa profession.

Si un boulanger en activité vient à quitter son établissement pour le transporter dans un autre quartier, il sera tenu d'en faire la déclaration au maire dans les vingt-quatre heures.

Mais, dans aucun cas, l'autorité ne pourra déterminer les rues ou quartiers où un boulanger devra exercer son commerce.

6. Le maire s'assurera, par lui-même ou par l'un de ses adjoints, si les boulangers ont constamment en magasin et en réserve la quantité de farine pour laquelle chacun d'eux aura fait sa soumission ; il en enverra, tous les mois, l'état, certifié par lui, au préfet, et

celui-ci en transmettra une ampliation au ministre de l'intérieur.

Les boulangers, sous aucun prétexte, ne pourront refuser d'ouvrir leurs magasins, toutes les fois que le maire en ordonnera la visite.

7. Le maire réunira auprès de lui les boulangers qui exercent actuellement leur profession, et ils procéderont, en sa présence, à la nomination d'un syndic et d'un adjoint.

Le syndic et son adjoint seront renouvelés tous les ans au 15 décembre, pour entrer en fonctions le 1er janvier suivant : ils pourront être réélus ; mais, après un exercice de trois années, le syndic et son adjoint devront être définitivement remplacés.

8. Le syndic et son adjoint procéderont, en présence du maire, au classement des boulangers, conformément aux dispositions énoncées en l'article 2. Ils régleront pareillement le *minimum* du nombre des fournées que chaque boulanger sera tenu de faire journellement, suivant les différentes saisons de l'année.

9. Le syndic et son adjoint seront chargés de surveiller l'approvisionnement de réserve des boulangers, et de constater la nature et la qualité des farines dudit approvisionnement, sans préjudice des autres mesures de surveillance qui devront être prises par le maire, auquel ils rendront toujours compte.

10. Les boulangers admis et ayant commencé à exploiter ne devront quitter leur établissement que six mois après la déclaration qu'ils en auront faite au maire, lequel ne pourra se refuser à la recevoir.

11. Nul boulanger ne pourra restreindre, sans y être autorisé par le maire, le nombre des fournées auxquelles il sera obligé suivant sa classe.

12. Tout boulanger qui contreviendra aux articles 1, 2, 10 et 11, sera interdit temporairement ou définitivement, selon l'exigence des cas, de l'exercice de sa profession. Cette interdiction sera prononcée par le maire, sauf au boulanger à se pourvoir de la décision du maire auprès de l'autorité administrative supérieure, conformément aux lois.

13. Les boulangers qui, en contravention à l'article 10, auraient quitté leur établissement, sans avoir préalablement fait la déclaration prescrite par ledit article; ceux qui auraient fait disparaître tout ou partie de l'approvisionnement qu'ils sont tenus d'avoir en réserve, et qui, pour ces deux cas, auraient encouru l'interdiction définitive, seront considérés comme ayant manqué à leurs obligations. Leur approvisionnement de réserve ou la partie de cet approvisionnement qui aura été trouvée dans leur ma-

gasin, sera saisi ; ils seront poursuivis, à la diligence du maire, devant les tribunaux compétens, pour être statué conformément aux lois.

14. Le fonds d'approvisionnement de réserve deviendra libre, sur une autorisation du maire, pour tout boulanger qui, en conformité de l'article 10, aura déclaré, six mois d'avance, vouloir quitter sa profession. La veuve et les héritiers d'un boulanger pourront être pareillement autorisés à disposer de son approvisionnement de réserve, s'ils ne veulent pas continuer à exercer le même état.

15. Tout boulanger sera tenu de peser le pain, s'il en est requis par l'acheteur ; il devra, à cet effet, avoir, dans le lieu le plus apparent de sa boutique, des balances et un assortiment de poids métriques dûment poinçonnés.

16. Nul boulanger ne pourra vendre son pain au-dessus de la taxe légalement faite et publiée.

17. Il est défendu d'établir des regrats de pain, en quelque lieu public que ce soit. En conséquence, les traiteurs, aubergistes, cabaretiers et tous autres, soit qu'ils fassent métier, ou non, de donner à manger, ne pourront tenir d'autre pain chez eux que celui qui est nécessaire à leur propre consommation et à celle de leurs hôtes.

18. Les boulangers ou débitans forains seront admis, concurremment avec les boulangers de Fontenay-le-Comte, à vendre ou faire vendre du pain sur les marchés ou lieux publics et aux jours qui seront désignés par le maire, en se conformant aux réglemens.

19. Le maire de Fontenay-le-Comte pourra faire les réglemens locaux nécessaires sur la nature, la qualité, la marque et le poids du pain en usage dans cette ville, sur la police des boulangers et débitans forains et des boulangers de cette ville qui ont coutume d'approvisionner les marchés, et sur la taxation des différentes espèces de pain.

Ces réglemens ne seront exécutoires qu'après avoir reçu l'approbation de notre ministre de l'intérieur, sur l'avis du préfet et du sous-préfet de l'arrondissement.

20. Les contraventions à la présente ordonnance, autres que celles qui sont spécifiées en l'article 12, et aux réglemens locaux dont il est fait mention en l'article précédent, seront poursuivies devant les tribunaux compétens, qui pourront prononcer l'impression et l'affiche du jugement, aux frais des contrevenans.

21. Notre garde-des-sceaux, ministre secrétaire-d'Etat de la justice, et notre ministre secrétaire-d'Etat de l'intérieur (comtes Peyronnet et Corbière), sont chargés de l'exécution de la présente ordonnance, qui sera insérée au Bulletin des Lois.

22 MARS 1826. — Ordonnance du Roi qui accorde des lettres de déclaration de naturalité au sieur de Ludovicy dit Devisie. (8, Bull. 145, n° 5089.)

22 MARS = Pr. 8 AVRIL 1826. — Ordonnance du Roi qui classe au rang des routes départementales de la Loire les routes de Cusset à Villefranche par Roanne, et d'Annonay au Puy par Bourg-Argental. (8, Bull. 84, n° 2936.)

22 MARS 1826. — Ordonnance du Roi qui accorde des lettres de déclaration de naturalité au sieur Gérard. (Bull. 146, n° 5111.)

22 MARS 1826. — Ordonnances du Roi qui autorisent l'acceptation de dons et legs faits à des fabriques, à des communautés religieuses, à des curés et à des séminaires. (8, Bull. 146, n°s 5145 à 5163.)

22 MARS 1826. — Ordonnance du Roi qui accorde des pensions de retraite à vingt-six militaires. (8, Bull. 83 bis, n° 4.)

22 MARS 1826. — Ordonnances du Roi qui accordent des pensions à des veuves de militaires. (8, Bull. 83 bis, n°s 5 et 7.)

22 MARS 1826. — Ordonnance du Roi qui accorde des secours aux orphelins de deux militaires. (8, Bull. 83 bis, n° 6.)

22 MARS 1826. — Ordonnance du Roi portant modification au régime des eaux de l'usine à fer que les sieurs Plique et Martinot ont été autorisés à établir dans la commune de Joinville (Haute-Marne). (8. Bull. 89, n° 2994.)

22 MARS 1826. — Ordonnance du Roi qui autorise l'acceptation d'une donation faite en faveur de l'institution royale des Jeunes Aveugles. (8, Bull. 89, n° 5006.)

22 MARS 1826. — Ordonnances du Roi qui accordent des lettres de déclaration de naturalité aux sieurs Lachenmaier, Mathieu et

Ripolles. (8, Bull. 105, n°s 3517, 3518 et 3519.)

22 MARS 1826. — Ordonnances du Roi qui accordent des lettres de déclaration de naturalité aux sieurs Bastien et Coupette. (8, Bull. 130, n°s 4515 et 4516.)

22 MARS 1826. — Ordonnances du Roi qui accordent des lettres de déclaration de naturalité aux sieurs Cola, Fournie et Walard. (8, Bull. 135, n°s 4681, 4682 et 4683.)

26 MARS ⹀ Pr. 8 AVRIL 1826. — Ordonnance du Roi portant nouvelle organisation du corps royal des ingénieurs géographes militaires. (8, Bull. 84, n° 2937.)

Voy. ordonnance du 2 AOUT 1818, titre 25.

Charles, etc.

Vu l'ordonnance du 22 octobre 1817, relative à l'organisation du corps royal des ingénieurs géographes militaires ;

Voulant arrêter d'une manière plus conforme aux besoins du service et à l'objet de son institution la composition de ce corps ;

Sur le rapport de notre ministre secrétaire-d'Etat de la guerre,

Nous avons ordonné et ordonnons ce qui suit :

Art. 1er. Le cadre du corps royal des ingénieurs géographes sera composé ainsi qu'il suit :

Trois colonels, trois lieutenans-colonels, neuf chefs d'escadron, dix-huit capitaines de première classe, dix-huit capitaines de seconde classe, dix lieutenans, quatre sous-lieutenans faisant fonctions de lieutenant, quatre élèves sous-lieutenans : total, soixante-neuf.

2. Il sera pourvu immédiatement aux emplois de lieutenans-colonels, chefs d'escadron et capitaines créés par l'article précédent en sus du cadre actuel.

3. Les officiers les moins anciens des différens grades qui existeront en excédant du cadre déterminé par l'article 1er, resteront attachés au corps, et jouiront des avantages dont ils sont en possession. Il ne sera pourvu qu'à la moitié des vacances, jusqu'à ce que le nombre des officiers de chaque grade soit rentré dans la limite fixée par ledit article.

4. Les officiers du corps royal des ingénieurs géographes jouiront des avantages accordés à l'arme du génie pour le temps des études. En conséquence, il sera compté trois années d'études préliminaires aux ingé-

nieurs géographes qui étaient en activité de service au 30 janvier 1809, et quatre années à ceux qui, ayant passé par l'école polytechnique, ont été admis à l'école d'application du corps après le 30 octobre 1809, époque de l'établissement de cette école.

5. Les dispositions des ordonnances et réglemens contraires à la présente ordonnance sont et demeurent abrogées.

6. Notre ministre secrétaire-d'Etat au département de la guerre (marquis de Clermont-Tonnerre), est chargé de l'exécution de la présente ordonnance.

30 MARS ⹀ 8 AVRIL 1826. — Loi qui autorise le département du Nord à s'imposer extraordinairement pour subvenir aux dépenses de la construction, dans la ville de Lille, d'un palais de justice et d'une maison d'arrêt. (8, Bull. 84, n° 2931.)

Article unique. Le département du Nord est autorisé, d'après la délibération prise par son conseil-général en 1825, à s'imposer extraordinairement pendant cinq années, à partir de 1827, deux centimes additionnels aux contributions directes, pour le produit en être employé à la construction, dans la ville de Lille, d'un palais de justice et d'une maison d'arrêt.

30 MARS ⹀ Pr. 8 AVRIL 1826. — Loi qui autorise la ville de Bordeaux à s'imposer extraordinairement pour subvenir aux frais de restauration de son pavé. (8, Bull. 84, n° 2932.)

Article unique. La ville de Bordeaux est autorisée à s'imposer extraordinairement pendant les années 1826 et 1827, par addition au principal de ses contributions directes, quatre centimes, dont le produit sera spécialement employé aux frais de restauration du pavé de ladite ville, conformément à la délibération de son conseil municipal, en date du 26 février 1825.

30 MARS 1826. — Ordonnances du Roi qui autorisent l'acceptation de dons et legs faits à des fabriques, à des séminaires et à des communautés religieuses. (8, Bull. 147, n°s 5196 à 5214.)

30 MARS 1826. — Ordonnance du Roi qui prescrit l'inscription au Trésor royal de deux cent quatorze pensions civiles et militaires. (8, Bull. 87 *bis*, n° 2.)

30 MARS 1826. — Ordonnances du Roi qui autorisent l'acceptation de dons et legs faits à des pauvres, à des hospices, etc. (8, Bull. 89, nos 3007 à 3027.)

30 MARS 1826. — Ordonnances du Roi qui autorisent l'acceptation de dons et legs faits à des pauvres et à des hospices. (8, Bull. 90, nos 3931 à 3056.)

30 MARS 1826. — Ordonnance du Roi qui autorise les héritiers Gierre à tenir en activité les usines dites de la Clavières, qu'ils possèdent dans les communes d'Ardentes-Saint-Martin et d'Ardentes-Saint-Vincent (Indre). (8, Bull. 90, no 3070.)

31 MARS 1826. — Tableau des prix des grains pour servir de régulateur de l'exportation et de l'importation , conformément aux lois des 16 JUILLET 1819 et 4 JUILLET 1821, arrêté le 31 MARS 1826. (8, Bull. 85, no 2885.)

2 AVRIL 1826. — Ordonnances du Roi qui autorisent l'acceptation de dons et legs faits à des fabriques et à l'archevêché d'Albi. (8, Bull. 147, nos 3215 à 5224.)

3 AVRIL 1826. — Déclaration des évêques. (Mon. du 12 AVRIL 1826.)

Voy. lois des 12 JUILLET = 24 AOUT 1790, du 18 GERMINAL an 10, art. 24; décret du 22 FÉVRIER 1810.

Depuis longtemps la religion n'a eu qu'à gémir sur la propagation de ces doctrines d'impiété et de licence qui tendent à soulever toutes les passions contre l'autorité des lois divines et humaines. Dans leurs justes alarmes, les évêques de France se sont efforcés de préserver leurs troupeaux de cette contagion funeste. Pourquoi faut-il que le succès qu'ils avaient droit d'espérer de leur sollicitude soient compromis par des attaques d'une nature différente, il est vrai, mais qui pourraient amener de nouveaux périls pour la religion de l'Etat?

Des maximes reçues dans l'église de France sont dénoncées hautement comme un attentat contre la divine constitution de l'église catholique, comme une œuvre souillée de schisme et d'hérésie, comme une profession d'athéisme politique.

Combien ces censures prononcées sans mission, sans autorité, ne paraissent-elles pas étranges, quand on se rappelle les sentimens d'estime, de confiance et d'affection que les successeurs de Pierre, chargés comme lui de confirmer leurs frères dans la foi, n'ont cessé de manifester pour une église qui leur a toujours été si fidèle!

Mais ce qui étonne et afflige le plus, c'est la témérité avec laquelle on cherche à faire revivre une opinion née autrefois du sein de l'anarchie et de la confusion où se trouvait l'Europe, constamment repoussée par le clergé de France, et tombée dans un oubli presque universel, opinion qui rendrait les souverains dépendans de la puissance spirituelle, même dans l'ordre politique, au point qu'elle pourrait, dans certains cas, délier leurs sujets du serment de fidélité.

Sans doute le Dieu juste et bon ne donne pas aux souverains le droit d'opprimer les peuples, de persécuter la religion et de commander le crime et l'apostasie; sans doute encore les princes de la terre sont, comme le reste des chrétiens, soumis au pouvoir spirituel dans les choses spirituelles. Mais prétendre que leur infidélité à la loi divine annulerait leur titre de souverain, que la suprématie pontificale pourrait aller jusqu'à les priver de leur couronne, et à les livrer à la merci de la multitude, c'est une doctrine qui n'a aucun fondement, ni dans l'Evangile, ni dans les traditions apostoliques, ni dans les écrits des docteurs et les exemples des saints personnages qui ont illustré les plus beaux siècles de l'antiquité chrétienne.

En conséquence, nous cardinaux, archevêques et évêques soussignés, croyons devoir au roi, à la France, au ministère divin qui nous est confié, aux véritables intérêts de la religion dans les divers Etats de la chrétienneté, de déclarer que nous réprouvons les injurieuses qualifications par lesquelles on a essayé de flétrir les maximes et la mémoire de nos prédécesseurs dans l'épiscopat; que nous demeurons inviolablement attachés à la doctrine telle qu'ils nous l'ont transmise, sur les droits des souverains et sur leur indépendance pleine et absolue, dans l'ordre temporel, de l'autorité soit directe, soit indirecte de toute puissance ecclésiastique.

Mais nous condamnons, avec tous les catholiques, « ceux qui, sous prétexte de liber-« té, ne craignent pas de porter atteinte à « la primauté de saint Pierre et des pon-« tifes romains ses successeurs, instituée « par Jésus-Crist, à l'obéissance qui leur « est due par tous les Chrétiens, et à la « majesté si vénérable aux yeux de toutes « les nations, du siége apostolique où s'en-« seigne la foi et se conserve l'unité de l'E-« glise. »

Nous faisons gloire, en particulier, de donner aux fidèles l'exemple de la plus profonde vénération et d'une piété toute filiale envers le pontife que le Ciel, dans sa miséricorde, a élevé de nos jours sur la chaire du prince des apôtres.

Fait à Paris le 3 avril 1826, ainsi signé en l'original.

Le cardinal de LaFare, archevêque de Sens; le cardinal de Latil, archevêque de Reims; François, ancien archevêque de Toulouse; Pierre-Ferdinand, archevêque d'Aix, d'Arles et d'Embrun; Paul-Ambroise, archevêque de Besançon; Guillaume-Aubin, archevêque de Bourges; Marie-Nicolas, évêque de Montpellier, nommé à l'archevêché de Narbonne; R. E., évêque d'Autun; C. L, évêque d'Evreux; J. P., évêque d'Amiens; Joseph, évêque de Nantes; C. J., ancien évêque de Tulle; C.M. Paul, évêque de Strasbourg; J. M. Dominique, évêque de Quimper.

(Le Moniteur du 25 avril 1826 contient l'adhésion des archevêques et évêques dont les noms suivent).

MMgrs le cardinal de Clermont-Tonnerre, archevêque de Toulouse; le cardinal de Croï, archevêque de Rouen; l'archevêque d'Avignon; l'archevêque d'Alby; l'évêque d'Angers; l'évêque de Versailles; l'évêque de Cambrai; l'évêque de Clermont; l'évêque d'Arras; l'évêque de la Rochelle; l'évêque de Coutances; l'évêque de Montauban; l'évêque de Saint-Brieuc; l'évêque de Poitiers; l'évêque de Meaux; l'évêque du Mans; l'évêque de Nîmes; l'évêque de Périgueux; l'évêque de Dijon; l'évêque d'Orléans; l'évêque de Baïeux; l'évêque de Rodez; l'évêque de Moulins; l'évêque de Blois; l'évêque de Saint-Dié; l'évêque de Soissons; l'évêque de Carcassonne; l'évêque de Beauvais; l'évêque de Troyes; l'évêque nommé de Grenoble.

(Le Moniteur du 15 mai 1826 contient dans sa partie officielle l'adhésion des archevêques et évêques dont les noms suivent).

MMgrs l'archevêque d'Auch; l'évêque de Cahors; l'évêque de Digne; l'évêque de Saint-Flour; l'évêque de Seez; l'évêque de Valence; l'évêque de Baïonne; l'évêque de Luçon; l'évêque de Mende; l'évêque du Puy; l'évêque de Belley; l'évêque de Gap; l'évêque d'Aire; l'évêque de Saint-Claude; l'évêque de Tarbes; l'évêque de Verdun; l'évêque de Fréjus; l'évêque de Châlons; l'évêque de Perpignan; l'évêque d'Angoulème; l'évêque de Nancy; l'évêque de Chartres; l'évêque de Tulle; l'évêque de Limoges; l'évêque de Viviers.

5 = Pr. 21 AVRIL 1826. — Ordonnance du Roi qui augmente le personnel de l'école royale de cavalerie d'un sous-lieutenant porte-étendard et d'un second aide-chirurgien. (8, Bull. 85, n° 2941.)

Charles, etc.

Vu l'art. 14 de notre ordonnance en date du 10 mars 1825, portant organisation de l'école royale de cavalerie;

Vu l'art. 1er de notre ordonnance du 31 du même mois, qui règle la composition du corps de troupe attaché à ladite école;

Considérant qu'un second aide-chirurgien est nécessaire à l'école pour y assurer l'exécution du service de santé;

Et voulant pourvoir, d'un autre côté, au besoin qu'éprouve le corps de troupe par suite de notre décision du 6 janvier dernier, qui lui accorde un étendard;

Sur le rapport de notre ministre secrétaire-d'Etat de la guerre,

Nous avons ordonné et ordonnons ce qui suit:

Art. 1er. Le personnel de l'école royale de cavalerie, tel qu'il a été réglé par nos ordonnances susdites, est augmenté,

1° D'un sous-lieutenant porte-étendard,

2° D'un second aide-chirurgien.

2. Ces officiers seront assimilés, sous le rapport du traitement, aux autres officiers de leur grade employés à l'école.

3. Notre ministre secrétaire-d'Etat de la guerre (marquis de Clermont-Tonnerre), est chargé de l'exécution de la présente ordonnance.

5 AVRIL 1826. — Ordonnance du Roi qui accorde des lettres de déclaration de naturalité au sieur Davril. (Bull. 252, n° 9244.)

5 AVRIL 1826. — Ordonnance du Roi qui accorde des lettres de déclaration de naturalité au sieur Jacques. (Bull. 252, n° 9245.)

5 AVRIL 1826. — Ordonnance du Roi qui admet les sieurs Ellis, Karrer, Sanders, Kisler, Krœmer, Brink et Lamlé, à établir leur domicile en France. (8, Bull. 85, n° 2946.)

5 AVRIL 1826. — Ordonnances du Roi qui autorisent l'acceptation de dons et legs faits à des communes. (8, Bull. 90, n°s 3057 et 3058.)

5 AVRIL 1826. — Ordonnances du Roi qui accordent des lettres de déclaration de naturalité aux sieurs Glod, Margot, Bouillon Deprex dit Duprez et Lenoir. (8, Bull. 130, n°s 4517 à 4521.)

6 AVRIL 1826. — Lettre adressée au Roi par Monseigneur l'archevêque de Paris. (Mon. du 12 AVRIL 1826.)

Sire, les cardinaux, archevêques et évêques qui se trouvent en ce moment à Paris, ont cru qu'il était bon de rédiger collectivement un exposé de leurs sentimens sur l'indépendance de la puissance temporelle, en matière purement civile. Quoique cet exposé ne porte point ma signature, je n'en professe pas moins la même opinion, et je prie Votre Majesté de me permettre d'en déposer entre ses mains le témoignage par écrit, comme j'ai eu l'honneur de lui en faire la déclaration de vive voix.

Les considérations que j'ai soumises au Roi, et dans lesquelles la réflexion n'a fait que me confirmer davantage, ont pu seules m'empêcher de signer un acte qui renferme, touchant les bornes de l'autorité spirituelle, des principes sur lesquels j'ai eu plus d'une fois l'occasion de m'expliquer, même en public, et au sujet desquels je ne connais point de discordance parmi les pasteurs et le clergé de mon diocèse.

Signé † HYACINTHE,
archevêque de Paris.

6 AVRIL 1826. — Lettres-patentes portant création de majorats en faveur de MM. Dhombres et Mogniat de l'Ecluse. (8, Bull. 85, n° 2944.)

9 ⚏ Pr. 21 AVRIL 1826. — Ordonnance du Roi portant autorisation définitive de la communauté des dames religieuses de Saint-Thomas de Villeneuve de Moncontour, département des Côtes-du-Nord. (8, Bull. 85, n° 2942.)

Charles, etc.

Vu la loi du 24 mai 1825 ;
Vu la déclaration des dames religieuses de Saint-Thomas de Villeneuve de Moncontour, qu'elles sont régies par les mêmes statuts que ceux approuvés pour la maison mère de Paris ;
Vu la délibération du conseil municipal de Moncontour du 9 mars 1826, tendant à ce que cet établissement soit autorisé dans cette commune ;
Vu le consentement de l'évêque de Saint-Brieuc, du 18 mars 1826 ;
Vu le décret du 16 juillet 1810, portant autorisation des statuts desdites religieuses de Saint-Thomas de Villeneuve de Paris ;
Sur le rapport de notre ministre secrétaire-d'Etat au département des affaires ecclésiastiques et de l'instruction publique,

Nous avons ordonné et ordonnons ce qui suit :
Art. 1er. La communauté des dames religieuses de Saint-Thomas de Villeneuve de Moncontour, département des Côtes-du-Nord, diocèse de Saint-Brieuc, gouvernée par une supérieure locale, dépendante de la supérieure générale résidant à Paris, est définitivement autorisée.
2. Notre ministre secrétaire-d'Etat au département des affaires ecclésiastiques et de l'instruction publique (Frayssinous), est chargé de l'exécution de la présente ordonnance, qui sera insérée au Bulletin des Lois.

9 ⚏ Pr. 21 AVRIL 1826. — Ordonnance du Roi portant autorisation définitive de la communauté enseignante des religieuses de la Sainte-Trinité établie à Crest, département de la Drôme. (8, Bull. 85, n° 2945.)

Charles, etc.

Vu la loi du 24 mai 1825 ;
Vu la déclaration des religieuses de la Sainte-Trinité composant la communauté enseignante de Crest, qu'elles sont régies par les mêmes statuts que ceux approuvés pour la maison mère située à Valence ;
Vu la délibération du conseil municipal de Crest du 26 septembre 1825, tendant à ce que cet établissement soit autorisé dans cette ville ;
Vu le consentement de l'évêque de Valence, du 24 janvier 1826 ;
Vu le décret du 16 juillet 1810, portant autorisation des statuts desdites religieuses de la Sainte-Trinité de Valence ;
Sur le rapport de notre ministre secrétaire-d'Etat au département des affaires ecclésiastiques et de l'instruction publique,
Nous avons ordonné et ordonnons ce qui suit :
Art. 1er. La communauté enseignante des religieuses de la Sainte-Trinité établie à Crest, département de la Drôme, diocèse de Valence, gouvernée par une supérieure locale, dépendante de la supérieure générale résidant dans la maison mère à Valence, est définitivement autorisée.
2. Notre ministre secrétaire-d'Etat au département des affaires ecclésiastiques et de l'instruction publique (Frayssinous), est chargé de l'exécution de la présente ordonnance, qui sera insérée au Bulletin des Lois.

9 AVRIL 1826. — Ordonnance du Roi qui autorise l'acceptation d'une donation faite aux sœurs de la charité de Besançon. (8, Bull. 146, n° 5164.)

11 AVRIL = Pr. 1er MAI 1826. — Ordonnance du Roi qui autorise la société anonyme des mines de Saint-Étienne (Loire) à émettre six cents nouvelles actions de quinze cents francs. (8, Bull. 86, n° 2961.)

Charles, etc.

Sur le rapport de notre ministre secrétaire-d'Etat au département de l'intérieur ;

Vu l'ordonnance royale du 25 octobre 1820, portant autorisation de la société anonyme des mines de Saint-Etienne (Loire), et approbation de ses statuts, ladite compagnie fondée au capital de quinze cent mille francs divisé en mille actions de quinze cents francs ;

Vu la délibération de l'assemblée générale de ladite compagnie, tenue le 20 janvier 1826, portant, conformément aux art. 6 et 38 des statuts, confirmation unanime d'une délibération précédente du 17 octobre 1825, par laquelle a été votée la création de six cents actions nouvelles de quinze cents francs, pour porter le capital social à deux millions quatre cent mille francs ;

Vu, tant les certificats de publication et affiches au greffe du tribunal de commerce de Saint-Etienne, que l'inscription légale, dans le journal des annonces judiciaires du département de la Loire, de la délibération du 17 octobre ;

Considérant que les formalités exigées par l'article 38 des statuts ont été remplies, sans qu'il conste d'aucune opposition survenue ; et, au contraire, que, sur mille actions, la délibération définitive porte le consentement unanime des porteurs de huit cent trente-trois actions, et qu'il a été justifié de l'adhésion postérieure de trois porteurs d'autres cent trois actions,

Notre Conseil-d'Etat entendu,

Nous avons ordonné et ordonnons ce qui suit :

Art. 1er. La société anonyme des mines de Saint-Etienne (Loire), conformément aux art. 6 et 38 de ses statuts et aux délibérations de son assemblée générale des 17 octobre 1825 et 20 janvier 1826, est autorisée à émettre six cents nouvelles actions de quinze cents francs, dont trois cent trente-trois pourront être souscrites de préférence par les porteurs des mille actions primitives à raison du tiers de celles qu'ils possèdent ; le surplus, ainsi que celles desdites trois cent trente-trois que les actionnaires actuels n'accepteraient pas seront mis en réserve, pour en être disposé à mesure des besoins et par délibération de l'assemblée générale, à la charge néanmoins qu'aucune action ne pourra être émise pour une somme moindre que le capital de quinze cents francs.

2. Notre ministre secrétaire-d'Etat de l'intérieur (comte Corbière), est chargé de l'exécution de la présente ordonnance, qui sera publiée au Bulletin des Lois, et insérée tant au Moniteur que dans un journal d'annonces judiciaires du département de la Loire, sans préjudice des affiches et publications prescrites par le Code de commerce.

———

11 AVRIL = Pr. 1er JUIN 1826. — Ordonnance du Roi portant autorisation, conformément aux statuts y annexés, de la société d'assurances mutuelles contre l'incendie, formée à Marseille pour les départements des Bouches-du-Rhône, du Var, des Basses-Alpes et de Vaucluse. (8, Bull. 94 bis, n° 1.)

Charles, etc.

Sur le rapport de notre ministre secrétaire-d'Etat au département de l'intérieur,

Notre Conseil-d'Etat entendu,

Nous avons ordonné et ordonnons ce qui suit :

Art. 1er. La société d'assurances mutuelles contre l'incendie formée à Marseille pour les départemens des Bouches-du-Rhône, du Var, des Basses-Alpes et de Vaucluse est autorisée. Ses statuts, contenus en l'acte passé par-devant Roubaud et son collègue, notaires à Marseille, le 17 novembre 1825, lequel restera ci-annexé, sont approuvés, sous les réserves portées aux articles suivans.

2. Ne seront admis à l'assurance mutuelle, avec les immeubles, que les meubles placés à perpétuelle demeure, ou les objets de déplacement difficile destinés à l'exploitation, comme les cuves et pressoirs.

3. L'article 18 des statuts sera entendu dans ce sens que le sociétaire qui aliénera sa propriété sans mettre son cessionnaire à son lieu et place, n'ayant plus droit à indemnité, ne sera plus tenu des appels contributoires, mais seulement des cotisations fixes annuelles jusqu'au terme de son engagement.

4. Il est entendu, en explication de l'article 21, qu'en cas d'appel de contributions pour l'indemnité des incendiés, les objets assurés concourront dans les mêmes proportions pour lesquelles ils fournissent à la garantie dans leurs classes respectives.

5. Nonobstant les articles 29 et 30, l'effet des assurances faites par le créancier hypothécaire ou par l'usufruitier sera réglé par le droit commun, sauf les conventions spéciales qui auraient été portées dans la police d'assurance de l'usufruitier en ce qui concerne le mode de paiement de l'indemnité éventuelle de son usufruit.

6. Le nombre des membres du conseil général, fixé par l'article 38 des statuts, sera

porté à quatre-vingts, et composé des vingt plus forts assurés de chacun des quatre dèpartemens.

7. De l'article 45 des statuts, il ne sera pas entendu que les centimes destinés par l'article 33 au paiement des frais d'administration forment le prix d'un abonnement, mais seulement que le directeur ou sociétaire dirigeant ne pourra être autorisé par le conseil d'administration à excéder dans ces dépenses le produit desdits centimes.

8. La disposition de l'art 52 n'autorisera la société qu'à veiller à l'exécution des lois et réglemens de police sur le ramonage des cheminées, dans les maisons associées à l'assurance.

9. Nous nous réservons de retirer notre présente autorisation en cas de violation ou de non exécution des statuts, sans préjudice des dommages-intérêts des tiers.

10. Notre ministre secrétaire-d'État de l'intérieur nommera un commissaire qui sera chargé de surveiller l'exécution des statuts de la société et de prendre connaissance de ses opérations. Il pourra suspendre celles qui lui paraîtraient contraires aux lois ou statuts, et ce jusqu'à décision de l'autorité compétente.

11. La société sera tenue de donner, tous les six mois, copie de son état de situation aux préfets de sa circonscription; pareille copie sera adressée à notre ministre de l'intérieur.

12. Notre ministre secrétaire-d'Etat de l'intérieur est chargé de l'exécution de la présente ordonnance, qui sera publiée au Bulletin des Lois et insérée tant au Moniteur que dans un journal d'annonces judiciaires de chacun des départemens des Bouches-du-Rhône, Var, Basses-Alpes et Vaucluse.

———

L'an 1825, et le 17 novembre après midi, Par-devant nous Jean-Marie-Gaspar Roubaud et notre collègue, notaires royaux à Marseille, département des Bouches-du-Rhône, soussignés, sont comparus....

Lesquels, après avoir pris communication d'une lettre de son excellence le ministre de l'intérieur, par laquelle le ministre présente diverses modifications et divers changemens qu'il croit nécessaire d'apporter aux statuts et réglemens de la société d'assurance mutuelle contre l'incendie pour les départemens réunis des Bouches-du-Rhône, Var, Vaucluse et Basses-Alpes, afin d'obtenir l'autorisation de sa majesté;

Considérant combien il importe à l'intérêt des sociétaires, et pour le succès de cette association, d'être mise en activité très prochainement;

Sont unanimement convenus et ont arrêté de faire aux statuts de l'association contenus

en l'acte passé devant Roubaud, l'un des notaires soussignés, qui en a la minute, et son confrère, le 5 juillet dernier, dûment enregistré, les modifications et changemens demandés par son excellence, et ont définitivement adopté les statuts tels qu'ils sont rédigés ci-après, et qui feront le complément de l'acte d'association.

Association d'assurance mutuelle contre l'incendie, à Marseille, pour les départemens des Bouches-du-Rhône, Var, Basses-Alpes et Vaucluse, formant l'ancienne Provence et l'ancien Comtat.

STATUTS.

CHAPITRE Ier. Fondation et but de la société.

Art. 1er. Il est formé une société anonyme d'assurance contre l'incendie entre les soussignés et tous ceux qui adhéreront aux présens statuts, pour des propriétés de la situation et de la nature de celles que l'assurance embrasse.

Ladite société est pour les départemens des Bouches-du-Rhône, Var, Basses-Alpes et Vaucluse.

Le siége principal de ladite société est à Marseille.

2. Toute solidarité est exclue entre les sociétaires, même quant à ceux gérant et administrant; chacun, en tout état de cause, ne peut supporter que sa part personnelle dans les paiemens auxquels les risques pourront donner lieu.

3. La société a pour objet de garantir mutuellement ses membres des dommages que pourraient causer l'incendie et tous effets du feu, même le feu du ciel, aux immeubles compris dans l'assurance.

La propriété assurée qui serait détruite en tout ou en partie, sur l'ordre de l'autorité, pour arrêter le progrès de l'incendie, est garantie, et a droit à l'indemnité comme si le dommage était causé par les flammes.

Ne rentrent pas dans l'objet de l'assurance et ne pourront donner lieu à aucun paiement de dommages, les effets de l'explosion de la poudre, ni ceux des explosions des machines à vapeur, non plus que tout incendie provenant, soit de commotion ou émeute civile, soit d'invasion ou de force militaire quelconque.

L'assurance devient nulle dans ses effets actifs et passifs, si la propriété assurée cesse d'exister par d'autres causes que celles de l'incendie.

4. La société comprend et admet dans l'assurance les maisons et immeubles bâtis de toute nature, les meubles placés par les propriétaires à perpétuelle demeure, et deve-

nant immeubles par destination, dans les bâtimens d'habitation seulement, ou d'exploitation du fonds, comme pressoirs, cuves,
tonnes et autres instrumens et ustensiles ara-
toires.

5. Ne peuvent faire partie de l'association
les maisons construites en chaume, bois ou
torchis, et les salles de spectacle.

6. Nulle propriété engagée dans la présente société ne pourra être assurée par une
autre compagnie, à peine d'être privée de
tous les avantages de l'assurance ; celles qui,
déjà assurées par d'autres compagnies, seront
présentées pour entrer dans la présente société pourront y être admises pour participer
aux effets de l'assurance mutuelle, à l'époque
seulement où les engagemens avec les autres
compagnies expireront.

7. La société n'aura d'effet que du moment
où, par suite des adhésions aux présens statuts, il se trouvera pour une somme de six
millions de francs de propriétés engagées à
l'assurance mutuelle.

Le montant des valeurs assurées se cal-
cule avec la conversion des classes dont il est
parlé au chapitre III.

8. L'accomplissement de la condition portée en l'article précédent, pour la mise en
activité de la société, sera constaté par le
conseil d'administration, et reconnu par
M. le commissaire du Roi.

Le conseil d'administration déclarera ensuite, par délibération expresse, le jour et
l'heure précisément où la société sera mise
en activité, et cette déclaration sera rendue
publique, à la diligence du directeur, par
avis inséré dans les journaux des départemens
intéressés.

9. La durée de la société est de trente ans,
à partir du 1er janvier qui suivra l'époque
de sa mise en activité.

Toutefois, à chaque période de cinq ans,
il devra se trouver toujours au moins pour
six millions de propriétés assurées.

10. Une plaque indicative de l'assurance,
portant les lettres A. M. (assurance mutuelle), sera apposée à l'endroit le plus apparent de tout immeuble assuré.

CHAPITRE II. Conditions de l'assurance.

11. Chaque sociétaire est assureur et assuré pendant tout le temps que ses propriétés
sont engagées dans l'association.

Les immeubles seront engagés dans l'association pour la période de cinq ans.

L'année sociale commence au premier janvier et finit au dernier décembre.

La période de tout engagement commence
e premier jour de l'année sociale ; on ajoute
à la première période les mois restant à courir de l'année dans laquelle a eu lieu l'adhésion.

Les effets de l'assurance commencent à
partir du premier jour du mois dans lequel
la police d'assurance est remise à l'adhésionnaire.

Le sociétaire qui voudrait cesser de faire
partie de la société à la fin de la période pour
laquelle il est engagé, devra, au moins trois
mois avant l'expiration de ladite période,
faire connaître son intention, en faisant, à
cet effet, au secrétariat de la direction ou
chez le receveur d'arrondissement, une déclaration consignée sur un registre particulier, qui sera signée par lui ou par son fondé
de pouvoirs, et dont il se fera délivrer une
attestation qui devra être visée par le directeur avant l'expiration des trois mois.

A défaut de déclaration dans le temps fixé,
le sociétaire continue à faire partie de la société, et la période de son engagement est
renouvelée de plein droit.

12. En sa qualité d'assureur, tout sociétaire doit garantie à la société pour ce qui
peut lui compéter dans les paiemens des
dommages d'incendie. Cette garantie est
spécialement pour le cas où, à raison des
désastres d'incendie arrivés, les fonds de secours destinés aux paiemens des dommages
dont il est parlé à l'article 34 ci-après, ne
seraient pas suffisans pour couvrir les pertes
éprouvées.

Cette garantie est de rigueur, et chaque
sociétaire y est expressément obligé : elle est
de demi pour cent de la valeur de la propriété assurée. Elle s'élève dans une progres-
sion déterminée, à raison des classes des propriétés dont il est parlé au chapitre III.

Cette garantie est fixée pour cinq ans, ou
pour toute la période de l'engagement du
sociétaire ; et la quotité, telle qu'elle est déterminée par les présens statuts, n'en peut
être excédée pendant cette période, pour
quelque cause que ce puisse être.

Si, par des désastres inouïs, il arrivait que
la garantie fût entièrement épuisée, il y aurait lieu à la dissolution de la société ; cependant le conseil d'administration en pourrait
décider la continuation ; dans ce cas, il serait donné avis de la décision du conseil à
tous les sociétaires ; la période d'engagement
se renouvellerait et comencerait pour chacun d'eux, et la garantie serait reconstituée.
Toutefois, ceux qui voudraient se retirer de
la société en auraient la faculté en faisant,
à cet effet, dans les trois mois de l'avis de
continuation, leur déclaration d'intention
de la même manière qu'il est porté en l'article précédent.

La masse des garanties constitue le grand
fonds social.

Le conseil général, par suite de nombreuses adhésions et de cumulation du fonds de secours, pourra réduire la quotité de la garantie en ce qu'il jugera convenable.

13. Les propriétés engagées à l'assurance doivent être désignées et évaluées dans les adhésions.

Les désignations et évaluations seront vérifiées contradictoirement par les architectes de la société et ceux choisis par les adhésionnaires, aux frais de la société.

L'estimation portera séparément sur chacun des bâtimens composant l'ensemble de la propriété engagée; la valeur du sol sera prélevée. Les désignations et évaluations portées dans les polices servent de base aux conditions de l'assurance et sont irrévocables, sauf les changemens qui pourraient survenir dans les propriétés engagées.

Aucune police d'assurance n'est délivrée que sur l'ordre qu'en donne le conseil d'administration, après avoir agréé les propriétés proposées dans les adhésions.

La police d'assurance est le titre qui admet définitivement l'adhésionnaire à faire partie de la société.

14. Tout fait d'incendie, au moment où il se manifeste, est dénoncé par le propriétaire, ou par une personne exprès déléguée par lui, à la direction ou au receveur d'arrondissement, ou, à défaut, au maire de la commune où l'événement d'incendie a lieu, ou enfin à tout autre officier de police ou public; le propriétaire se fait délivrer une attestation de l'accomplissement de cette formalité, dans les trois jours qui suivent l'événement. Il est tenu de faire au secrétariat de la direction, ou chez le receveur, une déclaration en forme, contenant la cause présumée qui a produit l'incendie, et le détail des dommages: cette déclaration peut être faite également par un mandataire spécial; elle est consignée sur un registre à ce destiné, et est signée du déclarant, à qui il en est donné copie.

Il est accordé une prime à toute personne qui la première vient avertir le directeur ou le receveur au moment même de l'événement, aux pompiers les premiers arrivés au lieu de l'incendie avec une pompe, à ceux reconnus les plus intrépides et les plus actifs, ainsi qu'à tout individu quelconque qui apportera les secours les plus prompts et les plus efficaces contre l'incendie. La quotité de ces primes est réglée par le conseil d'administration sur le rapport du directeur; il est puisé, pour y faire face, dans le fonds de réserve dont il est parlé à l'article 36 ci-après.

15. Dans le délai de huit jours après la remise de la déclaration d'incendie au secrétariat de la direction, augmenté du délai de distance légale, le directeur fait procéder à l'estimation des dommages, par un expert, auquel l'incendié pourra en adjoindre un autre à ses frais, en cas de partage d'opinions, un troisième expert sera nommé par les deux parties et payé à frais communs.

Les experts désigneront et estimeront séparément les dommages causés par l'événement d'incendie aux propriétés assurées.

La base de l'estimation, en cas de dommages partiels, est la valeur incendiée, au prorata de l'évaluation portée dans la police d'assurance, et non la valeur de la reconstruction; en cas de perte entière, le prix à payer est le montant même de ladite évaluation.

Dans tous les cas, les matériaux qui ont résisté à l'incendie et le sauvetage opéré sur les objets assurés restent à l'incendié, en déduction de la somme à laquelle il a droit. Les effets actifs et passifs de l'assurance sur les propriétés incendiées seront réduits en proportion de la valeur des dommages soufferts, et seront même entièrement suspendus en cas de perte totale, le tout jusqu'au rétablissement complet desdits objets.

16. Après la clôture du procès-verbal des experts, le montant des dommages est payé à l'incendié, sur l'ordre exprès du conseil d'administration. Ce paiement a lieu immédiatement au moyen des fonds de secours.

Si les fonds de secours venaient à ne pas suffire, il y aurait lieu alors de recourir à la garantie; et, dans ce cas, afin d'avoir le temps de fixer et de recueillir les portions contributives des sociétaires, il y aurait un délai de trois mois pour opérer l'entier paiement.

Les paiemens seront faits à la charge par l'incendié de subroger la société aux droits et actions qui compètent aux propriétaires contre les personnes légalement responsables, ou du fait desquelles l'incendie serait provenu.

17. S'il y a lieu à portion contributive, le compte en est dressé à la diligence du directeur; il y est compris le montant des frais d'expertise et cinq pour cent pour frais de perception.

Le conseil d'administration vérifie le compte et en arrête définitivement la répartition, et les receveurs sont chargés d'en poursuivre le recouvrement au nom du directeur.

Il en est donné avis aux sociétaires qui en viennent prendre connaissance, s'ils le jugent à propos, au secrétariat de la direction ou chez les receveurs d'arrondissement, et versent entre les mains du trésorier ou desdits receveurs le montant de la portion qui leur compète.

A défaut de paiement dans la quinzaine qui suivra l'envoi de l'avis, le sociétaire en retard sera poursuivi à la diligence du directeur, et par toutes les voies de droit, pour l'acquittement de la somme dont il se trouve débiteur, ainsi que des frais occasionnés.

Tous pouvoirs sont, à cet effet, confiés par les présens statuts au directeur.

L'effet de l'assurance est suspendu à l'égard du retardataire, du jour de la date de la première signification judiciaire qui lui est faite à la diligence du directeur, jusqu'à ce qu'il se soit acquitté, sans que pour cela il puisse cesser de remplir ses engagemens envers la société.

Le directeur ayant fait les poursuites nécessaires ne peut être responsable du non-paiement; dans le cas où quelqu'un des sociétaires deviendrait insolvable, la reprise de ce déficit et des frais occasionnés sera faite sur les fonds de réserve, et ce, sur l'avis du conseil d'administration, qui est autorisé à faire faire la radiation, sur les registres, de tout sociétaire devenu insolvable.

18. Les sociétaires s'engagent, quant à toutes les conditions de l'assurance, tant pour eux que pour leurs héritiers; ils ne peuvent vendre ou céder aucun droit sur les propriétés engagées, sans soumettre leurs ayans-cause auxdites conditions de l'assurance; à défaut, ils en demeurent toujours personnellement tenus, et peuvent même être contraints d'en payer de suite toutes les cotisations par eux dues pour les années restantes de la période de leurs engagemens, sans avoir droit à aucune réclamation en cas de dommages.

Les dispositions qui peuvent entraîner des poursuites et la suspension des effets actifs de l'assurance dont il est parlé au présent article et à l'article précédent, ainsi qu'à l'article 33 ci-après, sont des clauses pénales auxquelles les sociétaires se soumettent expressément.

19. Pour l'accomplissement des conditions de l'assurance, et à raison des conséquences, actions et poursuites qui peuvent en être le résultat, tout sociétaire doit faire élection de domicile au chef-lieu de son arrondissement. Cette élection peut être faite chez le receveur de la direction; elle est expressément portée dans la police d'assurance.

CHAPITRE III. Classes des propriétés.

20. A raison de la garantie due, aux termes de l'article 12, les propriétés engagées à l'assurance sont rangées en diverses classes suivant le plus ou le moins de risques qu'elles présentent.

21. Les immeubles sont divisés en trois classes, savoir:

Première classe. Les maisons d'habitation ordinaires, construites en pierres, ou en briques, ou même en terre, et qui sont couvertes en tuiles ou ardoises, en ville; les châteaux et maisons de campagne proprement dites, construites de même.

Ces maisons contribuent, à raison de la garantie de demi pour cent, due uniquement au prorata de la valeur estimative pour laquelle elles sont engagées dans l'assurance, c'est-à-dire qu'elles ne sont tenues que de la simple garantie de demi pour cent.

Seconde classe. Les maisons qui renferment une grande quantité de denrées ou marchandises, les fermes et bâtimens analogues, tels que granges, hangars, pressoirs, écuries, bergeries, etc.; les auberges, les fabriques et manufactures où le feu n'est pas employé comme agent moteur, le tout bâti comme les immeubles de première classe.

Ces bâtimens contribuent à raison de la garantie de demi pour cent, due au prorata d'une conversion de valeur portée à la moitié en sus de leur valeur estimative, c'est-à-dire, autrement, qu'ils sont tenus d'une garantie de trois quarts pour cent sur leurdite valeur estimative.

Troisième classe. Les usines, les ateliers où il se fait une grande consommation de combustibles, comme les forges, les fours, et les fonderies; les raffineries, les distilleries, les fabriques à savon, celles de produits chimiques, établissemens à vapeur, et tous les immeubles de cette espèce, dont les dangers sont plus imminens et leurs conséquences plus graves.

Ces immeubles contribuent à raison de la garantie de demi pour cent, due au prorata d'une conversion de valeur portée au double en sus de leur valeur estimative, c'est-à-dire, autrement, qu'ils sont tenus d'une garantie d'un pour cent sur leurdite valeur estimative.

Dans le cas où un immeuble proposé à l'assurance ne se trouvera pas nominativement dans l'une des classes ci-dessus, le conseil d'administration déterminera à quelle classe il doit appartenir.

22. Toute propriété comprise dans l'une des classes ci-dessus, qui présente par quelques circonstances spéciales des risques moindres ou des risques plus forts que n'en détermine la classe qui lui est propre, peut éprouver un déplacement de classe; le conseil d'administration statuera à cet égard.

23. Lorsqu'un immeuble se compose de plusieurs corps de logis ou de plusieurs bâtimens, qui par la différence de leur nature respective, ne peuvent appartenir à la même classe, il doit en être fait mention dans l'adhésion, et toutefois dans le procès-ver-

bal d'estimation ; et chacun des bâtimens qui composent cet immeuble est rangé dans la classe qui lui est propre.

24. Les classes auxquelles appartiennent les propriétés engagées dans la société, sont mentionnées et spécifiées dans les polices d'assurance.

25. Les changemens survenus dans la nature, la position ou la destination d'une propriété après l'engagement à l'assurance, pourront occasionner un changement de classe.

Les changemens éprouvés par les propriétés assurées devront être déclarés au moment où ils auront lieu, à peine pour les sociétaires de perdre sur les propriétés, objets des changemens non déclarés, les effets actifs et passifs de l'assurance.

26. Par la suite, et si l'expérience en fait reconnaître la nécessité, le conseil d'administration pourra augmenter le nombre des classes.

CHAPITRE IV. Des personnes qui peuvent être sociétaires.

27. Tous les propriétaires et administrateurs légaux de bâtimens, immeubles et bâtisses, dans les départemens réunis, peuvent être sociétaires.

28. Tous locataires principaux et particuliers, soit ensemble, soit divisément, sont admis, sous le consentement du propriétaire, à cause de la responsabilité dont ils sont tenus pour tout incendie de leur fait dans la propriété qu'ils habitent ou dont ils ont la jouissance, à devenir membres de la présente société, en satisfaisant, comme s'ils étaient propriétaires, aux dispositions des présens statuts.

Tout locataire d'une maison assurée en état de justifier qu'il concourt avec son propriétaire aux frais d'assurance de la maison qu'il habite ou dont il a la jouissance, est affranchi envers la compagnie de la responsabilité résultant de l'incendie causé par son fait dans lesdits lieux.

29. Les créanciers hypothécaires peuvent faire assurer les immeubles affectés à leurs créance et jusqu'au concurrent du montant de leurs dites créances ; il est traité à cet égard de gré à gré entre eux et le conseil d'administration par l'intermédiaire du directeur.

L'assurance, quant à eux, cesse par le remboursement de leurs créances. En cas d'incendie, le créancier hypothécaire assuré reçoit le montant des dommages estimés en imputation de sa créance, et subroge la société à ses droits jusqu'au concurrent de la somme par lui reçue, sans aucune dérogation aux lois relatives au régime hypothécaire.

30. L'usufruitier peut entrer dans la société pour l'immeuble dont il a l'usufruit.

Les effets de l'assurance, quant à lui, cessent par la fin de l'usufruit ; en cas d'incendie, la société supportera envers l'usufruitier une rente à raison de la diminution ou de la perte totale de l'usufruit ; ladite rente calculée sur le pied de cinq pour cent de la valeur estimative de l'immeuble assuré, ou évaluée de gré à gré avec l'administration ; il continue de son côté à supporter les charges de l'assurance sur ladite valeur de l'immeuble avant le fait d'incendie.

La rente cesse : 1° par tous les moyens par lesquels finit l'usufruit, par la dissolution de la société ; 2° suivant les cas prévus.

31. Tous ceux indistinctement qui sont admis dans la société, sont tenus des conditions de l'assurance.

CHAPITRE V. Frais sociaux, fonds de secours et de réserve.

32. Pour faire face aux frais sociaux, ainsi qu'aux fonds de secours et de réserve dont il va être parlé ci-après, tout sociétaire est redevable chaque année d'une cotisation par chaque mille francs du montant de la valeur estimative des propriétés engagées à l'assurance, ainsi qu'il suit : pour les immeubles de première classe, trente centimes ; de seconde classe, trente-cinq centimes ; de troisième classe, quarante centimes.

Le paiement des cotisations est exigible en janvier de chaque année ; toutefois, la première année est payée par le sociétaire au moment où il reçoit la police d'assurance. Il paie en même temps les trimestres restant à courir de l'année dans laquelle il s'engage ; le trimestre commencé se paie en entier.

Les sociétaires qui, dans la quinzaine de l'envoi des avis de paiement, n'auront pas porté chez les receveurs ou chez les trésoriers le montant de leurs cotisations, s'obligent à payer trois francs par courses au collecteur qui aura été recevoir hors du chef-lieu d'arrondissement, et un franc au chef-lieu.

Les retardataires seront en outre poursuivis, s'il y a lieu, conformément à ce qui est porté à l'article 17, et seront frappés de la suspension d'assurance dont il est parlé.

33. Il est fait un prélèvement sur le montant des cotisations ci-dessus déterminées pour faire face aux frais sociaux. Ce prélèvement est fixé en l'état à vingt-deux centimes par chaque cotisation et par mille francs, que les sociétaires doivent conformément à l'article 32 ci-dessus. Lorsqu'il y aura au-delà de cent millions de valeurs engagées

dans la société, la quotité du prélèvement sera de nouveau fixée par le conseil d'administration.

34. Sur le surplus des cotisations, les droits de recette hors Marseille, et des agens, déduits, il est formé un fonds de secours. Ce fonds de secours sert à payer les dommages d'incendies.

35. Sur le surplus desdites cotisations, il est encore formé un fonds de réserve. Ce fonds de réserve est destiné à suppléer aux non-valeurs, à fournir aux primes, aux récompenses prévues par l'art. 44, et de plus à acheter des pompes, seaux et autres machines à incendie pour les communes qui en sont le moins pourvues ou en manquent, et qui auront le plus fort engagement à l'association.

36. Le conseil d'administration réglera tout ce qui sera relatif aux fonds de secours et de réserve, et établira spécialement le droit de chaque sociétaire sur ces fonds.

Le sociétaire qui cessera de faire partie de la société perdra tous ses droits sur lesdits fonds.

37. Les sommes appartenant aux fonds de secours et de réserve, dont il n'y aura pas à faire emploi sur-le-champ, seront employées en achats de fonds publics, ou versées dans les caisses publiques, sur l'avis du conseil d'administration, par les soins du directeur, pour n'en sortir que sur un autre avis dudit conseil et au fur et à mesure des besoins.

CHAPITRE VI. Administration de la société.

SECTION. Ire. *Composition de l'administration.*

38. La société est administrée par un conseil général de sociétaires, un conseil d'administration et un sociétaire dirigeant.

Il est attaché près d'eux un conseil du contentieux, composé de deux avocats, d'un avoué et d'un notaire, lesquels sont nommés par le conseil d'administration.

Le conseil général des sociétaires est formé des quarante plus forts assurés, pris dans les quatre départemens réunis; ils peuvent se faire représenter par pouvoir spécial. Ce conseil est présidé par un de ses membres.

39. Le conseil d'administration est composé de vingt-cinq membres sociétaires; ils doivent avoir au moins vingt mille francs de propriétés engagées dans l'assurance mutuelle, et être résidans au lieu du siège principal de la société.

Ce conseil choisit dans son sein son président, qui est élu pour une année; les opérations du conseil pour les délibérations à

prendre et tous autres objets de l'intérêt de la société sont faites par le président et par six membres renouvelés chaque trimestre.

A cet effet, il est dressé une liste des membres du conseil; les six premiers sont en fonctions actives le premier trimestre, et les six suivans leur succèdent pour le second trimestre; ainsi de suite.

Les rangs des membres sur la liste seront fixés par le sort pour la première formation. Au bout de cinq ans, les douze premiers membres portés sur la liste et le membre pour lors président seront remplacés par le conseil général; les douze derniers de la liste deviendront les premiers. Les remplacemens sont ainsi faits tous les cinq ans. Les membres dont le temps expire peuvent être réélus.

En cas de décès ou de démission de l'un des membres dudit conseil, il est pourvu, à la première assemblée du conseil général, à son remplacement. Le nouveau membre devient le dernier dans la liste.

40. Pour parvenir à la formation du présent établissement, le conseil d'administration sera composé provisoirement de vingt-cinq sociétaires, dont les noms suivent; savoir:

Les membres du contentieux sont:

1° MM. Thomas, bâtonnier de l'ordre des avocats;

2° Paul, avocat;

3° N......;

4° Roubaud, notaire royal.

41. M. Isoard-Paul, l'un des principaux fondateurs, est le sociétaire dirigeant.

SECTION II. Attributions.

42. Le conseil général se réunit une fois par année; sa première assemblée a lieu un an après la mise en activité de la présente société. Il nomme les membres du conseil d'administration, en conformité de ce qui est prescrit en l'art. 41.

Il nomme également le directeur en cas de décès ou de démission; s'il le juge à propos, il choisit dans son sein un comité de trois censeurs, chargés pendant le cours de l'année de suivre toutes les opérations de l'administration. Il statue sur toutes les observations qui lui sont faites par les censeurs, après avoir entendu le conseil d'administration et le directeur.

Le conseil général pour délibérer doit être composé au moins de vingt-un de ses membres; ses décisions sont prises à la majorité absolue des suffrages.

43. Le conseil d'administration se réunit d'obligation, une fois chaque mois, au jour qu'il indique. Il ne peut délibérer qu'au

nombre de quatre au moins, sur les sept membres en activité (y compris le président) qui le composent.

Le président, en cas d'empêchement ou d'absence, est suppléé par des membres en activité, en suivant le rang de priorité sur la liste. Les membres sont suppléés par les autres membres, en suivant également la priorité du rang.

Le directeur assiste aux séances du conseil avec voix consultative; s'il n'y a que trois membres présens, il complète le nombre de quatre nécessaire, et dans ce cas il a voix délibérative.

Le conseil délibère sur toutes les affaires de la société et les décide par des arrêtés consignés sur un registre tenu à cet effet. Il agrée définitivement les adhésions, et ordonne la délivrance des polices d'assurance. Il ne peut prendre aucune décision qui contreviendrait aux présens statuts, ou qui tendrait à aggraver ou à changer le sort des sociétaires.

Les arrêtés sont rendus à la majorité absolue des suffrages. Ils sont exécutoires pour tous les sociétaires; le directeur est tenu de s'y conformer.

44. Les censeurs que le conseil général a la faculté de nommer assistent aux délibérations du conseil d'administration dans tous les cas prévus par les statuts, lorsqu'ils le jugent à propos. Il rendent compte au conseil général des observations qu'ils ont pu faire pendant l'année, et des abus qu'ils auraient pu reconnaître dans l'administration.

45. Le directeur dirige et exécute toutes les opérations de la société, avec tous les pouvoirs d'un mandataire, et conformément à l'article 31 du Code de commerce.

En qualité de sociétaire dirigeant, il représente la société dans ses attributions.

Il tient ou fait tenir la correspondance, dont il est seul chargé: il fait procéder à l'estimation des propriétés proposées à l'assurance; il délivre les polices d'assurance d'après les décisions du conseil d'administration; il paie tous les frais sociaux au moyen des centimes prélevés; il organise le personnel et l'ordre des bureaux et du service, et il fait tenir toutes les écritures nécessaires; il fait choix des employés, et les présente au conseil d'administration; il devra de préférence les choisir parmi les adhésionnaires. Il est chargé de l'exécution des délibérations du conseil général et du conseil d'administration, des rapports de la société avec les autorités, et enfin de toutes les mesures et de tous les actes relatifs à tout ce qui peut concerner l'établissement.

L'exécution des présens statuts est surtout expressément confiée à ses soins, et il ne

peut s'écarter en aucune manière des opérations qui en sont l'objet.

Pour la garantie de sa gestion à l'égard de ses co-associés, il fournit un cautionnement de vingt mille francs en immeubles ou autres effets.

Les inscriptions nécessaires sont prises sur ses biens par le président du conseil d'administration au nom de la société, ou par un membre du conseil délégué à cet effet.

46. Le commissaire du Roi, désigné par son Exc. le ministre de l'intérieur, peut prendre connaissance des arrêtés du conseil-général et du conseil d'administration, et en suspendre l'exécution s'il les trouve contraires aux lois et en opposition aux réglemens de police.

47. Les membres du conseil-général et du conseil d'administration, ainsi que le sociétaire dirigeant, ne sont soumis à aucune responsabilité particulière, à raison de leur gestion, conformément à l'art. 32 du Code de commerce.

Section III. Service extérieur de l'administration.

48. Il y a dans chaque chef-lieu d'arrondissement un conseil de surveillance et d'encouragement, composé au moins de quatre membres sociétaires. Ces conseils encourageront les adhésions, veilleront à l'estimation des objets proposés à l'assurance, aux choix des risques et à tout ce qui peut intéresser la société.

Ils seront consultés toutes les fois qu'il y aura lieu, au nom du conseil d'administration, et ils feront également leurs observations et leurs réclamations, qu'ils adresseront par la voie du directeur.

49. Il y aura, de plus, dans chaque chef-lieu d'arrondissement et dans les principaux cantons, un receveur particulier, un notaire, un architecte et des agens pour recueillir les adhésions.

Chapitre VII. Comptabilité.

50. Il y aura une comptabilité; le mode de comptabilité, le devoir et les attributions du sociétaire trésorier chargé de la tenue des fonds, seront déterminés par un réglement particulier du conseil d'administration.

51. Pour garantie de sa gestion, le sociétaire trésorier fournit en immeubles ou autres effets un cautionnement dont la quotité sera réglée par le conseil d'administration, suivant l'importance de la recette.

Les inscriptions nécessaires sont prises sur ses biens par le directeur, en son nom, pour la société, ou, à défaut du directeur, ou en cas d'empêchement, elles sont prises par le président du conseil d'administration au nom de la société, ou par un membre dudit conseil exprès délégué.

Il ne pourra être donné main-levée et consenti de radiation à raison du cautionnement en faveur du trésorier, qu'après l'apurement de ses comptes et la représentation du *quitus* délivré en suite d'une délibération du conseil d'administration.

CHAPITRE VIII ET DERNIER. Dispositions générales.

52. Le conseil d'administration prendra telles mesures qu'il jugera convenable pour tous les moyens de prévoyance nécessaires contre l'incendie, et notamment pour que les lois et réglemens de police sur le ramonage soient observés par les sociétaires.

53. Toute action judiciaire à laquelle pourraient donner ouverture tous autres objets que le simple recouvrement, soit des portions contributives, soit des cotisations dues annuellement, ne pourra être engagée et soutenue par le directeur, en sa qualité, qu'après l'avis du conseil d'administration, les avocats et l'avoué de la société préalablement consultés.

54. S'il survient quelque contestation entre la société, comme chambre d'assurance, et un ou plusieurs sociétaires, elle est jugée, à la diligence du directeur pour la société, par trois arbitres, dont deux sont nommés par les parties respectives, et le troisième par le président du tribunal de première instance de l'arrondissement où la contestation est agitée : leur jugement est sans appel ni recours en cassation.

55. Le domicile de la société est élu dans le local de l'administration à Marseille, département des Bouches-du-Rhône, ainsi que chez tous les receveurs en chaque chef-lieu d'arrondissement; aucune assignation ne pourra être donnée au directeur en sa qualité, qu'au local de l'administration où à sa personne.

56. A l'expiration de la société, il sera procédé à la liquidation générale par le conseil d'administration alors existant, sur le compte présenté par le directeur; et ladite liquidation, adoptée par ledit conseil, sera définitive et transcrite sur les minutes du notaire de la société.

Les sommes propres aux fonds de secours et de réserve qui se trouveront lors en caisse seront réparties entre les sociétaires; la répartition sera arrêtée par le conseil d'administration sur le travail dressé par le directeur, et sera exécutée à la diligence de ce dernier, qui sera tenu de la suivre et de la terminer.

57 *et dernier*. Les présens statuts, sous l'agrément des autorités locales, seront adressés à son Exc. le ministre de l'intérieur pour être soumis à l'approbation de Sa Majesté et obtenir l'ordonnance royale nécessaire.

Tels sont les statuts modifiés auxquels les susnommés et soussignés ont déclaré consentir en leurs nom et qualité de membres du conseil d'administration provisoire de la société d'assurance mutuelle contre l'incendie provisoirement constituée pour les départemens des Bouches-du-Rhône, Var, Vaucluse et Basses-Alpes, et en instance pour obtenir l'autorisation royale; requérant acte. Dont et de tout ce que dessus nousdits notaires avons concédé acte auxdits MM. comparaissans susnommés. Fait à Marseille, à eux lu et publié dans l'étude et passé dans les minutes de Roubaud, l'un des notaires soussignés, avec lesdits MM. comparaissans.

———

11 AVRIL = Pr. 1er JUIN 1826. — Ordonnance du Roi portant autorisation, conformément aux statuts y annexés, de la société anonyme formée à Strasbourg sous le nom de filature et tissage mécaniques du Bas-Rhin. (8, Bull. 94 *bis*, n° 2.)

Charles, etc.

Sur le rapport de notre ministre secrétaire-d'Etat au département de l'intérieur,

Vu les articles 29 à 37, 40 et 45 du Code de commerce;

Notre Conseil-d'Etat entendu,

Nous avons ordonné et ordonnons ce qui suit :

Art. 1er. La société anonyme formée à Strasbourg, sous le nom de *filature et tissage mécaniques du Bas-Rhin*, est autorisée. Ses statuts, contenus dans l'acte social passé par-devant Reucker et son collègue, notaires à Strasbourg, le 14 mars 1826, sont approuvés; ledit acte restera annexé à la présente ordonnance.

2. En cas de violation ou de non-exécution des statuts par nous approuvés, nous nous réservons de révoquer notre présente autorisation, sans préjudice des dommages-intérêts des tiers.

3. La société sera tenue de remettre, tous les six mois, un extrait de son état de situation au préfet du département du Bas-Rhin, au greffe du tribunal de commerce et à la chambre de commerce de Strasbourg; pareille copie sera adressée à notre ministre de l'intérieur.

4. Notre ministre secrétaire-d'Etat de l'intérieur est chargé de l'exécution de la présente ordonnance, qui sera publiée au

Bulletin des Lois, insérée au Moniteur et dans un des journaux destinés aux annonces judiciaires dans le département du Bas-Rhin.

———————

Par-devant M⁰ Rencker et son collègue, notaires à la résidence de Strasbourg, soussignés, furent présens.

Lesquels ont arrêté, ainsi qu'il suit, les statuts de la société anonyme pour une filature et un tissage mécaniques qu'ils se proposent d'établir, sauf l'autorisation de Sa Majesté, à Hüttenheim, canton de Benfeld, arrondissement de Schlestadt.

Art. 1er. Il y aura entre les parties une société anonyme pour l'établissement d'une filature de coton et d'un tissage mécaniques Hüttenheim.

2. Cette société est contractée pour vingt-un ans, à partir du 1er janvier 1826 ; elle prendra la dénomination de *filature et tissage mécaniques du Bas-Rhin*.

3. Le domicile social est à Hüttenheim.

4. Le capital de la société se compose de dix-huit cent mille francs, divisés en cent quatre-vingts actions de dix mille francs chacune.

5. Ces actions sont indivisibles : la société n'admet aucune fraction d'action, même par suite de succession.

6. Les comparans, ou ceux qu'ils représentent, participent au capital de la société dans la proportion suivante, savoir....

7. Les actionnaires verseront le montant de leurs souscriptions entre les mains du caissier de la société par cinquième, le premier un mois après que l'autorisation royale sera intervenue, et les autres de quatre mois en quatre mois, à partir de l'échéance du premier terme.

8. La société sera gérée par un comité d'actionnaires, et, sous l'inspection du comité, par un directeur éligible et responsable.

Le comité sera composé de sept membres, y compris l'adjoint, dont il va être parlé, qui choisiront entre eux un président.

Le comité pourra délibérer valablement en l'absence de trois de ses membres ; le président y aura voix prépondérante. En l'absence du président, il sera remplacé par celui des membres présens qui aura le plus d'actions : à nombre égal d'actions, ce sera le plus âgé. Le comité devra, en l'absence du président, être composé de cinq membres au moins.

Les membres du comité seront élus par l'assemblée générale à la majorité absolue des voix. Le comité sera renouvelé par septième tous les ans : durant les sept premières années, le sort désignera chaque membre sortant ; plus tard, ce sera l'ancienneté

des fonctions. Les membres sortans pourront être réélus.

En raison de l'intérêt que, suivant l'article 20 ci-après, MM. Risler frères et Dixon auront à la conservation de leur propriété immobilière et industrielle, dont ils mettent la jouissance dans la société, un adjoint au comité, nommé au surplus comme les autres membres, sera toujours pris parmi eux.

9. Les actionnaires ne sont responsables des engagemens de la société que jusqu'à concurrence du montant de leurs actions.

10. Si la société, représentée par les trois quarts au moins des actions, trouvait de son intérêt d'augmenter le fonds capital, il pourra être fait une nouvelle émission d'actions qui seront vendues par les soins du comité : cependant les actionnaires fondateurs de la société devront avoir la préférence sur toutes autres personnes pour s'en rendre acquéreurs entre eux, proportionnellement à la quantité d'actions dont ils seront alors propriétaires.

Cette émission ne pourra jamais aller au-delà de la moitié de la mise de fonds actuelle, c'est-à-dire, de neuf cent mille francs : les actions ne pourront pas être négociées à un taux inférieur à la mise présentement entière de dix mille francs. L'émission ne pourra non plus avoir lieu sans l'approbation de l'autorité.

11. Les actions seront représentées par une inscription nominative sur le registre de la société ; il n'y aura pas d'actions au porteur. Le comité déterminera la forme de cette inscription et du titre à fournir à l'actionnaire.

12. Les actions seront transmises par voie d'endossement ; le cessionnaire devra faire viser le transfert dans le mois par le directeur et le président du comité, et en faire faire mention en marge de l'inscription ; il devra en outre élire un domicile, conformément à l'article 35 ci-après.

13. En cas de non-paiement de ce qui restera dû sur le montant des actions, lorsque les engagemens pris par les actionnaires viendront à échoir, les actions inscrites sous le nom de l'actionnaire en retard seront vendues à ses risques et périls par un agent de change de la place de Strasbourg, et à la suite d'une délibération prise par le comité qui aura autorisé le directeur à faire la vente : le prix sera imputé sur le débet de l'actionnaire, et l'excédant, s'il y en a, sera remis à l'actionnaire dépossédé ou à ses ayans-droit.

Si le prix de la vente ne couvrait pas le débet du souscripteur, celui-ci ou ses ayans-droit seront poursuivis pour parfaire le paiement.

14. En cas de transfert d'actions dont le prix n'aurait pas encore été entièrement payé

à la société par le souscripteur originaire, ce dernier restera solidairement responsable de la solvabilité de celui auquel il aura transféré ses actions jusqu'à parfait paiement.

15. MM. Risler frères et Dixon mettent en société les terrains, bâtimens et dépendances que possédaient par indivis le sieur Valentin Bayer et consorts, à Hüttenheim, et qu'ils ont acquis en partie par contrat passé devant M⁰ Wilhelm, notaire à Benfeld, le 9 octobre 1825, dûment enregistré ; ils garantissent aux actionnaires la paisible jouissance de cette propriété pendant toute la durée de la société, qui est autorisée à y faire telles constructions qu'elle jugera convenables pour la prospérité de l'établissement.

16. Il sera fait chaque année un inventaire, arrêté au 31 décembre, de toutes les valeurs appartenant à la société, ainsi qu'un état du compte des profits et pertes, lequel sera débité des dépenses de grosses réparations et d'entretien de l'établissement et de ses dépendances, du montant des intérêts et des dividendes à payer aux actionnaires, et généralement de toutes réparations, des frais de gestion et d'administration.

Chaque action portera intérêt à raison de cinq cents francs par an, qui seront payés, par moitié, de six mois en six mois. Ces intérêts ne seront réduits en aucun cas ; mais ils ne commenceront à courir que du jour où les constructions seront entièrement achevées, et lorsque tout le fonds capital aura été réalisé par les actionnaires.

Chaque action donnera droit à son propriétaire de participer pour la cent quatre-vingtième partie aux bénéfices nets de la société ; les pertes, s'il y en avait, seront supportées dans la même proportion.

17. Après le paiement des intérêts, il sera prélevé, chaque année, à partir du 1ᵉʳ janvier 1827, sur les bénéfices de l'établissement, cinq pour cent de tout le capital qui aura été employé à la construction de la filature, du tissage mécanique, des bâtimens et dépendances. Ces cinq pour cent seront remis aux actionnaires pour amortir successivement le prix des constructions ; ils ne pourront être prélevés que sur les bénéfices seulement, s'il y en a, sans qu'il soit jamais touché au fonds capital, qui doit rester intact.

18. Le comité déterminera annuellement le montant des bénéfices à répartir entre les actionnaires.

Néanmoins, le tiers de ces bénéfices sera mis en réserve pour couvrir les dépenses extraordinaires que la société jugera convenable de faire ; il sera placé par les soins du comité. Ce fonds de réserve ne pourra être entamé qu'à la suite de délibération de l'assemblée générale.

Le premier semestre de l'intérêt des actions, l'amortissement et les bénéfices nets dont la distribution aura été ordonnée, seront payés aux actionnaires dans le courant du mois d'avril, pour l'exercice arrêté au 31 décembre précédent.

19 A l'expiration de la dixième année de la société, il sera mis en délibération s'il y a lieu de partager le fonds de réserve en totalité ou en partie.

A la dissolution de la société, il sera réparti en capital et intérêts entre les actionnaires.

20. MM. Risler frères et Dixon deviendront, à l'expiration du terme de la société, propriétaires, à titre gratuit, de tout le fonds de l'établissement ; à moins que les actionnaires ne soient pas remboursés intégralement du capital de leurs actions, et qu'ils n'aient pas touché pendant la durée de la société, année commune, au moins dix pour cent pour intérêts et bénéfices. Dans ce cas, MM. Risler frères et Dixon seront tenus à parfaire de leurs moyens le capital manquant et lesdits intérêts et bénéfices, si mieux ils n'aiment renoncer au bénéfice de la stipulation faite en leur faveur par le présent article, en laissant à la société les machines, métiers, bâtimens construits, et en général tout ce qui aura été établi des fonds de la société

21. Si MM. Risler frères et Dixon deviennent, en conformité de l'article précédent, propriétaires de l'établissement, l'actif de la société ne consistera plus alors qu'en matières premières, approvisionnemens, marchandises fabriquées, argent comptant, et créances à recouvrer.

22. L'objet de la société étant la continuation et le développement de l'industrie manufacturière exercée par MM. Risler frères et Dixon, ainsi que l'emploi de l'établissement par eux formé, ils seront chargés de la direction particulière de la fabrication des fils et tissus, pour en rendre compte directement au comité ; ils veilleront aux réparations ordinaires à faire aux métiers, machines, mécaniques et bâtimens ; mais aucune grosse réparation ne pourra se faire que par l'ordre du comité, non plus qu'aucune construction nouvelle, sans le consentement de l'assemblée générale. Les directeurs particuliers désigneront les employés nécessaires à la fabrication ; les salaires seront fixés par le comité.

23. Les attributions de cette direction particulière seront communes aux membres actuels de la maison Risler frères et Dixon ; et si elle vient à être réduite à un seul survivant, il lui sera permis de s'adjoindre, à ses frais, un aide capable, de son choix, avec l'agrément de la société.

24. MM. Risler frères et Dixon prélèveront à la caisse de la société annuellement une somme de cinquante mille francs, en raison de la mise en société des immeubles et établissemens dont ils apportent la jouissance, et y compris toute indemnité relative aux soins de la direction particulière dont ils se chargent; cependant, jusqu'à la mise en pleine activité de l'établissement, MM. Risler frères et Dixon n'auront droit qu'à vingt-cinq mille francs par an ; le moment de la mise en pleine activité est fixé à l'époque où tous les métiers à tisser et à filer seront montés, et lorsque la totalité des métiers à filer et le quart de ceux à tisser seront en activité.

La jouissance du moulin à blé, de la maison de maître, des écuries, jardins et terrains qui ne seront pas employés à l'établissement de la filature ou du tissage et aux autres dépendances nécessaires, leur demeure en outre réservée.

S'il devait néanmoins être reconnu que la force de l'eau ne soit pas suffisante pour le parfait roulement de toutes les machines, on supprimerait le moulin à blé, sans que MM. Risler frères et Dixon pussent prétendre à aucune indemnité. Il sera disposé, dans la maison de maître, des chambres à l'usage de Messieurs les actionnaires pour les y loger toutes les fois qu'il leur conviendra de visiter l'établissement.

25. MM. Risler frères et Dixon s'interdisent la faculté de disposer de leurs actions tant qu'ils seront chargés de diriger la fabrication de l'établissement, bien entendu que si elle cesse d'être dirigée par l'un des membres de ladite maison, les ayans-droit pourront disposer de leurs actions comme bon leur semblera.

26. MM. Risler frères et Dixon présenteront les plans et les devis de l'établissement au comité des actionnaires, qui est chargé de les discuter et de les adopter s'il y a lieu.

27. Le directeur remplira en même temps les fonctions de caissier, et il fournira en sa double qualité un cautionnement dont l'importance sera déterminée par l'assemblée générale des actionnaires, si mieux il n'aime devenir propriétaire de quatre actions qui resteront affectées en garantie de sa gestion, et seront déposées entre les mains du comité.

Il remplira les fonctions de secrétaire près du comité et de l'assemblée générale, à moins que l'objet des délibérations ne le concerne personnellement.

En cas d'empêchement, ses fonctions seront remplies par le plus jeune des actionnaires, ou par celui qui sera désigné à la majorité des voix.

Le directeur sera chargé de l'achat des matières premières et des approvisionnemens de tout genre, ainsi que de la vente des marchandises. Quant aux achats, il se concertera avec les directeurs particuliers de la fabrication ; en cas de dissentiment, le comité décidera.

Il fera la correspondance, les recouvremens, et surveillera les écritures.

Il aura seul la signature ; il pourra engager la société par marchés pour tous objets d'approvisionnement ; il lui est interdit de contracter aucun emprunt pour le compte de la société, de recevoir aucun fonds en dépôt, ni de fournir aucune traite de circulation.

Il recevra toutes sommes qui pourront être dues à la société, donnera quittance, exercera toutes actions de la société devant les tribunaux, fera faire toutes poursuites contre les débiteurs, même par voie d'expropriation forcée et de contrainte par corps ; il donnera main levée de saisies et d'inscriptions hypothécaires, subrogera néanmoins sans garantie, et fera en général tous les actes de simple administration.

Le directeur est à la nomination de l'assemblée générale ; son remplacement pourra être décidé à toutes les époques ; cependant, si sa destitution n'est pas provoquée par le comité des actionnaires, elle ne pourra être prononcée qu'à la majorité des trois quarts des voix de l'assemblée générale ; la majorité simple suffira, si sa destitution est demandée par le comité.

En cas de maladie prolongée ou de décès du directeur, le comité pourvoira à son remplacement provisoire jusqu'à la réunion de l'assemblée générale, qui, dans ce dernier cas, sera convoquée immédiatement,

Son traitement et ses jouissances locatives seront arrêtés par l'assemblée générale.

Les employés du bureau autres que le directeur sont à la nomination du comité.

28. Le comité pourra se réunir, soit à Hüttenheim, soit à Strasbourg, au choix du président.

29. Sont nommés membres du comité, MM. Renouard de Bussière, Florent Saglio, Jean-George Humann, Charles de Türckheim, Sigismond-Frédéric Klose, Gustave Lehr, et Jérémie Risler, l'un des chefs de la maison Risler frères et Dixon.

Il sera libre aux membres du comité de se faire représenter, en cas d'empêchement, par un mandataire spécial, qui devra être actionnaire. Le mandataire que nommera le président ne sera que simple membre du comité.

Un même mandataire ne pourra représenter plusieurs membres à la fois.

30. Le comité, ou son président, pourra convoquer les actionnaires toutes les fois qu'il le jugera nécessaire ; les délibérations

seront prises à la majorité des voix. Chaque action comptera pour une voix ; mais aucun actionnaire ne pourra avoir plus de six voix, quel que soit le nombre de ses actions.

31. Chaque actionnaire aura le droit de prendre communication des livres quand il le jugera à propos.

32. Les actionnaires se réuniront au moins deux fois par an pour délibérer sur les intérêts de la société ; les époques des réunions seront déterminées à la première assemblée générale.

33. Les convocations seront faites par le directeur sur l'invitation du comité ; chaque actionnaire sera tenu d'élire domicile à Strasbourg ou à Hüttenheim.

34. Les actionnaires qui ne pourront pas se rendre en personne à l'assemblée générale, sont autorisés à se faire représenter par un mandataire ; si ce mandataire est lui-même actionnaire, il jouira, outre ses voix personnelles, de celle de son mandant, sans que les unes et les autres réunies puissent excéder le nombre de douze.

35. Toutes les délibérations de l'assemblée générale seront inscrites par le directeur dans un registre spécial tenu à cet effet.

Elles seront signées par tous les membres présens ou leurs fondés de pouvoirs ; les procurations resteront annexées au registre des délibérations ; les assemblées générales seront présidées par le président du comité, ou, à son défaut, par celui des actionnaires présens qui sera propriétaire du plus grand nombre d'actions.

36. L'assemblée générale pourra délibérer, si elle est représentée par les deux tiers au moins des actions, sauf l'exception portée en l'article 10.

Dans le cas où, à la suite de la première convocation, la société ne serait pas représentée par les deux tiers au moins des actions, il sera fait une nouvelle convocation par lettre chargée ; l'assemblée pourra, après cette seconde convocation, valablement délibérer, quel que soit le nombre d'actions représentées.

Cette nouvelle convocation sera faite de manière à donner aux actionnaires un délai de dix jours au moins ; elle sera insérée dans le journal du département.

37. En cas de contestations entre la société et un actionnaire, et si les discussions pouvaient donner lieu à une condamnation, elles seront jugées en dernier ressort, sans appel ni pourvoi en cassation, par deux arbitres nommés de part et d'autre, lesquels, en cas de partage, nommeront un sur-arbitre, qui décidera ; faute par l'une des parties de nommer son arbitre dans la huitaine de la sommation à elle faite, ou si les arbitres ne pouvaient pas s'entendre pour le choix d'un sur-arbitre, l'arbitre ou le sur-arbitre seront nommés par le tribunal de commerce de Strasbourg, auquel tout pouvoir est donné à cet effet.

38. Indépendamment de la dissolution qui aura lieu de droit à l'expiration du terme pour lequel la société est contractée, elle aura encore lieu, si le capital de la société est réduit par des pertes de plus de moitié, ou si, le capital étant réduit par des pertes de plus d'un quart, les actionnaires représentant les trois quarts au moins des actions le demandent.

En cas de dissolution ou à l'expiration de la société, l'assemblée générale des actionnaires déterminera le mode à suivre pour l'entière liquidation de l'actif et du passif de la société. La liquidation sera faite par le directeur, sous la surveillance du comité d'administration.

39. Les présentes formeront les statuts fondamentaux de la société. Ils seront soumis à l'approbation de Sa Majesté par les soins de M. Renouard de Bussière, l'un des actionnaires, auquel tout pouvoir est donné à cet effet. Le comité des actionnaires est autorisé à consentir à tels changemens et modifications qui pourraient être demandés, et qu'il jugerait n'être pas en opposition avec les intérêts des actionnaires.

Dont acte, fait et passé à Strasbourg, en l'étude de Me Rencker, le 14 mars 1826, et ont MM. les comparans signé avec les notaires, lecture faite.

-----

11 AVRIL. ⚌ Pr. 27 MAI 1826. — Ordonnance du Roi portant proclamation des brevets d'invention, de perfectionnement et d'importation, pris pendant le premier trimestre 1826, et des cessions qui ont été faites, durant le cours de ce trimestre, de tout ou partie des droits résultant de titres de la même nature. (8, Bull. 93, n° 3,086.)

-----

11 AVRIL. 1826. — Ordonnance du Roi qui admet les sieurs Ehret et Forter à établir leur domicile en France. (8, Bull. 155, n° 5587.)

-----

11 AVRIL. 1826. — Ordonnance du Roi qui accorde des lettres de déclaration de naturalité au sieur Horens. (8, Bull. 160, n° 5950.)

-----

11 AVRIL. 1826 ⚌ Pr. 1er DÉCEMBRE 1828. — Ordonnance du Roi qui autorise la construction d'un pont suspendu sur la Charente à Jarnac, et contient le tarif des droits à percevoir au passage de ce pont. (8, Bull. 244, n° 10,022.)

11 AVRIL 1826. — Ordonnance du Roi qui autorise le sieur Bieff à ajouter à son nom celui de Zurheim, et le sieur Stella à substituer au sien celui d'Estalla. (8, Bull. 85, n° 2945.)

11 AVRIL 1826. — Ordonnance du Roi qui admet le sieur Thornton à établir son domicile en France. (8, Bull. 85, n° 2947.)

11 AVRIL 1826. — Ordonnance du Roi qui accorde des pensions à vingt-cinq veuves de militaires. (8, Bull. 87 bis, n° 3.)

11 AVRIL 1826. — Ordonnances du Roi qui accordent des pensions de retraite de militaires. (8, Bull. 87 bis, n°s 4, 5 et 6.)

11 AVRIL 1826. — Ordonnance du Roi portant concession des mines de plomb sulfuré argentifère de Surtainville et de Pierreville (Manche). (8, Bull. 90, n° 3071.)

11 AVRIL 1826. — Ordonnance du Roi qui accorde des lettres de déclaration de naturalité au sieur Baillieu. (8, Bull. 103, n° 3520.)

11 AVRIL 1826. — Ordonnance du Roi qui autorise le sieur Saint-Mauris-Chatenois à prendre du service près de S. M. le roi de Sardaigne. (8, Bull. 121, n° 4069.)

16 AVRIL 1826. — Ordonnances du Roi qui autorisent l'acceptation de dons et legs faits à des fabriques et à un séminaire. (8, Bull. 146, n°s 5165 à 5180.)

19 AVRIL. ⇔ Pr. 1er MAI 1826. — Ordonnance du Roi portant réduction des droits de navigation établis par l'ordonnance royale du 18 JANVIER 1826 sur toute la partie navigable du canal Monsieur, située entre Saint-Jean de Losne et Besançon. (8, Bull. 86, n° 2962.)

Vu l'article 1er de notre ordonnance du 18 janvier 1826, qui applique, à partir du 1er mars suivant, à la partie du canal Monsieur nouvellement mise en état de navigation entre Dôle et Besançon, le tarif des droits de navigation contenu dans le décret du 11 avril 1811, et mis en vigueur depuis le 1er janvier 1812, sur la partie de ce même canal qui forme la jonction du Doubs à la Saône;

Vu l'article 2 de ladite ordonnance, portant que les droits à percevoir sur les objets non compris au présent tarif sont les mêmes que ceux du canal du Centre;

Sur le compte qui nous a été rendu par notre ministre secrétaire-d'Etat des finances, que ces droits étaient trop élevés, eu égard au peu d'étendue de la ligne de navigation maintenant ouverte sur le canal depuis St-Jean de Losne jusqu'à Besançon, et qu'il était nécessaire de les réduire dans l'intérêt du commerce,

Nous avons ordonné et ordonnons ce qui suit :

Art. 1er. Les droits de navigation établis par les articles 1 et 2 de notre ordonnance du 18 janvier dernier, sur toute la partie navigable du canal Monsieur, située entre St-Jean de Losne et Besançon, sont réduits à moitié.

2. Notre ministre secrétaire-d'Etat des finances (comte de Villèle) est chargé de l'exécution de la présente ordonnance, qui sera insérée au Bulletin des Lois.

19 AVRIL ⇔ Pr. 9 JUIN 1826. — Ordonnance du Roi qui approuve, aux conditions y exprimées, la délibération prise par la société anonyme du chemin de fer de Saint-Etienne pour l'augmentation de son fonds capital. (8, Bull. 93 bis, n° 1.)

Charles, etc.

Sur le rapport de notre ministre secrétaire-d'Etat de l'intérieur;

Vu l'ordonnance royale du 21 juillet 1824, portant autorisation de la société anonyme du chemin de fer de Saint-Etienne à la Loire;

Vu les articles 5, 15, 16 et 37 des statuts approuvés par ladite ordonnance;

Vu la délibération de l'assemblée des actionnaires régulièrement convoquée à Paris et tenue le 29 janvier 1826, ainsi que les adhésions successives; ladite délibération portant : 1° qu'il sera émis cent cinquante actions nouvelles, qui, à raison de cinq mille francs de mise, augmenteront le capital de la société de sept cent cinquante mille francs; 2° qu'à raison de ladite augmentation, les huit actions sans mise de fonds attribuées au directeur des travaux, lesquelles ne lui seront acquises qu'à la fin desdits travaux, et ne seront point aliénables tant qu'il restera chargé de la direction, seront portées au nombre de douze;

Notre Conseil-d'Etat entendu,

Nous avons ordonné et ordonnons ce qui suit :

Art. 1er. La délibération prise à Paris le 29 janvier 1826 par la société anonyme du chemin de fer de Saint-Etienne pour l'augmentation de son fonds capital, laquelle reste ci-annexée, est approuvée pour être exécutée selon sa forme et teneur, à la charge qu'aucune des cent cinquante actions à émettre ne pourra être aliénée par la société pour une valeur moindre que la mise primitive de cinq mille francs.

2. Notre ministre secrétaire-d'Etat au département de l'intérieur est chargé de l'exécution de la présente ordonnance, qui sera publiée au Bulletin des Lois, et insérée tant au Moniteur que dans un des journaux d'annonces judiciaires des départemens de la Seine et de la Loire, sans préjudice des publications ordonnées par le Code de commerce.

Extrait du registre des délibérations de l'assemblée générale des actionnaires de la compagnie du chemin de fer de Saint-Etienne à la Loire.

(Séance annuelle ordinaire du 29 janvier 1826, tenue à Paris, ainsi que le prescrivait la délibération prise dans la session de l'année précédente en exécutionde l'article 16 des statuts de la compagnie.)

L'assemblée générale des actionnaires de la compagnie du chemin de fer de Saint-Etienne à la Loire, après avoir entendu le rapport du directeur de la compagnie, celui du conseil d'administration, et des commissaires désignés par elle dans sa précédente séance ;

Considérant que la cherté excessive des terrains acquis par expropriation forcée, la hausse inattendue des fontes, le prix toujours croissant des matériaux et de la main-d'œuvre, ont porté les dépenses de la construction du chemin de fer à un taux qui n'avait pu être prévu lors de la formation de la compagnie et qui a beaucoup dépassé la somme d'un million, destinée à cette construction ;

Que ce surcroît de dépenses s'élève déjà à cinq cent soixante-dix-sept mille francs ;

Considérant que des circonstances imprévues peuvent augmenter encore ce déficit, et qu'il serait dans l'intérêt de la compagnie d'entreprendre d'autres travaux non prévus dans les premiers devis et qui augmenteraient ses produits,

Arrête ce qui suit :

1° Le conseil d'administration de la compagnie se retirera par-devers le Roi, afin d'en obtenir, par ordonnance royale, l'autorisation de créer *cent cinquante nouvelles* actions de la compagnie du chemin de fer au même prix que les premières actions ;

2° Sur ces *cent cinquante actions*, cent vingt seront mises actuellement en émission. Les *trente actions* restantes seront mises en réserve, et il n'en pourra être disposé qu'en vertu d'une délibération spéciale de l'assemblée générale ;

3° *Quatre actions sans mise de fonds* seront concédées à M. Beaunier en sus de celles qui lui sont accordées par l'article 37 des statuts dans les mêmes limites et au même titre.

Les membres de l'assemblée générale.

(Suivent les noms).

————

19 AVRIL 1826. — Ordonnance du Roi qui accorde des lettres de déclaration de naturalité au sieur Noesen. (8, Bull. 252, n° 9246.)

————

19 AVRIL 1826. — Ordonnance du Roi qui accorde des lettres de déclaration de naturalité au sieur Dickes. (8, Bull. 252, n° 9247.)

————

19 AVRIL 1826. — Ordonnance du Roi qui accorde des lettres de déclaration de naturalité au sieur Ezpelding. (8, Bull. 271, n° 10,443.)

————

19 AVRIL 1826. — Ordonnance du Roi qui accorde des lettres de déclaration de naturalité au sieur Jane. (8, Bull. 271, n° 10,444.)

————

19 AVRIL 1826. — Ordonnances du Roi qui accordent des lettres de déclaration de naturalité aux sieurs Franck et Michels. (8, Bull. 145, n°s 5090 et 5091.)

————

19 AVRIL 1826. — Ordonnance du Roi qui accorde des lettres de déclaration de naturalité au sieur Deny. (8, Bull. 160, n° 5951.)

————

19 AVRIL 1826. — Ordonnances du Roi qui autorisent l'acceptation de dons et legs faits à des fabriques, à des communautés religieuses, etc. (8, Bull. 146, n°s 5181 à 5192.)

————

19 AVRIL 1826. — Ordonnances du Roi qui autorisent l'acceptation de donations faites à des curés, et à des fabriques, etc. (8, Bull. 147, n°s 5225 et 5226.)

————

19 AVRIL 1826. — Ordonnance du Roi qui accorde des pensions à des veuves de militaires. (8, Bull. 87 bis, n° 7.)

————

19 AVRIL 1826. — Ordonnance du Roi qui accorde des pensions de retraite à dix-huit militaires. (8, Bull. 87 *bis*, n° 8.)

---

19 AVRIL 1826. — Ordonnance du Roi qui accorde des pensions de retraite aux orphelins d'un militaire. (8, Bull. 87 *bis*, n° 9.)

---

19 AVRIL 1826. — Ordonnance du Roi qui autorise l'inscription au Trésor royal de trois cent vingt-trois pensions civiles et militaires. (8, Bull. 87 *bis*, n° 10.)

---

19 AVRIL 1826. — Ordonnances du Roi qui autorisent l'acceptation de dons et legs faits aux pauvres et à des hospices. (8, Bull. 90, n°s 3059 à 3065.)

---

19 AVRIL 1826. — Ordonnance du Roi qui concède au sieur Laurent Gleizes la mine de houille de Durban (Aude). (8, Bull. 102, n° 3420.)

---

19 AVRIL 1826. — Ordonnances du Roi qui accordent des lettres de déclaration de naturalité aux sieurs Mermoz et Pironi. (8, Bull. 103, n°s 3521 et 3522.)

---

23 AVRIL 1826. — Ordonnances du Roi qui autorisent l'acceptation de legs faits à des fabriques, etc. (8, Bull. 147, n°s 5227 à 5233.)

---

26 AVRIL.— Pr. 13 MAI 1826. — Ordonnance du Roi contenant des dispositions relatives aux routes départementales des Landes. (8, Bull. 88, n° 2986.)

---

26 AVRIL 1826. — Ordonnances du Roi qui autorisent l'acceptation de dons et legs faits à des communes. (8, Bull. 90, n°s 3066 à 3069.)

---

26 AVRIL 1826. — Ordonnance du Roi qui autorise le sieur Alfred d'Archiac à établir un haut-fourneau à deux tuyères sur ses propriétés situées sur le territoire de la commune d'Argilly (Côte-d'Or). (8, Bull. 90, n° 3072.)

---

26 AVRIL 1826. — Ordonnance du Roi qui autorise la dame d'Haussonville de Sorans et le sieur Gauthier à conserver et tenir en activité le lavoir à cheval qu'ils ont établi dans la commune d'Onay (Haute-Saône). (8, Bull. 90, n° 3073.)

---

26 AVRIL 1826. — Ordonnance du Roi qui autorise le sieur Fillioux à établir au lieu dit Villerange, commune de Lussat (Creuse), un fourneau à fondre le minerai provenant de la mine d'antimoine de ce nom. (8, Bull. 90, n° 3074.)

---

26 AVRIL 1826. — Ordonnance du Roi portant que la foire qui se tient annuellement le 2 AOUT à Bourdeilles (Dordogne) aura lieu à l'avenir, le 25 du même mois. (8, Bull. 90, n° 3075.)

---

26 AVRIL 1826. — Ordonnances du Roi relatives aux foires de Portet (Haute-Garonne), de Villefranche (Pyrénées-Orientales), de Dannemarie (Haut-Rhin), de Saint-Père en Betz et de Saint-Jean de Boiseau (Loire-Inférieure). (8, Bull. 91, n° 3077 à 3080.)

---

26 AVRIL 1826. — Ordonnances du Roi relatives aux foires des communes de Boussac et de Morvan (Ille-et-Vilaine) et de la commune de Mehun (Cher). (8, Bull. 92, n° 3084 et 3085.)

---

27 AVRIL.— Pr. 6 MAI 1826. — Loi relative à divers échanges d'immeubles entre des particuliers, la ville d'Avignon et le domaine de l'Etat. (8, Bull. 87, n° 2981.) (1).

Art. 1er. La cession à M. le comte Boutechoux de Chavannes, du bois royal de la Tournelle, d'une contenance de quarante-huit hectares, situé commune de Matenay, département du Jura, contre le bois de Verneuil, contenant vingt-huit hectares quatre ares, dont il est reconnu propriétaire dans le même département, et qui fait aujourd'hui partie de l'aménagement de la forêt royale de Chaux, est autorisée.

L'échange aura lieu moyennant une plus-value de quatre mille cinq cent soixante-

---

(1) Proposition à la Chambre des députés le 18 mars (Mon. du 23).

Rapport de M. Saladin , le 28 mars (Mon. du 29).

Adoption le 31 mars (Mon. du 1er avril).

Proposition à la Chambre des pairs le 3 avril (Mon. du 5).

Rapport de M. le vicomte du Bouchage, le 15 avril (Mon. du 19).

Discussion et adoption le 18 avril (Mon. du 20).

douze francs soixante centimes, au profit de l'Etat.

M. le comte Boutechoux de Chavannes sera en outre tenu d'acquitter, 1° les intérêts de ladite somme de quatre mille cinq cent soixante-douze francs soixante centimes, à raison de cinq pour cent, à partir du 20 décembre 1812, époque à laquelle remonte son droit de propriété sur le bois de la Tournelle, jusqu'au jour de sa libération ; 2° les frais de garde et la contribution foncière, à compter de la même époque ; 3° enfin la moitié des frais d'expertise et la totalité des autres dépenses auxquelles l'échange pourra donner lieu.

2. La cession à M. le prince de Chalais, comte de Périgord, de trois hectares quatre-vingt-seize ares soixante-dix-huit centiares de la forêt de l'Ile-Adam, situés à l'extrémité de son parc, contre le bois Ballot, dont il est propriétaire, commune de Maffliers, et qui contient trois hectares soixante-quinze ares trente-deux centiares, est autorisée.

L'échangiste est tenu de payer à l'Etat une plus-value de treize cent quarante-huit francs vingt-deux centimes, et d'acquitter en outre la totalité des frais auxquels l'échange pourra donner lieu.

3. L'Etat cèdera toute propriété à la ville d'Avignon la chapelle de Saint-Nicolas, située hors du mur d'enceinte, sur la rive gauche du Rhône, et occupée aujourd'hui par le bureau de perception des droits de navigation, pour la rendre à son ancienne destination.

La ville abandonne en échange la propriété de l'une des tours de son rempart, située entre les portes de la Ligne et de Saint-Lazare, où elle fera transférer à ses frais le bureau de l'octroi de navigation.

La ville sera tenue de verser en outre à la caisse des domaines la somme de neuf cent huit francs, montant des réparations qu'il est reconnu indispensable de faire à cette tour, pour y établir le bureau de perception.

———

27 AVRIL. = Pr. 24 MAI 1826. — Ordonnance du Roi portant qu'il sera élevé un monument à la mémoire de Louis XVI au centre de la place située entre les Tuileries et les Champs-Élysées, laquelle prendra désormais le nom de place Louis XVI. (8, Bull. 92, n° 3,083.)

Charles, etc.

Vu l'article 3 de la loi du 19 janvier 1816 ;
Sur le rapport de notre ministre secrétaire-d'Etat au département de l'intérieur ;
Nous avons ordonné et ordonnons ce qui suit :

Art. 1er. Il sera élevé un monument à la mémoire de Louis XVI au centre de la place située entre les Tuileries et les Champs-Elysées, laquelle prendra désormais le nom de place Louis XVI.

2. La première pierre de ce monument sera posée et bénie en notre présence, le 3 mai prochain.

3. Nous nous réservons de déterminer l'emplacement où sera rétablie la statue équestre de Louis XV, en vertu de l'article 3 de l'ordonnance royale du 4 février 1816.

Ladite ordonnance continuera à recevoir son exécution en tout ce qui n'est pas contraire aux présentes dispositions.

Notre ministre secrétaire-d'E'at au département de l'intérieur (comte Corbière) est chargé de l'exécution de la présente ordonnance.

———

27 AVRIL 1826. — Ordonnance du Roi qui accorde des lettres de déclaration de naturalité au sieur Pertenne. (8, Bull. 145, n° 5092.)

———

27 AVRIL 1826. — Ordonnances du Roi qui autorisent l'acceptation de dons et legs faits aux fabriques, au séminaire de Versailles et à des communes. (8, Bull. 147, n°s 5234 à 5243.)

———

27 AVRIL 1826. — Ordonnance du Roi qui accorde des lettres de déclaration de naturalité à la dame Zieger, veuve Kempt. (8, Bull. 175, n° 6705.)

———

27 AVRIL 1826. — Ordonnance du Roi qui admet les sieurs Burck, Colel-Vanhoobrouck et Ratz, à établir leur domicile en France. (8, Bull. 88, n° 2988.)

———

27 AVRIL 1826. — Ordonnances du Roi qui accordent des lettres de déclaration de naturalité aux sieurs Schon et Ingaramo. (8, Bull. 105, n°s 3523 et 3524.)

———

29 AVRIL 1826. — Tableau des prix des grains pour servir de régulateur de l'exportation et de l'importation, conformément aux lois des 16 JUILLET 1819 et 4 JUILLET 1821, arrêté le 29 AVRIL 1826. (8, Bull. 86, n° 2960.)

———

29 AVRIL 1826. — Lettres-patentes portant création de majorats en faveur de MM. de Maillé, Latour-Landry, Dupré, Thomas Deschesnes et Breant. (8, Bull. 88, n° 2987.)

———

29 AVRIL 1826. — Lettres-patentes relatives à l'institution des lettres de pairie en faveur de MM. Lebègue de Germiny et de Talhouet. (8, Bull. 99, n° 3279.)

30 AVRIL = Pr. 13 MAI 1826. — Loi relative à la répartition de l'indemnité stipulée en faveur des anciens colons de Saint-Domingue (1). (8, Bull. 88, n° 2985.)

Art. 1er. La somme de cent cinquante mil-

(1) Proposition à la Chambre des députés, le 11 février 1826 (Mon. du 12).

Rapport de M. Pardessus, le 28 février (Mon. du 3 mars).

Discussion, du 7 au 20 mars (Mon. du 8 au 22).

Adoption, le 20 mars (Mon. du 22).

Proposition à la Chambre des pairs, le 21 mars (Mon. du 26).

Rapport de M. le baron Mounier, le 11 avril (Mon. du 16).

Discussion du 18 au 24 avril (Mon. des 20, 21, 22, 23 et 26).

Adoption, le 25 avril (Mon. du 30).

Voy. lois des 8 = 10 mars 1790, 28 mars = 9 avril 1790, 12 = 22 octobre 1790, 29 novembre = 8 décembre 1790, 13 mai 1791, 29 mai = 1er juin 1791; 13 juin = 10 juillet 1791, 26 juillet = 1er août 1791; 24 = 28 septembre 1791, 28 septembre 1791, 28 mars = 4 avril 1792, 14 = 18 mai 1792, 15 = 22 juin 1792, 3 = 7 mars 1793, 24 pluviose an 3, 12 nivose an 6, 30 floréal an 10, 13 messidor an 10, 16 messidor an 10, 16 et 19 fructidor an 10, 23 germinal an 11, 20 juin 1807, 24 juin 1808, 11 juillet 1811, 2 décembre 1814, 21 février 1816, 15 avril 1818.

Voy. aussi l'ordonnance d'exécution du 9 mai 1826 et celle du 20 septembre 1828.

L'ordonnance du 17 avril 1825, qui a concédé l'indépendance à Saint-Domingue, a été suivie d'une autre ordonnance en date du 1er septembre, portant institution d'une commission chargée de proposer les mesures nécessaires pour faire droit aux réclamations que formeraient les anciens colons.

Le travail de cette commission a servi de base à la loi du 30 avril 1826; sur quelques points seulement, le législateur a adopté des dispositions différentes de celles qu'avait proposées la commission.

L'attention des Chambres s'est portée d'abord sur un point de droit public très grave, et qu'il était nécessaire d'examiner avant de s'occuper de la loi. On conçoit en effet que, préalablement à toute discussion, la constitutionnalité de l'ordonnance du 17 avril 1825 devait être appréciée; le mode de distribution, aux colons, des 150 millions, prix de l'indépendance de Saint-Domingue, ne présentant qu'une question subordonnée à celle de savoir si l'indépendance avait pu être conférée par une simple ordonnance, contresignée

il est vrai par trois ministres, mais enfin par une simple ordonnance.

On a soutenu que notre droit public ne permet pas au Roi d'aliéner, sans le consentement des Chambres, une portion du territoire, même du territoire colonial; que, si l'on consulte l'histoire, on voit toujours les Parlemens et les États-Généraux protester contre les aliénations ou les concessions de territoire. On a cité les exemples des traités faits par les rois *Jean* et *François* Ier, que les États refusèrent de ratifier; les actes de saint Louis, de Charles V, Charles VI et Charles VIII, révoquant toutes les aliénations du domaine de la couronne, faites par leurs prédécesseurs; l'édit de Charles IX, de février 1566, vulgairement désigné sous le titre d'ordonnance du domaine, l'édit d'avril 1667 et celui de 1717, relatif aux princes légitimés, dans lequel Louis XV s'exprimait ainsi : « Puisque les lois fondamentales de notre royaume nous mettent « dans une heureuse impuissance d'aliéner le « domaine de notre couronne, nous faisons « gloire de reconnaître qu'il nous est encore « moins libre de disposer de notre couronne « même. »

On a ajouté qu'il est impossible de distinguer entre le *domaine de l'État* et le *domaine de la Couronne*, qu'avant la révolution on entendait par domaine de la Couronne le territoire français, et non pas seulement le *domaine particulier du Roi*, qu'en vain l'on argumenterait de ce qu'aucun article de la Charte n'exige le concours des Chambres pour l'aliénation d'une partie du territoire; que, par la Charte, le Roi a voulu étendre les droits de la nation, et lui en conférer de nouveaux en laissant subsister ceux qu'elle possédait déjà; qu'ainsi, l'inaliénabilité du territoire étant un principe de notre ancien droit public, le silence de la Charte l'a confirmé : que l'article 14, qui attribue au Roi seul le droit de paix et de guerre, recevrait une extension contraire à la raison et aux règles anciennes, si l'on en faisait dériver le droit de céder une partie du territoire; que d'ailleurs l'ordonnance du 17 avril n'avait point les caractères d'un traité, qu'on n'y voyait point figurer deux souverains, deux États indépendans; que le Roi de France seul y stipulait en abdiquant sa souveraineté en faveur de sujets révoltés.

Enfin, a-t-on dit, ce qui est vrai pour le territoire continental est également vrai pour le territoire colonial; sans doute l'article 73 de la Charte porte *que les colonies seront ré-*

lions de francs affectée par l'ordonnance du 17 avril 1825 aux anciens colons de Saint-Domingue sera répartie entre eux intégra-

lement, et sans aucune déduction au profit de l'Etat, pour les propriétés publiques, ainsi que pour les propriétés particulières

---

gies par des lois et des réglemens particuliers; mais, de bonne foi, régir est-il synonyme de vendre et d'aliéner?

On a reproché, en outre, à l'ordonnance du 17 avril, d'avoir porté atteinte au droit sacré de propriété, en prononçant l'expropriation des anciens colons de Saint-Domingue; on a fait remarquer que dans toutes les cessions de territoire qui ont eu lieu par suite des différens traités, les stipulations les plus formelles ont toujours conservé les propriétés particulières (notamment dans les cessions du Canada et de la Louisiane); que l'ordonnance du 17 avril abandonne au contraire tous les droits des anciens propriétaires, moyennant une indemnité à peine égale au dixième de la valeur des biens.

Pour justifier l'ordonnance, on a répondu qu'une pareille mesure était la seule convenable; qu'elle conciliait à la fois la dignité nationale et celle de la couronne, l'intérêt du commerce et l'intérêt même des anciens colons.

En droit, on a soutenu que le Roi a pu, par une ordonnance et sans consulter les Chambres, concéder à la colonie de Saint-Domingue l'émancipation qu'elle réclamait. On a, comme les adversaires du projet, cité l'histoire et présenté des exemples de traités par lesquels les rois de France ont cédé des portions du territoire et surtout du territoire colonial, sans le concours des Parlemens et des États-généraux; on a rappelé notamment la cession de l'Acadie en 1713, de la Louisiane en 1762, du Sénégal et du Canada en 1763, enfin de Tabago, Sainte-Lucie, l'Ile-de-France, Rodrigue et de diverses parties du territoire par les traités de 1814 et de 1815.

On a fait remarquer qu'on ne doit pas confondre l'inaliénabilité du domaine de la couronne avec l'incessibilité du territoire français; que la première a pour but la conservation des propriétés de l'Etat dans la substitution de la couronne, tandis que l'autre est une règle du droit des gens; qu'il dépend d'un peuple de stipuler l'inaliénabilité du domaine national, mais qu'il n'est pas en son pouvoir de décréter l'incessibilité de son territoire; le sort des armes pourrait à chaque instant anéantir la loi. M. Pardessus, rapporteur, a cité le passage suivant de Vattel, Droit des gens, livre 4, § 11. « Le droit de céder « des portions de l'Etat à l'ennemi qui les a « envahies, lorsque la nécessité de terminer « la guerre commande des sacrifices, appar- « tient à la couronne dans un Etat monarchi- « que. »

La Charte constitutionnelle a été invoquée, comme consacrant par son article 14 la pré-

rogative de faire les traités de paix, et, par conséquent, le droit de céder une portion du territoire, droit sans lequel celui de paix et de guerre n'existerait que de nom.

L'ordonnance du 17 avril, a-t-on dit, n'a pas la forme d'un traité; mais elle est évidemment une application du droit établi par l'article 14, puisqu'elle a pour résultat de faire cesser l'état d'hostilité entre la France et Saint-Domingue.

M. Gautier a cité l'exemple de l'Angleterre, lors de la reconnaissance de l'indépendance des États-Unis; il a dit que l'émancipation fut accordée par un traité conclu par le Roi, en vertu de ses pouvoirs constitutionnels de faire la paix et la guerre. Il est vrai que des résolutions prises par le parlement anglais, dans la session qui précéda ce traité, avaient manifesté le vœu qu'il formait de mettre fin, même à ce prix, à une guerre désastreuse, et avaient aussi, par conséquent, donné une autorisation qui mettait à couvert la responsabilité ministérielle; mais au milieu des critiques que l'opposition fit entendre dans la session qui suivit la conclusion de la paix contre les conditions du traité, les membres de ce parti eux-mêmes soutinrent hautement que c'était en vertu du pouvoir de faire la guerre et la paix, dont le Roi était investi, que l'indépendance de l'Amérique avait été reconnue. Cette doctrine fut consignée dans un amendement proposé dans la séance du 27 février 1783, auquel Fox prêta l'appui de son éloquence, et reçut, par l'adoption de cet amendement, une sanction éclatante de la part de la Chambre des communes.

Le même orateur a invoqué l'autorité de Blackstone.

Enfin M. Humann a fait remarquer que nos colonies n'ont jamais pu être pour nous que des propriétés éventuelles, dépendantes des temps et des circonstances; que leur sol, donné à perpétuité à ceux qui se sont chargés de le cultiver, doit toujours demeurer soumis aux chances de cette éventualité qui ne saurait rien faire perdre au Roi de la souveraineté qu'il s'est réservée sur ce pays. Sujète du même souverain, la France, a-t-il dit, ne tient aux habitans de ces contrées que par les liens d'un pacte de famille qui leur donne le droit d'attendre de nous secours et protection, qui les oblige à recevoir nos produits et à nous livrer ceux qu'ils obtiennent du sol qu'ils ont entrepris de cultiver; on ne saurait trouver là une partie intégrante, fixe, déterminée du territoire français.

Les colonies, a dit M. Gautier, sont ou des conquêtes, ou des cessions obtenues par les

qui lui seraient échues par déshérence (1).

2. Seront admis à réclamer l'indemnité énoncée dans l'article précédent les anciens propriétaires (2) de biens-fonds (3) situés à

traités, ou des établissemens commerciaux et militaires fondés par le Gouvernement dans des vues d'intérêt public. Ces trois origines, les seules dans lesquelles une colonie ait pu puiser sa naissance, sont toutes les trois dans le domaine des droits de la couronne. Si une colonie provient d'une conquête, elle a son origine dans le droit de faire la guerre; d'une cession, dans le droit de faire les traités; d'un établissement, dans le droit d'amnistie.

M. le marquis de Barbé-Marbois a parlé dans le même sens à la Chambre des pairs.

On a reconnu que, si un traité contient une stipulation de subsides, il y a nécessité de s'adresser au pouvoir législatif pour obtenir les impôts nécessaires; mais il est bien différent, a-t-on dit, de réclamer le concours des Chambres pour l'exécution d'un traité ou de soumettre ce traité lui-même à leur approbation; ainsi le traité de novembre 1815 fut communiqué aux Chambres, parcequ'il imposait à la France des charges dont l'exécution exigeait l'établissement d'impôts extraordinaires.

M. le comte de Pontécoulant a rappelé que Barnave proposa à l'assemblée constituante de déclarer que les traités faits par le Roi ne seraient rendus exécutoires que par le Corps-Législatif; mais cette proposition, combattue par Mirabeau, fut repoussée comme attentatoire à la prérogative royale, contraire à la sûreté de l'Etat et à ses véritables intérêts.

Quant au reproche d'avoir porté atteinte au droit de propriété privée, on a répondu que l'ordonnance n'avait point opéré l'expropriation; mais que reconnaissant un fait contre lequel ni dans l'intérêt de l'Etat, ni dans l'intérêt des colons, il n'était possible de s'élever, elle avait procuré aux anciens propriétaires tout ce qu'il leur était raisonnablement permis d'espérer, en stipulant pour eux une indemnité de 150 millions.

Après le vote de tous les articles de la loi, M. Benjamin-Constant a présenté un article additionnel ainsi conçu : « La présente loi ne « pourra préjudicier à l'avenir et dans au-« cun cas au principe fondamental de l'ina-« liénabilité du territoire français, autrement « que par le concours des Chambres. »

Les mêmes argumens dont nous avons déjà donné l'analyse ont été reproduits dans la discussion de cet article additionnel.

M. le ministre des finances a fait remarquer, sans aborder le fond de la question, qu'il s'agissait de la cession d'un point de la France, dont on pourrait presque dire qu'il ne fait point partie du territoire français. L'auteur de la proposition, a-t-il ajouté, l'a lui-même reconnu, lorsqu'il a dit qu'il doutait fort qu'on pût s'en servir comme d'un antécé-

dent : la proposition de M. Benjamin-Constant tend à empêcher de créer un antécédent; mais que propose-t-il ? De consacrer un antécédent par un article additionnel à la loi discutée: bien plus, ce n'est pas un article additionnel à la loi, c'est un article additionnel à la Charte. Or, le principe est consacré par la Charte ou il ne l'est pas : s'il est consacré, à quoi bon l'article additionnel? s'il n'est pas consacré, n'est-ce pas, par amendement, vouloir refaire la Charte? On ne peut ainsi arrêter un principe par un amendement jeté à la fin d'une loi qui n'a aucun trait au fond de la question, telle qu'elle a été traitée par les orateurs, c'est-à-dire, de la cession d'une colonie dont on n'était pas même en possession.

Plusieurs députés demandent la question préalable. M. Hyde de Neuville l'appuie, par le motif que le ministre des finances a dit que la difficulté restait intacte. La question préalable a été adoptée.

(1) Sur cet article on a soutenu que, puisqu'une simple ordonnance avait pu, d'après l'article 73 de la Charte, aliéner les propriétés des colons, moyennant une indemnité de cent cinquante millions, une simple ordonnance devait suffire pour en régler la répartition; on a répondu que le Roi, en concédant l'indépendance, en stipulant une indemnité de cent cinquante millions, avait fait un traité et exercé un droit qui appartient à lui seul, aux termes de l'article 14 de la Charte; mais que, lorsqu'il s'agit de répartir cette indemnité, c'est-à-dire de disposer des droits privés, le pouvoir législatif devait nécessairement intervenir.

On a demandé si l'indemnité était garantie aux colons par le Gouvernement français; mais il résulte de la discussion et il est constant aujourd'hui que la république d'Haïti est seule obligée.

(2) La qualité de *Français* n'est pas exigée par la loi; et le rapport de M. Pardessus déclare expressément qu'elle n'est pas nécessaire.

(3) Sur le sens des mots *biens-fonds*, voyez les notes sur l'article 1er de la loi du 27 avril 1825.

M. Gautier a proposé d'ajouter à ces mots *les propriétaires d'établissemens industriels* : il a fait remarquer qu'à Saint-Domingue il y avait soixante mille noirs environ qui n'étaient pas attachés à des habitations, et qui, par conséquent, ne pouvaient être considérés comme immeubles par destination; que ces noirs étaient loués par leurs propriétaires aux colons qui n'avaient pas sur leurs habitations le nombre de bras suffisans pour la culture, ou qu'ils servaient au chargement ou déchargement des navires; que les propriétaires de ces noirs avaient, comme les propriétaires de

Saint-Domingue, ainsi que leurs héritiers, légataires, donataires ou ayans-cause (1).

Les répudiations d'hérédité ne pourront être opposées aux réclamans, si ce n'est

---

biens-fonds, tout perdu, qu'ils avaient un droit égal à l'indemnité.

M. le ministre des finances a combattu cette proposition, en disant que l'indemnité est le dédommagement de l'éventualité que donnait aux colons de Saint-Domingue l'exercice possible de l'autorité royale; que les propriétaires d'établissemens industriels qui n'auraient rien trouvé, quand même cette éventualité se serait réalisée, n'ont droit à aucune indemnité.

La proposition de M. Gautier a été rejetée.

Il convient de rappeler ici un passage du rapport de M. Pardessus, dans lequel sont désignés les esclaves qui étaient considérés comme accessoires des biens-fonds, et dont la perte doit par conséquent donner lieu à l'indemnité.

« Il est vrai que, sous divers rapports, dans l'ancienne législation, les esclaves, même existant sur une habitation et servant à sa culture, étaient réputés *meubles*; que, suivant les termes de l'article 46 de l'édit du mois de mars 1685, appelé le *Code noir*, la condition des esclaves était réglée en toute affaire comme celle des choses mobilières. Mais ce même article indiquait des exceptions. Les esclaves, travaillant sur les habitations, étaient tellement considérés par les articles 48 et suivans comme en faisant partie, qu'à l'exception des dettes contractées pour leur achat, ils ne pouvaient être saisis, si ce n'est avec l'habitation, par la même saisie réelle : ainsi les esclaves n'étaient qu'un avec les biens-fonds auxquels ils étaient attachés (*Voy.* Pothier, Traité de la Communauté, n° 30). C'est évidemment en ce sens que doit être entendu l'article... Si ces sortes d'esclaves, qu'on pourrait appeler *immobiliers*, sont considérés comme partie des biens-fonds, il n'en sera pas de même des autres esclaves que nous appellerons *mobiliers*...

« Si, comme il arrivait fréquemment à Saint-Domingue, des actes de partage, de donation, legs, vente, ou tous autres, constatent qu'une habitation appartenait à l'un, et que les esclaves attachés à la culture appartenaient à l'autre, ils partageront l'indemnité dans la proportion de la propriété. »

L'indemnité stipulée en faveur des colons de Saint-Domingue n'est pas absolument représentative des immeubles à l'occasion desquels elle a été accordée; elle est mobilière. En ce sens, la vente ou cession de droits dans cette indemnité n'est pas soumise à l'action en rescision pour cause de lésion (21 novembre 1831; Cass. S. 31, 1, 426).

Cette indemnité n'est qu'une valeur mobilière de la succession, dont la disponibilité et le partage en France doivent être réglés selon

le Code civil, lorsqu'il en a été disposé sous l'empire de ce Code.

Ainsi le légataire universel d'un colon de Saint-Domingue, en vertu d'un testament fait en France sous l'empire du Code civil, a droit à la *totalité* de l'indemnité que le testateur aurait été appelé à recueillir lui-même à cause des biens dont il a été dépouillé dans la colonie, encore que ces biens, par leur nature de *propres*, n'eussent été disponibles selon la coutume de Paris, loi de la colonie, que pour un cinquième seulement (1er août 1831; Cass., S. 31, 1, 329).

(1) L'indemnité doit être transmise aux héritiers légitimes ou volontaires selon les règles du droit commun, sans aucune exception : cela résulte du texte, et d'ailleurs on a proposé à la Chambre des députés un amendement qui avait pour objet d'établir une règle exceptionnelle, et de n'appeler à recueillir l'indemnité que les colons, *leurs héritiers en ligne directe, leurs frères, sœurs, neveux, nièces, légataires et donataires ou ayans-cause*; mais cet amendement a été rejeté, par cette raison « que, puisqu'au lieu de rentrer « dans la propriété, c'est dans une somme de « cent cinquante millions qu'on est rentré, « les colons ont, sur la somme donnée à raison « de la propriété, les mêmes droits qu'ils « avaient sur la propriété (*M. le ministre de* « *l'intérieur*). »

Le principe ainsi posé et adopté par la Chambre doit servir à résoudre quelques questions qui se sont présentées dans l'application de la loi du 27 avril 1825, et qui pourraient également s'élever dans l'application de celle-ci, notamment la question de savoir à qui du légataire des meubles ou du légataire des immeubles l'indemnité doit être attribuée : évidemment c'est au légataire des immeubles; en effet, et comme nous l'avons dit pour l'indemnité des émigrés, là où serait l'immeuble, là doit être appliquée l'indemnité.

Voy. notes sur la loi du 27 avril 1825.

M. Pardessus, dans son rapport à la Chambre des députés, a dit que l'expression *ayans-cause* s'appliquait aux *acquéreurs* et aux *créanciers*; il en a conclu que les uns et les autres pourront exercer tous les droits du colon, les acquéreurs en vertu de leur contrat, et les créanciers en vertu du principe consacré par l'article 1166, Code civil; mais il a fait remarquer que les créanciers à qui aucun délai n'est prescrit pour former opposition sur l'indemnité réclamée par leur débiteur, sont obligés, si le débiteur n'agit point, à réclamer dans les délais fixés par l'article 4, à peine de déchéance.

Il est bien reconnu que le légataire universel a droit à l'indemnité par cela seul que le testament ne l'excepte pas.

par les héritiers qui auraient accepté (1).

La mort civile résultant des lois sur l'émigration ne pourra non plus leur être opposée.

3. Dans aucun cas les individus ayant la faculté d'exercer le droit de propriété dans l'île de Saint-Domingue ne seront admis à réclamer l'indemnité, soit en leur nom propre, soit comme héritiers ou représentans de personnes qui auraient été habiles à réclamer (2).

4. Les réclamations seront formées, à

Mais si l'héritier d'un colon a vendu ses droits successifs long-temps avant la loi d'indemnité, l'acquéreur aura-t-il droit à cette indemnité?

Voy. notes sur la loi du 27 avril 1825.

(1) La commission de la Chambre des députés proposait d'ajouter *purement et simplement*; ainsi elle ôtait à l'*héritier bénéficiaire* le droit d'opposer la répudiation. M. Dudon a même prétendu que l'on remplirait par là une lacune qu'on remarquait dans la loi du 27 avril 1825. *Voy.* article 7 de cette loi.

On a d'ailleurs fait valoir comme raisons déterminantes que l'héritier bénéficiaire ne s'expose à aucune chance, qu'ainsi il n'est pas juste qu'il puisse écarter les renonçans; que ce droit ne peut être donné qu'à l'héritier pur et simple qui s'est exposé à payer les dettes *ultrà vires*, et qui a fait ainsi un acte en quelque sorte aléatoire.

M. de Martignac a répondu que l'omission des mots *purement et simplement* dans la loi du 27 avril 1825 n'était point une lacune; qu'on avait dit, dans cette loi, d'une manière générale et absolue, que l'*héritier acceptant* pourrait opposer la renonciation, parceQu'on devait suivre les règles établies par le droit commun (Code civil, article 790). *Voy.* notes sur la loi du 27 avril 1825.

Il a fait remarquer qu'en adoptant la proposition de la commission on priverait les mineurs des avantages de cet article; car les mineurs ne peuvent accepter que sous bénéfice d'inventaire. M. le ministre de l'intérieur a dit enfin que l'acceptation d'une succession n'est pas plus un acte aléatoire que ne l'est une vente; le principe de la loi, a-t-il ajouté, est celui-ci : quand on a répudié une succession, on peut la reprendre jusqu'à ce qu'elle ait été acceptée; et pourquoi? parce que l'héritier peut exercer un droit qu'il a refusé d'exercer, tant qu'un autre droit n'est pas acquis; mais quand il y a acceptation, il y a un droit acquis auquel il ne peut être dérogé. Quand une succession a été acceptée sous bénéfice d'inventaire, y a-t-il ou n'y a-t-il pas un droit acquis? S'il y a un droit acquis, le principe étant le même, les conséquences doivent être les mêmes aussi : l'héritier bénéficiaire doit jouir de ce droit comme l'héritier pur et simple. Son droit est d'avoir tout ce qui excédera les charges de la succession.

L'amendement a été rejeté.

L'héritier renonçant peut-il se faire restituer, contre sa renonciation, par le motif qu'il n'avait pas pu prévoir la loi sur l'indemnité? la question a été plusieurs fois débattue à l'occasion de la loi du 27 avril 1825; elle a été résolue en différens sens; notamment un arrêt de la cour de Caen a décidé affirmativement; mais la *Gazette des Tribunaux* du 16 avril 1828 dit que le pourvoi contre cet arrêt, soutenu par une consultation de MM. *Toullier* et *Carré*, a été admis par la section des requêtes.

J'ai soutenu, devant le tribunal de première instance de la Seine, dans l'affaire de MM. de Mortemart contre MM. de Crussol, que la non prévision d'un événement futur et, par exemple, de la loi d'indemnité, n'est pas une erreur de fait; que l'erreur de fait consiste dans l'ignorance ou dans la connaissance erronée d'un événement *actuel* (Pothier, *Pandectes*, lib. 22, tit. 6; *Répertoire* de Merlin, *verbo* Erreur).

Qu'au surplus, l'erreur de fait n'est pas une cause de restitution contre les renonciations à succession; qu'en général, les acceptations et les renonciations sont irrévocables (Code civil, article 783, 785, 786 et 790); que l'article 783 prévoit un cas unique où l'erreur autorise l'héritier à se faire restituer contre son acceptation; qu'au Conseil-d'État on proposa d'accorder la même faveur dans quelques cas analogues; notamment dans celui où la découverte de dettes inconnues, au moment du décès, exposerait l'héritier acceptant à une ruine complète; que le principe de l'irrévocabilité fut maintenu parceque, disait-on, l'héritier peut accepter sous bénéfice d'inventaire; que si l'héritier acceptant ne peut se faire restituer pour prévenir la perte de ses biens personnels, l'héritier renonçant qui sollicite sa restitution pour accroître sa fortune, ne doit pas être accueilli.

(*Voy.* Chabot, *Traité des successions*, sur l'article 784.)

Le tribunal de première instance a décidé implicitement, et en règle générale, que les renonciations sont irrévocables, et dans l'espèce, il a admis la restitution uniquement par le motif que les renonçans étaient mineurs.

(*Voy.* Naylies, tome 2, page 433.)

(2) M. Hyde de Neuville demande si dans cet article sont compris indistinctement tous les hommes de couleur, du moins ceux qui ont tout sacrifié pour suivre les colons français et servir la France.

M. le rapporteur a répondu : La commission ne s'est pas dissimulé qu'il pouvait y avoir, parmi les hommes de couleur, des personnes

peine de déchéance, sans égard pour les déclarations sommaires déjà faites, savoir :

Dans le délai d'un an, par les habitans du royaume;

Dans le délai de dix-huit mois, par ceux qui habitent dans les autres Etats de l'Europe;

Dans le délai de deux ans, par ceux qui demeurent hors d'Europe.

Ces délais courront du jour de la promulgation de la présente loi.

5. La répartition de l'indemnité sera faite par une commission spéciale nommée par le Roi. Cette commission sera divisée en trois sections.

En cas d'appel, les deux sections qui n'auront pas rendu la décision se réuniront et se formeront en commission d'appel pour statuer.

L'appel sera interjeté par déclaration au secrétariat de la commission, dans les trois mois du jour où la décision aura été notifiée.

6. La commission statuera sur les réclamations d'après les actes et documens qui seront produits devant elle, même par voie d'enquête, si elle le juge convenable (1), et appréciera les biens suivant leur consistance à l'époque de la perte et d'après la valeur

commune des propriétés dans la colonie en 1789 (2).

L'indemnité sera du dixième de cette valeur.

7. Il y aura près de la commission un commissaire du Roi, chargé de requérir le renvoi devant les tribunaux du jugement des questions d'état ou de propriété qui seraient ou pourraient être opposées aux réclamans; de proposer dans chaque affaire, et spécialement sur la valeur attribuée aux immeubles et sur la quotité des indemnités réclamées, toutes les réquisitions qu'il jugera utiles aux intérêts de la masse; d'agir et de procéder, en se conformant aux lois, partout où il y aura lieu, pour la conservation de ces intérêts, et d'interjeter appel des décisions rendues par les sections qui lui paraîtraient blesser ces intérêts.

8. L'indemnité sera délivrée aux réclamans par cinquième et d'année en année.

Chaque cinquième portera intérêt, conformément à l'article 14 de l'ordonnance du 3 juillet 1816, après que la partie correspondante des cent cinquante millions affectés à l'indemnité totale aura été versée dans la caisse des dépôts et consignations.

---

qui s'étaient attachées au sol de la France, au moment de la guerre contre Haïti, lesquelles personnes avaient été comprises dans la même proscription que les blancs; d'un autre côté, la commission a reconnu que d'autres hommes avaient été proscrits de la colonie pour des causes tout-à-fait étrangères aux intérêts de la France...... Il ne faut pas que ces hommes qui sont devenus incapables d'être propriétaires à Haïti puissent venir demander une part dans l'indemnité que le roi de France n'a eu l'intention de réclamer que pour ses sujets et ceux qui ont éprouvé le même sort. La commission avait demandé, pour ces derniers, une garantie qui pouvait avoir quelque inconvénient; elle avait demandé qu'ils fussent obligés de prouver une résidence en France pendant six ans; mais il demeure toujours bien reconnu que ceux qui ont été frappés d'incapacité pour des causes inhérentes à l'intérêt de la France ne seront pas exclus de l'indemnité. C'est dans ce sens que la disposition a été rédigée.

Les hommes de couleur, a dit M. le rapporteur de la Chambre des pairs, qui ont combattu avec les blancs, qui sont restés fidèles au drapeau de la France, ne seront point privés de l'indemnité. Des actes qui les désignent expressément les ont, pour punir leur attachement à la France, repoussé du sol d'Haïti, et ne leur permettent pas de revendiquer les propriétés qu'ils possédaient.

(1) Au lieu des mots : *si elle le juge convenable*, qui ont été insérés sur la proposition

de la commission, on lisait dans le projet : *s'il y a lieu*; mais on a craint que cette locution ne fût mal interprétée et qu'on ne la considérât comme n'autorisant la voie d'enquête que dans les cas où, d'après les règles du droit commun, la preuve testimoniale est admissible. Ainsi ce changement indique, d'une manière certaine, que la commission a un pouvoir discrétionnaire pour ordonner la preuve par témoins, toutes les fois qu'elle le jugera à propos.

(2) D'après cette rédaction, l'époque de 1789 doit seule être considérée pour déterminer la *valeur*; quant à la *consistance* des biens, elle doit être fixée au moment de la perte : on conçoit en effet qu'il serait injuste de n'accorder l'indemnité qu'à raison de l'état des biens en 1789, si, depuis cette époque, le propriétaire a augmenté ou diminué l'étendue de son habitation ou le nombre des esclaves qui servaient à l'exploiter.

On peut voir dans le rapport au Roi par la commission préparatoire les bases que cette commission avait cru devoir poser pour l'évaluation des différentes sortes de biens.

M. Duhamel a proposé une disposition additionnelle ainsi conçue : « Il sera ajouté à « valeur des immeubles ruraux une estima- « tion des nègres prouvés existans sur lesdits « immeubles attachés en 1790. »

Elle a été rejetée, mais sans doute comme surabondante; car, comme on l'a déjà dit dans les notes sur l'article 1er, la perte des esclaves *immobiliers* donne droit à l'indemnité.

L'excédant ou le déficit, s'il y en a, lorsque la liquidation aura été terminée, accroîtra ou diminuera la répartition des derniers cinquièmes, au centime le franc des indemnités liquidées.

9. Les créanciers des colons de Saint-Domingue ne pourront former saisie-arrêt sur l'indemnité que pour un dixième du capital de leur créance (1).

En cas de concurrence entre plusieurs

---

(1) Le projet de loi se bornait à la disposition contenue dans le premier alinéa et c'est sur la proposition de la Chambre des députés qu'ont été ajoutés les deux alinéas suivans; de nombreux amendemens ont été présentés et rejetés; nous ne devons rappeler que ce qui, dans la discussion, nous a paru propre à manifester le sens de l'article, et à résoudre les questions auxquelles il peut donner naissance:

M. Ricard demandait que le vendeur pût réclamer, non pas seulement le *dixième,* mais la *totalité* du prix à lui dû, et absorber, s'il y avait lieu, l'indemnité entière.

M. Bonnet voulait que cette faveur fût accordée au vendeur, au co-acquéreur solidaire qui aurait payé la totalité du prix, ou au créancier privilégié subrogé aux droits du vendeur.... dans le cas où des héritiers collatéraux de l'ancien propriétaire seraient appelés à recueillir l'indemnité.

Ces propositions ont été rejetées.

M. de Gères présentait une disposition additionnelle ainsi conçue : « Les veuves des « colons de Saint-Domingue seront admises à « réclamer le montant de leur dot, sans répé- « tition d'intérêts, sur l'indemnité allouée aux « héritiers de leurs maris, préférablement à « tous créanciers autres que les vendeurs de « fonds. »

Il se fondait sur ce que les veuves doivent être considérées, non pas seulement comme créancières, mais bien comme propriétaires d'une portion des biens du mari, égale au montant de leur dot. Cette distinction entre les droits des femmes veuves et les droits des créanciers ordinaires n'a pas été accueillie.

Plusieurs amendemens ont été présentés qui avaient pour but de placer dans une catégorie particulière les créances dites de Saint-Domingue, telles qu'elles sont désignées par l'arrêté de sursis du 19 fructidor an 10, c'est-à-dire qui avaient pour cause des ventes d'habitations, de maisons et de nègres, ainsi que des avances faites à la culture antérieurement au 1er janvier 1792; on voulait non-seulement qu'on ne pût réclamer le dixième de ces créances sur l'indemnité, mais encore que moyennant ce dixième, les créances fussent absolument éteintes, sans aucun recours sur les autres biens que les colons pourraient posséder.

Cette proposition d'éteindre définitivement des créances quelconques.a été vivement combattue; on a soutenu que les conventions, lois particulières que se sont imposées les parties, sont hors du domaine du législateur; que tout ce qui est possible, c'est d'affranchir certains

biens de l'action des créanciers, ou du moins de limiter leur action jusqu'à une certaine concurrence; que déclarer la convention sans effet et anéantir les droits qui en dérivent, ce serait renverser toutes les garanties sur lesquelles repose l'ordre social.

M. Pardessus, rapporteur de la commission de la Chambre des députés, a dit : « Nous ne croyons pas que vous puissiez décider qu'après l'exercice du droit du créancier, de saisir-arrêter, jusqu'à concurrence du dixième de sa créance, le surplus de la dette sera éteint. Le législateur, sans doute, a le droit de déclarer insaisissables quelques parties de l'actif d'un débiteur ; de déterminer les conditions de la saisie qu'il autorise ; mais son droit ne saurait aller jusqu'à prononcer l'extinction du capital d'une dette qui n'aurait été payée qu'en partie. »

Vainement, pour soutenir la proposition, on a déclaré qu'elles n'avaient pas précisément pour but d'anéantir les créances; que les créanciers auraient le choix de poursuivre, sur l'indemnité, le paiement du dixième de ce qui leur est dû, et d'accorder, par là, libération à leur débiteur, ou de s'abstenir de toute réclamation sur l'indemnité, en conservant leurs droits sur tous les autres biens; la Chambre a rejeté ces amendemens; mais il faut faire remarquer que, même dans l'intention de ceux qui les proposaient, il n'a jamais paru raisonnable d'anéantir d'autres créances que celles de Saint-Domingue. M. de Sesmaisons, auteur d'un amendement, disait à la Chambre des députés : « Quant aux dettes « qui ont été contractées par les colons, soit « en France, soit ailleurs, pour quelque autre « motif que ce soit, elles restent entièrement « dans le droit commun ; le paiement intégral « ou la transaction volontaire pourront seuls « les affranchir. » M. le rapporteur de la commission de la Chambre des pairs, après avoir soutenu que le paiement du dixième des créances de Saint-Domingue devait libérer le débiteur, ajoutait : « Nous vous prions d'observer, « Messieurs, que nous n'entendons parler que « des créances antérieures à 1792; toutes « celles qui seraient plus récentes, restent as- « sujéties au droit commun. » Il était nécessaire d'insister sur ce point, car quelques expressions de l'exposé des motifs auraient pu porter à croire qu'en effet le paiement du dixième d'une créance sur l'indemnité libérait entièrement le colon : « N'est-il pas juste, di- « sait M. le ministre des finances en parlant « à la fois des colons et de leurs créanciers, « qu'après un tel naufrage les victimes d'un

créanciers, celui à qui est dû le prix ou une portion du prix du fonds qui donnera lieu à l'indemnité sera payé avant tous autres du dixième du capital de sa créance.

Les créanciers seront payés aux mêmes termes que les colons recevront leur indemnité.

10. Il ne sera perçu aucun droit de suc-

« malheur commun soient admises à partager, « *dans la proportion de leurs pertes*, les tris- « tes débris échappés à la tempête? » On peut maintenant apprécier le véritable sens de ces paroles.

Une fois ce principe reconnu, que le paiement du dixième de la créance sur les fonds de l'indemnité ne libère pas le débiteur, on a pensé que celui-ci cesserait de jouir du bénéfice de la loi dès qu'il convertirait le surplus en biens meubles ou immeubles, puisque l'action des créanciers pourrait s'exercer sur ces biens. Pour prévenir cet inconvénient on a proposé un article ainsi conçu : « Le montant « net de l'indemnité qui reviendra aux colons, « soit que les créanciers aient ou non exercé « l'action qui leur est ouverte par le présent « article, demeurera affranchi de toute ré- « pétition de leur part, quelques mutations « que les fonds de cette indemnité puissent « éprouver par la suite, à la charge par l'in- « demnisé de justifier, lors de ces mutations, « de l'origine des sommes qu'il y emploie. »

M. Mestadier, en approuvant l'esprit de la proposition, a cru qu'elle était susceptible de quelques modifications, et il a présenté la rédaction suivante :

« Les immeubles achetés par des colons, « avec déclaration d'emploi de fonds prove- « nant de l'indemnité dans l'année du paie- « ment de ladite indemnité, seront affranchis « de toutes poursuites de la part des créan- « ciers saisissans sur les débiteurs primitifs et « les héritiers. »

Enfin M. de Pavy a proposé un article en ces termes : « Tout colon qui, abandonnant le « bénéfice de la présente loi, consentira au « délaissement de la totalité ou portion de « l'indemnité à lui afférente à ses créanciers « porteurs de titres antérieurs à 1792 sera « quitte et valablement libéré envers eux, « sauf aux créanciers à se la partager confor- « mément aux lois. »

Ces diverses propositions ont été combattues par M. Pardessus, rapporteur de la commission, et par M. le ministre des finances; ils ont fait ressortir l'inconvénient qu'il y aurait à rendre certains biens insaisissables, soit à temps, soit à perpétuité, soit pour tous les créanciers, soit seulement pour quelques-uns; ils ont montré combien il serait facile d'abuser de la disposition de la loi, et de pratiquer des fraudes envers les créanciers; ils ont dit enfin que les tribunaux apprécieraient, dans leur sagesse et d'après les circonstances, si les biens acquis avec les deniers de l'indemnité pourraient devenir sur-le-champ l'objet de poursuites de la part des créanciers.

La Chambre a renvoyé à la commission; et M. Pardessus, rapporteur, après avoir rappelé quelques principes généraux et présenté les divers systèmes proposés, les a tous combattus successivement. « Qu'opérerait, a-t-il dit, l'amendement de M. de Pavy? une cession de biens partielle; c'est donc, sous une autre forme, une abolition de dettes que vous avez repoussée en rejetant l'amendement de M. Sesmaisons... Quand on demanderait que le débiteur soit admis à se libérer en abandonnant ses biens présens et ce qu'il espère de l'indemnité, la proposition ne serait pas plus admissible. Il n'y a et il ne peut y avoir que deux sortes de cessions de biens : la première est celle qui est acceptée par les créanciers et aux conditions convenues entre eux et les débiteurs. Dans ce cas, sans doute, les créanciers peuvent renoncer à exercer leurs droits sur les biens que le débiteur acquerra par la suite; mais ils ne peuvent y être contraints. L'autre espèce de cession est forcée; le créancier ne peut s'y refuser; mais elle lui laisse le droit, tant qu'il n'y a pas renoncé par une transaction, ou que sa dette n'est pas éteinte par prescription, de poursuivre son débiteur sur les biens que celui-ci acquiert par la suite.

« Examinons maintenant les amendemens de MM. de Frenilly et Mestadier.

« L'un et l'autre ont voulu trouver quelque moyen pour assurer aux colons la libre et paisible jouissance de la portion d'indemnité que les créanciers n'auraient pas absorbée par leurs saisies-arrêts.

« Un orateur vous a dit : « La loi ne doit « pas être un piège; elle ne doit pas donner « au débiteur l'espoir qu'une partie de l'in- « demnité sera affranchie de la saisie-arrêt « des créanciers, et la sser à ceux-ci le droit « d'attendre le débiteur à la porte de la caisse « des consignations, et de saisir sur lui cette « somme, qu'un instant plus tôt ils n'auraient « pu saisir dans la caisse. »

« Cette hypothèse n'est pas possible, parce qu'une saisie ne peut se faire sur un homme dans la rue;... mais l'objection subsiste pour le cas où le débiteur rentré chez lui aura déposé dans son secrétaire l'argent qu'il a reçu... Où est le remède? comment un tribunal aura-t-il la preuve que les écus ou les billets de banque trouvés par l'huissier dans le secrétaire du débiteur, proviennent du paiement que lui a fait la caisse des consignations?

« Mais, dira-t-on, il s'ensuivra donc que le débiteur n'aura d'autre ressource que de laisser les restes de son indemnité à la caisse des consignations à 3 p. 100 d'intérêts. S'il n'y avait pas d'autre ressource pour le débiteur,

cession sur l'indemnité attribuée aux anciens colons de Saint-Domingue.

Les titres et actes de tout genre qui seront produits par les réclamans ou leurs créanciers, soit devant la commission, soit devant les tribunaux, pour justifier de leurs quali-

---

il serait encore moins malheureux que si la loi, laissant tout dans le droit commun, ne limitait point le droit de saisie-arrêt du créancier ; mais le débiteur peut employer ce qui lui restera de l'indemnité à l'achat d'actions de la Banque de France, d'inscriptions sur le grand-livre de la dette publique, d'effets au porteur émis par des compagnies industrielles qui sont aujourd'hui si multipliées. On sait aujourd'hui la nature de cet actif, et les lois le mettent à l'abri de saisie de la part des créanciers.

« Mais, dit-on, vous obligez le colon à employer un moyen illicite de déguiser son actif. Le colon, à qui la volonté de la loi réserve une part de l'indemnité, a évidemment le droit de la placer d'une manière qui lui assure la jouissance ultérieure du bienfait de la loi.

« Enfin, continue-t-on, puisque le colon pourrait faire le placement des débris de son indemnité en créances insaisissables, pourquoi ne pas lui ouvrir d'autres moyens de placemens plus analogues à ses goûts? »

M. le rapporteur répond que « nos lois déclarent certaines rentes viagères insaisissables, mais qu'une fois payées, l'argent ou les choses achetées avec cet argent deviennent saisissables ; qu'on ne peut dans quelques intérêts particuliers multiplier les dérogations au droit commun, lancer dans la société de nouvelles valeurs insaisissables, et surtout appliquer cette mesure d'exception à des immeubles ; que d'ailleurs les colons, obligés à chaque mutation de compter avec leurs créanciers, de démontrer l'origine des deniers, sera ent plutôt lésés qu'avantagés par la mesure proposée ; qu'enfin les difficultés d'exécution seraient insurmontables. On déclarera, dit-il, nous le supposons, que l'immeuble acquis avec déclaration d'emploi sera affranchi de la saisie des créanciers. Mais de quels créanciers? sans doute des créanciers antérieurs à l'indemnité ; car il ne peut entrer dans la pensée de personne que le débiteur puisse impunément faire de nouvelles dettes, dont le bien privilégié serait affranchi ; mais lorsque ces créanciers postérieurs à l'acquisition du bien exerceront des saisies, sera-t-il défendu aux créanciers antérieurs de se présenter ? Si l'on répond qu'ils le pourront, on sera en contradiction avec ce qu'on veut faire ; si l'on répond qu'ils ne le pourront pas, ce n'est plus dans l'intérêt du débiteur que l'exclusion des créanciers antérieurs sera prononcée, ce sera dans l'intérêt des créanciers postérieurs.

« Le colon aura-t-il le droit de vendre le bien provenant de l'indemnité, pour en acheter un autre, et alors la faveur attachée au premier passera-t-elle au second ? S'il le vend pour un prix double, triple du prix d'achat primitif, ce prix entier sera-t-il insaisissable, ou la faculté de saisir sera-t-elle accordée sur ce qui excédera le montant de l'emploi?... Le privilége de l'insaisissabilité passera-t-il aux héritiers, et sera-t-il prolongé jusqu'à l'infini ? c'est la conséquence de l'amendement de M. de Frenilly ; mais sans doute son auteur a déjà fait des réflexions qui l'ont fait reculer devant les conséquences de ces majorats d'une espèce nouvelle ?... Le privilége ne subsistera-t-il que pendant la vie des colons ; mais alors c'est simplement ajourner l'action du créancier qui, en conservant les intérêts par des commandemens répétés tous les cinq ans, pourra, au décès du débiteur, absorber la totalité de l'immeuble, et qui d'ailleurs, en le grévant d'hypothèque, ôtera tout crédit au propriétaire. »

Enfin, M. le rapporteur a pensé que la possibilité laissée aux colons de placer leur indemnité en valeurs insaisissables, mais qui pourraient n'être pas toujours de leur goût, et le droit maintenu aux créanciers d'exercer des poursuites sur les biens acquis avec l'indemnité, amèneront des transactions désirables.

Tous les amendemens ont été rejetés. A la Chambre des pairs, le même système a été reproduit, et l'on a proposé un article additionnel ainsi conçu : « Le capital des créances « dites de Saint-Domingue antérieures au 1er « janvier 1792, et ayant pour cause de dons, « legs, ventes d'habitations, de maisons, de « nègres, ou des avances faites pour la cul- « ture, est réduit dans la même proportion. « — Il ne peut être fait aucune répétition « d'intérêts ; néanmoins, les créanciers con- « serveront l'intégralité de leurs droits sur « les immeubles possédés par les colons avant « le 1er avril de la présente année ; tout acte « ou transaction passé relativement au paie- « ment des créances ci-dessus mentionnées, « produira son plein et entier effet. »

On le voit, certaines créances se trouvaient abolies par cette disposition : elle violait donc le principe de la stabilité des contrats. M. Lainé rappelait cette règle, fondement de l'ordre social, ajoutait : « Quelles que soient les cala- « mités, la chose périra pour le propriétaire ; « quels que soient les fléaux, les révolutions, « les désastres qui fassent périr la propriété « de l'une des parties, la propriété de l'autre « subsiste, et la loi conserve toutes les actions « qui dérivent de son titre. »

On a fait remarquer d'ailleurs que les lois et arrêtés de sursis, en suspendant l'action des créanciers, ont respecté leurs droits, et que depuis l'expiration des délais de sursis, le libre exercice en a été rendu.

tés et de leurs droits, seront dispensés de l'enregistrement et du timbre.

11. Lorsqu'il s'élèvera des contestations entre divers prétendans-droit à la succession

M. le comte de Saint-Priest a proposé un amendement ainsi conçu : « Les créances di- « tes de Saint-Domingue antérieures au 1er « janvier 1792 et ayant pour cause, etc., se- « ront éteintes, tant pour les intérêts que « pour le capital, par l'effet de la saisie-arrêt « ci-dessus mentionnée. »

Il a fait remarquer que cette disposition était moins absolue que celle qu'avait pré- sentée la commission et que la Chambre avait déjà rejetée; en ce que l'amendement de la commission réduisait dans tous les cas les créan- ces au dixième, tandis que le sien subordon- nait la réduction à la saisie-arrêt, et laissait ainsi au créancier la faculté de conserver sa créance intégralement, en s'abstenant de faire arrêter l'indemnité.

Mais M. le duc Decazes a répondu « que la « proposition, quoique restreinte dans son ap- « plication, n'en était pas moins une abolition « de dettes. »

Elle a été rejetée.

M. Hyde de Neuville, sans proposer expres- sément un amendement, a demandé quel se- rait le sort des créanciers viagers, notamment de celui qui aurait vendu une habitation moyennant une rente viagère?

M. Pardessus, après avoir fait remarquer que la Chambre vote sur des amendemens et ne donne pas des consultations, dit que le créancier viager aura droit au dixième de sa créance, c'est-à-dire, qu'il aura le droit d'exi- ger que sur l'indemnité, il soit prélevé et placé une somme suffisante pour que l'intérêt serve le dixième de la rente qui lui est due. « Ce cas n'est point nouveau, poursuit-il, et c'est ainsi qu'on opère dans les distributions ou ordres auxquels se présentent des créanciers de rentes viagères. Demande-t-on aussi ce qui arrivera pour les arrérages échus avant la loi dont nous nous occupons? Mon opinion est, qu'encore bien qu'en eux-mêmes les arrérages d'une rente viagère se composent et d'une partie du capital et des fruits de la chose, ce- pendant d'après le Code civil (art. 584 et 588), car autrefois la question était contro- versée, ils ne sont que des arrérages, et qu'on ne fait point de distinction entre ces sortes d'arrérages et ceux d'une rente perpétuelle. « Je ne prétends pas que mon opinion soit la meilleure, et que les tribunaux, après avoir examiné et étudié les lois, ne puissent juger différemment; mais c'est à eux de prononcer, parce que la question qu'on élève ne se rat- tache pas exclusivement à l'indemnité qui nous occupe. Elle peut s'élever à l'occasion de l'indemnité des émigrés qui avaient aussi des dettes de rentes viagères, elle peut s'élever dans une faillite. »

M. Bonnet demande qu'on fasse de toutes les années d'arrérages échus un capital dont le dixième sera pris sur l'indemnité, et que pour les années futures le créancier viager reçoive le dixième de la rente.

M. Pardessus répond que c'est impossible; en effet, par ce moyen, le crédi-rentier pour- rait recevoir beaucoup plus du dixième du capital, moyennant lequel a été constituée la rente.

M. le garde-des-sceaux pense qu'il y a deux parties dans la créance d'un rentier viager qui vit encore; les arrérages déjà échus et les ar- rérages à échoir. « A l'égard de ceux-ci, dit-il, le créancier a le droit d'exiger qu'on prenne les précautions autorisées par les lois communes pour conserver cette portion de la rente dont le projet actuel lui assure la jouis- sance. Il a droit à la conservation du dixième du capital productif de la rente viagère, à l'effet d'obtenir jusqu'à son décès le paie- ment annuel de la dixième partie de la rente.

« Quant aux arrérages échus à l'époque de la promulgation de la loi, j'ai à vous soumet- tre une explication très simple. Je suppose qu'il y ait vingt années que le créancier n'ait reçu d'arrérages, dans la situation ordinaire, ces vingt années lui seraient encore dues, si toutefois la prescription n'avait pas éteint ce droit. Il faudra prélever une somme égale à la moitié des arrérages échus à titre de capi- tal, et l'autre moitié à titre d'intérêts, parce qu'il est de principe, en droit civil, que dans les arrérages des rentes viagères une moitié seulement est représentative des fruits civils, et l'autre moitié représentative d'une portion du capital. Le créancier à qui vingt années d'arrérages seraient dues dira : vingt années me sont dues; mais la moitié est perdue pour moi, aux termes de la loi, parce que cette moitié est représentative de l'intérêt; mais l'autre moitié, comme représentative du ca- pital, est conservée; j'ai donc droit de de- mander la dixième partie de cette moitié de mes arrérages.

« En résumé, s'agit-il d'arrérages anté- rieurs à la loi, le créancier aura droit de de- mander la dixième partie de la moitié de ces arrérages, ou le vingtième.

« S'agit-il des arrérages à échoir, le créan- cier demandera que la dixième partie du ca- pital soit placée pour produire intérêt à son profit jusqu'à son décès.

« Tels sont les principes du droit commun; il n'y a donc rien à ajouter aux dispositions de l'article. »

Voy. notes sur l'article 18 de la loi du 27 avril 1825.

Lorsque la succession d'un colon a été acd'un colon qui n'avait pas de domicile en France, et qui n'y est pas décédé, ou entre eux et ses créanciers, elles seront attribuées au tribunal du domicile du défendeur; et

---

ceptée sous bénéfice d'inventaire, les créanciers n'ont-ils également droit qu'au dixième de leurs créances sur l'indemnité, de manière que l'héritier bénéficiaire profite des neuf autres dixièmes? Cette question a été décidée en faveur de l'héritier bénéficiaire par plusieurs jugemens de la deuxième chambre du tribunal de 1re instance de Paris, par arrêt du 19 juillet 1828 de la Cour royale de Paris. *Voy.* Gazette des Tribunaux du 20 juillet 1828; S. 28, 2, 314. —7 avril 1832; Paris, S. 52, 2, 390.

Mais elle a été résolue en sens contraire, du moins implicitement par arrêt de la Cour de Bordeaux du 6 juin 1828. *Voy.* Gazette des Tribunaux, du 2 octobre 1828; S. 28, 2, 313.

Idem 26 mai 1830; Cass. S. 30, 1, 215. — Cass. 23 mars 1831; S. 31, 1, 288.

M. le comte de Saint-Priest a présenté à la Chambre des pairs un amendement ainsi conçu :

« Toute action pour le paiement d'intérêts « échus, jusqu'au jour où a cessé l'effet des « sursis accordés par les lois, est interdite aux « créanciers.

« Néanmoins, tous actes ou transactions « passés relativement au paiement desdits in-« térêts sortiront leur plein et entier effet. »

En faveur de cet amendement on a argumenté de l'article 18 de la loi du 27 avril 1825, qui décharge les émigrés du paiement des intérêts; on a d'ailleurs soutenu qu'il était juste que les colons, privés des fruits de leurs biens, ne fussent pas tenus au paiement des intérêts de leurs dettes; on a dit que l'effet des lois de sursis, sollicitées par les colons eux-mêmes et faites dans leur intérêt, serait de consommer leur ruine si les intérêts courus pendant les vingt années de suspension pouvaient être réclamés contre eux.

M. le baron Séguier a répondu que la prescription n'a point été suspendue durant le sursis, que pour l'interrompre les créanciers ont dû faire des actes conservatoires; que si ces actes ont été faits, le sursis ne pouvant les empêcher, le colon n'a éprouvé du sursis aucun préjudice.

M. le comte Molé rappelle le texte de l'article 4 de l'arrêté du 19 fructidor an 10, qui suspend expressément la prescription pendant la durée du sursis.

La proposition a été rejetée.

Comme on vient de le voir, aux termes de l'arrêté du 19 fructidor an 10, le sursis a été prononcé en faveur des colons de Saint-Domingue, et la prescription a été suspendue pendant la durée du sursis; le décret du 20 juin 1807, les lois du 2 décembre 1814, 21 février 1816, et 15 avril 1818, ont successivement prorogé le sursis, et par conséquent la suspension de la prescription. Cependant on a fait remarquer que l'arrêté du 19 fructidor an 10 s'occupe dans deux articles différens des créances dites de Saint-Domingue, et des autres créances, qu'à l'égard des premières il établit un sursis absolu, qu'à l'égard des secondes il ne suspend les poursuites que sur les biens de Saint-Domingue; que le décret du 20 juin 1807, article 1er, ne proroge le sursis que pour les créances dites de Saint-Domingue, d'où l'on a conclu que le sursis pour les autres créances a cessé, qu'en conséquence la prescription a recommencé à courir à leur égard; mais on a répondu que l'article 2 du décret du 20 juin 1807 s'exprime en termes qui repoussent la distinction qu'on veut établir; il porte que les arrêtés du 19 fructidor an 10, et du 23 germinal an 11, continueront d'être exécutés, sauf, etc. (Suit une exception qui n'a aucun trait à la difficulté). Le tribunal de première instance de la Seine a plusieurs fois décidé que la prescription avait été suspendue pour toutes les créances sans distinction; mais un arrêt de la Cour royale de Paris, rendu le 19 janvier 1829, plaidant MMes *Boinvilliers, Grandmaison* et *Duvergier*, a décidé que le sursis ne s'appliquait qu'aux poursuites *tendant à obtenir paiement;* que toute faculté était laissée aux créanciers de poursuivre *pour faire reconnaître ou pour conserver leurs titres;* qu'en conséquence la prescription avait été suspendue à l'égard des créanciers porteurs de titres exécutoires qui n'en avaient pas poursuivi l'exécution, et non à l'égard de ceux qui avaient négligé de faire prononcer des condamnations contre leurs débiteurs (*Gazette des Tribunaux* du 20 janvier 1829).

En ce qui touche le droit qu'ont les créanciers de réclamer au nom de leur débiteur non réclamant.

Voy. les notes sur le § 1er de l'article 2.

Les légataires particuliers des colons de Saint-Domingue sont fondés à réclamer, sur l'indemnité affectée aux colons, la totalité de leurs legs : ils ne doivent pas, à cet égard, être assimilés aux simples créanciers dont les droits sur l'indemnité sont réduits au dixième du capital de leurs créances. 24 août 1830; Cass. S. 31, 1, 53. — 2 janvier 1829; Paris, S. 29, 2, 55.

Le légataire de la jouissance pendant un certain temps des produits et revenus des habitations d'un ancien colon, peut réclamer sur l'indemnité l'exercice de son legs.

Vainement on dirait qu'il n'est pas créans'il y en a plusieurs, au tribunal du domicile de l'un d'eux, au choix du demandeur (1).

12. Les contestations renvoyées devant les tribunaux, dans le cas prévu par l'article 7, seront jugées comme matière sommaire, à moins qu'il ne s'élève quelque question d'Etat.

13. L'état des liquidations opérées, contenant le nom du réclamant, le montant de l'indemnité, la désignation et la situation de l'objet pour lequel elle est accordée, sera annuellement distribué aux Chambres.

_____

30 AVRIL ⟹ Pr. 13 MAI 1826. — Ordonnance du Roi qui prescrit l'enregistrement et la transcription, sur les registres du Conseil-d'Etat, des statuts de onze congrégations religieuses de femmes. (8, Bull. 89, n° 2991.)

Charles, etc.

Vu l'article 2 de la loi du 24 mai 1825 ;

Vu, 1° l'approbation donnée, le 10 février 1818, par les vicaires généraux du diocèse de Valence, le siège vacant, aux statuts de la congrégation des sœurs de Sainte-Marthe

_____

cier d'un *capital,* et que la loi n'admet d'action sur l'indemnité qu'à raison d'une portion du *capital* des créances. (14 avril 1829; Paris, S. 29, 2. 206).

Décidé en sens contraire que le legs particulier par un colon de Saint-Domingue, d'une somme à prendre, *limitativement sur une habitation de Saint-Domingue,* ne peut être réclamée, par le légataire contre l'héritier, que jusqu'à concurrence du dixième. (9 juin 1830; Cass. S. 30, 1, 410.)

Cette loi n'est pas tellement d'ordre public, que des conventions antérieures ne puissent en modifier l'application.

Ainsi, lorsqu'antérieurement à cette loi, le créancier de l'un des colons est convenu avec son débiteur qu'il n'exercerait ses droits que *sur les biens de celui-ci situés à Saint-Domingue,* il peut être décidé que le créancier a par suite sur ces biens, ou sur *l'indemnité* qui les représente, le droit d'exiger l'*intégralité* de sa créance. (16 juin 1829; Cass. S. 29, 1. 224.)

Lorsque le créancier d'un colon de Saint-Domingue est convenu avec son débiteur qu'il n'exercerait ses droits que sur les biens du colon situés à Saint-Domingue, ce créancier est soumis, comme les autres, à la disposition de l'article 9. Pour qu'il pût réclamer l'intégralité de sa créance, il faudrait que les juges eussent reconnu en fait que la stipulation était telle, qu'elle avait dû entraîner l'affectation intégrale de l'indemnité. (2 février 1831; Cass. S. 31, 1, 94).

(1) Les mots *ou entre eux et leurs créanciers* ont été introduits par un amendement que M. Pardessus a appuyé, en disant qu'il remplit une lacune dans la législation, car dans l'état actuel des choses, le créancier qui ne trouverait pas un domicile à son débiteur, parce qu'il aurait résidé en pays étranger, serait obligé de s'adresser en réglement des juges à la Cour de cassation.

Un autre amendement a été proposé en ces termes à la Chambre des députés : « Si aucun des défendeurs n'a son domicile en « France, la connaissance et le jugement des « contestations sont attribués au tribunal de « première instance de la Seine, et par appel à la Cour royale. »

M. Pardessus a fait remarquer que le droit commun et la jurisprudence ont résolu la difficulté; qu'ainsi l'amendement est inutile; qu'en effet, l'article 14 du Code civil prévoit le cas où un Français n'a une action à intenter contre un étranger non résidant en France, il permet d'assigner devant les tribunaux français; et plusieurs arrêts ont jugé que le demandeur peut assigner devant le tribunal de son domicile.

Voy. notamment arrêt de cassation du 7 septembre 1808 (Sirey, tome 8, 1re partie, page 453).

A la Chambre des pairs, la commission a demandé que la déclaration de l'acceptation sous bénéfice d'inventaire de la succession d'un colon qui n'avait pas de domicile en France et qui n'y est pas décédé, pût être faite au greffe du tribunal de première instance du domicile de l'héritier.

M. Lainé a pensé que l'amendement était inutile; qu'en effet, si l'héritier accepte au greffe du tribunal de son domicile, et non au greffe du tribunal de l'ouverture de la succession (Code civil, article 795), il fera aisément prononcer la validité de l'acceptation, en vertu de la règle : à *l'impossible nul n'est tenu.* Le noble pair a ajouté que l'ordonnance d'exécution pourrait suppléer au silence de la loi, non qu'il accorde à l'ordonnance, même dans ce cas, une force législative; mais elle fixerait la marche de l'héritier et préviendrait de sa part toute incertitude.

Voy. l'article 50 de l'ordonnance du 9 mai 1826.

Enfin on a proposé un amendement qui déclarait expressément que la réclamation de l'indemnité, par un héritier bénéficiaire, n'était pas un acte d'héritier pur et simple, emportant déchéance du bénéfice d'inventaire; mais il a été rejeté par cette raison évidente qu'une telle réclamation n'est qu'un acte d'administration parfaitement compatible avec la qualité d'héritier bénéficiaire.

établie dans la ville de Romans, département de la Drôme ;

2° L'approbation donnée, le 12 février 1820, par l'archevêque de Bordeaux, aux statuts de la congrégation des filles de la Doctrine chrétienne établie dans ce diocèse ;

3° L'approbation donnée, le 20 juillet 1829, par l'évêque de Metz, aux statuts de la congrégation des sœurs de la Providence, établie dans ce diocèse ;

4° L'approbation donnée, le 11 août de la même année, par l'archevêque de Besançon, aux statuts de la société des filles de la Sainte-Famille établie dans ce diocèse ;

5° L'approbation donnée, le 22 mars 1821, par l'évêque de Dijon, aux statuts de la congrégation des sœurs de la Providence établie à Langres, département de la Haute-Marne ;

6° L'approbation donnée, le 15 janvier 1822, par l'évêque de Poitiers, aux statuts des filles de la Croix, dites *Sœurs de Saint-André*, établie à la Puye, département de la Vienne ;

7° L'approbation donnée le 7 avril 1824, par l'archevêque d'Avignon, aux statuts des filles de la Conception de Piolène, département de Vaucluse ;

8° L'approbation donnée, le 20 décembre 1823, par l'évêque de Grenoble, aux statuts de la congrégation des sœurs de la Providence, établie dans le diocèse de Grenoble ;

9° L'approbation donnée, le 14 avril 1818, par les vicaires généraux du diocèse de Valence, le siège vacant, et, le 13 janvier 1825, par l'évêque de Valence, aux statuts de la congrégation des sœurs de la Nativité de Notre-Seigneur Jésus-Christ, établie à Valence, département de la Drôme ;

10° L'approbation donnée, le 11 août 1825, par l'évêque de Luçon, aux statuts de la congrégation des sœurs ou religieuses ursulines de Chavagnes, dites *de Jésus*, établie dans ce diocèse ;

11° L'approbation, sans date, donnée par l'archevêque de Bordeaux, aux statuts de la congrégation des sœurs de la Réunion au Sacré-Cœur de Jésus, établie à Bordeaux et à la Réole ;

Vu les statuts susmentionnés ;

Considérant que les congrégations religieuses de femmes ci-dessus mentionnées ont déclaré dans leurs statuts qu'elles étaient soumises dans les choses spirituelles à la juridiction de l'ordinaire ;

Considérant que lesdits statuts ne dérogent point aux lois du royaume touchant la nature et la durée des vœux ; que d'ailleurs ils ne contiennent rien de contraire à la Charte constitutionnelle, aux droits de notre couronne, aux franchises, libertés et maximes de l'église gallicane ;

Sur le rapport de notre ministre secrétaire-d'Etat au département des affaires ecclésiastiques et de l'instruction publique ;

Notre Conseil-d'Etat entendu,

Nous avons ordonné et ordonnons ce qui suit :

Art. 1er. Les statuts des onze congrégations religieuses de femmes dirigées par une supérieure générale et ayant pour but le soulagement des pauvres et des malades, et l'instruction et l'éducation des jeunes filles, savoir : ceux,

1° De la congrégation des sœurs de Sainte-Marthe, établie à Romans, département de la Drôme ;

2° De la congrégation des filles de la Doctrine chrétienne établie dans le diocèse de Bordeaux ;

3° De la congrégation des sœurs de la Providence établie dans le diocèse de Metz ;

4° De la société des filles de la Sainte-Famille établie dans le diocèse de Besançon ;

5° De la congrégation des sœurs de la Providence établie à Langres, département de la Haute-Marne ;

6° De la congrégation des filles de la Croix, dites *Sœurs de Saint-André*, établie à la Puye, département de la Vienne ;

7° De la congrégation des filles de la Conception, établie à Piolène, département de Vaucluse ;

8° De la congrégation des sœurs de la Providence établie dans le diocèse de Grenoble ;

9° De la congrégation des sœurs de la Nativité de Notre-Seigneur Jésus-Christ, établie à Valence, département de la Drôme ;

10° De la congrégation des sœurs ou religieuses ursulines de Chavagnes, dites *de Jésus*, établie dans le diocèse de Luçon ;

11° De la congrégation des sœurs de la Réunion au Sacré-Cœur de Jésus, établie à Bordeaux et à La Réole, département de la Gironde ;

Dûment vérifiés et tels qu'ils sont annexés à la présente ordonnance, seront enregistrés et transcrits sur les registres de notre Conseil-d'Etat ; mention de la transcription sera faite par le secrétaire général du Conseil-d'Etat sur la pièce enregistrée.

2. Nonobstant toutes expressions desdits statuts qui pourraient n'y point paraître conformes, les personnes faisant partie desdites congrégations ne pourront disposer de leurs biens, meubles et immeubles, que dans les limites prescrites par l'article 5 de la loi du 24 mai 1825.

3. Nonobstant les dispositions desdits statuts par lesquelles les supérieures générales

desdites congrégations sont autorisées à disposer de l'excédant des revenus d'une maison ou établissement particulier, en faveur soit de la maison de noviciat, soit de la maison de retraite, soit de tout autre établissement appartenant à la congrégation, elles seront tenues de se conformer aux intentions des bienfaiteurs desdits établissemens et aux affectations qui leur auraient été faites, soit par les hospices, soit par les communes, de telle sorte que les donations, legs, libéralités ou affectations dont ils auraient été ou dont ils seraient gratifiés à l'avenir, ne soient jamais détournés de leur destination.

4. Nous nous réservons d'autoriser ultérieurement, s'il y a lieu, lesdites congrégations, après l'accomplissement des formalités prescrites par la loi.

5. Notre ministre secrétaire-d'Etat au département des affaires ecclésiastiques et de l'instruction publique, et notre garde-des-sceaux, ministre secrétaire-d'Etat au département de la justice (Frayssinous et comte de Peyronnet), sont chargés, chacun en ce qui le concerne, de l'exécution de là présente ordonnance, qui sera insérée au Bulletin des Lois.

───────

30 AVRIL 1826. — Ordonnances du Roi qui autorisent l'acceptation de dons et legs faits aux séminaires de Brives et de Carcassonne; aux fabriques des églises de Rouvrel, de Bourges, de Vauthieronot, d'Estaires, de Portel, de Savenay, de Louresse et de Saint-Dizier. (8, Bull. 147, nᵒˢ 5244 à 5255.)

───────

1ᵉʳ MAI 1826. — Circulaire adressée par son Excellence le ministre de la marine et des colonies à MM. les préfets des départemens, au sujet du martelage des bois dans les propriétés particulières. (Mon. du 7 MAI.)

Voy. Code forestier de 1827, titre 9.

M. le préfet, des réclamations me sont adressées sur la manière dont s'exécutent, dans quelques départemens, les réglemens relatifs au martelage des arbres propres aux constructions navales.

Afin de prévenir à cet égard toute espèce d'abus, il me paraît nécessaire de rappeler à tous les particuliers qui possèdent des bois de haute futaie quelles sont leurs obligations et à quoi sont tenus les agens de la marine dans l'exercice d'un droit que les lois établissent, mais qui ne doit porter atteinte à aucun intérêt légitime.

Le propriétaire d'un ou de plusieurs arbres (essence de chêne ou d'orme) ayant au moins treize décimètres de tour est tenu, s'il veut les faire abattre, d'en faire la déclaration au moins six mois à l'avance, dans les bureaux de l'administration des forêts ou de la sous-préfecture dans l'arrondissement de laquelle sont situés les bois.

Il n'y a d'exception que pour les arbres situés dans les lieux clos et fermés de murs ou de haies vives avec fossés, attenant aux habitations, et qui ne sont pas aménagés en coupe réglée, ainsi que pour les ormes plantés en avenue près des maisons d'habitation.

Dans le cas où un propriétaire veut abattre des arbres pour les employer à des réparations urgentes à faire à ses propres habitations, ou à des usines à lui appartenant, il faut qu'il fasse préalablement constater, au moyen d'un procès-verbal dressé par le maire de la commune, l'âge et les dimensions de ces arbres, ainsi que l'urgence des travaux auxquels il les destine; et pour éviter ensuite tout mal-entendu à ce sujet, il est de son intérêt de faire parvenir une expédition de ce procès-verbal à l'inspecteur ou sous-inspecteur forestier.

Les arbres ainsi abattus par urgence ne pourraient recevoir une autre destination que celle qu'indique le procès-verbal du maire, sans que le propriétaire s'exposât à des poursuites légales.

Hors le cas d'urgence, si, dans les six mois qui ont suivi la déclaration du propriétaire, les arbres déclarés n'ont pas été frappés du marteau de la marine, il est libre de les faire exploiter et d'en disposer à son gré.

Lorsque des arbres ont été marqués du marteau de la marine dans les six mois qui ont suivi la déclaration du propriétaire, celui-ci conserve la faculté de les laisser sur pied, et de renoncer à en faire l'exploitation; mais, s'il les fait abattre, il ne peut plus en disposer pour aucune autre destination que le service de la marine; et, s'il les vend, ce doit être avec la réserve expresse qu'ils n'auront point d'autre emploi, à moins qu'il en soit donné main-levée, ou qu'il n'en ait pas été pris livraison au nom de la marine dans les délais fixés par les lois, et dont il sera parlé plus loin.

Dans l'impossibilité de faire opérer directement par ses agens l'achat et l'exploitation des arbres martelés, le département de la marine a passé des marchés avec des fournisseurs généraux, qui se sont engagés à acheter, pour leur propre compte, tous ces arbres sans exception, à les faire travailler suivant les formes et dimensions indiquées par les tarifs des constructions navales, et à livrer dans les arsenaux maritimes les pièces jugées propres au service après leur écarrissage, en se chargeant de tous les frais et risques résultant de ces diverses opérations.

Afin de diminuer, autant que possible, les frais inutiles que les fournisseurs auraient à faire pour transporter jusque dans les ports militaires des pièces que des vices quelconques y feraient infailliblement mettre au rebut, les agens de la marine font, sur les ports flottables des rivières et quelquefois même en forêt, une visite des pièces équarries, et ils donnent main-levée de celles qu'ils reconnaissent être impropres au service de la marine. Cette main-levée autorise le fournisseur à disposer des bois qui en sont l'objet, comme bon lui semble ; il en est dressé procès-verbal, et dès ce moment sa comptabilité matérielle en est déchargée.

Si les arbres marqués dans les propriétés d'un particulier peuvent produire au moins cent stères de pièces équarries et propres aux constructions navales, le propriétaire a la faculté de demander à les livrer lui-même dans un arsenal maritime, au lieu et place du fournisseur, et aux mêmes conditions. Il suffit pour cela qu'il fasse connaître ses intentions, soit au ministre de la marine, soit au directeur du service forestier maritime dans le ressort duquel sont situés les bois.

Lorsque les arbres martelés ne peuvent pas produire au moins cent stères de pièces équarries, ou si, dans le cas contraire, le propriétaire ne veut user de la faculté énoncée au paragraphe précédent, le fournisseur de la marine est tenu d'entrer en marché avec lui pour l'achat desdits arbres, qui, aux termes des lois en vigueur, doivent être enlevés et payés dans les six mois qui suivent l'abattage,

Toutes les fois que les arbres martelés sont vendus de gré à gré au fournisseur de la marine par le propriétaire, celui-ci est le maître de stipuler, dans les clauses du contrat, que lesdits arbres seront exploités, équarris et transportés jusqu'au port flottable, soit à ses frais, soit aux frais de l'acheteur : il peut laisser à ce dernier ou garder pour son propre compte les chances et les conséquences de la recette provisionnelle qui précède le flottage des pièces équarries. Les termes de l'acte de vente sont alors la seule règle qui puisse être invoquée devant les tribunaux par l'une ou l'autre des parties contractantes.

Mais s'il n'a pas fait d'arrangement à l'amiable avec le fournisseur, le propriétaire n'a d'autre formalité à remplir, quand il est décidé à exploiter des arbres martelés, que de faire constater l'époque de l'abattage par un certificat émané, soit du contre-maître de la marine, soit des agens de l'administration des forêts, soit enfin du maire de la commune où sont situés les bois ; il suffit ensuite qu'il fasse passer ce certificat au directeur du service forestier maritime.

C'est à partir de l'époque de l'abattage, ainsi constatée, que court le délai de six mois accordé au fournisseur de la marine pour prendre possession des arbres, les payer et les faire enlever.

Les arbres étant abattus, si le propriétaire ne veut pas se charger de les faire équarrir, il est le maître de réclamer que l'estimation en soit faite d'office dans la situation où ils se trouvent. Dans ce cas il nomme un expert ; le fournisseur en désigne un second ; et si ces deux appréciateurs ne tombent pas d'accord sur la valeur des arbres, ils choisissent eux-mêmes le troisième expert qui doit prononcer entre eux.

Les bois ayant été ainsi appréciés, le fournisseur est tenu, par son marché, d'en prendre livraison, de les faire équarrir, de les payer et de les enlever dans le délai de six mois, à partir du jour de l'abattage ; et toutes les chances des découpes et des rebuts à la recette provisionnelle restent entièrement à sa charge.

Si, à l'expiration du délai de six mois après l'abattage, les arbres évalués par les experts n'ont point été enlevés et payés, le propriétaire est libre d'en disposer à son gré. Mais si, par le fait du fournisseur, les arbres ont été, avant ou après l'expertise, travaillés en pièces de dimensions et des formes indiquées par les tarifs de la marine, le propriétaire est en droit de recourir aux tribunaux pour forcer ledit fournisseur à en prendre livraison.

Il ne peut y avoir de modifications apportées à ces diverses dispositions que par des stipulations particulières qui auraient été convenues entre le propriétaire et le fournisseur avant qu'il fût question de recourir à l'expertise, et il est toujours à désirer, dans l'intérêt de tous, que de pareilles stipulations se fassent de gré à gré.

Telles sont, M. le préfet, les règles établies par les lois, décrets, arrêtés et ordonnances en vertu desquels s'exerce aujourd'hui le droit de martelage dans les propriétés particulières. Ces règles sont imposées comme autant d'obligations spéciales aux fournisseurs généraux de la marine par les conditions de leurs traités, et tout propriétaire a le droit de s'adresser aux tribunaux pour en réclamer la stricte exécution, lorsqu'il croit ses intérêts compromis par des prétentions illégales.

Au moyen de ces dispositions, le martelage opéré par le service de la marine ne peut être, comme quelques propriétaires semblent le croire, une cause de dépréciation pour les arbres sur lesquels il a lieu. Il est donc d'un haut intérêt que les opinions soient bien fixées sur ce point, et je vous prie de donner la plus grande publicité aux explications qui précèdent, en faisant insérer la présente dépêche dans la feuille d'annonce et dans les journaux du département dont l'administration vous est confiée.

Signé : comte de CHABROL.

4 MAI = Pr. 9 JUIN 1826. — Ordonnance du Roi portant autorisation, conformément aux statuts y annexés, de la société d'assurances mutuelles contre l'incendie formée à Valence, pour les départemens de la Drôme, de l'Isère, de l'Ardèche, de Vaucluse et du Gard. (8, Bull. 95 *bis*, n° 2.)

Charles, etc.

Sur le rapport de notre ministre secrétaire-d'Etat au département de l'intérieur, Notre Conseil-d'Etat entendu,

Nous avons ordonné et ordonnons ce qui suit :

Art. 1er. La société d'assurances mutuelles contre l'incendie formée à Valence, par acte passé par-devant Me Rolland et son collègue, notaires royaux à Valence, le 18 avril 1826, est autorisée pour les départemens de la Drôme, de l'Isère, de l'Ardèche, de Vaucluse et du Gard. Ses statuts, contenus audit acte, sont approuvés, et demeureront annexés à la présente ordonnance.

2. Nous nous réservons de révoquer notre autorisation en cas de non-exécution ou de violation des statuts, sans préjudice des dommages-intérêts des tiers.

3. Notre ministre secrétaire-d'Etat de l'intérieur nommera un commissaire près de la compagnie. Il est chargé de surveiller l'observation des statuts de la société, et de prendre connaissance de ses opérations : il pourra suspendre l'exécution de celles qui lui paraîtraient contraires aux lois et aux statuts par nous approuvés, jusqu'à décision de l'autorité compétente.

4. La société sera tenue de remettre, tous les six mois, copie de son état de situation à chacun des préfets des départemens désignés ci-dessus : pareille copie sera remise à notre ministre de l'intérieur.

5. Notre ministre secrétaire-d'Etat de l'intérieur est chargé de l'exécution de la présente ordonnance, qui sera publiée au Bulletin des Lois, insérée au Moniteur et dans un journal destiné aux annonces judiciaires dans chacun des départemens de la Drôme, de l'Isère, de l'Ardèche, de Vaucluse et du Gard.

Statuts de ladite société d'assurance mutuelle contre l'incendie pour les départemens de la Drôme, de l'Ardèche, de l'Isère, de Vaucluse et du Gard, modifiés ou rectifiés en-suite de l'examen et de la discussion qui ont eu lieu, au comité de l'intérieur, des premiers statuts de cette société dont il fut fait dépôt pour minute à Me Rolland, notaire royal à la résidence de Valence, le 3 juin 1825, suivant qu'il est constaté par l'acte qui en a été dressé à cette date, et qui a été enregistré le 13 du même mois ; lesquels présens statuts seront déposés dans les minutes du notaire de la société, qui en délivrera expédition pour être présentée à Sa Majesté dans l'objet d'obtenir son approbation.

CHAPITRE 1er. Fondation.

Art. 1er. 1° Il y a société entre les propriétaires des départemens de la Drôme, de l'Ardèche, de l'Isère, de Vaucluse et du Gard, pour se garantir mutuellement des pertes et des dommages causés par l'incendie ;

2° Cette société, qui n'emporte de la part des associés aucune solidarité ou responsabilité excédant leur part contributive, prend le nom de *société d'assurance mutuelle contre l'incendie pour les départemens de la Drôme, de l'Isère, de l'Ardèche, de Vaucluse et du Gard.*

Elle est administrée ainsi qu'il suit :

CHAPITRE II. De l'administration de la société.

2. 1° La société est administrée, Par un conseil général des sociétaires, Par un conseil d'administration, Et par un comité de ce conseil ;

2° Elle l'est encore, mais à titre d'employés responsables, par un directeur et des agens ;

3° Un inspecteur et un sous-inspecteur surveillent les diverses parties du service.

§ 1er. Du conseil général.

3. 1° La réunion de quinze propriétaires assurés pour chacun des départemens associés à l'assurance, forme le conseil général des sociétaires, qui ne peut délibérer qu'autant que le tiers au moins de ses membres est présent ;

2° Ces quinze propriétaires sont désignés par le sort, sur une liste des cinquante plus forts assurés du même département.

3° Le tirage au sort est fait par le conseil d'administration, en séance publique, un mois au moins avant le jour fixé pour la réunion.

4° Si, le jour fixé, le tiers des membres du conseil général n'était pas présent, il y serait suppléé par le conseil d'administration, lequel tirerait au sort, parmi les cinquante plus forts assurés de la ville de Valence, un nombre de membres égal à celui qui manquerait pour former ce tiers.

5° Les fonctions des membres du conseil général durent une année.

4. 1° Le conseil général s'assemble une fois l'année au chef-lieu de l'association.

2° Il se réunit extraordinairement chaque fois que le besoin l'exige, et en vertu d'un arrêté pris par le conseil d'administration : dans ce cas, il se compose des mêmes sociétaires qui ont fait partie de l'assemblée annuelle.

3° Il est présidé par le président du conseil d'administration.

4° Le vice-président, faisant fonctions de secrétaire, y tient la plume.

5° Le conseil d'administration, par l'un de ses membres, rend compte de l'état de la société ; il fait toutes les propositions qu'il juge utiles.

6° Le conseil général délibère sur les propositions du conseil d'administration ; il prend tous les arrêtés administratifs ou réglementaires que peut exiger le besoin de l'établissement ; il arrête définitivement les comptes du directeur.

7° Il nomme les membres du conseil d'administration.

8° Il nomme encore le directeur.

9° Les résolutions du conseil général sont prises à la majorité des suffrages, et toutes les nominations qu'il fait le sont au scrutin.

10° Les délibérations du conseil général sont couchées sur le registre destiné à recevoir celles du conseil d'administration : elles sont signées par tous les membres qui y ont participé.

§ II. Du conseil d'administration et de son comité.

5. 1° Le conseil d'administration est composé de vingt membres.

2° Nommés par le conseil général, ainsi qu'il a été dit à l'art. 4, ils sont renouvelés chaque année par cinquième. Les premiers sortans sont désignés par le sort ; ils peuvent être réélus.

3° Ils sont pris parmi ceux des sociétaires engagés à l'assurance mutuelle pour au moins vingt-cinq mille francs de propriétés.

4° Si le conseil d'administration cesse d'être complet par mort, absence ou autre cause, il y sera pourvu par le conseil provisoirement, et jusqu'à la prochaine assemblée annuelle du conseil général.

5° Aucun parent ou allié du directeur, jusqu'au quatrième degré inclusivement, ne peut être membre du conseil d'administration.

6. Les membres de ce conseil ne contrac-

tent, à raison de leur gestion, aucune obligation personnelle ni solidaire.

7. Le conseil nomme dans son sein, à la majorité des suffrages, et pour deux ans, un président de la société, et un vice-président faisant en même temps fonction de secrétaire ; ils peuvent être réélus.

8. 1° Un comité pris dans le conseil, et composé du président, vice-président, et d'un troisième membre également élu pour deux ans et de la même manière, surveille journellement les intérêts de la société, et autorise les admissions à l'assurance, après avoir pris connaissance des évaluations et en avoir délibéré.

2° Ce comité se réunit une fois la semaine, et plus souvent si le besoin l'exige.

9. 1° En cas d'absence ou de maladie du président, du vice-président ou du membre du conseil qui complète le comité, il est remplacé provisoirement par le conseil, et il en est fait registre.

2° Dans tous les cas où l'intervention du comité est nécessaire, la participation de deux de ses membres suffit.

10. 1° Le conseil d'administration nomme l'inspecteur et le sous-inspecteur ; il nomme encore les avocats, avoué, notaire et architecte de la société.

2° Les fonctionnaires désignés dans cet article, lors même qu'ils auraient des propriétés engagées à l'assurance, ne peuvent jamais faire partie du conseil d'administration ni du conseil général.

11. Le conseil d'administration se réunit périodiquement le premier dimanche de chaque trimestre ; il se réunit encore lorsque le comité le juge utile.

12. A chaque réunion périodique du conseil, le directeur lui rend compte de l'état de l'établissement.

13. Le conseil reçoit, vérifie et débat le compte annuel, rendu par le directeur, de ses recettes et dépenses sociales ; il arrête ce compte provisoirement, et en fait rapport au conseil général, qui l'arrête définitivement.

14. Le conseil d'administration délibère sur toutes les affaires de la société, et les décide par des arrêtés consignés sur deux registres, dont l'un demeure entre les mains du vice-président et l'autre en celles du directeur. Ces arrêtés sont signés par tous les membres qui y ont participé.

15. 1° Le conseil d'administration ne peut délibérer que lorsque sept de ses membres au moins sont présens, sauf les cas déterminés par les présens statuts ; il prend ses résolutions à la majorité des suffrages.

2° Lorsque le conseil procède à une élection, soit définitive, soit seulement de candidats, il le fait au scrutin, à la majorité des

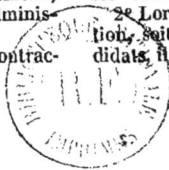

voix; et la présence des deux tiers au moins de ses membres est nécessaire.

§ III. Du directeur et des agens.

16. Un directeur est nommé par le conseil général, au scrutin et à la majorité des voix, sur une liste de trois candidats qui lui sont présentés par le conseil d'administration.

17. Ce directeur est responsable non-seulement de ses actes, mais encore de ceux de tous les agens qu'il emploie.

18. 1° Le conseil général sur la proposition du conseil d'administration peut prononcer la révocation du directeur.

2° Lorsque le conseil d'administration juge à propos de provoquer cette révocation, il peut suspendre provisoirement le directeur, et prendre à son égard toutes les mesures conservatoires.

3° Dans tous les cas, les deux conseils ne peuvent rien statuer contre le directeur qu'après l'avoir entendu, qu'avec l'assistance des deux tiers au moins de leurs membres, et qu'à la majorité des deux tiers des voix.

19. Lorsque le conseil général a prononcé la révocation du directeur, le conseil d'administration procède contre lui par toutes les voies de droit, s'il y a lieu.

20. Le directeur est chargé de recevoir les soumissions, de les soumettre au comité du conseil d'administration, d'en dresser le contrat et d'en délivrer les polices après y avoir été autorisé par le comité.

21. 1° Il est également chargé des rapports de la société avec les autorités, de la correspondance, de l'exécution des arrêtés du conseil général et du conseil d'administration, enfin de la confection et de la suite de tous les actes qui peuvent concerner l'établissement.

2° Mais il ne peut dresser aucun mémoire, imprimer et publier aucune circulaire, afficher aucun placard, sans l'autorisation du comité, et le *visa*, sur la pièce imprimée, publié ou affichée, du président et du vice-président.

22. Il est dépositaire des procès-verbaux, titres, pièces et renseignemens relatifs aux assurances, aux incendies et aux procès que la société peut avoir à soutenir.

23. Il est tenu d'avoir un journal général, où seront inscrits dans un ordre convenable les noms des sociétaires, la désignation et la valeur de leurs propriétés assurées; il est tenu d'avoir aussi les registres relatifs aux déclarations d'incendies, aux évaluations des dommages et à la correspondance.

24. 1° Le directeur convoque le conseil général lorsqu'il en a reçu l'ordre du conseil d'administration.

2° Il convoque également le conseil d'administration, d'après les ordres du comité de ce conseil.

3° Il assiste aux séances du conseil général et du conseil d'administration lorsqu'il y est invité. Dans ce cas, il a voix consultative.

25. Il vérifie par lui ou ses subordonnés l'état et l'estimation des propriétés engagées ou à engager à l'assurance.

26. Il veille par lui ou ses subordonnés à ce que, dans la quinzaine de l'engagement, il soit apposé sur chaque propriété assurée une plaque portant les lettres A. M. (*Assurance mutuelle.*)

27. Il veille encore par lui ou ses subordonnés à ce que les lois et ordonnances de police sur l'entretien et le ramonage des cheminées, fours, foyers et fourneaux, soient exécutées dans les bâtimens associés à l'assurance.

28. 1° Il exerce toute action judiciaire au nom et aux frais de la société, d'après l'autorisation du conseil d'administration, l'un des avocats et l'avoué de la société entendus.

2° Les avances des frais sont prises dans la caisse sociale.

29. A chaque réunion trimestrielle du conseil d'administration, comme toutes les fois qu'il en est requis, le directeur rend compte des assurances nouvelles des recouvremens, de l'état de la caisse et de tout ce qui intéresse la société.

30. Dès l'instant qu'il est instruit, soit officiellement, soit accidentellement, d'un incendie, il prend toutes les mesures conservatoires dans l'intérêt de la société, et fait les diligences nécessaires, soit pour découvrir la cause et les auteurs de l'incendie, soit pour constater le dommage, soit pour découvrir les soustractions qui auraient pu être commises.

31. 1° A mesure que les besoins l'exigeront, le conseil d'administration désignera les lieux où il sera nommé des agens.

2° Le directeur fera ces nominations.

3° Toutefois, nul agent nommé par le directeur ne pourra entrer en exercice qu'après avoir été agréé par le conseil d'administration.

32. 1° Les agens suppléeront le directeur dans toutes ses fonctions; ils recevront ses ordres immédiats et pourront être révoqués par lui.

2° Le directeur répondra de leurs actes, et à cet effet il exigera d'eux toutes les garanties qu'il jugera convenables, autres néanmoins qu'un cautionnement en argent.

3° Le conseil d'administration pourra, de son côté, suspendre ou révoquer tous agens contre lesquels il aurait de justes motifs de mécontentement, toutefois, après avoir entendu l'inculpé, et pris l'avis du directeur : dans ce cas, la présence de deux tiers au moins des membres du conseil d'administration est nécessaire pour délibérer, et la résolution est prise à la majorité des deux tiers des voix.

33. Le directeur est en même temps trésorier de la société et chargé de la comptabilité. Il fait tous les recouvremens, donne toutes les quittances, et délivre toutes les sommes dont le conseil d'administration a ordonné le paiement.

34. Il constate l'entrée et la sortie des fonds par un livre de caisse. Ce livre est coté et paraphé à toutes les pages par le président du conseil d'administration ; il est visé et vérifié à toutes réquisitions par le comité, qui exerce d'ailleurs un contrôle journalier sur la comptabilité du directeur.

35. Le dernier jour de chaque semaine, le directeur est tenu de verser l'argent qu'il a reçu dans une caisse à trois clés, dont il demeure dépositaire : l'une de ces clés reste entre ses mains, une autre en celles du président du conseil d'administration, et la troisième en celles du membre du conseil qui fait partie du comité, autre que le vice-président.

36. 1° Le directeur présente à l'acceptation du conseil d'administration un cautionnement en immeubles de la valeur de quarante mille francs.

2° Ce cautionnement accepté, le président du conseil d'administration prend inscription au nom de la société sur lesdits immeubles.

3° En cas de mort du directeur ou de cessation de ses fonctions, le conseil d'administration donne main-levée et consent à la radiation de l'inscription, après l'apurement définitif des comptes par le conseil général.

37. 1° Le directeur est chargé à forfait des frais de gestion.

2° Pendant les cinq premières années à dater de la mise à exécution de l'acte social, ou jusqu'à ce que la valeur totale des propriétés assurées s'élève à cent cinquante millions, il prélève annuellement pour cet objet, sur les contributions fixées par l'article 68 ci-après, trente centimes par mille francs de la valeur assurée.

3° Il ne lui est alloué que vingt centimes dans les communes où la totalité des bâtimens appartenant aux particuliers est assurée. Il ne prélève également que vingt centimes pour tous les bâtimens publics, tels que hospices, établissemens de charité, maisons de bienfaisance, églises, mairies et bâtimens appartenant aux communes.

4° Au moyen de ce, tous les frais d'administration, tels que ceux de loyers, de correspondance, de voyage, d'impressions et de buraux, tous les traitemens d'employés et d'agens, même ceux de l'inspecteur et du sous-inspecteur, seront à la charge du directeur.

5° Après les cinq premières années, ou lorsqu'il y aura pour cent cinquante millions d'assurance, le conseil d'administration, sur le compte qui lui sera rendu des frais d'administration, et des recettes qui auront été affectées, pourra proposer au conseil général une réduction pour cet objet.

6° Il est encore alloué au directeur un franc pour chaque plaque qu'il fera apposer sur les immeubles assurés, et cinquante centimes, non compris le droit de timbre, pour chaque contrat ou police d'assurance. Ces rétributions seront payées par l'assuré au moment du contrat, et ne pourront être exigées de nouveau pendant toute sa durée.

38. En cas de maladie du directeur, ou d'absence autorisée par le conseil d'administration, il pourra se faire suppléer par une personne de son choix : il la présentera à l'acceptation du conseil, et sera responsable de tous ses actes.

39. Si le directeur actuel vient à mourir avant l'expiration des cinq premières années de l'existence de la société, le conseil général pourra, s'il le juge convenable, et sur la proposition du conseil d'administration, accorder une indemnité à ses héritiers.

40. En cas de mort, de révocation ou de suspension du directeur, le conseil d'administration prendra toutes les mesures conservatoires que les circonstances exigeront ; il pourvoira à ce que l'administration ne soit pas interrompue jusqu'à la nomination d'un nouveau directeur.

41. Le chef-lieu de la direction est à Valence : c'est dans cette ville que réside le directeur, et que se réunissent le conseil général et celui d'administration ; c'est dans cette ville aussi, et dans l'hôtel de la direction, que la société fait élection de domicile : c'est au directeur que sont adressées toutes demandes, toutes lettres et déclarations ; c'est à lui enfin que sont notifiés tous les actes qui peuvent intéresser la société.

§ IV. De l'inspecteur et du sous-inspecteur.

42. 1° Un inspecteur ou un sous-inspecteur, nommés comme il a été dit à l'article 10, surveillent, sous les ordres du directeur, toutes les parties du service : ils font de fréquentes tournées dans les départemens qui participent à l'association ; ils visitent les propriétés assurées, et vérifient si elles n'ont éprouvé aucune modification soit dans leur construction, soit dans leur emploi ;

2° Ils s'assurent si les lois et ordonnances

de police sur l'entretien des cheminées, fours et fourneaux, sont observées par les propriétaires associés, et si toutes les propriétés engagées à l'assurance sont couvertes de leur plaque ; enfin ils stimulent le zèle des agens, ils vérifient leur comptabilité, examinent si leurs livres sont en ordre, et font, du tout, rapport au directeur.

43. Le conseil d'administration peut suspendre ou révoquer l'inspecteur et le sous-inspecteur. Il ne prend toutefois de résolution contre eux qu'après les avoir entendus, et demande l'avis du directeur ; dans ce cas, la présence des deux tiers au moins des membres du conseil est nécessaire pour former la délibération, qui est d'ailleurs prise à la majorité des deux tiers des voix.

44. 1° L'inspecteur et le sous-inspecteur peuvent être appelés par le conseil d'administration ou le conseil général pour donner les renseignemens qu'on juge à propos de leur demander ;

2° Ils ne peuvent jamais assister aux délibérations desdits conseils, quoiqu'ils aient eux-mêmes des propriétés engagées à l'assurance.

CHAPITRE III. De l'assurance, son objet, sa durée ; personnes et propriétés qui y sont admises.

45. L'objet de la société est d'assurer toute sorte de propriétés bâties, ainsi que les meubles scellés à clous ou à plâtre et à perpétuelle demeure, ceux d'un déplacement difficile, tels que cuves, pressoirs, chaudières, et les usines et machines employées dans les fabriques et manufactures.

46. Sont exclus de l'assurance :

1° Les moulins et magasins à poudre ;

2° Les bâtimens où il existe des ateliers ou magasins d'artifices ;

3° Les salles de spectacles ;

4° Les maisons dont les cheminées ne dépassent pas la toiture.

47. La garantie mutuelle résultant de l'association a lieu, quelle que soit la cause de l'incendie, cette cause fût-elle le feu du ciel.

Mais ne donnent pas lieu aux avantages de l'assurance, les pertes et les dommages provenant d'incendies causés par l'état de guerre, par toute commotion politique ou émeute civile, et par tous faits militaires quelconques.

48. L'association exclut toute solidarité entre les sociétaires : chacun, quels que soient les événemens, ne peut supporter que sa part des contributions fixées au chapitre V, § II, des présens statuts.

49. Une seule propriété ne peut être reçue à l'assurance pour une valeur excédant le demi-centième de la masse assurée.

50. 1° Il est interdit aux sociétaires de faire faire ou de renouveler, en tout ou en partie, l'assurance des mêmes propriétés par une autre société ;

2° Toutefois, lorsqu'en exécution de l'article 49 une seule propriété n'aura pas été admise à l'assurance mutuelle pour la totalité de sa valeur, l'assurance du surplus pourra valablement être faite par une autre société ;

3° Le sociétaire contrevenant au premier numéro du présent article cessera de faire partie de la société : son exclusion, prononcée par le conseil d'administration, lui sera notifiée par le directeur. Elle datera du jour où il aura été admis à une assurance étrangère ; il sera tenu de remplir jusque là ses obligations envers la société, et il perdra en outre ce qu'il aura pu verser par anticipation pour sa part des contributions fixées par le chapitre V, § II, des présens statuts ;

4° Si le propriétaire incendié a été indemnisé par la société avant qu'elle connût son engagement à une compagnie étrangère, elle recevra l'indemnité qui lui sera due par cette compagnie.

51. 1° En cas de décès du propriétaire assuré, les présens statuts sont exécutoires contre ses héritiers ou ayans-cause, aux termes du droit commun.

2° En cas de vente de l'immeuble assuré, et à dater du jour où elle est rendue publique, le contrat entre le sociétaire et la société cesse d'avoir son effet, à moins que l'acquéreur ne déclare qu'il s'engage à l'exécuter pendant le temps qui reste à courir. Cette déclaration sera reçue par le directeur, couchée sur les registres, signée par le déclarant ou son fondé de pouvoirs ; il lui en sera donné acte, signé par le directeur et par un membre du comité.

52. 1° Les fermiers, locataires principaux ou particuliers et les usufruitiers, peuvent seuls, ou concurremment avec le propriétaire, avant ou après son admission, participer à l'assurance ;

2° L'assurance du fermier, locataire ou usufruitier, n'a pour effet que de payer à sa décharge l'indemnité dont il peut être tenu envers le propriétaire, si celui-ci n'est pas membre de la société, et, s'il en est membre, d'affranchir ledit fermier, locataire ou usufruitier, de la responsabilité, pour laquelle la société serait subrogée au propriétaire envers lui ;

3° S'il y a plusieurs locataires, fermiers ou usufruitiers dans la même propriété, ils peuvent se réunir pour ne faire qu'une assurance ; dans le cas contraire, un seul s'affranchissant du recours de la part du propriétaire ou de la société en affranchit tous les autres;

4° L'effet de l'assurance à l'égard du fermier, locataire ou usufruitier, cesse avec le bail ou l'usufruit:

5° Lorsque le propriétaire est assuré, le locataire, fermier ou usufruitier, peut s'affranchir envers la société du recours qu'elle serait en droit d'exercer contre lui en cas d'incendie, s'il justifie, par une déclaration antérieure du propriétaire, enregistrée à la direction, qu'il concourt avec lui aux obligations de l'assurance.

53. 1° Tout créancier hypothécaire est également admis à faire assurer l'immeuble qui lui sert de garantie, en satisfaisant, comme s'il était propriétaire, aux conditions de l'assurance. Son engagement envers la société, comme sa participation aux avantages qu'elle procure, cessent à l'extinction de sa créance.

2° Tout créancier hypothécaire peut profiter du bénéfice du présent article, en participant, avant tout accident, aux frais déjà déboursés par le créancier le plus diligent et en se soumettant à en supporter sa part à l'avenir.

54. 1° Toute personne est admise à assurer officieusement la propriété d'autrui, en se soumettant personnellement aux conditions de l'assurance: on est aussi admis à assurer officieusement pour les fermiers, locataires ou usufruitiers.

2° Dans le cas où plusieurs assurances seraient faites par plusieurs intéressés sur un même immeuble, la société n'est tenue qu'au paiement d'une seule indemnité en faveur du propriétaire, sauf aux divers intéressés à conserver leurs droits sur cette indemnité.

55. A la société appartiennent les droits, recours et actions résultant de l'incendie: à cet effet, elle sera abrogée au lieu et place du propriétaire dans tous ses droits, recours et actions, pour les exercer à ses risques, périls et profits, contre qui que ce soit, lors même que l'immeuble aurait été assuré officieusement par tout autre que le propriétaire.

56. Chaque sociétaire est assureur et assuré pour cinq ans, à compter du jour où il a été admis à la société; sauf le cas où l'assuré est locataire, usufruitier ou créancier: il ne s'engage que pour la durée de son bail, de son usufruit ou de sa créance, conformément aux articles 52 et 53; sauf aussi le cas de vente, conformément au n° 2 de l'art. 51.

57. 1° Trois mois avant l'échéance des cinq ans, chaque sociétaire fait connaître, par une déclaration consignée sur un regis-

tre tenu à cet effet par le directeur ou l'agent, et dont il lui est donné acte, s'il entend cesser de faire partie de la société.

2° Si le sociétaire renonce, sa propriété est affranchie des charges, comme elle cesse de participer aux avantages de la société, à partir du terme de l'échéance quinquennale, son dernier jour compris.

3° Par le seul fait du défaut de déclaration dans le temps prescrit, le propriétaire assuré continue d'être membre de la société pendant cinq nouvelles années.

4° Dans ce cas, le directeur peut faire vérifier la propriété; et s'il n'y a rien de changé, soit dans la nature de ses constructions, soit dans son usage ou destination, l'assurance continue aux mêmes conditions: l'assuré et le directeur peuvent chacun requérir une nouvelle estimation; il y est procédé comme il est dit à l'art. 63 ci-après.

58. 1° Chaque sociétaire est tenu de faire une élection de domicile pour l'exécution de l'acte d'assurance.

2° S'il réside dans l'arrondissement de la situation de l'immeuble assuré, ce domicile est de droit en sa demeure, indiqué dans la police: dans le cas contraire, l'élection de domicile doit être faite dans le chef-lieu de cet arrondissement.

3° Si la même personne possède des immeubles assurés dans plusieurs arrondissemens, elle devra faire une élection dans chacun d'eux.

59. 1° La durée de la société sera de trente années, pourvu qu'à l'expiration de chaque période de cinq années, il se trouve toujours pour cinquante millions de propriétés engagées à l'assurance.

2° Les trente années expirées, la société pourra être prolongée avec l'autorisation du Gouvernement.

60. 1° Lorsque la société sera dissoute, s'il reste des fonds placés ou en caisse, ils seront partagés au marc le franc des valeurs assurées entre tous les propriétaires qui feront partie de la société au moment de sa dissolution.

2° Néanmoins le conseil général pourra, sur la proposition du conseil d'administration, employer ces fonds à un objet d'utilité publique et qui intéresse, soit l'humanité, soit le commerce, l'industrie, les sciences ou les arts.

CHAPITRE IV. Évaluations des propriétés présentées à l'assurance.

61. Tout propriétaire qui veut participer à l'assurance est tenu de remettre au directeur une description des objets à assurer, indiquant:

1° La situation de la propriété dans une

ville, bourg ou village, ou sa distance desdits lieux ;

2° Ses dimensions en hauteur, longueur
et largeur, le nombre des étages et celui des
foyers ;

3° Les matériaux dont elle est construite,
si c'est en pierres, briques, pisé, bois ou
torchis ;

4° Sa toiture, si elle est en ardoises, tuiles, bois ou paille et roseaux ;

5° L'usage ou la destination de chaque
bâtiment ou portion de bâtiment ;

6° Si la propriété se compose de plusieurs
bâtimens ou appendices, il fait la même
description pour chacun d'eux ;

7° Il remet encore l'état détaillé des meubles et machines énoncés dans l'art. 45.

62. 1° Le propriétaire joint à cette description une évaluation de chaque maison,
aile, portion de maison, appendice ou dépendances, telles qu'écuries, granges, ou
autres accessoires ; il y joint aussi une évaluation des meubles et machines énoncés
dans l'article 45.

2° Les estimations des valeurs présentées
à l'assurance seront toujours faites en sommes rondes de mille francs.

63. 1° Le directeur fait vérifier par l'architecte de la société, ou par l'agent qu'il a
sur les lieux, si l'évaluation est sincère.

2° Si le propriétaire et l'architecte ou l'a-
gent diffèrent d'avis sur cette évaluation, il
y est procédé par deux experts nommés, l'un
par le propriétaire, et l'autre par le directeur ; en cas de partage, ces deux experts
en nomment un troisième : l'expertise est
définitive. Si l'estimation des experts est
inférieure à celle que le propriétaire a présentée, il en supporte les frais : dans le cas
contraire, elle est à la charge de la société.

64. La valeur de la propriété ainsi réglée
(déduction faite de celle du sol et des constructions souterraines) forme le capital à
assurer, et devient la base de la contribution.

65. 1° Toutes ces formalités remplies et
le rapport fait au comité, le directeur, après
y avoir été autorisé par ce comité, délivre
la police d'assurance, qui est signée par lui,
par un des membres du comité et par l'assuré, ou qui, si celui-ci est illettré, en fait
mention.

2° Le contrat ne commence à avoir son
effet que le lendemain de sa date, à midi.

66. 1° Si, postérieurement à son admission à l'assurance, une propriété éprouve
des modifications, soit par démolition, soit
par augmentation de construction, soit par
changement d'emploi ou de destination, le
propriétaire est tenu d'en faire déclaration,
et, s'il y a lieu, de donner une estimation
nouvelle de l'immeuble.

2° Cette estimation peut être provoquée
par le directeur.

Chapitre V. Du classement des propriétés
assurées, et de la proportion dans laquelle
elles contribuent.

§ Ier. Classement.

67. Les propriétés assurées sont classées
de la manière suivante :

1° Première classe, les propriétés construites en pierres, briques, moellons, pisé,
et couvertes en tuiles ou ardoises ;

2° Deuxième classe, celles construites en
bois ou torchis, ou partie en bois et partie
en pierres, briques ou pisé, couvertes en tuiles ou ardoises ;

3° Troisième classe, celles construites en
pierres, briques et pisé, couvertes en paille,
roseaux ou bois ;

4° Quatrième classe, enfin les propriétés
construites en bois et torchis, ou partie en
bois et partie en pierres, briques ou pisé,
recouvertes en paille, roseaux ou bois.

5° Les meubles et machines énoncés dans
l'article 45 sont rangés dans la classe à laquelle appartiennent les bâtimens qui les
renferment ou les abritent.

§ II. Quotité de la contribution.

68. 1° Les propriétés assurées sont soumises à deux sortes de contributions.

La première, qui est annuelle, sert à pourvoir aux frais d'administration, tels qu'ils
sont fixés par l'article 37. Elle sert encore à
former un fonds de prévoyance destiné à solder la totalité des dommages causés par l'incendie, ou, en cas d'insuffisance, à porter les
premiers secours et payer les premiers à-
comptes au propriétaire incendié.

2° Elle est fixée d'après le classement de
la propriété assurée, et ainsi qu'il suit :

Pour la 1re classe.	.	0 50	Par
Pour la 2e idem.	.	0 60	mille francs
Pour la 3e idem.	.	0 80	de la valeur
Pour la 4e idem.	.	1 00	assurée.

3° A l'expiration de chaque année, si le
fonds de prévoyance n'a pas été épuisé, ce
qui restera de ce fonds sera placé par les
soins du conseil d'administration de la manière la plus avantageuse aux intérêts de la
société. Pour toute résolution de cette nature, la présence des deux tiers au moins des
membres du conseil est nécessaire.

4° Après cinq années d'existence de la société, ou plus tôt, si les fonds ainsi placés
sont assez considérables pour le permettre,
le conseil d'administration pourra proposer
au conseil général de réduire la contribution
que chaque sociétaire est tenu de payer annuellement d'après le présent article.

69. 1° La deuxième contribution est extraordinaire et éventuelle : elle n'est réclamée en tout ou en partie que dans le cas où la première aurait été insuffisante pour solder tous les désastres de l'année; elle est payée à mesure des appels, et d'après un arrêté du conseil d'administration qui fixe le contingent de chaque associé.

2° Quels que soient les événemens, cette seconde contribution ne pourra excéder pour toutes les classes la quotité de la première. C'est là qu'est limitée la garantie de chaque assuré envers ses co-sociétaires.

3° Toutefois, et dans aucun cas, la somme de cette garantie ne peut éprouver de réduction, de sorte que, si la contribution annuelle était réduite conformément au n° 4 de l'article précédent, la garantie de chaque sociétaire demeurerait la même, telle qu'elle est fixée par le présent article.

70. Si une propriété assurée est entièrement consumée par l'incendie, l'effet de la police d'assurance est suspendu jusqu'à sa reconstruction, et le sociétaire reste, pendant ce temps, affranchi de toutes charges sociales.

71. La police d'assurance devient également nulle dans ses effets actifs et passifs, si la propriété cesse d'exister par d'autres causes que celles d'incendie.

§ III. Modification de la contribution.

72. 1° Les églises, les halles et autres édifices publics, jouiront d'une remise de quinze centimes sur le tarif de leur classe ; cette remise portera, savoir : dix centimes sur les frais d'administration, conformément à l'article 37, et cinq centimes sur le surplus de la contribution annuelle.

2° Dans les communes où la totalité des propriétés appartenant aux particuliers participe à l'assurance mutuelle, ces propriétés jouiront d'une remise de dix centimes, laquelle portera tout entière sur les frais d'administration, conformément à l'article 37.

3° Les hôtelleries, auberges, cabarets ou cafés, les propriétés dans lesquelles sont des boutiques et magasins de papiers, d'épiceries, d'huiles, d'eau-de-vie et d'objets de facile combustion; les fabriques, ateliers ou manufactures où le feu n'est pas employé comme moteur ou agent; les moulins à eau ou à vent, les fermes et bâtimens en dépendans, tels que granges, greniers, hangards, bergeries, et toutes les habitations qui sont employées, même partiellement, à resserrer les récoltes de même espèce que celles qui sont dans les fermes, ainsi que les bâtimens servant de magnanneries, contribuent d'un quart en sus de la classe à laquelle ces propriétés appartiennent.

4° Les forges, les boulangeries, les brasseries, les distilleries, les faïenceries, verreries, tuileries, chaufourneries, et en général toutes les propriétés où le feu est un des moteurs de l'industrie; les bâtimens dans lesquels sont déposés pour le commerce, ou pour un service public quelconque, des marchandises, denrées, bois, pailles et fourrages, et les maisons où il se fait un débit de poudre à tirer, contribuent d'une moitié en sus du tarif de leur classe. Toutefois, les bâtimens où le feu est employé comme moteur ou agent de l'industrie ne sont admis à l'assurance qu'autant qu'ils sont construits conformément aux réglemens de police.

73. 1° Les propriétés assurées dans l'enceinte ou à trois cents mètres de l'enceinte d'une ville, bourg ou village, qui a un service établi de pompes et machines de secours contre les incendies, jouiront d'une remise de cinq centimes sur le taux des classifications ci-dessus.

2° Auront également droit à une remise de cinq centimes, les propriétés isolées qui, situées à trois cents mètres au-delà de l'enceinte des villes, bourgs et villages, auraient une fontaine de laquelle couleraient sans interruption deux centimètres cubes d'eau, ou qui auraient une citerne ou un bassin d'une capacité à en contenir habituellement cinq cents mètres cubes, ou qui enfin seraient bâties à la distance de cinquante mètres au plus d'une rivière ou d'un ruisseau dans lequel coulerait sans interruption le volume de trente centimètres cubes d'eau.

3° Si les villes, bourgs ou villages n'ont pas d'enceintes murées, la distance sera comptée à partir des dernières maisons qui forment réellement ou fictivement cette enceinte.

§ IV. Exemption de contribution.

74. 1° Dans les communes où il sera reconnu que plus de la moitié des maisons et bâtimens participent à l'assurance, l'habitation du curé, ainsi que celle du pasteur protestant, seront gratuitement assurées.

2° Si cette habitation appartient à la commune, l'assurance aura lieu en leur nom et à leur profit, pour, dans l'un et l'autre cas, produire l'effet qui lui est propre.

3° Un arrêté du conseil d'administration détermine les communes qui se trouvent dans le cas du présent article.

§ V. Paiement des contributions.

75. 1° Les deux espèces de contributions fixées par les articles 68 et 69 sont payées, savoir :
La première, celle qui est annuelle, et qui est destinée, soit aux frais d'administration,

soit à former le fonds de prévoyance, dans le premier mois de l'année, laquelle commence pour chaque sociétaire à la date qui correspond à celle de son contrat ;

2° La seconde, celle qui n'est due qu'éventuellement, est payée dans le mois du jour où l'appel de fonds est notifié au propriétaire assuré.

3° A défaut par le sociétaire d'avoir payé dans le mois, il perd son droit à l'assurance pour tout le temps pendant lequel il était débiteur de la société, sans, pour cela, cesser d'être soumis envers elle à tous les engagemens résultant de son contrat ; il paic encore par forme d'amende, pour chaque mois de retard, un douzième de sa part contributive.

4° Si, après l'expiration des six mois, il n'a pas soldé sa contribution, le conseil d'administration peut prononcer son exclusion de la société, et autoriser le directeur à le poursuivre en paiement de sa dette, jusqu'au jour de l'exclusion.

Chapitre VI. Des déclarations d'incendie, de l'estimation et du paiement du dommage.

§ Ier. *Déclarations.*

76. 1° Si les localités et les circonstances le permettent, tout fait d'incendie, au moment où il se manifeste, est dénoncé par le propriétaire assuré, ou par la personne qu'il charge de ce soin, à l'autorité la plus voisine.

2° Dans les trois jours qui suivent l'incendie, le propriétaire, par lui ou par toute personne qu'il charge de ce soin, fait à la direction, ou au bureau de l'agent de l'arrondissement, sa déclaration énonçant le moment et la durée de l'incendie, la dénonciation qui en a été faite à l'autorité locale, sa cause connue ou présumée et ses circonstances ; les secours qui ont été apportés : la nature et la valeur approximative des objets incendiés. Il est sur-le-champ donné acte et délivré copie de cette déclaration.

3° En cas d'absence du directeur ou de l'agent, le propriétaire incendié fait sa déclaration, soit au maire de sa commune, soit au juge-de-paix, et en demande acte.

4. A défaut par le propriétaire incendié de l'avoir faite dans les trois jours, il est déchu de tout droit à l'indemnité.

5. Pour établir cette forclusion, les jours se comptent francs, non compris celui de l'incendie : ils sont de vingt-quatre heures, et commencent à minuit.

6° Si le propriétaire incendié prouve qu'au moment du désastre il était absent du lieu où l'incendie a éclaté, et qu'il lui a été impossible de se conformer aux dispositions précédentes, il est relevé de la forclusion par le conseil d'administration.

§ II. Estimation.

77. Le directeur ou l'agent vérifie les faits, en dresse procès-verbal, prend toutes les mesures conservatoires et réfère du tout au comité du conseil d'administration.

78. 1° Dans les dix jours au moins et les trente jours au plus qui suivent la déclaration du propriétaire incendié, trois experts nommés, l'un par ce propriétaire, un autre par le directeur ou l'agent, et le troisième par les deux experts premiers nommés, constatent le dommage, et en font l'estimation. — 2° En cas d'absence ou de refus constaté de l'assuré, le juge de-paix du canton dans lequel l'incendie a eu lieu sera requis de nommer son expert. — 3° La base de l'estimation des experts sera la valeur, au moment de l'incendie, de la portion incendiée, et non le prix de la reconstruction. — 4° N'est pas comprise dans l'estimation du dommage la diminution de valeur que peut éprouver la propriété pour cause de reculement, ou pour tout autre cause qui serait étrangère au fait de l'incendie. — 5° Les matériaux de la partie incendiée qui auront résisté en tout ou en partie à l'action du feu seront également estimés, et resteront au propriétaire en déduction de l'indemnité qui lui sera due. — Les frais de l'estimation sont à la charge de la société.

79. Les experts dressent procès-verbal de leur opération. Ce procès-verbal est envoyé au directeur, qui le soumet sur-le-champ au comité du conseil d'administration avec ses observations et les renseignemens qu'il aura pu recueillir.

§ III. Paiement du dommage.

80. Le comité, sur le rapport qui lui est fait par le directeur, et s'il y a des fonds en caisse, peut autoriser celui-ci à payer sur-le-champ au propriétaire incendié un premier secours, lequel, dans aucun cas, ne peut excéder le quart de la valeur présumée du dommage.

81. 1° A la première réunion ordinaire ou extraordinaire du conseil d'administration, ce conseil, sur le rapport que lui en fait le comité, fixe la somme de l'indemnité. — 2° Si le fonds de prévoyance est suffisant, il en ordonne le paiement immédiat, ou seulement celui d'un a-compte s'il y a insuffisance de fonds, en attendant qu'un appel de contribution ait produit la somme nécessaire. — 3° Jusqu'à ce que la totalité de la garantie annuelle à laquelle chaque sociétaire est tenu soit épuisée, tout propriétaire incendié doit recevoir le paiement entier du dommage dans les trois mois de la clôture du procès-verbal des experts.

82. 1° Lorsque les dommages causés par les incendies d'une année auront épuisé les contributions annuelle et extraordinaire de cette année, les propriétaires incendiés qui, par l'absence de fonds, n'auront pu toucher la totalité de leur indemnité, en recevront le complément l'année suivante. — 2° Dans ce cas, et lorsque plusieurs propriétaires incendiés seront en instance en même temps pour le réglement de leur indemnité, les fonds disponibles seront provisoirement répartis entre eux au marc le franc par le conseil d'administration, et le complément de leur indemnité leur sera payé l'année suivante, à mesure des rentrées, et à chacun d'eux dans l'ordre et selon la date de leur déclaration d'incendie. — 3° Dans le cas prévu par le n° 6 de l'article 76, et si par le motif énoncé dans cet article il n'y a point eu de déclaration d'incendie, le propriétaire incendié prendra rang, pour l'ordre des paiemens, à dater de l'expiration du délai de trois jours qui est accordé pour cette déclaration.

CHAPITRE VII. Dispositions générales.

83. 1° Des récompenses seront accordées par le conseil d'administration aux pompiers et aux personnes qui auront montré le plus de dévoûment dans les incendies. — 2° Les fonds en seront pris dans la caisse de la société.

84. Le refus ou le retard d'un sociétaire d'obtempérer à la sommation précise et constatée qui lui serait faite par l'autorité locale ou par le directeur et ses agens chargés de cette partie, de se conformer aux lois et ordonnances de police sur la construction, l'entretien et le ramonage des cheminées, fours ou fourneaux, entraînera son exclusion de la société; cette exclusion sera prononcée par le conseil d'administration.

85. 1° Toute contestation entre la société et un ou plusieurs assurés est jugée, à la diligence du directeur, par trois arbitres nommés, l'un par l'assuré, un autre par le conseil d'administration; ces deux derniers en nommeront un troisième. — 2° Leur jugement est sans appel ni recours en cassation.

86. Chaque propriétaire assuré, en recevant sa police d'assurance, recevra un exemplaire imprimé des présens statuts.

CHAPITRE VIII. Dispositions organiques.

87. Le directeur est autorisé à se pourvoir, soit devant MM. les préfets des départemens qui participent à l'association, soit au Conseil-d'Etat et aux ministres, pour obtenir l'homologation des présens statuts.

88. Si le Conseil-d'Etat exige qu'il y soit fait des changemens, le directeur en référera au conseil d'administration.

89. 1° Aussitôt après que les statuts seront homologués, le conseil d'administration fixera par un arrêté le jour de la mise en activité de la société. — Ce jour commencera l'année sociale. — 3° Le directeur en donnera connaissance aux sociétaires, dont, jusque là, les adhésions ne seront que provisoires. — 4° De ce jour seulement commencera, pour les sociétaires, leur participation aux charges comme aux avantages de l'assurance, tout incendie antérieure ne donnant droit à aucune indemnité.

90. Le directeur veillera à ce que les assurances déjà reçues soient régularisées pour le jour où commencera la mise à exécution de l'acte social.

91. Le conseil général s'assemblera pour la première fois un mois avant l'expiration de la première année; il procédera au premier renouvellement des membres du conseil d'administration pour l'année suivante.

92. Le conseil d'administration nomme M. Dupin, procureur du Roi, chevalier de l'ordre royal de la Légion-d'honneur, propriétaire, demeurant à Valence, pour, avec le président et le vice-président, composer le comité.

93. Est nommé directeur de la société M. Marc-Antoine-Révol, ancien négociant au Bourg-du-Péage. Cette nomination faite par les fondateurs dans leur première réunion est définitive.

94. Le conseil d'administration nomme pour inspecteur M. Jean-Pierre-Thiébault, ex-comptable de l'administration des vivres, et pour sous-inspecteur M. Hippolyte Charbonnier fils aîné.

95. Le même conseil nomme encore pour notaire, à la résidence de Valence, Me Jean-Louis-Joseph Rolland; pour avocats postulans devant le tribunal de la même ville, Me Victor Augier et Me Alexandre-Boveron-Desplaces fils; il nomme enfin pour avoué Me Ferlay, et pour architecte M. Javelas.

96. Et attendu que MM. de Miraval, de Gailbard, directeur des contributions à Valence, et Chabran, négociant à Avignon, n'ont point accepté leur nomination de membres du conseil d'administration, attendu d'ailleurs qu'il n'a pas été pourvu par les fondateurs aux deux autres places qui étaient restées vacantes, sont nommés provisoirement, pour compléter ledit conseil, conformément à l'article 5 des présens statuts, MM. Planel, juge, demeurant à Valence; Martin, adjoint de la mairie de Valence; Valz, négociant, demeurant à Nîmes; de Monicault, directeur des postes aux lettres à Valence, y demeurant; et le baron de La-

bareyre, chevalier de l'ordre royal de la Légion d'Honneur, propriétaire, demeurant à Valence.

Du 11 avril 1826.

Le conseil d'administration, où étaient présens MM. Forcheron, maire de la ville de Valence, chevalier de l'ordre royal de la Légion-d'Honneur, y demeurant; Victor Dumas, notaire à Tain; Boveron-Desplaces, président du tribunal civil de l'arrondissement de Valence, chevalier de l'ordre royal de Légion-d'Honneur, propriétaire, demeurant à Valence; Sabarot, maire de la commune de Guilberand, département de l'Ardèche, propriétaire, demeurant audit lieu; Monicault, directeur des postes aux lettres à Valence; Louis-Dupin, procureur du Roi près le tribunal civil de Valence, chevalier de l'ordre royal de la Légion-d'Honneur, propriétaire, demeurant à Valence; le baron de Labareyre, chevalier de l'ordre royal de la Légion-d'Honneur, propriétaire, demeurant à Valence; le marquis de Cordoue, ancien député, chevalier de l'ordre royal et militaire de Saint-Louis, propriétaire, demeurant à Tain; Martin, adjoint de la mairie de Valence, propriétaire demeurant audit lieu; d'Arbalestier, ancien capitaine des grenadiers à cheval de la garde royale, officier de la Légion-d'Honneur, demeurant au château de la Gardette près Loriol; le marquis de Sieyes, chevalier de l'ordre royal et militaire de Saint-Louis, président du conseil général du département de la Drôme, contre-amiral, propriétaire, demeurant à Valence, président du conseil d'administration.

Un des membres a dit qu'après avoir adressé et soumis l'acte et les statuts de la société au ministre de l'intérieur pour obtenir l'homologation de sa majesté, son excellence avait écrit, le 24 février dernier, une lettre à M. le préfet de la Drôme, par laquelle elle énonçait qu'ayant fait examiner ces statuts au comité de l'intérieur, elle les trouvait susceptibles de recevoir diverses corrections, et qu'elle désirait connaître si le conseil d'administration, fondé des pouvoirs de la société, était disposé à les consentir;

Qu'ensuite de cette lettre, le conseil d'administration avait pris un arrêté, le 15 mars dernier, par lequel, attendu que M. Chorier, membre de la Chambre des Députés, et M. Béranger, ancien avocat général, tous deux membres du conseil, se trouvaient à Paris, il les autorisait et leur donnait plein-pouvoir de consentir auprès de son excellence toutes les corrections, tous les changemens qui seraient jugés utiles, et de les

coordonner de la manière la plus convenable;

Que M. Chorier et M. Béranger, ayant rempli leur mandat, discuté et accepté les changemens exigés, avaient renvoyé les statuts ainsi amendés au conseil d'administration, pour être de nouveau déposés dans les minutes du notaire de la société, à l'effet d'en avoir une expédition en due forme qui pût être présentée à l'homologation de sa Majesté.

En conséquence, le conseil d'administration, déclarant adhérer, comme il l'a déjà fait, aux changemens consentis par MM. Chorier et Béranger, arrête que les statuts ainsi rectifiés seraient déposés dans les minutes de Me Rolland, notaire à Valence, par les soins du directeur ou de l'inspecteur de la société, et qu'une expédition en forme serait immédiatement adressée à Paris à MM. Béranger et Chorier, avec invitation et pouvoir d'en solliciter la prompte homologation.

> *Signé* : Forcheron, Boveron-Desplaces, Dumas; E. C. Sabarot, maire de Guilherand; C. Monicault, Louis-Dupin; le baron de Labareyre; le marquis de Cordoue; C. Martin, d'Arbalestier, le marquis de Sieyes, contre-amiral et président du conseil d'administration.

Expédition délivrée au sieur Thiébault.

> *Signé*, sur l'expédition en forme, Menet et Roland, notaires.

----

4 MAI = Pr. 15 JUILLET 1826. — Ordonnance du Roi portant autorisation, conformément aux statuts y annexés, de la société d'assurance mutuelle contre l'incendie formée à Tours pour le département d'Indre-et-Loire. (8, Bull. 102 *bis*, n° 1.)

Charles, etc. — Sur le rapport de notre ministre secrétaire-d'État au département de l'intérieur;

Notre Conseil-d'État entendu.

Art. 1er. La société d'assurance mutuelle contre l'incendie formée à Tours par actes passés les 11 août 1825 et 17 avril 1826, par-devant Juge aîné et son collègue, notaires royaux à Tours, est autorisée par le département d'Indre-et-Loire. Les statuts, tels qu'ils sont établis par lesdits actes, sont approuvés et demeureront annexés à la présente ordonnance.

2. Nous nous réservons de révoquer la présente autorisation en cas de non-exécution ou de violation des statuts, sans préjudice des dommages-intérêts des tiers.

3. Notre ministre secrétaire-d'État au dé-

partement de l'intérieur nommera un commissaire auprès de la compagnie : il est chargé de veiller à l'observation des statuts de la société, et de prendre connaissance de ses opérations ; il pourra suspendre, jusqu'à décision de l'autorité compétente, l'exécution de celles qui lui paraîtraient contraires aux lois ou aux statuts par nous approuvés.

4. La société sera tenue de fournir, tous les six mois, à M. le préfet d'Indre-et-Loire, une copie de son état de situation ; pareille copie sera transmise à notre ministre de l'intérieur.

5. Notre ministre secrétaire-d'Etat de l'intérieur est chargé, etc.

———

Par-devant Louis-Guillaume Juge aîné et son collègue, notaires royaux à Tours, soussignés, sont comparus, etc.

Lesquels ont arrêté, ainsi qu'il suit, les statuts de la compagnie d'assurance mutuelle contre l'incendie qu'ils se proposent d'établir pour le département d'Indre-et-Loire.

STATUTS.

CHAPITRE Ier. Fondation et conditions de l'assurance.

Art. 1er. Il y a société d'assurance mutuelle contre l'incendie entre les comparans, propriétaires de maisons et bâtimens situés dans le département d'Indre-et-Loire, et tous autres propriétaires du même département qui adhéreront aux présens statuts.

2. Cette société est anonyme ; elle a pour unique objet de garantir mutuellement ses membres des pertes et dommages que l'incendie et même le feu du ciel ou de cheminée pourraient occasionner aux maisons et bâtimens engagés par eux à l'association, comme aussi aux objets placés dans ces maisons et bâtimens à perpétuelle demeure, et devenus immeubles par destination.

Les bâtimens des usines peuvent être assurés avec les roues hydrauliques, arbres de couche, godets, vannes, meules à moulin, piles et pilons, et généralement tout ce qui concerne le mécanisme, scellé et placé à perpétuelle demeure et déclaré immeuble par destination, qui dépendent de ces bâtimens, mais non les ustensiles, machines et mécaniques sujets à déplacemens dans lesdits bâtimens, lesquels sont expressément exceptés.

3. Quel que soit l'effet du tonnerre, soit qu'il écrase, soit qu'il embrase, le propriétaire du bâtiment endommagé se trouve garanti des pertes et dommages causés à sa propriété assurée, encore bien que, par l'explosion du tonnerre, elle ait éprouvé un dommage et risque total ou partiel autrement que par incendie.

4. La propriété assurée qui serait détruite en tout ou en partie par force majeure et sur l'ordre de l'autorité, pour arrêter les progrès d'un incendie, donne lieu à l'indemnité comme si le dommage eût été causé par les flammes.

Les salles de spectacle ne peuvent faire partie de la présente association.

La valeur d'une seule propriété engagée à la mutualité ne pourra dépasser le maximum de la garantie exigible au moment de son admission à l'assurance, sauf par suite au sociétaire, lorsque le maximum de la garantie le permettra, à augmenter la valeur de la propriété déjà assurée par une nouvelle déclaration, laquelle sera soumise aux formalités prescrites par les articles 11 et 18 des statuts.

Ne sont pas compris dans la présente assurance et ne peuvent donner lieu à aucun paiement de dommages, tous incendies provenant soit d'invasion, soit de commotion ou émeute civile, soit enfin de force militaire quelconque, ou de l'explosion de moulins et magasins à poudre autres que ceux des débitans.

5. La société est administrée par un conseil général des sociétaires, un conseil d'administration, un directeur général et un directeur adjoint remplissant les fonctions de secrétaire général ; deux censeurs surveillent les actes d'administration.

6. Cette société exclut toute solidarité entre les sociétaires, dont chacun, en tout état de cause, ne peut supporter, outre les frais d'administration, que la part dont il est tenu dans la contribution à laquelle peuvent donner lieu les sinistres tombés à la charge de la société.

7. Le conseil général, sur la proposition du conseil d'administration, par une délibération spéciale, déterminera les bases d'augmentation progressive d'après lesquelles les propriétaires qui voudront s'associer devront concourir au paiement des dommages, suivant le plus ou moins de risques que présentera leur immeuble.

Cette délibération sera soumise à l'approbation de Son Exc. Mgr. le ministre secrétaire-d'Etat au département de l'intérieur, et elle ne sera exécutoire que lorsque cette approbation aura été obtenue.

8. Chaque sociétaire est assureur et assuré pour cinq ans, à partir du premier jour du mois qui suit celui dans lequel son acte d'adhésion aux présens statuts aura été visé par le président ou un des membres du conseil d'administration.

Trois mois avant l'échéance des cinq ans, il fait connaître, par une déclaration consignée sur un registre tenu à cet effet, s'il entend continuer de faire partie de la société, ou s'il y renonce.

Par le seul fait du défaut de déclaration à l'époque fixée, on lui suppose l'intention de continuer à faire partie de l'association.

Dans ce cas, toutes les conditions de l'assurance, une nouvelle expertise même, si elle est nécessaire, doivent être remplies avant l'échéance du terme de l'engagement.

S'il y renonce, son immeuble est dégagé de toutes charges sociales, comme il cesse de profiter d'aucun bénéfice de garantie à partir de l'échéance dudit terme.

En cas de mutation par décès ou aliénation de l'immeuble assuré, l'assurance cessera du jour de la déclaration que l'héritier ou l'aliénateur en aura faite à la direction, pourvu toutefois que, déduction faite des immeubles assurés par l'antécédent propriétaire, il se trouve pour quatre millions de propriétés engagées à l'assurance, et que toutes les charges sociales aient été acquittées.

9. La durée de la société est de trente années, pourvu toutefois qu'au renouvellement de cinq ans en cinq ans il se trouve toujours pour quatre millions de propriétés engagées à l'assurance.

10. La présente association ne peut avoir d'effet que du moment où, par suite des adhésions aux présens statuts, il se trouve pour quatre millions de propriétés engagées à l'assurance.

Un arrêté du conseil, dont il sera donné connaissance à chaque sociétaire, déterminera le jour de la mise en activité de la société.

Cette somme de quatre millions n'est point limitative; le nombre des sociétaires est indéfini, la compagnie admettant à l'assurance mutuelle tous les propriétaires des maisons et bâtimens, dans le département d'Indre-et-Loire, qui adhéreront aux présens statuts.

Le timbre des actes d'adhésion et les frais de dépôt d'iceux sont à la charge de la personne qui se fait assurer.

CHAPITRE II. Estimation, assurance contre l'incendie, et paiement des immeubles au propriétaire en cas de sinistre.

11. L'estimation des immeubles est faite, aux frais de la personne qui fait assurer, par l'architecte ou le préposé de la compagnie, sur le rapport duquel le conseil d'administration admet et classe l'assurance. Si le conseil d'administration jugeait convenable à l'intérêt de la société de refuser l'assu-

rance, il en référera au conseil général, qui décidera en dernier ressort.

Le montant de cette estimation, déduction faite de la valeur du sol, forme le capital à assurer; cette valeur sert de base au paiement des frais d'administration, comme à celui de l'indemnité à laquelle l'assuré a droit en cas d'incendie.

Elle sert également de base à la fixation des portions contributives que chaque sociétaire, en sa qualité d'assureur, est tenu de verser, d'après la classification de ses propriétés, pour la réparation des dommages causés par le feu aux bâtimens assurés.

12. En sa qualité d'assureur, tout sociétaire est obligé au paiement des portions contributives auxquelles l'assujettit le présent système d'assurance mutuelle, jusqu'à la concurrence d'un pour cent de la valeur estimative de ses propriétés classées et catégorisées d'après leurs risques d'incendie.

Les propriétés engagées à l'assurance mutuelle seront la garantie de cette contribution, comme de toutes les autres charges sociales.

Tout sociétaire, à son admission dans la société, doit verser, outre les frais de direction, le dixième du maximum de sa portion contributive aux incendies, afin de former un fonds de prévoyance destiné à acquitter les indemnités aussitôt après l'estimation du dommage; l'administration veillera au placement immédiat des fonds provenant de ce versement, pour qu'ils produisent intérêt au profit de la société.

Dans tous les cas, le montant d'une portion contributive, en raison des événemens d'un ou de plusieurs incendies manifestés le même jour, en un ou plusieurs endroits, sur des bâtimens appartenant à un ou plusieurs propriétaires, et quels que soient le temps et la durée de l'incendie, ne pourra jamais excéder le maximum de la portion contributive aux incendies, fixé par le premier paragraphe dudit article à un pour cent de la valeur estimative des propriétés classées et catégorisées.

Le renouvellement d'incendie, faute d'extinction suffisante, ne sera pas considéré comme un nouvel incendie, mais au contraire comme une continuation du premier.

L'administration fera connaître, tous les six mois, l'état exact de la garantie d'assurance, afin que les assurés n'ignorent pas la limite de leur recours sur la société, en cas d'incendie.

13. Tous les locataires sont admis, avec le consentement de leur propriétaire, à cause de la responsabilité dont ils sont tenus pour tout incendie de leur fait dans la propriété qui leur est louée, à devenir membres de la présente société, en satisfaisant,

comme s'ils étaient propriétaires, aux dispositions des présens statuts.

Le bénéfice de cette assurance n'aura lieu, en faveur du locataire, qu'autant que par l'événement il sera tenu lui-même à une indemnité envers son propriétaire : l'effet de l'assurance finira avec son bail.

Toute personne est admise à assurer officieusement la propriété d'autrui, mais avec le consentement des propriétaires, en se soumettant personnellement aux conditions de l'assurance, parceque l'indemnité, le cas échéant, retournera au propriétaire de l'immeuble assuré, distraction faite, au profit de l'assureur officieux, des frais de garantie d'assurance auxquels il se serait soumis pendant le temps couru et à courir de son engagement.

Dans le cas où plusieurs assurances seraient faites par divers intéressés sur un même immeuble, la compagnie ne serait néanmoins tenue qu'au paiement d'une seule indemnité en faveur du propriétaire, sauf aux divers intéressés à conserver leurs droits sur cette indemnité.

Les copropriétaires, fermiers, locataires, et en général toutes personnes jouissant au lieu et place des propriétaires, ne faisant pas courir plus de chances d'incendie les uns que les autres à la société, sur la simple déclaration des propriétaires, énoncée dans leur acte d'adhésion, pourront être déchargés de toute responsabilité en cas d'incendie de leur fait dans la propriété dont ils ont la jouissance ; les propriétaires n'en seront pas moins garantis de tout événement d'incendie, le tout moyennant une seule contribution à toutes les charges de la société.

14. Tout fait d'incendie dans la ville de Tours et sa banlieue est dénoncé, au moment où il se manifeste, par la personne qui a assuré, ou par toute autre qu'elle aurait chargée de ce soin, au secrétariat de la direction, qui fait de suite vérifier et constater le dommage.

La déclaration du propriétaire ou de son représentant est consignée sur un registre à ce destiné, et signée du déclarant, à qui il en est délivré copie.

Dans les autres communes du département, la personne incendiée est tenue d'en faire ou faire faire à l'instant la déclaration au maire de la commune, énonciative des causes et circonstances de l'incendie ; le maire en dresse procès-verbal, et donne son avis : la déclaration et le procès-verbal sont adressés, dans les trois jours, par la personne incendiée ou par son préposé, au directeur général, qui fait de suite vérifier et constater le dommage par un des experts de la société ;

le tout à peine, par les contrevenans, d'éprouver la réduction du dixième de l'indemnité à laquelle ils auraient droit.

Toute personne qui, la première, vient dénoncer un incendie à la charge de la société, a droit à une prime dont la quotité est réglée par le conseil d'administration.

Il sera offert, chaque année, par le conseil d'administration, des médailles d'argent à ceux des pompiers ou à toutes autres personnes, qui se seront distingués dans les secours portés pour arrêter les ravages du feu dans une propriété assurée.

15. Vingt-quatre heures après l'événement constaté, l'architecte de la compagnie, ou son préposé, procède à l'estimation du dommage causé par l'incendie à la propriété assurée.

Le propriétaire pourra lui adjoindre, à ses frais, un autre expert.

Dans le cas de partage entre eux, le troisième expert est nommé par les parties, et, en cas de discord, par M. le président du tribunal civil, et payé à frais communs.

La base de cette estimation est la valeur de la portion incendiée ou endommagée, et non le prix de la reconstruction.

Si la propriété est entièrement consumée, l'effet de la police d'assurance est suspendu jusqu'à la reconstruction, et le sociétaire reste, pendant le même temps, affranchi des charges sociales.

Les matériaux de la partie incendiée qui ont résisté en tout ou en partie à l'incendie sont estimés contradictoirement, et restent au propriétaire à valoir sur l'indemnité qu'il doit recevoir de la société.

La police d'assurance devient nulle dans ses effets actifs et passifs, si la propriété cesse d'exister par d'autres causes que celles de l'incendie.

16. Dans le mois après la clôture du procès-verbal des experts, la somme à laquelle le dommage a été fixé est payée à l'ayant-droit, sur l'ordre exprès du conseil d'administration : ce paiement se fait au moyen d'un mandat sur la caisse où le fonds de prévoyance est déposé. Si le fonds de prévoyance se trouvait insuffisant, une première indemnité sera accordée au propriétaire incendié, et le conseil d'administration, sur le rapport qui lui en sera fait par le directeur général, ordonnera une répartition sur les sociétaires qui doivent concourir au paiement de ce sinistre, afin de rétablir de suite le fonds de prévoyance et compléter le remboursement du dommage.

17. Pour l'exécution de l'article qui précède, le directeur général établit, tous les mois, le compte de la contribution des sociétaires, en raison des événemens d'incendie qui sont survenus.

Le conseil d'administration vérifie ce

compte et en arrête définitivement la répartition ; le directeur en poursuit le recouvrement.

Il en est donné avis aux sociétaires, qui viennent en prendre connaissance, s'ils le jugent à propos, au secrétariat de l'administration ; ils versent en même temps entre les mains du directeur le montant de la part dont ils sont respectivement tenus dans ladite contribution.

A défaut de paiement, cet avis est renouvelé, et quinze jours après ce dernier avertissement, l'assureur en retard est poursuivi à la diligence du directeur général et par voie de droit, pour le paiement de la somme dont il se trouve débiteur.

Le retardataire est, en outre, passible d'une indemnité dont la quotité est fixée au quart de la somme pour laquelle il est poursuivi, et, à dater du premier acte judiciaire jusqu'au paiement intégral, le bénéfice de l'assurance sera suspendu à son égard, sans que pour cela il soit déchargé de ses engagemens.

18. Le propriétaire d'un immeuble assuré pourra faire tel changement qu'il avisera bien, faisant toutefois constater par l'architecte ou le préposé de la compagnie la plus ou moins-value de cette propriété après les changemens.

Le procès-verbal qui constatera ces changemens sera aux frais du propriétaire ; le même procès-verbal déterminera la valeur pour laquelle l'immeuble devra désormais concourir à l'assurance.

Pour assurer l'exécution de ces dispositions, le directeur général fera visiter les propriétés assurées à des époques périodiques, dont les intervalles seront déterminés par le conseil d'administration.

CHAPITRE III. Conseil général des sociétaires.

19. Il y a chaque année une assemblée de sociétaires, sous la dénomination de *conseil général*.

20. Les trente plus forts assurés forment le conseil général ; ce conseil ne peut se réunir qu'au chef-lieu de la direction, et la moitié des membres est nécessaire pour qu'il puisse délibérer. Ils ont la faculté de se faire représenter, s'ils le jugent convenable, par d'autres sociétaires, pourvu que ceux-ci aient au moins pour vingt mille francs de constructions assurées.

21. La liste des trente plus forts sociétaires se dresse par le conseil d'administration, un mois avant l'époque de l'assemblée générale, qui se tient chaque année au cours de la foire d'août, et en outre toutes les fois que les intérêts de la société l'exigent.

La première réunion du conseil général aura lieu dans les trois mois de la mise en activité de la société.

22. Le conseil général est présidé par l'un de ses membres, élu à la majorité des suffrages.

Le président n'est nommé que pour une année ; il peut être réélu.

23. S'il arrive une vacance dans le sein du conseil général par décès, démission, vente de propriété ou autrement, la vacance sera remplie par le plus fort assuré non encore membre du conseil.

24. Le conseil général nomme les membres du conseil d'administration, et en détermine le nombre.

25. Le conseil général choisit dans son sein deux censeurs chargés de surveiller, pendant le courant de l'année, les opérations de l'administration.

Le conseil d'administration et les censeurs sont nommés à la majorité des suffrages.

26. Les censeurs peuvent assister, avec voix consultative seulement, aux délibérations du conseil d'administration.

Ils rendent compte au conseil général, dans sa séance annuelle, des observations qu'ils ont pu faire pendant l'année, et des abus qu'ils ont pu reconnaître dans l'administration.

Le conseil général, après avoir délibéré sur le rapport des censeurs, statue sur leurs observations.

Les censeurs, réunis à cinq membres du conseil général, peuvent convoquer des assemblées extraordinaires de ce conseil.

CHAPITRE IV. Conseil d'administration.

27. Le conseil d'administration choisit son président.

En cas d'absence du président, il est remplacé par un des membres du conseil, en suivant l'ordre d'âge.

Chacun des membres de ce conseil s'adjoint un suppléant, dont il fait choix dans le conseil général ; ce suppléant assiste aux séances, en cas d'absence du membre qui l'a choisi.

Le conseil d'administration est composé, pour parvenir à la formation de l'institution, des sociétaires dont les noms suivent : le marquis *de Quinemont*, président ; *de la Pinsonnière*, *Pallu*, *Mame*, etc.

Ses fonctions cesseront à la première assemblée du conseil général, lors de laquelle il sera nommé un nouveau conseil d'administration.

Il a été nommé pour avocat, notaire, avoué et architecte de la société, Messieurs *Juge* aîné, notaire à Tours, etc.

Les avocat, notaire, avoué et architecte

de la société peuvent être appelés, avec voix consultative, aux délibérations du conseil, lorsqu'ils n'en seront pas membres.

28. En cas de décès ou de démission de l'un des membres du conseil d'administration, il est remplacé de droit par son suppléant, jusqu'à ce qu'il ait été pourvu à son remplacement par le conseil général ; ce suppléant, devenu membre du conseil d'administration, s'adjoint alors un suppléant, dont il fait aussi choix dans le conseil général.

29. Les membres du conseil d'administration sont renouvelés par moitié tous les cinq ans ; les premiers sortans sont déterminés par le sort.

Tout membre du conseil d'administration doit être sociétaire, et avoir au moins pour vingt mille francs de propriétés engagées à l'assurance mutuelle.

Les membres du conseil d'administration dont le temps est expiré, peuvent être réélus.

30. Le conseil d'administration se réunit d'obligation tous les trois mois, sauf les convocations extraordinaires jugées nécessaires par le directeur général, qui en expose les motifs au président du conseil.

Il ne peut délibérer qu'autant que tous ses membres sont présens ou représentés par leur suppléant.

Les procès-verbaux sont signés par le président, et les arrêtés du conseil par tous les membres qui y ont concouru.

Les uns et les autres sont contresignés par le secrétaire général.

31. Les membres du conseil général et du conseil d'administration ne contractent aucune obligation, ni pour l'exécution du mandat qu'ils ont reçu, ni relativement aux engagements de la société.

32. Le conseil d'administration fixe la quotité des premières indemnités à accorder aux incendiés, lorsque le fonds de prévoyance est insuffisant pour solder de suite le dommage.

33. Il arrête les états de répartition, et en ordonne le recouvrement, après en avoir vérifié l'exactitude et s'être assuré que les limites posées à la mutualité par l'article 12 ne sont dépassées par aucun sociétaire.

34. Il se fait rendre compte des poursuites exercées par le directeur général pour faire rentrer les portions contributives des sociétaires en retard ; il déclare tombées en non-valeur celles qu'il reconnaît irrecouvrables, et, après avoir entendu l'avocat et l'avoué de la société, il prescrit les mesures à prendre pour la rentrée de celles qu'il croit pouvoir être encore recouvrées.

35. La délibération qui déclare une cote tombée en non-valeur, prononce en même temps la radiation du sociétaire contre le-

quel elle a été poursuivie ; extrait en est inscrit à son article au registre des comptes ouverts, et son nom est radié sur le journal général de sociétaires.

36. Les frais à la charge de la société, c'est-à-dire, ceux occasionnés par la poursuite des cotes irrecouvrables, ceux de toute action intentée et suivie d'après l'avis du conseil d'administration et dans laquelle la société aurait succombé, ceux d'expertise des dommages et de vérification de la valeur qu'avaient les propriétés incendiées avant le sinistre, sont imputés sur le fonds de prévoyance, ou compris, s'il y a lieu, d'après son autorisation, dans la première répartition, sans que le maximum de la portion contributive de chaque sociétaire puisse jamais être dépassé.

37. Le conseil vérifie, reçoit et débat le compte annuel des recettes et dépenses sociales, lequel reste entre les mains de son président, pour être par lui remis, avec expédition de la délibération contenant les observations du conseil, au président du conseil général.

38. Le conseil d'administration nommera à la place de directeur devenue vacante par le décès, la démission ou la révocation de directeur général ou de directeur adjoint, nommé pour cette fois par les sociétaires fondateurs ; il décidera, d'après les services qu'ils auront rendus pendant leur gestion, la quotité de la pension à laquelle leurs veuves pourraient avoir droit.

Cette pension sera nécessairement à la charge de la personne qui lui succédera dans cette fonction.

39. Le conseil peut suspendre les directeurs, provoquer et poursuivre leur révocation près du conseil général, convoqué extraordinairement à cet effet.

Les directeurs sont entendus dans leurs moyens de défense.

La décision du conseil général est sans appel ; la révocation cependant ne pourra être prononcée qu'à la majorité absolue des membres composant le conseil général, quel que soit d'ailleurs le nombre de ses membres qui assisteront à la séance dans laquelle cette révocation serait prononcée.

Le conseil d'administration révoque aussi tous les agens de l'administration, sauf appel au conseil général.

Il délibère sur toutes les affaires de la société, et les décide par des arrêtés consignés sur des registres tenus à cet effet ; les directeurs sont tenus de s'y conformer.

Ces décisions sont prises à la majorité absolue des suffrages, et elles sont exécutoires pour toute la compagnie.

40. Un commissaire du Gouvernement, désigné par son Excellence le ministre de

l'intérieur, peut prendre connaissance des arrêtés du conseil d'administration et en suspendre l'exécution, s'il les trouve contraires aux lois et en opposition avec les réglemens de police.

Son traitement, à la charge de la société, sera fixé par le conseil d'administration, lorsqu'il y aura pour vingt millions de propriétés soumises à la garantie mutuelle.

Chapitre V. Direction.

41. Il y a un directeur général et un directeur adjoint remplissant les fonctions de secrétaire général,

Les directeurs, sous les ordres du conseil d'administration, dirigent et exécutent toutes les opérations de la société.

Ils assistent, avec voix consultative, aux assemblées du conseil d'administration ; le directeur adjoint, remplissant les fonctions de secrétaire général, tient la plume.

Le directeur général convoque les assemblées du conseil général, aux époques et dans les cas prévus et d'après l'ordre qu'il en reçoit du conseil d'administration.

Il convoque également, lorsque cela peut devenir nécessaire, les assemblées extraordinaires du conseil d'administration, et en donne avis aux censeurs.

42. Les directeurs mettent sous les yeux du conseil général, lors de la réunion annuelle, l'état de situation de l'établissement, celui des recettes et dépenses de l'année précédente, et le compte détaillé de tout ce que la société a été dans le cas de payer par suite des dommages causés par le feu.

Ils donnent aux censeurs toutes les communications qu'ils peuvent désirer ; ils leur représentent les registres des délibérations et arrêtés de l'administration, les états de situation de l'établissement, et leur procurent tous les renseignemens que les intérêts de leurs commettans exigent.

Ils donnent également à chaque sociétaire tous les renseignemens dont il peut avoir besoin.

43. Après l'expiration de chaque année, le directeur général soumet au conseil d'administration le compte général des recettes et dépenses de l'année précédente.

L'année date du jour de la mise en activité de la société.

44. Le directeur général fait procéder à l'estimation des maisons et bâtimens engagés à l'assurance ; il délivre aux sociétaires leurs polices d'assurance, pour chacune desquelles il perçoit cinquante centimes ; il est chargé de la tenue et de l'ordre des bureaux, des rapports de la société avec les autorités, et de la correspondance, enfin de la confection comme de la suite et de l'exécution de tous les actes qui peuvent concerner l'établissement.

45. Le directeur général, chargé de l'exécution des présens statuts, ne peut s'en écarter en aucune des opérations qui en font l'objet ; en conséquence il est tenu non-seulement d'ouvrir des registres nécessaires au conseil général et au conseil d'administration pour leurs délibérations et leurs arrêtés, mais encore d'avoir un journal général qui offre, dans l'ordre jugé convenable, les noms des sociétaires, leur domicile, la valeur de leurs bâtimens assurés et le compte ouvert à chacun d'eux, enfin les registres relatifs aux déclarations d'incendie, aux évaluations des dommages et à la correspondance.

Il nomme et révoque tous les employés dont il a besoin pour le service de ses bureaux.

Les estimateurs et les experts sont nommés par le conseil d'administration sur sa présentation.

46. Il fait apposer sur chaque propriété assurée, et dans la quinzaine au plus tard de l'engagement, une plaque indicative de l'assurance, au compte de l'assuré, portant ces mots : *Assurance mutuelle contre l'incendie (Indre-et-Loire).*

47. Les frais de premier établissement, de loyer des bureaux de la direction, de fournitures de bureau, des ports de lettres et paquets d'impression, ainsi que les traitemens des employés, sont et demeurent à la charge des directeurs.

Ils ne peuvent être tenus des avances des frais à la charge de la société ; elles sont prélevées sur le fonds de prévoyance, d'après l'autorisation du conseil d'administration, et y sont réintégrées ensuite, pour celles susceptibles de rentrer.

48. Pour faire face aux frais laissés par le précédent article à la charge des directeurs, ainsi qu'au traitement auquel ils ont droit pour leur gestion, tout sociétaire paie, chaque année, quarante centimes par mille francs du montant de l'estimation définitive de sa propriété assurée.

Cependant le sociétaire dont les propriétés réunies ne seront que d'une valeur de cinq mille francs et au-dessous, paiera deux francs de contribution annuelle.

Le paiement de ce droit est exigible, pour tous les sociétaires, au commencement de chaque année de leur assurance.

49. Un traité à forfait entre l'association et les directeurs, pour les frais d'administration à la charge de ces derniers, est consenti par les fondateurs, aux conditions exprimées par l'article qui précède, pour dix années, à l'expiration desquelles il sera renouvelé avec eux, aux conditions qui seront trouvées con-

venables par le conseil général, sur l'avis du conseil d'administration.

50. Toute instance autre que celle nécessaire pour la rentrée des portions contributives et des fonds de prévoyance, à laquelle les présens statuts donnent ouverture, ne peut être engagée et soutenue par le directeur général que d'après l'autorisation du conseil, l'avocat et l'avoué de la compagnie entendus.

51. Les directeurs ne devant point être dépositaires des fonds sociaux, ainsi qu'il est énoncé en l'article 12, sont solidairement responsables, chacun en ce qui le concerne, de l'exécution du mandat qu'ils reçoivent. Ils fournissent un cautionnement en immeubles de la valeur de cinq mille francs. Le président du conseil d'administration prendra toutes inscriptions nécessaires, au nom de la société; main-levée n'en sera donnée que sur une délibération du conseil d'administration.

52. MM. *Graindor (Pierre-Philippe-Romain)* et *Thézard (Jean-Baptiste-Bobert)* en sont les directeurs pour la durée de ladite société; le premier comme directeur général, et le dernier en qualité de directeur adjoint. Ils sont, en leur susdite qualité, chargés de faire toutes les démarches nécessaires pour obtenir l'ordonnance royale voulue par les lois et réglemens sur les sociétés anonymes; ils sont aussi autorisés à signer les divers actes auxquels la présente association peut donner lieu.

Le sieur *Thézard* remplacera le sieur *Graindor* en cas de décès, ou de démission, ou de révocation.

Chapitre VI. Dispositions générales.

53. La compagnie se réserve, pour sa plus grande prospérité, de pourvoir, par les voies que la prudence et son expérience lui suggéreront, au moyen de préservation d'incendie, dont l'objet des présens statuts est de faire garantir les dommages, et particulièrement de veiller à ce que les lois et ordonnances de police sur le ramonage et la construction des cheminées, fours et fourneaux, soient particulièrement observées dans les maisons et bâtimens garantis par l'assurance.

54. S'il survient quelque contestation entre la compagnie, comme chambre d'assurance, et un ou plusieurs des assurés, elle sera jugée, à la diligence du directeur général pour la société, par trois arbitres, dont deux sont nommés par les parties respectives, et le troisième par le président du tribunal de première instance de l'arrondissement du siége de l'établissement.

Leur jugement est sans appel.

26

55. A l'expiration des trente années, il sera procédé, par le conseil d'administration, à l'examen du compte moral de la situation de l'établissement, que lui présenteront les directeurs; et le conseil décidera si l'on devra demander ou non, au Gouvernement, une autorisation de prolongation.

56. Si le conseil décide que la prolongation ne sera pas demandée, il sera procédé à la liquidation générale, sur le compte dressé par les directeurs. Les fonds existans seront répartis entre toutes les personnes qui seront alors sociétaires, au prorata de ce qu'elles auront versé dans la dernière année de la société.

57. Les fondateurs, comparans, autorisent le conseil d'administration, les directeurs ci-dessus nommés entendus, à adhérer, au nom des sociétaires, aux amendemens que le conseil-d'Etat jugerait indispensable de faire aux dispositions des articles qui seraient trouvés contraires aux lois.

58. Tous les cas non prévus par les présens statuts, de même que les changemens, modifications ou additions que l'expérience démontrerait comme utiles et nécessaires pour l'avantage de la société, dans les attributions respectives du conseil général des sociétaires, du conseil d'administration et des directeurs, seront déterminés par un supplément aux présens statuts et par un réglement délibéré en conseil général, soumis à l'homologation du ministre de l'intérieur, et porté à la connaissance des sociétaires.

Les fondateurs donnent, dès ce moment, au conseil général tous les pouvoirs à ce nécessaires.

59. Le domicile de la compagnie est élu dans le local de la direction, dont les bureaux ne pourront être établis ailleurs que dans le chef-lieu du département.

Chaque sociétaire est tenu d'élire domicile dans le même chef-lieu.

Dont acte, etc. Fait et passé à Tours, étude de Juge, l'an 1825, le 11 août; les comparans ont signé avec nous, notaires, après lecture faite.

Etat sommaire des propriétés qui seront admises à l'assurance mutuelle contre l'incendie, et proposées par les signataires de l'acte ci-dessus.

(Nous supprimons cet état, qui est absolument inutile.)

Aujourd'hui, 17 avril 1826,
Devant nous, Louis-Guillaume Juge et notre collègue, notaires royaux à Tours, soussignés,
Le conseil d'administration de la société

8

d'assurance mutuelle contre l'incendie, pro-
jetée pour le département d'Indre-et-Loire,
s'étant réuni en l'étude de Mᵉ Juge, l'un des
notaires soussignés, ès-personnes de MM.
Ferdinand-Augustin-Amand Mame, impri-
meur-libraire, demeurant à Tours; Ambroise
Pallu, négociant; Etienne Langlais, propriétaire, demeurant tous deux-à Tours;
Benjamin Verdier, propriétaire, demeurant
à Tours, agissant au nom et comme mandataire spécial de M. Alexis-Jacques-Louis-
Marie Lhomme de la Pinsonnière, propriétaire à Civray, aux termes de la procuration
sous seing privé du 6 de ce mois, enregistrée
à Tours le 15, dont l'original demeurera
jointe et annexé aux présentes, après avoir été
certifié véritable par M. Verdier, de lui et
des notaires soussignés, signé et paraphé,
ne varietur; M. François-Aquilas Laurent,
notaire à Tours, agissant comme mandataire de M. Auguste-Charles-Louis, marquis
de Quinemont, demeurant commune de
Mougon, suivant son pouvoir sous seing
privé du 10 de ce mois, enregistré à Tours,
le 15, dont l'original demeurera joint et annexé aux présentes, après avoir été certifié
véritable par M. Laurent, de lui et des notaires soussignés, signé et paraphé pour ne
varier;

Et MM. Pierre-Philippe-Romain Graindor et Jean-Baptiste Robert Thézard, propriétaires, demeurant à Blois.

MM. Graindor et Thézard, directeurs,
ont déposé sur le bureau une lettre du ministre de l'intérieur, en date du 23 mars
dernier, ainsi conçue :

« Messieurs, ayant reçu, de la part de M.
« le préfet d'Indre-et-Loire, l'acte constitutif
« de la société d'assurance mutuelle contre
« l'incendie à établir à Tours, pour ce dépar-
« tement, je l'ai fait examiner au comité de
« l'intérieur et du commerce; et, puisque
« vous êtes désignés directeurs de cette asso-
« ciation, je crois hâter la conclusion de l'af-
« faire en vous faisant tenir les observations
« sur lesquelles l'acte social paraît devoir
« être amendé. L'ancienneté des modèles
« que la rédaction a suivis, et la jurispru-
« dence formée depuis plusieurs années vous
« feront sentir que certains articles, bien que
« conformes à d'autres actes semblables, sont
« susceptibles de changement.

« Art. 2. Les sociétés d'assurances mu-
« tuelles sont assujéties aux formes de la so-
« ciété anonyme, mais elles ne sont pas pro-
« prement sociétés anonymes dans le sens
« du Code commercial, et il n'en résulte
« aucune attribution aux tribunaux de com-
« merce.

« Art. 12. La rédaction semblerait tendre
« à faire croire que les associés ne sont en-
« gagés qu'à la concurrence d'un pour cent

« de leurs propriétés, ce qui n'est pas exact;
« loin de là, et ce que paraîtrait néanmoins
« confirmer le dernier paragraphe, où il est
« question de la publicité de l'état exact de
« la garantie. Il faut dire au premier para-
« graphe que le sociétaire est assujéti au
« paiement des portions contributives, dont
« chaque appel ne pourra excéder un pour
« cent, etc., et le dernier paragraphe doit ré-
« gler la publication de la somme totale des
« valeurs associées à l'assurance, afin, etc.,
« etc.

« Art. 13. Comme il est très bien stipulé
« que plusieurs assurances sur un même
« immeuble ne peuvent coûter à la société
« qu'une seule indemnité, il doit être dit
« qu'elles ne pourront supporter ensemble
« qu'une seule part contributive; c'est déjà
« ce qui est justement énoncé pour l'assu-
« rance du locataire.

« Art. 14. Une société privée ne peut im-
« poser des règles aux maires et exiger leur
« avis; il faut se contenter d'obliger l'incen-
« dié à faire sa déclaration devant l'autorité
« locale, et d'en rapporter l'acte. Il ne peut
« non plus appartenir à une réunion de par-
« ticuliers de décerner des médailles, et
« particulièrement aux pompiers assimilés
« aux corps militaires. Cette remarque se
« rapporte à une réclamation de Son Excel-
« lence le ministre de la guerre.

« Art. 17. Le Comité a trouvé que le re-
« tardataire, si l'assurance en sa faveur est
« suspendue, ne peut guère être équitable-
« ment maintenu dans l'obligation de contri-
« buer aux dommages des autres.

« Art. 31. Les règles générales sur le
« mandat, et l'article 32 en particulier du
« Code de commerce, disent que les admi-
« nistrateurs des sociétés (auxquelles celles
« d'assurances mutuelles sont analogues) ne
« sont responsables que de l'exécution du
« mandat qu'ils ont reçu, et qu'ils ne con-
« tractent, à raison de leur gestion, aucune
« obligation personnelle ni solidaire, rela-
« tivement aux engagemens de la société;
« c'est dans l'esprit de ces règles qu'il faut
« rédiger l'article. Ces expressions qu'on y
« trouve, ils ne contractent aucune obliga-
« tion pour l'exécution du mandat qu'ils ont
« reçu, si elles ne renferment pas un sens il-
« légal, n'en présentent qu'un obscur et in-
« intelligible.

« Art. 36. Par inadvertance, au lieu de
« parler de l'autorisation du conseil d'admi-
« nistration, on a dit simplement : son auto-
« risation, sans nommer le conseil.

« Art. 38. On peut convenir que le direc-
« teur qui succéderait à l'un des titulaires dé-
« cédé serait tenu du paiement des indemni-
« tés qui, à raison du service de celui-ci,
« pourraient être dues à sa veuve; mais on

« ne saurait prévoir un établissement de
« pensions dans une société temporaire, que
« la diminution des valeurs associées peut
« même dissoudre d'époque en époque, et
« dont l'administration par conséquent et les
« avantages pourraient finir beaucoup plus
« tôt que la vie des personnes à pensionner.

« Art. 40. La société peut prévoir l'assis-
« tance d'un commissaire du Gouvernement;
« elle n'a pas besoin de déterminer ses fonc-
« tions; c'est à l'ordonnance de sa majesté
« qu'appartient ce soin.

« Quant au traitement, la société devra
« l'offrir ; mais, après avoir entendu ses of-
« fres, c'est à moi de le fixer ; et au surplus,
« il doit courir du moment où la société
« sera en activité, et non pas seulement
« quand elle aura réuni vingt millions de
« valeurs.

« Art. 47. En parlant des frais à la charge
« de la société, qui restent hors du forfait des
« directeurs, il est nécessaire de rappeler
« ce que sont ceux qui sont énumérés à l'ar-
« ticle 36.

« Art. 51. Si les deux directeurs sont
« solidaires, c'est nécessairement pour tous
« leurs actes, et non chacun en ce qui le con-
« cerne. Une pareille restriction serait con-
« tradictoire avec la solidarité.

« Art. 53. La société ne pouvant avoir ni
« gestion ni entreprise, ne saurait pourvoir
« aux moyens de préservation de l'incendie;
« elle peut seulement se réserver de veiller
« chez les associés à l'exécution des lois et ré-
« glemens sur le ramonage, etc.

« Je vous invite, messieurs, à mettre ces
« observations sous les yeux de la société. Si
« elle y adhère, les amendemens indiqués
« pourront se faire par un acte public sup-
« plémentaire et explicatif, dressé en vertu
« des pouvoirs contenus aux articles 57 et
« 58. En recevant cet acte, que je réunirai
« aux statuts primitifs, je serai disposé à
« porter le tout à l'autorisation de sa ma-
« jesté.

« Recevez, messieurs, l'assurance de ma
« considération.

« Pour le ministre,

« Le Conseiller-d'État directeur,

« Signé DE SIRYEIS. »

Le conseil d'administration, après examen,
ayant reconnu que les articles amendés n'al-
téraient en aucune manière le principe de la
mutualité, adhère, au nom des sociétaires,
en vertu des articles 57 et 58 des statuts, aux
amendemens proposés par le comité de l'intérieur et du commerce.

En conséquence, le conseil d'administration, sur la proposition des directeurs,
arrête ;

1° Que l'article 2 des statuts ainsi conçu :

« Cette société est anonyme ; elle a pour
« unique objet de garantir mutuellement ses
« membres, etc., etc,

Sera rédigé de la manière suivante :

« Cette société a pour unique objet de ga-
« rantir mutuellement ses membres des per-
« tes et dommages que l'incendie et même
« le feu du ciel ou de cheminée pourraient
« occasionner aux maisons et bâtimens en-
« gagés par eux à l'association, comme aussi
« aux objets placés dans ces maisons et bâ-
« timens à perpétuelle demeure et devenus
« immeubles par destination.

« Les bâtimens des usines peuvent être
« assurés avec les roues hydrauliques, arbres
« de couche, godets, vannes, meules à mou-
« lin, piles et pilons, et généralement tout
« ce qui concerne le mécanisme scellé et
« placé à perpétuelle demeure et déclaré im-
« meuble par destination, qui dépendent de
« ces bâtimens, mais non avec les ustensi-
« les, machines et mécaniques sujets à dé-
« placement dans lesdits bâtimens, lesquels
« sont expressément exceptés. »

2° Que les articles 12, 13, 14, 17, 31,
36, 38, 40, 47, 51 et 53 desdits statuts seront rédigés de la manière suivante :

12. En sa qualité d'assureur, tout sociétaire est assujéti au paiement des portions
contributives, dont chaque appel ne pourra
excéder un pour cent de la valeur estimative
de ses propriétés classées et catégorisées
d'après leurs risques d'incendie.

Les propriétés engagées à l'assurance mutuelle seront la garantie de cette contribution, comme de toutes les autres charges
sociales.

Tout sociétaire, à son admission dans la
société, doit verser, outre les frais de direction, le dixième du maximum de sa portion
contributive aux incendies, afin de former
un fonds de prévoyance destiné à acquitter
les indemnités aussitôt après l'estimation du
dommage ; l'administration veillera au placement immédiat des fonds provenant de ce
versement, pour qu'ils produisent intérêt au
profit de la société.

Dans tous les cas, le montant d'une portion contributive, en raison des événemens
d'un ou de plusieurs incendies manifestés le
même jour, en un ou plusieurs endroits, sur
des bâtimens appartenant à un ou plusieurs
propriétaires, et quels que soient le temps et la
durée de l'incendie, ne pourra jamais excéder le maximum de la portion contributive
aux incendies, fixé par le premier paragraphe
dudit article à un pour cent de la valeur estimative de leurs propriétés classées et catégorisées.

Le renouvellement d'incendie, faute d'extinction suffisante, ne sera pas considéré

comme un nouvel incendie, mais au contraire comme une continuation du premier.

L'administration fera connaître, à chaque événement d'incendie, la somme totale des valeurs associées à l'assurance afin que les assurés n'ignorent pas la limite de leur recours sur la société.

12. Tous locataires sont admis, avec le consentement de leurs propriétaires, à cause de la responsabilité dont ils sont tenus pour tout incendie de leur fait dans la propriété qui leur est louée, à devenir membres de la présente société, en satisfaisant, comme s'ils étaient propriétaires, aux dispositions des présens statuts.

Le bénéfice de cette assurance n'aura lieu en faveur du locataire qu'autant que par l'événement il sera tenu lui-même à une indemnité envers son propriétaire; l'effet de l'assurance finira avec son bail.

Toute personne est admise à assurer officieusement la propriété d'autrui, mais avec le consentement des propriétaires, en se soumettant personnellement aux conditions de l'assurance, parce que l'indemnité, le cas échéant, retournera au propriétaire de l'immeuble assuré, distraction faite, au profit de l'assureur officieux, des frais de garantie d'assurance auxquels il serait soumis pendant le temps couru et à courir de son engagement.

Dans le cas où diverses assurances seraient faites par divers intéressés sur un même immeuble, la compagnie ne serait néanmoins tenue qu'au paiement d'une seule indemnité en faveur du propriétaire, sauf aux divers intéressés, qui ne pourront supporter ensemble qu'une seule part contributive aux charges sociales, à conserver leurs droits sur cette indemnité.

Les copropriétaires, fermiers, locataires, et en général toute personne jouissant au lieu et place des propriétaires, ne faisant pas courir plus de chances d'incendie les uns que les autres à la société, sur la simple déclaration des propriétaires énoncée en leur acte d'adhésion, pourront être déchargés de toute responsabilité en cas d'incendie de leur fait dans la propriété dont ils ont la jouissance; les propriétaires n'en seront pas moins garantis de tout événement d'incendie, le tout moyennant une seule contribution à toutes les charges de la société.

14. Tout fait d'incendie dans la ville de Tours et sa banlieue est dénoncé, au moment où il se manifeste, par la personne qui a assuré, ou par toute autre qu'elle aurait chargée de ce soin, au secrétariat de la direction, qui fait de suite vérifier et constater le dommage.

La déclaration du propriétaire ou de son représentant est consignée sur un registre à ce destiné, et signée du déclarant, à qui il en est délivré copie.

Dans les autres communes du département, la personne incendiée est tenue d'en faire ou faire faire de suite devant l'autorité locale la déclaration énonciative des causes et circonstances de l'incendie et d'en faire parvenir dans les trois jours l'acte au directeur général qui fait de suite vérifier et constater le dommage par un des experts de la société; le tout à peine, par les contrevenans, d'éprouver la réduction du dixième de l'indemnité à laquelle ils auraient droit.

Toute personne qui la première vient dénoncer un incendie à la charge de la société, a droit à une prime dont la quotité est réglée par le conseil d'administration, qui pourra également accorder une indemnité aux personnes qui se seront distinguées dans les secours portés pour arrêter les ravages du feu dans une propriété assurée.

17. Pour l'exécution de l'article qui précède, le directeur général établit tous les mois le compte de la contribution des sociétaires, en raison des événemens d'incendie qui sont survenus.

Le conseil d'administration vérifie ce compte et en arrête définitivement la répartition; le directeur en poursuit le recouvrement.

Il en est donné avis aux sociétaires, qui viennent en prendre connaissance, s'ils le jugent à propos, au secrétariat de l'administration; ils versent en même temps entre les mains du directeur le montant de la part dont ils sont respectivement tenus dans ladite contribution.

A défaut de paiement, cet avis est renouvelé, et, quinze jours après ce dernier avertissement, l'assureur en retard est poursuivi à la diligence du directeur général et par toutes voies de droit, pour le paiement de la somme dont il se trouve débiteur.

Le retardataire est en outre passible d'une indemnité dont la quotité est fixée au quart de la somme pour laquelle il est poursuivi.

31. Les membres du conseil général et du conseil d'administration ne sont responsables que de l'exécution du mandat qu'ils ont reçu; ils ne contractent, à raison de leur gestion, aucune obligation personnelle ni solidaire relativement aux engagemens de la société.

36. Les frais à la charge de la société, c'est-à-dire ceux occasionnés par la poursuite de cotes irrecouvrables, ceux de toute action intentée et suivie d'après l'avis du conseil d'administration et dans laquelle la société aurait succombé, ceux d'expertise

des dommages et de vérification de la valeur qu'avaient les propriétés incendiées avant le sinistre, sont imputés sur les fonds de prévoyance, ou compris, s'il y a lieu, d'après l'autorisation du conseil d'administration, dans la première répartition, sans que le *maximum* de la portion contributive de chaque sociétaire puisse jamais être dépassé.

38. Le conseil d'administration nommera à la place de directeur devenue vacante par le décès, la démission ou la révocation du directeur général ou du directeur adjoint, nommés, pour cette fois, par les sociétaires fondateurs ; il décidera, d'après les services qu'ils auront rendus pendant leur gestion, la quotité de l'indemnité à laquelle leurs veuves pourraient avoir droit.

Cette indemnité sera nécessairement à la charge du directeur qui leur succédera dans cette fonction.

40. Un commissaire du Gouvernement près la société est désigné par son excellence le ministre de l'intérieur.

Son traitement, fixé par son excellence, reste à la charge de la société ; le conseil d'administration en ordonne le prélèvement sur le fonds de prévoyance.

47. Les frais de premier établissement, de loyer des bureaux de la direction, de fournitures de bureau, de ports de lettres et paquets d'impression, ainsi que les traitemens des employés, sont et demeurent à la charge des directeurs.

Ils ne peuvent être tenus des avances des frais à la charge de la société énumérés aux articles 36 et 40 ; ces avances sont prélevées sur le fonds de prévoyance, d'après l'autorisation du conseil d'administration.

51. Les directeurs, ne pouvant point être dépositaires des fonds sociaux, ainsi qu'il est énoncé en l'article 12, sont solidairement responsables de l'exécution du mandat qu'ils reçoivent.

Ils fournissent un cautionnement en immeubles de la valeur de cinq mille francs. Le président du conseil d'administration prendra toutes inscriptions nécessaires, au nom de la société ; main-levée n'en sera donnée que sur une délibération du conseil d'administration.

53. La compagnie se réserve de veiller chez ses associés à l'exécution des lois et réglemens sur le ramonage des cheminées, fours et fourneaux existans dans les maisons et bâtimens garantis par l'assurance.

4 MAI. — Pr. 19 JUIN 1826. — Ordonnance du Roi portant concession d'une pension au profit de la veuve du sieur Joseph Servière, décédé dans les fonctions de conseiller référendaire de seconde classe en la cour des comptes. (8, Bull. 96 *bis*, n° 1.)

4 MAI 1826. — Ordonnances du Roi qui autorisent l'acceptation de dons et legs faits à des fabriques et au séminaire d'Autun. (8, Bull. 147, n° 5254 à 5263.)

4 MAI 1826. — Ordonnances du Roi qui autorisent l'acceptation de donations faites à une fabrique et à un chapitre. (8, Bull. 149, n°s 5281 et 5282.)

4 MAI 1826. — Ordonnance du Roi qui accorde des lettres de déclaration de naturalité au sieur Culet. (8, Bull. 175, n° 5704.)

4 MAI 1826. — Ordonnance du Roi qui accorde des lettres de déclaration de naturalité au sieur Jacquet. (8, Bull. 153, n° 5534.)

4 MAI 1826. — Ordonnances du Roi qui autorisent l'acceptation de legs faits à un hospice et à des pauvres. (8, Bull. 93, n°s 3094 et 3095.)

4 MAI 1826. — Ordonnances du Roi qui autorisent l'acceptation de dons et legs faits à des hospices et à des pauvres. (8, Bull. 94, n°s 3102 à 3134.)

4 MAI 1826. — Ordonnances du Roi qui autorisent l'acceptation de dons et legs faits à des hospices et à des pauvres. (8, Bull. 95, n°s 3143 à 3178.)

6 MAI 1826. — Ordonnance du Roi qui nomme M. Mase de Perrochel président du collège électoral du 2e arrondissement du département de la Sarthe. (8, Bull. 160, n° 5937.)

7 — Pr. 27 MAI 1826. — Ordonnance du Roi qui prescrit l'enregistrement et la transcription, sur les registres du Conseil-d'Etat, des statuts de trois congrégations religieuses de femmes. (8, Bull. 93, n° 3087.)

Charles, etc. — Vu l'article 2 de la loi du 24 mai 1825 ;

Vu, 1° l'approbation donnée, le 24 mars 1821, par feu notre cousin le cardinal archevêque de Paris, aux statuts de la congrégation des sœurs de la Visitation de Sainte-Marie établie à Paris, rue de Sèvres, n°4;

2° L'approbation donnée, le 11 avril 1820 (1), par les vicaires généraux de l'archevêque de Toulouse, en son absence, aux statuts de la congrégation des sœurs de Notre-Dame de la Compassion établie à Toulouse;

3° L'approbation donnée, le 12 septembre 1825, par l'archevêque de Paris, aux statuts de la congrégation des religieuses dominicaines dites de la Croix, établie à Paris;

Vu lesdits statuts; — Considérant que les congrégations religieuses de femmes ci-dessus mentionnées ont déclaré dans leurs statuts qu'elles étaient soumises dans les choses spirituelles à la juridiction de l'ordinaire;

— Considérant que lesdits statuts ne dérogent pas aux lois du royaume touchant la nature et la durée des vœux; que d'ailleurs ils ne contiennent rien de contraire à la Charte constitutionnelle, aux droits de notre couronne, aux franchises, libertés et maximes de l'église gallicane;

Sur le rapport de notre ministre secrétaire-d'État au département des affaires ecclésiastiques et de l'instruction publique;

Notre Conseil-d'État entendu,

Art. 1er. Les statuts des trois congrégations religieuses de femmes connues, la première, sous le nom de sœurs de la Visitation de Sainte-Marie, établie à Paris, rue de Sèvres, n° 4; la seconde, sous le nom de sœurs de Notre-Dame de la Compassion, établie à Toulouse; la troisième, sous le nom de religieuses dominicaines, dites de la Croix, établie à Paris, rue de Charonne, faubourg Saint-Antoine, formant chacune un établissement isolé, dirigé par une supérieure locale, et les unes et les autres ayant pour but de donner l'éducation aux jeunes filles, et un asile aux personnes du sexe qui veulent vivre hors du monde, dans l'exercice des vertus chrétiennes; lesdits statuts, dûment vérifiés, et tels qu'ils sont annexés à la présente ordonnance, seront enregistrés et transcrits sur les registres de notre Conseil-d'État: mention de la transcription sera faite par le secrétaire général du Conseil-d'État sur la pièce enregistrée.

2. Nous nous réservons d'autoriser ultérieurement, s'il y a lieu, lesdites congrégations après l'accomplissement des formalités prescrites par la loi.

3. Notre ministre secrétaire d'État au département des affaires ecclésiastiques et de l'instruction publique, et notre garde-des-sceaux, ministre secrétaire-d'État au département de la justice (M. Frayssinous et comte de Peyronnet) sont chargés, etc.

7 = Pr. 27 MAI 1826. — Ordonnance du Roi qui prescrit l'enregistrement et la transcription, sur les registres du Conseil-d'État, des statuts de deux congrégations religieuses de femmes. (8, Bull. 93, n° 3088.)

Charles, etc. — Vu l'article 2 de la loi du 24 mai 1825;

Vu, 1° L'approbation donnée, le 8 juin 1824, par l'archevêque de Bordeaux, à la congrégation des dames de l'Instruction chrétienne établie dans ce diocèse;

2° L'approbation donnée, le 21 juin 1824, par l'évêque de Digne, aux statuts de la congrégation des sœurs de Notre-Dame de la Présentation établie dans ce diocèse;

Vu lesdits statuts; — Considérant que les congrégations de femmes ci-dessus mentionnées ont déclaré dans leurs statuts qu'elles étaient soumises dans les choses spirituelles à la juridiction de l'ordinaire;

Considérant que lesdits statuts ne dérogent pas aux lois du royaume touchant la nature et la durée des vœux; que d'ailleurs ils ne contiennent rien de contraire à la Charte constitutionnelle, aux droits de notre couronne, aux franchises, libertés et maximes de l'église gallicane;

Sur le rapport de notre ministre secrétaire-d'État au département des affaires ecclésiastiques et de l'instruction publique;

Notre Conseil-d'État entendu,

Nous avons ordonné et ordonnons ce qui suit:

Art. 1er. Les statuts des deux congrégations religieuses de femmes connues, l'une sous le nom de dames de l'Instruction chrétienne établie dans le diocèse de Bordeaux, et l'autre sous le nom de sœurs de Notre-Dame de la Présentation, établie dans le diocèse de Digne, dirigées l'une et l'autre par une supérieure générale, et ayant pour but de donner l'instruction aux jeunes filles, et principalement aux filles pauvres, et de donner asile aux personnes du sexe qui veulent se retirer du monde; lesdits statuts, dûment vérifiés, et tels qu'ils sont annexés à la présente ordonnance, seront enregistrés et transcrits sur les registres de notre conseil-d'État: mention de la transcription sera faite par le secrétaire général du Conseil-d'État sur la pièce enregistrée.

2. Nonobstant toutes expressions desdits statuts qui pourraient n'y point paraître conformes, les personnes faisant partie des

(1) Lisez: 11 août 1820, erratum du Bulletin 96.

dites congrégations ne pourront disposer de leurs biens meubles et immeubles que dans les limites prescrites par l'art. 5 de la loi du 24 mai 1825.

3. Nous nous réservons d'autoriser ultérieurement, s'il y a lieu, lesdites congrégations, après l'accomplissement des formalités prescrites par la loi.

4. Notre ministre secrétaire-d'État au département des affaires ecclésiastiques et de l'instruction publique, et notre garde-des-sceaux, ministre secrétaire-d'État au département de la justice (M Frayssinous et comte de Peyronnet) sont chargés, etc.

7 MAI = 1er JUIN 1826. — Ordonnance du Roi qui prescrit l'enregistrement et la transcription, sur les registres du Conseil-d'État, des statuts d'une congrégation religieuse de femmes. (8, Bull. 94, n° 5097.)

Charles, etc. — Vu l'article 2 de la loi du 24 mai 1825 ;

Vu l'approbation donnée, le 24 août 1825, par l'archevêque de Paris, aux statuts de la congrégation des dames bénédictines du Saint-Sacrement, établie à Paris, rue Neuve-Sainte-Geneviève ;

Vu lesdits statuts ; — Considérant que la congrégation religieuse de femmes ci-dessus mentionnée a déclaré dans ses statuts qu'elle était soumise dans les choses spirituelles à la juridiction de l'ordinaire ;

Considérant que lesdits statuts ne dérogent pas aux lois du royaume touchant la nature et la durée des vœux ; que d'ailleurs ils ne contiennent rien de contraire à la Charte constitutionnelle, aux droits de notre couronne, aux franchises, libertés et maximes de l'église gallicane ;

Sur le rapport de notre ministre secrétaire-d'État au département des affaires ecclésiastiques et de l'instruction publique :

Notre Conseil-d'État entendu,

Nous avons ordonné et ordonnons ce qui suit :

Art. 1er. Les statuts de la congrégation religieuse de femmes connue sous le nom de *congrégation de Dames Bénédictines du Saint-Sacrement*, établie à Paris, rue Neuve-Sainte-Geneviève, formant un établissement isolé, dirigé par une supérieure locale, ayant pour objet de donner l'instruction gratuite aux enfants de pauvres, l'éducation aux jeunes personnes aisées, un asile aux femmes pieuses qui veulent se consacrer plus particulièrement à la pratique des vertus chrétiennes, et une retraite gratuite à d'anciennes religieuses privées de toute ressource ; lesdits statuts, dûment vérifiés et tels qu'ils sont annexés à la présente ordonnance, seront

enregistrés et transcrits sur les registres de notre Conseil-d'État : mention de la transcription sera faite par le secrétaire général du Conseil-d'État sur la pièce enregistrée.

2. Nous nous réservons d'autoriser ultérieurement, s'il y a lieu, ladite congrégation, après l'accomplissement des formalités prescrites par la loi.

3. Notre ministre secrétaire-d'État au département des affaires ecclésiastiques et de l'instruction publique (Frayssinous), et notre garde-des-sceaux (comte de Peyronnet) ministre secrétaire-d'État au département de la justice, sont chargés, etc.

7 MAI = Pr. 1er JUIN 1826. — Ordonnance du Roi qui prescrit l'enregistrement et la transcription, sur les registres du Conseil-d'État, des statuts de trois congrégations religieuses de femmes. (8, Bull. 94, n° 5098.)

Charles, etc. — Vu l'article 2 de la loi du 24 mai 1825 ;

Vu, 1° l'approbation donnée, le 28 février 1824, par feu notre cousin le cardinal archevêque de Paris, aux statuts de la congrégation des dames chanoinesses de l'association de Notre-Dame de Saint-Augustin établie dans cette ville ;

2° L'approbation donnée le 16 juin 1814, par l'évêque d'Amiens, aux statuts de la congrégation des sœurs ou Dames Ursulines établie dans cette ville ;

3° L'approbation donnée, le 25 octobre 1822, par l'évêque de Versailles, aux statuts de la congrégation des Sœurs des Écoles chrétiennes établie à Rambouillet, département de Seine-et-Oise ;

Vu lesdits statuts ; — Considérant que les congrégations religieuses de femmes ci-dessus mentionnées ont déclaré dans leurs statuts qu'elles étaient soumises dans les choses spirituelles à la juridiction de l'ordinaire ;

Considérant que lesdits statuts ne dérogent pas aux lois du royaume touchant la nature et la durée des vœux ; que d'ailleurs ils ne contiennent rien de contraire à la Charte constitutionnelle, aux droits de notre couronne, aux franchises, libertés et maximes de l'église gallicane ;

Sur le rapport de notre ministre secrétaire-d'État au département des affaires ecclésiastiques et de l'instruction publique ;

Notre Conseil-d'État entendu ;

Nous avons ordonné et ordonnons ce qui suit :

Art. 1er. Les statuts des trois congrégations religieuses de femmes connues, savoir : la première sous le nom de *dames chanoinesses* de l'*Association de Notre-Dame de Saint-Augustin*, établie à Paris; la seconde de *sœurs ou dames ursulines*, établie à Amiens; la troisième, *de sœurs des écoles chrétiennes*, établie à Rambouillet; les unes et les autres formant un établissement isolé, dirigé par une supérieure locale, et se livrant à l'éducation des jeunes filles; lesdits statuts, dûment vérifiés, et tels qu'ils sont annexés à la présente ordonnance, seront enregistrés et transcrits sur les registres de notre Conseil-d'Etat: mention de la transcription sera faite par le secrétaire général du Conseil-d'Etat sur la pièce enregistrée.

2. Nonobstant toutes expressions desdits statuts qui pourraient n'y point paraître conformes, les personnes faisant partie desdites congrégations ne pourront disposer de leurs biens meubles et immeubles que dans les limites prescrites par l'article 5 de la loi du 24 mai 1825.

3. Nous nous réservons d'autoriser ultérieurement, s'il y a lieu, lesdites congrégations, après l'accomplissement des formalités prescrites par la loi.

4. Notre ministre secrétaire-d'Etat au département des affaires ecclésiastiques et de l'instruction publique, et notre garde-des-sceaux, ministre secrétaire-d'Etat au département de la justice (Frayssinous et comte de Peyronnet) sont chargés, etc.

———

7 MAI = Pr. 8 JUIN 1826. — Ordonnance du Roi qui prescrit l'enregistrement et la transcription, sur les registres du Conseil-d'Etat, des statuts de la congrégation religieuse des Dames de Notre-Dame de Lorette établie dans le diocèse de Bordeaux. (8, Bull. 95, n° 3135.)

Charles, etc. — Vu l'article 2 de la loi du 24 mai 1825;

Vu l'approbation donnée, le 15 juillet 1825, par l'archevêque de Bordeaux, aux statuts de la congrégation des dames de Notre-Dame de Lorette établie dans ce diocèse;

Vu lesdits statuts;

Considérant que la congrégation religieuse de femmes ci-dessus mentionnée a déclaré dans ses statuts qu'elle était soumise dans les choses spirituelles à la juridiction de l'ordinaire;

Considérant que lesdits statuts ne dérogent pas aux lois du royaume touchant la nature et la durée des vœux; que d'ailleurs ils ne contiennent rien de contraire à la Charte constitutionnelle, aux droits de notre couronne, aux franchises, libertés et maximes de l'Eglise gallicane;

Sur le rapport de notre ministre secrétai-re-d'Etat au département des affaires ecclésiastiques et de l'instruction publique;

Notre Conseil-d'Etat entendu,

Nous avons ordonné et ordonnons ce qui suit:

Art. 1er. Les statuts de la congrégation religieuse de femmes connues sous le nom de *Notre-Dame de Lorette*, établie dans le diocèse de Bordeaux, dirigée par une supérieure générale, ayant pour objet, 1° de former des établissemens de charité pour y recueillir de pauvres enfans, les instruire des vérités de la religion et leur donner un état; 2° d'ouvrir un asile aux femmes domestiques sans places et aux jeunes personnes âgées de plus de quinze ans qui seraient sans appui et sans protection, jusqu'à ce qu'elles puissent se procurer une situation convenable; 3° de fonder des ateliers pour y occuper les ouvrières sans travail, ou même leur fournir du travail à domicile;

Lesdits statuts, dûment vérifiés, et tels qu'ils sont annexés à la présente ordonnance, seront enregistrés et transcrits sur les registres de notre Conseil-d'Etat: mention de la transcription sera faite par le secrétaire général du Conseil-d'Etat sur la pièce enregistrée.

2. Nonobstant toutes expressions desdits statuts qui pourraient n'y point paraître conformes, les personnes faisant partie de ladite congrégation ne pourront disposer de leurs biens meubles et immeubles que dans les limites prescrites par l'article 5 de la loi du 24 mai 1825.

3. Nous nous réservons d'autoriser ultérieurement, s'il y a lieu, ladite congrégation, après l'accomplissement des formalités prescrites par la loi.

4. Notre ministre secrétaire-d'Etat au département des affaires ecclésiastiques et de l'instruction publique, et notre garde-des-sceaux, ministre secrétaire-d'Etat au département de la justice (MM. Frayssinous et comte de Peyronnet), sont chargés, etc.

———

7 MAI = Pr. 18 OCTOBRE 1826. — Ordonnance du Roi qui détermine par qui devront être acceptées les donations faites aux établissemens ecclésiastiques lorsque les personnes désignées par l'ordonnance royale du 2 AVRIL 1817 seront elles-mêmes donatrices. (8, Bull. 119, n° 3921.)

Charles, etc. — Vu l'ordonnance du 2 avril 1817, sur l'exécution de la loi du 2 janvier de la même année, relative aux donations et legs faits en faveur des établissemens ecclésiastiques;

Sur le rapport de notre ministre secrétai-re-d'Etat au département des affaires ec-

clésiastiques et de l'instruction publique,
Notre Conseil-d'Etat entendu,

Nous avons ordonné et ordonnons ce qui suit :

Art. 1er A l'avenir, lorsque la personne désignée en la qualité qu'elle exerce, par l'ordonnance du 2 avril 1817, pour accepter, avec notre autorisation, les donations faites aux établissemens ecclésiastiques, sera elle-même donatrice, elle sera remplacée, pour la formalité de l'acceptation, savoir :

L'évêque, par le premier vicaire général, si la donation concerne l'évêché ; par le supérieur du séminaire, s'il agit d'une libéralité au profit de cet établissement, et par le trésorier de la fabrique cathédrale, si la donation a pour objet ladite cathédrale ;

Le doyen du chapitre, par le plus ancien chanoine après lui ;

Le curé et le desservant, par le trésorier de la fabrique ;

Le trésorier, par le président ;

Le supérieur, par l'ecclésiastique destiné à le suppléer en cas d'absence ;

Et la supérieure, par la religieuse qui vient immédiatement après elle dans le gouvernement de la congrégation ou communauté.

2. L'ordonnance du 2 avril 1817 est maintenue en tout ce qui n'est point contraire à la présente ordonnance.

3. Notre ministre secrétaire-d'Etat au département des affaires ecclésiastiques et de l'instruction publique (Frayssinous) est chargé, etc.

---

7 MAI 1826. — Ordonnance du Roi qui accorde des lettres de déclaration de naturalité au sieur Koders. (8, Bull. 232, n° 8480.)

---

7 MAI 1826. — Ordonnance du Roi qui accorde des lettres de déclaration de naturalité au sieur Dimon. (8, Bull. 271, n° 10445.)

---

7 MAI 1826. — Ordonnance du Roi qui accorde des lettres de déclaration de naturalité au sieur Christian. (8, Bull. 316, n° 12144.)

---

7 MAI 1826. — Ordonnance du Roi qui accorde des lettres de déclaration de naturalité au sieur Jacquemain. (8, Bull. 284, n° 10913.)

---

7 MAI 1826. — Ordonnance du Roi qui accorde des lettres de déclaration de naturalité au sieur Minn. (8, Bull. 247, n° 11392.)

---

7 MAI 1826. — Ordonnance du Roi qui autorise le sieur Weiss à se faire naturaliser en Suisse. (8, Bull. 160, n° 5953.)

---

7 MAI 1826. — Ordonnance du Roi qui accorde des lettres de déclaration de naturalité au sieur Balieur. (8, Bull. 175, n° 6705.)

---

7 MAI 1826. — Ordonnance du Roi qui autorise le sieur Schnitzer à établir son domicile en France. (8, Bull. 90, n° 3039.)

---

7 MAI 1826. — Ordonnance du Roi qui autorise le sieur Sengenwald à substituer à son nom celui de Molk. (8, Bull. 90, n° 3030.)

---

7 MAI 1826. — Ordonnance du Roi qui accorde des lettres de déclaration de naturalité au sieur Ferraris. (8, Bull. 105, n° 3525.)

---

7 MAI 1826. — Ordonnance du Roi qui accorde des lettres de déclaration de naturalité au sieur Boglione. (8, Bull. 121, n° 4061.)

---

9 = Pr. 13 MAI 1826. — Ordonnance du Roi concernant l'exécution de la loi du 30 AVRIL 1826, relative à la répartition de l'indemnité affectée aux anciens colons de Saint-Domingue. (8, Bull. 89, n° 2989.)

Voy. loi du 30 AVRIL 1826, ordonnances du 9 MAI 1826 et du 20 SEPTEMBRE 1828.

Charles, etc. — Vu notre ordonnance du 17 avril 1825 ;

Vu le rapport à nous présenté par la commission préparatoire créée par notre ordonnance du 1er septembre de la même année ;

Vu la loi du 30 avril dernier, relative à la répartition de l'indemnité affectée aux anciens colons de Saint-Domingue ;

Sur le rapport du président de notre conseil des ministres ;

Notre Conseil entendu,

Nous avons ordonné et ordonnons ce qui suit :

TITRE Ier. Des demandes en indemnité, et des pièces qui doivent y être annexées.

Art. 1er. Les anciens propriétaires de biens-fonds situés dans la partie française de l'île de Saint-Domingue, à défaut des anciens propriétaires, leurs héritiers, donataires, légataires ou ayans-cause, devront,

pour obtenir l'indemnité, se pourvoir en liquidation auprès de la commission qui sera
établie pour la répartition de la somme de
cent cinquante millions affectée aux anciens
colons de Saint-Domingue.

Leur demande sera déposée au secrétariat de la commission.

2. Toute demande en indemnité contiendra, 1° élection de domicile du réclamant à Paris; 2° les noms, prénoms du réclamant; 3° si le réclamant est représentant
d'anciens propriétaires, les noms, prénoms
des individus propriétaires en 1789 des
biens-fonds pour lesquels il se pourvoit en
indemnité, et ceux des héritiers intermédiaires qui auraient été habiles à réclamer;
4° la dénomination des biens-fonds en 1789,
avec l'indication, I de la ville ou paroisse
dans laquelle ils étaient situés; II de leur
contenance; III des diverses cultures qui y
étaient établies; IV des abornemens desdites
propriétés; V de la distance de l'embarcadère; VI de tous les moyens d'exploitation
qui y étaient attachés; VII du nombre d'esclaves qui existaient sur les habitations;
VIII des animaux, bâtimens et usines dont
elles étaient garnies; IX de la nature et
quantité des denrées récoltées en 1789 ou
dans l'année la plus rapprochée de ladite
époque, et généralement de tout ce qui peut
conduire à déterminer la valeur des biens-
fonds; 5° la déclaration, s'il y a lieu, de la
portion des ateliers attachés aux propriétés
rurales qui aurait été cédée ou vendue au
Gouvernement anglais pour être incorporée
dans l'armée levée lors de l'occupation
d'une partie de la colonie par ce Gouvernement, ou qui aurait été emmenée par les
propriétaires dans d'autres colonies ou en
pays étranger.

Cette demande sera en outre appuyée des
titres et pièces nécessaires pour établir les
droits et qualités du réclamant et la valeur
à attribuer aux immeubles, le tout conformément à ce qui va être ci-après indiqué et
au modèle de demande annexée à la présente
ordonnance sous le n. 1.

3. Lorsque la demande sera formée par
l'ancien propriétaire, il devra produire,
pour justifier de sa qualité, de ses droits et
de la valeur de ses biens-fonds: 1° un extrait de son acte de naissance en due forme;
2° un acte de notoriété dressé devant un
juge de paix, signé par cinq témoins notables, et attestant son identité; 3° les actes et
titres authentiques propres à établir ses
droits à la propriété des biens-fonds pour lesquels il réclame l'indemnité, et, à défaut
d'actes et titres authentiques, tels que ordonnances de concession, contrats de vente,
d'échange, transactions, actes de partage,
inventaires, testamens, stipulations dotales

ou contractuelles, constitutions de rentes
perpétuelles ou viagères, transports ou tous
autres de ce genre.

I. Les déclarations portant descriptions et
recensemens de biens-fonds qui étaient fournies à l'administration de la colonie, à l'effet
de servir à la fixation de l'imposition, mais
seulement lorsqu'elles auront date certaine
et qu'elles seront revêtues de la signature et
de l'attestation de l'officier des milices, commandant la paroisse dans laquelle existe la
propriété rurale ou urbaine pour laquelle il
se pourvoit en liquidation.

II. Les plans ou extraits de plans possédés par des particuliers, lorsque ces plans
dressés par des arpenteurs assermentés, se
seront trouvés sous des cotes d'inventaires,
ou énoncés dans des actes authentiques, ou
que, par d'autres circonstances, ils auront
acquis une date certaine.

III. Les extraits des plans généraux qui
auraient été déposés à la commission, et
dont l'authenticité aurait été reconnue par
elle.

IV. Les comptes des gérans rendus à
leurs propriétaires, soit en France, soit en
pays étranger, particulièrement lorsque ces
comptes auront acquis une date certaine.

V. Les états d'évaluation qu'un propriétaire aurait pu avoir faits avant sa mort,
comme projet de partage.

VI. Les lettres missives écrites par les
propriétaires à leurs femmes, à leurs enfans,
à leurs héritiers, à leurs cosociétaires, en
France ou en pays étrangers; celles des gérans et procurateurs aux propriétaires ou
ayans droits du propriétaire, lorsque ces
lettres auront acquis une date certaine.

VII. Les comptes de ventes et produits
des denrées chargées et expédiées de la colonie dans les ports de France, et reçues par
des maisons de commerce des différens ports
du royaume;

Si ces comptes ont acquis une date certaine, s'ils sont contenus dans des registres
cotés ou inventoriés, la demande en indemnité devra relater cette circonstance, et en
rapporter la justification.

VIII. Les extraits qui auront été délivrés
par le dépositaire des archives de la marine
à Versailles, et les états d'appositions ou de
levées de séquestre dont les propriétés donnant lieu à l'indemnité ont pu être l'objet.

Les prétendans droits qui ne pourraient
fournir les pièces indiquées au présent article produiront tous autres actes et documens en leur possession.

4. Si l'ancien propriétaire n'est pas Français, ou s'il ne réside pas en France, l'extrait de son acte de naissance et l'acte de notoriété seront revêtus des formalités usitées
pour les mêmes actes dans le pays qu'il

habite, et légalisés par nos ambassadeurs, ministres, consuls, vice-consuls, ou tous autres agens diplomatiques.

5. Si la demande en indemnité est formée par les héritiers, donataires, légataires ou ayans-cause de l'ancien propriétaire, les réclamans produiront, indépendamment de l'extrait de naissance de chacun d'eux, et des pièces énoncées en l'article 3 ci-dessus, tous les actes propres à établir leurs droits à la succession, sans égard aux lois rendues sur l'émigration, et, lorsqu'il y aura lieu, l'extrait des registres de l'état civil servant à prouver les droits du propriétaire dépossédé.

Les héritiers qui entendront se prévaloir de la renonciation qui aura été faite à la succession de l'ancien propriétaire par les héritiers naturels ou institués à l'époque de son décès, devront en outre produire une copie en due forme de l'acte de renonciation et la preuve de leur acceptation.

6. Dans le cas où les réclamans ne pourraient représenter les actes servant à établir leurs droits à la propriété des biens-fonds pour lesquels ils se pourvoient en indemnité, ils devront, en justifiant des causes de l'impossibilité où ils se trouvent, demander à la commission l'autorisation d'y suppléer par voie d'enquête.

Il en sera de même lorsque le défaut de preuve portera sur la fixation de la valeur attribuée à la propriété.

Leur demande sera accompagnée d'un certificat du garde des archives de la marine à Versailles, constatant qu'il n'y existe aucun titre, état de recensement ou tout autre document relatif aux biens dont il s'agit. (*Voir* le modèle de demande annexé à la présente ordonnance sous le n. 2).

Si l'autorisation est accordée, la commission désignera les fonctionnaires qui devront recevoir l'enquête; les personnes qui seront entendues, et les faits sur lesquels elle portera.

La décision sera, à la diligence du commissaire du Roi, transmise aux fonctionnaires y dénommés, avec invitation d'y satisfaire dans le plus bref délai.

7. Les demandes en indemnité parvenues au secrétariat de la commission seront immédiatement portées à leur date, et dans l'ordre de leur arrivée, sur le registre qui sera ouvert à cet effet. Ce registre sera coté et paraphé par première et par dernière par un des présidens de la commission.

Elles seront en outre revêtues d'un *visa* signé par le secrétaire en chef, avec indication du numéro et de la date de l'enregistrement.

Le même registre servira également à constater successivement et d'une manière sommaire la suite donnée à chaque affaire jusqu'à sa conclusion. Il énoncera le nom du réclamant, celui de l'ancien propriétaire, le montant de l'indemnité qui aura été allouée, la désignation et la situation de l'objet pour lequel elle est accordée.

Des extraits régulièrement certifiés de ce registre et de l'enregistrement des demandes seront délivrés à toutes personnes qui prouveront avoir intérêt à les réclamer.

8. Les dispositions contenues aux articles 2, 3, 4 et 5 ci-dessus ne feront pas obstacle à l'enregistrement des demandes qui seront produites par des prétendans-droit sans justification, à l'effet d'éviter la déchéance prononcée par l'article 4 de la loi.

9. Les réclamations tendant à obtenir l'indemnité devront être formées à peine de déchéance et nonobstant toutes déclarations sommaires faites antérieurement à la promulgation de la loi, dans le délai d'un an pour les habitans du royaume, lequel délai court, pour chaque réclamant, du jour de la promulgation de la loi dans le département où est établi son domicile; de dix-huit mois, pour ceux qui habitent dans les autres Etats de l'Europe; et de deux ans, pour ceux qui demeurent hors d'Europe.

En conséquence, à la fin du jour de l'expiration des délais ci-dessus relatés, et à partir de la promulgation de la loi dans le département le plus éloigné de Paris, il sera procédé à la réquisition du commissaire du Roi et en présence des présidens des trois sections de la commission, à la clôture des registres. Le résultat de cette opération sera constaté par un procès-verbal indiquant l'heure de la clôture et le nombre de demandes portées au sommier.

10. Les demandes en indemnité présentées à l'enregistrement après le délai d'un an jusqu'à celui de dix-huit mois devront être accompagnées de la preuve authentique que le réclamant habitait dans les autres Etats de l'Europe, au moment de la promulgation de la loi.

Les demandes qui seront présentées après dix-huit mois jusqu'au terme de deux ans seront appuyées de la preuve authentique qu'au moment de la promulgation de la loi le réclamant demeurait hors d'Europe.

TITRE II. Du commissaire du Roi et de la commission de liquidation.

11. A la réception et après l'enregistrement des demandes par le secrétaire en chef, elles seront transmises au commissaire du Roi.

12. Le commissaire du Roi procédera à l'instruction des demandes dans l'ordre de leur arrivée. Il est spécialement chargé d'examiner, 1° s'il y a lieu à demander au réclamant, conformément à l'article 3 de la

loi, la preuve que ni lui ni ses auteurs n'ont la faculté d'exercer le droit de propriété dans l'île d'Haïti ; 2° il vérifiera les titres justificatifs des qualités du réclamant, les titres produits par lui à l'effet de justifier de son droit à la propriété des biens-fonds pour lesquels il demande l'indemnité, et enfin les actes et documens ou toutes autres pièces fournies à l'appui de la demande pour servir à l'appréciation de la valeur des biens-fonds et au réglement de l'indemnité.

13. Si les titres produits par les parties pour justifier de leurs droits et qualités paraissent insuffisans ou irréguliers au commissaire du Roi, ou s'il s'élève entre les divers réclamans des contestations sur leurs droits respectifs, il requerra leur renvoi préalable devant les tribunaux par des conclusions motivées qui seront transmises au secrétariat avec toutes les pièces fournies par les prétendans-droit.

14. A l'égard des demandes qu'il estimera régulières, sous le rapport des droits et qualités des parties, il les remettra au secrétariat avec un avis, lequel portera également sur la quotité de l'indemnité réclamée et sur la valeur attribuée aux immeubles.

Le commissaire pourra aussi requérir, s'il y a lieu, que la décision des réclamations soit ajournée jusqu'à plus ample informé, ou jusqu'à production des justifications qu'il indiquera.

15. Le secrétaire en chef communiquera aux parties, au domicile qu'elles auront élu à Paris, les conclusions, avis ou réquisitoires du commissaire du Roi, afin qu'elles aient à fournir leurs mémoires et observations.

16. Aussitôt après que le dossier aura été rétabli au secrétariat par les réclamans, le secrétaire en chef inscrira leur demande par ordre de numéros et de dates sur les registres spéciaux qui seront tenus pour chaque section, suivant les attributions conférées à chacune d'elles par l'article 23 ci-dessous.

17. La commission de liquidation instituée par l'article 6 de la loi sera divisée en trois sections et composée de vingt-sept membres.

18. Les rapports seront faits dans chacune des sections par les membres qui en feront partie et les affaires seront distribuées entre eux par le président.

19. Chaque section de la commission se réunira trois fois par semaine, et plus souvent, s'il est nécessaire, sur la convocation du président.

20. Les sections ne pourront délibérer qu'au nombre de cinq membres au moins ; en cas de partage, tous les autres membres de la section seront appelés pour le vider.

21. Le commissaire du Roi pourra assister aux séances de la commission pendant l'audition des rapports.

22. Le secrétaire en chef est nommé par le président de notre conseil des ministres. Il tiendra la plume dans les assemblées générales de la commission, ou lorsque deux sections seront réunies.

Il y aura en outre dans chacune des trois sections, et pour la rédaction sommaire du procès-verbal des séances, un secrétaire également nommé par le président de notre conseil des ministres.

23. La première section de la commission connaîtra des réclamations relatives aux propriétés comprises dans les dix-huit paroisses composant les deux juridictions du fort Dauphin et du Cap ;

La deuxième section connaîtra des réclamations relatives aux propriétés des dix-sept paroisses et de l'île de la Tortue, formant les trois juridictions du Port de Paix, de Saint-Marc et du Port au Prince ;

La troisième connaîtra des réclamations relatives aux propriétés comprises dans les cinq juridictions du Petit Goave, de Jérémie et de Jacmel :

Le tout conformément au tableau annexé à notre présente ordonnance sous le N° 8.

24. Les dispositions contenues au précédent article ne feront pas obstacle à ce que les réclamations d'un même ayant-droit, et dont l'examen est attribué à diverses sections, ne soient comprises dans une seule liquidation, si elles sont en état, et si le réclamant le demande.

Dans ce cas, elles seront soumises à celle des sections qui, à raison de la situation des biens-fonds ouverte à l'indemnité, était appelée à connaître de la plus forte réclamation.

25. Les affaires dans lesquelles un des membres de la section se trouvera personnellement intéressé seront renvoyées à une autre section. Le renvoi aura lieu ainsi qu'il suit : si l'affaire concerne un membre de la première section, elle sera attribuée à la deuxième ; si elle concerne un membre de la deuxième, elle sera attribuée à la troisième ; elle sera renvoyée à la première dans le cas où elle serait relative à un membre de la troisième section. En cas de parenté ou d'alliance, les règles tracées par le titre XXI du Code de procédure civile seront observées.

26. En cas de contestation, par un autre prétendant-droit, des qualités et droits du réclamant, la commission ordonnera préalablement le renvoi des parties devant les tribunaux.

27. Lorsque le renvoi devant les tribunaux aura été requis par le commissaire du Roi pour cause d'insuffisance ou d'irrégularité dans les titres justificatifs des qualités et droits du réclamant, il sera statué, avant faire droit sur cette réquisition, ainsi qu'il appartiendra.

Il en sera de même dans le cas prévu au deuxième paragraphe de l'art. 14 ci-dessus.

28. Quand la justification des qualités et des droits n'aura pas été contestée, ou quand il aura été statué par les tribunaux, la commission, après qu'il lui aura été rendu compte de la demande du réclamant, de l'avis du commissaire du Roi, et après avoir entendu le rapporteur dans ses conclusions, et le commissaire du Roi, s'il le demande, procédera par une seule et même décision, 1° à la reconnaissance des droits et qualités, 2° à l'appréciation des biens suivant leur consistance à l'époque de la perte et d'après la valeur commune des propriétés dans la colonie en 1789, et 3° au réglement de l'indemnité au dixième de cette valeur.

29. Si une enquête a été demandée par la partie ou par le commissaire du Roi, ou si elle est jugée nécessaire par la commission, la décision qui l'autorise ou qui l'ordonne en déterminera la forme comme aussi les fonctionnaires qui la recevront et les personnes qui y seront appelées.

L'exécution en sera suivie conformément au paragraphe 3 de l'article 6 ci-dessus.

30. Les délibérations de la commission seront signées du président et du rapporteur. Elles seront transmises au commissaire du Roi en double expédition par le secrétaire en chef.

31. Dans la huitaine de la transmission qui lui aura été faite de la décision, le commissaire du Roi la notifiera aux parties, au domicile qu'elles auront élu.

Il pourra déclarer dans l'acte de notification qu'il n'entend pas user de la faculté qui lui est réservée par l'article 7 de la loi, et néanmoins il conservera le droit de former appel incidemment si la partie se pourvoit contre la décision.

32. Si l'acte de notification ne contient pas la déclaration mentionnée en l'article précédent, le commissaire du Roi aura la faculté d'interjeter appel jusqu'à l'expiration du délai de trois mois, à partir du jour de la notification.

33. Dans le même délai, les ayans-droit qui se croiront fondés à réclamer contre une décision de la commission, devront interjeter appel ainsi qu'il sera dit ci-après, article 34.

Dans ce cas, il sera sursis à l'ordonnancement de la somme liquidée jusqu'à la décision à intervenir.

34. En cas d'appel d'une décision, soit de la part du commissaire du Roi dans l'intérêt de la masse des colons, soit par les réclamans, conformément aux dispositions de l'article 5 de la loi, il sera interjeté par une déclaration faite au secrétariat de la commission.

Cette déclaration devra être appuyée des motifs de l'appel : il en sera donné communication au commissaire du Roi ou à la partie par le secrétaire en chef, le tout dans les formes indiquées aux articles 11 et 15 de la présente ordonnance.

35. Les dispositions contenues aux articles 12, 14, 16, 18, 24, 25, 28, 30 et 31 ci-dessus, seront applicables aux jugemens sur appel, lesquels sont attribués, par l'article 5 de la loi, aux deux sections qui n'auront pas rendu la décision.

La présidence des deux sections appartiendra au plus ancien des deux présidens dans l'ordre des nominations.

36. Dans le cas prévu au deuxième paragraphe de l'article 31 ci-dessus, les ayans-droit à l'indemnité pourront en requérir l'ordonnancement immédiat à leur profit en déclarant qu'ils n'entendent pas exercer de pourvoi. Leur demande à cet effet contiendra en outre l'indication du département où ils veulent être payés ; à défaut de cette déclaration, l'ordonnancement n'aura lieu qu'après l'expiration du délai de trois mois accordé pour le pourvoi par l'art. 5 de la loi.

37. Tous les mois, le commissaire du Roi fera dresser et transmettre au directeur général de la caisse des dépôts et consignations un tableau comprenant les liquidations pour lesquelles les ayans-droit auront fait les déclarations voulues par l'article précédent, celles d'une date antérieure à trois mois au sujet desquelles il n'aura pas été formé de pourvoi, et celles devenues définitives par un jugement sur appel.

38. À la réception du tableau mentionné à l'article précédent, le directeur général de la caisse des dépôts et consignations fera expédier, au nom des ayans-droit, et par cinquième, d'année en année, les mandats de paiement par imputation sur le crédit spécial de cent cinquante millions affectés à l'indemnité des anciens colons de Saint-Domingue.

39. L'ordonnancement du dernier cinquième sera accru ou diminué, au centime le franc des indemnités liquidées, de l'excédant ou déficit qui sera reconnu lorsque la liquidation aura été terminée, et sans aucune déduction au profit de l'État pour les propriétés publiques ainsi que pour les propriétés particulières qui lui seraient échues par déshérence, de manière que l'in-

demnité totale de cent cinquante millions soit intégralement employée au profit des ayans-droit.

40. Dans chaque mandat de paiement, le cinquième de la somme liquidée sera, s'il y a lieu, et conformément à l'art. 14 de l'ordonnance du 3 juillet 1816, augmenté de l'intérêt y afférent sur la partie correspondante des cent cinquante millions affectés à l'indemnité totale qui aura été versée dans la caisse des dépôts et consignations.

41. Les opérations du directeur général de la caisse des dépôts et consignations seront soumises à l'examen et à la vérification de la commission de surveillance instituée près la caisse des dépôts et consignations.

42. Les mandats de paiement seront acquittés à Paris par le caissier de la caisse des dépôts et consignations, et dans les départemens par les receveurs généraux des finances en leur qualité de correspondans de ladite caisse.

43. Lorsque le porteur de la lettre d'avis sera autre que la partie dénommée au mandat, il devra, en toucher le montant, justifier d'un pouvoir spécial établi en due forme.

44. Conformément aux dispositions de l'article 13 de la loi, le commissaire du Roi remettra annuellement à notre ministre secrétaire-d'État des finances, pour être distribué aux Chambres, le tableau des liquidations opérées, contenant par ordre alphabétique le nom des réclamans, le montant de l'indemnité, la désignation et la situation de l'objet pour lequel elle aura été accordée. Ce tableau sera certifié par le secrétaire en chef de la commission, visé par les présidens de section et par le commissaire du Roi.

A la même époque, le directeur général de la caisse des dépôts et consignations remettra à la commission de surveillance, pour être compris dans son rapport annuel, un semblable tableau indiquant la situation des mandats délivrés et des paiemens effectués.

TITRE III. Des créanciers des colons.

45. Les créanciers des colons de Saint-Domingue devront, s'ils veulent user de la faculté qui leur est conférée par l'article 9 de la loi, de former saisie-arrêt sur l'indemnité due à leurs débiteurs pour un dixième du capital de leur créance, signifier leur opposition à la caisse des dépôts et consignations (bureau du contentieux).

Ces oppositions seront faites et l'effet en

sera suivi dans les formes prescrites par les lois.

46. Lorsque les créanciers des colons de Saint-Domingue présenteront, en leur qualité d'ayans-cause, une demande en indemnité au lieu et place de leur débiteur, ils seront tenus de la former dans les délais fixés par les ayans-droit, et de fournir toutes les pièces et de faire toutes les justifications imposées à la partie elle-même.

Néanmoins, la réclamation ne sera instruite et soumise à la commission qu'après que le créancier aura été autorisé par l'ayant-droit, ou par justice, à exercer les droits et actions de son débiteur.

TITRE IV. Dispositions générales.

47. Les anciens colons de Saint-Domingue, leurs héritiers, créanciers, donataires, légataires ou ayans-cause, sont autorisés à se pourvoir auprès du garde des archives de la marine à Versailles en délivrance d'actes, titres ou documens relatifs aux biensfonds qu'ils possédaient à Saint-Domingue.

Dans la demande qu'ils formeront à cet effet, ils indiqueront, autant que possible, le nom de la juridiction et de la paroisse et l'année dans lesquelles l'acte réclamé aura été passé, ainsi que le nom du notaire qui l'aura reçu.

48. Les titres produits par les parties ou par le commissaire du Roi, ainsi que les pièces et documens qui auront servi à la liquidation des indemnités, et les rapports présentés à la commission, resteront déposés entre les mains du secrétaire en chef.

La liquidation consommée, tous les dossiers qui s'y rattacheront, seront, sur la réquisition du commissaire du Roi, et à la diligence du secrétaire en chef, transmis aux archives de la marine et des colonies à Versailles.

49. Conformément aux dispositions de l'article 10 de la loi, il ne sera perçu aucun droit de succession sur l'indemnité attribuée aux anciens colons de Saint-Domingue, et les titres et actes de tout genre qui seront produits par les réclamans ou leurs créanciers, soit devant la commission, soit devant les tribunaux, pour justifier de leurs qualités et de leurs droits, seront dispensés de l'enregistrement et du timbre. En conséquence, le garde des archives de la marine à Versailles est autorisé à délivrer, sur papier libre, les extraits, copies ou tous autres documens relatifs à la liquidation des anciens colons de Saint-Domingue.

50. Aux termes de l'article 11 de la loi, lorsqu'il s'élèvera des contestations entre divers prétendans-droit à la succession d'un

colon qui n'avait pas de domicile en France et qui n'y est pas décédé, ou entre eux et ses créanciers, elles seront attribuées au tribunal du domicile du défendeur, et s'il y en a plusieurs, au tribunal du domicile de l'un d'eux, au choix du demandeur.

La déclaration d'acceptation sous bénéfice d'inventaire de la succession d'un colon qui n'avait pas de domicile en France et qui n'y est pas décédé, sera reçue au greffe du tribunal de la Seine.

51. Les réclamans qui seront en contestation sur leurs droits respectifs ou sur la part afférente à chacun d'eux dans une liquidation, pourront, s'ils administrent là preuve de la réunion en leurs personnes de tous les droits et qualités, demander que la liquidation soit faite collectivement et sans attribution à aucun d'entre eux. Dans ce cas, l'indemnité restera déposée à la caisse des dépôts et consignations, et ne pourra être touchée par les ayant-droit qu'après réglement et partage, soit à l'amiable, soit par justice, et lorsque notification en aura été faite dans les formes légales au directeur général de ladite caisse.

52. Toutes les lettres et paquets adressés au commissaire du Roi et au secrétaire en chef de la commission, leur seront remis en franchise de droit.

53. Les réclamans établis hors du territoire européen de la France pourront remettre leurs demandes en indemnité, dans nos colonies, aux administrateurs coloniaux, et, dans les pays étrangers, à nos ambassadeurs, consuls, vices-consuls et résidens, lesquels transmettront ces pièces au secrétariat de la commission par l'intermédiaire de notre ministre secrétaire-d'Etat au département des affaires étrangères.

Les demandes qui parviendront par ce moyen au secrétariat n'auront d'effet que du jour de leur inscription sur le registre mentionné en l'article 7 ci-dessus.

54. Le président de notre Conseil des ministres (comte de Villèle) est chargé de l'exécution de la présente ordonnance, qui sera insérée au Bulletin des Lois.

Indemnité attribuée aux anciens colons de Saint-Domingue.

Ordonnance royale du 9 mai 1826.

Déclaration de propriété.

Nota. Si la déclaration est faite collectivement, les noms, prénoms, etc., des réclamans devront être relatés.

Indiquer ci-contre la qualité de propriétaire en 1789; d'héritier; de donataire; de légataire; ou d'ayant-cause, c'est-à-dire de créancier, cessionnrire ou acquéreur.

Si la déclaration est faite en toute autre qualité qu'en celle de propriétaire en 1789, elle devra indiquer les noms et prénoms du propriétaire en 1789 des biens dénommés ci-après, et ceux des héritiers intermédiaires.

Indiquer avec le plus de précision possible le nom de la propriété et ceux de la partie de la colonie, de la juridiction, de la paroisse et du quartier où elle était située; énoncer si l'indemnité est réclamée pour tout ou seulement partie de la propriété.

Déclarer,

Si la propriété est rurale,

La contenance et le nombre de carreaux; — le genre ou les divers genres de culture et d'exploitation; la distance de l'embarcadère; les abornemens par les quatre points cardi-

MODÈLE Nᵒ I.

A MM. les présidens et membres de la commission de la liquidation.

Je soussigné   natif de arrondissement d   département d   habitant et domicilié dans l'arrondissement d   département d   appelé par la loi du 30 avril 1826 à faire valoir mes droits au partage de l'indemnité attribuée aux anciens colons de Saint-Domingue, déclare,

1ᵒ Faire élection de domicile à Paris, chez M.   demeurant rue de   nᵒ

2ᵒ Me présenter en qualité de

3ᵒ Réclamer l'indemnité à liquider conformément à la loi pour la propriété connue en 1789 sous la dénomination de   située

consistant

naux; le nombre des nègres, négresses, négrillons et négrittes, avec indication, s'il y a
lieu, de la portion des ateliers attachés à
l'exploitation qui aurait été cédée ou vendue au Gouvernement anglais, ou emmenée
par les propriétaires dans d'autres colonies
ou en pays étranger; le nombre et la nature des bâtimens, des usines, des moulins,
des cabrouets; le nombre des chevaux et mulets; le nombre et l'espèce des bêtes à cornes, à poil, à laine, attachés à la propriété;
la quantité en quintaux, poids de marc (ancienne mesure de poids à Saint-Domingue),
des denrées récoltées en 1789 ou dans l'année la plus rapprochée de ladite époque.

Si la propriété est urbaine,

Sa localité dans la partie nord, ouest ou
sud; le nom des ville, bourg ou embarcadère dans lesquels la propriété était située;
la nature (hôtels, maisons ou magasins);
le montant du loyer et celui de l'imposition
annuelle.

Ajouter enfin, dans l'un comme dans l'autre cas, toutes les informations que les réclamans croiront utiles.

Si la valeur des propriétés réclamées est
établie dans des actes authentiques produits
avec la déclaration, mention sera faite de la
valeur portée auxdits actes.

Indiquer ci-contre, et par ordre de numéros, les pièces justificatives des droits à l'hérédité et à la propriété, et de la valeur à
attribuer à la propriété.

4° A l'appui des énonciations ci-dessus,
produire et annexer à la présente réclamation les titres justificatifs ci-après décrits au
nombre de.... savoir :

Indemnité attribuée aux anciens colons de
Saint-Domingue.

Ordonnance royale du 9 mai 1826.

Déclaration de propriété.

Nota. Si la déclaration est faite collectivement, les noms, prénoms, etc., de tous les
réclamans devront être relatés.

Indiquer ci-contre la qualité de propriétaire en 1789; d'héritier; de donataire; de
légataire; ou d'ayant-cause, c'est-à-dire, de
créancier, cessionnaire ou acquéreur.

Si la déclaration est faite en toute autre
qualité qu'en celle de propriétaire en 1789,
elle devra indiquer les noms et prénoms
du propriétaire en 1789 des biens dénommés ci-après, et ceux des héritiers intermédiaires.

Indiquer le nom de la propriété et ceux
de la partie de la colonie, de la juridiction,

MODÈLE N° II.

A MM. les présidens et membres de la
commission.

Je soussigné   natif de
           arrondissement d'
département d'   habitant et
domicilié dans l'arrrondissement
d   département d
appelé par la loi du 30 avril 1826 à faire
valoir mes droits au partage de l'indemnité
attribuée aux anciens colons de Saint-Domingue, déclare,

1° Faire élection de domicile à Paris, chez
M.   demeurant
rue d   n°

2° Me présenter en qualité de

3° Réclamer l'indemnité à liquider conformément à la loi pour la propriété connue

de la paroisse et du quartier où elle était située ; énoncer si l'indemnité est réclamée pour tout ou seulement partie de la propriété.

Indiquer autant que faire se pourra,

Si la propriété est rurale,

La contenance et le nombre de carreaux ; le genre ou les divers genres de culture et d'exploitation ; la distance de l'embarcadère ; les abornemens par les quatre points cardinaux ; le nombre des nègres, négresses, négrillons et négrittes, avec indication, s'il y a lieu, de la portion des ateliers attachés à l'exploitation qui aurait été cédée ou vendue au Gouvernement anglais, ou emmenée par les propriétaires dans d'autres colonies ou en pays étranger ; le nombre et la nature des bâtimens, des usines, des moulins, des cabrouets ; le nombre de chevaux, de mulets ; le nombre et l'espèce de bêtes à cornes, à poil, à laine, attachés à la propriété ; la quantité en quintaux, poids de marc (ancienne mesure de poids à Saint-Domingue), des denrées récoltées en 1789, ou dans l'année la plus rapprochée de ladite époque.

Si la propriété est urbaine,

Sa localité dans la partie nord, ouest ou sud, le nom de la ville, bourg ou embarcadère dans lesquels la propriété était située ; sa nature (hôtels, maisons ou magasins) ; le montant du loyer, et celui de l'imposition annuelle.

Ajouter enfin, dans l'un comme dans l'autre cas, toutes les informations que le réclamant croirait utiles.

Si la valeur des propriétés réclamées est établie dans des actes authentiques produits avec la déclaration, mention sera faite de la valeur portée auxdits actes.

Indiquer ci-contre, et par ordre de numéros, les pièces produites par le réclamant pour justifier de ses droits à l'hérédité, à la propriété, et de la valeur à attribuer à la propriété.

Énoncer ici les justifications que le réclamant ne peut produire ; si elles se rapportent au droit de propriété sur le bien-fonds pour lequel on réclame, ou si elles sont relatives à la valeur à attribuer aux immeubles. Dans les deux cas, la déclaration doit être accompagnée d'un certificat du garde des archives de la marine à Versailles, portant qu'il n'existe aucun document relatif aux biens réclamés.

Rapporter ici les causes générales ou particulières qui s'opposent à la production des justifications ci-dessus mentionnées.

Suivra l'énumération des faits et circonstances sur lesquels doit porter l'enquête.

en 1789 sous la dénomination de

situé

consistant

4° A l'appui des énonciations ci-dessus, produire et annexer à la présente réclamation les titres justificatifs ci-après décrits au nombre de savoir :

5° Je déclare de plus, en conformité de l'article 6 de l'ordonnance royale du 9 mai 1826, qu'il m'est impossible de représenter

Attendu que

Je demande en conséquence qu'il me soit fait application des dispositions de la loi du 30 avril 1826 et de l'ordonnance du 9 mai suivant, et qu'à cet effet il plaise à MM. les présidens et membres de la commission de m'autoriser à suppléer l'absence desdits titres et pièces en en établissant par voie d'enquête.

Le réclamant devra donner ici les noms, prénoms, domiciles et qualités des personnes qu'il désirera faire entendre.

Me bornant à indiquer comme pouvant être entendues dans ladite enquête les personnes ci-après dénommées :

ÉTAT N° III.

INDEMNITÉ
attribuée
AUX ANCIENS COLONS
de St.-Domingue.

Distribution du travail entre les trois sections de la commission, suivant l'ordre de service établi par l'article 23 de l'ordonnance du 9 mai 1826.

JURIDICTION	NUMÉROS	1re SECTION.	JURIDICTION	NUMÉROS	2e SECTION.	JURIDICTION	NUMÉROS	3e SECTION.
Fort Dauphin.	1	Ouanaminthe.				Petit-Goave.	35	Grand Goave.
	2	Fort Dauphin.					36	Petit Goave.
	3	Terrier Rouge.	Port de Paix.	19	Saint-Louis.		37	Fond des Nègres.
	4	Letrou.		20	Port de Paix.		38	Anse à Veau.
	5	Valière.		21	Gros Morne.		39	Petit Trou.
Le Cap.	6	Limonade.		22	Jean-Rabel.			
	7	Quartier Morin.		23	Môle Saint-Nicolas.	Jérémie.	40	Jérémie.
	8	Grande Rivière.		24	Bombarde.		41	Cap Dame-Marie.
	9	Dondon.		25	Port à Piment.			
	10	Marmelade.		25 *b.*	Ile de la Tortue.	Cayes.	42	Cap Tiburon.
	11	Petite Anse.	St.-Marc.	26	Les Gonaïves.		43	Les Coteaux.
	12	Cap Français.		27	Saint-Marc.		44	Port Salut.
	13	La plaine du Nord.		28	La Petite Rivière.		45	Torbeck.
	14	L'Acul.		29	Les Verettes.		46	Les Cayes.
	15	Le Limbé.	Port-au-Prince.	30	Mirebalais.		47	Cavaillon.
	16	Port Margot.		31	L'Arcahaye.		48	Saint-Louis.
	17	Borgne.		32	La Croix des Bouquets.		49	Aquin.
	18	Plaisance et Pilate		33	Port-au-Prince.	Jacmel. St.-Louis.	50	Baynet.
				34	Léogane.		51	Jacmel.
							52	Cayes de Jacmel.

9 = Pr. 13 MAI 1826. — Ordonnance du Roi portant nomination des membres de la commission chargée de la répartition de l'indemnité affectée aux anciens colons de Saint-Domingue. (8, Bull. 89, n° 2990.)

14 = Pr. 27 MAI 1826. — Ordonnance du Roi portant autorisation définitive de la communauté des sœurs hospitalières de l'instruction chrétienne, dites de la Providence, établie à Pargues, département de l'Aube. (8, Bull. 93, n° 3089.)

Charles, etc. — Vu la loi du 24 mai 1825; — Vu la déclaration des sœurs hospitalières de l'Instruction chrétienne dites *de la Providence* de Pargues, qu'elles sont régies par les mêmes statuts que ceux approuvés par ordonnance royale du 2 août 1816 pour la maison mère de Portieux (Vosges) ; — Vu la délibération du conseil municipal de Pargues du 15 juillet 1821, tendant à ce que ledit établissement soit autorisé dans cette commune ; — Vu le consentement de l'évêque de Troyes, du 21 avril 1826 ; — Vu l'ordonnance royale du 2 août 1816 ; — Sur le rapport de notre ministre secrétaire-d'Etat au département des affaires ecclésiastiques et de l'instruction publique ;

Art. 1er. La communauté des sœurs hospitalières de l'Instruction chrétienne dites *de la Providence*, établie à Pargues, diocèse de Troyes, département de l'Aube, gouvernée par une supérieure locale, dépendante de la supérieure générale, dont la résidence est à Portieux (Vosges) dans la maison mère, est définitivement autorisée.

2. Notre ministre des affaires ecclésiastiques et de l'instruction publique (M. Frayssinous) est chargé, etc.

---

14 = Pr. 27 MAI 1826. — Ordonnance du Roi portant autorisation définitive des trois communautés de sœurs hospitalières de l'instruction chrétienne, connues aussi sous le nom de Petites-Ursulines de Troyes, établies à Bar-sur-Aube, à Nogent-sur-Seine et à Pont-le-Roy. (8, Bull. 93, n° 3091.)

Charles, etc. — Vu la loi du 24 mai 1825; — Vu les déclarations des sœurs hospitalières de l'Instruction chrétienne, connues aussi sous ce nom de *Petites-Ursulines de Troyes*, établies à Bar-sur-Aube, à Nogent-sur-Seine et à Pont-le-Roi ; en date des 3 et 12 avril 1826, qu'elles sont régies par les mêmes statuts que ceux approuvés par décret du 14 décembre 1810 pour la maison mère de Troyes, — Vu les délibérations des conseils municipaux de ces trois communes en date des 15 décembre 1819, 7 janvier et 27 mars 1820, tendant à ce que ces établissemens soient autorisés ; — Vu le consentement donné par l'évêque de Troyes, en date du 21 avril 1826, pour chacune de ces maisons ; — Sur le rapport de notre ministre secrétaire-d'Etat au département des affaires ecclésiastiques et de l'instruction publique ;

Art. 1er. Les trois communautés des sœurs hospitalières de l'Instruction chrétienne, connues aussi sous le nom de *Petites-Ursulines de Troyes*, situées :

La première à Bar-sur-Aube, la seconde à Nogent-sur-Seine, la troisième à Pont-le-Roi, lesquelles sont gouvernées chacune par une supérieure locale et qui dépend de la supé-

rieure générale, dont la résidence est à Troyes, sont définitivement autorisées.

2. Notre ministre des affaires ecclésiastiques et de l'instruction publique (M. Frayssynous) est chargé, etc.

---

14 MAI = 1er JUIN 1826. — Ordonnance du Roi qui prescrit l'enregistrement et la transcription, sur les registres du Conseil-d'Etat, des statuts de six congrégations religieuses de femmes. (8, Bull. 94, n° 3099.)

Charles, etc. — Vu l'article 2 de la loi du 24 mai 1825 ; — Vu 1° l'approbation donnée, le 31 juillet 1820, par l'évêque de Grenoble, aux statuts de la congrégation des dames de Saint-Pierre établie à Grenoble, département de l'Isère ; — 2° L'approbation donnée, le 3 mars 1821, par l'évêque d'Agen, aux statuts de la congrégation des sœurs de l'Annonciation établie à Auch, département du Gers ; — 3° L'approbation donnée, le 6 avril 1821, par feu notre cousin le cardinal archevêque de Paris, aux statuts de la congrégation des dames de Sainte-Clotilde établie dans ce diocèse ; — 4° L'approbation donnée, le 15 juin 1821, par l'évêque de Limoges, à la congrégation des sœurs ou filles de la Croix établie dans ce diocèse ; — 5° L'approbation donnée, le 3 décembre 1823, par l'évêque de Versailles, à la congrégation des dames de la Nativité de la Sainte-Vierge établie à Saint-Germain-en-Laye, département de Seine-et-Oise ; — 6° L'approbation donnée, le 15 juillet 1825, par l'archevêque de Bordeaux, aux statuts de la congrégation des dames de l'Immaculée Conception de la Sainte-Vierge établie dans ce diocèse ; — Vu lesdits statuts ; — Considérant que les congrégations religieuses de femmes ci-dessus mentionnées ont déclaré dans leurs statuts qu'elles étaient soumises dans les choses spirituelles à la juridiction de l'ordinaire : — Considérant que lesdits statuts ne dérogent pas aux lois du royame touchant la nature et la durée des vœux ; que d'ailleurs ils ne contiennent rien de contraire à la Charte constitutionnelle, aux droits de notre couronne, aux franchises, libertés et maximes de l'église gallicane ; — Sur le rapport de notre ministre secrétaire-d'Etat au département des affaires ecclésiastiques et de l'instruction publique ; — Notre Conseil-d'Etat entendu, etc.

Art. 1er. Les statuts des six congrégations religieuses de femmes dirigées par une supérieure générale, et ayant pour objet l'enseignement des jeunes filles et principalement des filles pauvres,

Savoir: ceux, — 1° de la congrégation des dames de Saint-Pierre établie à Grenoble, département de l'Isère ; 2° — De la congrégation des sœurs de l'Annonciation établie à Auch, département du Gers ; — 3° De la congrégation des dames de Sainte-Clotilde établie dans le diocèse de Paris ; — 4° De la congrégation des sœurs ou filles de la Croix établie dans le diocèse de Limoges ; — 5° de la congrégation des dames de la Nativité de la Sainte-Vierge établie à Saint-Germain-en-Laye, département de Seine-et-Oise ; 6° de la congrégation des dames de l'Immaculée Conception de la Sainte-Vierge établie dans le diocèse de Bordeaux ;

Lesdits statuts, dûment vérifiés, et tels qu'ils sont annexés à la présente ordonnance, seront enregistrés et transcrits sur les registres de notre Conseil d'État : mention de la transcription sera faite par le secrétaire général du Conseil-d'État sur la pièce enregistrée.

2. Nonobstant toutes expressions desdits statuts qui pourraient n'y point paraître conformes, les personnes faisant partie desdites congrégations ne pourront disposer de leurs biens meubles et immeubles que dans les limites prescrites par l'article 5 de la loi du 24 mai 1825.

3. Nous nous réservons d'autoriser ultérieurement, s'il y a lieu, ladite congrégation, après l'accomplissement des formalités prescrites par la loi.

4. Notre ministre secrétaire-d'Etat au département des affaires ecclésiastiques et de l'instruction publique, et notre garde-des-sceaux, ministre secrétaire-d'Etat au département de la justice (Frayssinous et comte de Peyronnet) sont chargés, etc.

----

14 MAI ⹃ Pr. 1er JUIN 1826. — Ordonnance du Roi qui autorise les administrations des caisses d'épargnes et de prévoyance de Paris et de Bordeaux à opérer en masse, chaque semaine, l'achat des rentes auxquelles les déposans auront droit, et étend cette autorisation à toutes les caisses semblables établies dans les villes en vertu d'ordonnances royales. (8, Bull. 94, n° 3100.)

Charles, etc. — Sur le rapport de notre ministre secrétaire-d'Etat au département de l'intérieur ; — Vu l'ordonnance royale du 29 juillet 1818, qui autorise l'établissement d'une caisse d'épargnes et de prévoyance dans notre bonne ville de Paris ; — Vu l'ordonnance royale du 24 mars 1819, portant autorisation d'un semblable établissement dans notre bonne ville de Bordeaux ; — Vu l'ordonnance royale du 30 octobre 1822, autorisant la caisse d'épargnes et de prévoyance établie à Paris, et les caisses sem-

blables établies dans les villes des départemens en vertu d'ordonnances, à faire transférer leurs inscriptions au nom des propriétaires des dépôts faits dans ces caisses, aussitôt que la créance de chacun d'eux sera parvenue à dix francs de rentes ; — Vu la demande des directeurs de la caisse de Paris ; — Vu pareille demande des membres du conseil de la caisse de Bordeaux ; — Considérant le grand nombre de transferts à opérer par suite de l'exécution de l'ordonnance du 30 octobre 1822, et les inconvéniens qui en résultent pour le Trésor public et pour les caisses de prévoyance ; — Notre Conseil-d'Etat entendu, etc.

Art. 1er. L'administration de la caisse d'épargnes et de prévoyance de notre bonne ville de Paris est autorisée à opérer en masse, chaque semaine, l'achat des rentes auxquelles les déposans auront droit, aux termes des statuts et de l'ordonnance royale du 30 octobre 1822.

Ces rentes sont inscrites *au nom de la caisse d'épargnes et de prévoyance, Rentes appartenant aux déposans,* pour être ensuite transférées du compte général aux noms des créanciers et de ladite caisse, à leur première réclamation.

2. Pareille autorisation est accordée à l'administration de la caisse d'épargnes et de prévoyance de notre bonne ville de Bordeaux, et à toutes les caisses semblables établies dans les villes des départemens en vertu d'ordonnances royales.

3. Nos ministres de l'intérieur et des finances (comtes Corbière et de Villèle) sont chargés, etc.

----

14 MAI ⹃ Pr. 1er JUIN 1826. — Ordonnance du Roi relative à une extension donnée à la société d'assurances mutuelles contre la grêle, établie à Arras pour les départemens du Nord, du Pas-de-Calais et de la Somme. (8, Bull. 94 *bis*, n° 3.)

Charles, etc. — Sur le rapport de notre ministre secrétaire-d'Etat au département de l'intérieur ; — Vu l'ordonnance royale du 25 février 1824, qui autorise la société d'assurances mutuelles formée à Arras pour les départemens du Nord, du Pas-de-Calais et de la Somme ; — Vu les délibérations du conseil général et du conseil d'administration de ladite société, en date des 10 et 11 octobre 1825 ; — Notre Conseil-d'Etat entendu, etc.

Art. 1er. La société d'assurances mutuelles contre la grêle, établie à Arras pour les départemens du Nord, du Pas-de-Calais et de la Somme, est autorisée à étendre aux récoltes coupées, mais non enlevées du champ, l'assurance qui ne comprenait que les récoltes pendantes par racines. Il est bien entendu toutefois que les récoltes mises en meule seront considérées comme enlevées du champ.

2. Le délai fixé par les statuts au 15 mai de chaque année, pour la réception des adhésions, est prolongé jusqu'au 31 juillet.

3. Notre ministre de l'intérieur (M. Corbière) est chargé, etc.

---

14 MAI ⹀ Pr. 9 JUIN 1826. — Ordonnance du Roi portant autorisation, conformément aux statuts y annexés, de la société anonyme formée à Paris sous le nom de fabrique de de Marcq-en-Bareuil. (8, Bull. 95 *bis*, n° 3.)

Charles, etc. — Sur le rapport de notre ministre secrétaire-d'Etat au département de l'intérieur. — Vu les articles 29 à 37, 40 et 45 du Code de commerce ; — Notre Conseil-d'Etat entendu, etc.

Art. 1er. La société anonyme formée à Paris sous le nom de *Fabrique de Marcq-en-Bareuil*, par acte passé, le 12 avril 1826, par-devant Clairet et son collègue, notaires royaux à Paris, est autorisée. Ses statuts, contenus audit acte, sont approuvés, et demeureront annexés à la présente ordonnance.

2. Nous nous réservons de révoquer notre autorisation en cas de violation, ou de non exécution des statuts, sans préjudice des dommages intérêts des tiers.

3. La société sera tenue de remettre, tous les six mois, copie de son état de situation au préfet du département du Nord, au greffe du tribunal de commerce et à la chambre de commerce de Lille ; pareille copie sera adressée à notre ministre de l'intérieur.

4. Notre ministre de l'intérieur (M. Corbière) est chargé, etc.

---

14 MAI ⹀ Pr. 19 JUILLET 1826. — Ordonnance du Roi portant autorisation de la Société anonyme formée à Abbeville sous le titre de Compagnie de la verrerie de Thuison. (8, Bull. 102 *bis*, n° 2.)

Charles, etc. — Sur le rapport de notre ministre secrétaire-d'Etat au département de l'intérieur ; — Vu les articles 29 à 37, 40 et 45 du Code de commerce ; — Notre Conseil-d'Etat entendu, etc.

Art. 1er. La société anonyme formée à Abbeville par acte passé le 16 avril 1826, par-devant Victor Lenglet et son collègue, notaires à Abbeville, sous le titre de *compagnie de la verrerie de Thuison*, est autorisée. Ses statuts, tels qu'ils sont contenus au-

dit acte, sont approuvés, et demeureront annexés à la présente ordonnance.

2. Nous nous réservons de révoquer notre autorisation en cas de violation ou de non-exécution des statuts par nous approuvés.

3. La société sera tenue de remettre, tous les six mois, copie de son état de situation au préfet de la Somme, au greffe du tribunal de commerce et à la chambre de commerce d'Abbeville ; pareille copie sera adressée à notre ministre de l'intérieur.

4. Notre ministre de l'intérieur (M. de Corbière) est chargé, etc.

---

14 ⹀ Pr. 27 MAI 1826. — Ordonnance du Roi portant autorisation définitive de la communauté des sœurs hospitalières de l'instruction chrétienne, dites de la Providence, établie à Saint-Dié, département des Vosges. (8, Bull. 93, n° 3090.)

---

14 MAI 1826. — Ordonnances du Roi qui autorisent l'acceptation de dons et legs faits à des fabriques, à des séminaires et à des évêques. (8, Bull. 149, n° 5283 à 5293.)

---

14 MAI 1826. — Ordonnance du Roi qui autorise l'acceptation de dons et legs faits au consistoire israélite de Bordeaux. (8, Bull. 95, n° 3179.)

---

14 MAI 1826. — Ordonnance du Roi qui concède au sieur Dutrait les mines de fer des Violettes, commune de Ferrière (Isère). (8, Bull. 95, n° 3180.)

---

14 MAI 1826. — Ordonnance du Roi qui accorde des pensions de retraite à cent douze militaires. (8, Bull. 96 *bis*, n° 2.)

---

14 MAI 1826. — Ordonnance du Roi qui accorde des pensions à trois veuves de militaires. (8, Bull. 96 *bis*, n° 3.)

---

14 MAI 1826. — Ordonnances du Roi qui autorisent l'acceptation de legs faits à des pauvres et à des hospices. (8, Bull. 100, n° 3361 à 3366.)

---

14 MAI 1826. — Ordonnance du Roi qui autorise le sieur Aubertot fils aîné à conserver et tenir en activité l'usine à fer dite de Bonneau, qu'il possède dans la commune de Buzançais (Indre). (8, Bull. 100, n° 3367.)

14 MAI 1826. — Ordonnance du Roi qui autorise le marquis Duboutet à transférer et à construire sur le cours des fontaines d'Orges le haut-fourneau qu'il était autorisé à édifier à Marainville, département de la Haute-Marne, et à transporter sur le même cours d'eau la forge qu'il possède dans ladite commune de Marainville. (8, Bull. 100, n° 3368.)

14 MAI 1826. — Ordonnances du Roi qui autorisent l'acceptation de dons et legs faits à des hospices, à des pauvres et à des communes. (8, Bull. 101, n° 3372 à 3401.)

17 = Pr. 18 MAI 1826. — Loi sur les substitutions (1). (8, Bull. 90, n° 3028.)

Voy. ordonnances de 1553, 1560, 1566; déclarations des 17 NOVEMBRE 1690, 18 JAN-

---

(1) Présentation à la Chambre des pairs, le 10 février 1826. (Mon. du 11 février.)
Rapport de M. le marquis de Malleville, le 14 mars. (Mon. du 16).
Discussion générale les 28, 29, 30 et 31 mars; 1er, 3 4 et 5 avril. (Mon. des 30 et 31 mars, 1er, 2, 4, 5, 6 et 7 avril.)
Discussion article par article, les 6, 7 et 8 avril. (Mon. des 8, 9, 11 et 12.)
Adoption le 8 avril. (Mon. du 12.)
Présentation à la Chambre des députés, le 11 avril. (Mon. du 12.)
Rapport de M. Mousnier-Buisson, le 28 avril. (Mon. du 8 mai.)
Discussion générale les 8, 9, 10 et 11 mai. (Mon. des 9, 10, 11, 12 et 13.)
Adoption le 11. (Mon. du 13.)
Le projet de loi présenté à la Chambre des pairs, le 10 février 1826, était ainsi conçu:
Art. 1er. Dans toute succession déférée à la ligne directe descendante, et payant trois cents francs d'impôt foncier, si le défunt n'a pas disposé de la quotité disponible, cette quotité sera attribuée, à titre de préciput légal, au premier né des enfans mâles du propriétaire décédé.
Si le défunt a disposé d'une partie de la quotité disponible, le préciput légal se composera de la partie de cette quotité dont il n'aura pas disposé.
Le préciput légal sera prélevé sur les immeubles de la succession, et, en cas d'insuffisance, sur les biens meubles.
2. Les dispositions des deux premiers paragraphes de l'article qui précède cesseront d'avoir leur effet, lorsque le défunt en aura formellement exprimé la volonté par acte entre vifs ou par testament.
3. Les biens dont il est permis de disposer, aux termes des articles 913, 915 et 916 du Code civil, pourront être donnés, en tout ou en partie, par acte entre vifs ou testamentaire, avec la charge de les rendre à un ou plusieurs enfans du donataire, nés ou à naître jusqu'au deuxième degré inclusivement.
Seront observés, pour l'exécution de cette disposition, les articles 1051 et suivans du Code civil, jusques et y compris l'article 1074.
La commission de la Chambre des pairs conclut à l'adoption avec quelques amendemens, mais la Chambre rejeta les deux pre-

miers articles, et ne conserva que la dernière disposition relative aux substitutions. Nous croyons cependant devoir reproduire d'une manière substantielle la discussion soit sur les articles conservés, soit sur les articles rejetés.
Rappelons d'abord que le droit d'aînesse, inconnu au droit romain, est né du régime féodal. « Les fiefs étant chargés d'un service, il fallait, dit Montesquieu, que le possesseur fût en état de le remplir (Esprit des Lois, liv. 31 et 32). Et, pour cela, sans doute, il fallait abandonner à l'aîné la plus grande partie des biens au préjudice des puînés. Ce droit aurait dû s'anéantir avec la chute du gouvernement féodal; mais la nécessité l'avait fait naître, l'orgueil le fit subsister, quand la raison de son institution n'exista plus. Le droit d'aînesse servait à conserver la fortune dans la famille, et à mettre les chefs de cette famille en état de se maintenir dans le rang qu'avaient occupé leurs ancêtres; il servait à perpétuer le souvenir des noms illustres et l'éclat des maisons : il fut adopté dans presque toutes les Coutumes de France : il a fallu un bouleversement dans les idées pour en opérer l'extinction. Les idées d'égalité absolue, qui prévalurent dans la révolution, lui ont porté le dernier coup. *Voy.* lois des 15 = 28 mars 1790, 8 = 15 avril 1791, 4 = 5 janvier 1793.
La faculté de tester en ligne directe fut même interdite par la loi des 7 — 11 mars 1793 (*Voy.* aussi la loi du 17 nivose an 2), mais la loi du 4 germinal an 8 rendit cette faculté qui a été étendue par le Code civil; toutefois, à la différence des anciennes lois, le Code ne fait pas un aîné; il permet seulement de gratifier un des enfans de la quotité disponible.
On sait que les substitutions fidéi-commissaires furent introduites à Rome pour éluder les lois et avantager des personnes incapables. On se servit plus tard de cette voie pour disposer même en faveur de personnes capables. Mais dans cette dernière disposition comme dans la précédente, le fidéi-commis n'avait d'autre garantie que la bonne foi de celui qui était chargé de l'exécuter. Cependant l'utilité de ces fidéi-commis, d'un côté, et, d'un autre, les abus de confiance auxquels donnait lieu leur exécution, portèrent l'empereur Auguste à les rendre obligatoires. Les

VIER 1712; ordonnance du mois d'AOUT 1747; lois des 14 = 15 NOVEMBRE 1792, 9 FRUCTIDOR an 2; Code civil, art. 1048 et suivans.

Art. 1er. Les biens dont il est permis de disposer, aux termes des articles 913, 915 et 916 du Code civil, pourront être donnés en tout ou en partie, par acte entre vifs ou

---

Romains faisaient usage de plusieurs sortes de fidéi-commis, qui presque tous passèrent dans le droit français. Les substitutions les plus contraires au bien public étaient sans contredit celles dont la durée n'avait point de limites. La novelle de l'empereur Justinien semble avoir décidé qu'à l'avenir elles ne s'étendraient pas au-delà du quatrième degré; mais on n'est pas d'accord sur le vrai sens de cette novelle, et toujours est-il certain qu'en France les substitutions avaient toute la durée qu'il plaisait au disposant de leur assigner. A Rome l'insinuation n'a jamais été prescrite pour les substitutions fidéi-commissaires. Cependant, en France, les fraudes qui résultaient de ces dispositions occultes, devinrent trop nombreuses pour qu'on ne sentît pas la nécessité de les prévenir. L'insinuation fut prescrite, pour la première fois, par l'ordonnance de Henri II, du mois de mai 1553. Cette ordonnance, comme le remarque Ricard, ne fut point exécutée. En 1560, l'ordonnance d'Orléans borna les substitutions à deux degrés, sans y compter la première institution; mais elle ne disposa que pour l'avenir, et laissa subsister toutes les substitutions antérieures. L'ordonnance de Moulins de 1566 confirma celles de 1553 et 1560, et restreignit les substitutions déjà faites à quatre degrés. Cette législation éprouva plusieurs changemens successifs (Voy. Déclarations du 17 novembre 1690 et du 18 janvier 1712) jusqu'à la fameuse ordonnance du mois d'août 1747. Les restrictions apportées par les anciennes ordonnances furent maintenues, et les efforts les plus grands furent faits pour protéger tous les intérêts en introduisant de nouveaux moyens de précaution. Malgré toutes ces mesures, la liberté du commerce n'était pas assurée, les fraudes n'étaient pas réprimées, et la matière des substitutions n'en resta pas moins un chaos et un labyrinthe inextricable, selon l'expression de Furgole.

Enfin la révolution éclata, et le chaos fut débrouillé à peu près de la même manière que le nœud gordien fut dénoué. Les substitutions furent abolies par les lois des 25 octobre = 14 novembre 1792 et 17 nivose an 2.

Les substitutions sont prohibées, porte l'article 896 du Code civil, mais il y a deux exceptions à cette règle générale. La première est écrite dans le Code lui-même.

Les articles 1048 et suivans, Code civil, autorisent les pères, mères, frères ou sœurs à disposer par donations entre vifs ou testamens, au profit de leur fils ou de leur frère, de tout ou partie des biens composant la quotité disponible, avec la charge de rendre ces biens

aux enfans nés et à naître, au premier degré seulement, desdits frères ou sœurs donataires.

La seconde exception résulte de l'institution des majorats. Voy. Décrets du 30 mars 1806, sénatus-consulte du 14 août 1806, article 5, et décret du 1er mars 1808. Voy. sur l'origine des substitutions le chapitre 2 de l'excellent Traité des substitutions prohibées, par M. Rolland de Villargues.

Tel était l'état de la législation au moment des débats dont nous donnons l'analyse.

On a dit contre le projet de loi : C'est pour conquérir l'égalité, pour abolir les priviléges que la révolution a été faite; la Charte a consacré cette égalité, source de toute justice et de toute civilisation, en distinguant toutefois entre la loi civile et la loi politique, et en admettant à l'égard de cette dernière un privilége, qui est celui de la pairie, privilége ou plutôt institution destinée à protéger les droits mêmes qu'elle semble froisser, et dont l'existence s'explique et se justifie par son utilité. La seule question du droit d'aînesse renferme sous un prétexte spécieux la pensée d'un autre ordre social, et contient le principe de toutes les inégalités que l'on voudrait introduire. Lorsqu'une aristocratie existe, il faut la conserver, peut-être même avec ses abus; mais créer, mais rétablir une aristocratie, c'est un secret qui, jusqu'à présent, n'a été connu que d'un seul législateur, qui est le Temps.

On veut créer une aristocratie pour servir de soutien à la monarchie : mais l'aristocratie a-t-elle donc toujours été l'appui du trône? Le monarque n'a-t-il donc jamais été obligé, pour résister à ses attaques, de former une alliance avec les communes? Si ce sont les propriétaires sur l'appui desquels on croit pouvoir compter, pourquoi en restreindre le nombre? Pourquoi distinguer ainsi la propriété territoriale de la propriété mobilière? On craint que celle-ci ne prévale sur l'autre, et que la monarchie ne soit mise en péril; mais d'où vient cette prévention contre la richesse mobilière? Pourquoi serait-elle dangereuse? Le banquier, le commerçant, le capitaliste ont-ils moins d'intérêt à la paix publique que les possesseurs de fonds? C'est la richesse mobilière qui fournit à la circulation, qui féconde les terres, qui en élève le prix, et qui fournit à l'État la plus grande part de ses revenus, et enfin qui tend sans cesse à se changer en fortune immobilière : quelle serait donc la raison de s'alarmer de ses progrès? C'est sur les capitaux qu'il faut fonder l'espoir de la réunion des propriétés; pour parvenir au but qu'on se propose, il faut donc encourager la production des capitaux. Mais cette réunion

de propriétés dans les familles pour n'en plus
sortir, cette continuité, cette uniformité d'action, qui, dit-on, fait l'excellence d'un gouvernement monarchique, ne sont pas à désirer.
Car c'est l'absence de cette continuité, de
cette uniformité, qui fait le mérite principal
du gouvernement monarchique constitutionnel. Son avantage sur la monarchie absolue
est de suivre dans ses progrès la société qu'il
régit, de se prêter à ses besoins, de se modifier avec elle graduellement et sans secousse.
D'ailleurs une trop grande agglomération
des propriétés deviendrait funeste au prince
et au peuple. L'élection, devenue le droit exclusif de quelques familles privilégiées, n'ex-
primerait point l'opinion de la nation entière;
ce serait donc vainement que le prince en
appellerait à son peuple.
On adresse à la petite propriété des reproches dont l'injustice est évidente. Elle nuit,
dit-on, à la production; elle se cultive à plus
de frais. A qui persuadera-t-on qu'une propriété mieux cultivée donnera moins de produits? Or, le petit cultivateur travaille mieux
et davantage; non-seulement il augmente ses
revenus, mais, en améliorant le sol par ses
soins, il en accroît rapidement la valeur. La
petite culture est généralement usitée en
France, parceque le cultivateur est encore
en général peu éclairé; mais l'esprit de propriété supplée en lui au défaut de lumières,
et son active économie parvient à tirer de sa
terre le meilleur parti possible avec ce genre
de culture. Pour en adopter un autre, il faudrait aussi des capitaux, et les capitaux ne
viennent que de l'industrie. L'agglomération
ne favorise donc point la grande culture qui
ne convient pas d'ailleurs à tous les pays sans
distinction. Au surplus, une grande expérience
a été faite à cet égard pendant la durée d'une
génération. Quelles sont les conséquences du
morcellement de nos campagnes? Des champs
mieux cultivés, des villages mieux bâtis, des
habitans mieux nourris et qui connaissent leurs
droits.
L'amour de la propriété devenant moins
fort à mesure que la propriété diminue, il est
à craindre, dit-on, que les garanties de la
tranquillité publique ne soient affaiblies; mais
cela n'est pas exact: avec une plus grande division de la propriété foncière, l'esprit conservateur qui s'y attache, se répand dans une
plus grande portion de la société. Cette division diminue d'ailleurs la classe si dangereuse
des prolétaires. On peut encore ici invoquer
l'expérience pour faire ressortir la vérité de
ces assertions. Depuis la révolution, le nombre des propriétaires s'est considérablement
accru; et qui oserait nier que la classe populaire a été plus difficile à soulever de 1800 à
1825, qu'elle ne l'avait été sous l'ancienne législation.
On craint que la population ne s'accroisse

dans une telle proportion que sa subsistance
devienne difficile; mais il a été calculé qu'il
faudrait au moins deux cents ans pour que la
population de la France fût doublée, et il a
été démontré qu'elle peut être doublée sans
inconvéniens. Il n'y a donc encore aucune nécessité d'une loi pour amener un résultat
contraire. L'inégalité des partages, en faisant
des aînés et des cadets, des pauvres et des ri-
ches, diminue évidemment le nombre des mariages parmi les uns, sans rendre les mariages
des autres plus féconds. Faire de grandes propriétés, c'est diminuer le nombre des propriétaires, rendre la subsistance de ceux qui
ne possèdent pas, plus difficile, et par conséquent amener la dépopulation. Enfin, on s'expose, dit-on, en maintenant l'égalité de partage, à n'avoir plus d'électeurs: crainte chi-
mérique! L'égalité de partage a subsisté
long-temps chez divers peuples et même dans
les républiques, l'inégalité s'est toujours maintenue dans les fortunes.
Il n'y a donc aucune raison pour adopter
la loi qu'on propose, mais il y en a de très
fortes pour la rejeter. En effet, comme on l'a
vu, elle est en opposition avec la Charte et
avec les mœurs de la nation; de plus, elle
blesse la nature et la morale.
L'état social étant dans la nature de l'homme,
c'est au droit naturel à régler le cours des
successions dans l'intérêt de la paix et de l'ordre, si nécessaires aux sociétés: or, quoi de
plus conforme à ce but que le partage égal
des biens entre les enfans d'un même père?
N'ont-ils pas tous un droit égal à son affection?
Ne doit-il pas à tous les mêmes soins, et sa tutelle n'embrasse-t-elle pas leur établissement
social, comme leur éducation civile? Lorsque
Montesquieu a dit que la loi naturelle imposait seulement au père l'obligation de nourrir
ses enfans, il a entendu parler de la loi naturelle dans le sens restreint qui ne comprend
que les règles communes à tous les êtres animés.
L'intérêt de la puissance paternelle et les
droits de la propriété ont fait admettre la succession testamentaire; mais la succession testamentaire n'est qu'une exception à la succession légitime; c'est au propriétaire des biens
à choisir entre ces deux successions, et lorsqu'il s'abstient, il indique assez qu'il s'en
tient à l'ordre commun. La loi n'a pas le droit
d'opter pour lui: comment donc veut-on mettre aujourd'hui l'exception à la place du droit
commun, et faire résulter du silence l'inégalité qui ne peut être la suite que d'une volonté expresse? Ce renversement blesse tout
à la fois et le droit des enfans, qui est l'égalité, et celui des pères, qui est la liberté absolue de disposer ou de ne pas disposer.
La loi est évidemment faite en méfiance du
père de famille: ce qu'on espère, c'est qu'il
mourra sans tester. On ne l'appelle plus à

faire un aîné, s'il le juge à propos, on lui permet seulement de le défaire : s'il use de cette faculté, c'est une rigueur. Cette belle prérogative de l'autorité paternelle ne peut plus s'exercer dans aucun cas par des récompenses ; la voie du châtiment et de l'exhérédation lui est seule ouverte. Les aînés y trouveront-ils plus d'avantage ? Est-ce avec leur préciput borné à une part d'enfant qu'ils pourront jouer le rôle de protecteur de la famille ? Aujourd'hui que chacun est appelé à valoir ce qu'il vaut, de quel secours les aînés pourraient-ils être à leurs frères ? La loi proposée les rendra donc odieux sans atteindre son but. Quant aux cadets et aux filles, contre lesquels tout le système est dirigé, ce qui résulterait de son adoption, ce serait de convertir en une démocratie redoutable les autres enfans déshérités au profit de leur frère. Que dire d'ailleurs de ces sinistres apanages qu'on veut former à l'aînesse, en exploitant à son profit les chances terribles de la mort et la répugnance naturelle des hommes à s'occuper de leurs derniers momens. Une telle loi est corruptrice, il faut la repousser avec énergie.

Quant aux substitutions en particulier, elles compromettront la sécurité de l'avenir, arrêteront la circulation des propriétés, augmenteront le nombre des prolétaires, seront un sujet constant d'alarmes pour le commerce, un moyen facile de fraude, et une cause de trouble. Les substitutions créent un ordre factice et arbitraire de succession, et troublent ainsi l'harmonie légale.

Elles créent des incapacités qui blessent la dignité de l'homme. En effet, celui qui grève un donataire de substitution, le désigne en quelque sorte comme un dissipateur, lui témoigne une défiance injurieuse, et le déshonore en lui faisant une libéralité.

On a rappelé ce qu'écrivait d'Aguesseau au premier président du parlement d'Aix, en 1750 : « L'abrogation entière de tous fidéicommis serait peut-être, comme vous le « pensez, la meilleure de toutes les lois, et il « pourrait y avoir des moyens plus simples « pour conserver dans les grandes maisons ce « qui suffirait à en soutenir l'éclat ; mais j'ai « peur que, pour y parvenir, surtout dans « les pays de droit écrit, il ne fallût commencer par réformer les têtes, et ce serait « l'entreprise d'une tête qui aurait elle-« même besoin de réforme. C'est, en vérité, « un grand malheur qu'il faille que la vanité « des hommes domine sur les lois même. »

En faveur du projet on a répondu : Chaque forme de gouvernement doit, pour se maintenir, avoir en elle-même un principe de stabilité sans lequel sa constitution tendrait sans cesse à s'altérer et à périr. Celui qui convient à la monarchie tempérée par des institutions est l'esprit de famille.

Le trône ne peut rester isolé : comme à tout ce qui est humain il lui faut des appuis, et ces appuis doivent être durables comme lui-même ; le plus ferme de tous, dans l'ordre civil, est bien certainement la famille, dont la stabilité et l'indépendance sont assurées par la propriété. Constituée sur les mêmes principes que la monarchie, éprouvant des besoins semblables, elle tend aussi à étendre son existence dans l'avenir ; l'esprit qui la dirige est celui de conservation, c'est-à-dire d'ordre et de morale ; sa force est surtout celle de résistance à tout bouleversement qui compromettrait sa sécurité ; c'est donc non seulement par son intérêt, mais par sa nature même qu'elle est unie à l'Etat, à qui elle communique toute la fixité du sol dans lequel, si l'on peut s'exprimer ainsi, elle étend ses racines.

Que faut-il donc faire pour conserver ou créer l'esprit de famille ? Il faut trouver un moyen de conserver ou de créer les familles elles-mêmes. Le préciput légal attribué à l'un des successibles et les substitutions rempliront le but désiré.

Le prélèvement d'une partie du patrimoine, fait à chaque génération en faveur de l'un des successibles, doit assurer la fortune de sa race et son existence sociale. Les substitutions y contribueront aussi de leur côté, en prévenant les dissipations et en empêchant les biens de sortir des familles.

La loi arrêtera le morcellement excessif des propriétés foncières, qui a de grands inconvéniens soit sous le rapport des institutions politiques, soit sous le rapport de l'économie publique. Il est utile à l'action et à l'existence du gouvernement constitutionnel que le nombre des électeurs et des éligibles n'éprouve pas de réductions trop considérables. C'est cependant ce qui arriverait, si l'on n'arrêtait pas le morcellement des propriétés. Celui qui possède une certaine étendue de terres peut être élu ; celui qui en possède un peu moins n'a plus que le droit d'élire. Si la propriété se réduit encore de quelques arpens, on perd les deux facultés ; on n'est plus ni électeur ni éligible. On assiste aux affaires du pays, on cesse d'y participer. Ensuite les petits propriétaires peuvent difficilement se soustraire à l'influence des factions.

Par le morcellement excessif des propriétés, beaucoup de terrain se perd en limites improductives, en communications inutilement multipliées, et pourtant insuffisantes. Plus les propriétés sont morcelées et se croisent les unes les autres, plus aussi il s'élève de contestations.

L'industrie agricole ne peut se perfectionner que dans les pays de grande culture, car le pauvre compromettrait son existence par des essais souvent stériles et toujours dispendieux.

Les résultats amenés par la loi proposée ne

peuvent donc qu'être avantageux; mais on lui fait plusieurs espèces de reproches.

La loi, dit-on, viole le principe d'égalité consacré par la Charte; mais l'égalité de justice et de protection établie par l'article 1er de la Charte, ne s'applique qu'aux droits publics, et ne s'étend pas aux droits privés.

Le préciput légal ne porte point atteinte, comme on le prétend, au droit de propriété ni à celui de la nature : toute possession cesse avec la vie. Si les biens sont généralement attribués aux plus proches parens, c'est par un bienfait de la société. A la mort du propriétaire, sa propriété rentrerait naturellement dans le domaine commun, ou appartiendrait au premier occupant : lui prescrire les conditions sous lesquelles il peut en disposer, c'est au fond moins altérer son droit que l'étendre en effet.

La loi naturelle ordonne aux pères de nourrir leurs enfans, mais ne les oblige pas de les faire héritiers. Telle est la doctrine de Puffendorf, de Blackstone, de Montesquieu, de J.-J. Rousseau lui-même. La quotité disponible telle qu'elle est réglée par le Code ne peut pas ruiner les filles et les puînés; la position particulière de l'aîné doit procurer aux puînés eux-mêmes plus de considération dans le monde, plus de crédit dans le commerce, plus d'appui auprès de l'administration publique.

La disposition proposée ne présente pas le danger d'affaiblir l'autorité paternelle. L'enfant favorisé par la nature n'aura pas moins de respect et de soumission pour son père, car le père conserve la faculté de laisser la quotité disponible à celui de ses enfans qu'il lui plaira de choisir.

Cette disposition présente-t-elle le danger d'exciter la jalousie, la haine, la discorde entre l'aîné et les autres enfans? S'il en était ainsi autrefois, c'est parce que le droit d'aînesse était excessif. On ne voit pas, au reste, pourquoi l'inégalité causerait plus de troubles dans le système où le père pourrait la faire cesser, que dans celui où il peut l'établir. Il semble même que créée par la loi, elle devrait faire naître moins de discussions.

On dit que les mœurs de la nation rendront la loi inutile. Si, jusqu'à ce jour, les pères de famille ont rarement donné la quotité disponible, c'est que la loi a consacré l'égalité des partages. Mais si la loi change, les résultats changeront aussi; alors, comme à présent, les pères de famille ne modifieront pas, sans de fortes raisons, l'ordre qu'elle aura établi; ils penseront qu'il ne faut pas être plus sage qu'elle.

Les inconvéniens qui étaient la suite des substitutions, autrefois que la législation en était confuse et embarrassée, ne se présenteront pas, si les règles qu'on trace sont claires, simples et bien exprimées.

Il n'est pas juste de dire que les substitutions blessent la dignité de l'homme. Le donateur ne prend pas une précaution déshonorante pour le donataire, parce qu'il veut mettre et ce dernier et ses enfans à l'abri des revers de la fortune.

Le rapport fait par M. Mousnier-Buisson à la Chambre des députés présente d'une manière très claire les différences qui existent entre la présente loi et les dispositions du Code civil.

D'abord il fait remarquer que la loi conserve le principe posé par les articles 1048 et 1050 du Code sur ces deux points importans : 1° l'objet susceptible d'être grevé de substitution est renfermé dans les limites de la quotité disponible; 2° la substitution n'est admise qu'au profit de la descendance en ligne directe du donataire grevé, en sorte que la substitution s'éteint à l'instant où la descendance s'est éteinte sans avoir recueilli.

Mais, ajoute-t-il, le projet s'écarte des limites marquées par le Code : 1° en ce qu'il n'assujétit pas les pères et mères, pour jouir de la faculté de grever de substitution la quotité disponible, à la donner en tout ou en partie à l'un de leurs enfans; 2° en ce que la charge de rendre à tous les enfans nés et à naître du donataire n'est plus obligatoire à peine de nullité, mais que cette charge pourra être imposée indistinctement au profit d'un ou de plusieurs enfans du donataire; 3° en ce que la charge de rendre pourra s'étendre à deux degrés, c'est-à-dire à deux personnes successivement ou l'une après l'autre, ou au profit de plusieurs personnes cumulativement, si plusieurs personnes sont appelées à recueillir au même instant et pour des parts égales ou inégales dans la quotité disponible. Le donataire, comme grevé, ne compte point dans les degrés.

En second lieu, les articles 1049 et 1050 déclarent valable, en cas de mort sans enfans, la disposition que le défunt aura faite au profit d'un ou de plusieurs de ses frères et sœurs, de tout ou partie des biens qui ne sont point réservés par la loi dans la succession, avec charge de rendre ces biens à tous les enfans nés et à naître, au premier degré seulement desdits frères ou sœurs donataires, sans exception ni préférence d'âge ou de sexe.

La loi conserve en ligne collatérale comme en ligne directe le principe que l'objet de la substitution ne peut pas s'étendre au-delà de la quotité disponible, et que la charge de rendre ne peut être imposée qu'au profit des enfans du donataire.

Mais elle diffère du Code, 1° en ce qu'elle ne restreint pas seulement à ceux-là qui ont la qualité d'oncles ou de tantes le droit de faire des substitutions; 2° en ce que la substitution pourra être faite au profit d'un ou de plusieurs enfans du donataire grevé; 3° enfin en ce que la substitution pourra s'étendre à deux degrés inclusivement.

testamentaire, avec la charge de les rendre à un ou plusieurs enfans du donataire (1),

Après avoir ainsi signalé les analogies et les différences qui existent entre la loi et le Code civil, M. le rapporteur s'est attaché à résoudre quelques difficultés nées dans la discussion des bureaux.

Notamment, il a examiné la question de savoir si, du principe posé que la charge de rendre n'est autorisée qu'au profit des enfans du donataire jusqu'au deuxième degré, il faut conclure que, dans le cas où le petit-fils du donataire mourrait avant d'avoir recueilli, la substitution deviendrait caduque, et que l'un des fils du donataire ne pourrait pas la recueillir, parce qu'il serait l'oncle de l'appelé.

Il a répondu : La charge de rendre doit être faite au profit d'un ou de plusieurs enfans du donataire. Le mot enfant est une expression générique qui comprend aussi bien les petits-enfans et arrière-petits-enfans que les enfans provenus du mariage du donateur lui-même ; c'est ce que décide en termes formels l'art. 914 du Code civil ; aussi, quoique dans l'ordre marqué pour recueillir au second degré l'effet de la substitution, le petit-fils du donataire, soit appelé par préférence, rien ne s'oppose à ce que son oncle, l'un des fils du donataire, ne soit appelé à son défaut, ne recueille à son défaut, et ne remplisse ainsi le second degré de la substitution. Tout dépendra, dans ce cas, de la manière dont sera conçue la disposition contenant la substitution. Le donateur qui voudra substituer à deux degrés saura s'expliquer et prévoir les événemens qui pourraient rendre la substitution caduque au premier degré. Il faudrait décider autrement s'il s'agissait d'un enfant du donataur. La substitution ne pourrait pas remonter vers lui, puisque la loi concentre le bénéfice de la substitution dans la descendance du donataire, c'est-à-dire de celui qui recueille en première ligne, sous la charge de rendre.

La seconde question sur laquelle s'est expliqué le rapporteur, est celle-ci : Le droit de déléguer à un tiers l'élection de l'appelé est-il virtuellement consacré par la loi ?

« Sous le régime des substitutions, a dit M. le rapporteur, le droit de conférer à un tiers l'élection, dans le cas où l'on ne voulait pas le faire soi-même, fut toujours considéré comme un droit inhérent à la nature de la disposition. Plus on a pressé l'objection, plus on a démontré qu'en matière de substitutions et surtout de substitutions à deux degrés, le droit de déléguer l'élection était compris dans celui de substituer. La raison est que cette délégation est un des moyens utiles, qu'elle peut être aussi un moyen nécessaire d'exécution ; nous disons moyen d'exécution, parce que le droit de l'élu dérive exclusivement de la disposition, soit que l'élection ait été faite par le donateur, soit qu'elle ait été faite par un tiers. » Il a cité les articles 62, 63, 64 et 65 de l'ordon-

nance de 1735, sur les testamens, et l'article 14 de l'ordonnance de 1747. « Aussi, a-t-il ajouté, tant que cette ordonnance fut en vigueur, fut-il constamment reconnu que le droit de conférer l'élection était implicitement compris dans celui de substituer. L'ordonnance avait pour objet de borner à deux degrés les substitutions. Le but de la loi actuelle est le même : identité de principe, identité de conséquence. Toutefois, la commission, qui n'hésite point à penser que le droit de conférer l'élection est compris dans celui de substituer et surtout de substituer à deux degrés, ne saurait dissimuler que l'usage d'une semblable délégation peut rendre plus fréquentes les chances de caducité ou de partage. Il appartiendra à la seule prudence des donateurs de les prévenir par des prévisions insérées dans leurs dispositions. »

M. Girardin a combattu cette opinion de la commission ; il a fait remarquer que la faculté de déléguer l'élection ne résultait pas des termes de la loi ; la loi, a-t-il dit, on est forcé de le reconnaître, ne fait qu'étendre une disposition du Code, et cette disposition y était exceptionnelle. Toute exception est de droit strict, par conséquent aussi tout ce qui s'y rattache, toute extension de l'exception. L'extension de l'exception doit donc, comme l'exception elle-même, être renfermée dans les limites du texte, et la faculté d'élire un autre substitué, si elle n'est formellement énoncée dans votre loi, ne pourra se suppléer, et n'appartiendra pas au grevé.

Remarquons que, si la faculté d'élire n'est pas formellement attribuée par le donateur à un tiers, elle n'appartiendra ni au grevé, ni à aucun autre. La question est de savoir si le donateur peut déléguer le droit d'élection.

Au surplus, M. Duplessis de Grénédan a, dans la discussion, demandé que la faculté de conférer l'élection à un tiers fût clairement exprimée : « Quoi qu'en dise M. le rapporteur, a-t-il ajouté, le droit d'élire ne peut résulter ni du silence de la loi, ni des usages qui pouvaient exister dans une législation abrogée depuis trente ans. »

(1) De ce que le mot donataire est employé au singulier, faut-il conclure que les dispositions permises ne peuvent avoir lieu qu'au profit d'un seul donataire, et qu'il ne soit pas licite au disposant d'exercer la faculté que lui donne la loi en faveur de plusieurs donataires ? M. Duplessis de Grénédan a soulevé cette question, en demandant que la loi dit expressément : un seul donataire ; mais M. le garde-des-sceaux a répondu que « la loi nouvelle n'a pour but que d'étendre les dispositions des « art. 1048 et 1050 du Code civil, et de permettre à toute personne ayant capacité de « disposer de ses biens, de les donner à un ou « plusieurs donataires, à la charge par ceux-

nés ou à naître, jusqu'au deuxième degré inclusivement (1).

Seront observés, pour l'exécution de cette disposition, les articles 1051 et suivans du Code civil jusques et y compris l'article 1074 (2).

« ci de les transmettre à un ou plusieurs de
« leurs enfans jusqu'au deuxième degré...
« Mais, dit-on, ajoutait le garde-des-sceaux,
« si telle est votre intention, vous ne l'avez
« pas assez clairement exprimée; vous ne par-
« lez pas au *pluriel* des donataires. Il suffit de
« répondre que le langage que nous avons
« employé est celui dont se sont servis tous
« les rédacteurs des lois civiles : en ouvrant
« le Code civil, au hasard, on y trouve les
« légataires désignés en général par le nom
« singulier *le légataire*; les donataires, par
« *le donataire*; les héritiers, par *l'héritier*. »
La proposition de M. Duplessis de Grénédan a été rejetée.

(1) On a demandé comment devaient se compter les degrés, si le grevé formait lui-même un degré, et si les autres degrés devaient se compter par tête ou par génération.

M. le garde-des-sceaux, qui avait déjà déclaré, dans la discussion générale, que jamais le grevé n'avait compté pour un degré, et que depuis l'ordonnance de 1747, les degrés se comptaient par tête, a ajouté les explications suivantes :

« Depuis l'année 1629, époque à laquelle l'ordonnance de Paris régla la manière dont les degrés devaient être comptés pour les substitutions, ce point de droit n'a plus éprouvé de difficulté nulle part, si ce n'est dans le parlement de Toulouse, et ce parlement, depuis l'ordonnance de 1747, s'est conformé à la législation établie, et a cessé de compter les degrés par souche. Relativement à l'institution et aux substitutions, il faut distinguer le cas où elles sont faites collectivement, c'est-à-dire, lorsque plusieurs personnes sont appelées à recueillir l'institution collectivement, et le cas où l'institué et les appelés sont désignés individuellement. Dans le premier cas, l'institution, quoique collective, ne compte que pour une institution. Il n'y a jamais de substitution dans l'institution, quoiqu'il y ait institution dans la substitution. De même, à l'égard des substitués, chacun de ceux qui sont appelés collectivement à recueillir l'objet substitué au premier degré compte pour un degré collectivement. Il en est de même de ceux qui sont appelés au second degré : ainsi un père instituera deux de ses enfans pour recueillir la quotité disponible de ses biens, à la charge de la rendre à tous leurs enfans collectivement, jusqu'au second degré, conformément à la loi. De quelle manière faudra-t-il compter les degrés? Les deux enfans appelés pour recueillir l'institution ne compteront que pour des institués, aucun d'eux ne sera substitué à l'autre; ils jouiront collectivement et individuellement. De même les enfans de ces deux institués, appelés collectivement au premier degré, recueilleront collectivement aussi; et quoi qu'il y ait collection d'individus substitués, il n'y aura qu'un premier degré de substitution. De même enfin les petits-enfans des deux institués, quoique appelés collectivement, recueilleront collectivement aussi. Tous jouiront en commun; ils composeront collectivement le second degré.

« Au contraire, s'il n'y a qu'un institué, qu'un premier substitué, au premier degré, s'il n'y a qu'un seul substitué au deuxième degré, les degrés se compteront suivant la disposition insérée, soit dans le testament, soit dans la donation, c'est-à-dire que le premier appelé sera l'institué, le deuxième appelé formera le premier degré, et le troisième appelé remplira le deuxième degré. »

(2) On demandait que l'on ajoutât l'indication des articles 30, 33 et 34, titre Ier de l'ordonnance de 1747; mais cela a paru inutile d'après les explications contenues dans la note précédente.

On a proposé d'ajouter l'article suivant :
« Les articles 1048, 1049 et 1050 du Code civil sont abrogés. »

Ce dernier amendement a été retiré par son auteur après l'observation faite par M. le garde-des-sceaux que les articles 1048 et 1050 du Code civil pourraient l'un et l'autre continuer à recevoir leur exécution; qu'il ne s'agit pas d'une disposition contraire à ces articles, mais d'une disposition additionnelle et extensive de ces mêmes articles; que, par conséquent, il n'y a pas de nécessité à introduire l'abrogation demandée.

On a proposé, à la Chambre des pairs, un amendement qui avait pour objet : 1º de restreindre la faculté de disposer aux seuls *biens-fonds et immeubles*; 2º de limiter l'effet de la substitution dans les deux degrés qu'elle comporte, aux enfans du donataire, nés ou à naître, *dans leur descendance légitime de mâle en mâle et par ordre de primogéniture.*

On a observé que, par cet amendement, l'unité qu'il est si utile de conserver dans la législation, serait rompue; qu'ainsi les substitutions, qui ne sont qu'une application particulière de la portion disponible, ne seraient plus régies par les dispositions du Code, relatives à cette portion, et qui en déterminent la nature et la quotité. Puis la seconde partie de cet amendement contient deux dispositions contradictoires. Comment, en effet, concevoir qu'une substitution faite au profit de plusieurs enfans du même père puisse avoir lieu par ordre de primogéniture? y aura-t-il donc entre eux plusieurs aînés?

L'amendement n'a pas été appuyé.

17 ⹅ Pr 23 MAI 1826. — Loi relative aux douanes (1). (8, Bull. 91, n° 3276.)

Voy. Ordonnance du 13 JUILLET 1825.

Charles, etc.

Importations.

Art. 1er. Les droits d'entrée seront, à l'égard des marchandises ci-après dénommées, établis ou modifiés de la manière suivante (2) :

Laines en masse, de toute espèce, y compris celle de vigogne et de lama, 30 pour 100 de la valeur à la frontière et au poids net.

Toutefois, il ne sera point admis de déclaration de valeur au-dessous d'un franc par kilogramme pour les laines brutes, de deux francs pour les laines lavées à froid, et de trois francs pour les laines lavées à chaud.

En cas de fausse déclaration de valeur, l'administration des douanes ou ses agens feront usage du droit de préemption, tel qu'il est réglé par la loi du 23 avril 1796. Ce droit devra être exercé dans le délai de dix jours.

Des ordonnances du roi détermineront les bureaux des douanes par lesquels l'importation des laines sera permise.

La commission proposait d'insérer dans le projet une disposition additionnelle ainsi conçue :

« Néanmoins, si le grevé vient à décéder sans laisser des biens libres suffisans à l'existence de ses enfans et si ces enfans n'ont pas de biens personnels qui y suppléent, les tribunaux leur attribueront, à titre de pension alimentaire, une part du revenu des biens substitués, en raison de la valeur de ces biens.

« Cette pension cessera s'ils acquièrent des biens qui en tiennent lieu. »

Lorsque les objets substitués, a-t-on dit, forment exclusivement tout le patrimoine, les raisons d'humanité qui autrefois faisaient accorder *une légitime de grace* subsistent aujourd'hui.

Mais on a reconnu qu'il est toujours dangereux d'introduire, dans la législation, une disposition qui ne soit pas en harmonie avec le système général des lois existantes. Hors de la légitime, la donation la plus étendue ne donne lieu à aucune légitime de grace. La commission de la Chambre des députés a aussi examiné la question et l'a résolue dans le même sens.

Un autre article additionnel, qui avait pour but de statuer *que dans toute succession, les pièces de terre dont la contenance était inférieure à un demi-hectare seraient licitées, lorsqu'elles ne pourraient entrer intégralement dans la composition des lots*, a été retiré par son auteur.

Enfin un autre amendement, qui avait pour but de faire attribuer à l'aîné, dans toute succession, le principal manoir, a été aussi retiré par son auteur.

La Chambre des députés a rejeté un article additionnel, ainsi conçu :

« Toute personne pourra donner tout ou partie des biens dont la loi lui accorde la faculté de disposer, avec charge au donataire, héritier, institué ou légataire, de conserver et de rendre à un tiers désigné par le donateur. »

Enfin on a demandé quels sont les droits de mutation que doivent payer les grevés au moment où ils reçoivent les biens.

M. de Martignac a fait observer que, depuis 1747, les mutations qui se rattachaient aux substitutions ont été soumises aux mêmes droits que les mutations ordinaires. Il en est de même pour les substitutions permises par les articles 1048 et 1049 du Code civil ; cela doit être ainsi, parce que le grevé de restitution est, non pas usufruitier, mais un véritable propriétaire, dont, à la vérité, la propriété est conditionnelle et résoluble dans ses mains. Ce qui a été réglé pour les majorats ne peut s'appliquer au droit civil ordinaire, parce que les majorats sont compris dans la législation exceptionnelle. C'est en vertu d'un décret du mois de juin 1806, que les substitutions résultantes des majorats sont soumises au paiement du simple droit d'usufruit : mais les exceptions doivent se renfermer dans leurs propres limites. Il n'est donc pas douteux que les mutations, par rapport aux substitutions, ne soient soumises aux mêmes droits que les mutations ordinaires. »

(1) Proposition à la Chambre des députés, le 11 février (Mon. du 13).

Rapport de M. Fouquier-Long, le 28 mars (Mon. du 30).

Discussion générale du 1er au 19 avril (Mon. du 4 au 21 avril).

Adoption, le 19 avril (Mon. du 21).

Proposition à la Chambre des pairs, le 25 avril (Mon. du 30).

Rapport de M. le baron Portal, le 9 mai (Mon. du 14).

Discussion du 13 au 15 mai (Mon. du 15 au 19 mai).

(2) *Voy*. ordonnance du 26 juillet 1826.

	DROITS par 100 KILOGRAMMES. (*).
	f c
Laines teintes de toute sorte.	300 00
Viandes { fraîches.	18 00
de boucherie { salées { de porc, lard compris.	33 00
{ { autres.	50 00
Moutons, béliers et brebis, mérinos ou métis, par tête.	5 00
Agneaux. . . . . idem. . . . idem.	0 50

Lorsque la laine des moutons, béliers, brebis et agneaux, soit
mérinos, soit métis, soit communs, se trouvera avoir plus de quatre mois de croissance, on percevra, indépendamment des droits
ci-dessus, les droits de la laine selon son espèce.

Chevaux entiers ou hongres, et jumens, par tête.	50 00
Poulains de toute espèce. . . . . idem.	15 00
Légumes secs et leurs farines.	10 00
Antimoine { sulfuré.	11 00
{ métallique, y compris les caractères d'imprimerie hors	
{ d'usage, et le plomb allié d'antimoine.	26 00
Mâchefer.	} Le cinquième du droit de la fonte brute.
Ardoises pour toiture, { par mer et de la mer à Baisieux exclusive- ment, { de plus de 27 cent. (10 pouces) de largeur le mille.	46 00
{ de 22 exclusivement à 27 inclusivement (8 à 10 pouces) idem.	30 00
{ de 19 exclusivement à 22 inclusivement (7 à 8 pouces) idem.	14 00
{ de 19 inclusivement (7 pouces) ou moins idem.	7 00
{ par toutes les autres frontières de terre, et de toutes di- mensions, le mille.	7 50
Houblon.	60 00
Céruse, sans distinction de forme.	Droits actuels.

§ II.

Cordage de chanvre et filets neufs ou en état de servir.	25 00
Fil à dentelle, le kilogramme.	10 00
Linge de table en fils, ouvragé, blanchi, en pièces.	400 00
Toiles de lin ou de chanvre écrues avec ou sans apprêt (y compris les mouchoirs), dont la chaîne présente dans l'espace de cinq millimètres. . . . . { 7 fils et au-dessous.	30 00
{ 8, 9, 10 et 11 fils.	65 00
{ 12, 13, 14 et 15 fils.	105 00
{ 16 et 17 fils.	170 00
{ 18 et 19 fils.	240 00
{ 20 fils et au-dessus.	350 00

Les toiles blanches ou mi-blanches, et celles imprimées, paieront
le double des droits ci-dessus fixés pour chaque division.
   Les pièces de lingerie cousues paieront le même droit que le tissu
dont elles sont formées, et le dixième en sus.

Toiles à matelas, sans distinction de fils.	130 00

(*) Sauf pour les articles spécialement taxés au kilogramme, au nombre ou à la mesure.

	DROITS par 100 KILOGRAMMES.	
	f	c

		f	c
Coutils.		200	00
Autres toiles croisées.		300	00
Toiles teintes.	de 7 fils et au-dessous.	Droit actuel.	
	de 8, 9, 10 et 11 fils.	Droit actuel.	
	de 12, 13, 14 et 15 fils.	120	00
	de 16 et 17 fils. . . .	200	00
	de 18 et 19.	280	00
	de 20 fils et au-dessus.	420	00

Les droits des toiles continueront à être perçus sans distinction du mode de transport.

			f	c
Couverture de laine.			200	00
Tapis de laine et fil, tous autres demeurant prohibés	simples. . . .		160	00
	à nœuds. . . .		300	00
Burail et crépon.			200	00
Passementerie	de pure laine	blanche.	220	00
		teinte.	250	00
	mélangée de laine, de fil ou de poil.		250	00
Acier fondu	en barres.		120	00
	en tôle ou filé.		140	00
Graisses de poisson, de pêche étrangre, sans distinction des dégras. . .	par navire français	des pays hors d'Europe. . . .	40	00
		des entrepôts.	48	00
	par navire étranger.		56	00
Blanc de baleine ou de cachalot, de pêche étrangère		brut. . . .	40	00
		pressé. . . .	60	00
		raffiné. . . .	150	00
Bougies de blanc de baleine ou de cachalot.			220	00
Extraits de quinquina, chromates de plomb et de potasse, et autres produits chimiques non dénommés.			Prohibés.	
Tuiles.	plates et briques. . . . . le mille.		4	00
	bombées. . . . . idem.		10	00
	faîtières. . . . . idem.		25	00
Carreaux de terre. . . . . idem.			10	00
Crayons.	à gaîne de cèdre.		200	00
	à gaîne de bois blanc.		100	00
Plumes à écrire	brutes.		Droits actuels.	
	apprêtées.		240	00
Chapeaux de paille, d'écorce ou de sparterie	grossiers, la pièce, .		0	25
	fins. . . . . . idem.		1	25

Seront considérés comme grossiers, les chapeaux ayant moins de quatorze tresses dans l'espace d'un décimètre; et comme fins, ceux offrant quatorze tresses et au-delà dans le même espace.

Les chapeaux de paille coupés et ouvragés seront traités comme fins, quelle que soit la largeur des tresses.

		f	c
Meules à aiguiser, de dimensions plus fortes que celles indiquées au tarif actuel. la pièce		5	00

La liste des objets pouvant être admis comme mercerie, arrêtée en vertu de l'article 15 de la loi du 28 avril 1816, sera révisée par ordonnance du Roi, à l'effet de renvoyer aux classes auxquelles ils

	DROITS par 100 KILOGRAMMES.
	f c

appartiennent réellement les articles qu'il ne convient plus de ranger sous ce titre.

Marbres bruts, simplement écarris, et marbres blancs statuaires ébauchés. . . .	1° Blanc veiné. . . . . / Bardille. . . . . / Bleu turquin. . . . . / Brocatelles.	5 00
	2° Blanc clair, non veiné, varié de couleurs.	10 00
	3° Blanc statuaire. . . . . / Jaune de Sienne. . . . . / Vert de mer.	15 00
	Portor. . . . . / 4° Autres.	Droits actuels.

Marbres des trois premières classes, sciés, sans aucune main-d'œuvre, et ayant d'épaisseur.	plus de 16 centimètres. . . .	Même droits que bruts.
	de 3 centimètres exclusivement à 16 inclusivement.	Moitié en sus desdits droits.
	de 3 centimètres au moins. . .	Le double desdits droits.
Marbres de la 4° classe, sciés, sans aucune autre main-d'œuvre, c'est-à-dire n'ayant subi de sciage que sur deux faces, et ayant d'épaisseur.	plus de 16 centimètres. . . . de 3 centimètres exclusivement à 16 inclusivement. . . . . de 2 à 3 centimètres. . . . . moins de 2 centimètres. . . .	Droits actuels.

Les mêmes sciés sur deux faces, et ayant reçu en outre une main-d'œuvre autre que la taille de la carrière, paieront, selon leur épaisseur, moitié en sus des droits ci-dessus.

§ III.

Cobalt grillé, dit safre.			0 50
Éméril	en pierre.		2 00
	en poudre.		8 00
Peaux de mouton revêtues de leur laine	fraîches. . . . . . . 1/2 sèches. 2/3		Du droit des laines brutes ou lavées à froid, suivant leur valeur.

§ IV.

Cacao autre que celui des colonies françaises. . .	par navires français,	des pays hors d'Europe. . . .	100 00
		des entrepôts.	140 00
	par navires étrangers.		160 00
Ecorce de quinquina	par navires français. . . . . le kil..		0 50
	par navires étrangers. . . . . idem.		1 00
Borax.	brut. . .	par navires français.	de l'Inde.	50 00
			d'ailleurs.	100 00
		par navires étrangers.		125 00
	mi-raffiné	par navires français.	de l'Inde.	65 00
			d'ailleurs.	130 00
		par navires étrangers.		162 50
	raffiné.		Droits actuels.

Le borax brut destiné au raffinage pourra être importé aux droits

	DROITS par 100 KILOGRAMMES.
	f c
ci-après, à charge de réexporter, dans l'année, même poids de borax naturel raffiné :	
Par navires français.	0 50
Par navires étrangers.	2 00
...é { par navires français. { de l'Inde. .... le kil.	1 50
d'ailleurs. .... idem.	5 00
par navires étrangers. .... idem.	6 00
Poivre et piment { par navires français. { de l'Inde.	60 00
d'ailleurs.	120 00
par navires étrangers.	150 00
Cannelle fine { par navires français, { de l'Inde. .... le kil.	2 00
d'ailleurs. .... idem.	6 00
par navires étrangers. .... idem.	8 00
Cannelle commune et *cassia lignea*.	Le tiers des droits ci-dessus.
Muscades rondes et macis { par navires français, { de l'Inde. .... le kil.	4 00
d'ailleurs. .... idem.	12 00
par navires étrangers. .... idem.	15 00
Muscades longues en coques.	Moitié des droits ci-dessus.
Laque naturelle { par navires français. { de l'Inde.	50 00
d'ailleurs.	100 00
par navires étrangers.	125 00
Laque préparée.	Le double des droits ci-dessus.
Nacre de perle brute { par navires français. { de l'Inde.	50 00
d'ailleurs.	60 00
par navires étrangers.	80 00
Nacre de perle sciée ou dépouillée de sa croûte.	Le double des droits ci-dessus.
Soie grége de l'Inde, par navires français seulement. .... le kil.	0 50
Bambous et joncs forts { par navires français. { de l'Inde.	80 00
d'ailleurs.	160 00
par navires étrangers.	200 00
Rotins de petit calibre.	Moitié des droits ci-dessus.
Étain brut. { par navires français. { de l'Inde.	2 00
d'ailleurs.	6 00
par navires étrangers.	8 00
Salpêtre brut. { par navires français. { de l'Inde.	72 00
d'ailleurs.	85 00
par navires étrangers.	100 00
Dents d'éléphant entières. { par navires français. { de l'Inde.	80 00
d'ailleurs, hors d'Europe.	100 00
des entrepôts.	140 00
par navires étrangers.	170 00
Dents d'éléphant sciées.	Le double des droits ci-dessus.
Indigo. { par navires français. { de l'Inde. .... le kil.	0 75
d'ailleurs, hors d'Europe. .... id.	1 00
des entrepôts. .... id.	3 00
par navires étrangers. .... id.	4 00

			DROITS par 100 KILOGRAMMES.	
			f	c
Curcuma en racine.	par navires français.	de l'Inde.	35	00
		d'ailleurs, hors d'Europe. . .	50	00
		des entrepôts.	100	00
	par navires étrangers.		110	00

Il n'en sera point admis en poudre.

Écaille de tortue. . .	par navires français.	de l'Inde.	100	00
		d'ailleurs, hors d'Europe. . .	150	00
		des entrepôts.	200	00
	par navires étrangers.		300	00

Les onglons, moitié, et les rognures, le quart des droits ci-dessus.

Bois d'ébénisterie non spécialement taxés.	par navires français.	de l'Inde.	10	00
		d'ailleurs, hors d'Europe. . .	15	00
		des entrepôts.	30	00
	par navires étrangers.		40	00
Résineux exotiq. non spécialement taxés.	par navires français.	de l'Inde.	50	00
		d'ailleurs, hors d'Europe. . .	90	00
		des entrepôts.	100	00
	par navires étrangers.		125	00

La distinction de comptoirs français et de comptoirs étrangers dans l'Inde sera supprimée dans les tarifs; et les articles de l'une ou l'autre de ces provenances, non dénommés dans ce paragraphe, ne paieront à l'avenir que les droits maintenant imposés sur les mêmes articles provenant des comptoirs français.

La distinction établie par la loi du 27 juillet 1822, entre les bœufs, vaches et porcs gras et maigres, est supprimée. Ils paieront uniformément le *maximum* des droits actuels.

2. Les droits spéciaux en faveur de certaines denrées provenant du cru des colonies françaises dans les deux Indes et en Afrique seront établis de la manière suivante ;

Sucre de toutes les colonies.		
Café de toutes les colonies.		
Bois de campêche de toutes les colonies.	Droits actuels.	
Confitures, sirops, rum et tafia de toutes les colonies.		
Liqueurs de la Martinique.		
Mélasses de toutes les colonies.	12	00
Coton, sans distinction d'espèce, de toutes les colonies. . . .	5	00
Cacao de toutes les colonies.	60	00
Poivre de la Guiane.	40	00
Girofle de la Guiane et de l'île Bourbon, rocou et *cassia lignea* de la Guiane.	Droits actuels.	
Bois d'ébénisterie de la Guiane et du Sénégal.	1	00
Grandes peaux brutes sèches.		
Cire brune non clarifiée. . . . . } du Sénégal.	Droits actuels.	
Dents d'éléphant.		
Gommes pures.		
Salsepareille du cru du Sénégal.	40	00
Séné (feuilles et follicule de), du cru du Sénégal.	20	00

Les autres produits des colonies françaises acquitteront, à leur entrée en France, les mêmes droits que les productions de même

	DROITS par 100 KILOGRAMMES.

espèce importées de l'Inde ou des pays hors d'Europe par navires français, selon la situation desdites colonies.

3. Pour l'importation des objets ci-après dans l'île de Corse, par quelque bureau que ce soit, les droits seront :

Porcs { de six mois et au-dessous.	par tête.	2	00
{ au-dessus de six mois.	idem.	5	00
Béliers, brebis et moutons de toute sorte.	idem.	2	00
Agneaux.	idem.	0	50
Boucs et chèvres.	idem.	0	25
Chevreaux.	idem.	0	15
Huile d'olive.		Droits du tarif génér.	
Légumes secs et leurs farines.		Idem.	

Au moyen de cette disposition, les huiles d'olives expédiées de la Corse pour les ports désignés par la loi du 21 avril 1818 seront affranchies de droits, sans qu'il soit besoin de produire des certificats d'origine.

Droits de navigation.

Art 4.

Navires français revenant des ports du royaume-uni de l'Angleterre et de l'Irlande, et des possessions dudit royaume en Europe. . .   Mêmes droits de tonnage que les navires étrangers entrant dans les ports de France.

Exportations.

5. Les droits de sortie seront, à l'égard des marchandises dénommées au présent article, établis ou modifiés de la manière suivante :

Graines oléagineuses et huiles de graines.		0	25
Tourteaux de graines oléagineuses.		0	25
Ardoises pour toiture. { de 13 centimètres de longueur ou plus, le mille.		0	15
{ de moins de 13 centimètres. . . . idem.		0	10
Beurre salé.		0	25
Graisses, sauf les dégras de peaux.		1	00
Garance { verte ou sèche.		1	00
{ moulue.		0	50
Chevaux hongres, jumens et poulains.	par tête.	3	00
Mules et mulets.	idem.	2	00
Vaches.	idem.	0	50
Moutons, béliers, brebis et agneaux, mérinos, métis et autres.	idem.	0	25
Salpêtre de toute sorte.		0	25
Fil de chanvre ou de lin { simple (celui de mulquinerie excepté).		0	50
{ retors.		0	25
Tissus de chanvre ou de lin, taxés au poids.		0	25
Chandelles.		0	25
Écorces de pin moulues.		0	10
Bourre de soie filée, par les seuls bureaux de Béhobie, Bordeaux, Calais et Strasbourg. . . . . par kilogramme.		0	05
Sel gemme.		0	01
Tabac en feuilles.		0	25
Pâte de Pastel, ...		0	50
Amidon.		0	25

	DROITS par 100 KILOGRAMMES.
	f. c.

Poudre à poudrer. 0 25

Les articles divers de l'industrie parisienne, assortis en une même caisse, paieront en bloc, lorsque la douane de Paris ne jugera pas nécessaire de les liquider séparément, et sauf à en faire déclarer la valeur, par kilog. 0ᶠ 02ᶜ.

Au moyen de cette disposition, celle de la loi du 27 mars 1817 (art. 3), fixant un *minimum* aux droits de certains articles, est •rapportée.

6. Les toiles de l'Inde dites *guinées*, autres que celles importées directement par navires français, paieront, à leur sortie des entrepôts de France, pour le Sénégal, par pièce, 5ᶠ 00ᶜ.

Primes ou restitutions de droits à la sortie.

7. Jusqu'à ce qu'il en soit autrement ordonné, il sera payé à l'exportation des fils et tissus de laine, et sans qu'il soit nécessaire de produire les quittances des droits payés sur des laines étrangères, les sommes ci-après, à titre de compensation :

				DROITS
Fil dégraissé ou teint de pure laine lavée à chaud.	du prix de 4 fr. 50 c. ou moins au kilogramme.			120 00 par 100 kilog. net.
	du prix de plus de 4 fr. 50 c. au kilogramme.			200 00
Tissus de pure laine, à l'exclusion de ceux formés de déchets de laine ou autres basses matières, et de ceux qui ne vaudraient pas au moins 6 fr. par kil.	Draps et casimirs.			10 pour 100 de la valeur en fabr.
	Etoffes légères	croisées, y comp. les châles.		360 00
		simples.		260 00
	Tricots. . . .	Bonnets en usage dans l'Orient.	fins. . .	300 00
			moyens.	240 00
			communs	180 00 par 100 kilog. net.
	Autre bonneterie.			180 00
	Passementerie et rubans.			180 00
Couvertures	fines.			200 00
	moyennes.			150 00
	communes.			100 00
Tapis.				120 00

Toutefois, il ne sera rien changé, jusqu'au 1ᵉʳ octobre prochain, au mode actuellement suivi pour l'allocation desdites primes.

Etoffes où la laine entre au moins pour moitié, et qui sont mélangées	de coton et laine.	180 00
	de fil ou de soie et de laine.	150 00
Etoffes de coton mélangées de laine dans d'autres proportions que celles ci-dessus.		50 00

Les primes ci-dessus seront payées à la sortie des vêtemens confectionnés que l'on exportera par assortimens et par parties de vingt-cinq kilogrammes au moins, et que l'on présentera en douane séparément, par espèce de tissus des valeurs ci-dessus indiquées ; et ce, après défalcation du poids des doublures et autres matières accessoires.

Jusqu'au 1ᵉʳ octobre prochain, il continuera d'être payé à l'exportateur des tissus de laine, indépendamment des primes fixées par le présent article, une somme égale à vingt pour cent desdites primes, lorsque l'exportateur représentera les quittances des droits payés sur les laines étrangères, en vertu de l'ordonnance du 14 mai 1823, pour une somme égale au montant de ces mêmes primes.

Les quittances seront admises sans distinction d'espèces; elles devront être d'une date antérieure à la publication de l'ordonnance du 20 décembre 1824.

8. Les droits perçus à l'importation du plomb brut, du cuivre brut et des peaux brutes, seront restitués à l'exportation du plomb battu, laminé ou autrement ouvré en nature, du cuivre et laiton battu, laminé, ou autrement ouvré en nature, et des peaux apprêtées; et ce, dans les proportions et avec les formalités déterminées par ordonnance du Roi, à la charge, par les réclamans, de justifier du paiement desdits droits.

Il en sera de même de la taxe du sel employé à la préparation des beurres et à la fabrication du sel ammoniac exporté (1).

9. Les droits perçus sur les sucres bruts et terrés, quelle qu'en soit l'origine, seront compensés à l'exportation des sucres raffinés et candis, à raison de cent vingt francs par cent kilogrammes de sucre raffiné exporté en pains de 7 kilogrammes au plus ou de sucre candi, et de cent francs par cent kilogrammes de sucre raffiné exporté en pains au-dessus de 7 kilogrammes; et ce, sans qu'il soit nécessaire de représenter les quittances des droits acquittés.

Les sucres raffinés exportés pour les colonies françaises jouiront desdites primes aussi bien que ceux expédiés pour l'étranger.

Les primes fixées par l'ordonnance du 15 janvier 1823, en vertu de l'article 6 de la loi du 27 juillet 1822, lequel est abrogé, continueront à être allouées, sous les conditions actuelles, aux sucres qui seront exportés jusqu'au 1er octobre prochain.

10. Le droit payé à l'importation des chapeaux de paille, d'écorce et de sparterie, tarifés par l'article 1er de la présente loi, sera remboursé intégralement lorsque ces mêmes chapeaux, ayant été apprêtés en France, seront réexportés, et que les apprêteurs produiront des quittances délivrées en leur nom et n'ayant pas plus de six mois de date.

11. L'article 15 de la loi du 21 avril 1818 s'appliquera à tous les savons exportés de France, lorsqu'on justifiera, par la quittance des droits d'entrée, que l'huile et la soude employées à leur fabrication provenaient de l'étranger.

Transit.

12. Le transit des huiles d'olive est autorisé, à la condition que les futailles seront plombées et plâtrées par les deux bouts,

qu'un échantillon levé au lieu du départ et cacheté par la douane accompagnera les futailles pour lesquelles le transit aura été demandé, et que l'identité du contenu sera constatée à la sortie.

Le droit de transit sera celui fixé par la loi du 17 décembre 1814 pour les marchandises transitant en vertu de ladite loi.

Les manquans trouvés à la sortie seront soumis au droit d'entrée.

13. Les marchandises expédiées en transit des frontières de terre sur les ports où il existe un entrepôt réel pourront y être admises comme si elles arrivaient par mer. A la réexportation, elles acquitteront le même droit que les marchandises venues à l'entrepôt par voie de mer. Si on les déclare pour la consommation intérieure, le droit de transit perçu au premier bureau sera pris en déduction du droit d'entrée.

Entrepôts.

14. La durée de l'entrepôt réel, tel qu'il est autorisé par l'article 25 de la loi du 28 avril 1803, sera de trois années.

Si, à l'expiration des délais fixés, il n'est pas satisfait à l'obligation d'acquitter les droits ou de réexporter, les droits seront liquidés d'office; et, si l'entrepositaire ne les a pas acquittés dans le mois de la sommation qui lui en sera faite à son domicile, s'il est présent, ou à celui du maire, s'il est absent, les marchandises seront vendues, et le produit de la vente, déduction faite de tous droits et frais de magasinage ou de tout autre nature, sera versé à la caisse des dépôts et consignations, pour être remis au propriétaire, s'il est réclamé dans l'année à partir du jour de la vente, ou, à défaut de réclamation dans ce délai, être définitivement acquis au Trésor.

15. Les marchandises prohibées, portées au manifeste sous leur véritable dénomination *par nature, espèce et qualité*, lorsqu'elles ne forment pas le dixième du chargement, pourront être reçues en dépôt sous la seule clé de la douane, à charge, par le capitaine ou consignataire, de les réexporter dans un délai de quatre mois, passé lequel il en sera disposé ainsi qu'il est réglé par l'article précédent.

16. L'entrepôt réel est accordé au port du Légué, aux mêmes conditions que celles exprimées en l'article 24 de la loi du 28 avril 1816.

17. Le port de Cette est mis au nombre de ceux qui peuvent expédier certaines marchandises sur l'entrepôt de Lyon, aux condi-

(1) Voy. ordonnance du 26 juillet 1826.

tions déterminées pour les expéditions autorisées des ports de Marseille, Bordeaux, Nantes, Rouen et le Havre.

Dispositions réglementaires.

18. Les ports d'Arles, Saint-Servan et Roscoff, sont mis au nombre de ceux qui sont ouverts à l'entrée des marchandises payant plus de vingt francs par cent kilogrammes.

19. Les ports de Cette, Boulogne et Granville, sont mis au nombre de ceux désignés par la loi du 27 juillet 1822, pour l'admission des fers traités au charbon de bois et au marteau.

20. Dans le cas de non-rapport en temps utile, et avec décharge valable des acquits-à-caution délivrés pour la réexportation de marchandises prohibées, les soumissionnaires seront contraints à payer la valeur de la marchandise et une amende de cinq cents francs.

21. Dans le cas de non-rapport en temps utile, et avec décharge valable, des acquits-à-caution délivrés pour assurer le transport de marchandises d'un entrepôt dans un autre, les soumissionnaires seront contraints à payer le double droit desdites marchandises et cent francs d'amende, s'il s'agit d'objets tarifés à l'entrée, ou, s'il s'agit d'objets prohibés, la valeur desdites marchandises, avec une amende de cinq cents francs.

22. La circulation et le dépôt des marchandises dénommées en l'article 22 de la loi du 28 avril 1816 donneront lieu à l'application, en Corse, des articles 35, 36, 37, 38 et 39 du titre XIII de la loi du 22 août 1791, des articles 4, 6, 7 et 8 de l'arrêté du 10 août 1802, et des articles 38 et 39 de la loi du 28 avril 1816, mais seulement dans le rayon d'une lieue de la côte, et pour les quantités qui excéderont quinze mètres de tissus et cinq kilogrammes d'autres objets; sans que, d'ailleurs, les expéditions de douanes présentées comme justification d'origine cessent d'être valables pendant une année entière à partir de leur date.

23. Le sulfate de soude produit dans les fabriques de soude factice, exercées par les agens de l'administration, et employant le sel marin en franchise des droits, pourra, lorsqu'il aura été constaté qu'il contient plus de quatre-vingt-onze de sulfate de soude sec et pur par quintal, être livré au commerce en exemption de tous droits.

Des ordonnances du Roi détermineront les précautions à prendre pour constater que le sulfate est au degré d'alcali ci-dessus indiqué, et les formalités à observer tant pour sa livraison que pour le règlement des comptes entre les fabricans et l'administration (1).

17 MAI 1826. — Ordonnances du Roi qui autorisent l'acceptation de dons et legs faits à des fabriques, à des séminaires, etc. (8, Bull. 149, n° 5294 à 5302.)

17 MAI 1826. — Ordonnances du Roi qui accordent des lettres de déclaration de naturalité aux sieurs Schmit, Haumon et Marchal. (8, Bull. 153, n°s 5535, 5536 et 5537.)

17 MAI 1826. — Ordonnance du Roi qui accorde des lettres de déclaration de naturalité au sieur Majerus, dit Meyer. (8, Bull. 252, n° 9248.)

17 MAI 1826. — Ordonnance du Roi qui accorde des lettres de déclaration de naturalité aux sieurs Cornet et Leclerc. (8, Bull. 284, n°s 10,914 et 10,915.)

17 MAI 1826. — Ordonnance du Roi qui autorise les sieurs de Barbier et Lamarche à ajouter à leurs noms ceux de Félcourt et de Saint-Julien. (8, Bull. 93, n° 3092.)

17 MAI 1826. — Ordonnance du Roi qui admet les sieurs Jolder, Richard et Zeinet à établir leur domicile en France. (8, Bull. 93, n° 3093.)

17 MAI 1826. — Ordonnance du Roi qui accorde des lettres de déclaration de naturalité au sieur Morin. (8, Bull. 121, n° 4062.)

21 = Pr. 24 MAI 1826. — Loi concernant l'affectation à divers départemens ministériels, du produit de la vente de plusieurs immeubles appartenant à l'Etat (2). (8, Bull. 92, n° 3081.)

_____

(1) Voy. ordonnance du 26 juillet 1826.
(2) Proposition à la Chambre des députés, le 18 mars (Mon. du 23). — Rapport de M. de Martinville (Mon. du 23 avril). — Discussion et adoption le 21 avril (Mon. du 23).

Proposition à la Chambre des pairs, le 25 avril (Mon. du 30). — Rapport de M. le marquis de Villefranche, le 9 mai (Mon. du 14). — Discussion et adoption le 18 mai (Mon. du 21).

Art. 1er. Seront mis en vente, dans les formes prescrites pour l'aliénation des domaines de l'Etat ; — 1° L'hôtel, rue de l'Université, n° 94, occupé actuellement par le comité consultatif du génie ; — 2° L'hôtel, rue de Choiseul, n° 2, occupé par la direction générale de l'enregistrement et des domaines ;

2. Le produit de ces ventes, ainsi que celui de l'aliénation des deux hôtels, l'un rue Sainte-Avoie, n° 44 bis, l'autre, impasse Pecquey, ci-devant occupés par l'administration des contributions indirectes, sera spécialement affecté, — 1° Aux dépenses de constructions nécessaires pour le remplacement des bureaux du ministère de la justice, jusqu'à concurrence de cinq cent mille francs ; — 2° Aux dépenses de construction d'un nouveau bâtiment nécessaire au ministère de la guerre, et aux frais de la translation et autres résultant des dispositions arrêtées entre ce département et le ministère de la maison du Roi, jusqu'à concurrence d'une somme de sept cent mille francs ; — 3° Enfin aux dépenses de reconstruction de l'hôtel de la direction générale des postes, jusqu'à concurrence d'un million.

3. Le prix de l'acquisition faite, les 8 et 13 novembre dernier, de deux hôtels situés rue de Grenelle et affectés au ministère de l'intérieur, ainsi que les frais de translation des bureaux et les dépenses d'une construction nouvelle sur les terrains dépendans de ces hôtels, seront prélevés, jusqu'à concurrence d'une somme d'un million six cent mille francs, sur l'excédant des recettes du budget de 1826.

4. Il sera rendu un compte spécial de l'emploi provenant des aliénations des quatre immeubles ci-dessus dénommés, et de la somme de seize cent mille francs mise à la disposition du ministre des finances.

---

21 MAI 1826. — Circulaire ministérielle sur l'exécution de la loi du 27 AVRIL 1825.

M. le préfet, je vous ai annoncé que je vous ferais connaître le résumé des décisions de la commission et des ordonnances du Roi rendues en Conseil-d'Etat, intervenues sur des questions d'un intérêt général : ce sera le premier objet de cette circulaire ; je continuerai ensuite l'analyse de ma correspondance avec MM. les préfets sur l'instruction des affaires.

Absens.

Les articles 112, 113 et 114 du Code civil ont été reconnus applicables aux réclamans venant aux droits d'un individu présumé absent, et la commission a ordonné que l'instruction résultant de la liquidation serait remise à la caisse des dépôts et consignations jusqu'à l'envoi en possession des héritiers.

Actes de l'état civil.

Conformément à l'article 13 de la loi du 13 brumaire an 7, les actes de décès dressés en pays étrangers, et qui n'ont été ni timbrés ni visés pour timbre, ont été rejetés.

Il en a été de même de ceux de ces actes dont les signatures n'avaient pas été légalisées par les ambassadeurs, ministres ou résidens français.

Un acte de l'état civil rédigé en langue étrangère, non revêtu de signatures d'agens diplomatiques français, a cependant été considéré comme authentique, par suite de cette circonstance qu'il avait été homologué dans le royaume, par un tribunal de première instance.

A l'appui de leurs demandes, les femmes doivent toujours produire les actes de naissance de leurs maris, ainsi que les actes de leur mariage, pour prouver que, par leur changement d'état, elles n'ont pas perdu la qualité de Françaises, ou qu'elles sont dans le cas de l'exception prévue par l'article 23 de la loi.

Actes de décès. — Femme.

La femme qui a recouvré la plénitude de ses droits, par le décès de son mari, doit nécessairement produire un extrait des registres de l'état civil qui constate ce décès.

Actes de notoriété.

Les actes de notoriété dressés sur la demande d'un fondé de pouvoirs, en l'absence de la partie intéressée ou du fondé de pouvoirs lui-même, ont été admis comme valables, attendu qu'ils sont seulement destinés à relater les attestations des témoins.

Des actes de notoriété ont été rejetés, parce que l'ordre des noms et prénoms n'était pas le même que dans les autres actes produits.

Mais, aux termes de l'avis du Conseil-d'Etat, du 30 mars 1808, la commission a reconnu qu'un acte de notoriété pouvait valablement rectifier les erreurs existantes dans l'orthographe des noms sur les actes de l'état civil produits à l'appui d'une demande en indemnité.

Adhésion.

L'adhésion donnée par un mari au borde-

reau dressé au profit de sa femme récla-
mante en indemnité, ou par un tuteur pour
ses pupilles, ne peut être valable qu'autant
que, dans le premier cas, la femme y a concouru, et que, dans le second, cette adhésion a été précédée ou suivie de l'autorisation du conseil de famille.

De son côté, la femme ne peut donner son
adhésion sans le concours de son mari.

Ces décisions sont fondées sur les articles
217, 461 et 1428 du Code civil.

Bordereaux.

Les bordereaux doivent non-seulement
rapporter le nom de l'ancien propriétaire
dépossédé, mais encore celui ou ceux des
héritiers réclamans. Si les actes d'aliénation
ont erré sur le nom de l'ancien propriétaire
dépossédé, et que ce fait soit établi par
l'instruction de l'affaire, les bordereaux doivent également porter en annotation les
noms des individus faussement désignés
comme anciens propriétaires dans les actes
de vente.

Lorsque les résultats des bordereaux ont
éprouvé, dans le cours de l'instruction,
quelques modifications, la communication
doit en être faite de nouveau à la partie,
ainsi que la circulaire du 13 août 1825 (N° 6,
8e *question*) en a rappelé la nécessité, c'est-
à-dire qu'il y a lieu à suivre itérativement la
marche tracée par les articles 34, 35 et 38 de
l'ordonnance du 1er mai 1825.

L'intention qui a présidé à la rédaction
de ces articles étant évidemment que sur
aucun point un ayant-droit ne fût jugé sans
avoir été mis en demeure de s'expliquer ou
de se défendre.

Contestation de droits et qualités.

En exécution de l'article 11 de la loi, la
commission a constamment renvoyé par-
devant les tribunaux, et sans entrer dans
l'examen du fond, ou dans l'appréciation de
l'indemnité à allouer, les parties entre lesquelles existaient des contestations sur leurs
droits respectifs, ou les héritiers qui élevaient
des prétentions différentes sur la quotité
des parts à attribuer à chacun d'eux.

Une demande formée pour les mêmes
biens par deux mandataires différens a été
également renvoyée au jugement des tribunaux pour faire statuer sur la validité du
mandat.

Les directeurs des domaines et MM. les
préfets doivent donc s'abstenir de procéder à une liquidation lorsque les circonstances énoncées plus haut se présentent;
il suffit, en ce cas, d'un avis pris en conseil
de préfecture, au vu des demandes ou réclamations contradictoires des parties et des
observations du directeur des domaines,
ledit avis concluant au renvoi devant les
tribunaux. Cet avis sera soumis à la commission à laquelle seule il appartient de
prononcer le renvoi.

Cette solution ne pourrait être appliquée
dans le cas où, aucune contestation n'existant entre les parties, les pièces justificatives
des droits ou qualités n'auraient pas paru
suffisantes à MM. les préfets; alors, il y a
lieu de procéder à l'instruction totale, puisque la commission peut porter un autre
jugement des preuves produites.

Déclaration de non-rentrée en possession.

La déclaration de non-rentrée en possession faite par un mandataire en vertu d'une
procuration qui l'autorise en termes généraux à suivre une demande en indemnité,
et même à faire toutes déclarations nécessaires, n'a pas paru suffisante à la commission.

Il lui a semblé que l'obligation imposée
aux réclamans par le nombre 3 de l'article
6 de l'ordonnance du 1er mai 1825 était une
obligation personnelle, ou plutôt un témoignage de confiance qui ne pouvait être reporté
sur un étranger. C'est à l'honneur des ayans-
droit qu'on en appelle; c'est à leur conscience
qu'on se fie, à cause de l'estime qui s'attache
à leur personne; ainsi, ils doivent faire
eux-mêmes la déclaration, et non par un
fondé de pouvoir qui pourrait mal entendre
le mandat, ou ne pas apporter, dans son
exécution, la délicatesse qui en aurait dicté
les termes.

Par ce motif, toutes les demandes à
l'appui desquelles des déclarations avaient
été produites par des fondés de pouvoir ont
été ajournées.

MM. les préfets ne devront donc m'adresser
désormais les affaires dont la liquidation est
poursuivie par un mandataire, que lorsque
le vœu de la commission aura été préalablement rempli.

Les réclamans peuvent faire leur déclaration dans la procuration même; s'ils ont
omis de le faire, ils peuvent y suppléer par
un acte sous seing privé, etc., etc.

S'il est des circonstances où, en raison de
l'absence de la partie intéressée, on n'ait pu
satisfaire à cette obligation, la commission
devra être mise à portée d'en apprécier
les motifs.

La commission a remarqué que l'instruction laissait souvent ignorer si l'administration locale s'était exactement confor-
mée aux dispositions des circulaires du 7
juillet (15e et 16e *questions*) et du 25 novembre 1825, j'en recommande de nouveau
la stricte exécution, et j'y ajoute l'invitation

à MM. les préfets de veiller à ce que dorénavant le directeur des domaines, qui doit posséder des renseignements positifs à cet égard, et qui a, d'ailleurs, tous les moyens de s'éclairer, s'explique formellement, dans les observations dont il accompagne le bordereau, sur le fait de la rentrée ou de la non-rentrée en possession des biens pour lesquels l'indemnité est réclamée ; et, enfin, que la déclaration des ayans-droit, comme l'attestation du directeur, deviennent l'objet d'une disposition spéciale de l'avis donné en conseil de préfecture.

Déduction.

La commission a constamment imputé, sur le premier bordereau, qu'elle a été appelée à examiner la totalité des dettes reconnues à la décharge des réclamans ou de ceux qu'ils représentent, en considérant que l'éventualité des liquidations futures pouvait compromettre les intérêts des ayans-droit au fonds commun.

Les réclamans supportent l'imputation des dettes qui ont été payées à leur décharge par l'État, soit par voie de compensation, soit en moins prenant, à l'occasion d'un partage de présuccession, attendu que la loi ne distingue point (article 9) entre les différentes manières dont a pu s'opérer la libération des émigrés.

Droits et qualités.

Plusieurs décisions de la commission ont successivement reconnu qu'on ne pouvait considérer comme donnant droit à l'indemnité la confiscation de *valeurs mobilières* composées de *deniers dotaux et de créances*, alors même que ces valeurs mobilières seraient le prix de la vente d'un immeuble faite par l'émigré et confirmée par l'État, ou lorsqu'elles auraient été garanties par hypothèques.

Le légataire universel des meubles n'a pas été admis à liquidation, attendu que l'indemnité n'est due qu'à l'ancien propriétaire du fonds, ou à ses héritiers naturels ou institués, et que le legs des meubles est exclusif des immeubles dont l'indemnité est la représentation.

La donation par *préciput*, lorsque le donateur est encore vivant, ne laisse pas ouverture à l'indemnité au profit du donataire.

L'indemnité proposée pour les arbres vendus séparément du fonds a été retranchée des bordereaux, attendu que, par cette opération, ils avaient perdu leur caractère immobilier.

Les légitimaires dont les droits, originairement réalisables en immeubles, ont été convertis en rentes ou en valeurs mobilières, ont été déclarés inhabiles à profiter du bénéfice de la loi du 27 avril.

Semblable décision est intervenue à l'égard de la *dot constituée en numéraire et remise au mari*, quoique hypothéquée sur les biens-fonds, et avec la condition d'être réputée immeuble.

Rachats.

Dans les cas de rachat, les frais et loyaux coûts d'enregistrement et de transcription de l'acte qui a opéré la rentrée en possession ne doivent pas être compris dans l'indemnité, attendu que la loi ordonne seulement le remboursement du *prix payé* à l'État ou au tiers.

Lorsqu'il y a rachat moyennant une rente viagère, la commission, faisant application de l'article 4 de la loi du 27 avril 1825, et de celle du 22 frimaire an 7 (article 75, nombre 8), a fixé l'indemnité à dix fois le montant de la rente stipulée au contrat.

A l'occasion d'un rachat opéré par voie d'*échange*, la commission a considéré que la loi n'avait point fait acception de tel ou tel mode de rachat ; que cette circonstance accessoire ne changeait rien au fait de la rentrée en possession, et a décidé qu'il y avait lieu à application de l'article 4 de la loi.

Si l'indemnité est reconnue devoir être basée sur les valeurs payées à l'État, on ne porte pas en déduction les reliquats de décompte dont il a été fait remise à l'ancien propriétaire, attendu que l'indemnité ne doit être que la représentation de ce que l'État a réellement reçu.

Titres d'hérédité.

Un partage des droits et actions existant au moment où l'acte a été passé, et antérieurement à la loi du 27 avril 1825, n'a point paru devoir faire titre suffisant pour la liquidation de l'indemnité réclamée par un des copartageans.

Diverses ordonnances royales rendues sur les pourvois introduits au Conseil-d'État ont confirmé les principes développés dans les circulaires précédentes.

Ainsi, il n'y a pas lieu à indemnité quand le lot attribué à l'État dans un partage ne comprenait pas d'immeubles ou quand l'héritier avait cédé, moyennant une rente, ses droits aux biens-fonds qu'il avait à revendiquer dans une succession (*circulaires du 7 juillet 1825, N° 4, 27e question ; et du 28 juillet, N° 5, 14e question*).

L'article 3 de la loi du 27 avril 1825 doit recevoir son exécution lors même que les biens rachetés par les propriétaires dépossédés auraient cessé d'être ultérieurement en la possession de ces derniers ou de leurs ayans-droits.

L'article 4 est applicable, — 1° Lorsqu'un héritier a retrouvé, dans une succession, les biens qui lui ont appartenu (*circulaire du 26 septembre 1825, N° 7, 16° question;*) — 2° Lorsqu'un ayant-droit acquéreur de biens qui ne lui appartenaient pas avant la confiscation réclame aujourd'hui, en qualité d'héritier de l'ancien propriétaire, l'indemnité due pour lesdits biens rachetés.

Je passe à l'analyse des solutions transmises à MM. les préfets sur les questions qu'ils m'ont adressées.

Biens employés à des établissemens d'utilité publique.

1re question. — De quelle manière devra-t-on procéder à la liquidation, lorsqu'une portion des biens pour lesquels on demande l'indemnité est entrée dans l'établissement d'une route royale, ou a été prise pour fortification, rues, canaux ou pour toute autre cause d'utilité publique?

Si les biens dont il s'agit étaient déjà confisqués à l'époque où l'État les a ainsi employés, ils donnent droit à l'indemnité; car ils ont été alors définitivement et gratuitement concédés par l'État.

Dans le cas contraire, le propriétaire avait seulement droit à en recevoir le prix : il a donc perdu une créance purement mobilière; mais il n'a pas été dépouillé d'un bien-fonds.

Ainsi, avant de proposer aucune liquidation pour des biens qui ont reçu une destination de l'espèce, il est très essentiel d'établir, d'une manière incontestable, l'époque précise de leur emploi, et de faire ressortir si cette époque a précédé ou suivi la confiscation, puisque, dans le cas où elle lui est antérieure, il n'est pas dû d'indemnité.

Bordereaux.

2° Question. — Comment doit-on constater les modifications à faire aux bordereaux dans les cas où il faut opérer de nouvelles imputations de passif ou des rectifications de calculs inexacts?

La circulaire du 26 septembre dernier (N° 7, 4° *question*) a déjà rappelé que les bordereaux forment la base de l'instruction de toute demande en indemnité; que, dès lors, ils doivent être exempts de ratures ou surcharges non approuvées.

J'ajouterai que si, par les vérifications faites soit au ministère des finances, soit à l'administration générale des domaines, les bordereaux sont renvoyés aux préfets pour être modifiés par les directeurs des domaines, les changemens à y apporter doivent être distinctement opérés au moyen d'annotations ou de calculs présentés à la suite et de manière que la commission puisse connaître toutes les circonstances qui ont accompagné l'instruction des affaires.

Dans le cas où il est nécessaire de remplacer le bordereau par un autre, le premier devra également demeurer joint au dossier avec toutes les pièces qui s'y trouvaient annexées; même celles dont la deuxième instruction a pu paraître rendre la production inutile.

Je me réfère, au surplus, à ma circulaire du 13 août (N° 6, 18° *question*), sur l'obligation de suivre itérativement, en pareille occurrence, la marche tracée pour les communications à faire aux parties, en exécution des articles 34, 35 et 38 de l'ordonnance du 1er mai 1825.

Créanciers.

3° Question. — Peut-on remettre aux créanciers des émigrés les titres déposés par eux, et dont les créances n'ont pas été liquidées?

Cette question semble se résoudre par elle-même; car un créancier a le droit de se faire payer tant qu'il ne l'a pas été, et il ne peut le faire qu'avec ses titres; cependant, une explication est nécessaire.

Toutes les fois qu'une créance n'a pas été liquidée ou remboursée, les titres doivent en être remis aux créanciers, s'ils les réclament. Une décision royale, du 18 décembre 1815, a autorisé cette remise, et en a réglé la forme.

Il est aussi des cas où, quoique les créances aient été liquidées, les titres doivent être remis.

Deux sortes de liquidations ont eu lieu : celles ordonnées par la loi du 1er floréal an 3, et celles effectuées en vertu de la loi du 24 frimaire an 6.

Les premières étaient définitives : la délivrance aux créanciers des reconnaissances de liquidation définitive admissibles en paiement de domaines nationaux, ou à convertir en inscriptions sur le grand-livre de la dette publique, libérait l'État et l'émigré débiteur.

Les secondes n'avaient ce caractère que lorsque le créancier avait réclamé et obtenu son remboursement effectif, par l'échange, à la Trésorerie, du certificat de liquidation contre les valeurs dites *tiers consolidé et bons de deux tiers.*

Ainsi, dans le premier cas, lorsqu'il n'y a point de preuve que la reconnaissance de liquidation définitive a été retirée par le créancier (qu'il en ait fait usage ou non), et, dans le second cas, qu'une liquidation faite en vertu de la loi du 24 frimaire an 6 a été suivie du remboursement ou de la consolidation, les titres peuvent être rendus. Deux décisions du Gouvernement établissent la jurisprudence à cet égard, savoir : l'arrêté du 3 floréal an 11 (article 2), pour les liquidations faites en vertu de la loi du 1er floréal an 3, et le décret du 2 complémentaire an 12, rendu en Conseil-d'État, pour celles qui ont eu lieu d'après la loi du 24 frimaire an 6.

Les pièces qui existent aux archives des préfectures doivent donner les moyens de reconnaître les créances non liquidées, ou celles qui, l'ayant été en vertu de la loi du 1er floréal an 3, n'ont pas été éteintes par le retrait de la reconnaissance de la liquidation.

Je me réfère, à cet égard, aux explications que renferme la circulaire du 23 juillet 1824.

Toutefois, il est nécessaire qu'avant de vous dessaisir d'aucune pièce, vous me fassiez connaître, avec des détails suffisans, les demandes en remises de titres qui pourraient vous être adressées par des créanciers d'émigrés. Cela est surtout indispensable pour celles qui se rapporteraient à des liquidations faites en exécution de la loi du 24 frimaire an 6, puisque ce n'est qu'au ministère des finances qu'on peut s'assurer si les parties ont obtenu leur remboursement. Après avoir fait vérifier ces demandes, je vous autoriserai, s'il y a lieu, à rendre les titres sur la justification que vous exigerez des droits du réclamant, et sur le récépissé nécessaire pour la décharge de l'administration.

Curateur.

4e *Question*. — Le curateur à l'émancipation d'un mineur réclamant l'indemnité doit-il être autorisé par un conseil de famille à adhérer au bordereau?

Ainsi que je l'ai déjà dit plusieurs fois, la demande en indemnité, faite en vertu de la loi du 27 avril 1825, est une action immobilière ; l'adhésion à la liquidation de cette indemnité porte donc sur des droits immobiliers, et le mineur même émancipé ne peut agir valablement, en semblable matière, sans l'assistance de son curateur, et sans l'autorisation du conseil de famille (*Art.* 482 *et* 484 *du Code civil*).

Décès survenu pendant l'instruction d'une demande en indemnité.

5e *Question*. — Lorsque, pendant l'instruction d'une affaire, un ancien propriétaire décédera, avant d'avoir donné son adhésion au bordereau ou avant d'avoir fait sa déclaration de non pourvoi sur la décision prise par la commission de liquidation, de quelle manière devront procéder ses héritiers pour faire continuer l'instruction dont il s'agit, et pour obtenir l'inscription des rentes?

Les héritiers naturels ou institués devront donner immédiatement avis au préfet du décès de leur auteur, puis ils fourniront la preuve de leurs droits héréditaires en se conformant aux règles qu'ils auraient eux-mêmes suivies, s'ils eussent formé primitivement la demande en indemnité. Il est superflu d'ajouter que la déclaration de rentrée ou de non rentrée en possession devra être également faite puisqu'elle peut être susceptible de modifier les résultats du bordereau primitivement établi.

Si le dossier est encore dans le département, où s'il a été renvoyé par le ministère pour complément d'instruction, le préfet, après avoir recueilli les observations du directeur des domaines, et après avoir examiné en conseil de préfecture les pièces qui lui auront été remises, les joindra au dossier. L'instruction de l'affaire se continuera sur les pièces concurremment produites par le réclamant décédé et par ses héritiers. La communication du bordereau sera faite au nouveau domicile élu par ces derniers, qui donneront leur adhésion, soit individuellement, soit par l'intermédiaire d'un procureur fondé. La commission prononcera sur le tout et fixera la part de chacun lorsque les droits et qualités lui paraîtront suffisamment établis.

Si le décès arrive pendant que l'affaire est encore en instruction au ministère, et que ce décès me soit notifié, le dossier sera renvoyé dans le département pour qu'il soit procédé à l'instruction itérative dont il vient d'être parlé.

Si au contraire la commission en a été saisie, et que déjà sa décision soit intervenue, il n'y aura pas lieu de procéder à une nouvelle liquidation ; la notification sera faite au domicile élu ; mais l'inscription de la rente allouée ne pourra être autorisée qu'après le délai de trois mois accordé pour appel, par l'article 14 de la loi.

Cette inscription sera faite alors au nom du décédé, et les parties se pourvoiront par-devant le directeur de la dette inscrite pour obtenir le transfert du titre à leur nom, en suivant les règles observées en matière de mutation de la propriété des effets publics.

Légataires.

6e *Question*. — Un individu légataire universel de l'un des héritiers d'un propriétaire dépossédé peut-il être admis à réclamer l'indemnité du chef du testateur, concurremment avec les héritiers naturels du dépossédé?

L'article 7 de la loi du 27 avril 1825 n'a rien changé aux droits respectifs des légataires et des héritiers.

Passif.

7° *Question.* — Lorsqu'un indemnitaire désavoue formellement le titre de la créance payée par l'Etat à sa décharge, et que toutes les personnes qui portent le même nom le désavouent également, doit-on s'adresser au créancier qui a reçu son remboursement ou à ses héritiers, pour en obtenir les renseignemens nécessaires?

On doit certainement recourir à ce moyen, mais seulement après avoir constaté que les pièces produites pour la liquidation de la créance acquittée par l'Etat ne sauraient, en les rapprochant de celles fournies à l'appui de la demande en indemnité, servir à constater l'identité du débiteur avec les réclamans ou avec leur auteur; ce rapprochement me semble devoir conduire presque toujours à reconnaître le débiteur et à pouvoir établir son identité, et du moment qu'il y a présomption suffisante que le réclamant ou son auteur était tenu de la dette qui a été payée à la décharge de l'un ou de l'autre, l'imputation doit être faite sur le bordereau, sauf aux réclamans à la contester et à la commission à l'approuver ou à la rejeter.

Pièces justificatives.

8° *Question.* — Les pièces que les réclamans produisent pour les justifications de leur droits et qualités peuvent-elles leur être remises lorsque la liquidation est terminée?

Il est impossible à l'administration de se dessaisir de ces pièces ou d'assigner l'époque où il pourrait être permis de le faire: elles doivent rester à l'appui des liquidations consommées, pour en justifier la régularité. Mais, comme il peut aussi importer aux parties d'avoir des copies ou des expéditions des contrats et de tous autres actes produits par elles, il leur sera toujours loisible de faire prendre ces copies ou expéditions au ministère des finances, après m'en avoir fait la demande.

Reliquats de décomptes.

9° *Question.* — En liquidant l'indemnité, doit-on déduire le montant *brut* ou le montant *net* des reliquats de décomptes pour prix de ventes d'immeubles remis aux anciens propriétaires dépossédés en exécution des lois de confiscation.

D'après l'article 8 de la loi du 5 décembre 1814, la totalité des sommes provenant de décomptes faits et à faire, de termes échus et à échoir, est recouvrée par l'administration des domaines, pour le compte des anciens propriétaires à qui la remise en est faite sous la déduction des frais de régie; c'est donc comme mandataire de ces anciens propriétaires, que le domaine a fait la recette, et dès lors les frais de perception doivent rester à la charge de ces mandans.

Ainsi, c'est le montant brut des sommes recouvrées pour reliquats de décomptes de prix d'immeubles, qui doit venir en déduction sur le montant de l'indemnité accordée par la loi du 27 avril.

Rentrée en possession par des héritiers.

10° *Question.* — Comment les dispositions de l'article 4 doivent-elles être appliquées, lorsqu'un ou plusieurs des prétendans-droit à la même indemnité, sont rentrés en possession des biens confisqués et aliénés?

Le réclamant rentré en possession des biens ou de partie des biens de ses auteurs, doit subir l'application de l'article 4, dans la proportion qui existe entre la valeur de ces mêmes biens établie d'après l'article 2 ou d'après l'article 16, et sa portion virile dans la succession.

Ainsi, celui qui a recouvré des biens pour une valeur égale à sa part héréditaire est liquidé entièrement d'après l'article 4.

Celui qui en a recouvré une partie inférieure reçoit l'indemnité d'après l'article 4, pour la portion rachetée, et, d'après l'article 2, pour celle dont il n'est pas rentré en possession.

Celui qui possède des biens pour une valeur supérieure à sa part d'hérédité n'a droit qu'à une allocation proportionnelle au prix du rachat.

Cette manière de procéder, adoptée par une foule de décisions de la commission, s'éclaircira mieux par un exemple.

Louis, Paul et Antoine ont des droits égaux à une indemnité qui, réglée d'après l'article 2 de la loi, s'élève à quatre vingt-dix mille francs.

Les deux derniers ne sont pas rentrés en possession; ainsi la part afférente à chacun sera de trente mille francs.

Mais Louis a racheté un tiers des biens compris au bordereau, c'est-à-dire une quantité qui représenterait, s'il était liquidé d'après l'article 2, une somme de trente mille francs; il les a payés vingt-quatre mille francs.

Puisqu'il a ainsi recouvré en nature le montant de sa perte, ou le tiers des biens de la succession, il n'a droit qu'au remboursement des sommes payées à cet effet, c'est-à-dire au remboursement des vingt-quatre mille francs qu'il a déboursés pour la rétrocession.

Si, au lieu d'un tiers, il avait racheté les deux tiers pour une somme de quarante-huit mille francs, il serait encore liquidé à vingt-quatre mille francs, puisque cette somme représente ce qu'il a donné pour rentrer en possession de son bien ; le surplus de ce qu'il possède lui appartenant comme acquéreur de l'Etat ou représentant d'un acquéreur, et non comme ancien propriétaire.

S'il n'est rentré en possession que du sixième des biens de la succession, il sera liquidé pour ce sixième d'après l'article 4, et pour l'excédant d'après l'article 2.

On a vu plus haut qu'une ordonnance du Roi, du 11 avril 1826, avait jugé que les dispositions de l'article 4 sont applicables lorsqu'un héritier a retrouvé dans une succession les biens qui lui appartenaient. Dans ce cas, ce sont les valeurs déboursées par l'auteur de l'héritier qui font la base de la liquidation de ce dernier, mais il faut prendre garde que cette solution devrait être modifiée, si l'ayant-droit à l'indemnité qui a retrouvé les biens pour lesquels il réclame dans une succession n'était pas seul héritier, et avait partagé avec d'autres les biens de son auteur.

Alors, en effet, il faudrait rechercher ce qui lui en a coûté à *lui-même* pour rentrer en possession de son ancienne propriété, c'est-à-dire pour quelle somme les mêmes biens lui ont été attribués dans le partage. C'est à cette somme que l'allocation devrait être portée, si toutefois elle était inférieure à la liquidation faite d'après l'article 2.

Je citerai encore un exemple.

Louis a hérité de son oncle (Paul) concurremment avec Pierre et Joseph.

Tous trois ont des droits égaux au partage de l'hérédité.

Dans cette hérédité, qui est estimée à quatre-vingt-dix mille francs, se trouvent des biens qui ont autrefois appartenu à Louis à l'exclusion de ses cohéritiers, et qui ont été rachetés par Paul moyennant quinze mille francs. Dans le partage qui a lieu, les mêmes biens sont attribués à Louis pour le remplir de sa part héréditaire, soit trente mille francs.

Lorsqu'il se pourvoit ensuite en liquidation, ce ne sera pas les quinze mille francs, prix de l'acquisition faite par Paul, mais celle de trente mille francs, somme pour laquelle les biens sont entrés dans le lot de Louis, qui devra être prise pour base de l'indemnité à allouer, et sans cependant que les fixations résultant de l'article 2 puissent être excédées.

En effet, Paul ne peut être tenu à l'égard de Louis pour personne interposée, puisque sa succession est divisée entre divers héritiers, suivant les règles du droit commun, et que ceux-ci ne sont pas tous les anciens propriétaires du bien, mais seulement l'un d'entre eux, et d'autre part le prix du rachat est évidemment pour le réclamant la somme à laquelle le bien est estimé dans le partage.

Tableau de dépréciation ; déduction des mandats.

11e Question. — La circulaire du 28 juillet, n° 5 (23e *question*), a fait connaître que l'on devait suivre, pour la réduction des mandats, le cours proclamé par les arrêtés du Directoire, insérés au Bulletin des Lois. On a demandé depuis si ce cours était celui qui était publié à Paris, le jour même du paiement dans les départemens, ou le cours connu au lieu où le paiement a été effectué ?

La commission a résolu cette question par diverses décisions, fondées sur les dispositions des lois des 5 et 13 thermidor an 4, d'après lesquels *nul ne pouvait refuser son paiement en mandats au cours du jour et du lieu où le paiement était effectué ; et chaque paiement réglé sur le dernier cours qui avait été proclamé.*

De cette manière le vœu de la loi du 27 avril, qui est de restituer les valeurs *réelles* payées à l'Etat sera mieux rempli.

Les mandats versés dans les caisses publiques postérieurement à l'époque où s'est arrêté le tableau de dépréciation pour les départemens doivent donc être déduits d'après le *dernier cours inscrit*, en conformité des arrêtés du Directoire, sur les registres du receveur des domaines, à la date du versement qui lui a été fait, et qui est aussi celui qui a servi de base pour la rédaction des décomptes d'acquéreurs des domaines de l'Etat.

Usufruitiers.

12e Question. — L'époux survivant donataire de l'usufruit des immeubles et de la propriété des meubles et créances actives peut-il réclamer l'indemnité ?

Comme donataire des meubles et créances actives, l'époux survivant n'a aucun droit d'après ce qui est énoncé plus haut.

Comme donataire de l'usufruit des immeubles, il n'est pas admissible à la liquidation. Son droit est défini par le Code civil (*article* 578) un droit à la jouissance de la chose dont un autre a la propriété ; or, c'est seulement au propriétaire du fonds que l'action en liquidation est accordée. On fait observer au surplus que cette solution ne porte aucun préjudice à l'usufruitier, qui fera valoir ses droits relativement à la jouissance de la rente par les moyens que le droit commun met en son pouvoir.

Tuteurs.

13ᵉ *Question.* — Lorsque l'indemnité est réclamée par des pères ou des mères, au double titre de tuteurs naturels et légaux de leurs enfans mineurs, et de légataires ou de donataires pour une portion de l'héritage du conjoint prédécédé, dont les mineurs recueillent le surplus, doit-on se contenter de l'autorisation du conseil de famille, ou exiger que le tuteur soit suppléé dans la demande en indemnité par le subrogé tuteur?

Le tuteur procédant dans un intérêt distinct de celui de ses pupilles, il est plus régulier que ce soit le subrogé-tuteur qui agisse en conformité de l'article 420 du Code civil; mais il a semblé suffisant de faire constater sa présence toutes les fois que la part d'un ayant-droit à l'indemnité était réclamée à la fois par des héritiers mineurs et par leurs tuteurs comme légataires ou donataires de la portion disponible.

Signé : Jh. DE VILLÈLE.

P. S. Je ne saurais trop recommander à MM. les préfets d'examiner avec attention les considérans des décisions de la commission qui leur sont transmises pour être notifiées aux parties. Ils y puiseront des indications utiles pour l'instruction des affaires et la connaissance de la jurisprudence adoptée; car les décisions émanées des diverses sections sont en parfaite harmonie les unes avec les autres, et si, dans des cas très rares, des décisions opposées ont été rendues, j'ai cru devoir user de la faculté qui m'est réservée par l'art. 14 de la loi du 27 avril, à l'effet d'empêcher toute dissidence. Alors, j'en ai prévenu les parties par l'intermédiaire des préfets, en même temps que je leur faisais notifier les décisions.

---

21 MAI 1826. — Ordonnances du Roi qui autorisent l'acceptation de dons et legs faits à des fabriques, etc. (8, Bull. 149, nᵒˢ 5303 à 5314.)

24 MAI ⇌ Pr. 8 JUIN 1826. — Ordonnance du Roi relative à l'extension donnée à la Société d'assurances mutuelles contre la grêle, formée à Nancy pour sept départemens y dénommés. (8, Bull. 95, nᵒ 5,137.)

Charles, etc. — Sur le rapport de notre ministre secrétaire-d'Etat au département de l'intérieur; — Vu l'ordonnance royale du 30 mai 1824, portant autorisation de la so-

ciété d'assurances mutuelles contre la grêle formée à Nancy pour les départemens y dénommés; — Vu l'article 4 de l'ordonnance précitée, qui prescrit pour l'évaluation des dommages une seconde expertise à quinze jours de date de la première; — Vu la délibération du conseil général des sociétaires du 11 février dernier; — Notre Conseil-d'Etat entendu, etc.

Art. 1ᵉʳ. La société d'assurances mutuelles contre la grêle, formée à Nancy pour les départemens de la Meurthe, de la Meuse, de la Moselle, des Vosges, du Haut-Rhin, de la Haute-Marne et des Ardennes, est autorisée à étendre aux récoltes coupées non enlevées du sol, l'assurance qui, d'après l'article 2 des statuts, ne s'applique aujourd'hui qu'aux récoltes pendantes par racines.

Il demeure entendu toutefois que les récoltes mises en meule sont réputées enlevées du champ.

2. La seconde expertise prescrite par l'ordonnance du 30 mai 1824 n'aura plus lieu à l'avenir, lorsque la première n'aura fait constater qu'un dommage au-dessous de trente cents francs.

3. Il sera procédé à cette seconde expertise, dans les cas pour lesquels elle est maintenue, quinze jours au moins après la première, à moins que les récoltes assurées ne doivent être retirées avant ce terme, et au plus tard dans le délai de deux mois.

Les autres dispositions de l'article 4 de l'ordonnance précitée continueront à être exécutées.

4. Notre ministre de l'intérieur (comte Corbière) est chargé, etc.

24 MAI ⇌ Pr. 8 JUIN 1826. — Ordonnance du Roi portant autorisation définitive de onze congrégations religieuses de femmes (8, Bull. 95, nᵒ 5,139.)

Charles, etc. — Vu l'article 2 de la loi du 24 mai 1825; — Vu les statuts des congrégations ci-après dénommées, vérifiés et enregistrés au Conseil-d'Etat, conformément à notre ordonnance royale du 30 avril dernier; — Sur le rapport de notre ministre secrétaire-d'Etat au département des affaires ecclésiastiques et de l'instruction publique, etc.

Art. 1ᵉʳ. Les congrégations : — 1° des sœurs de Sainte-Marthe à Romans (Drôme), — 2° Des filles de la Doctrine chrétienne à Bordeaux (Gironde), — 3° Des sœurs de la Providence à Metz (Moselle) (1), — 4° Des filles de la Sainte-Famille à Besançon (Doubs), — 5° Des sœurs de la Providence à Langres

---

(1) *Lisez :* à Forbach (Moselle). *Erratum* du Bulletin 104.

(Haute-Marne), — 6° Des filles de la Croix dites *filles de Saint-André* à la Puye (Vienne), — 7° Des filles de la Conception à Piolenc (Vaucluse), — 8° Des sœurs de la Providence à Grenoble (Isère), — 9° Des sœurs de la Nativité de Notre-Seigneur à Valence (Drôme), — 10° Des sœurs ou religieuses de Chavagnes dites *de Jésus*, à Luçon (Vendée), — 11° Des sœurs de la Réunion au Sacré-Cœur de Jésus à Bordeaux et à la Réole (Gironde), — Sont définitivement autorisées, à la charge de se conformer en tout point à leurs statuts ci-annexés, et aux articles 2 et 3 de notre ordonnance royale du 30 avril dernier.

2. Nous nous réservons d'autoriser ultérieurement, sur la demande qui en sera présentée, dans la forme voulue par l'article 3 de la loi du 24 mai 1825, les maisons particulières qui dépendent desdites congrégations.

3. Notre ministre des affaires ecclésiastiques et de l'instruction publique (Frayssinous) est chargé, etc.

---

24 MAI = Pr. 8 JUIN 1826. — Ordonnance du Roi qui confirme l'abattoir public et commun existant dans la ville de Saint-Nicolas, département de la Meurthe. (8, Bull. 95, n° 3,156.)

Charles, etc. — Vu la délibération du conseil municipal de la ville de Saint-Nicolas, département de la Meurthe, du 6 mars 1826 ; — Vu le procès-verbal de l'information *de commodo et incommodo* faite par le maire de ladite commune, concernant le maintien de l'abattoir public actuellement existant en cette ville, — Ensemble l'avis du préfet, du 11 mars 1826 ; — Sur le rapport de notre ministre secrétaire-d'État de l'intérieur ; — Notre Conseil-d'État entendu, etc.

Art. 1er. L'abattoir public et commun existant dans la ville de Saint-Nicolas, département de la Meurthe, est confirmé ; le bâtiment appartenant à cette commune et dans lequel a lieu maintenant l'abattage des bestiaux, demeure affecté à cette destination.

2. A dater de la publication de la présente ordonnance, l'abattage des bestiaux de toute espèce et des porcs destinés à la boucherie et charcuterie de Saint-Nicolas aura lieu exclusivement dans ledit bâtiment, les tueries particulières seront fermées. Toutefois, les particuliers qui élèvent des porcs pour leur consommation auront la faculté de les abattre à domicile, dans des lieux clos et séparés de la voie publique.

3. Les bouchers et charcutiers forains pourront également faire usage dudit abattoir public ; mais cette disposition est simplement facultative pour eux, soit qu'ils concourent à l'approvisionnement de la consommation, soit qu'ils approvisionnent seulement la banlieue ; ils seront libres de tenir des abattoirs et des étaux hors de la commune, sous l'approbation de l'autorité locale.

4. Les droits à payer par les bouchers et charcutiers, pour l'occupation des places dans l'abattoir, seront réglés par un tarif arrêté en la forme ordinaire.

5. Le maire de Saint-Nicolas pourra faire les réglemens locaux nécessaires pour le service de l'abattoir public ; mais ces réglemens ne seront exécutoires qu'après avoir été approuvés par le ministre de l'intérieur, sur l'avis du préfet du département et du sous-préfet de l'arrondissement.

6. Notre ministre de l'intérieur (comte de Corbière), est chargé, etc.

---

24 MAI = Pr. 8 JUIN 1826. — Ordonnance du Roi qui élève au rang des routes départementales les chemins de Fontaine-Française à Gray et de Scey-sur-Saône à Port-sur-Saône. (8, Bull. 95, n° 3,138.)

24 MAI = Pr. 1er JUIN 1826. — Ordonnance du Roi qui prescrit l'incorporation de la cinquième compagnie des gardes-du-corps dans les quatre autres, et fixe la composition de ces compagnies. (8, Bull. 94, n° 3,104.)

24 MAI 1826. — Ordonnances du Roi qui autorisent l'acceptation de legs faits à des fabriques, à des prêtres, etc. (8, Bull. 149, n°s 5315 à 5523.)

24 MAI 1826. — Ordonnance du Roi qui accorde des pensions à douze veuves de militaires. (8, Bull. 96 *bis*, n° 4.)

24 MAI 1826. — Ordonnance du Roi qui autorise l'inscription de deux cent trois pensions au Trésor royal. (8, Bull. 96 *bis*, n° 5.)

24 MAI 1826. — Ordonnances du Roi qui accordent des pensions de retraite à des militaires. (8, Bull. 96 *bis*, n°s 6 et 7.)

24 MAI 1826. — Ordonnances du Roi qui autorisent l'acceptation de dons et legs faits à des communes. (8, Bull. 101, n°s 3402 à 3407.)

24 MAI 1826. — Ordonnance du Roi qui au-

torise les sieurs Violaine à construire une verrerie dans la commune de Cuffies (Aisne). (8, Bull. 101, n° 3408.)

24 MAI 1826. — Ordonnance du Roi qui autorise le sieur Pascal à établir une verrerie sur sa propriété dans la commune de Saint-Just-sur-Loire (Loire). (8, Bull. 101, n° 3409.)

28 MAI 1826. — Ordonnances du Roi qui autorisent l'acceptation de dons et legs faits à des séminaires, à des communautés religieuses et à des fabriques (8, Bull. 149, n° 5324 à 5333.)

29 MAI 1826. — Lettres-patentes portant érection d'un majorat en faveur de M. Montjay. (8, Bull. 95, n° 5141.)

31 MAI ⚌ Pr. 8 JUIN 1826. — Ordonnance du Roi qui convoque à Château-Gontier le collége électoral du deuxième arrondissement de la Maïenne. (8, Bull. 95, n° 3,140.)

31 MAI 1826. — Ordonnances du Roi qui autorisent l'acceptation de dons et legs faits à des curés et à des fabriques. (8, Bull. 149, n° 5334 à 5337.)

31 MAI 1826. — Ordonnances du Roi qui autorisent l'acceptation de dons et legs faits à des fabriques, etc. (8, Bull. 150, n°s 5341 à 5344.)

31 MAI 1826. — Ordonnance du Roi qui accorde des lettres de déclaration de naturalité au sieur Greven. (8, Bull. 185, n° 5558.)

31 MAI 1826. — Ordonnance du Roi qui accorde des lettres de déclaration de naturalité au sieur Rossignon. (8, Bull. 284, n° 10,916.)

31 MAI 1826. — Tableau des prix des graios pour servir de régulateur de l'exportation et de l'importation, conformément aux lois des 16 JUILLET 1819 et 4 JUILLET 1821, arrêté le 31 MAI 1826. (8, Bull. 94, n° 3096.)

31 MAI 1826. — Ordonnance du Roi qui admet les sieurs Balsells, Hernandez, Messmer et Picas à établir leur domicile en France. (8, Bull. 95, n° 5142.)

31 MAI 1826. — Ordonnance du Roi qui autorise le sieur Chaléon à entrer au service du roi de Sardaigne. (8, Bull. 105, n° 3528.)

4 ⚌ Pr. 17 JUIN 1826. — Ordonnance du Roi portant autorisation définitive de la communauté des religieuses de la Visitation, établie à Rouen, rue Sainte-Geneviève. (8, Bull. 96, n° 3,181.)

Charles, etc. — Vu la loi du 24 mai 1825; — Vu la déclaration des religieuses de la Visitation composant la communauté rue Sainte-Geneviève à Rouen, qu'elles sont régies par les mêmes statuts que ceux approuvés pour les sœurs de la Visitation de Mâcon; — Vu la délibération du conseil municipal de Rouen, du 8 décembre 1817, tendant à ce que cet établissement soit autorisé dans cette ville; — Vu le consentement du cardinal archevêque de Rouen, du 10 mai 1826; — Vu l'ordonnance royale du 20 novembre 1816, portant autorisation des statuts desdites religieuses de la Visitation de Mâcon; — Sur le rapport de notre ministre secrétaire-d'Etat au département des affaires ecclésiastiques et de l'instruction publique,

Art. 1er. La communauté des religieuses de la Visitation établie à Rouen, rue Sainte-Geneviève, département de la Seine-Inférieure, gouvernée par une supérieure locale, est définitivement autorisée.

2. Notre ministre des affaires ecclésiastiques et de l'instruction publique (Frayssinous) est chargé, etc.

4 ⚌ Pr. 17 JUIN 1826. — Ordonnance du Roi portant autorisation définitive de la communauté des sœurs blanches dites du Saint-Esprit, établie à Quimper (Finistère). (8, Bull. 96, n° 3,182.)

Charles, etc. — Vu la loi du 24 mai 1825; — Vu la déclaration des sœurs blanches dites du Saint-Esprit, établies à Quimper, qu'elles sont régies par les mêmes statuts que ceux approuvés pour les filles de charité dites du Saint-Esprit de Plérin; — Vu la délibération du conseil municipal de la ville de Quimper, en date du 3 décembre 1817, tendant à ce que cet établissement soit autorisé; — Vu le consentement de l'évêque de Quimper, du 2 mai 1826; — Vu l'ordonnance du 13 novembre 1810, portant autorisation des statuts desdites religieuses de Plérin; — Sur le rapport de notre ministre secrétaire-d'Etat au département des affaires ecclésiastiques et de l'instruction publique, etc.

Art. 1er. La communauté des sœurs blanches dites *du Saint-Esprit*, établie à Quimper, département du Finistère, gouvernée par une supérieure, est définitivement autorisée.

2. Notre ministre des affaires ecclésiastiques et de l'instruction publique (M. Frayssinous) est chargé, etc.

---

4 JUIN 1826. — Ordonnances du Roi qui autorisent l'acceptation de dons et legs faits à des fabriques, à des curés, à des communautés religieuses, etc. (8, Bull. 150, n°s 5345 à 5361.)

---

7 = 21 JUIN 1826. — Loi qui autorise la concession des travaux nécessaires à l'achèvement de la branche septentrionale du canal des Alpines, et à l'ouverture des canaux secondaires qui s'embrancheront sur la ligne principale. (8, Bull. 97, n° 3,214.) (1).

Art. 1er. Le gouvernement est autorisé à concéder, par la voie de la publicité et de la concurrence, les travaux nécessaires à l'achèvement de la branche septentrionale du canal des Alpines, et à l'ouverture des canaux secondaires qui s'embrancheront sur la ligne principale. La concession sera perpétuelle. La portion de ce canal anciennement exécutée depuis le pont Donneau jusqu'à la sortie du percé d'Orgon, ainsi que les terrains et bâtimens qui en dépendent, seront gratuitement abandonnés au concessionnaire, qui demeurera chargé de remplir tous les engagemens de l'Etat vis-à-vis des abandonnataires actuels.

2. Le concessionnaire sera autorisé à percevoir à son profit, à perpétuité et pour chaque année, un droit d'arrosage dont le *maximum* n'excédera point *un litre et demi de blé de première qualité du pays*, par chaque are de terre arrosé, quelle que soit sa nature. — Il jouira, en outre, du bénéfice des deux stipulations suivantes : — 1° Les actes relatifs au canal, et qui seront passés, soit pour formation d'une société anonyme ou autre, soit pour acquisition de terrains, soit pour adjudication de travaux, ne seront sujets, pour frais d'enregistrement, qu'au droit fixe d'un *franc*. — 2° La contribution foncière ne sera établie sur le canal qu'à raison de la surface des terrains qu'il occupera, et la cote en sera fixée, comme pour les canaux de na-

vigation, dans la proportion assignée aux terres de première qualité.

3. A dater du délai qui sera fixé pour l'achèvement des travaux, et pendant vingt-cinq années, la contribution foncière assise aujourd'hui sur les terrains qui seront arrosés par les eaux du canal, ne recevra aucune augmentation pour le fait de l'amélioration résultant des arrosages.

---

7 = Pr. 21 JUIN 1826. — Ordonnance du Roi portant autorisation définitive de deux congrégations religieuses de femmes. (8, Bull. 97, n° 3,215.)

Charles, etc. — Vu l'article 2 de la loi du 24 mai 1825 ; — Vu les statuts des congrégations ci-après dénommées, vérifiés et enregistrés au Conseil-d'Etat, conformément à notre ordonnance royale du 7 mai dernier ; — Sur le rapport de notre ministre secrétaire-d'Etat au département des affaires ecclésiastiques et de l'instruction publique.

Art. 1er. Les congrégations : — 1° Des dames de l'Instruction chrétienne à Bordeaux (Gironde), — 2° Des sœurs de Notre-Dame de la Présentation à Manosque (Basses-Alpes), — Sont définitivement autorisées, à la charge de se conformer en tout point à leurs statuts ci-annexés et à l'article 2 de notre ordonnance royale du 7 mai dernier.

2. Nous nous réservons d'autoriser ultérieurement, sur la demande qui en sera présentée dans la forme voulue par l'article 3 de la loi du 24 mai 1825, les maisons particulières qui dépendent desdites congrégations.

3. Notre ministre des affaires ecclésiastiques et de l'instruction publique (M. Frayssinous) est chargé, etc.

---

7 = Pr. 21 JUIN 1826. — Ordonnance du Roi portant autorisation définitive de trois congrégations religieuses de femmes. (8, Bull. 97, n° 3,216.)

Charles, etc. — Vu l'article 2 de la loi du 24 mai 1825 ; — Vu les statuts des congrégations ci-après dénommées, vérifiés et enregistrés au Conseil-d'Etat, conformément à notre ordonnance royale du 7 mai dernier. — Sur le rapport de notre ministre secrétaire-d'Etat au département des affaires ecclésiastiques et de l'instruction publique.

---

(1) Proposition à la Chambre des députés, 19 avril (Mon. du 5 mai). — Rapport de M. Staforello, le 6 mai (Mon. du 7). — Adoption, sans discussion, le 6 mai (Mon. du 7).

Proposition à la Chambre des pairs, le 20 mai (Mon. du 28). — Discussion les 27 et 30 mai (Mon. des 31 mai et 16 juin). — Adoption le 30 mai (Mon. du 16 juin).

Art. 1er. Les congrégations : — 1° Des sœurs de la Visitation de Sainte-Marie, rue de Sèvres, n° 4, à Paris ; — 2° Des sœurs de Notre-Dame de la Compassion à Toulouse, — 3° Des religieuses dominicaines dites *de la Croix*, à Paris, — Sont définitivement autorisées, à la charge de se conformer en tout point à leurs statuts ci-annexés.

2. Nous nous réservons d'autoriser ultérieurement, sur la demande qui en sera présentée dans la forme voulue par l'article 3 de la loi du 24 mai 1825, les maisons particulières qui dépendent desdites congrégations.

3. Notre ministre des affaires ecclésiastiques et de l'instruction publique (M. Frayssinous) est chargé, etc.

———

7 = Pr. 21 JUIN 1826. — Ordonnance du Roi portant autorisation définitive de la congrégation des Dames de Notre-Dame-de-Lorette établie à Bordeaux. (8, Bull. 97, n° 3,217.)

Charles, etc. — Vu l'article 2 de la loi du 24 mai 1825 ; — Vu les statuts de la congrégation ci-après dénommée, vérifiés et enregistrés au Conseil-d'Etat, conformément à notre ordonnance royale du 7 mai dernier ; — Sur le rapport de notre ministre secrétaire-d'Etat au département des affaires ecclésiastiques et de l'instruction publique.

Art. 1er. La congrégation des dames de Notre-Dame de Lorette établie à Bordeaux est définitivement autorisée, à la charge de se conformer en tout point à ses statuts ci-annexés et à l'article 2 de notre ordonnance du 7 mai dernier.

2. Nous nous réservons d'autoriser ultérieurement, sur la demande qui en sera présentée dans la forme voulue par l'article 3 de la loi du 24 mai 1825, les maisons particulières qui dépendent de ladite congrégation.

3. Notre ministre des affaires ecclésiastiques et de l'instruction publique (M. Frayssinous) est chargé, etc.

———

7 = Pr. 21 JUIN 1826. — Ordonnance du Roi portant autorisation définitive de la congrégation des Dames Bénédictines du Saint-Sacrement établie à Paris, rue Neuve-Sainte-Geneviève. (8, Bull. 97, n° 3,218.)

Charles, etc. — Vu l'article 2 de la loi du 24 mai 1825 ; — Vu les statuts de la congrégation ci-après dénommée, vérifiés et enregistrés au Conseil-d'Etat, conformément à notre ordonnance royale du 7 mai dernier ; — Sur le rapport de notre ministre secrétai-

re-d'Etat au département des affaires ecclésiastiques et de l'instruction publique, etc.

Art. 1er. La congrégation des dames bénédictines du Saint-Sacrement établie à Paris, rue Neuve-Sainte-Geneviève, est définitivement autorisée, à la charge de se conformer en tout point à ses statuts annexés à la présente ordonnance.

Nous nous réservons d'autoriser ultérieurement, sur la demande qui en sera présentée dans la forme voulue par l'article 3 de la loi du 24 mai 1825, les maisons particulières qui dépendent de cette congrégation.

2. Notre ministre des affaires ecclésiastiques et de l'instruction publique (M. Frayssinous) est chargé, etc.

———

7 = Pr. 21 JUIN 1826. — Ordonnance du Roi portant autorisation définitive de trois congrégations religieuses de femmes. (8, Bull. 97, n° 3,219.)

Charles, etc. — Vu l'article 2 de la loi du 24 mai 1825 ; — Vu les statuts des congrégations ci-après dénommées, vérifiés et enregistrés au Conseil-d'Etat, conformément à notre ordonnance royale du 7 mai dernier ; — Sur le rapport de notre ministre secrétaire-d'Etat au département des affaires ecclésiastiques et de l'instruction publique, etc.

Art. 1er. Les congrégations : 1° des dames chanoinesses de l'association de Notre-Dame de Saint-Augustin à Paris, — 2° Des sœurs ou dames Urselines à Amiens (Somme), — 3° Des sœurs des écoles chrétiennes à Rambouillet (Seine-et-Oise), — Sont définitivement autorisées, à la charge de se conformer en tout point à leurs statuts ci-annexés et à l'article 2 de notre ordonnance du 7 mai dernier ;

2. Nous nous réservons d'autoriser ultérieurement, sur la demande qui en sera présentée dans la forme voulue par l'article 3 de la loi du 24 mai 1825, les maisons particulières qui dépendent desdites congrégations.

2. Notre ministre des affaires ecclésiastiques et de l'instruction publique (M. Frayssinous) est chargé, etc.

———

7 = Pr. 21 JUIN 1826. — Ordonnance du Roi portant autorisation définitive de six congrégations religieuses de femmes. (8, Bull. 97, n° 3,220.)

Charles, etc. — Vu l'article 2 de la loi du 24 mai 1825 ; — Vu les statuts des congrégations ci-après dénommées, vérifiés et enregistrés au Conseil-d'Etat, conformément à notre ordonnance royale du 14 mai dernier ;

—Sur le rapport de notre ministre secrétaire-d'État au département des affaires ecclésiastiques et de l'instruction publique, etc.

Art. 1er. Les congrégations : — 1° Des dames de Saint-Pierre à Grenoble (Isère);— 2° Des sœurs de l'Annonciation à Auch (Gers), — 3° Des dames de Sainte-Clotilde à Paris (Seine), — 4° Des sœurs ou filles de la Croix à Limoges (Haute-Vienne), — 5° Des dames de la Nativité de la Sainte-Vierge à Saint-Germain-en-Laye (Seine-et-Oise), — 6° Des dames de l'Immaculée Conception de la Sainte-Vierge à Bordeaux (Gironde), — Sont définitivement autorisées, à la charge de se conformer en tout point à leurs statuts ci-annexés et à l'article 2 de notre ordonnance royale du 14 mai dernier.

2. Nous nous réservons d'autoriser ultérieurement, sur la demande qui en sera présentée dans la forme voulue par l'article 3 de la loi du 24 mai 1825, les maisons particulières qui dépendent desdites congrégations.

3. Notre ministre des affaires ecclésiastiques et de l'instruction publique (M. Frayssinous) est chargé, etc.

———

7 JUIN = Pr. 1er JUILLET 1826. — Ordonnance du Roi relative à la vérification périodique des poids et mesures, prescrite par l'article 19 de l'ordonnance royale du 18 DÉCEMBRE 1825. (8, Bull. 99, n° 3,275.)

Charles, etc. — Sur le rapport de notre ministre secrétaire-d'État au département de l'intérieur, etc.

Art. 1er. La vérification périodique des poids et mesures, prescrite au domicile des assujétis par l'article 19 de notre ordonnance du 18 décembre 1825, pourra être faite aux chefs-lieux et aux sièges des mairies, dans les localités où notre ministre secrétaire-d'État de l'intérieur, sur la proposition des préfets, jugerait ce mode d'une plus facile exécution, sans préjudice du droit d'exercice à domicile, si l'autorité locale le reconnaît nécessaire.

2. Notre ministre de l'intérieur (comte de Corbière) est chargé, etc.

———

7 JUIN = Pr. 1er JUILLET 1826. — Ordonnance du Roi portant établissement d'un conseil de prud'hommes dans la ville de Laval, département de la Maïenne. (8, Bull. 99, n° 3,276.)

Charles, etc. — Sur le rapport de notre ministre secrétaire-d'État au département de l'intérieur;—Notre Conseil-d'État entendu, etc.

Art. 1er. Il sera établi un conseil de prud'hommes dans la ville de Laval, département de la Maïenne. Ce conseil sera composé de sept membres, dont quatre seront choisis parmi les marchands-fabricans de toiles et calicots et les chefs d'établissement de filature, et les trois autres parmi les chefs d'atelier, contre-maîtres ou ouvriers patentés, savoir : un filateur ou tisserand; un blanchisseur de toile et un tanneur ou teinturier.

2. Indépendamment des sept membres dont il est question en l'article précédent, il sera attaché audit conseil deux suppléans : l'un, marchand-fabricant, et l'autre, chef d'atelier, contre-maître ou ouvrier patenté; tous deux pris parmi les fabricans et ouvriers du pays. Ces suppléans remplaceront ceux des membres qui, par des motifs quelconques, ne pourront assister aux séances soit du bureau particulier, soit du bureau général des prud'hommes.

3. La juridiction du conseil s'étendra sur tous les marchands-fabricans, chefs d'atelier, contre-maîtres, commis, teinturiers, ouvriers, compagnons et apprentis travaillant pour les fabriques de Laval, quel que soit l'endroit de la résidence des uns et des autres.

4. Dans le cas où il serait interjeté appel d'un jugement rendu par les prud'hommes, cet appel sera porté devant le tribunal de commerce de l'arrondissement de Laval.

5. L'élection et le renouvellement des membres du conseil auront lieu suivant le mode et de la manière qui sont réglés par le décret du 11 juin 1809. Ces membres se conformeront, dans l'exercice de leurs fonctions, aux dispositions établies par ledit décret, ainsi que par la loi du 18 mars 1806 et par le décret du 3 août 1810.

6. La ville de Laval fournira le local pour la tenue des séances du conseil; les dépenses de premier établissement, et celles de chauffage, d'éclairage, et de traitement du secrétaire, seront également à sa charge.

7. Nos ministres secrétaires-d'État de la justice et de l'intérieur (comtes de Peyronnet et Corbière) sont chargés, etc.

———

7 JUIN = Pr. 1er JUILLET 1826. — Ordonnance du Roi qui approuve la réduction à deux, du nombre d'actions nominatives nécessaire pour être élu administrateur de la société de l'usine royale d'éclairage au gaz. (8, Bull. 99, n° 3,277.)

Charles, etc. — Sur le rapport de notre ministre secrétaire-d'État au département de l'intérieur;—Vu l'ordonnance royale du 18 décembre 1822, portant autorisation de la société anonyme de l'usine royale d'éclairage au gaz;—Vu l'article 16 des statuts, portant que, pour être administrateur, il faut posséder au moins cinq actions nominatives, ou compléter ce nombre par des actions au porteur;—Vu la délibération de l'assemblée générale des actionnaires du 3 mars 1826;—Notre Conseil-d'Etat entendu, etc.

Art. 1er. La réduction à deux, du nombre d'actions nominatives nécessaire pour être élu administrateur de la société de l'usine royale d'éclairage au gaz, est approuvée.

Au moyen de cette disposition, l'article 16 des statuts demeure ainsi conçu : « Pour « être administrateur, il faut posséder au « moins deux actions nominatives. Tout « membre du conseil qui transfère les actions dont la possession est exigée par le « présent article est considéré comme démissionnaire. »

2. Notre ministre de l'intérieur (comte de Corbière) est chargé, etc.

7 JUIN = Pr. 19 JUILLET 1826. — Ordonnance du Roi portant autorisation de la société anonyme formée à Lyon sous le titre de Compagnie de la Navigation du Rhône par la vapeur. (8, Bull. 102 bis, n° 3.)

Charles, etc. — Sur le rapport de notre ministre secrétaire-d'Etat au département de l'intérieur; — Vu les articles 29 à 37, 40 et 45 du Code de commerce;—Notre Conseil-d'Etat entendu, etc.

Art. 1er. La société anonyme formée à Lyon sous le titre de Compagnie de la navigation du Rhône par la vapeur est autorisée. Sont approuvés, sauf les réserves portées en l'article suivant, ses statuts contenus dans l'acte passé par-devant Lecourt et son collègue, notaires à Lyon, le 10 mars 1825, et clos le 30 août suivant, lequel demeurera annexé à la présente ordonnance.

2. Les réserves apposées à notre autorisation sont les suivantes :

1° Aux articles 2 et 5 des statuts. La société ne pourra pas étendre sa navigation sur la mer Méditerranée, mais seulement sur le Rhône et ses affluens, y compris les canaux qui pourraient lui être ouverts. Sa navigation ne jouira d'aucun privilège, hormis de ceux qui résulteront des brevets d'invention dont elle sera pourvue.

2° A l'article 4. Le capital de la société est de quatre millions, formé par huit cents actions de cinq mille francs; mais ce capital pourra être porté à six millions par une émission supplémentaire de quatre cents actions, en vertu d'une délibération de la société soumise à notre autorisation.

Dans ledit capital ne seront pas comptées les quarante actions sans mise de fonds en deniers, attribuées au sieur Aynard pour la cession des brevets servant de fondement à l'entreprise sociale, et, nonobstant toutes dispositions contraires, et particulièrement celles de l'article 6 des statuts, ces quarante actions ne porteront aucun intérêt, et n'auront droit à la répartition annuelle des bénéfices qu'après que chaque actionnaire aura reçu cinq pour cent de sa mise de fonds.

3° A l'article 8. La société ne pourra être chargée du passif et des engagemens d'une société antérieurement entreprise, sauf à tenir compte aux intéressés de celle-ci du prix des effets matériels cédés à la société actuelle, et suivant leur valeur vérifiée de la somme de six mille neuf cent soixante-dix-huit francs soixante-quinze centimes.

4° A l'article 24. La liquidation de la société aurait lieu de droit, si, par des pertes, le capital était réduit des trois quarts. Et conformément à l'adhésion des actionnaires et de leurs syndics autorisés, suivant leurs délibérations des 8 novembre 1825, 22 février et 22 mars 1826, les statuts de la société restent ainsi amendés.

3. Nous nous réservons de révoquer notre autorisation en cas de violation ou de non-exécution desdits statuts.

4. La société sera tenue de remettre, tous les six mois, un extrait de son état de situation au préfet du département du Rhône, au greffe du tribunal de commerce et à la chambre de commerce de Lyon. Copie de cet état sera adressée à notre ministre de l'intérieur.

5. Notre ministre au département de l'intérieur (comte de Corbière) est chargé, etc.

Société de navigation sur le Rhône par la vapeur.

STATUTS.

TITRE Ier. Fondation et but de la Société.

Art. 1er. Il est formé une société anonyme sous le titre de Compagnie de navigation du Rhône par la vapeur.

Cette société est établie pour quatre-vingt dix-neuf années, à compter du jour où elle commencera ses opérations.

2. Le but que la société se propose est le transport des marchandises et des voyageurs, la remorque des bateaux ou toute autre opération concernant la navigation du Rhône, d'Arles à Lyon, et de tous les points intermédiaires, par des bateaux à vapeur. Elle pourra, selon les circonstances, étendre ses opérations sur les rivières et canaux affluens du Rhône et sur la Méditerranée.

La société a son siége à Lyon, au domicile choisi par le conseil des syndics.

3. Le capital de la société est de six millions de francs; il est formé par douze cents actions de cinq mille francs chacune, non compris quarante actions non payantes qu'elle concède à MM. Aynard frères, mentionnées au titre II.

Les actions sont nominatives: leur titre est extrait d'un registre à souche; il porte la signature de trois syndics au moins, et un numéro d'ordre; elles sont frappées du timbre sec de la compagnie.

Les titres d'actions sont stipulés à ordre et aliénables par la voie de l'endossement sur le titre lui même; mais la qualité d'actionnaire n'est conférée à l'acquéreur que par le transfert qui s'en opère sur le grand-livre tenu à cet effet au syndicat, sur lequel le nom du nouvel actionnaire est inscrit.

4. Des syndics et des suppléans sont provisoirement désignés, afin de mettre la société en activité.

Sont désignés comme syndics et suppléans provisoires, MM. le chevalier Bruyas, propriétaire; Aynard, négociant; Gaillard, négociant; Morel, propriétaire; Pellet aîné, négociant;

Suppléans provisoires, MM. Merlat, propriétaire; Roch, propriétaire; Charvin, propriétaire.

La société sera formée lorsque deux cents actions auront été souscrites. Les syndics provisoires convoqueront l'assemblée générale, qui procédera à l'élection de l'administration définitive, conformément aux titres IV et V.

TITRE II. Des actions non-payantes.

5. La société accepte la cession proposée par MM. Aynard frères, du brevet d'invention obtenu par le sieur Raymond, mécanicien, demeurant à Paris, pour l'emploi de la roue à l'arrière du bâtiment, qui leur a été cédé par ledit sieur Raymond pour naviguer, exclusivement à tous autres, sur tout le cours du Rhône et sur le canal latéral, s'il y a lieu, pendant toute la durée dudit brevet; la société est subrogée à tous les droits de MM. Aynard, résultant de ladite cession pour tout ce qu'elle renferme.

La cession faite par MM. Aynard est à forfait et sans garantie de leur part, pour le fond du droit, attendu que ledit brevet est contesté, et que ledit sieur Raymond en a été déclaré déchu par jugement du tribunal de première instance du département de la Seine, du 12 février dernier, obtenu par la compagnie Margéridon, dont le sieur Raymond est appelant à la cour royale, et par un autre jugement rendu en dernier ressort le

même jour par le même tribunal de la Seine, sur l'appel d'un jugement rendu en la justice de paix, obtenu par le sieur Lebègue contre ledit sieur Raymond, contre lequel est ouvert le recours en cassation. MM. Aynard ne maintiennent et garantissent que leur qualité de cessionnaires du sieur Raymond.

Dans la présente cession est comprise la faculté à la société de jouir, pour l'objet de son entreprise seulement, du brevet obtenu par le sieur Crépu, et par lui cédé à MM. Aynard par acte du 19 janvier 1824, reçu par Me Lecourt, pour les procédés inventés par ledit sieur Crépu pour la fabrication des pompes à feu et des chaudières, néanmoins sans autre garantie que celle de leur qualité de cessionnaires.

MM. Aynard frères promettent en outre de faire jouir la société exclusivement, pour l'objet de son entreprise, du bénéfice de tous brevets d'invention, d'importation ou de perfectionnement, qu'ils pourraient obtenir pour des procédés applicables à toutes les parties de cette navigation. En conséquence, Messieurs Aynard frères s'engagent à ne pouvoir permettre ni céder le bénéfice desdits brevets dont ils sont ou deviendraient propriétaires, à aucune personne ni à aucune société qui se proposerait le même but que la présente, c'est-à-dire, la navigation du Rhône, et de ne pouvoir construire pour elles et leur vendre aucune machine et mécanisme à eux appartenant qui ne seraient point dans le domaine public.

6. Pour prix desdites cessions, la société cède à MM. Aynard quarante actions gratuites ou exemptes de tout versement de fonds.

Il sera délivré à MM. Aynard frères une action pour vingt actions souscrites ou aliénées au fur et à mesure de souscription ou d'aliénation. Ils en disposeront comme propriétaires, et sans qu'eux ou leurs ayanscause puissent en être dépossédés par la déchéance des brevets cédés.

Ces actions sont assimilées en tout aux actions payantes; elles ont les mêmes droits aux bénéfices et à la réserve; elles sont aliénables comme elles, et dans la même forme.

L'intérêt leur sera payé comme aux actions payantes, mais seulement en raison des fonds dont le versement aura été délibéré pour ces dernières actions, et à compter du jour où le versement sera effectué aux trois quarts. En cas de dissolution de la société, les actions gratuites n'auront droit à aucune répartition, ni sur les fonds non versés des actions payantes, ni sur les fonds versés pour celles qui existeraient encore en nature ou qui n'auraient point été converties en matériel, ou autrement dépensées par la société: elles auront part à tout le surplus.

TITRE III. Du versement des fonds et du droit des actions.

7. Les fonds de la société sont versés chez un banquier qui en fournit récépissé. Le conseil des syndics nomme le banquier; il délibère et arrête les conditions du dépôt et le mode de comptabilité : le banquier acquitte tous les mandats revêtus de la signature de trois syndics; ils opèrent sa décharge valable.

La quotité du premier appel de fonds et du premier versement est du quart du montant de chaque action : chaque souscripteur le dépose en espèces, effets ou promesses, au moment de la souscription, laquelle, en tout cas, tient lieu de promesse.

8. La société prend à sa charge et à son bénéfice tout ce qui appartenait à l'ancienne société formée sous la même raison par acte reçu par Me Lecourt et son collègue; elle succède à tous ses droits et à tous ses engagemens; elle en supporte toute la dépense. Ceux des actionnaires de la société dissoute qui souscriront à la présente, et qui n'ont pas versé la somme totale de douze cent cinquante francs pour le premier quart de chaque action, seront tenus de compléter ce versement.

9. La quotité de chaque versement ultérieur et le terme dans lequel il doit être fait sont délibérés par le conseil des syndics, qui en donne avis à l'actionnaire par lettre adressée à son domicile.

Tout actionnaire dans sa souscription, ou dans l'acte de transfert à son profit, est tenu d'élire son domicile à Lyon : à défaut de ce faire, il est censé avoir élu domicile en l'étude de Me Lecourt, notaire.

La qualité d'actionnaire et la souscription à la présente société emportent attribution de juridiction aux tribunaux de Lyon pour les souscripteurs, actionnaires ou leurs ayans-cause.

10. Les versemens doivent être effectués, au plus tard, un mois après la lettre d'avis.

En cas de retard de la part de l'actionnaire dans le paiement de sa quote-part, sans préjudice des poursuites que le conseil des syndics pourra exercer contre lui, il sera procédé de la manière suivante :

Quinze jours de retard feront perdre à l'actionnaire six mois d'intérêt des sommes qu'il aura précédemment versées, ou de celles qu'il doit verser;

Un mois de retard, l'intérêt sur les fonds pendant une année;

Trois mois de retard, l'intérêt desdits fonds et les bénéfices de l'année.

Cette dernière mesure continuera d'être appliquée à l'actionnaire jusqu'à ce qu'il ait versé la totalité des fonds qui auront été demandés.

11. Jusqu'à l'entier acquittement du capital de son action, il est délivré à chaque actionnaire une promesse d'action, en échange du récépissé du premier quart des fonds, dans laquelle sera stipulée la somme fournie à valoir sur ladite action : les récépissés ultérieurs seront annexés à la promesse, et, après l'entier acquittement, ladite promesse, accompagnée de tous les récépissés, sera échangée contre un titre d'action. Ces promesses d'actions sont cessibles ou aliénables : mais l'acquéreur n'est reconnu comme ayant droit à la société que par le transfert qui en est fait sur le registre tenu à cet effet dans les bureaux du syndicat, où il est inscrit en cette qualité.

12. Les sommes versées par chaque actionnaire portent intérêt à son profit du jour du versement, à raison de quatre pour cent par année jusqu'au 1er juillet 1826 : le paiement de l'intérêt ne sera fait qu'à cette dernière époque, après laquelle, et pour les années suivantes, les intérêts seront payés par semestre, à raison de six pour cent l'année.

L'actionnaire qui fait un versement de fonds au par dessus de celui qui a été délibéré et arrêté par le conseil des syndics ou par anticipation, n'a pas droit à l'intérêt de cet excédant.

13. Chaque actionnaire n'est passible que de la perte du montant de son action, conformément à l'article 33 du Code de commerce.

Il ne peut être fait aucun appel de fonds au par-dessus du capital de chaque action, si ce n'est du consentement de tous les actionnaires, et de chacun d'eux individuellement.

TITRE IV. Assemblée des actionnaires.

14. Une assemblée générale des actionnaires est convoquée dans les premiers jours de juillet et de janvier de chaque année : tout propriétaire même d'une seule action est membre de l'assemblée générale et a voix délibérative; il peut s'y faire représenter par un fondé de pouvoirs, à la charge par celui-ci de faire viser son mandat par le conseil des syndics ; néanmoins nul ne peut représenter un actionnaire, s'il n'est actionnaire lui-même.

Chaque actionnaire, à l'assemblée générale, a autant de voix qu'il possède d'actions par lui-même ou par ceux qu'il représente; néanmoins, au-delà de six voix; il faut trois actions pour acquérir une voix, et aucun actionnaire ne peut avoir plus de dix voix dans l'assemblée, quel que soit le nombre des actions qu'il possède ou qu'il représente.

15. Chaque année, l'assemblée générale procède, à la majorité relative, à la nomination de son président, de son secrétaire et de deux scrutateurs.

Les membres du conseil des syndics, les suppléans et l'inspecteur, ne peuvent être élus aux fonctions de président.

L'assemblée générale nomme les syndics, les suppléans et l'inspecteur, au scrutin, à la majorité relative : elle forme ses arrêtés à la majorité simple des actions représentées à l'assemblée ; la même majorité suffit pour l'adoption des modifications ou changemens qui seraient proposés par le Gouvernement.

L'assemblée générale entend les rapports sur la situation de la société, et le compte des répartitions arrêté par le conseil des syndics : elle délibère par un tour de discussion sur les propositions qui lui sont soumises ; ensuite elle décide à la majorité.

16. A la fin de la première année, et ensuite à chaque semestre, l'intérêt dû aux actions est prélevé sur les bénéfices, et subsidiairement sur le capital de la société. Après ce prélèvement, la moitié des bénéfices est prélevée pendant les quatre premières années et forme un fonds de réserve au profit de la société. Dans la suite, l'assemblée arrête la quotité de la réserve sur la proposition des syndics. Ces prélèvemens faits, le résultat est réparti entre les actions. Si le bénéfice net ne s'élève pas à trois pour cent du capital des actions, il n'est fait de répartition qu'à la fin du semestre suivant, où ces trois pour cent sont réalisés.

17. Le procès-verbal de l'assemblée générale est rédigé par le secrétaire et inscrit sur deux registres ; il est signé du président, du secrétaire et des scrutateurs : l'un des registres reste au pouvoir du secrétaire ; l'autre, en celui du conseil des syndics.

TITRE V. Conseil d'administration.

18. Les affaires de la société sont régies par un conseil des syndics au nombre de cinq et de trois suppléans, tous nommés par l'assemblée générale.

Nul ne peut être nommé syndic ou suppléant, s'il n'est propriétaire de trois actions au moins ; aucun syndic ou suppléant ne peut avoir un intérêt dans un autre établissement formé pour le même objet que la présente société.

Il y a près du conseil des syndics un inspecteur et un suppléant, aussi nommés par l'assemblée générale.

Les suppléans ont voix consultative ; ils n'ont voix délibérative qu'autant qu'ils sont appelés à remplacer un syndic absent.

Les fonctions des syndics durent cinq ans ; celles des suppléans, trois ans. Les syndics sont renouvelés chaque année par cinquième, les suppléans par tiers, durant les quatre premières années. Les syndics et les suppléans à remplacer seront désignés par le sort ; les uns et les autres pourront être réélus.

19. Le conseil des syndics choisit dans son sein un président, un vice-président et un secrétaire ; il se réunit au moins une fois par semaine, à jour fixe.

Pendant les deux premières années, le premier suppléant nommé remplacera le syndic absent ; dans les années suivantes, il est remplacé par le plus ancien en fonctions. En cas de mort ou de démission d'un syndic, le remplacement a lieu de la même manière jusqu'à la première assemblée.

Le conseil ne peut délibérer qu'au nombre de trois membres au moins, entre lesquels au moins deux syndics.

Les procès-verbaux des délibérations sont rédigés par le secrétaire, et rapportés sur le registre à ce destiné ; ils sont signés par tous les membres qui y ont assisté.

Si le conseil des syndics délibère au nombre de quatre membres, ses arrêtés ne se forment qu'à la majorité de trois voix.

20. Le conseil des syndics a l'administration générale des affaires de la société : il signe tous les traités, conventions et marchés ; fait tous les achats et ventes, la location de tous appartemens, ateliers, magasins nécessaires ; délibère et fait construire tous les bateaux, machines, appareils, agrès, et tout ce qu'il juge nécessaire pour l'objet de la société ; arrête tous les comptes des ouvriers, employés et fournisseurs ; signe tous mandats ; fait au besoin toutes négociations ; poursuit en justice toutes les actions de la société, en demandant et défendant ; traite et souscrit des primes pour l'assurance des marchandises dont la compagnie fait le transport ; nomme des mandataires et des députés ; sollicite l'approbation royale, et fait tous les actes de la plus pleine et entière administration générale.

Le conseil des syndics est spécialement autorisé à faire construire immédiatement et sans délai deux bateaux et deux machines à vapeur, et à signer, à cet effet, les traités convenables.

Dans les cas imprévus et non assez importans pour convoquer l'assemblée générale, le conseil des syndics fait ce qu'il juge convenable aux intérêts de la société, à la charge d'en rendre compte à la première assemblée générale.

Le conseil délibère et arrête les versemens de fonds un mois avant le terme fixé ; il en donne avis aux actionnaires par lettres adressées par la poste à leur domicile élu.

Le conseil aliène les actions qui resten

la disposition de la compagnie, en tout ou partie, aux époques et de la manière qu'il croit plus avantageuses à la société, sans pouvoir en disposer au-dessous du montant de leur capital.

Le conseil convoque l'assemblée générale aux époques et dans la forme déterminées au titre IV. Il peut convoquer des assemblées générales extraordinaires. Il présente à l'assemblée générale l'état de situation de la société et l'inventaire qu'il fait dresser chaque année, suivi des calculs, des répartitions qu'il propose, conformément à l'article 15 du titre IV.

Il lui soumet l'aperçu des projets dont l'exécution peut avoir lieu dans le courant de l'année, et des dépenses qu'ils nécessiteront.

Il observe et fait exécuter les délibérations de l'assemblée générale, et rend compte de leur exécution à l'assemblée suivante.

Le conseil des syndics fait les réglemens de détail qu'il croit utiles, et peut toujours les modifier sans s'écarter des bases fondamentales fixées par le présent statut. Lorsqu'il est jugé nécessaire d'établir un directeur et des sous-directeurs aux chargemens et autres employés, le conseil propose à l'assemblée générale un règlement d'administration, pour déterminer le nombre des employés et leurs traitemens, le mode de leur établissement et de leur nomination, leurs rapports entre eux et le syndicat, leur responsabilité, leur comptabilité, et les conditions de leur admission.

24. Le conseil des syndics fait tenir des registres-journaux sur lesquels doivent être inscrites toutes les recettes, dépenses et opérations quelconques de la société.

Le conseil d'administration se procure par voie de location un appartement suffisant pour la tenue de ses assemblées et le placement de ses bureaux : il choisit le nombre de commis suffisant pour la correspondance, la rédaction des écritures et la tenue des livres ; il fixe leurs appointemens. Les premiers frais d'établissement, menus frais de bureau, lumière et chauffage, lui sont remboursés par un mandat qu'il signe au nom de l'un de ses membres. Le conseil est autorisé à donner de pareils mandats pour se procurer l'argent nécessaire aux dépenses journalières de détail.

22. Les fonctions des syndics et des suppléans sont gratuites ; ceux qui participent aux délibérations reçoivent un droit de présence et jetons.

Les frais de voyage et autres faits par MM. les syndics pour le compte de la compagnie sont remboursés sur la présentation d'une note sommaire par un mandat du conseil des syndics.

23. Les conditions pour être nommé inspecteur ou suppléant sont les mêmes que pour être nommé syndic.

Les fonctions de l'inspecteur et du suppléant durent une année ; ils peuvent être indéfiniment réélus.

L'inspecteur prend connaissance de toutes les opérations du conseil des syndics ; il est chargé de la vérification de toutes les écritures et de tous les comptes ; il prend communication de tous les livres et journaux ; les employés sont tenus de lui donner toutes les explications qu'il demande.

L'inspecteur n'assiste point aux assemblées du conseil des syndics ; il prend connaissance des délibérations dans le registre qui lui est ouvert.

Il fait les observations qu'il croit convenables sur le compte rendu par le conseil des syndics à l'assemblée générale, et porte à sa connaissance les abus et irrégularités graves qu'il a reconnus, et qui seraient de nature à compromettre les intérêts de la société.

L'assemblée vote sur sa proposition, et ses décisions sont observées par le conseil.

En cas d'empêchement, maladie, démission ou décès, l'inspecteur est remplacé par le suppléant.

Les fonctions d'inspecteur et de suppléant sont gratuites. A la fin de son année de service, l'inspecteur reçoit une bourse de jetons, en témoignage de reconnaissance pour les soins qu'il a donnés à la société.

L'assemblée générale peut nommer trois inspecteurs, si elle le juge convenable, après en avoir délibéré, après l'arrête à la majorité des voix : en ce cas, ils font le service alternativement pendant un mois, et arrêtent entre eux, à la majorité des voix, les observations qu'ils jugent devoir être proposées à l'assemblée générale.

TITRE VI. Dispositions générales.

24. La dissolution de la société avant son terme ne pourra être proposée que par le conseil des syndics, et résolue en assemblée générale, à la majorité des trois quarts des voix des actionnaires présens à l'assemblée.

A l'expiration de la société et en cas de dissolution avant le terme fixé pour sa durée, la liquidation sera faite par le conseil des syndics et six commissaires nommés par l'assemblée générale ; ils forment avec les syndics une commission de liquidation, qui arrête et délibère, à la majorité des voix, le meilleur mode à suivre pour la vente du mobilier et des immeubles, s'il y en a ; néanmoins le conseil des syndics est seul chargé de l'exécution des délibérations et arrêtés de la commission. Ces commissaires doivent réunir les mêmes qualités que les syndics : ils sont nommés à la pluralité relative des voix.

Il est expressément convenu que la vente des immeubles, si la société en possédait, serait faite sans formalités judiciaires.

25. Toutes les difficultés qui pourraient s'élever entre les actionnaires ou ayans-droit relativement à la société seront soumises à deux arbitres nommés par les parties respectives et pris parmi les négocians ou manufacturiers.

À défaut par l'une des parties de nommer son arbitre dans les trois jours de la sommation qui lui en aura été faite, il sera nommé d'office par le président du tribunal de commerce de Lyon.

Lesdits arbitres et sur-arbitre sont dispensés de l'observation des formalités judiciaires.

Les parties sont tenues de s'en rapporter à la décision des arbitres et sur-arbitre, comme à un jugement en dernier ressort et sans recours en cassation.

26. Le présent statut pourra être modifié, sur la proposition du conseil des syndics, par l'assemblée générale, à la majorité des neuf dixièmes des actionnaires présens ; en ce cas, les changemens arrêtés seront soumis à l'approbation du Gouvernement, à moins qu'il ne s'agisse de quelques points purement réglementaires.

Il pourra être modifié par la première assemblée générale, à la majorité des voix des actionnaires présens.

Les statuts et les conditions de la société ainsi réglés, MM. Aynard frères ont requis lesdits notaires de recevoir, à la suite des présentes, et même par actes séparés, les souscriptions et les adhésions des actionnaires. Ils veulent que ce contrat et tous les actes d'adhésion soient indivisibles, et qu'ils soient considérés comme tous faits à la même date.

Dont et du tout MM. Aynard frères ont requis acte, qui leur a été octroyé par les notaires soussignés.

———

7 JUIN = Pr. 19 JUILLET 1826. — Ordonnance du Roi relative à la société d'assurance mutuelle contre l'incendie formée à Moulins pour le département de l'Allier, et autorisée par l'ordonnance royale du 19 JANVIER 1825. (8, Bull. 102 bis, n° 4.)

Charles, etc. — Sur le rapport de notre ministre secrétaire-d'Etat au département de l'intérieur ; — Vu notre ordonnance du 19 janvier 1825, portant autorisation de la société d'assurance mutuelle contre l'incendie formée à Moulins pour le département de

l'Allier, — Vu l'article 2 des statuts portant que la société n'entrera en activité qu'au moment où elle réunira pour dix millions de propriétés engagées à l'assurance ; — Vu les délibérations du conseil d'administration des 4 mars et 4 mai derniers ; — Notre Conseil-d'Etat entendu, etc.

Art. 1er. La société d'assurance mutuelle contre l'incendie, formée à Moulins, pourra commencer ses opérations lorsqu'elle aura réuni pour une somme de quatre millions de propriétés assurées.

Elle devra en justifier à notre ministre de l'intérieur, qui fixera l'époque de sa mise en activité.

2. Le tarif des droits d'assurance demeure réglé ainsi qu'il suit, conformément à la délibération du conseil d'administration du 4 mars dernier, savoir :

Pour mille francs ;

1re classe.		0f 50c
2e classe.	1er risque.	0 75
	2e risque.	1 00
3e classe.		1 50

3. Il sera donné connaissance de ces modifications aux sociétaires actuels, qui auront à déclarer s'ils y adhèrent, et qui, faute de voir fait parvenir leur adhésion dans le délai d'un mois, seront présumés se retirer de l'association.

4. Notre ministre secrétaire-d'Etat au département de l'intérieur est chargé de l'exécution de la présente ordonnance, qui sera publiée au Bulletin des Lois avec les deux délibérations y mentionnées, et insérées au Moniteur et dans un journal d'annonces judiciaires du département de l'Allier.

———

Extrait de la délibération du conseil d'administration provisoire de la société d'assurance mutuelle contre l'incendie dans le département de l'Allier.

L'an 1826, et le 4 du mois de mars, le conseil d'administration provisoire étant réuni, et présens à cette séance MM. Descolombiers, président, le marquis de Saint-Georges, vice-président, de Comeau, Tourret, Tassard père et Michel, ces derniers tous membres du conseil d'administration,

Le directeur de la société fait les propositions suivantes :

1° De solliciter la réduction à trois millions du capital de dix millions exigés par l'article 2 des statuts pour entrer en activité ; — 2° De réduire le tarif des primes au taux de celui de la Nièvre.

Ces deux propositions sont soumises au conseil sur la demande de la presque totalité des propriétaires à qui l'association a été offerte.

Elles sont prises en considération par plusieurs motifs, et notamment par les suivans :

Lorsque le département du Cher a commencé son association, il y a cinq ans, avec cinq millions, les compagnies à primes avaient peu de propriétés soumises à leurs assurances ; la société mutuelle a donc pu faire, avec un tarif peu élevé, de rapides progrès. Les avantages obtenus sont considérables.

La société de la Nièvre, au 1er avril 1825, a commencé avec un capital de trois millions, et également avec un tarif fort modique, et elle a eu en moins d'un an un grand capital.

Dans l'Allier, il ne peut pas en être de même. Nous commençons fort tard, et déjà plus de vingt millions de propriétés sont engagés aux assurances royales, générales et du Phénix. Ce sont les propriétaires les plus zélés et qui ont le plus craint les désastres de l'incendie qui se sont empressés de s'en garantir ; il ne reste à la société mutuelle que ses fondateurs, peu nombreux, et les habitans qui ont été les plus lents à se décider. Il en résulte la conséquence que les adhésions n'arrivent qu'à des époques éloignées ; et si la société n'entrait pas en activité avec les trois millions qu'elle possède, un plus long retard nuirait essentiellement à son établissement, plusieurs sociétaires fatigués d'attendre, et craignant pour leurs propriétés, ayant fixé une époque rapprochée, passé laquelle leurs engagemens cesseraient.

Pour ce qui concerne le tarif existant, sa complication et son taux élevé ont été le sujet de nombreuses et justes objections qu'il serait long de déduire, et généralement le raisonnement suivant est fait par tous les Bourbonnais : puisque la Nièvre a commencé avec trois millions et un tarif modique, et que sa société d'assurance mutuelle contre l'incendie présente de grands avantages, qu'elle est même un bienfait pour le pays, il conviendrait que la société de l'Allier pût obtenir de commencer avec le même capital et avec le même tarif.

Le conseil d'administration, par ces motifs, et d'après la conviction intime que ces propositions sont dans l'intérêt de la société et pour la prospérité du département de l'Allier, décide, sur la première, que l'autorisation nécessaire pour entrer en activité avec trois millions sera sollicitée par M. le président.

Sur la deuxième, il se fait communiquer le tarif de la Nièvre, et arrête que celui de l'Allier sera divisé en trois classes, confor-

mément à l'article 36 de ses statuts, et que chaque classe paiera provisoirement les primes suivantes :

1re classe.

Bâtimens en pierre ou brique ou pisé couverts en tuiles ou ardoise, ceux en pisé ayant les ouvertures en pierre de taille, même situés à la campagne, pour mille francs. 0f 50e

2e classe.

1er risque. Les mêmes avec risque de récoltes, marchandises hasardeuses ou professions dangereuses, bâtimens en pans de bois couverts en tuile ou ardoise ; bâtimens en pisé avec couvertures en bois, couverts en tuiles ou ardoise. 0 75

2e risque. Bâtimens des trois dernières espèces avec risque de récoltes, marchandises hasardeuses ou professions dangereuses, moulins mus par l'eau et tuileries couverts en tuile ou ardoise ; bâtimens en pierre ou pans de bois couverts en chaume. 1 00

3e classe.

Bâtimens de la dernière espèce avec risque de récoltes, marchandises hasardeuses ou professions dangereuses ; bâtimens en torchis couverts en chaume, avec ou sans récolte. 1 50

Arrêté en conseil d'administration à Moulins, les jours, mois et ans susdits.

Pour extrait conforme au registre des délibérations.

Le président du conseil d'administration de la société d'assurance mutuelle contre l'incendie,

Signé : DESCOLOMBIERS.

Le directeur,

Signé : TALLARD fils aîné.

———

Extrait de la délibération du conseil d'administration de la société d'assurance mutuelle contre l'incendie pour le département de l'Allier.

L'an 1826, et le 4 mai, le conseil d'administration, ayant reconnu que sa délibération du 4 mars dernier, portant modification du tarif de la société mutuelle et demande d'autorisation pour entrer en activité avec un capital moindre que celui déterminé par les statuts, *présentait des omissions qui*, réparées, préviendront des objections qui pourraient être faites et suspendre la sanction royale, a cru devoir y suppléer par une nouvelle délibération. En conséquence, il ajoute aux explications données par son arrêté précité celles qui suivent:

Les fondateurs de l'assurance mutuelle avaient depuis longtemps reconnu la nécessité de modifier le tarif des primes, l'expérience les ayant convaincus de l'impossibilité d'en faire une juste application, et sa quotité sur certains articles étant en disproportion évidente avec les tarifs de la Nièvre et du Cher, et aussi avec les besoins présumables de la société.

Les vœux des fondateurs et ceux des propriétaires qui avaient le désir de prendre part aux bienfaits de la société, ont été portés au conseil d'administration par le directeur.

C'est par suite de nouvelles bases que les adhésions se sont multipliées et ont produit jusqu'à ce jour un capital de quatre millions, savoir:

Deux cent mille francs fournis par cinq fondateurs, qui, pour cause d'absence, n'ont pu donner leur assentiment au nouveau tarif : cette somme n'est considérée que comme provisoire, puisque, le sort de ces sociétaires étant changé, ils ont le droit de cesser de faire partie de la société ; il est cependant presque certain que leur intérêt les portera à continuer d'en être;

Deux millions huit cent mille francs pour les fondateurs membres du conseil d'administration et autres sociétaires qui ont demandé les changemens;

Un million obtenu depuis le 4 mars à la condition d'opérer d'après le nouveau tarif et d'entrer en activité avec le capital possédé.

Le conseil d'administration croit devoir ajouter que la réduction du tarif est tellement dans l'intérêt des sociétaires, que sa nouvelle rédaction a été adoptée à l'unanimité ; mais que, dans tous les cas, cet intérêt des sociétaires ne peut en rien être compromis, puisque jusqu'à la mise en activité, époque qui est indéterminée, tous les engagemens doivent être provisoires, et celui qui jugerait peu avantageux de réaliser en un engagement définitif a le droit de se retirer.

C'est dans ce sens que le conseil d'administration a demandé à entrer en activité avec trois millions, somme que l'on peut maintenant porter à quatre. Elle atteindrait bien vite dix millions, si la société était très incessamment en activité avec le nouveau tarif.

Fait et arrêté en conseil d'administration, à Moulins, les jour, mois et an susdits.

Le président du conseil d'administration de la société d'assurance mutuelle contre l'incendie pour le département de l'Allier,

Signé : DESCOLOMBIERS.

7 JUIN = Pr. 29 AOUT 1826. — Ordonnance du Roi portant autorisation de la société anonyme de la banque de Rouen, renouvelée par acte passé le 4 FÉVRIER 1826. (8, Bull. 109 *bis*, n° 1.)

Charles, etc. — Sur le rapport de notre ministre secrétaire-d'Etat au département de l'intérieur ; — Vu l'ordonnance royale du 7 mai 1817, portant autorisation de la société anonyme dite *de la Banque de Rouen;* — Vu l'article 2 des statuts approuvés par ladite ordonnance, portant que la durée de la société est fixée à neuf ans, sauf renouvellement ; — Considérant que le terme de ladite société arrive au 16 août de la présente année ; — Vu les articles 29 à 37, 40 et 45 du Code de commerce ; — Vu la loi du 14 avril 1803 ; — Notre Conseil-d'Etat entendu, etc.

Art. 1er. La société anonyme de la banque de Rouen, renouvelée par acte passé, le 4 février dernier, par-devant Lequesne et son collègue, notaires à Rouen, est approuvée. Ses statuts, tels qu'ils ont été homologués par l'ordonnance royale du 7 mai 1817, et les articles additionnels contenus dans l'acte précité, sont autorisés; ledit acte seulement restera annexé à la présente ordonnance.

2. Nous nous réservons de révoquer la présente autorisation en cas de violation ou de non-exécution des statuts.

3. La société sera tenue de remettre, tous les six mois, une copie de son état de situation au préfet du département de la Seine-Inférieure, au greffe du tribunal de commerce, à la chambre de commerce de Rouen ; pareille copie sera envoyée à notre ministre de l'intérieur.

4. Notre ministre secrétaire-d'Etat de l'intérieur (comte Corbière) est chargé, etc.

Banque de Rouen.

En présence de Me Alexandre-George Lequesne et de son collègue, notaires royaux à la résidence de Rouen, soussignés,

M. Nicolas-Casimir Caumont, négociant et président du tribunal de commerce séant en ladite ville, où il demeure, rue du Fardeau, pourvu de patente pour l'année 1825, portant date de ce jour et le n° 272;

M. Victor-Elie Lefebure, négociant, demeurant à Rouen, rue Herbière, n° 19, ayant eu patente pour ladite année 1825, datée du 4 mars de ladite année et portant le n° 21 ;

Et M. Jean-Baptiste-François-André Rondeaux, aussi négociant, demeurant à Rouen, boulevart Cauchoise, n° 47, ayant sa patente pour ladite année 1825, datée de ce jour et numérotée 124,

Ont dit et exposé ce qui suit :

Suivant acte passé devant ledit M° Lequesne et son collègue le 26 mars 1817, enregistré à Rouen le lendemain, les statuts de la société anonyme sous le titre de *Banque de Rouen* ont été établis, sauf approbation.

Cette société a été formée pour neuf années, qui expireront le 16 août de la présente année.

Sa Majesté Louis XVIII, par son ordonnance du 7 mai de ladite année 1817, a bien voulu approuver ces statuts.

Les actionnaires de cette société, mus du désir de la prolonger, se sont réunis à cet effet, et, le 5 de ce mois, ils ont arrêté que ladite société serait renouvelée pour quinze années quatre mois quinze jours, qui commenceraient au 16 août prochain et finiraient au 31 décembre 1841, si le Roi leur en donnait la permission et l'autorisation.

Ils sont convenus que cette société, ainsi renouvelée, serait régie par les statuts précités, avec plusieurs articles additionnels et sous quelques modifications.

Ces articles additionnels et modifications sont consignés en un acte du 5 janvier dernier, signé de MM. les actionnaires.

Par l'article 7 de l'acte dernier daté, au conseil d'administration de la banque de Rouen, divers pouvoirs ont été donnés, notamment pour solliciter du Roi son autorisation pour le renouvellement de ladite société.

Suivant acte du 14 du même mois, MM. les membres composant ledit conseil d'administration, en vertu desdits pouvoirs, ont nommé MM. Caumont, Victor-Elie Lefebure et Rondeaux, comparans, et MM. Decaze et Reizet, commissaires, pour faire toutes les démarches et prendre les mesures nécessaires à l'effet d'obtenir l'autorisation royale; ensuite procéder à l'organisation de la nouvelle société, à l'effet que le service de la banque soit continué sans interruption à l'expiration de celle existante, et la faculté a été donnée à ces commissaires de procéder au nombre de trois.

Les actes des 5 et 14 janvier, dûment enregistrés à Rouen cejourd'hui par M. Ladrague, qui a reçu pour le premier cinq francs cinquante centimes, et pour le second deux francs vingt centimes, représentés par les comparans, sont demeurés annexés à la minute des présentes, après avoir été d'eux et desdits notaires signés et paraphés.

Ce que dessus établi, les comparans, pour remplir la mission à eux donnée et le vœu des articles 40 et 46 du Code de commerce, après avoir formellement déclaré que l'intention des actionnaires de la banque de Rouen est de continuer leur société pour le temps de quinze années quatre mois quinze jours, conformément à leurs statuts, ainsi qu'il est exprimé ci-dessus et en l'acte du 5 janvier dernier, demeuré annexé à la minute des présentes, ont requis lesdits notaires, 1° de leur accorder acte de cette déclaration ; 2° de dresser acte des additions et modifications dont lesdits actionnaires sont convenus par celui du 5 janvier dernier.

A cette réquisition lesdits notaires, obtempérant, ont :

En premier lieu, accordé acte aux comparans de la déclaration ci-dessus faite touchant le renouvellement de ladite société, conformément aux statuts qui la régissent maintenant ;

Et en second lieu, dressé acte desdites additions et modifications, qui sont la copie littérale du 5 janvier dernier.

Art. 1er. La société anonyme sous le titre de *Banque de Rouen* sera renouvelée pour quinze années quatre mois quinze jours, qui commenceront au 16 août 1826, et finiront au 31 décembre 1841.

2. Le conseil d'administration nommera un chef employé qui aura le titre de directeur : il aura la surveillance de la caisse et des écritures ; il sera présent aux comités d'escompte ; il n'aura que voix consultative ; il signera la correspondance, les bordereaux acceptés, les effets du portefeuille tant pour leur négociation que pour leur acquit ; il sera porteur d'une des clés du portefeuille et de la caisse de réserve ; il convoquera les administrateurs entrant en exercice et les assemblées du conseil ; il aura, dans l'hôtel de la banque, son logement séparé de celui du caissier, le père et le fils ou le gendre, l'oncle et le neveu, les frères et beaux-frères ne pourront réunir en même temps les emplois de directeur et caissier. Un règlement de l'administration fixera le traitement et les obligations du directeur et du caissier.

3. Les administrateurs en exercice auront droit de présence aux comités d'escompte; ils auront voix délibérative dans les assemblées du conseil d'administration comme les autres administrateurs.

4. Lorsqu'il y aura lieu de convoquer l'assemblée des vingt-cinq plus forts actionnaires réunis au conseil d'administration et aux anciens censeurs et administrateurs, la délibération pourra être prise lorsque moitié plus une des personnes convoquées seront présentes.

6. Les administrateurs sortans pourront être réélus censeurs, sans l'intervalle d'une année.

6. Le présent acte sera soumis à l'approbation de Sa Majesté.

7. Le conseil d'administration de la banque de Rouen est autorisé à faire toutes les démarches et à prendre toutes les mesures qu'il jugera nécessaires pour obtenir l'autorisation royale, pour ensuite procéder à l'organisation de la nouvelle société, de manière que le service de la banque soit continué sans interruption, à l'expiration de la présente société.

Cejourd'hui 5 janvier 1826, nous soussignés, actionnaires de la banque de Rouen, donnons notre adhésion à tous les articles du présent acte de société pour le renouvellement de ladite banque de Rouen, et nous y engageons pour le nombre d'actions dont nous sommes maintenant titulaires.

(Suivent les signatures).

Les comparans consentent que ces articles additionnels et lesdits statuts soient la règle des actionnaires de ladite société ainsi prolongée.

Les comparans déclarent et affirment que les sommes versées dans la caisse de la société par les actionnaires et pour les actions dont ils sont propriétaires, forment le capital qu'aux termes desdits statuts, la société doit avoir.

De tout ce qui précède, acte a été accordé auxdits sieurs comparans.

SUIT LA TENEUR DE L'ACTE DU 5 JANVIER 1826.

Acte de renouvellement de la société de la banque de Rouen, conformément aux statuts approuvés par ordonnance du Roi en date du 7 mai 1817, sauf les additions et modifications ci-après.

Art. 1er. La société anonyme sous le titre de banque de Rouen sera renouvelée pour quinze années quatre mois et quinze jours, qui commenceront au 16 août 1826 et finiront au 31 décembre 1841.

2. Le conseil d'administration nommera un chef employé qui aura le titre de directeur : il aura la surveillance de la caisse et des écritures ; il sera présent au comité d'escompte, où il n'aura que voix consulta-

tive ; il signera la correspondance, les bordereaux acceptés, les effets du portefeuille tant pour leur négociation que pour leur acquit ; il sera porteur d'une des clés du portefeuille et de la caisse de réserve, il convoquera les administrateurs entrant en exercice et les assemblées du conseil ; il aura, dans l'hôtel de la banque, son logement séparé de celui du caissier. Le père et le fils ou le gendre, l'oncle et le neveu, les frères et beaux-frères, ne pourront réunir en même temps les emplois de directeur et caissier. Un règlement de l'administration fixera le traitement et les obligations du directeur et du caissier.

3. Les administrateurs en exercice auront droit de présence aux comités d'escompte ; ils auront voix délibérative dans les assemblées du conseil d'administration comme les autres administrateurs.

4. Lorsqu'il y aura lieu de provoquer l'assemblée des vingt-cinq plus forts actionnaires réunis au conseil d'administration et aux anciens censeurs et administrateurs, la délibération pourra être prise lorsque moitié plus une des personnes convoquées seront présentes.

5. Les administrateurs sortans pourront être réélus censeurs sans l'intervalle d'une année.

6. Le présent acte sera soumis à l'approbation de Sa Majesté.

7. Le conseil d'administration de la banque de Rouen est autorisé à faire toutes les démarches nécessaires et à prendre toutes les mesures qu'il jugera nécessaires pour obtenir l'autorisation royale, pour ensuite procéder à l'organisation de la nouvelle société, de manière que le service de la banque soit continué sans interruption, à l'expiration de la présente société.

Cejourd'hui 5 janvier 1826, nous soussignés, actionnaires de la banque de Rouen, donnons notre adhésion à tous les articles du présent acte de société pour le renouvellement de ladite banque de Rouen, et nous y engageons pour le nombre d'actions dont nous sommes maintenant titulaires.

SUIT LA TENEUR DE L'ACTE DU 15 JANVIER 1826.

Extrait du procès-verbal de la séance du conseil d'administration de la banque de Rouen, le 14 janvier 1826.

L'administration de la banque de Rouen, dans sa séance du 16 août dernier, avait nommé membre de la commission chargée du renouvellement de l'acte de société MM. Reizet, Caumont, de Caze V. Elie Lefebure et Delannoy. Ce dernier, se trouvant au nombre des administrateurs sortans, est remplacé par M. Rondeaux. Ces messieurs sont chargés de faire dépôt de l'acte de renouvellement de la société chez Me Lequesne, notaire, et de suivre toutes les formalités nécessaires pour en activer la mise à exécution; ils auront la faculté de décider au nombre de trois.

7 JUIN 1826. — Ordonnances du Roi qui accordent des lettres de déclaration de naturalité aux sieurs Galli et Niclou. (8, Bull. 145, nos 5093 et 5094.)

7 JUIN 1826. — Ordonnances du Roi qui autorisent l'acceptation de dons et legs faits à des fabriques et à des séminaires. (8, Bull. 150, nos 5362 à 5377.)

7 JUIN 1826. — Ordonnance du Roi qui accorde des lettres de déclaration de naturalité au sieur Vaucher. (8, Bull. 229, no 8442.)

7 JUIN 1826. — Ordonnance du Roi qui accorde des lettres de déclaration de naturalité au sieur Bender. (8, Bull. 252, no 9249.)

7 JUIN 1826. — Ordonnance du Roi qui accorde des lettres de déclaration de naturalité au sieur Kirsch. (8, Bull. 291, no 11,104.)

7 JUIN 1826. — Ordonnances du Roi qui autorisent l'acceptation de legs faits aux pauvres de l'Ile-Bourbon et Cayenne, et à l'église de cette dernière île. (8, Bull. 100, nos 3369 et 3370.)

7 JUIN 1826. — Ordonnances du Roi qui accordent des pensions de retraite à des militaires. (8, Bull. 101 bis, nos 1 et 2.)

7 JUIN 1826. — Ordonnances du Roi qui autorisent l'acceptation de dons et legs faits à des communes et à la société de charité de Paris. (8, Bull. 102, nos 3421 à 3429.)

7 JUIN 1826. — Ordonnance du Roi qui autorise l'acceptation d'un legs fait à la société maternelle de Paris. (8, Bull. 103, no 3438.)

7 JUIN 1826. — Ordonnance du Roi qui accorde des lettres de déclaration de naturalité au sieur Lombard. (8, Bull. 121, no 4065.)

11 JUIN 1826. — Ordonnances du Roi qui autorisent l'acceptation de dons et legs faits à des fabriques, à des séminaires, à des communautés religieuses, etc. (8, Bull. 150, nos 5378 à 5393.)

11 JUIN 1826. — Ordonnance du Roi qui admet les sieurs Kirkhemfowell, Lionel Hawthorn, Hudson, Hughes, Lowental, Ranoé, Runzy, Muller, Speckle, Hus et Ponitick, à établir leur domicile en France. (8, Bull. 96, no 3483.)

11 JUIN 1826. — Ordonnance du Roi portant que le nombre des huissiers du tribunal civil de Clermont (Oise) demeurera définitivement fixé à dix-huit. (8, Bull. 96, no 3213.)

14 JUIN — Pr. 1er AOUT 1826. — Ordonnance du Roi qui établit un conseil de prud'hommes dans la ville d'Orange, département de Vaucluse. (8, Bull. 104, no 3,488.)

Charles, etc. — Sur le rapport de notre ministre secrétaire-d'Etat au département de l'intérieur; — Notre Conseil-d'Etat entendu, etc;

Art. 1er. Il sera établi un conseil de prud'hommes dans la ville d'Orange, département de Vaucluse. Ce conseil sera composé de cinq membres, dont trois seront choisis parmi les marchands-fabricans, et les deux autres, parmi les chefs d'atelier, contre-maîtres ou ouvriers patentés. Les branches d'industrie ci-après dénommées concourront à la formation de ce conseil, dans les proportions suivantes:

Les mouliniers en soie écrue et les fabricans d'étoffes de soie fourniront trois membres, dont les deux premiers seront marchands-fabricans, et l'autre, chef d'atelier, contre-maître ou ouvrier patenté; les fabricans de toiles peintes, d'étoffes de laine, les cardeurs et tisseurs en filoselle, fantaisie et bourre de soie, un membre marchand-fabricant; les teinturiers, les triturateurs de garance et les chapeliers, un chef d'atelier, contre-maître ou ouvrier patenté: total, cinq membres.

2. Indépendamment des cinq membres dont il est question en l'article précédent, il sera attaché audit conseil deux membres suppléans: l'un, marchand-fabricant, et l'autre, chef-d'atelier, contre-maître ou ouvrier patenté; tous deux pris parmi les fabricans et ouvriers du pays. Les suppléans remplaceront ceux des membres qui, par des motifs quelconques, ne pourraient assister aux séances, soit du bureau particulier, soit du bureau général des prud'hommes.

3. La juridiction du conseil s'étendra sur tous les marchands-fabricans, chefs d'atelier, contre-maîtres, comuis, teinturiers, ouvriers, compagnons et apprentis travaillant pour les fabriques de la ville d'Orange, quel que soit d'ailleurs le lieu de la résidence des uns et des autres.

4. Dans le cas où il serait interjeté appel d'un jugement rendu par les prud'hommes, cet appel sera porté devant le tribunal de première instance d'Orange, faisant fonction de tribunal de commerce.

5. L'élection et le renouvellement des membres du conseil auront lieu suivant le mode et de la manière qui sont réglés par le décret du 11 juin 1809. Ils se conformeront, pour l'exercice de leurs fonctions, aux dispositions établies par ce décret, ainsi que par la loi du 18 mars 1806 et par le décret du 3 août 1810.

6. La ville d'Orange fournira le local nécessaire pour la tenue dudit conseil ; les dépenses de premier établissement, et celles de chauffage, éclairage, et de traitement du secrétaire, seront également à sa charge.

7. Notre ministre de la justice, et notre ministre de l'intérieur (comtes de Peyronnet et Corbière), sont chargés, etc.

14 JUIN — Pr. 7 JUILLET 1826. — Ordonnance du Roi qui classe plusieurs chemins vicinaux parmi les routes départementales de Saône-et-Loire, et change la direction de la route départementale n° 18, de Saint-Bonnet de Joux à la Clayette. (8, Bull. 100, n° 3,298.)

14 JUIN 1826. — Ordonnance du Roi qui autorise l'acceptation de donations faites à la fabrique de la chapelle vicariale d'Etouvy. (8, Bull. 150, n° 5394.)

14 JUIN 1826. — Ordonnances du Roi qui nomme M. de Tocqueville à la préfecture de Seine-et-Oise. (8, Bull. 100, n° 3299.)

14 JUIN 1826. — Ordonnances du Roi qui accordent des pensions à des veuves de militaires. (8, Bull. 101 bis, n°s 3 et 4.)

14 JUIN 1826. — Ordonnances du Roi qui accordent des secours annuels à des orphelins de militaires. (8, Bull. 101 bis, n°s 5 et 6.)

14 JUIN 1826. — Ordonnances du Roi qui autorisent l'acceptation de dons et legs faits à des communes, à la maison de refuge de Lyon, aux pauvres, à des hospices. (8, Bull. 103, n°s 3459 à 3486.)

14 JUIN 1826. — Ordonnances du Roi qui autorisent l'acceptation de dons et legs faits à l'hospice de Privas et aux pauvres de Tesson. (8, Bull. 104, n°s 3500 à 3501.)

14 JUIN 1826. — Ordonnance du Roi qui autorisent l'acceptation de dons et legs faits à des hospices et à des pauvres. (8, Bull. 105, n°s 3529 à 3541.)

19 JUIN 1826. — Lettres-patentes relatives à l'institution d'un titre de pairie en faveur de M. le marquis de Clermont-Tonnerre. (8, Bull. 99, n° 3279.)

21 — 24 JUIN 1826. — Loi relative au réglement définitif du budget de l'exercice 1824 (1). (8, Bull. 98, n° 3265.)

§ Ier. Des annulations de crédits.

Art. 1er. Les crédits ouverts par les lois des 10 mai 1825 et 21 mai 1825, aux ministères ci-après, pour les services de l'exercice 1824, sont réduits d'une somme totale de quatre millions sept cent quarante-trois mille deux cent soixante-dix-neuf francs (4,743,279 fr.), restée disponible et sans emploi sur ces crédits, savoir :

Intérêts des 5 pour 100 consolidés.				22,064 f
Justice. — Service ordinaire.				73,727
Affaires ecclésiastiques et instruction publique.				149,095
Intérieur { Service ordinaire.			74,060	
Cultes non catholiques.			1,542	
Dépenses départementales { fixes.	72,515	524,516		1,088,349
Fonds de secours	452,001			
Dépenses secrètes de la police générale.			488,231	
Guerre.				886,255
A reporter.				2,219,490

(1) Proposition à la Chambre des députés, le 11 février (Mon. du 12). — Rapport de M. Fa-

				Report. . . .	2,219,490

Dette viagère. . . . . 315,974 ⎫
Pensions. ⎰ civiles. . . . . 37,903 ⎬ 946,050
       ⎱ Donataires dépossédés. . . . . 28,889 ⎪
Intérêts de cautionnemens. . . . . 386,094 ⎪
Frais de service et de trésorerie. . . . . . . 18,964 ⎪
Service administratif du ministère. . . . . . 158,226 ⎭

Finances. {

Adminis-trations et régies financièr.
    ⎰ Forêts. . . . . 23,510 ⎫
    ⎪ Douanes (amendes et confiscations attribuées). 187,015 ⎪
    ⎪ Contribu-tions indirectes ⎰ Exploitation des tabacs 575,898 ⎫ 578,956 ⎬ 824,749
    ⎪   ⎱ Remboursemens et restitutions. . . 3,058 ⎭ ⎪
    ⎱ Loterie. ⎰ Personnel et matériel. 29,840 ⎫ 35,268 ⎭
           ⎱ Remise de 6 p. % aux receveurs. . 5,428 ⎭

Contrib. directes.
    ⎰ Non-valeurs et attributions sur patentes. . 734,795 ⎫ 739,409
    ⎱ Frais d'assiette et de recouvr. ⎰ Direction des contributions directes. . 2,232 ⎫ 4,614 ⎭
           ⎱ Centimes de perception. . . 2,382 ⎭

Fonds de dépenses communales et de réimpositions. 13,581

		SOMME ÉGALE. . . .	4,743,279

2. Les crédits affectés au service des départemens pour les dépenses variables et pour celles du cadastre sont réduits d'une somme de cinq millions trois cent cinquante-deux mille neuf cent cinquante et un francs (5,352,951 fr.), restée disponible au 31 décembre 1825, savoir :

Dépenses départementales
    ⎰ Dépenses variables spéciales. . . . . . 2,012,195 ⎫
    ⎪ Dépenses sur centimes facultatifs votés par les conseils généraux. . . . . 2,059,901 ⎬ 4,186,985
    ⎱ Dépenses sur ressources extraordinaires locales. 114,889 ⎭

Dépenses cadastrales.
    ⎰ Sur le fonds commun compris au budget. . 811,910 ⎫ 1,165,966
    ⎱ Sur centimes facultatifs votés par les conseils généraux. . . . . 354,056 ⎭

		TOTAL ÉGAL. . . .	5,352,951

Cette somme est affectée et transportée au budget de 1826, pour y recevoir la destination qui lui a été donnée par la loi de finances du 10 mai 1823.

§ II. Des supplémens de crédits.

3. Il est accordé, sur le budget de 1824, au-delà des crédits fixés par les lois des 10 mai 1823 et 21 mai 1825, les supplémens ci-après :

1° Au ministère de la justice (complément de frais de justice criminelle). . 1,063,865
2° Au ministre des affaires étrangères. 315,285
3° Au ministre de l'intérieur (travaux publics). 599,007
4° Au ministère de la marine. 637,106
5° Au ministère des finance :

		A reporter. . . .	2,617,963

date de Saint-Georges, le 18 avril (Mon du 24). — Discussion les 24, 25, 26, 27, 28 avril (Mon. des 25, 26, 27, 28, 29 et 30 avril, et du 4 mai). — Adoption, le 28 avril (Mon. du 30). — Proposition à la Chambre des pairs le 9 mai (Mon. du 14 mai). — Rapport de M. le marquis de Marbois, le 20 mai (Mon. du 28). — Discussion et adoption le 16 juin (Mon. du 18).

Report. . . . 2,617,963 f

Dépenses générales.	Pensions {	militaires.	546,720	701,980	
		ecclésiastiques. . . .	155,260		
	Intérêts de la dette flottante, escompte et frais de négociation.			7,609,504	
	Intérêts, lots et primes des annuités.			1,835,570	
	Intérêts des reconnaissances de liquidation. . .			5,046,665	15,438,394
	Légion-d'Honneur.			134,488	
	Cour des comptes.			27,628	
	Monnaies.			24,382	
	Frais d'inventaire des biens mobiliers et immobiliers de la couronne.			58,377	

Frais de régie et d'exploitation des impôts, et remboursemens et restitutions de droits.	Enregistrement et domaines.	Frais d'administration et de perception.	14,518	510,762	
		Remboursement et restitutions.	496,244		
	Douanes.	Frais d'administration. . .	73,009	4,079,167	
		Remboursemens et restitutions et primes à l'exportation.	4,006,158		
	Contrib. indirectes	Frais d'administration et de perception. . . .	500,688	644,296	7,700,581
		Exploitation des poudres à feu.	12,490		
		Avances à charge de remboursement.	16,113		
		Amendes et confiscations (portion attribuée). . .	115,005		
	Postes	Service ordinaire. . .	873,079	1,039,181	
		Service extraordinaire de l'armée d'Espagne. .	63,271		
		Remboursemens et restitutions.	102,831		
	Finances	Remises et taxations sur l'impôt indirect et les recettes diverses. . .	255,356	1,427,175	
		Remboursemens et restitutions sur produits divers.	1,171,819		

TOTAL des supplémens accordés. . . . 25,756,238

§ III. Fixation du budget de l'exercice 1824.

4. Au moyen des dispositions précédentes, les crédits du budget de l'exercice 1824 sont définitivement fixés à la somme de neuf cent quatre-vingt-six millions soixante-treize mille huit cent quarante-deux francs (986,073,842 fr.), et répartis entre les différens ministères et services, conformément à l'état A ci-annexé.

5. Les recettes de toute nature de ce même exercice sont arrêtées, au 31 décembre 1825, à la somme totale de neuf cent quatre-vingt-quatorze millions neuf cent soixante-quatorze mille neuf cent soixante-deux francs (994,974,962 fr.), conformément à l'état B aussi annexé à la présente loi.

Art. 6.

La somme de huit millions huit cent quatre-vingt-dix-huit mille cent vingt francs

(8,898,120 fr.), formant la différence entre les recettes de 1824, arrêtées par l'article précédent à. . . 994,974,962 et les crédits du même exercice, définitivement réglés par l'article 4 à. 986,073,842

Différence. . . . 8,898,120

est affectée et transportée, savoir :

Au budget de l'exercice 1826, conformément à l'article 2 de la présente loi pour une somme de. . . 5,552,951

A celui de 1825, pour la différence, montant à. . . . 3,345,169

TOTAL égal. . . . 8,898,120

§ IV. Dispositions générales.

7. Les sommes qui pourraient provenir encore des ressources affectées à l'exercice 1824 seront portées en recette au compte de

l'exercice courant, au moment où les recouvremens seront effectués.

8. A l'avenir, les fonds provenant du centime spécial prélevé pour être distribué en secours pour grêle, incendie, épizootie, etc., et non employés lors de la clôture d'un exercice, seront transportés avec leur spécialité à l'exercice suivant, pour y recevoir la destination qui leur a été donnée par la loi.

---

21 = Pr. 24 JUIN 1826. — Loi relative à l'ouverture des crédits supplémentaires pour les dépenses des services extraordinaires de l'exercice 1825 (1). (8, Bull. 98, n° 3266.)

Article unique. Il est accordé sur les fonds du budget de 1825, au-delà des crédits fixés pour les dépenses ordinaires de cet exercice par la loi du 4 août 1824, les supplémens ci-après, provisoirement autorisés par ordonnances royales, et montant à dix-huit millions sept cent quarante neuf mille deux cent soixante-huit francs (18,749,268 fr.), savoir :

Au ministère des affaires étrangères (ordonnance du 30 octobre 1825).	1,500,000
Au ministère des affaires ecclésiastiques et de l'instruction publique (ordonnance du 15 juin 1825).	660,000
Au ministère de la guerre (ordonnance des 19 octobre, 23 novembre et 25 décembre 1825).	14,116,000
Au ministère de la marine (ordonnance du 11 décembre 1825).	1,500,000
Au ministère des finances. { Frais de liquidation de l'indemnité (ordonnance des 15 juin et 3 novembre 1825). 565,750 / Service extraord. des relais à l'occasion du sacre (ord. du 22 mai 1825). 407,518 }	973,268
TOTAL égal.	18,749,268

---

21 JUIN = Pr. 7 JUILLET 1826. — Ordonnance du Roi portant établissement d'une chambre de commerce à Clermont-Ferrand. (8, Bull. 100, n° 3,302.)

Charles, etc. — Sur le rapport de notre ministre secrétaire-d'État au département de l'intérieur; — Notre Conseil d'État entendu, etc. ;

Art. 1er. Il y aura une chambre de commerce à Clermont-Ferrand, département du Puy-de-Dôme ; elle sera constituée conformément aux dispositions de l'arrêté du Gouvernement du 24 décembre 1802 (3 nivose an 11).

2. Notre ministre de l'intérieur (comte de Corbière) est chargé, etc.

---

21 JUIN = Pr. 1er JUILLET 1826. — Loi concernant divers baux emphytéotiques et échanges consentis par le domaine de la couronne (2). (8, Bull. 99, n° 3,274.)

Art. 1er. Le bail emphytéotique de quatre-vingt-dix-neuf ans des bâtimens et terrain du grand-maître, passé, les 4 et 8 mai 1821, avec le ministre secrétaire-d'État de la maison du Roi et la ville de Versailles, est et demeure confirmé.

2. Le ministre secrétaire-d'État au département de la maison du Roi est autorisé à concéder, avec publicité et concurrence, à titre d'emphytéose, pour quatre-vingt-dix-neuf années, une portion de trois mille sept cent soixante quinze mètres de terrain sur les cinq mille trois cent quarante-huit mètres que la Couronne possède entre la rue Saint-Honoré, la place des Pyramides et la rue de Rivoli, à la charge par le concessionnaire,

1° De construire immédiatement pour la Couronne, sur l'autre portion du même terrain de quinze cent soixante-treize mètres, située du côté du château des Tuileries, des bâtimens destinés au service du Roi, conformément au cahier des charges, plans et devis qui en seront dressés ; — 2° D'ouvrir, sur la portion concédée emphytéotiquement, la rue tracée dans le plan confirmé par la loi du 20 février 1804 (30 pluviôse an 12) ; — 3° De délaisser à la Couronne, à l'expiration de l'emphytéose, les constructions élevées

---

(1) Proposition à la Chambre des députés le 11 février (Mon. du 12). — Rapport de M. Breton le 19 avril (Mon. du 3 mai). — Discussion et adoption le 2 mai (Mon. du 4). Présentation à la Chambre des pairs, le 9 mai (Mon. du 14 mai). — Rapport de M. le comte de Courtarvel le 20 mai (Mon. du 28). — Discussion et adoption le 17 juin (Mon. du 23.)

(2) Proposition à la Chambre des députés, le 18 mars (Mon. du 23). — Rapport de M. de Lhorme (Mon. du 6 mai). — Discussion le 5 mai (Mon. des 6 et 7). — Adoption le 5 mai (Mon. du 7). Proposition à la Chambre des pairs, le 9 mai (Mon. du 13). — Rapport de M. le comte de Lagarde le 27 mai (Mon. du 31). — Discussion et adoption le 30 mai (Mon. du 16 juin).

sur cette portion ainsi concédée, moyennant le paiement de la moitié de la valeur qu'elles auront alors, à moins que le Roi ne préférât que le terrain fût rendu libre, auquel cas le concessionnaire pourra seulement enlever les matériaux ; — 4° De payer à la liste civile une redevance annuelle dont la quotité sera déterminée par les enchères.

3. Le même ministre-secrétaire-d'Etat est également autorisé à passer contrat d'échange avec M. le baron Didelot, des bâtimens, bois, terres, formant le domaine des Bergeries, enclavés dans la forêt de Senard, estimés quatre cent quatre-vingt-un mille neuf cent quatre-vingt-quatorze francs quatre-vingt-dix-huit centimes, contre deux cent cinquante hectares soixante ares de la forêt de Bondi, évalués quatre cent quatre-vingt-un mille neuf cent deux francs quarante-un centimes.

4. Sont et demeurent confirmés les cinq échanges ci-après désignés, conclus par le ministre secrétaire-d'Etat de la maison du Roi, savoir:

1° L'échange conclu, par acte des 27 et 28 octobre 1824, avec le sieur Bourgeois, d'une contenance totale de dix hectares quarante ares contre l'étang d'Or attenant aux propriétés de la Couronne ; — 2° L'échange conclu, les 3 et 11 mars 1825, avec le sieur Campain, de trois hectares vingt-trois ares de terrain dans l'arrondissement de Rambouillet, contre une maison de garde dans le même arrondissement ; — 3° L'échange fait, les 1er et 2 septembre 1825, avec le sieur Lacan, d'une petite maison et dépendance, contre l'abandon d'une servitude sur le bois de Boulogne ; — 4° Celui fait avec les sieurs Usquin père et fils, suivant acte des 1er et 4 août 1825, de cent onze hectares soixante-quatorze ares de la forêt de Bondi, contre un hôtel sis à Paris, rue de Bourbon, n° 2 ; — 5° Enfin l'échange conclu, suivant acte des 7 et 8 octobre 1825, avec le sieur Pepin-le-Halleur, de cent quatorze hectares seize ares de la même forêt, contre une maison, terres et bois situés dans les conservations de Fontainebleau et de Saint-Germain.

5. Le ministre de la maison du Roi est pareillement autorisé à échanger, dans les formes prescrites par le décret du 11 juillet 1812, le théâtre *Favart*, acquis à titre singulier par le Roi régnant, et faisant partie du domaine privé de Sa Majesté, contre la salle *Louvois*, dépendant du domaine privé du feu Roi Louis XVIII, et réunie à la dotation de la Couronne par l'article 1er de la loi du 15 janvier 1825.

---

21 JUIN = Pr. 1er JUILLET 1826. — Ordonnance du Roi portant autorisation définitive de la communauté des religieuses de la Visitation établie à Riom, département du Puy-de-Dôme. (8, Bull. 99, n° 3,278.)

Charles, etc. — Vu la loi du 24 mai 1825 ; — Vu la déclaration des religieuses de la Visitation de Riom, qu'elles sont régies par les mêmes statuts que ceux approuvés pour les sœurs de la Visitation de Mâcon ; — Vu la délibération du conseil municipal de la ville de Riom, en date du 23 novembre 1819, tendant à ce que ledit établissement soit autorisé ; — Vu le consentement de l'évêque de Clermont du 1er janvier 1826 ; — Vu l'ordonnance royale du 20 novembre 1816, portant autorisation des statuts desdites religieuses de la Visitation de Mâcon ; — Sur le rapport de notre ministre secrétaire-d'Etat au département des affaires ecclésiastiques et de l'instruction publique, etc.

Art. 1er. La communauté des religieuses de la Visitation établie à Riom, département du Puy-de-Dôme, diocèse de Clermont, gouvernée par une supérieure locale, est définitivement autorisée.

2. Notre ministre des affaires ecclésiastiques et de l'instruction publique (Frayssinous) est chargé, etc.

---

21 JUIN = Pr. 7 JUILLET 1826. — Ordonnance du Roi qui classe divers chemins communaux parmi les routes départementales de l'Oise. (8, Bull. 100, n° 3,300.)

---

21 JUIN 1826. — Ordonnances du Roi qui autorisent l'acceptation de dons et legs faits à des fabriques, à des séminaires, à des communautés religieuses, etc. (8, Bull. 130, n°s 5395 à 5421.)

---

21 JUIN 1826. — Ordonnance du Roi qui accorde des lettres de déclaration de naturalité au sieur Orlent dit Orfand. (8, Bull. 185, n° 7085.)

---

21 JUIN 1826. — Ordonnance du Roi qui admet les sieurs Hassen, Morris, Baker, Barth, Wegenast, Bader, Huber et d'Aranza, à établir leur domicile en France. (8, Bull. 99, n° 3280.)

---

21 JUIN 1826. — Ordonnance du Roi qui nomme M. de Villeneuve à la préfecture de la Somme, et M. Walckenaër à celle de la Nièvre. (8, Bull. 100, n° 5301.)

21 JUIN 1826. — Ordonnance du Roi qui accorde une pension au sieur Feupier, en indemnité de la perte d'une dotation qui lui avait été accordée sous le nom de Teupier. (8, Bull. 101 bis, n° 7.)

21 JUIN 1826. — Ordonnance du Roi qui accorde une pension à la veuve du sieur Regnier, conseiller-référendaire à la cour des comptes. (8, Bull. 101 bis, n° 8.)

21 JUIN 1826. — Ordonnances du Roi qui accordent des pensions de retraite à des militaires. (8, Bull. 103 bis, n°s 1 et 3.)

21 JUIN 1826. — Ordonnance du Roi qui accorde des pensions de retraite à vingt-une veuves de militaires. (8, Bull. 103 bis, n° 2.)

21 JUIN 1826. — Ordonnances du Roi qui autorisent l'acceptation de dons et legs faits à des prisonniers, à des communes et aux pauvres. (8, Bull. 103, n°s 3542 à 3546.)

21 JUIN 1826. — Ordonnance du Roi qui autorise les sieurs Daguin, Pernot-Dupressis, Forgeot et Huchez, à conserver et tenir en activité les vingt lavoirs à bras établis, pour le lavage du minerai de fer, sur la rivière de la Vingeama, au lieu dit de Dommarieu (Haute-Marne). (8, Bull. 108, n° 3674.)

21 JUIN 1826. — Ordonnance du Roi qui modifie, en ce qui concerne le régime des eaux, l'ordonnance du 24 FÉVRIER 1825, qui autorisait le sieur Lapeyrière à établir une usine à fer au lieu dit de Caussanay sur l'Aveyron, commune de Bruniquel (Tarn-et-Garonne). (8, Bull. 108, n° 3675.)

21 JUIN 1826. — Ordonnance du Roi qui autorise le sieur Raux à rétablir les usines à fer qui existaient dans la commune de la Neuville-au-Tourneur (Ardennes). (8, Bull. 108, n° 3676.)

21 JUIN 1826. — Ordonnance du Roi qui autorise le sieur de Seran, propriétaire des forges de Drambon, département de la Côte-d'Or, à faire des additions à ses usines. (8, Bull. 109, n° 3683.)

21 JUIN 1826. — Ordonnance du Roi qui au-

torise le sieur Muel-Doublat à faire des changemens à ses usines situées sur la rivière d'Ornain, près Gondrecourt, département de la Meuse. (8, Bull. 109, n° 3684.)

21 JUIN 1826. — Ordonnance du Roi qui accorde des lettres de déclaration de naturalité au sieur Modena. (8, Bull. 123, n° 4168.)

25 JUIN 1826. — Ordonnances du Roi qui autorisent l'acceptation de legs faits à des fabriques, etc. (8, Bull. 150, n°s 5422 à 5427.)

25 JUIN 1826. — Ordonnance du Roi qui autorise l'acceptation d'une donation faite à la commune de Sommesnil. (8, Bull. 154, n° 5575.)

28 JUIN = Pr. 1er AOUT 1826. — Ordonnance du Roi qui établit dans l'arrondissement de Domfront (Orne) un huitième canton, dont le chef-lieu est fixé à Flers, et désigne les communes qui composeront la nouvelle justice de paix. (8, Bull. 104, n° 3489.)

Charles, etc. — Sur le rapport de notre ministre secrétaire-d'Etat au département de l'intérieur; — Notre Conseil-d'Etat entendu, etc.

Art. 1er. Un huitième canton, dont le chef-lieu est fixé à Flers, sera formé dans l'arrondissement de Domfront, département de l'Orne.

2. Les communes qui composeront la nouvelle justice de paix sont celles de Flers, de Saint-George-des-Croseilliers, de la Lande-Patry, de la Chapelle-Biche, de la Chapelle-au-Moine et de la Selle, qui dépendent actuellement du canton de Saint-Gervais de Messey; celles d'Aubusson, de la Bazoque, de Caligny, de Landisacq et de Cerisy-Belle-Etoile, qui dépendent du canton de Tinchebray; et enfin celles de Landigou et de Montilly, qui dépendent du canton d'Athis.

3. Nos ministres secrétaires-d'Etat de la justice et de l'intérieur (comtes de Peyronnet et Corbière) sont chargés, etc.

28 JUIN = Pr. 1er AOUT 1826. — Ordonnance du Roi portant autorisation, conformément aux statuts y annexés, de la société anonyme formée à Paris, sous la désignation de compagnie des houillères et fonderies de l'Aveyron. (8, Bull. 104 bis.)

Charles, etc. — Sur le rapport de notre ministre secrétaire-d'Etat de l'intérieur; —

Vu les articles 29 à 37, 40 et 45 du Code de commerce ; — Notre Conseil-d'Etat entendu, etc.

Art. 1er. La société anonyme formée à Paris sous la désignation de *Compagnie des houillères et fonderies de l'Aveyron*, est autorisée. Ses statuts, tels qu'ils sont contenus dans l'acte passé, les 16 et 17 juin 1826, par devant Du Bois et son collègue, notaires à Paris, lequel demeurera annexé à la présente ordonnance, sont approuvés, sauf les réserves suivantes.

2. L'apport en société de la jouissance des concessions accordées à notre cousin le duc Decazes ne pourra rien changer aux obligations imposées au concessionnaire pour la bonne exploitation des mines, auxquelles obligations et clauses la société sera tenue de se conformer. En outre, notre autorisation ne la dispensera pas de se munir, dans les formes ordinaires, des permissions nécessaires pour les établissemens des hauts-fourneaux qu'elle voudrait entreprendre.

3. Nous nous réservons de révoquer notre présente autorisation en cas de violation ou de non-exécution des statuts de la société, sans préjudice des dommages-intérêts des tiers.

4. La société sera tenue de remettre, tous les six mois, un extrait de son état de situation aux préfets des départemens de la Seine et de l'Aveyron, au greffe du tribunal de commerce et à la chambre de commerce de Paris ; copie dudit extrait sera adressée à notre ministre de l'intérieur.

5. Notre ministre secrétaire-d'Etat de l'intérieur est chargé de l'exécution de la présente ordonnance, qui sera publiée au Bulletin des Lois, insérée au Moniteur et dans un journal d'annonces judiciaires des départemens de la Seine et de l'Aveyron.

Société des houillères et fonderies de l'Aveyron.

Par-devant Me François Du Bois et son collègue, notaires royaux à Paris, soussignés, furent présens.....

Lesquels ont dit que, M. le duc Decazes ayant manifesté l'intention de former une société anonyme pour exploiter les houillères, les mines de fer et autres propriétés qu'il possède dans le département de l'Aveyron, détaillées en l'état qui sera plus bas annexé à la minute des présentes, les comparans sont convenus de former entre eux cette association, dont ils ont arrêté les bases et les statuts ainsi qu'il suit :

TITRE Ier. Fondation et but de la société.

Art. 1er. La compagnie se constitue sous la raison de *compagnie des houillères et fonderies de l'Aveyron.*

2. M. le duc Decazes apporte à la société la pleine et entière jouissance, pendant cinquante années consécutives à dater du 1er juillet 1826, des houillères, mines de fer et autres propriétés qu'il possède dans le département de l'Aveyron, détaillées dans l'état qu'il en a dressé, et qui est, à sa réquisition, demeuré annexé à la minute des présentes, après avoir été de lui et des autres comparans signé en présence des notaires soussignés.

M. le duc Decazes s'oblige en outre à donner gratuitement à la société, pour tout le temps de sa durée, la pleine et entière jouissance des houillères et mines de fer qu'il pourra acquérir ultérieurement par concession gratuite dans le département de l'Aveyron. Il remettra également à la société, si elle le réclame, pour le temps de sa durée, la jouissance pleine et entière des houillères et mines de fer qu'il acquerrait à titre onéreux dans le même département de l'Aveyron ; mais pour celle-ci, si la compagnie en réclame la jouissance, ce qu'elle devra déclarer dans l'année de la demande qui lui en sera faite par M. le duc Decazes, elle paiera l'intérêt annuel au taux de cinq pour cent sur le montant du prix et des dépenses d'acquisition.

Enfin M. le duc Decazes et les sociétaires s'interdisent, pour tout le temps que durera la présente association, d'établir et d'exploiter aucune usine pour fabriquer de la fonte et du fer en concurrence avec la société dans le département de l'Aveyron.

La compagnie exploitera les mines et houillères comme le ferait M. le duc Decazes lui-même, et sans pouvoir être entravée dans les travaux de son exploitation, moyennant qu'elle se conformera aux lois et réglemens qui régissent la matière. Les exploitations de la compagnie ne seront limitées que par les consommations et les ventes : elle extraira, en conséquence, tout le minerai et la houille nécessaires pour le roulement des usines qu'elle construira, et telles quantités de houille dont elle trouvera à effectuer la vente. Le produit des ventes de houilles appartiendra à la société et fera partie de ses revenus.

3. En retour des avantages que M. le duc Decazes concède à la société, celle-ci lui alloue le tiers des bénéfices de l'entreprise, prélèvement fait de tous les frais de fabrication et des frais généraux quelconques.

Cet intérêt d'un tiers des bénéfices nets, alloué à M. le duc Decazes, lui sera toujours maintenu, et ne pourra être réduit, quels que soient le développement et l'accroissement que la société donnera à l'entreprise.

4. La compagnie se propose de régulari-

ser et perfectionner l'exploitation des houillères et mines, de faire construire et exploiter des hauts-fourneaux pour fondre les mi-
nerais de fer et fabriquer des pièces moulées
en fonte, d'établir des forges et laminoirs, le
tout d'après des procédés anglais, en employant les houilles et coaks pour combustibles.

La société fera d'abord construire deux
hauts-fourneaux et successivement six autres,
après que les premiers seront en plein roulement et donneront des résultats satisfaisans.

Il ne sera procédé à l'établissement des
forges et laminoirs qu'après que le bon roulement des premiers fourneaux sera complètement assuré.

5. La durée de la société est fixée à cinquante ans, qui commenceront à courir du
1er juillet 1826 : néanmoins, elle sera dissoute de droit avant cette époque, si la moitié du fonds social se trouve épuisée par des
pertes; dans ce cas, M. le duc Decazes re-
prendra à son compte l'exploitation de ses
propriétés, sans pouvoir former aucune demande en indemnité envers la compagnie.

6. A quelque époque qu'ait lieu l'expiration de la société, les bâtimens, usines, machines, outils et ustensiles, appartiendront
à M. le duc Decazes, ainsi que les terrains
sur lesquels ils auront été établis, lors même
que ces terrains n'auraient pas été primitivement apportés par lui en jouissance à la
société, desquels terrains, toutefois, dans ce
dernier cas, M. le duc Decazes devra rembourser à la société la valeur à dire d'experts.

Néanmoins, si la dissolution de la société
avait lieu avant cinq années de ce jour par
suite du cas particulier prévu dans la seconde partie de l'article précédent, les machines, outils et ustensiles appartiendront à
la compagnie, et M. le duc Decazes aura seulement la faculté de les prendre à dire d'experts, qui en feront l'estimation, d'après le
prix qu'en retirerait la compagnie, si elle ne
les cédait pas à M. le duc Decazes.

7. Si la compagnie jugeait utile au développement de l'entreprise d'acquérir des
houillères et mines, elle en disposera à l'expiration de la société comme elle le jugera
convenable à ses intérêts, et M. le duc Decazes et ses ayans-droit ne pourront invoquer
à l'égard des propriétés de cette nature la
stipulation de l'article qui précède.

8. Les impositions de toute nature, ordinaires ou extraordinaires, créées ou à créer,
à la charge des propriétés, concessions et
objets apportés en jouissance par M. le duc
Decazes, seront supportées par la société, qui
sera également chargée de toutes les réparations quelconques, grosses et locatives, pendant sa durée; elle est tenue en outre de
payer les charges particulières énoncées dans

l'état des propriétés annexé à la minute des
présentes.

9. Le capital de la société est fixé à un
million huit cent mille francs, et sera représenté par six cents actions de trois mille
francs chacune.

10. Le fonds capital et les actions qui le
représentent sont répartis ainsi qu'il suit :

11. Pour l'exécution du premier paragraphe de l'article 3, il sera créé et remis à
M. le duc Decazes, aussitôt que les présens
statuts auront été approuvés par le Roi, trois
cents actions spéciales, représentant son
tiers des bénéfices nets dans l'entreprise proportionnellement au capital émis.

12. Le montant des actions autres que
celles à donner à M. le duc Decazes sera
versé dans la caisse d'une maison de banque
à Paris que la société désignera, et en six
termes, savoir : le premier sixième, dans le
mois qui suivra la publication de l'ordonnance royale approuvant les statuts de la
compagnie; le second au bout de six mois,
et les quatre autres sixièmes, dans le cours
de la seconde année, aux époques que fixera
le comité d'administration.

Dans le cas où l'un des actionnaires, après
avoir été mis en demeure, mettrait un retard
de plus d'un mois à solder l'un des termes
de ses actions, celles-ci seront vendues pour
son compte par les soins du comité d'administration et par l'entremise d'un agent de
change.

13. Les soldes des comptes de constructions et de celui des machines, outils, et ustensiles, seront réduits annuellement d'une
partie aliquote correspondante au nombre
d'années qui restera à courir pour arriver au
terme fixé pour la durée de la société, de telle
sorte qu'à la fin de l'association les dépenses
faites pour constructions et achats de machines, outils et ustensiles, soient complètement amorties et éteintes au moyen des
réductions successives, et que la société retrouve le capital nécessaire pour le remboursement de ses actions : ces réductions seront
passées par profits et pertes en diminution
des bénéfices acquis.

14. Il sera fait chaque année un inventaire, arrêté au 31 décembre, et la première
fois au 31 décembre 1828, de toutes les valeurs appartenant à la société, ainsi qu'un
état de compte des profits et pertes, lequel
sera débité des dépenses d'entretien, de réparations, de conservation et de tous les
frais généraux, ainsi que des prélèvemens
stipulés à l'article précédent; copie de cet
inventaire sera remise annuellement à M. le
duc Decazes.

15. M. le duc Decazes, étant dans l'intention d'opérer une réserve annuelle d'un
dixième sur le tiers des bénéfices à lui alloué

par l'article 8, a offert à la société de laisser entre ses mains le montant des sommes provenant desdites réserves ; ce qui a été accepté sous la condition que ces fonds ne pourraient jamais excéder la moitié du capital de la société, et que, s'ils cessaient d'être utiles à celle-ci, elle aurait droit de les restituer à M. le duc de Decazes, une année révolue, après la délibération de l'assemblée générale qui aurait ordonné ce remboursement.

L'intérêt à cinq pour cent sera porté chaque année en compte à M. le duc Decazes.

TITRE II. De l'administration de la société.

16. L'ensemble de l'entreprise et des affaires de la société sera géré sous l'autorité d'un comité d'administration, résidant à Paris au siége de la société.

17. L'exploitation des usines, mines et propriétés, sera confiée à un directeur, sous la surveillance du comité d'administration.

Un régisseur-caissier sera chargé de la comptabilité et du travail des bureaux.

La société ne sera valablement engagée que par les signatures réunies de ces deux agens, qui seront tenus de résider sur les lieux.

18. Le comité d'administration est composé de sept membres et de trois suppléans, nommés en assemblée générale des actionnaires à la simple majorité des voix, et pris parmi les actionnaires porteurs de dix actions au moins.

Le comité tiendra ses séances à Paris.

Il choisira dans son sein un président dont la voix sera prépondérante en cas de partage.

En cas d'absence du président, l'administrateur propriétaire du plus grand nombre d'actions le remplacera.

Les fonctions de secrétaire près du comité seront remplies par un agent de la compagnie.

19. Les membres du comité seront nommés pour les cinq premières années par les fondateurs de la société : après cette période, ils seront renouvelés tous les ans par septième, et pourront être réélus. Ce renouvellement commencera, le sort désignera les sortans pendant les six premières années ; plus tard, ce sera l'ancienneté.

Les suppléans seront nommés de la même manière que les administrateurs, et renouvelés par tiers tous les ans après les cinq premières années.

20. Si un administrateur vient à décéder ou à donner sa démission ou s'il cesse d'être actionnaire dans le cours de l'année, il sera remplacé par le plus ancien suppléant, qui sera remplacé lui-même à l'assemblée générale la plus prochaine.

21. Le comité ne peut délibérer qu'au nombre de trois administrateurs au moins et après la convocation de tous les administrateurs présens à Paris.

Lorsqu'un administrateur aura fait connaître son absence au président, le plus ancien suppléant sera convoqué à son lieu et place pendant son absence.

Les résolutions du comité sont prises à la pluralité des voix : chaque administrateur n'a qu'une voix au comité, quel que soit le nombre d'actions qu'il possède.

22. Les décisions du comité sont consignées sur un registre et signées par les membres présens.

Des expéditions, signées par le président et contresignées par l'agent, seront adressées à ceux qu'elles concernent.

23. Le comité nomme et révoque le directeur et le régisseur-caissier.

Il nomme aussi à tous les autres emplois, dont il détermine le nombre et les fonctions sur la proposition du directeur.

Lorsque le comité aura jugé nécessaire de prononcer la révocation ou le remplacement du directeur et du régisseur-caissier, il sera tenu de rendre compte à la première assemblée générale des motifs de cette décision.

24. Le traitement et les avantages, s'il y a lieu, à attribuer au directeur, seront réglés par l'assemblée générale des actionnaires.

Le traitement des autres employés sera déterminé par le comité d'administration.

25. Le comité organise par des réglemens intérieurs l'ensemble et chacune des parties du service ; il exerce la haute surveillance sur toutes les opérations de la société.

Le directeur présente au comité les plans, les devis et les projets d'accroissement de l'entreprise, de construction et d'amélioration.

Lorsque ces constructions ou améliorations entraîneront la compagnie à une dépense de plus de cent mille francs, le comité consultera sur leur exécution l'assemblée générale, qui en décidera.

26. Indépendamment de la réunion annuelle des actionnaires, qui aura lieu de plein droit, le comité pourra convoquer extraordinairement l'assemblée générale toutes les fois qu'il le jugera nécessaire.

27. Les fonctions des administrateurs sont gratuites : les frais de voyage qu'ils feront dans l'intérêt de la société, leur seront remboursés sur la présentation d'un état sommaire, visé par le comité.

28. Les administrateurs ne contractent, à raison de leur administration, aucune obligation personnelle ni solidaire relativement aux engagemens de la société.

29. Lorsque M. le duc Decazes ne fera pas partie du comité d'administration, il a toujours le droit d'assister à ces séances avec voix consultative.

En cas de décès, il sera représenté par celui de ses héritiers qui sera choisi à cet effet par les ayans-droit.

30. L'assemblée générale, dans sa première réunion, nommera dans son sein trois censeurs dont les fonctions se réduiront à vérifier, à arrêter les comptes. Leurs fonctions dureront trois ans : ils seront ensuite renouvelés par tiers, d'année en année, en suivant les règles prescrites pour les administrateurs dans l'art. 19.

Titre III. Du directeur et du régisseur-caissier.

31. La durée des fonctions du directeur et du régisseur-caissier est indéterminée, et leur remplacement peut être décidé à toutes les époques par le comité d'administration réuni au nombre de sept membres présens, et à la majorité de cinq voix.

32. Le directeur est chargé de la gestion et de l'exploitation des usines, mines et propriétés : il souscrit, avec le caissier, les traites à fournir en recouvrement de ce qui est dû à la société, et l'endossement des effets remis à la société par ses débiteurs.

Le directeur peut engager la compagnie par marchés pour tous objets d'exploitation et d'approvisionnement, pourvu que le montant de ces marchés n'excède pas vingt mille francs; passé cette somme, les marchés devront être soumis préalablement à l'approbation spéciale du comité d'administration.

Il est interdit au comité d'administration et à tout agent de la compagnie de contracter pour le compte de la société aucun emprunt, de recevoir aucun fonds en dépôt, de fournir aucune traite de circulation, à moins d'une autorisation spéciale et préalable de l'assemblée générale des actionnaires.

Le directeur exerce, au nom du comité, les actions de la société devant les tribunaux et auprès des autorités, et fait tous les actes administratifs prévus et imprévus.

Il peut suspendre les employés de l'entreprise, à l'exception du régisseur-caissier, et pourvoir provisoirement à leur remplacement, lorsqu'il y aura urgence, sauf à en rendre compte immédiatement au comité d'administration.

Il fera parvenir tous les mois, au comité d'administration, les états sommaires du roulement des usines, des marchés contractés, et de la situation financière de la société, conformément aux modèles qui lui seront prescrits.

Il est chargé, conjointement avec le régisseur-caissier, de faire dresser l'inventaire annuel, ainsi que le compte des profits et des pertes.

33. Le régisseur-caissier soigne, sous l'autorité du comité d'administration et la surveillance du directeur, le travail des bureaux.

Il est chargé de la correspondance du portefeuille, des recouvremens, de la surveillance des écritures de la caisse, et enfin de toutes les opérations qui appartiennent à ces divers objets.

Il est responsable de la caisse, et ne peut faire de paiement que sur mandats visés ou souscrits par le directeur.

34. Le directeur et le régisseur-caissier ne peuvent s'occuper d'aucun commerce, quel qu'il soit, ni prendre intérêt dans une entreprise de la même nature que celle de la société.

Ils seront tenus de fournir chacun un cautionnement de trente mille francs, en dix actions de la compagnie ou en fonds publics, ou en une hypothèque à la satisfaction du comité d'administration.

Titre IV. Des assemblées générales.

35. Les actionnaires se réuniront de droit en assemblée générale ordinaire, à Paris, le 1er avril de chaque année, et en assemblées extraordinaires toutes les fois que le comité d'administration jugera à propos de les convoquer.

Les convocations seront faites, dans ce dernier cas, par lettres chargées et un avis inséré au journal officiel.

36. Trois actions donnent droit à une voix dans l'assemblée générale, sans néanmoins que le même actionnaire puisse réunir plus de vingt voix, quel que soit le nombre des actions dont il serait possesseur ou qu'il représenterait comme fondé de pouvoir.

37. Nul fondé de pouvoir ne pourra représenter un actionnaire s'il n'est actionnaire lui-même.

38. Les arrêtés des assemblées générales seront pris à la majorité des voix présentes, et transcrits sur un registre certifié et signé par les censeurs. En cas de partage, la voix du plus fort actionnaire prévaudra.

39. Le président du comité d'administration remplira les mêmes fonctions aux assemblées générales; celles de secrétaire y seront exercées par un agent de la compagnie.

40. Le comité d'administration présente à l'assemblée générale ordinaire le compte sommaire de l'ensemble des affaires de la société, l'inventaire annuel et le compte des profits et pertes, et propose la distribution des bénéfices.

Les censeurs présentent également à la même assemblée le résultat des vérifications qu'ils auront faites.

44. Le comité d'administration soumet à la décision de l'assemblée générale les projets de construction, d'accroissement à donner à l'entreprise, et les changemens notables à introduire dans les fabrications et exploitations, avec les devis et les estimations : si ces projets et changemens entraînent une dépense de plus de cent mille francs, il ne pourra y être donné suite qu'autant que l'assemblée générale y aura donné son assentiment.

TITRE V. Des actions.

42. Les titres des actions sont extraits d'un registre à souche, il portent un numéro d'ordre, la signature du président du comité d'administration et le visa d'un censeur.

43. Les actions sont nominatives et indivisibles : la société n'admet pas de divisions fractionnaires; elle ne reconnaît que des actions entières.

44. Les titres des actions sont stipulés à ordre, et sont aliénables par la voie de l'endossement : cet endossement, ou tout autre titre translatif, transmet à l'acquéreur ou à l'ayant-droit la propriété de l'action ou des actions; mais il ne pourra exercer les droits d'actionnaire qu'après que l'endossement ou le titre translatif aura été visé par le comité d'administration, et transcrit sur un registre tenu à la direction de Paris.

45. Les actions ne porteront point d'intérêt.

Les bénéfices sont répartis par égales portions entre toutes les actions, et chaque actionnaire recueille la part proportionnelle au nombre d'actions dont il est porteur.

46. La qualité d'actionnaire, de quelque manière qu'elle soit acquise, emporte, pour ceux à qui elle appartient et pour leurs ayans-droit, élection de domicile attributif de juridiction, pour tout ce qui concerne la société, en la demeure du comité de l'administration à Paris.

47. En cas de mort de l'un des actionnaires, sa personne se continue dans celle de ses héritiers, lesquels sont tenus de désigner celui d'entre eux qui, durant l'indivision de l'héritage, devra représenter l'actionnaire décédé.

Les héritiers ou ayans-cause d'un actionnaire ne pourront, sous quelque prétexte que ce soit, faire apposer aucun scellé, former aucune opposition, exiger aucun inventaire extraordinaire ni provoquer aucune licitation; ils devront s'en rapporter uniquement aux inventaires et bilans annuels faits et arrêtés dans la forme ci-dessus prescrite, et se contenter des dividendes qui seront répartis d'après les décisions de l'assemblée générale.

La transmission d'une action emporte toujours, pour la société, la cession des intérêts et bénéfices de l'année courante.

TITRE VI. Dispositions générales.

48. A l'expiration de la société, les mines et houillères seront rendues à M. le duc Decazes en bon état d'aménagement.

Les bâtimens et usines devront être remis à M. le duc Decazes en bon état de réparations.

Au moyen de cette remise, toutes les actions spéciales qui auront été données à M. le duc Decazes, comme représentation du tiers des bénéfices qui lui est alloué par l'article 3, seront restituées par lui à la société pour être annulées.

49. A l'expiration comme en cas de dissolution de la société, l'assemblée générale des actionnaires déterminera le mode à suivre pour l'entière liquidation de l'actif et du passif. La liquidation sera faite par le directeur et le caissier, sous la surveillance du comité d'administration et conformément au mode prescrit par l'assemblée générale.

Il sera rendu compte aux intéressés, tous les six mois au moins, des progrès de la liquidation; et toutes les sommes recouvrées pendant le semestre, déduction faite de celles nécessaires à l'acquittement du passif, seront réparties au marc le franc entre tous les actionnaires.

50. Toutes les difficultés qui pourraient s'élever entre la société et les actionnaires, ou ayans-droit de ceux-ci, comme entre la société et M. le duc Decazes ou ses héritiers, relativement aux affaires de la société, seront soumises à la décision de deux arbitres nommés par les parties respectives.

A défaut par l'une des parties de nommer son arbitre dans les trois jours de la sommation qui lui aura été faite, il sera nommé d'office par le tribunal de commerce de Paris.

En cas de partage d'avis, les arbitres seront autorisés à choisir eux-mêmes un sur-arbitre; et s'ils ne peuvent s'accorder sur ce choix, ce sur-arbitre sera également nommé d'office par le tribunal de commerce de Paris.

Ces arbitres et sur-arbitre seront dispensés de l'observation des formes judiciaires.

Les parties seront tenues de s'en rapporter à la décision arbitrale, comme à un jugement en dernier ressort, sans pouvoir en appeler ni se pourvoir en cassation.

51. Ces présentes seront soumises à l'approbation du Roi et formeront les statuts

fondamentaux de la société ; et le seul fait de l'inscription au registre des mutations emportera l'adhésion de celui qui sera devenu actionnaire de l'action transférée.

Toutefois la société se réserve la faculté d'y introduire, avec l'approbation de l'autorité, les changemens ou additions dont l'expérience aura pu faire connaître l'utilité : une assemblée générale extraordinaire sera convoquée à cet effet, et la décision devra être prise à la majorité des trois quarts des voix des actionnaires présens ; l'adhésion de M. le duc Decazes sera nécessaire.

52 *et dernier*. Pour l'exécution des présentes, les parties font élection de domicile en la demeure ci-devant désignée de M. le duc Decazes, auquel lieu, etc., etc.

SUIT LA TENEUR DE L'ANNEXE.

État des propriétés, mines, houillères et dépendances apportées en jouissance par M. le duc Decazes à la compagnie des houillères et fonderies de l'Aveyron, dressé conformément aux dispositions de l'article 2 des statuts de ladite compagnie, passés par-devant Me Dubois et son collègue, notaires à Paris, les 16 et 17 juin 1826, et pour y être annexé.

M. le duc Decazes apporte à la compagnie la jouissance pleine et entière, pendant cinquante années, à dater du 1er juillet 1826, des objets suivans :

1° La concession Lasalle, acquise de MM. Lasalle frères, commune d'Aubin ; — 2° Les bâtimens et terrains au même lieu, acquis du sieur Dartigues ; — 3° La concession Firmy, acquise de M. Fualdès, commune de Firmy ; — 4° Le domaine et houillère de la Vaysse, commune d'Aubin ; — 5° Les bâtimens, terrains, bois et houillère de la Beugne, acquis des sieurs Dartigues et autres, même commune ; — 6° La mine du Crol, telle qu'il l'a acquise des frères et sœurs Lacombe, même commune ; — 7° Les mines et houillères de Paleyret et Cahuac, acquises des sieurs Issaly, Bouquet, Dalbos et autres, communes d'Aubin et de Firmy ; — 8° Le droit d'exploiter les houillères, même lieu, acquis du sieur de Lanis ; — 9° Le droit d'exploiter la houille et le minerai au lieu de la Valsérie, commune d'Aubin, acquis du sieur Cantaloubre ; — 10° Le même droit au lieu de la Martenie, même commune, acquis du sieur Brassot ; — 11° Le même droit au lieu du Fraysse, commune de Cransac, acquis du sieur Fraus ; — 12° Les mines et houillères de Serous et le Poux, commune d'Aubin, acquises des sieurs Debsol, Moly et autres, pour n'en jouir que dans quinze années à

dater du 1er juillet prochain, sauf la moitié des mines et houillères de le Poux, dont la compagnie jouira immédiatement ; la jouissance de celles entières de Serous et de la moitié de celle de le Poux appartenant pendant ces quinze années à M. Louis-Didier Lecour, qui les rendra, à cette époque, à la compagnie, à laquelle M. le duc Decazes cède tous ses droits, et qu'il met en son lieu et place pour les trente-cinq années qui resteront à courir ; — 13° Le droit d'exploiter le minerai de Kalmar, commune de Pruines, acquis des sieurs Pierre Esche, Julien Barre et autres ; — 14° Les terrains et mines de fer de Lunel, les Farguettes-Cotels, acquis de M. Laurent et autres, commune de Montignac et Senergues ; — 15° Les minérais et gisemens de minérai de Veuzac, commune de Veuzac ; — 16° Le minérai de Mombazens, commune de Lugan sur le domaine de la Garème, acquis de M. Lasalle et son épouse ; — 17° Les terrains, mine de fer et droit d'exploiter, acquis de MM. Millié et autres aux lieux de Combenegre, Lavigne et Basplos, commune de….. — 18° L'usine, cours d'eau, bâtimens, terrains, formant l'ancienne papeterie du Bastié sur l'Aveyron, commune de Villefranche, tels que M. le duc les a acquis des sieurs Lavergne, Theulières et autres, pour ladite usine être mise en valeur par la compagnie, et convertie en tel établissement pour le traitement du fer qu'elle entendra ; se réservant, si elle ne juge pas avantageux à ses intérêts d'y former des établissemens de cette nature, de le déclarer à M. le duc Decazes, et de lui en faire l'abandon ; auquel cas, et trois mois après la déclaration et l'abandon qui lui en auraient été faits, les charges, impositions et réparations de ladite usine et dépendances seront supportées par M. le duc ; — 19° M. le duc Decazes ayant formé, 1° deux demandes en permission de hauts-fourneaux et forges, 2° une demande en concession de minérai de Combenegre et dépendances, 3° une demande en permission pour l'usine de Bastié, 4° une demande en concession de terrain houiller sur le territoire d'Aubin, M. le duc cède à la société, pour le temps de sa durée, le bénéfice desdites demandes, à la charge par elle de les suivre et faire valoir dans l'intérêt commun, et de faire conjointement avec lui les diligences nécessaires pour l'obtention desdites permissions et demandes en concession, dont les frais et redevances demeureront à la charge de la compagnie ; — 20° Enfin M. le duc Decazes cède à la compagnie toutes autres houillères, mines de fer, concessions ou droit d'exploiter la houille ou le minérai, dont il serait propriétaire, et qui pourraient avoir été omis à son insu dans le présent état, signé par lui, *ne varietur*, et par les sociétaires souscripteurs des statuts de la société, pour être annexé auxdits statuts, au désir de ceux-ci ; — 24° M. le duc Decazes garantit la compagnie de tout trouble et éviction de la part de ses vendeurs, la compagnie s'engageant de son côté, 1° à servir aux vendeurs des articles 8, 9, 10 et 11, la redevance stipulée aux contrats produits, de dix centimes par cent vingt-cinq kilogrammes de houille qui serait extraite chez eux, et à MM. Souillé et autres vendeurs de Combenègre et dépendances, la redevance de cinq centimes par quintal de minérai de fer, le tont selon les conventions des parties, la compagnie se mettant à cet égard au lieu et place de M. le duc pendant le temps de sa jouissance ; 2° enfin à livrer gratis à M. Louis-Didier Lecour, au port le plus prochain du Lot, pendant quinze années, dix mille hectolitre de charbon par an, gros et menu et marchand, extrait de la houillère de Lasalle. Toutefois, M. le duc Decazes s'étant assuré qu'il avait au port la quantité de charbon, se charge de livrer cette année les dix mille premiers hectolitres, de sorte que la compagnie n'aura plus à faire que quatorze livraisons qui commenceront le 1er octobre 1827, M. le duc Decazes garantissant que cette redevance, y compris le transport au Lot, ne constituera pas la société en une dépense de cinq mille francs par an, pour chacune des quatorze années restant à courir.

A l'appui du présent état sommaire, M. le duc Decazes s'engage à déposer au comité d'administration de la compagnie, dans le délai de trois mois de ce jour, des expéditions en forme de ses titres et contrats d'acquisition.

28 JUIN 1826. — Ordonnance du Roi qui accorde des lettres de déclaration de naturalité au sieur Schortgen, dit Schartier. (8, Bull. 232, n° 8481.)

28 JUIN 1826. — Ordonnance du Roi qui accorde des lettres de déclaration de naturalité au sieur Schneider. (8, Bull. 145, n° 5095.)

28 JUIN 1826. — Ordonnance du Roi qui admet les sieurs Demoutier et Tongue, à établir leur domicile en France. (8, Bull. 100, n° 3303.)

28 JUIN 1826. — Ordonnance du Roi qui autorise l'inscription de cent soixante pensions au Trésor royal. (8, Bull. 101 bis, n° 9.)

28 JUIN 1826. — Ordonnance du Roi qui ac-

corde des pensions à treize veuves de militaires. (8, Bull. 103 bis, n° 4.)

28 JUIN 1826. — Ordonnance du Roi qui accorde un secours annuel aux trois orphelins d'un militaire. (8, Bull. 103 bis, n° 5.)

28 JUIN 1826. — Ordonnance du Roi qui accorde des pensions de retraite à dix-neuf militaires. (8, Bull. 103 bis, n° 6.)

28 JUIN 1826. — Ordonnances du Roi qui autorisent l'acceptation de dons et legs faits à des communes, à des pauvres et à des hospices. (8, Bull. 105, n°s 3547 à 3557.)

28 JUIN 1826. — Ordonnances du Roi qui autorisent l'acceptation de dons et legs faits à des hospices, à des pauvres. (8, Bull. 109, n°s 3685 à 3699.)

28 JUIN 1826. — Ordonnance du Roi qui autorise les sieurs Henry et Godefert à établir un bocard à Joinville (Haute-Marne). (8, Bull. 110, n° 3711.)

28 JUIN 1826. — Ordonnance du Roi qui autorise le sieur Prieur à établir quatre lavoirs à bras dans la commune de Beaujeux (Haute-Saône). (8, Bull. 110, n° 3712.)

28 JUIN 1826. — Ordonnance du Roi qui autorise le sieur Falatieu à établir un patouillet à roue et trois lavoirs dans la commune de Villemoz (Haute-Saône). (8, Bull. 110, n° 3813.)

28 JUIN 1826. — Ordonnance du Roi qui accorde des lettres de déclaration de naturalité au sieur Negra. (8, Bull. 121, n° 4064.)

28 JUIN 1826. — Ordonnance du Roi qui autorise le sieur marquis de Gramont à prendre du service près de S. M. le roi de Bavière. (8, Bull. 121, n° 4070.)

28 JUIN 1826. — Ordonnance du Roi qui accorde des lettres de déclaration de naturalité au sieur Mairé-Voiserray. (8, Bull. 125, n° 4169.)

30 JUIN 1826. — Tableau des prix des grains

pour servir de régulateur de l'exportation et de l'importation, conformément aux lois des 16 JUILLET 1819 et 4 JUILLET 1821, arrêté le 30 JUIN 1826. (8, Bull. 99, n° 3273.)

2 ≡ Pr. 15 JUILLET 1826. — Ordonnance du Roi qui nomme M. de Sainte-Marie membre de la commission de liquidation de l'indemnité accordée par la loi du 27 AVRIL 1825. (8, Bull. 102, n° 3413.)

2 JUILLET 1826. — Ordonnances du Roi qui accordent des pensions de retraite à des militaires. (8, Bull. 103 bis, n°s 7 et 8.)

3 JUILLET 1826. — Ordonnances du Roi qui autorisent l'acceptation de dons et legs faits à des fabriques. (8, Bull. 151, n°s 3431 à 4441.)

3 JUILLET 1826. — Ordonnances du Roi qui autorisent l'acceptation de dons et legs faits à des fabriques. (8, Bull. 154, n°s 5576 à 5580.)

5 ≡ Pr. 15 JUILLET 1826. — Loi qui autorise sept départemens à s'imposer extraordinairement (1). (8, Bull. 202, n° 3410.)

Art. 1er. Le département de la Nièvre, conformément à la demande qu'en a faite son conseil général dans sa session de 1825, est autorisé à s'imposer extraordinairement, à dater de 1827 et pendant dix années consécutives, six centimes additionnels au principal des contributions foncière, personnelle et mobilière.

Le produit de cette imposition extraordinaire sera spécialement affecté à l'achèvement des routes départementales situées dans ce département.

2. Le département de la Haute-Vienne, conformément à la demande qu'en a faite son conseil général dans la session de 1825, est autorisé à s'imposer extraordinairement, pendant cinq années consécutives, cinq centimes additionnels au principal des quatre contributions directes.

Le produit de cette imposition extraordinaire sera spécialement affecté à l'achèvement des routes départementales n°s 1, 2, 3, 4, situées dans ce département.

3. Le département de l'Ardèche est autorisé à s'imposer extraordinairement, à dater de 1827 et pendant trois années consécutives, quatre centimes additionnels au principal des quatre contributions directes.

Le produit de cette imposition extraordinaire sera spécialement affecté à l'achèvement des routes départementales de l'Ardèche, conformément à la demande qu'en a faite le conseil général de ce département dans la session de 1825.

4. Le département de l'Aveyron, conformément à la demande qu'en a faite son conseil général dans la session de 1825, est autorisé à s'imposer extraordinairement, à dater de 1827 et pendant cinq années consécutives, deux centimes additionnels au principal des quatre contributions directes.

Le produit de cette imposition extraordinaire sera spécialement affecté à l'achèvement des routes départementales situées dans ce département.

5. Le département de l'Aude, conformément à la demande qu'en a faite son conseil général dans la session de 1825, est autorisé à s'imposer extraordinairement, à dater de 1827, et pendant dix années consécutives, deux centimes et demi additionnels au principal des quatre contributions directes.

Le produit de cette imposition extraordinaire sera spécialement affecté à l'achèvement des routes départementales situées dans ce département.

6. Le département de l'Orne, conformément à la demande qu'en a faite son conseil général dans les sessions de 1824 et de 1825, est autorisé à emprunter six cent soixante mille francs, qui seront spécialement affectés à l'achèvement de la route départementale n° 1er de Verneuil à Granville, et à pourvoir au service des intérêts et au remboursement de ce capital, au moyen d'une imposition extraordinaire de trois centimes additionnels au principal des quatre contributions directes.

L'emprunt aura lieu avec publicité et concurrence, et l'imposition extraordinaire sera continuée jusqu'à l'extinction entière du capital emprunté.

7. Le département des Basses-Pyrénées, conformément à la demande qu'en a faite son conseil général dans la session de 1825, est autorisé à s'imposer extraordinairement, à dater de 1826 et pendant cinq années consécutives, quatre centimes additionnels

(1) Proposition à la Chambre des députés, le 19 avril (Mon. du 5 mai). — Rapport de M. le baron Dubay le 28 avril (Mon. du 7 mai). — Adoption sans discussion le 5 mai (Mon. du 7).

Proposition à la Chambre des pairs, le 20 mai (Mon. du 28). — Rapport de M. le comte de Vogüé, le 16 juin (Mon. du 18). — Discussion et adoption le 27 juin (Mon. du 30).

au principal des contributions foncière, personnelle et mobilière.

Le produit de cette imposition extraordinaire sera spécialement affecté à l'achèvement des routes départementales situées dans ce département.

---

5 ⚏ Pr. 15 JUILLET 1826. — Loi qui autorise les villes de Saint-Quentin et de Montpellier à faire des emprunts (1). (8, Bull. 202, n° 3411.)

Art. 1er. La ville de Saint-Quentin, département de l'Aisne, est autorisée à emprunter, à un intérêt qui ne pourra excéder cinq pour cent, une somme de cent vingt mille francs, remboursable en cinq ans sur le produit de la vente des terrains des anciennes fortifications et sur les revenus ordinaires de la ville.

Les sommes provenant dudit emprunt seront affectées spécialement aux frais d'élargissement de la route n° 30 et aux travaux d'assainissement désignés dans la délibération du conseil municipal en date du 23 février dernier.

2. La ville de Montpellier (Hérault) est autorisée à emprunter une somme de cent cinquante mille francs à un intérêt qui ne pourra excéder cinq pour cent, et remboursable par sixième, à compter de 1830, sur les revenus municipaux. Cette somme sera affectée aux frais occasionnés par l'établissement d'un musée, conformément à la délibération du conseil municipal du 7 janvier 1825.

---

5 ⚏ Pr. 15 JUILLET 1826. — Loi qui autorise le département de la Haute-Garonne à s'imposer extraordinairement (2). (8, Bull. 102, n° 3412.)

Article unique : Le département de la Haute-Garonne est autorisé, d'après la délibération prise par son conseil général dans sa dernière session, à s'imposer extraordinairement, pendant les années 1827 et 1828, quatre centimes additionnels aux contributions foncière, personnelle et mobilière, pour le produit en être employé, conformément à ladite délibération, et concurremment avec les fonds votés par la ville de Toulouse, aux dépenses de premier établissement de l'école vétérinaire fondée dans cette ville par ordonnance royale du 6 juillet 1825.

---

5 ⚏ Pr. 15 JUILLET 1826. — Ordonnance du Roi portant autorisation définitive de la communauté des religieuses Ursulines de Beaugency, département du Loiret. (8, Bull. 102, n° 3414.)

Charles, etc. — Vu la loi du 24 mai 1825 ; — Vu la déclaration des religieuses Ursulines de Beaugency, qu'elles adoptent et s'engagent à suivre exactement les statuts des Ursulines d'Amiens enregistrés au Conseil-d'Etat, conformément à notre ordonnance royale du 7 mai 1826 ; — Vu la délibération du conseil municipal de Beaugency, en date du 22 mai 1825, tendant à ce que ledit établissement soit autorisé ; — Vu le consentement de l'évêque d'Orléans, du 25 juin 1826 ; — Sur le rapport de notre ministre secrétaire-d'Etat au département des affaires ecclésiastiques et de l'instruction publique, etc.

Art. 1er. La communauté des religieuses Ursulines de Beaugency, département du Loiret, diocèse d'Orléans, gouvernée par une supérieure locale, est définitivement autorisée.

2. Notre ministre des affaires ecclésiastiques et de l'instruction publique (Frayssinous) est chargé, etc.

---

5 ⚏ Pr. 15 JUILLET 1826. — Ordonnance du Roi portant autorisation définitive de la communauté des sœurs hospitalières de l'Instruction chrétienne, dites de la Providence, établie à Vienne-le-Château, département de la Marne. (8, Bull. 102, n° 3415.)

Charles, etc. — Vu la loi du 24 mai 1825 ; — Vu la déclaration des sœurs hospitalières de l'Instruction chrétienne, dites de la Pro-

---

(1) Proposition à la Chambre des députés, le 19 mai (Mon. du 5 juin). — Rapport de M. Blin de Bourdon, le 29 mai (Mon. du 5 juin). — Adoption sans discussion le 3 juin (Mon. du 5). — Proposition à la Chambre des pairs, le 15 juin (Mon. du 17). — Rapports de MM. le marquis de Rougé et le comte Chaptal, le 22 juin (Mon. du 28). — Discussion et adoption, le 27 juin (Mon. du 30).

(2) Proposition à la Chambre des députés, le 19 mai (Mon. du 4 juin). — Rapport de M. Ricard, le 29 mai (Mon. du 4 juin). — Adoption sans discussion, le 2 juin (Mon. du 4). Proposition à la Chambre des pairs, le 16 juin (Mon. du 17). — Rapport de M. le comte Chaptal, le 22 juin (Mon. du 28). — Adoption sans discussion, le 27 juin (Mon. du 30).

---

vidence de Vienne-le-Château, qu'elles sont régies par les mêmes statuts que ceux approuvés par ordonnance royale du 2 août 1816 pour la maison mère de Portieux (Vosges) ; — Vu la délibération du conseil municipal de Vienne-le-Château du 12 mai 1826, tendant à ce que ledit établissement soit autorisé dans cette commune ; — Vu le consentement de l'évêque de Châlons, du 6 mars 1826 ; — Vu l'ordonnance royale du 2 août 1816 ; — Sur le rapport de notre ministre secrétaire-d'Etat au département des affaires ecclésiastiques et de l'instruction publique, etc.

Art. 1er. La communauté des sœurs hospitalières de l'Instruction chrétienne, dites *de la Providence*, établie à Vienne-le-Château, diocèse de Châlons, département de la Marne, gouvernée par une supérieure locale dépendant de la supérieure générale, dont la résidence est à Portieux (Vosges) dans la maison mère, est définitivement autorisée.

2. Notre ministre des affaires ecclésiastiques et de l'instruction publique (Frayssinous) est chargé, etc.

5 ⚊ Pr. 21 JUILLET 1826. — Ordonnance du Roi portant convocation des conseils généraux et des conseils d'arrondissement. (8, Bull. 103, n° 3,433.)

Charles, etc. — Sur le rapport de notre ministre secrétaire-d'Etat au département de l'intérieur, etc.

Art. 1er. Les conseils d'arrondissement se réuniront le 26 juillet courant, pour la première partie de leur session, qui ne pourra se prolonger au-delà de dix jours.

2. La session des conseils généraux de département s'ouvrira le 17 août prochain, et devra se terminer le 31.

3. Les conseils d'arrondissement se réuniront le 6 septembre suivant, pour la seconde partie de leur session, dont la durée est fixée à cinq jours.

4. Notre ministre de l'intérieur (comte de Corbière) est chargé, etc.

5 ⚊ Pr. 21 JUILLET 1826. — Ordonnance du Roi qui classe parmi les routes départementales de l'Aube les chemins de Bar-sur-Seine à Vandœuvres et d'Auxon à Tonnerre. (8, Bull. 103, n° 3,434.)

Charles, etc. — Sur le rapport de notre ministre secrétaire-d'Etat au département de l'intérieur, — Vu la délibération du conseil général du département de l'Aube, session de 1825, tendant à classer parmi les routes départementales les chemins de Bar-sur-Seine à Vandœuvres et d'Auxon à Tonnerre ; — Vu l'avis du préfet de ce département, — Celui du conseil général des ponts-et-chaussées ; — Notre Conseil-d'Etat entendu, etc.

Art. 1er. Les chemins de Bar-sur-Seine à Vandœuvres et d'Auxon à Tonnerre sont classés parmi les routes départementales du département de l'Aube : le premier, en prolongement de la route départementale n° 3, de Riceys à Bar, qui prendra la dénomination de *route de Riceys à Vandœuvres par Bar-sur-Seine ;* le deuxième, sous le n° 4 et le nom de *route d'Auxon à Tonnerre.*

2. L'administration est autorisée à acquérir, en se conformant au mode prescrit par la loi du 8 mars 1810, les propriétés nécessaires pour l'ouverture et la confection de ces routes.

3. Notre ministre de l'intérieur (comte Corbière) est chargé, etc.

5 JUILLET ⚊ Pr. 1er AOÛT 1826. — Ordonnance du Roi portant que la route de Bar-sur-Aube à Dijon est classée parmi les routes départementales de la Haute-Marne et de la Côte-d'Or, sous la dénomination de route de Vitry-le-Français à Dijon. (8, Bull. 104, n° 3,490.)

5 JUILLET 1826. — Ordonnances du Roi qui accordent des lettres de déclaration de naturalité aux sieurs Wilhelmus et Tihange. (8, Bull. 185, n°s 7086 et 7087.)

5 JUILLET 1826. — Ordonnance du Roi qui accorde des lettres de déclaration de naturalité au sieur Disleldorff dit Dusseldorff. (8, Bull. 295, n° 11,289.)

5 JUILLET 1826. — Ordonnance du Roi qui accorde des lettres de déclaration de naturalité au sieur Berta. (8, Bull. 314, n° 11,977.)

5 JUILLET 1826. — Ordonnance du Roi qui admet les sieurs Freytag et Rozinger à établir leur domicile en France. (8, Bull. 103, n° 3418.)

5 JUILLET 1826. — Ordonnance du Roi qui réintègre le sieur Freire d'Andrale dans la qualité et les droits de Français. (8, Bull. 102, n° 3419.)

5 JUILLET 1826. — Ordonnances du Roi qui autorisent l'acceptation de dons et legs faits

à des communes. (8, Bull. 109, nᵇˢ 3700, 3701 et 3702.)

5 JUILLET 1826. — Ordonnance du Roi qui autorise le sieur Schmilborn et compagnie à convertir le moulin de Sarralbe, département de la Moselle, en une fabrique d'acier naturel. (8, Bull. 110, n° 3714.)

5 JUILLET 1826. — Ordonnance du Roi qui autorise le sieur Tessier à établir une verrerie à verre blanc dans son domaine de Tourris près Lavalette, département du Var. (8, Bull. 110, n° 3715.)

5 JUILLET 1826. — Ordonnance du Roi qui autorise le sieur Maire à construire deux lavoirs à bras dans sa propriété, située commune de Valay (Haute-Saône). (8, Bull. 111, n° 3722.)

5 JUILLET 1826. — Ordonnances du Roi qui autorisent l'acceptation de dons et legs faits à des communes et aux pauvres. (8, Bull. 111, nᵒˢ 3723 à 3726.)

5 JUILLET 1826. — Ordonnance du Roi qui accorde des lettres de déclaration de naturalité au sieur Rappold. (8, Bull. 121, n° 4065.)

6 = Pr. 7 JUILLET 1826. — Loi relative à la fixation du budget des dépenses et des recettes de 1827 (1). (8, Bull. 101, n° 3,371.)

TITRE Iᵉʳ. Crédits votés pour l'exercice 1827.

§ Iᵉʳ. Budget de la dette consolidée.

Art. 1ᵉʳ. Les dépenses de la dette consolidée et de l'amortissement sont fixées, pour l'exercice 1827, à la somme de deux cent trente-huit millions huit cent quarante mille cent vingt-un francs (238,840,121 fr.), conformément à l'état A ci-annexé.

§ II. Fixation des dépenses générales du service.

2. Des crédits sont ouverts jusqu'à con-

currence de six cent soixante-seize millions huit cent quatre-vingt-neuf mille six cent vingt-un francs (676,889,621 fr.) pour les dépenses générales du service de l'exercice 1827, conformément à l'état B, applicables, savoir :

Aux dépenses générales, ci.	541,798,109
Aux frais de régie, d'exploitation, de perception et non-valeur des contributions directes et indirectes et des revenus de l'État, ci.	126,491,512
Aux remboursemens et restitutions à faire aux contribuables sur les produits desdites contributions, ci.	8,600,621
TOTAL égal.	676,889,621

TITRE II. Impôts autorisés pour l'exercice 1827.

3. Continuera d'être faite, en 1827, conformément aux lois existantes, la perception :

Des droits d'enregistrement, de timbre, de greffe, d'hypothèques, de passe-port et permis de port d'armes ;

Des droits de douanes, y compris celui sur les sels ;

Des contributions indirectes, des postes, des loteries et monnaies et droits de garantie ;

Des taxes des brevets d'invention ;

Des droits établis sur les journaux ;

Des droits de vérification des poids et mesures, conformément au tarif annexé à l'ordonnance royale du 18 décembre 1825 ;

Du dixième des billets d'entrée dans les spectacles ;

Du prix des poudres, tel qu'il est fixé par la loi du 16 mars 1819 ;

D'un quart de la recette brute dans les lieux de réunion et de fêtes où l'on est admis en payant, et d'un décime pour franc sur ceux de ces droits qui n'en sont point affranchis, y compris les amendes et condamnations pécuniaires ;

Des contributions spéciales destinées à subvenir aux dépenses des bourses et chambres de commerce, ainsi que des revenus spéciaux accordés auxdits établissemens et aux établissemens sanitaires ;

Des droits établis pour les frais de visite chez les pharmaciens, droguistes et épiciers ;

_____

(1) Proposition à la Chambre des députés, le 11 février (Mon. du 12). — Rapport de M. Carrelet de Loisy, le 1ᵉʳ mai (Mon. du 2). — Discussion du 15 mai au 14 juin (Mon. du 17 mai au 16 juin). — Adoption le 14 (Mon. du 16).

Proposition à la Chambre des pairs le 15 juin (Mon. du 17). — Rapport de M. le duc de Brissac le 29 juin (Mon. du 2 juillet). — Discussion les 3, 4 et 5 juillet (Mon. des 5, 6 et 7).

Des rétributions imposées, en vertu des arrêtés du Gouvernement du 3 floréal an 8 (23 avril 1800) et du 6 nivose an 11 (27 décembre 1802) sur les établissemens d'eaux minérales, pour le traitement des médecins chargés par le Gouvernement de l'inspection de ces établissemens;

Des redevances sur les mines;

Des diverses rétributions imposées en faveur de l'Université sur les établissemens particuliers d'instruction et sur les élèves qui fréquentent les écoles publiques;

Des taxes imposées, avec l'autorisation du Gouvernement, pour la conservation et la répartition des digues et autres ouvrages d'art intéressant les communautés de propriétaires ou d'habitans, et des taxes pour les travaux de desséchement autorisés par la loi du 16 septembre 1807;

Des droits de péage qui seraient établis, conformément à la loi du 4 mai 1802, pour concourir à la construction ou à la réparation des ponts, écluses ou ouvrages d'arts à la charge de l'Etat, des départemens et des communes;

Des sommes réparties sur les Israélites de chaque circonscription, pour le traitement des rabbins et autres frais de leur culte.

4. La contribution foncière, la contribution personnelle et mobilière, les contributions des portes et fenêtres et des patentes, seront perçues pour 1827, en principal et centimes additionnels, conformément à l'état C ci-annexé.

Le contingent de chaque département dans les contributions foncière, personnelle et mobilière, et des portes et fenêtres, est fixé aux sommes portées dans les états D, n°* 1, 2 et 3, annexés à la présente loi (1).

TITRE III: Évaluation des recettes de l'exercice 1827.

5. Le budget des recettes est évalué, pour l'exercice 1827, à la somme de *neuf cent seize millions six cent huit mille sept cent trente-* quatre *francs* (916,608,734.), conformément à l'état E ci-annexé.

Moyens de service.

6. Le ministre des finances est autorisé à créer, pour le service de la Trésorerie et les négociations avec la Banque de France, des bons royaux portant intérêt et payables à échéance fixe.

Les bons royaux en circulation ne pourront excéder cent vingt-cinq millions.

Dans le cas où cette somme serait insuffisante pour les besoins du service, il y sera pourvu au moyen d'une émission supplémentaire, qui devra être autorisée par ordonnance du Roi, et dont il sera rendu compte à la plus prochaine session des Chambres.

Dispositions générales.

7. Toutes contributions directes ou indirectes, autres que celles autorisées par la présente loi, à quelque titre et sous quelque dénomination qu'elles se perçoivent, sont formellement interdites, à peine, contre les autorités qui les ordonneraient, contre les employés qui confectionneraient les rôles et tarifs, et ceux qui en feraient le recouvrement, d'être poursuivis comme concussionnaires, sans préjudice de l'action en répétition, pendant trois années, contre tous receveurs, percepteurs ou individus qui auraient fait la perception, et sans que, pour exercer cette action devant les tribunaux, il soit besoin d'une autorisation préalable. Il n'est pas néanmoins dérogé à l'exécution des articles 22 de la loi du 17 août 1822, et 20 de la loi du 31 juillet 1821, relatifs aux centimes facultatifs que les conseils généraux de département sont autorisés à voter pour les dépenses d'utilité départementale et pour les opérations cadastrales, et des articles 34, 39, 40, 41, 42 et 43 de la loi du 15 mai 1818, relatifs aux dépenses ordinaires et extraordinaires des communes.

_____

(1) *Voyez* ci-près deux ordonnances du 16 juillet 1826.

ÉTATS A et B.

BUDGET GÉNÉRAL

DES DÉPENSES ET SERVICES POUR L'EXERCICE 1827.

ÉTAT A. *Budget de la dette consolidée et de l'amortissement.*

Rentes inscrites au 1er janvier 1826.		193,090,121
Rentes à inscrire sur le crédit de trente millions de rentes 3 p. 100, accordé par la loi du 27 avril 1825.		
SAVOIR :		
En 1826, le second cinquième, avec jouissance du 22 juin 1826. . . .	6,000,000	
Ci, pour les arrérages de deux semestres échéant en 1827.		6,000,000
En 1827, le troisième cinquième, avec jouissance du 22 juin 1827. . . .	6,000,000	
Ci, pour les arrérages du semestre à l'échéance du 22 décembre 1827. . . .		3,000,000
Montant des rentes à inscrire en 1826 et 1827. . . .	12,000,000	
Montant des arrérages à servir sur les rentes inscrites et à inscrire. . .		204,090,121
Dont à déduire, pour les arrérages de rentes présumées devoir être rachetées par la caisse d'amortissement,		
en 1826.	3,000,000	
en 1827.	3,000,000	6,000,000
rayées du grand-livre de la dette publique, et annulées au profit de l'État,		
SAVOIR :		
Deux semestres sur les rentes rachetées en 1826.	3,000,000	
Deux semestres sur les rentes rachetées en 1827 jusqu'au 22 juin. . . .	1,500,000	
Un seul semestre, celui à l'échéance du 22 décembre 1827, sur les rentes rachetées à partir du 22 juin précédent.	750,000	2,250,000
TOTAL des arrérages à déduire. . . .	5,250,000	5,250,000
Montant des arrérages de rentes à servir pour l'année 1827.		198,840,121
Dotation de la caisse d'amortissement.		40,000,000
TOTAL . .		238,840,121

				MONTANT DES DÉPENSES présumées
Liste civile.			25,000,000	32,000,000
Famille royale.			7,000,000	

MINISTÈRES.

Justice.	Service ordinaire.		16,091,934	19,491,934
	Frais de justice.		3,400,000	
Affaires étrangères.				9,000,000
Affaires ecclésiastiques	Affaires ecclésiastiques,		32,675,000	34,500,000
	Instruction publique.		1,825,000	
Intérieur	Administration centrale et dépenses secrètes de police générale.		3,384,000	91,301,400
	Cultes non catholiques.		696,400	
	Services divers d'utilité publique.		10,263,000	
	Travaux publics.		40,594,275	
	Dépenses départem.	fixés (6 centimes et demi centralisés au Trésor).	11,824,711	
		variables (12 cent. et demi, dont 5 en fond commun. 22,739,828	36,383,725	
	Secours pour grêle, incendies et autres cas fortuits (1 cent. additionnel spécial).		1,819,186	
Guerre.	Service actif.		196,299,000	196,000,000
	Dépenses temporaires.		5,701,000	
Marine.	Service général.			37,000,000
Finances	Dette viagère.		8,100,000	102,504,775
	Pensions	civiles. 1,600,000	59,067,175	
		militaires. 48,150,000		
		ecclésiastiques. 6,700,000		
		Donataires dépossédés. 1,540,000		
		Supplém. au fonds de retenues de divers ministères 1,077,175		
	Intérêts de cautionnemens.		9,000,000	
	Frais de service et de négociation.	Frais de service et de trésorerie. 2,800,000		
		Intérêts de la dette flottante, escom. et frais de négociations. 4,500,000		
		Bonificat. aux receveurs génér. et particul. des finances sur les anticipations de versemens des contrib. direct. 2,500,000	9,800,000	
	Chambre des pairs.		2,000,000	
	Chambre des députés.		800,000	
	Légion d'Honneur (Supplément à sa dotation).		3,400,000	
	Bureau du commerce et des colonies.		125,000	
	Cour des comptes.		1,256,300	
	Administration des monnaies.		956,300	
	Cadastre. — Fonds communs.		1,000,000	
	Service administratif du ministère.		7,000,000	
			Total.	641,798,109

ÉTAT B (Suite).   2° Frais de régie, de perception, d'exploitation, non-valeurs, etc. Remboursement et restitutions aux contribuables. (*A ordonnancer par le ministre des finances*).

FRAIS DE RÉGIE, DE PERCEPTION, D'EXPLOITATION, NON-VALEURS, etc.		MONTANT des DÉPENSES présumées
Administrations financières.		
Enregistrement et domaines.		10,628,200
Forêts { Frais administratifs.	3,361,800	3,699,000
Avances à charge de remboursement (*Frais de poursuites et frais d'arpentages*).	337,200	
Douanes et sels { Frais d'administrat. et de perception.	23,850,800	25,450,800
Prélèvement sur le produit des amendes et confiscations attribuées. . .	1,600,000	
Contrib. indir. { Frais d'administrat. et de perception.	20,792,700	48,154,200
Exploitation des tabacs. . . .	25,665,000	
Exploitation et vente des poudres à feu.	2,133,000	
Avances à charge de remboursement.	663,500	
Prélèvem. sur le produit des amendes.	900,000	
Poste.		12,570,595
Loterie { Frais d'administration.	1,083,895	4,083,895
Remise des 6 pour 100 aux receveurs buralistes.	3,000,000	
Contrib. direct. { Non-valeurs des 4 contribut. directes.	5,056,822	20,404,822
Dépenses des directions des contrib. directes dans les départemens. .	12,048,000	
Frais de perception.	3,300,000	
Taxations aux receveurs généraux et particuliers, sur l'impôt indirect et les recettes diverses.		1,500,000

126,491,512

REMBOURSEMENT ET RESTITUTIONS POUR TROP PERÇU

ET PAIEMENS DE PRIMES A L'EXPORTATION.

Produit divers et contributions directes.	600,000	8,600,000
Enregistrement, timbre et domaines.	1,500,000	
Forêts.	100,000	
Douanes et sels (y compris 4,040,000 fr. pour primes à l'exportation).	6,000,000	
Contributions indirectes.	200,000	
Forêts.	200,000	
	TOTAL. . . .	155,091,512

3° *Dépenses départementales et communales mentionnées pour* mémoire.

Dépenses imputables sur le produit de divers centimes additionnels imposés dans les rôles des contrib. directes et des redevances des mines.

Centimes facultatifs votés par les conseils génér. { pour dépenses d'utilité départementale. / pour dépenses cadastrales.

Dépenses ordinaires et extraordinaires des communes.
Frais de premier avertissement pour les contributions directes.
Fonds de réimpositions pour décharges et réductions.
Fonds de non-valeurs extraordinaires sur patentes pour cessation de commerce.
Redevances des mines. — Frais de confection de rôles; non-valeurs et frais de perception.
Ressources spéciales et produits divers appartenant aux départemens.

Mémoire.

RÉCAPITULATION DES DÉPENSES.

ÉTAT A.—Dette consolidée et amortissement. 238,840,121

ÉTAT B. { 1° Service général. 541,798,109
2° Frais d'administration, de perception, d'exploitation, etc. . . . . 135,091,512 } 676,889,621
3° Dépenses départementales mentionnées pour mémoire. . . . . Mémoire.

MONTANT des dépenses propres à l'exercice 1827. 915,729,742

DÉPENSES POUR ORDRE.

Affaires ecclésiastiques.— Instruction publique. 2,219,200
Intérieur. . . . . .—Produit de la taxe spéciale des brevets d'invention, par aperçu. (*Loi du 25 mai 1791*). . . . . . 80,000 } 6,184,463
Guerre. . . . . . . — Direction générale des poudres et salpêtres. 3,885,263

TOTAL GÉNÉRAL. . . . 921,914,205

ÉTAT E. (*)   *Budget général des revenus de l'État pour l'exercice 1827.*

DÉSIGNATION DES REVENUS ET IMPOTS.		PRODUITS BRUTS présumés
1o *Produits spécialement affectés à la dette consolidée.*		
Enregistrement, timbre et domaines, et produits accessoires des forêts.		185,400,000
Coupes de bois de l'ordinaire de 1827. (*Principal des adjudications payables en traites.*		28,550,000
Douanes { Droits de douanes et de navigation, et recettes accidentelles. 92,550,000		
Droits sur les sels. 53,950,000	146,500,000	147,900,000
Produits présumés des amendes et confiscations attribuées. . . 1,600,000		
TOTAL.		357,650,000
2o *Produits affectés aux dépenses générales de l'État.*		
Excédant éventuel des produits ci-dessus sur le service de la dette consolidée.		Mémoire.
Contributions indirectes. { Droits généraux. 140,240,000		
Vente des tabacs. 67,325,000		
Vente des poudres à feu. 5,925,000	213,500,000	
Recouvremens d'avances. 900,900		
Produits des amendes et confiscations (*Portion attribuée*). . 300,000		
Postes.		27,500,000
Loterie		18,500,000
Versement au Trésor par la ville de Paris, en vertu de la loi du 19 juillet 1820.		8,500,000
Produits divers. { Salines de l'Est. 2,000,000		
Recettes de diverses origines. 6,000,000	8,500,000	
Vérification des poids et mesures. 500,840		
Contributions directes. { Principal et centimes additionnels. . . 276,610,734		288,688,734
Centimes de perception. 12,408,000		
Centimes facultatifs. { pour dépenses d'utilité départementale.		
pour dépenses du cadastre.		Mémoire.
pour dépenses ordinaires et extraordinaires des communes		
Frais de premier avertissement.		
Fonds de réimpositions.		
Fonds de non-valeurs extraordinaires.		
Ressources locales extraordinaires pour dépenses départementales.		Mémoire.
TOTAL.		558,988,734
Récapitulation des recettes.		
1o Produits affectés à la dette consolidée.		357,650,000
2o Produits affectés aux dépenses générales.		558,958,734
Montant présumé des produits propres au budget de l'exercice 1827. . .		916,608,734
Recettes pour ordre.		
Affaires ecclésiastiques. — Instruction publique . . . 2,785,728		
Intérieur. — Produit de la taxe spéciale des brevets d'invention. 80,000	6,755,578	
Guerre. — Direction générales des poudres et salpêtres. . . 3,879,750		
TOTAL GÉNÉRAL.		923,362,312
Résultat.		
Les recettes présumées sont de . . . 916,608,734		
Les dépenses (*Etats* et B), de. . . . 915,729,742		
EXCÉDANT de recettes. 879,992		

Certifié conforme :

Le ministre secrétaire-d'État des finances, signé J. DE VILLÈLE.

ÉTAT C.   *Tableau des contributions directes à impo[ser]* en

DÉSIGNATION DES CONTRIBUTIONS en principal et centimes additionnels.	MONTANT DE CHAQU[E]			
	FONCIÈRE		PERSONNELLE ET MOBILIÈRE.	
	NOMBRE de cent. addition.		NOMBRE de cent. addition.	
Produits généraux.				
Principal des quatre contributions.	»	154,757,604 93	»	17,161,019 9[?]
Centimes additionnels — sans affectation spéciale.	10	13,475,760 49	10	2,716,101 9[?]
pour dépenses départem. fixes, communes à plusieurs départemens..... 6 1/2 — pour dépenses variables des départemens... 7 1/2 — pour fonds commun des même départemens, 5	19	29,403,944 93	19	5,160,593 7[?]
pour secours en cas de grêle, incendies, etc.	1	1,547,576 05	1	271,610 2[?]
Centimes additionnels à voter par les conseils généraux (*maximum*, 5 centimes).	»	Mémoire.	»	Mémoire.
Centimes additionnels à voter par les conseils généraux pour dépenses du cadastre (*maximum*, 3 centimes.	»	Mémoire.	»	»
Produits affectés aux non-valeurs, dépenses des communes, réimpositions et frais de perception.				
Cent. addition. — pour non-valeurs et dégrèvemens, etc.	1	1,547,576 04	1	271,610 2[?]
pour dépenses ordinaires des communes.	»	Mémoire.	»	Mémoire.
pour dépenses extraordinaires des communes.	»	Mémoire.	»	Mémoire.
pour réimpositions.	»	Mémoire.	»	Mémoire.
TOTAUX (non compris les *pour mémoire*).	31	202,752,462 44	31	33,880,936 0[?]
Cent. addit. sur princip. et cent. addit. réunis. — Traitemens et taxations des receveurs généraux et particuliers (par évaluation).	»	1,740,000 00	»	287,000
Remises des percepteurs.	»	7,369,200 00	»	1,165,600 00 — Mémoire.
Frais de premier avertissement.	»	Mémoire.	»	
TOTAUX GÉNÉRAUX.	»	211,841,662 44	»	37,033,536 09

en principal et centimes additionnels, pour l'exercice 1827.

CONTRIBUTION.					
PORTES ET FENÊTRES.		PATENTES.		TOTAUX.	OBSERVATIONS.
NOMBRE de cent. addition.		NOMBRE de cent. addition.			
10	12,812,466 32	»	22,440,952 40 (*)	217,172,043 57	(*) Sur ce produit présumé, il est prélevé dix cent. pour frais de confection de rôles, supplément au fonds de non-valeurs et attributions aux communes.
»	1,281,246 63	»	»	19,473,109 11	
»	»	»	»	34,364,538 71	On porte néanmoins la somme totale en recette, parce que les dix centimes figureront en dépenses.
»	»	»	»	1,819,186 25	
»	»	»	»	Mémoire.	
»	»	»	»	Mémoire.	
5	640,623 32	5	4,122,047 60	3,581,857 13	
»	»	»	»	Mémoire.	
»	»	»	»	Mémoire.	
»	»	»	»	Mémoire.	
15	14,734,336 26	5	23,563,000 00	276,610,734 79	
	148,000 00	»	79,600 00	2,254,600 00	
»	597,400 00	»	661,200 00	9,793,400 00	
»	Mémoire.	»	Mémoire.	Mémoire.	
»	15,479,736 26	»	24,303,600 00	288,658,734 79	

6 = Pr. 21 JUILLET 1826. — Proclamations du Roi qui ordonnent la clôture de la session de 1826 de la Chambre des pairs et de la chambre des députés. (8, Bull. 103, n° 3,431.)

---

6 JUILLET 1826. — Lettres-patentes portant érection de majorats en faveur de MM. Pasqueraye du Ronzay, Latapie de Ligonie et de Tisseuil. (8, Bull. 102, n° 3417.)

---

9 = Pr. 12 JUILLET 1826. — Ordonnance du Roi sur le contrôle des comptes des ministres. (8, Bull. 102, n° 3416.)

Charles, etc. — Vu l'article 20 de la loi du 27 juin 1819, l'article 22 de l'ordonnance du 14 septembre 1822, et le titre III de l'ordonnance royale du 10 décembre 1823; — Sur le rapport de notre ministre secrétaire-d'État des finances, etc.

Art. 1er. A partir des comptes de 1825, notre ministre secrétaire-d'Etat des finances complètera les documens qui sont adressés à la cour des comptes par tous les comptables du royaume, sur le recouvrement et l'emploi des revenus de l'Etat, en faisant, à la fin de chaque année, déposer au greffe de la cour le résumé général des viremens de compte constatés par la comptabilité générale des finances, pour consigner dans ses écritures officielles les articles de recette et de dépense qui n'ont pas dû entrer dans le compte des caisses publiques, attendu qu'ils ne représentent que des changemens d'imputation, des mouvemens de compte courans et des opérations d'ordre, qui ne donnent lieu à aucune entrée ni à aucune sortie matérielle de fonds.

2. Par l'effet de cette disposition, les documens soumis à l'examen de notre cour des comptes devront reproduire tous les faits publiés dans le compte général de l'administration des finances, et les résultats de ces documens seront intégralement compris dans les tableaux ci-après, savoir :

1° Les résumés généraux des comptes individuels, — Des receveurs généraux des finances (ordonnance du 29 décembre 1823), — Des payeurs du Trésor royal (ordonnances des 18 novembre 1817 et 27 décembre 1823), — Des receveurs de l'enregistrement, du timbre et des domaines (ordonnances des 8 novembre 1820 et 4 novembre 1824), — Des receveurs des contributions indirectes (idem) — Des receveurs des douanes et sels (idem), — Des directeurs des postes (idem), — Des receveurs de la loterie (idem), — Des caissiers des monnaies et des receveurs des argues (idem); — 2° Le compte du caissier du Trésor royal (ordonnance du 8 juin 1821) ; — 3° Le résumé général des viremens de comptes (art. 1er de la présente ordonnance).

3. Pour faciliter le rapprochement de cet ensemble d'élémens de comptes avec les résultats publiés par nos ministres, à chaque session des Chambres, les résumés généraux désignés à l'article précédent seront accompagnés, à partir des comptes de 1825, d'états présentant la comparaison des opérations comprises dans chaque résumé général, avec les résultats de la partie du compte des finances où les mêmes faits auront été présentés.

4. Les déclarations de conformité que notre cour des comptes délivre, pour constater la concordance des résultats de ses arrêts sur les comptes individuels des comptables, avec ceux de chaque résumé général, devront nous confirmer aussi l'accord de ces mêmes arrêts avec les opérations correspondantes qui sont comprises dans le compte général de l'administration des finances.

5. Le 1er juillet de chaque année, notre ministre secrétaire-d'Etat des finances fera remettre à notre cour des comptes un tableau comparatif des recettes et des dépenses publiques comprises dans le compte général des finances de l'année précédente, avec les comptes individuels et les résumés généraux qui auront dû être antérieurement transmis à la cour pour la même année.

6. Ce tableau comparatif sera rapproché des déclarations de conformité rendues par notre cour des comptes sur chaque résumé général; et lorsque la cour aura reconnu la concordance de ces divers documens, elle délivrera, en audience solennelle, une déclaration générale pour attester l'accord du compte annuel des finances avec les résumés généraux et avec les arrêts prononcés sur les comptes individuels des comptables.

7. A l'aide du tableau comparatif établi chaque année, et présentant la distinction des recettes et des dépenses par exercice, notre cour des comptes délivrera également, en séance générale, une semblable déclaration de conformité sur la situation définitive de l'exercice expiré, qui aura déjà été provisoirement vérifiée par la commission ciée en vertu de l'ordonnance du 10 décembre 1823, et dont l'état se trouvera annexé à son procès-verbal.

8. Ces deux déclarations de notre cour des comptes seront adressées à notre ministre secrétaire-d'Etat des finances, qui les fera mettre sous les yeux de la commission désignée à l'article précédent, pour qu'elles soient imprimées à la suite du procès-verbal de ses travaux, dont la communication doit être faite aux chambres, en exécution de l'article 8 de l'ordonnance précitée.

9. Notre cour des comptes remettra à notre ministre des finances les déclarations de conformité ci-dessus prescrites, à une époque assez rapprochée de l'ouverture de chaque session des Chambres pour que l'exactitude du dernier réglement du budget ait pu être confirmée, avant qu'il ait été statué sur les résultats du nouveau réglement proposé pour l'exercice suivant.

10. Notre ministre des finances (comte de Villèle) est chargé, etc.

---

12 JUILLET 826. — Ordonnances du Roi qui autorisent l'acceptation de dons et legs faits à des communes et aux pauvres. (8, Bull. 111, nos 3727, 3728 et 3729.)

---

16 = Pr. 21 JUILLET 1826. — Loi qui autorise l'acquisition de la caserne dite de la Courtille, à Paris, pour le service du département de la guerre. (8, Bull. 103, no 3,430) (1).

Art. 1er. L'acquisition de la caserne dite de la Courtille, située faubourg du Temple, à Paris, sera faite, au nom de l'Etat, pour le service du département de la guerre, au prix déjà fixé à l'amiable avec les propriétaires, de trois cent soixante-dix mille francs.

2. Il est accordé pour cet effet un crédit spécial de ladite somme de trois cent soixante-dix mille francs, comme supplément au budget du ministère de la guerre pour 1826.

Cette somme sera prélevée sur l'excédant des recettes du budget de cette même année, et il en sera rendu compte en même temps que des autres dépenses de cet exercice.

---

16 = Pr. 21 JUILLET 1826. — Ordonnance du Roi qui modifie l'article 6 de l'ordonnance royale du 3 OCTOBRE 1821, et prescrit la communication aux conseils généraux de département, des travaux relatifs à la répartition des contributions personnelle et mobilière et des portes et fenêtres. (8, Bull. 103, no 3,435.)

Charles, etc. — Vu les lois des 23 juillet 1820 et 31 juillet 1821, qui ont prescrit des travaux pour parvenir à une meilleure répartition de la contribution foncière et de la contribution personnelle et mobilière. — Vu l'ordonnance royale du 3 octobre 1821, qui

a créé dans chaque département une commission spéciale chargée d'examiner les travaux relatifs à la contribution foncière, et de préparer le projet d'une nouvelle répartition entre les arrondissemens et les communes; — Vu l'article 6 de cette ordonnance, qui soumet à notre approbation les délibérations des conseils généraux sur les projets de répartition dressés par les commissions spéciales; — Vu la loi du 6 juillet 1826, qui accorde à tous les départemens un dégrèvement sur les contributions foncière, personnelle, mobilière, et des portes et fenêtres; — Vu également la loi du 3 mai 1802, qui confie aux préfets et aux sous-préfets la répartition de l'impôt des portes et fenêtres entre les arrondissemens et les communes; — Sur le rapport de notre ministre secrétaire-d'Etat des finances, etc.

Art. 1er. Les délibérations qui seront prises par les conseils généraux de département, sur l'avis des commissions spéciales, pour une nouvelle répartition de la contribution foncière, recevront immédiatement leur exécution, nonobstant les dispositions de l'article 6 de l'ordonnance royale du 3 octobre 1821.

2. Les documens recueillis par l'administration pour la répartition de la contribution personnelle et mobilière, d'après les bases prescrites par la loi du 23 juillet 1820, seront, dans leur prochaine session, soumis aux conseils généraux et aux conseils d'arrondissement, et serviront de renseignemens à ces conseils pour fixer les contingens des arrondissemens et des communes.

3. De semblables documens sur la contribution des portes et fenêtres leur seront communiqués, ainsi que les projets de répartition nouvelle.

Les avis donnés sur ces projets par les conseils généraux et les conseils d'arrondissement serviront de base à la répartition, qui sera faite par les préfets et les sous-préfets.

4. Notre ministre des finances (comte de Villèle) est chargé, etc.

---

16 = Pr. 21 JUILLET 1826. — Ordonnance du Roi concernant l'application du dégrèvement sur la contribution personnelle et mobilière dans les villes où cette contribution est remplacée par l'octroi. (8, Bull. 103, no 3,436.)

---

(1) Proposition à la Chambre des députés, le 15 mai (Mon. du 3 juin). — Rapport de M. le vicomte Dutertre, le 29 mai (Mon. du 4 juin). — Adoption sans discussion, le 1er juin (Mon. du 3).

Proposition à la Chambre des pairs, le 16 juin (Mon. du 18). — Rapport de M. le comte Claparède, le 27 juin (Mon. du 30). — Discussion et adoption le 29 juin (Mon. du 4 juillet).

Charles, etc.—Vu les lois relatives au remplacement de la contribution personnelle et mobilière et notamment la loi du 25 mars 1817, portant que le remplacement de cette contribution, dans les villes ayant un octroi, pourra être opéré, à compter de 1817, par une perception sur les consommations, d'après la demande qui en sera faite aux préfets par les conseils municipaux, et que le mode de perception sera réglé par nos ordonnances; — Vu les arrêtés du Gouvernement et les ordonnances royales qui, en exécution des lois précitées, ont réglé, dans un certain nombre de villes du royaume, le mode de prélèvement d'une portion de la contribution personnelle et mobilière sur les produits de l'octroi, et la répartition de l'autre portion au centime le franc des valeurs locatives, ou d'après un tarif gradué applicable aux loyers d'habitation; — Vu la loi du 1er mai 1825 et celle du 6 juillet 1826, qui accordent un dégrèvement total de 19 centimes sur la contribution personnelle et mobilière; —Considérant qu'il est nécessaire de procurer aux contribuables la jouissance de l'intégralité de ce dégrèvement; qu'il importe également de circonscrire la perception à opérer par l'octroi ou par le rôle, dans la limite des contingens assignés aux communes; et de régler dès à présent les mesures préalables à la confection des rôles de 1827; — Sur le rapport de notre ministre secrétaire-d'État des finances, etc.

Art. 1er. Dans les villes où une partie de la contribution personnelle et mobilière est prélevée sur l'octroi, les caisses municipales continueront à payer, en 1827, la somme réglée par les décrets et ordonnances, ou la somme qu'elles ont acquittée en 1825, si la portion à leur charge n'avait point été fixée d'une manière précise.

Il ne sera perçu, au moyen d'un rôle, que la somme nécessaire pour compléter, avec la part fournie par l'octroi, le contingent total de 1827.

2. Les conseils municipaux sont autorisés, par la présente ordonnance, à décider si le montant de ce rôle devra être réparti, sauf les exceptions prononcées en faveur des faibles loyers, au centime le franc des valeurs locatives, ou d'après les tarifs existans, modifiés selon la somme à recouvrer.

Les délibérations prises en conformité du paragraphe précédent, après avoir été approuvées par les préfets, recevront immédiatement leur exécution.

3. Les décharges et réductions seront réimposées dans le rôle de l'année suivante, et les remises et modérations imputées sur le fonds de non-valeurs.

4. Notre ministre des finances (comte de Villèle) est chargé, etc.

---

16 JUILLET 1826. — Rapport au Roi sur les travaux relatifs à la répartition des contributions personnelle et mobilière et des portes et fenêtres. (Moniteur du 19 JUILLET 1826.)

Voy. ordonnance du 16 JUILLET 1826, qui précède.

Sire, des travaux ont été entrepris, conformément aux lois des 23 juillet 1820 et 31 juillet 1821, pour parvenir à une meilleure répartition de la contribution foncière et de la contribution personnelle et mobilière. D'autres ont été spontanément exécutés par l'administration pour la contribution des portes et fenêtres.

Ces travaux ont déjà servi dans quelques départemens pour améliorer la répartition intérieure de ces différentes contributions; mais les circonstances me paraissent favorables pour les utiliser d'une manière plus générale.

La loi du 6 juillet 1826 accorde à tous les départemens (indépendamment du dégrèvement qui est résulté cette année de la loi du 1er mai 1825) un nouveau dégrèvement pour 1827, qui s'élève à six centimes sur la contribution foncière, à seize centimes sur la contribution personnelle et mobilière, et à trente-neuf centimes sur l'impôt des portes et fenêtres. Ce dégrèvement offre les moyens d'alléger, dans chaque département, le poids de l'impôt supporté par les communes les plus grevées, sans accroître d'une manière sensible la charge des communes jusqu'ici favorisées, puisque la juste augmentation qu'elles éprouveront dans le principal de leurs contributions sera compensée par la diminution dont elles jouiront sur les centimes additionnels.

Plusieurs des commissions spéciales créées par l'ordonnance royale du 3 octobre 1821, et organisées dans tous les départemens par les ordonnances des 13, 18 et 23 juillet 1823, ont terminé leurs opérations. Les résultats de ce travail qui ne concernent que la contribution foncière vont être présentés aux conseils généraux, pour servir à l'établissement des nouveaux contingens.

D'après l'article 6 de l'ordonnance royale du 3 octobre 1821, les délibérations que ces conseils auront à prendre sur les projets de répartition préparés par les commissions spéciales, doivent être soumises à l'approbation du Roi; mais Votre Majesté pensera peut-être que cette opération, préparée depuis plusieurs années par les soins assidus de l'administration, et adoptée par une commission composée de l'élite des propriétaires de chaque département, peut, quelle que soit son importance, recevoir sa sanction définitive du vœu des conseils généraux auxquels appartient d'ailleurs, dans tous les cas ordinaires, la sous-répartition de l'impôt. En prescrivant l'exécution immédiate des délibérations de ces conseils, Votre Majesté procurera, dès 1827, à plusieurs départemens, le bienfait, depuis long-temps attendu, d'une meilleure répartition de la contribution foncière.

Tout a été disposé pour faire jouir les contribuables du même avantage, en ce qui touche la contribution personnelle et mobilière et l'impôt des portes et fenêtres, et j'ai l'honneur de proposer à Votre Majesté d'ordonner que les élémens, recueillis par l'administration pour améliorer la répartition de ces contributions, seront, dans leur prochaine session, soumis aux conseils généraux, et aux conseils d'arrondissement, pour être employés à faire cesser, entre les arrondissemens et les communes, les inégalités de la répartition actuelle.

La fixation définitive des nouveaux contingens pour la contribution personnelle et mobilière, d'après les bases prescrites par la loi du 23 juillet 1820, est entièrement dans les attributions de ces conseils qui, d'après leurs connaissances locales, sont à portée d'apprécier les renseignemens produits par l'administration, et qui pourront adopter ou modifier, en parfaite connaissance de cause, les nouveaux projets de répartition.

Quant à la contribution des portes et fenêtres, la loi du 3 mai 1802 en a confié aux préfets et aux sous-préfets la répartition, qui ne consistait qu'à distribuer entre les arrondissemens et les communes des contingens pour ainsi dire invariables. Mais aujourd'hui que de nombreux renseignemens recueillis et un dégrèvement très important permettent de faire subir à ces contingens les modifications que réclame la justice distributive, Votre Majesté jugera sans doute qu'il est convenable de soumettre les détails et les bases d'une pareille opération à l'examen préalable des conseils généraux et des conseils d'arrondissement.

Les membres de ces conseils s'empresseront de concourir avec leurs magistrats aux vues de Votre Majesté : ils trouveront, Sire, dans cet appel à leur zèle et à leurs lumières, une preuve nouvelle de votre haute confiance, et les contribuables un nouveau gage de votre paternelle sollicitude.

C'est pour atteindre ces divers résultats que j'ai l'honneur de proposer à Votre Majesté le projet d'ordonnance qui suit.

Signé : J<small>H</small>. DE VILLÈLE.

16 JUILLET 1826. — Rapport au Roi concernant le dégrèvement sur la contribution personnelle et mobilière dans les villes où cette contribution est remplacée par l'octroi. (Moniteur du 19 JUILLET 1826.)

Voy. ordonnance du 16 JUILLET 1826, qui précède.

Sire, dans un certain nombre des principales villes du royaume, des arrêtés du Gouvernement ou des ordonnances royales rendus en exécution des lois relatives au remplacement de la contribution personnelle et mobilière dans les villes ayant un octroi, ont réglé qu'une partie de cette contribution serait remplacée par une augmentation sur les droits de consommation, et que le surplus serait réparti sur les loyers d'habitation, à l'exclusion, toutefois, des faibles loyers, occupés par des individus réputés indigens, et compris, à ce titre, dans l'exception prononcée par l'art. 20 de la loi du 24 décembre 1799.

Les ordonnances rendues sur la demande des conseils municipaux n'ont point prescrit partout des mesures uniformes pour le recouvrement de la partie de l'impôt qui se perçoit au moyen d'un rôle.

Elles ont établi, dans quelques villes, des taxes graduées sur les loyers d'habitations ; et dans d'autres, elles ont prescrit de répartir sur les loyers, au centime le franc, la somme à recouvrer pour compléter le contingent.

Un dégrèvement de trois centimes sur la contribution personnelle et mobilière a été accordé pour 1826 ; mais dans les villes où le premier mode a été suivi, les taxes graduées n'ayant point été modifiées, le rôle de 1826 produira la même somme que celui de 1825, et la caisse municipale profitera seule de la diminution du contingent.

Au contraire, dans les villes où le second mode a été adopté, les contribuables jouiront de toute la diminution à laquelle ils avaient droit.

Un nouveau dégrèvement vient d'être prononcé par la dernière loi de finances, et si les mesures existantes n'étaient point modifiées, la majeure partie de ce dégrèvement tournerait encore, pour 1827, au profit des caisses municipales.

Un semblable état de choses priverait les contribuables des avantages que la loi a voulu leur accorder ; il aurait, en outre, le grave inconvénient de laisser subsister dans quelques villes une perception dont le produit excéderait le montant des contingens qui leur sont assignés.

Le projet d'ordonnance que j'ai l'honneur de soumettre à Votre Majesté a pour objet d'assurer aux redevables la jouissance de l'intégralité du dégrèvement, et de circonscrire les recouvremens dans les limites fixées par la loi.

Signé : DE VILLÈLE.

---

16 JUILLET 1826. — Ordonnances du Roi qui autorisent l'acceptation de dons et legs faits à des fabriques. (8, Bull. 151, nos 5442 à 5448.)

---

16 JUILLET 1826. — Ordonnances du Roi qui autorisent l'acceptation de dons et legs faits à des fabriques, à des séminaires et à une commune. (8, Bull. 152, nos 5455 à 5466.)

---

16 JUILLET 1826. — Ordonnances du Roi qui accordent des pensions de retraite à des veuves de militaires. (8, Bull. 107 bis, nos 1, 2 et 3.)

---

16 JUILLET 1826. — Ordonnance du Roi qui accorde des pensions de retraite à trente-deux militaires. (8, Bull. 107 bis, n° 4.)

---

19 JUILLET = Pr. 1er AOUT 1826. — Ordonnance du Roi portant autorisation définitive de la communauté des religieuses Ursulines établie à Arras, département du Pas-de-Calais. (8, Bull. 104, n° 3,491.)

Charles, etc. — Vu la loi du 24 mai 1825 ; — Vu la déclaration des religieuses Ursulines d'Arras, qu'elles adoptent et s'engagent à suivre exactement les statuts des Ursulines d'Amiens, enregistrés au Conseil-d'Etat, conformément à notre ordonnance royale du 7 mai 1826 ; — Vu la délibération du conseil municipal d'Arras du 3 juin 1817, tendant à ce que ledit établissement soit autorisé dans cette ville ; — Vu le consentement de l'évêque d'Arras en date du 26 juin 1826 ; — Sur le rapport de notre ministre secrétaire-d'Etat au département des affaires ecclésiastiques et de l'instruction publique, etc.

Art. 1er. La communauté des religieuses Ursulines établie à Arras, département du Pas-de-Calais, gouvernée par une supérieure locale, est définitivement autorisée.

2. Notre ministre des affaires ecclésiastiques et de l'instruction publique (Frayssinous) est chargé, etc.

---

19 JUILLET = Pr. 1er AOUT 1826. — Ordonnance du Roi portant autorisation définitive de la communauté des sœurs de Saint-Charles établie à Frontenaud, département de Saône-et-Loire. (8, Bull. 104, n° 3,494.)

Charles, etc. — Vu la loi du 24 mai 1825 ; — Vu la déclaration des sœurs de Saint-Charles de Frontenaud qu'elles adoptent les statuts de la maison chef-lieu de Lyon, approuvés par décret du 22 octobre 1810 ; — Vu la délibération du conseil municipal de Frontenaud, du 12 mai 1826, tendant à ce que ledit établissement soit autorisé dans cette commune ; — Vu le consentement de l'évêque d'Autun en date du 30 juin 1826 ; — Vu le décret du 22 octobre 1810 ; — Sur le rapport de notre ministre secrétaire-d'Etat au département des affaires ecclésiastiques et de l'instruction publique, etc.

Art. 1er. La communauté des sœurs de Saint-Charles établie à Frontenaud, diocèse d'Autun, département de Saône-et-Loire, gouvernée par une supérieure locale, dépendante de la supérieure générale de Lyon, est définitivement autorisée.

2. Notre ministre des affaires ecclésiastiques et de l'instruction publique (Frayssinous) est chargé, etc.

---

19 JUILLET = Pr. 1er AOUT 1826. — Ordonnance du Roi portant autorisation définitive des communautés des religieuses Ursulines établies à Abbeville, Morlaix, Quimper, Saint-Pol-de-Léon et Tullins. (8, Bull. 104, n° 3,492.)

---

19 JUILLET = Pr. 1er AOUT 1826. — Ordonnance du Roi portant autorisation définitive des communautés des religieuses Ursulines établies à Tours, Caen, Périgueux, Grenoble, Boulogne-sur-Mer et Saint-Omer. (8, Bull. 104, n° 3493.)

---

19 JUILLET = Pr. 1er AOUT 1826. — Ordonnance du Roi portant que le chef-lieu de la justice de paix du canton de Mornay, département de l'Ain, sera transféré à Izernore, commune du même canton. (8, Bull. 104, n° 3,495.)

---

19 JUILLET = Pr. 8 AOUT 1826. — Ordonnance du Roi relative à la direction, au prolongement et à la dénomination des routes départementales de l'Aveyron, et au classement de deux chemins parmi ces routes. (8, Bull. 106, n° 3558.)

---

19 JUILLET = Pr. 10 AOUT 1826. — Ordonnance du Roi portant proclamation des brevets d'invention, de perfectionnement, d'importation, pris pendant le second trimestre de 1826, et des cessions qui ont été faites, durant le cours de ce trimestre, de

tout ou de partie des droits résultant de titres de la même nature. (8, Bull. 107, n° 3592.)

_____

19 JUILLET 1826. — Ordonnances du Roi qui autorisent l'acceptation de dons et legs faits à des prêtres, à des fabriques, à des communautés religieuses, etc. (8, Bull. 152, n°s 5467 à 5476.)

_____

19 JUILLET 1826. — Ordonnance du Roi qui autorise le sieur Bobé à ajouter à son nom celui de Moyneuse. (8, Bull. 104, n° 3497.)

_____

19 JUILLET 1826. — Ordonnance du Roi qui admet les sieurs Klein, Hetzel, Roiboo, Speger, Troll, Kisling et Perratone à établir leur domicile en France. (8, Bull. 104, n° 2499.)

_____

19 JUILLET 1826. — Ordonnances du Roi qui autorisent l'acceptation de dons et legs faits à des communes, à des hospices et aux pauvres. (8, Bull. 112, n°s 3754 à 3755.)

_____

19 JUILLET 1826. — Ordonnances du Roi qui concèdent au sieur Moulard les mines de houille et de fer de Bosmoreau, de Thauron et de Saint-Dizier, arrondissement de Bourganeuf, département de la Creuse. (8, Bull. 112, n°s 3762 à 3763.)

_____

19 JUILLET 1826. — Ordonnance du Roi qui accorde des lettres de déclaration de naturalité au sieur Pocho. (8, Bull. 121, n° 4066.)

_____

21 JUILLET 1826. — Ordonnance du Roi qui nomme M. de Farcy président du collége du deuxième arrondissement électoral de la Maïenne. (8, Bull. 103, n° 3432.)

_____

23 JUILLET ⇌ Pr. 1er AOUT 1826. — Ordonnance du Roi relative à la comptabilité des receveurs municipaux. (8, Bull. 104, n° 3496.)

Voy. Ordonnance du 4 MAI 1825.

Charles, etc. — Sur le rapport de notre ministre secrétaire-d'Etat au département de l'intérieur ; — Vu les lois des 11 frimaire an 7 (1er novembre 1798), 16 septembre 1807 et 28 avril 1816 ; — Vu le décret du 17 mai 1809 ; — Vu les ordonnances des 9 décembre 1814, 28 janvier 1815, 23 avril 1823 et 15 juillet 1824 ; — Voulant de plus en plus,

dans l'intérêt de l'ordre et de l'économie, soumettre à une même règle, à une même responsabilité, la comptabilité des recettes et des dépenses des villes et communes de notre royaume.

Art. 1er. Les receveurs municipaux seront désormais comptables de la totalité des recettes et des dépenses des octrois, et en rendront compte aux mêmes époques et dans les mêmes formes que pour les autres recettes et dépenses communales.

2. En conséquence, il ne sera plus établi de comptes particuliers pour cette branche de revenus, et les comptes rendus en vertu de l'article précédent, après avoir été examinés et discutés par les conseils municipaux, seront jugés par notre cour des comptes, pour les communes dont les revenus ordinaires, y compris l'octroi, s'élèvent à dix mille francs, et par les conseils de préfecture, pour les autres communes.

3. Lorsque l'octroi ne sera ni *affermé* ni *en régie intéressée*, les receveurs municipaux produiront, à l'appui de leur gestion, les pièces justificatives *du produit brut et des frais de perception.*

Lorsqu'il sera en régie intéressée, ils devront, outre les justifications ordinaires de la recette et des frais, produire, selon les cas, le compte provisoire de fin d'année, ou le compte définitif de fin de bail, des bénéfices partagés avec le régisseur, conformément au décret du 17 mai 1809.

Lorsque l'octroi sera affermé, ces comptables n'auront à justifier que des versemens dus et effectués par le fermier, suivant les conditions du bail.

4. Les dispositions qui précèdent seront applicables aux comptes à rendre, en 1827, pour l'année 1826.

5. D'après ces dispositions, l'ordonnance du 15 juillet 1824 est abrogée, et l'article 72 de l'ordonnance du 9 décembre 1814 se trouve rapporté.

6. Nos ministres de l'intérieur et des finances (comtes Corbière et de Villèle) sont chargés, etc.

_____

23 JUILLET ⇌ Pr. 8 AOUT 1826. — Ordonnance du Roi portant autorisation définitive des communautés de religieuses Ursulines situées à Lyon, paroisse Saint-Irénée, et à Baïeux. (8, Bull. 106, n° 3559.)

Charles, etc. — Vu la loi du 24 mai 1825 ; — Vu les déclarations des religieuses Ursulines de Lyon et de Baïeux, qu'elles adoptent les statuts des Ursulines d'Amiens, enregistrés au Conseil-d'Etat, conformément à notre ordonnance royale du 7 mai 1826 ; — Vu les délibérations des conseils municipaux de Lyon et de Baïeux, des 5 août et 1er octobre 1825, tendant à ce que ces établissemens soient autorisés ; — Vu les consentemens des évêques diocésains en date du 3 juillet 1826; — Sur le rapport de notre ministre secrétaire-d'Etat des affaires ecclésiastiques et de l'instruction publique, etc.

Art. 1er. Les communautés de religieuses Ursulines situées, la première à Lyon, paroisse Saint-Irénée, département du Rhône, et la seconde à Bajeux, département du Calvados, gouvernées par des supérieures locales, sont définitivement autorisées.

2. Notre ministre des affaires ecclésiastiques et de l'instruction publique (Frayssinous) est chargé, etc.

---

23 JUILLET = Pr. 8 AOUT 1826. — Ordonnance du Roi portant autorisation définitive de la communauté des religieuses Ursulines de Bressuire (Deux-Sèvres). (8, Bull. 106, n° 5560.)

Charles, etc. — Vu la loi du 24 mai 1825; — Vu les statuts des religieuses Ursulines de Bressuire, semblables à ceux des Ursulines d'Amiens, enregistrés au Conseil-d'Etat, conformément à notre ordonnance royale du 7 mai 1826 ; — Vu la délibération du conseil municipal de Bressuire, du 31 mars 1819, tendant à ce que cet établissement soit autorisé : — Vu le consentement de l'évêque de Poitiers, du 5 juillet 1826 ; — Sur le rapport de notre ministre secrétaire-d'Etat au département des affaires ecclésiastiques et de l'instruction publique;

Art. 1er. La communauté des religieuses Ursulines de Bressuire, diocèse de Poitiers, département des Deux-Sèvres, gouvernée par une supérieure locale, est définitivement autorisée.

2. Notre ministre des affaires ecclésiastiques et de l'instruction publique (Frayssinous) est chargé, etc.

---

23 JUILLET = Pr. 1er SEPTEMBRE 1826. — Ordonnance du Roi qui porte à trois escadrons le corps de troupe attaché à l'Ecole de cavalerie, en conformité de l'article 4 de l'ordonnance royale du 10 MARS 1825. (8, Bull. 110, n° 3704.)

Charles, etc. — Vu les dispositions de nos ordonnances en date des 10 et 31 mars 1825 ; — Sur le rapport de notre ministre secrétaire-d'Etat de la guerre, etc.

Art. 1er. Le corps de troupe attaché à l'école de cavalerie, en conformité de l'article 4 de notre ordonnance du 10 mars 1825, sera porté à trois escadrons organisés comme il suit : — 1er Escadron : une division de grosse cavalerie, une division de dragons.

— 2e Escadron : deux divisions de cavalerie légère, dont une, armée de mousquetons, et l'autre, de lances. — 3e Escadron : une division d'élèves maréchaux ferrans, une division d'élèves trompettes.»

2. Les deux premiers escadrons se composeront de 166 hommes et 120 chevaux, savoir :

	Homm.	Chev.
Maréchal-des-logis chef. . . .	1	1
Maréchaux-des-logis.	4	4
Fourrier.	1	1
Brigadiers.	16	16
Cavaliers { de 1re classe. . . .	62	62
de 2e classe. . . .	82	36
	166	120

3. Le 3e escadron se composera de 166 hommes et 60 chevaux, savoir :

	Homm.	Chev.
Maréchal-des-logis chef. . . .	1	1
Maréchaux-des-logis (dont deux trompettes instructeurs). . . .	4	2
Fourrier.	1	1
Brigadiers (dont 6 trompettes, 1 maître forgeron, 1 maître outilleur, 1 maître cloutier).	16	6
Elèves maréchaux.	72	25
Elèves trompettes.	72	25
	166	60

4. Ces trois escadrons seront commandés par des officiers de l'état-major de l'école, ayant sous leurs ordres des élèves de cavalerie.

5. Sont maintenues toutes les autres dispositions de nos ordonnances susdites qui ne sont point modifiées par la présente.

6. Notre ministre de la guerre (marquis de Clermont-Tonnerre) est chargé, etc.

---

23 JUILLET = Pr. 8 AOUT 1826. — Ordonnance du Roi portant autorisation définitive de quatre communautés de religieuses Ursulines. (8, Bull. 106, n° 3561.)

23 JUILLET = Pr. 8 AOUT 1826. — Ordonnance du Roi portant autorisation définitive de dix communautés de religieuses Ursulines. (8, Bull. 106, n° 3562.)

23 JUILLET 1826. — Ordonnances du Roi qui autorisent l'acceptation de legs faits à un petit séminaire et à des fabriques. (8, Bull. 152, n°s 3477, 3478 et 3479.)

23 JUILLET 1826. — Ordonnances du Roi qui accordent des pensions de retraite à des militaires. (8, Bull. 107 *bis*, nᵒˢ 5 et 6.)

23 JUILLET 1826. — Ordonnance du Roi qui accorde des pensions à onze veuves de militaires. (8, Bull. 187 *bis*, nᵒ 7.)

26 JUILLET = Pr. 1ᵉʳ AOUT 1826. — Ordonnance du Roi qui fixe la quotité des primes accordées pour l'exportation du plomb et du cuivre battus, laminés ou autrement ouvrés, et des peaux apprêtées. (8, Bull. 105, nᵒ 3502.)

Charles, etc. — Vu l'article 8 de la loi du 17 mai dernier, lequel porte que les droits perçus à l'importation du plomb brut, du cuivre brut et des peaux brutes, seront restitués à l'exportation du plomb battu, laminé ou autrement ouvré en nature, du cuivre et laiton battu, laminé ou autrement ouvré en nature, et des peaux apprêtées; et ce, dans les proportions et avec les formalités qui seront déterminées par nous, et à la charge par les réclamans de justifier du paiement desdits droits; — Sur le rapport de notre président du conseil des ministres; — Notre conseil supérieur du commerce et des colonies entendu, etc.

Art. 1ᵉʳ. Les primes instituées par le paragraphe premier de l'article 8 de la loi du 17 mai de la présente année seront payées dans les proportions suivantes, savoir :

Pour cent kilogrammes de plomb battu, laminé ou autrement ouvré en nature, le montant des droits d'entrée supportés par *cent deux* kilogrammes de plomb brut.

Pour cent kilogrammes de cuivre battu, laminé ou autrement ouvré en nature, le montant des droits d'entrée supportés par *cent* kilogrammes de cuivre brut.

Pour cent kilogrammes de laiton battu, laminé ou autrement ouvré en nature, le montant des droits d'entrée supportés par *quatre-vingt-dix* kilogrammes de cuivre brut.

Pour cent kilogrammes de cuirs et peaux tannées et corroyées, le montant des droits supportés par *cent* kilogrammes de peaux brutes.

Pour cent kilogrammes de peaux teintes et verniés, le montant des droits d'entrée payés par *cent dix* kilogrammes de peaux brutes.

Pour cent kilogrammes de peaux mégies, chamoisées ou maroquinées, le montant des droits d'entrée payés par *deux cents* kilogrammes de peaux brutes.

2. Il ne sera admis comme justification du paiement des droits à rembourser, que des quittances délivrées pour importation par navires français, à moins que l'exportateur ne prouve l'identité de la marchandise exportée avec celle importée par navire étranger pour laquelle la quittance serait représentée.

Ces primes ne seront acquises qu'aux produits dont l'exportation aura été constatée régulièrement et dans les formes réglées par notre ordonnance du 23 septembre 1818.

3. Conformément à l'article 25 du titre XIII de la loi du 22 août 1791, on ne pourra admettre, pour motiver les restitutions de droits ci-dessus déterminés, des quittances ayant plus de deux années de date.

4. Notre président du conseil des ministres (comte de Villèle) demeure chargé, etc.

---

26 JUILLET = Pr. 1ᵉʳ AOUT 1826. — Ordonnance du Roi qui désigne les ports et les bureaux de douane par lesquels les laines étrangères pourront être introduites. (8, Bull. 105, nᵒ 3503.)

Charles, etc. — Vu l'article 1ᵉʳ de la loi du 17 mai de la présente année, lequel porte que les bureaux des douanes par lesquels pourra s'effectuer l'importation des laines étrangères seront déterminés par nous; — Sur le rapport de notre président du conseil des ministres; — Notre conseil supérieur du commerce et des colonies entendu, etc.

Art. 1ᵉʳ. Les laines étrangères ne pourront être importées que par les ports d'entrepôt réel, par les bureaux principaux de première ligne des frontières de terre, et par les autres bureaux ci-après :

Lille par Bousbeck, Halluin ou Baisieux,

Turcoing par Riscontout,

Valenciennes par Blancmisseron, Marchipont ou Sébourg,

Maubeuge par Bettignies, Villers-sur-Nicole, Jeumont ou Coursolre,

Sédan par Saint-Menges ou la Chapelle,

Strasbourg par la Wantzenau ou le Pont-du-Rhin,

Châtillon-de-Michaille par Bellegarde,

Bedous par Urdos,

2. Les fabriques voisines de la frontière, auxquelles leur éloignement de l'un des bureaux désignés dans l'article précédent ne permettrait de tirer de l'étranger leur approvisionnement qu'au moyen d'un circuit onéreux, pourront être temporairement autorisées à recevoir cet approvisionnement par le bureau de la route directe, conformément à l'article 21 de la loi du 28 avril 1816.

3. Toute déclaration d'entrée devra indiquer pour chaque balle ou partie de laine qu'elle comprendra, sa valeur propre par kilogramme, de telle sorte que, dans le cas

de réunion de plusieurs balles dans une même déclaration, les employés des douanes puissent user du droit de préemption sur telles balles qu'ils jugeront convenable, sans être tenus de préempter celles des balles appartenant à la même déclaration qu'ils trouveront bien évaluées.

4. Notre président du conseil des ministres, ministre secrétaire-d'Etat des finances (comte de Villèle) est chargé, etc.

26 JUILLET = Pr. 1ᵉʳ AOUT 1826. — Ordonnance du Roi qui détermine le mode de surveillance auquel seront assujéties les fabriques de sulfate de soude. (8, Bull. 105, n° 3504.)

Charles, etc. — Vu l'article 23 de la loi du 17 mai 1826, lequel est ainsi conçu :

« Le sulfate de soude produit dans les fabriques de soude factice, exercées par les agens de l'administration des douanes, et employant le sel marin en franchise des droits, pourra, lorsqu'il aura été constaté qu'il contient plus de quatre-vingt-onze de sulfate sec et par quintal, être livré au commerce en exemption de tous droits. Des ordonnances du Roi détermineront les précautions à prendre pour constater que le sulfate est au degré d'alcali ci-dessus indiqué, et les formalités à observer tant pour sa livraison que pour le règlement des comptes entre les fabricans et l'administration. » — Vu les décrets des 13 octobre 1809, 18 juin 1810, et les ordonnances royales des 8 juin et 18 octobre 1822, ensemble l'arrêté de notre ministre secrétaire-d'Etat des finances du 17 juin 1822, contenant réglement pour la fabrication de la soude et du sulfate avec le sel marin ; — Sur le rapport de notre président du conseil des ministres ; — Notre conseil supérieur du commerce et des colonies entendu, etc.

Art. 1ᵉʳ. Tout fabricant de soude factice qui voudra faire du sulfate destiné à être livré au commerce devra préalablement fournir, dans l'intérieur de sa fabrique, outre les trois magasins déjà exigés pour le sel, le sulfate ordinaire et la soude, un quatrième magasin spécial, fermant à trois clefs, dont l'une sera remise au fabricant, et les deux autres aux deux employés des douanes chargés de l'exercice de la fabrique.

2. Le sulfate destiné à être employé en nature dans le commerce du royaume sera, immédiatement après sa fabrication et jusqu'à la sortie de la fabrique, placé, sous les yeux des employés à l'exercice, dans le magasin spécial indiqué par l'article précédent.

3. Les préposés à l'exercice, tenus, aux termes de l'article 3 de l'ordonnance du 8

juin 1822, d'assister à la confection du sulfate, s'assureront, pour ce qui concerne le sulfate ayant la destination ci-dessus indiquée, que la dénaturation du sel ait lieu de la manière et selon les proportions fixées par la section Iʳᵉ de l'instruction faisant suite à la présente ordonnance. Ils vérifieront, avant l'opération, le poids du sel à dénaturer, ainsi que le poids et le degré de l'acide sulfurique dont il devra être fait usage, et, après l'opération, le poids du sulfate fabriqué.

4. Aucune quantité de sulfate destinée au commerce ne pourra sortir de la fabrique qu'après la déclaration écrite du fabricant, et en vertu d'un permis des préposés à l'exercice, lesquels, avant de donner ledit permis, seront tenus de vérifier si le sulfate est au degré voulu par la loi, et d'en inscrire leur certificat sur le registre de compte ouvert tenu dans la fabrique.

La vérification du titre des sulfates sera faite en suivant le procédé prescrit par le second paragraphe de l'instruction jointe à la présente ordonnance.

5. Ce sulfate sera pris en compte par l'administration, à la charge du fabricant, dans la proportion de cent kilogrammes de sel marin pour cent dix kilogrammes de sulfate.

6. Les dispositions des décrets des 13 octobre 1809, 18 juin 1810, de l'ordonnance du 8 juin 1822, ainsi que des autres réglemens existans sur la fabrication de la soude et du sulfate de soude, auxquelles il n'est pas dérogé par la présente, sont applicables à la fabrication du sulfate destiné au commerce du royaume ; et les contraventions seront punies des mêmes peines.

7. Notre président du conseil des ministres, ministre secrétaire-d'Etat des finances (comte de Villèle) est chargé, etc.

Instruction pour la fabrication et la vérification du sulfate de soude destiné à être livré au commerce du royaume, en vertu de l'article 23 de la loi du 17 mai 1826.

§ Iᵉʳ. Règles à suivre pour la fabrication du sulfate.

Pour fabriquer le sulfate dont il s'agit, le fabricant ne pourra employer, par chaque cent kilogrammes de sel marin déjà mélangé et altéré comme il est prescrit par l'article 3 de l'ordonnance royale du 18 octobre 1822, des quantités et quotités d'acide sulfurique moindres que celles déterminées par la table ci-dessous, savoir :

66 kil. d'acide sulf. concent. à 66 degr., ou
82   584 gr.   idem.   à 60
91   496   idem.   à 55
97   533   idem.   à 54

95	545	*idem.*	à 53
98	124	*idem.*	à 52
99	955	*idem.*	à 51
102	332	*idem.*	à 50
105	639	*idem.*	à 49
108	283	*idem.*	à 48
110	893	*idem.*	à 47
113	617	*idem.*	à 46
117	200	*idem.*	à 45

§ II. Procédé pour la vérification du titre du sulfate.

1.º On prendra çà et là, sur le tas de sulfate à essayer, divers échantillons, dont le poids total devra s'élever à cinq cents grammes au moins; on les pilera ensemble dans un mortier pour avoir une moyenne; l'on en fera dissoudre vingt-cinq grammes dans un litre d'eau; puis cent autres grammes seront mis dans un flacon bien bouché et scellé pour répéter et vérifier les essais au besoin; après quoi le reste pourra être jeté sur le tas;

2º D'autre part, on prendra du muriate de baryte qui aura été fondu préalablement dans un creuset de terre; et après en avoir fait une dissolution qui, pour chaque litre d'eau, contiendra trente-trois grammes de ce sel, on conservera cette dissolution dans un flacon particulier que l'on tiendra soigneusement bouché;

3º Pour faire l'essai il faudra verser dans une éprouvette ou un verre à pied deux mesures égales (1), l'une de la dissolution du sulfate de soude, et l'autre de la dissolution du muriate de baryte, et agiter le mélange avec un tube de verre pendant une ou deux secondes.

Il se produira tout-à-coup un précipité blanc qui ne tardera pas à se déposer, et la liqueur deviendra sensiblement claire en quatre à cinq minutes.

On décantera une petite portion de celle-ci avec une pipette ou un tube de verre creux et effilé, ou bien on la filtrera. Si, alors, en mettant quelques gouttes de solution de muriate de baryte dans la liqueur décantée ou filtrée, il s'y forme un nouveau précipité, c'est-à-dire si elle se trouble, le sulfate essayé sera au titre convenable; mais, dans le cas contraire, il sera au-dessous du titre, et, par conséquent, ne devra pas être livré au commerce.

26 JUILLET = Pr. 8 AOÛT 1826. — Ordonnance du Roi qui établit dans l'arrondissement de Gray (Haute-Saône) un huitième canton, dont le chef-lieu est fixé à Marnay, et désigne les communes qui composeront ce nouveau canton. (8, Bull. 106, nº 3563.)

Charles, etc. — Sur le rapport de notre ministre secrétaire-d'État de l'intérieur; — Notre Conseil-d'État entendu, etc.

Art. 1er. Il sera formé, dans l'arrondissement de Gray, département de la Haute-Saône, un huitième canton, dont le chef-lieu est fixé dans la commune de Marnay : il sera composé des communes d'Avrigny (2), Bay, Bonboillon, Charcenne, Chenevrey, Cugney, Cutz (3), Hugier, Marnay, Morogne, Sornay, Tromarey et Virey, qui sont distraites du canton de Pesmes, et des communes de Beaumotte-les-Pins (4), de Brussey, Chambornay-les-Pins (5), de Courcuire, Ethus et Vregille, qui sont distraites du canton de Gy.

2. La commune de Montseugny est détachée du canton de Gray et réunie au canton de Pesmes.

3. Notre ministre de la justice et notre ministre de l'intérieur (MM. Peyronnet et comte Corbière) sont chargés, etc.

26 JUILLET = Pr. 8 AOÛT 1826. — Ordonnance du Roi qui réserve, dans les écoles royales vétérinaires, quarante places pour les élèves destinés à devenir vétérinaires militaires, et contient des dispositions réglementaires à cet égard. (8, Bull. 106, nº 3564.)

Voy. ordonnance du 1er SEPTEMBRE 1825.

Charles, etc. — Vu le titre IV du décret du 15 janvier 1813, sur les écoles vétérinaires; — Vu les lois des 10 mars 1818 et 9 juin 1824, sur le recrutement de l'armée; — Considérant qu'il importe de coordonner les dispositions relatives aux élèves entretenus dans les écoles vétérinaires au compte du département de la guerre, avec les règles posées par notre ordonnance du 1er septembre dernier sur la nouvelle organisation desdites écoles; — Sur le rapport de notre ministre secrétaire-d'État de la guerre, etc.

Art. 1er. Il sera réservé dans nos écoles royales vétérinaires quarante places pour les élèves destinés à devenir vétérinaires militaires.

---

(1) Chaque mesure pourra être de cinq centilitres.
(2) *Lisez :* Avrigney.
(3) *Lisez :* Cult.

(4) *Lisez :* Beaumotte-lès-Pin.
(5) *Lisez :* Chambornay-lès-Pin. *Erratum* du Bulletin 127.

La pension de ces élèves, les frais de leur entretien dans ces écoles, ainsi que la fourniture du trousseau, des livres élémentaires et des instrumens dont ils doivent être pourvus, seront au compte du département de la guerre.

2. Les places d'élèves vétérinaires militaires seront à la nomination du ministre secrétaire-d'Etat de la guerre : elles seront gratuites, et données de préférence :

1° Aux fils de vétérinaires en activité ou retirés avec pension, — 2° Aux fils de sous-officiers ou cavaliers — 3° Aux enfans de troupe admis dans nos régimens de cavalerie.

3. Nul ne pourra être admis dans les écoles royales vétérinaires pour le compte du département de la guerre, s'il n'a une constitution convenable pour le service militaire, s'il est âgé de plus de vingt-cinq ans ou de moins de dix-huit, et s'il ne remplit les autres conditions déterminées par l'article 15 de notre ordonnance du 1er septembre dernier.

4. Aussitôt que les jeunes gens désignés par le ministre secrétaire-d'Etat de la guerre auront été admis comme élèves militaires par le jury d'examen des écoles, ils devront contracter un engagement volontaire de huit ans, comme soldats, pour un corps de cavalerie, conformément à l'article 3 de la loi du 9 juin 1824.

Après deux ans d'études, ces élèves contracteront, en exécution de notre ordonnance du 1er décembre 1824, un rengagement de deux ans; et, deux ans après, c'est-à-dire, après quatre ans d'études, un nouveau rengagement de quatre ans.

26 JUILLET ═ Pr. 10 AOUT 1826. — Ordonnance du Roi portant autorisation définitive de la communauté des religieuses de la Sainte-Trinité établie à Sisteron, département des Basses-Alpes. (8, Bull. 107, n° 3594.)

Charles, etc. —Vu la loi du 24 mai 1825 ; — Vu la déclaration des religieuses de la Sainte-Trinité établies à Sisteron, qu'elles adoptent et s'engagent à suivre exactement les statuts de leur maison chef-lieu à Valence, approuvés par décret du 16 juillet 1810 ; — Vu ce décret ; — Vu la délibération du conseil municipal de Sisteron du 4 septembre 1825, tendant à ce que ledit établissement soit autorisé ; — Vu le consentement de l'évêque de Digne en date du 5 juillet 1826 ; — Sur le rapport de notre ministre secrétaire-d'Etat au département des affaires ecclésiastiques et de l'instruction publique, etc.

Art. 1er. La communauté des religieuses de la Sainte-Trinité établie à Sisteron, diocèse de Digne, département des Basses-Alpes, gouvernée par une supérieure locale, dépendante de la supérieure générale, dont la résidence est dans la maison-mère de la congrégation à Valence, est définitivement autorisée.

2. Notre ministre des affaires ecclésiastiques et de l'instruction publique (Frayssinous) est chargé, etc.

26 JUILLET ═ Pr. 29 AOUT 1826. — Ordonnance du Roi portant autorisation, conformément aux statuts y annexés, de la société anonyme formée à Paris sous le titre de compagnie des pont, gare et port de Grenelle. (8, Bull. 109 bis, n° 2.)

Charles, etc. — Sur le rapport de notre ministre secrétaire-d'Etat au département de l'intérieur, — Vu les articles 29 à 37, 40 et 45 du Code de commerce ; — Notre conseil-d'Etat entendu, etc.

Art. 1er. La société anonyme formée à Paris sous le titre de compagnie des pont, gare et port de Grenelle, par acte passé, les 17 et 18 juillet 1826, par-devant Lairtullier et son collègue, notaires à Paris, est autorisée. Sont approuvés les statuts contenus audit acte, qui restera annexé à la présente ordonnance.

2. De la teneur de l'article 1er des statuts dans lequel les sieurs Perrée et Guillot reconnaissent que les adjudications, en leur nom, des travaux qui sont l'objet de la société, ont été par eux obtenues pour compte de l'association, ne pourra résulter aucune novation à la décharge desdits adjudicataires, lesquels restent personnellement tenus envers l'Etat des charges et obligations par eux contractées.

3. Nous nous réservons de révoquer la présente autorisation en cas de non-exécution ou de violation des statuts par nous approuvés, sans préjudice des dommages et intérêts des tiers.

4. La société est tenue d'envoyer, tous les six mois, un extrait de son état de situation au préfet de police, au greffe du tribunal de commerce et à la chambre de commerce de Paris; copie de cette pièce sera adressée à notre ministre de l'intérieur.

5. Notre ministre de l'intérieur (comte Corbière) est chargé, etc.

26 JUILLET ═ Pr. 29 AOUT 1826. — Ordonnance du Roi portant autorisation, conformément aux statuts y annexés, de la société anonyme dite compagnie des forges de la

Basse-Indre, formée à Nantes. (8, Bull. 209 bis, n° 3.)

Charles, etc. — Sur le rapport de notre ministre secrétaire-d'État au département de l'intérieur; — Vu les articles 29 à 37, 40 et 45 du Code de commerce; — Notre Conseil-d'État entendu, etc.

Art. 1er. La société anonyme dite *Compagnie des forges de la Basse-Indre*, formée à Nantes, est autorisée. Ses statuts, sous les réserves ci-après, sont approuvés, ainsi qu'ils sont contenus dans l'acte de société passé à Nantes le 16 août 1825, par-devant les notaires Dubois et son collègue, lequel acte restera annexé à notre présente ordonnance.

2. Le renouvellement de la société, prévu par l'article 2 des statuts, ne pourra avoir lieu sans nouvelle autorisation de notre part.

3. Nonobstant ce qui est porté en l'article 13, nul ne pourra avoir plus de deux voix dans les assemblées de la société, quel que soit le nombre d'actions qu'il représente, tant comme actionnaire que comme fondé de pouvoirs.

4. Est excepté de notre approbation l'article 19 des statuts. La société sera tenue de remettre, tous les six mois, extrait de son état de situation au préfet de la Loire-Inférieure, au greffe du tribunal de commerce et à la chambre de commerce de Nantes : copie en sera adressée à notre ministre de l'intérieur.

5. Nous nous réservons de révoquer notre autorisation en cas de violation ou de non-exécution des statuts par nous approuvés.

6. Notre ministre secrétaire-d'État de l'intérieur est chargé de l'exécution de la présente ordonnance, qui sera publiée au Bulletin des Lois, insérée au *Moniteur* et dans un journal d'annonces judiciaires du département de la Loire-Inférieure.

Statuts de la compagnie des forges de la Basse-Indre.

Art. 1er. Il sera formé, avec l'autorisation du Gouvernement, une société anonyme sous la raison de *Compagnie des forges de la Basse-Indre*.

2. La durée de la société est fixée à vingt-un ans, à remonter au 25 juin 1825, et finir en 1846, le 25 juin inclusivement. A l'expiration de ce terme et en observant les formalités prescrites par le Code de commerce, cette société pourra être renouvelée; mais le vœu pour ou contre ce renouvellement ne sera point obligatoire pour la minorité.

3. Les opérations de la compagnie consisteront dans l'exploitation des forges de la Basse-Indre, dont l'établissement a été autorisé par le Gouvernement, par son ordonnance du 14 avril 1824, pour la fonte, le laminage et la fabrication des métaux.

4. Le capital de la compagnie est fixé à cinq cent mille francs, divisé en vingt actions nominatives de vingt-cinq mille francs chacune, que les comparans répartiront entre eux comme suit, savoir :

(Suivent les noms.)

5. Il sera délivré à chaque actionnaire un titre d'action signé des trois administrateurs, sitôt qu'il aura payé intégralement sa mise, à raison de vingt-cinq mille francs par action ; ce qui devra être fait dans les trente jours qui suivront l'autorisation royale.

6. Chaque action sera représentée sur les registres de la société par une action nominative de vingt-cinq mille francs. Toutes les actions étant purement nominatives, leur transfert ne pourra avoir lieu que du consentement des administrateurs, qui auront à agréer la personne que le titulaire présentera en son lieu et place ; et en cas de refus de la part des administrateurs, la majorité des actionnaires réunis en assemblée générale en décidera. La transmission des actions une fois autorisée, les actions seront valablement transférées par la déclaration du propriétaire ou de son fondé de pouvoirs, signée sur les registres, et par l'acquéreur ou son représentant, qui reconnaîtra avoir pris connaissance de toutes les clauses auxquelles il pourra jouir des droits attachés à ce titre.

7. MM. John Thomas et André Pope fils verseront dans la société tous les terrains, chantiers, maisons et édifices de leur établissement à la Basse-Indre, dans l'état où ils se trouvent aujourd'hui et dont ils sont propriétaires, suivant acte au rapport, 1° de Me Chesneau et son confrère, notaires à Nantes, en date du 31 octobre 1821, enregistré, et de deux autres actes au rapport de Me Dubois, l'un des notaires soussignés, et son collègue, notaires à Nantes, le premier en date du 12 novembre 1822, le second en date du 19 du même mois, tous deux enregistrés, et céderont de plus à la compagnie leurs brevets d'importation et la médaille d'encouragement qu'ils ont obtenue.

Ces objets sont évalués d'un commun accord, et sont admis dans la société, par estimation à forfait, pour la somme de cent mille francs.

John Thomas et André Pope fils deviendront propriétaires des quatre actions qui représentent ces cent mille francs, savoir : John Thomas, de deux actions, et André Pope fils, de deux actions.

8. Aussitôt que l'autorisation royale aura été accordée, les actionnaires se réuniront en assemblée générale pour installer l'ad-

ministration de la compagnie, qui se composera d'un directeur des travaux et d'un contrôleur, spécialement chargés des travaux et de la surveillance de l'usine, et d'un agent général résidant à Nantes, exclusivement chargé des ventes et des achats, et d'administrer les finances de la compagnie.

9. Le siège principal de l'administration sera à Nantes, au domicile de l'agent général.

10. Les comptes annuels de la compagnie seront rendus chaque année par l'agent général à l'assemblée générale, qui les approuvera ou les critiquera, s'il y a lieu.

11. En outre de l'assemblée générale, qui devra avoir lieu au plus tard dans le mois de l'obtention de l'ordonnance royale, comme il a été dit à l'article 8, il y en aura une dans le courant de juillet de chaque année, et toutes les fois que l'administration jugera convenable d'en convoquer.

12. Les assemblées générales auront lieu au domicile de l'agent général et sous sa présidence.

13. Le vote de chaque actionnaire à l'assemblée générale comptera pour autant de voix qu'il représentera d'actions : les déterminations seront prises à la majorité des deux tiers des voix, et seront insérées dans le procès-verbal d'assemblée, qui devra être signé par les actionnaires présens ou par leurs mandataires.

14. Un actionnaire absent ou les héritiers d'un actionnaire devront faire choix d'un fondé de pouvoirs, actionnaire ou non actionnaire, résidant à Nantes, pour les représenter à l'assemblée générale.

15. Encore bien que le fonds social de cinq cent mille francs dont il a été parlé plus haut soit suffisant pour les opérations de la compagnie, néanmoins, et afin de donner plus ample sécurité au public, le quart des profits annuels sera mis en réserve pour accroître le fonds social, jusqu'à ce qu'il ait atteint une valeur de six cent cinquante mille francs. Ce capital réalisé, il sera fait annuellement des répartitions de la totalité des bénéfices aux actionnaires, qui jusque là ne toucheront que l'intérêt de six pour cent sur le montant de leurs actions et sur les profits capitalisés et les trois quarts du bénéfice net.

16. Un an avant le terme de vingt-une années fixé pour la durée de la société, l'assemblée générale délibérera sur sa liquidation ou son renouvellement, ainsi qu'il a été prévu à l'article 2 des présens statuts.

17. En cas de perte constatée des deux tiers du capital de la compagnie, la liquidation en serait faite de droit.

18. Si (ce qu'à Dieu ne plaise!) il s'élevait entre les administrateurs quelques contestations, l'assemblée générale en déciderait. Si c'était entre les actionnaires et les administrateurs que ces contestations avaient lieu, elles seraient soumises au jugement souverain et en dernier ressort d'arbitres négocians, nommés en conformité des dispositions du Code de commerce.

19. La présente société présentant toute espèce de garantie au public par son capital, par la nature de ses opérations, et par l'obligation contractée par l'article 15 des présens statuts, et étant limitée à un petit nombre d'actionnaires, le Gouvernement sera supplié de la dispenser de publier annuellement son inventaire, et des charges onéreuses d'un commissaire du Roi.

M. Dobrée, à qui les comparans donnent pouvoir de solliciter en leur nom l'autorisation du Gouvernement pour la formation définitive de la présente société anonyme, est chargé de lui exposer les motifs qui lui font espérer que cette faveur ne lui sera pas refusée.

20 et dernier. Pour l'entière exécution des présentes conventions, les comparans font toutes les soumissions de droit et élisent domicile chacun en leur demeure susindiquée.

26 JUILLET = Pr. 10 AOUT 1826. — Ordonnance du Roi portant autorisation définitive des communautés de religieuses Ursulines établies à Bourg-Argental, à Bourbon-Vendée et à Crémieu. (8, Bull. 107, n° 3593.)

26 JUILLET = Pr. 18 AOUT 1826. — Ordonnance du Roi qui classe la route de Poitiers à Nantes au rang des routes départementales de Maine-et-Loire. (8, Bull. 108, n° 3651.)

26 JUILLET 1826. — Ordonnance du Roi qui autorise les sieurs Pacotte et Verd à ajouter à leurs noms ceux de Fontanès et de Saint-Julien. (8, Bull. 104, n° 3498.)

26 JUILLET 1826. — Ordonnance du Roi qui admet les sieurs Deren, Eichhorn, Gil-Duarte, Haumerle dit Hœmerlin, Marcobal, Marty et Nussbaumer, à établir leur domicile en France. (8, Bull. 105, n° 3526.)

26 JUILLET 1826. — Ordonnance du Roi qui autorise l'inscription au Trésor royal de cent cinquante-huit pensions. (8, Bull. 107, n° 8.)

26 JUILLET 1826. — Ordonnances du Roi qui autorisent l'acceptation de legs faits à des hospices et aux pauvres. (8, Bull. 112, n°s 3756 à 3761.)

26 JUILLET 1826. — Ordonnances du Roi qui autorisent l'acceptation de dons et legs faits à des hospices et à des pauvres. (8, Bull. 113, nos 3768 à 3785.)

————

26 JUILLET 1826. — Ordonnance du Roi qui accorde des lettres de déclaration de naturalité au sieur Bercy. (8, Bull. 284, n° 10917.)

————

30 JUILLET = Pr. 10 AOUT 1826. — Ordonnance du Roi portant autorisation définitive de la communauté des sœurs de la Sainte-Famille établie à Amiens, département de la Somme. (8, Bull. 107, n° 3595.)

Charles, etc. — Vu la loi du 24 mai 1825 ; — Vu la déclaration des sœurs de la Sainte-Famille d'Amiens, qu'elles adoptent et s'engagent à suivre exactement les statuts enregistrés au Conseil-d'Etat, conformément à notre ordonnance royale du 30 avril 1826, pour la maison chef-lieu de Besançon ; — Vu le consentement de la supérieure générale de la congrégation, en date du 8 juillet 1826 ; — Vu la délibération du conseil municipal de la ville d'Amiens, du 15 septembre 1821, tendant à ce que cette communauté soit autorisée ; — Vu le consentement de l'évêque d'Amiens du 13 juillet 1826 ; — Sur le rapport de notre ministre secrétaire-d'Etat au département des affaires ecclésiastiques et de l'instruction publique, etc.

Art. 1er. La communauté des sœurs de la Sainte-Famille établie à Amiens, département de la Somme, gouvernée par une supérieure locale, dépendante de la supérieure générale, dont la résidence est à Besançon dans la maison-mère de la congrégation, est définitivement autorisée.

2. Notre ministre des affaires ecclésiastiques et de l'instruction publique (Frayssinous) est chargé, etc.

————

30 JUILLET = Pr. 10 AOUT 1826. — Ordonnance du Roi portant autorisation définitive de la communauté des religieuses Ursulines établies à Quimperlé, département du Finistère. (8, Bull. 107, n° 3596.)

Charles, etc. — Vu la loi du 24 mai 1825 ; — Vu les statuts des religieuses Ursulines de Quimperlé, semblables à ceux des Ursulines d'Amiens, enregistrés au Conseil-d'Etat, conformément à notre ordonnance royale du 7 mai 1826 ; — Vu la délibération du conseil municipal de Quimperlé, du 19 janvier 1818, tendant à ce que ledit établissement soit autorisé ; — Vu le consentement de l'évêque de Quimper, du 16 juillet 1826 ; — Sur le rapport de notre ministre secrétaire-

d'Etat au département des affaires ecclésiastiques et de l'instruction publique, etc.

Art. 1er. La communauté des religieuses Ursulines établie à Quimperlé, diocèse de Quimper, département du Finistère, gouvernée par une supérieure locale, est définitivement autorisée.

2. Notre ministre des affaires ecclésiastiques et de l'instruction publique (Frayssinous) est chargé, etc.

————

30 JUILLET = Pr. 10 AOUT 1826. — Ordonnance du Roi portant autorisation définitive de la communauté des religieuses Ursulines établie à Sousceyrac, département du Lot. (8, Bull. 107, n° 3597.)

Charles, etc. — Vu la loi du 24 mai 1825 ; — Vu la déclaration des religieuses Ursulines de Sousceyrac, qu'elles adoptent et s'engagent à suivre exactement les statuts des Ursulines d'Amiens, enregistrés au Conseil-d'Etat, conformément à notre ordonnance royale du 7 mai 1826 ; — Vu la délibération du conseil municipal de Sousceyrac, en date du 29 août 1825, tendant à ce que cet établissement soit autorisé ; — Vu le consentement de l'évêque de Cahors, du 13 juillet 1826 ; — Sur le rapport de notre ministre secrétaire-d'Etat au département des affaires ecclésiastiques et de l'instruction publique, etc.

Art. 1er. La communauté des religieuses Ursulines établie à Sousceyrac, diocèse de Cahors, département du Lot, gouvernée par une supérieure locale, est définitivement autorisée.

2. Notre ministre des affaires ecclésiastiques et de l'instruction publique (Frayssinous) est chargé, etc.

————

30 JUILLET = Pr. 8 AOUT 1826. — Ordonnance du Roi portant fixation de la durée des vacances de la cour des comptes, pour l'année 1826, et nomination d'une chambre des vacations pendant l'intervalle. (8, Bull. 106, n° 3565.)

————

30 JUILLET = Pr. 10 AOUT 1826. — Ordonnance du Roi portant autorisation définitive des communautés de religieuses Ursulines établies à Angers, à Orléans et à Redon. (8, Bull. 107, n° 3598.)

————

30 JUILLET = Pr. 18 AOUT 1826. — Ordonnance du Roi qui prescrit la publication de la bulle d'institution canonique de M. Philibert Bruillard pour l'évêché de Grenoble. (8, Bull. 108, n° 3652.)

————

30 JUILLET 1826. — Ordonnances du Roi qui

autorisent l'acceptation de dons et legs faits à des fabriques, à des communautés religieuses, etc. (8 , Bull. 152 , n⁰ˢ 5480 à 5503.)

31 JUILLET 1826. — Tableau des prix des grains pour servir de régulateur de l'exportation et de l'importation, conformément aux lois des 16 JUILLET 1819 et 4 JUILLET 1821, arrêté le 31 JUILLET 1826. (8, Bull. 104, n° 3487.)

2 = Pr. 18 AOUT 1826. — Ordonnance du Roi qui autorise la société des mines de houille de Schœnecken à émettre deux cents actions nouvelles. (8, Bull. 108, n° 3655.)

Charles, etc. — Sur le rapport de notre ministre secrétaire-d'Etat au département de l'intérieur ; — Vu l'ordonnance royale du 15 mai 1822, portant autorisation de la société anonyme des mines de houille de Schœnecken, département de la Moselle ; — Vu l'article 31 des statuts homologués par ladite ordonnance ; — Vu la délibération de l'assemblée générale des actionnaires des 5 et 6 septembre 1825, portant qu'il sera émis deux cents actions nouvelles ; — Notre Conseil-d'Etat entendu, etc.

Art. 1ᵉʳ. La société des mines de houille de Schœnecken est autorisée à émettre deux cents actions nouvelles, conformément à la délibération générale des actionnaires des 5 et 6 septembre 1825, laquelle demeure approuvée sous les réserves exprimées aux articles suivans.

2. Aucune des actions nouvelles ne pourra être émise pour une somme moindre que trois mille francs.

3. Les primes attachées à toutes les actions, sans distinction de l'époque de leur émission, ne seront payées qu'autant que les produits de l'entreprise seront suffisans pour y pourvoir.

4. Notre ministre de l'intérieur (comte Corbière) est chargé, etc.

2 = Pr. 29 AOUT 1826. — Ordonnance du Roi portant autorisation, conformément aux statuts y annexés, de la société anonyme formée à Paris sous le titre de Société de la navigation de l'Oise. (8 , Bull. 109 bis , n° 4.)

Charles, etc. — Sur le rapport de notre ministre secrétaire-d'Etat au département de l'intérieur ; — Vu la convention passée, le 24 mai 1821, entre notre ministre secrétaire-d'Etat de l'intérieur et le sieur Sartoris, ladite convention ratifiée par la loi du

5 août de la même année ; — Vu notre ordonnance du 13 juillet 1825. — Vu les articles 29 à 37, 40 et 45 du Code de commerce ; — Notre Conseil-d'Etat entendu, etc.

Art. 1ᵉʳ. La société anonyme formée à Paris sous le titre de Société de la navigation de l'Oise , par actes passés, les 17 mars et 8 juillet 1826, par-devant Chodron et son collègue, notaires à Paris, est autorisée. Ses statuts, tels qu'ils sont contenus auxdits actes, sont approuvés, et demeureront annexés à la présente ordonnance.

Sera particulièrement exécutée en notre Trésor royal la disposition de l'article 3 des statuts relative à la faculté accordée aux porteurs des actions d'emprunt, de les échanger, après le parfait paiement desdites actions, contre des certificats à ordre et transmissibles par endossement, suivant le mode prévu par ledit article.

2. Nous nous réservons de révoquer notre autorisation en cas de non-exécution ou de violation desdits statuts, sans préjudice des dommages-intérêts des tiers.

3. La société sera tenue de remettre, tous les six mois, un extrait de son état de situation au préfet de police, au greffe du tribunal de commerce et à la chambre de commerce. Pareille communication sera faite à notre ministre de l'intérieur.

4. Nos ministres de l'intérieur et des finances (comte Corbière et de Villèle) sont chargés, etc.

Société anonyme pour la navigation de l'Oise.

Art. 1ᵉʳ. Il est formé une société anonyme sous le titre de Société anonyme de la navigation de l'Oise , dont l'objet est de surveiller les intérêts des actions dont il va être donné détail plus bas : son siége est à Paris, et son fonds capital, de trois millions de francs. Elle commencera à dater de ce jour, et subsistera pendant la durée des travaux et pendant quatre-vingt-trois ans et cent quarante jours au-delà, à dater de l'achèvement des travaux.

2. Il sera créé trois mille actions d'emprunt, trois mille actions de jouissance, et trente actions administratives, qui auront droit, dans les proportions énoncées ci-dessous, à tous les avantages fixes et éventuels accordés par le Gouvernement dans lesdites loi et ordonnance royale.

3. Les trois mille actions de l'emprunt seront au porteur, et de douze cent cinquante francs de capital nominal chaque, portant intérêt à quatre pour cent l'an, payable de semestre en semestre, à partir de l'époque à laquelle elles auront respectivement complété leurs versemens, jusqu'à celle où cha-

que action sera amortie audit capital de douze cent cinquante francs par des tirages au sort, de semestre en semestre.

Le service de ces actions sera fait au Trésor royal ou à la Banque de France selon les tableaux ci-après, lesquels, dressés sur papier timbré, sont demeurés joints à la minute de ces présentes, après avoir été des comparans signés et paraphés en présence des notaires soussignés, savoir :

Tableau N° 2, dans lequel sont indiqués les montans des semestres sur les actions successivement payées en plein jusqu'au 10 janvier 1831 ;

Tableau N° 3, indiquant les sommes destinées, à partir de l'achèvement des travaux, stipulé pour fin de 1830, au paiement des intérêts et à l'amortissement progressif des actions, jusqu'à leur entière extinction.

Les sommes affectées comme ci-dessus, dans ces deux tableaux, au service des actions d'emprunt, seront prélevées par le Trésor sur celles dues par le Gouvernement, et les excédans seront payés à l'administration de la compagnie, pour en être disposé comme il est dit ci-après.

Dans le cas où quelque retard imprévu dans l'achèvement des travaux, au-delà du terme prescrit de fin de 1830, viendrait à reculer l'époque de l'amortissement, qui ne doit commencer qu'après ledit achèvement, les actions de l'emprunt auront droit, en sus des intérêts à quatre pour cent, à une répartition à raison de sept francs cinquante centimes par action par an, pendant la durée de ce retard.

Les tirages se feront à la loterie royale, moyennant trois cents numéros qui porteront les chiffres des dizaines, soit 10, 20, 30, 40, 50, et ainsi de suite ; la sortie du n° 10 fera échoir le remboursement des actions n°⁵

1, 2, 3, 4, 5, 6, 7, 8, 9, 10, et ainsi de suite.

Les porteurs d'actions d'emprunt auront, après parfait paiement desdites actions, soit aux époques fixées, soit par anticipation, à la caisse des dépôts et consignations, la faculté d'échanger lesdites actions au Trésor royal contre des certificats de six mille deux cent cinquante francs chaque, avec coupons d'intérêts payables de semestre en semestre : ces certificats seront à ordre et transmissibles par endossement.

Il ne sera délivré de certificats qu'autant que les actions échangées seront au nombre de cinq portant des numéros consécutifs, comme de 1 à 5, 6 à 10, 11 à 15, 16 à 20, etc., et le capital de chaque certificat sera amorti intégralement.

Les actions ainsi déposées ne seront dans aucun cas rendues ; mais les certificats pourront, au besoin, être rééchangés contre de nouveaux certificats.

Lors de la remise du certificat, soit pour l'amortissement du capital, soit pour rechange contre un nouveau certificat, le dernier endossement (pour acquit) devra être certifié par un agent de change ou un notaire.

Chaque action d'emprunt fera à la caisse de la compagnie deux versemens d'ensemble mille francs, suivant le tableau ci-après : il sera alloué sur le premier versement, jusqu'au second, un intérêt à raison de cinq pour cent l'an, qui sera réglé par compensation avec ce dernier versement ; en même temps, il sera tenu compte par anticipation, au porteur, de trois mois d'intérêt à quatre pour cent sur l'action payée en plein, lorsque le dernier versement aura lieu en avril et octobre, époques qui ne se rencontrent pas avec celles où commencent les semestres payables au Trésor ou à la Banque en juillet et janvier.

TABLEAU DES PAIEMENS.

1er Versement sur la totalité des actions, à raison de 150 frans par action, ci. . . . . le 1er avril 1826. 450,000

N°	1 à 180, 180 actions à 850 fr.	1er octobre.	. .	153,000
	181 à 360, 180 ——— dito	1er janvier 1827.	. .	153,000
	361 à 530, 180 ——— dito	1er avril.	. .	144,500
	531 à 710, 180 ——— dito	1er juillet.	. .	153,000
	711 à 890, 180 ——— dito	1er octobre.	. .	153,000
	891 à 1060, 170 ——— dito	1er janvier 1828. . .	. .	144,500
	1061 à 1240, 180 ——— dito	1er avril.	. .	153,000
	1241 à 1420, 180 ——— dito	1er juillet.	. .	153,000
	1421 à 1590, 170 ——— dito	1er octobre.	. .	144,500
	1591 à 1770, 180 ——— dito	1er janvier 1829. . .	. .	153,000
	1771 à 1950, 180 ——— dito	1er avril.	. .	153,000
	1951 à 2120, 170 ——— dito	1er juillet. . . .	. .	144,500
	2121 à 2300, 180 ——— dito	1er octobre.	. .	153,000
	2301 à 2480, 180 ——— dito	1er janvier 1830. . .	. .	153,000
	2481 à 2650, 170 ——— dito	1er avril.	. .	144,500
	2651 à 2830, 180 ——— dito	1er juillet.	. .	153,000
	2831 à 3000, 170 ——— dito	1er octobre. . . .	. .	144,500

3,000,000

4. Les trois mille actions de jouissance seront au porteur, et auront droit,

1° Aux neuf dixièmes des excédans des produits de la concession au-delà de l'annuité fixe de deux cent vingt-cinq mille francs, garantie par le Gouvernement pendant les trente-trois ans et cent quara..te jours que durera l'amortissement des trois mille actions de l'emprunt;

2° Aux neuf dixièmes de la moitié de tous les produits de la concession, pendant les cinquante ans qui suivront lesdits trente-trois ans et cent quarante jours.

Dans le cas de retard imprévu dans l'achèvement des travaux au-delà du terme prescrit de 1830, les actions de jouissance auront droit à un *boni* à raison de sept francs cinquante centimes par an chacune, pendant la durée dudit retard.

Le compte et la répartition des produits de ces actions seront faits annuellement aux actionnaires par l'administration de la société.

5. Les trente actions administratives seront nominatives et transmissibles par endossement : elles auront droit à la différence entre les sommes dues par le Gouvernement et celles affectées aux actions d'emprunt et au *boni* éventuel ci-dessus stipulé pour les actions de jouissance pendant la durée des travaux, et au surplus des sommes garanties par le Gouvernement pendant la durée de l'amortissement, c'est-à-dire les trente-trois ans et cent quarante jours après l'achèvement des travaux, suivant le tableau N° 1, sur celles affectées au service des intérêts et de l'amortissement des actions d'emprunt, suivant le tableau N° 3, ainsi qu'à un dixième des excédans des produits de la concession pendant lesdits trente-trois ans et cent quarante jours, et un dixième de la moitié de tous les produits pendant les cinquante années qui suivront, sous la condition expresse que les propriétaires de ces actions prendront à leur charge tous les frais quelconques de l'administration de la compagnie, tant pendant la durée des travaux que pendant la durée de la concession, et que les propriétaires d'actions de jouissance, non plus que ceux des actions d'emprunt, ne devront point être appelés à y contribuer sous aucun prétexte et de quelque nature que ces frais puissent être.

Les transferts, par endossement, des actions administratives, devront être signifiés sur les registres de la société.

Le compte et la répartition des produits de ces actions seront faits annuellement aux actionnaires par l'administration de la société.

6. Il est entendu que les actions de jouissance, comme aussi celles administratives, ne seront valables qu'autant que les versemens sur les actions d'emprunt auront été complétés.

7. Il sera délivré aux intéressés dans l'emprunt, par M. Sartoris, adjudicataire, des promesses d'actions d'emprunt, et des promesses d'actions de jouissance; chaque promesse ne sera pas moins de cinq actions de l'une ou de l'autre espèce. Ces promesses seront échangées plus tard contre des actions définitives, signées de l'adjudicataire et visées par le commissaire du Gouvernement.

8. Les signatures, transferts ou endossemens des actions tant provisoires que définitives, et des certificats de dépôt, ne cédant que purement et simplement les droits résultant d'une loi spéciale, ne donneront lieu à aucun recours contre les signataires de la part des cessionnaires.

9. Il y aura un conseil d'administration composé de trois administrateurs et de deux censeurs, lesquels géreront conformément aux articles 31 et 32 du Code de commerce : il seront nommés en assemblée générale, à la majorité absolue des voix des propriétaires d'actions; leurs fonctions, qui seront gratuites, dureront cinq ans, et ils seront indéfiniment rééligibles.

10. Chaque administrateur sera tenu, avant d'entrer en fonctions et pour garantie de sa gestion, de déposer vingt actions d'emprunt, vingt actions de jouissance et cinq actions administratives, à la caisse de la société, laquelle sera déposée chez le notaire de la société; et sera à deux clés, dont l'une sera entre les mains dudit notaire, l'autre entre celles de l'un des censeurs.

Chaque censeur déposera de même dix actions de l'emprunt et dix actions de jouissance.

A mesure de l'amortissement des actions d'emprunt, celles de jouissance qui s'y rapportent les représenteront.

11. Les fonctions des administrateurs sont de statuer sur les intérêts de la société, conformément aux statuts, sauf à rendre compte à l'assemblée générale, dans la plus prochaine réunion, des opérations qui n'auraient pas été arrêtées par cette assemblée.

12. Les fonctions des censeurs sont de surveiller les opérations des administrateurs, et d'en rendre compte à l'assemblée générale. Ils n'auront que voix consultative dans le conseil d'administration.

13. L'assemblée générale sera convoquée lorsqu'il y aura un quart des actions définitives émises, ou qu'il se présentera un nombre de vingt actionnaires pour élire les administrateurs et les censeurs, et se rassemblera ensuite d'année en année. Elle pourra en outre être en tout temps convoquée extraordinairement par les administrateurs, ou sur la demande des deux censeurs, ou à la requête des propriétaires d'actions réunissant ensemble le quart des actions d'em-

prunt et de jouissance. Les convocations seront annoncées dans les papiers publics un mois d'avance.

Pour être admis à l'assemblée générale, il faudra être propriétaire de dix actions d'emprunt et de dix actions de jouissance, ou d'une action administrative.

Elle sera présidée par l'un des administrateurs. Les voix se compteront à raison d'une voix pour dix actions d'emprunt et dix actions de jouissance réunies, et d'une voix pour une action administrative, sans qu'aucun propriétaire puisse avoir plus de cinq voix de chaque genre, quel que soit le nombre de ses actions.

A mesure de l'amortissement des actions d'emprunt, les actions de jouissance correspondantes les représenteront dans les deux cas ci-dessus, ainsi qu'à l'art. 10.

Les délibérations seront prises à la majorité absolue des voix; elles seront transcrites sur un registre, et signées par les administrateurs, les censeurs, et les actionnaires présens.

14. Le sieur Sartoris, adjudicataire de l'emprunt, est nommé par les présentes administrateur provisoire jusqu'à la nomination des administrateurs et censeurs en assemblée générale, ainsi qu'il est stipulé à l'art. 9.

Il sera responsable de sa gestion, d'après les articles 31 et 32 du Code de commerce.

15. Les contestations qui naîtraient entre les actionnaires et l'administration stipulant pour la société, ou entre la société et l'administration pour raison de gestion, seront jugées souverainement et en dernier ressort par arbitres nommés à l'amiable ou d'office, qui ne seront point assujétis aux délais ni formes judiciaires, lesquels, en cas de partage, choisiront un sur-arbitre pour juger avec eux à la pluralité des voix. Les parties renoncent à recourir en appel et à se pourvoir en cassation.

Ces présentes seront soumises à l'approbation royale.

Et pour leur exécution, les parties font élection de domicile à Paris, en la demeure susdite de M. Sartoris.

Fait à Paris, en la demeure de M. Sartoris, le 17 mars 1826, et ont signé avec lesdits notaires, après lecture faite, la minute des présentes, demeurée audit Me Chodron.

Et le 8 juillet 1826 sont comparus,

Devant ledit Me Chodron et son collègue, notaires royaux à Paris, soussignés,

MM. Urbain Sartoris et Farquhar Jameson, nommés, qualifiés et domiciliés au contrat de société anonyme du 17 mars 1826, dont la minute précède.

Et M. André-Marie Eugène Auisson, propriétaire, demeurant à Paris, rue d'Anjou, faubourg Saint-Honoré, n° 43,

Stipulant au nom et comme fondé de la procuration spéciale, à l'effet des présentes, de M. Alexandre-Jacques-Laurent-Anisson-Dupéron, son frère, ainsi qualifié et domicilié audit acte de société, ladite procuration passée, en présence de témoins, devant Charles, notaire à Vichy, département de l'Allier, le 27 juin dernier, dont l'original, enregistré, et légalisé par M. le président du tribunal de première instance à Cusset, même département, est demeuré joint à la minute des présentes, après avoir été de M. Anisson, comparant, signé et paraphé en présence des notaires soussignés.

Lesquels, en rectifiant à cet égard seulement le contrat de société dont expédition précède, sont convenus de ce qui suit :

1° Le *boni* de sept francs cinquante centimes, alloué éventuellement aux actions de l'emprunt et celles de jouissance, sera pris sur les fonds qui, sans cela, étaient réservés aux actions administratives, ainsi qu'il a été au reste déjà stipulé à l'article 5 dudit contrat primitif;

2°. Pour être nommé administrateur, il suffira de déposer une action administrative, vingt actions d'emprunt et vingt actions de jouissance;

3°. L'assemblée générale sera convoquée aussitôt qu'il se trouvera un nombre de vingt actionnaires possédant au moins un quart des actions émises définitivement.

Au surplus, les comparans confirment ledit contrat de société dans toutes ses autres dispositions.

Fait à Paris, en la demeure de M. Sartoris, les jour et an susdits, et ont signé avec lesdits notaires, après lecture faite, la minute des présentes, demeurée en la possession dudit Me Chodron.

TABLEAU N° I.

Sommes à recevoir du Gouvernement, à partir de l'achèvement des travaux de la navigation de l'Oise, pour intérêts, amortissement et prime de trois millions de francs avancés par la compagnie de M. Sartoris, et tableau de l'opération de l'amortissement du Gouvernement. (*Nous supprimons ce tableau et les suivans.*)

N° II.

Tableau des intérêts à recevoir du Gouvernement à six pour cent sur les versemens de l'emprunt, et de la répartition desdits intérêts.

N° III.

Tableau des sommes à appliquer par le Trésor royal au paiement des intérêts et à l'amortissement des trois mille actions de l'emprunt de la navigation de l'Oise, de semestre en semestre, à partir de l'achèvement des travaux.

---

2 AOUT 1826. — Ordonnance du Roi qui accorde des lettres de déclaration de naturalité au sieur Weber. (8, Bull. 145, n° 5096.)

---

2 AOUT 1826. — Ordonnance du Roi qui accorde des lettres de déclaration de naturalité au sieur Hamer. (8, Bull. 146, n° 5112.)

---

2 AOUT 1826. — Ordonnances du Roi qui autorisent l'acceptation de dons et legs faits à des communes, à des hospices. (8, Bull. 113, n°s 3786 à 3806.)

---

2 AOUT 1826. — Ordonnance du Roi qui accorde quatre foires à la commune de Cadours (Haute-Garonne). (8, Bull. 113, n° 3807.)

---

2 AOUT 1826. — Ordonnances du Roi relatives aux foires de Pesmes (Haute-Saône), de Rochefort (Charente-Inférieure), de Metz (Moselle), d'Uzerche (Corrèze), de Saint-Ferréol, de Fourmies (Nord) et de Trans (Var). (8, Bull. 114, n°s 3811 à 3817.)

---

2 AOUT 1826. — Ordonnance du Roi qui autorise le sieur Aubert ainé à établir une verrerie à bouteilles dans la commune de Rozerieulles. (8, Bull. 114, n° 3818.)

---

2 AOUT 1826. — Ordonnance du Roi qui accorde des lettres de déclaration de naturalité au sieur Frank. (8, Bull. 121, n° 4067.)

---

2 AOUT 1826. — Ordonnance du Roi qui réunit les communes de Bellozanne et de Bremontier-Merval en une seule. (8, Bull. 135, n° 4692.)

---

3 AOUT 1826. — Ordonnances du Roi qui autorisent l'acceptation de dons et legs faits à des fabriques et à des séminaires. (8, Bull. 152, n°s 5504 à 5516.)

---

3 AOUT 1826. — Ordonnances du Roi qui autorisent l'acceptation de donations faites à des fabriques. (8, Bull. 153, n°s 5544 et 5545.)

---

5 AOUT = Pr. 1er SEPTEMBRE 1826. — Ordon-

nance du Roi qui supprime, à partir du 1er OCTOBRE 1826, plusieurs quartiers de l'intérieur compris dans la circonscription maritime déterminée par le tableau annexé à l'arrêté du 11 MARS 1796. (8, Bull. 110, n° 5705.)

Charles, etc. — Vu la loi du 29 octobre 1795, sur le régime de l'inscription maritime ; — Vu l'arrêté du 11 mars 1796 ; — Sur le rapport de notre ministre secrétaire d'État de la marine et des colonies, etc.

Art. 1er. Les quartiers de l'inscription maritime désignés ci-après et les syndicats qui en dépendent cesseront, à compter du 1er octobre 1826, de faire partie de la circonscription maritime qui avait été déterminée par le tableau annexé à l'arrêté du 11 mars 1796, savoir :

Ingrande, Angers, Saumur, Ile-Bouchard, Tours, Selles-sur-Cher, Orléans, Nevers, dans le second arrondissement de Nantes, Angoulême, dans le second arrondissement de Rochefort, Bergerac, Souillac, Cahors, Montauban, Villeneuve-sur-Lot, Agen, et Cazères, dans le second arrondissement de Bordeaux.

2. Notre ministre de la marine et des colonies (comte de Chabrol) est chargé, etc.

---

5 = Pr. 18 AOUT 1826. — Ordonnance du Roi portant autorisation définitive de la communauté des religieuses Ursulines établie à Château-Giron, département d'Ile-et-Vilaine. (8, Bull. 108, n° 3654.)

---

9 AOUT = Pr. 1er SEPTEMBRE 1826. — Ordonnance du Roi portant réglement pour la profession de boulanger dans la ville de Chinon. (8, Bull. 110, n° 5706.)

Charles, etc. — Sur le rapport de notre ministre secrétaire d'État au département de l'intérieur ; — Vu la délibération du conseil municipal de la ville de Chinon, département d'Indre-et-Loire, en date des 16 décembre 1824, 21 janvier et 27 février 1826 ; — Notre Conseil-d'État entendu, etc.

Art. 1er. À l'avenir, dans la ville de Chinon, département d'Indre-et-Loire, nul ne pourra exercer la profession de boulanger sans une permission spéciale du maire ; elle ne sera accordée qu'à ceux qui justifieront être de bonnes vie et mœurs et avoir les facultés suffisantes.

Dans le cas de refus d'une permission, le boulanger aura recours de la décision du maire à l'autorité administrative supérieure, conformément aux lois.

Ceux qui exercent actuellement à Chinon la profession de boulanger sont maintenus dans l'exercice de leur profession ; mais ils devront se munir, sous peine de déchéance, de la permission du maire, dans un mois pour tout délai, à compter de la publication de la présente ordonnance.

2. Cette permission ne sera accordée que sous les conditions suivantes :

Chaque boulanger se soumettra à avoir constamment en réserve, dans son magasin, un approvisionnement de farine de froment propre au service de la boulangerie.

Cet approvisionnement sera, savoir :

Pour les boulangers de 1re classe, de 160 hectolitres ;

Pour ceux de 2e classe, de 120 idem ;

Pour ceux de 3e classe, de 80 idem ;

Et pour la totalité des boulangers, de 1300 hectolitres, quantité reconnue nécessaire pour subvenir pendant un mois aux besoins des habitans.

Toutefois, en ce qui concerne les boulangers actuellement en exercice et qui devront faire partie de la 3e classe, l'approvisionnement fixé ci-dessus à quatre-vingts hectolitres pourra être réduit, pour eux seulement, et jusqu'à cessation d'exercice par décès ou transmutation de fonds, à cinquante hectolitres.

3. Dans le cas où le nombre des boulangers viendrait à diminuer par la suite, les approvisionnemens de réserve des boulangers restant en exercice seront augmentés proportionnellement, en raison de leur classe, de manière que la masse totale demeure toujours au complet de 1300 hectolitres.

4. Chaque boulanger s'obligera de plus, par écrit, à remplir toutes les conditions qui lui sont imposées par la présente ordonnance : il affectera pour garantie de l'accomplissement de cette obligation l'intégralité de son approvisionnement stipulé comme ci-dessus, et il souscrira à toutes les conséquences qui peuvent résulter de la non-exécution.

5. La permission délivrée par le maire constatera la soumission souscrite par le boulanger, tant pour cette obligation que pour la quotité de son approvisionnement de réserve : elle énoncera aussi le quartier dans lequel chaque boulanger exerce ou se propose d'exercer sa profession.

Si un boulanger en activité vient à quitter son établissement pour le transporter dans un autre quartier, il sera tenu d'en faire la déclaration au maire dans les vingt-quatre heures. Mais dans aucun cas l'autorité ne pourra déterminer les rues ou quartiers où un boulanger devra exercer son commerce.

6. Le maire s'assurera, par lui-même ou par l'un de ses adjoints, si les boulangers ont constamment en magasin et en réserve la quantité de farine pour laquelle chacun d'eux aura fait sa soumission : il en enverra, tous les mois, l'état, certifié par lui, au préfet, et celui-ci en transmettra une ampliation au ministre de l'intérieur.

Les boulangers, pour quelque cause que ce soit, ne pourront refuser la visite de leurs magasins, toutes les fois que l'autorité se présentera pour la faire.

7. Le maire réunira auprès de lui huit boulangers de la ville pris parmi ceux qui exercent leur profession depuis long-temps : ils procéderont, en sa présence, à la nomination d'un syndic et de deux adjoints.

Le syndic et les adjoints seront renouvelés tous les ans au 15 décembre, pour entrer en fonctions le 1er janvier suivant : ils pourront être réélus : mais, après un exercice de trois années, le syndic et les adjoints devront être définitivement remplacés.

8. Le syndic et les adjoints procéderont, en présence du maire, au classement des boulangers, conformément aux dispositions énoncées aux articles 2 et 3. Ils régleront pareillement, sous son autorité, le minimum du nombre des fournées que chaque boulanger sera tenu de faire journellement, suivant les différentes saisons de l'année.

9. Le syndic et les adjoints seront chargés de la surveillance de l'approvisionnement de réserve des boulangers, et de constater la nature et la qualité des farines dudit approvisionnement, sans préjudice des autres mesures de surveillance qui devront être prises par le maire, auquel ils rendront toujours compte.

10. Les boulangers admis et ayant commencé à exploiter ne pourront quitter leur établissement que six mois après la déclaration qu'ils en auront faite au maire, lequel ne pourra se refuser à la recevoir.

11. Nul boulanger ne pourra restreindre, sans y avoir été autorisé par le maire, le nombre des fournées auxquelles il sera obligé suivant sa classe.

12. Tout boulanger qui contreviendra aux articles 1, 2, 10, et 11, sera interdit temporairement ou définitivement, selon l'exigence des cas, de l'exercice de sa profession. Cette interdiction sera prononcée par le maire, sauf au boulanger à se pourvoir de la décision du maire auprès de l'autorité administrative supérieure, conformément aux lois.

13. Les boulangers qui, en contravention à l'article 10, auraient quitté leur établissement, sans avoir fait préalablement la déclaration prescrite par ledit article ; ceux qui auraient fait disparaître tout ou partie de l'approvisionnement qu'ils sont tenus d'avoir en réserve, et qui, pour ces deux cas, auraient encouru l'interdiction définitive, sont considérés comme ayant manqué à leur

engagement. Leur approvisionnement de réserve, ou la partie de cet approvisionnement qui aura été trouvée dans leur magasin, sera saisi, et ils seront poursuivis, à la diligence du maire, devant les tribunaux compétens, pour être statué conformément aux lois.

14. Le fonds d'approvisionnement de réserve deviendra libre, sur une autorisation du maire, pour tout boulanger qui, en conformité de l'article 10, aura déclaré, six mois d'avance, vouloir quitter sa profession.

La veuve et les héritiers du boulanger décédé pourront être pareillement autorisés à disposer de leur approvisionnement de réserve.

15. Tout boulanger sera tenu de peser le pain, s'il en est requis par l'acheteur : il devra, à cet effet, avoir, dans le lieu le plus apparent de sa boutique, des balances et un assortiment de poids métriques dûment poinçonnés.

16. Nul boulanger ne pourra vendre son pain au-dessus de la taxe légalement faite et publiée.

17. Il est défendu d'établir des regrats de pain en quelque lieu public que ce soit. En conséquence, les traiteurs, aubergistes, cabaretiers et tous autres, soit qu'ils fassent, ou non, métier de donner à manger, ne pourront tenir d'autre pain chez eux que celui qui est nécessaire à leur propre consommation et à celle de leurs hôtes.

Toutefois les six boulangers de Chinon actuellement en exercice et connus sous le non de *fétissiers* pourront, jusqu'à cessation d'exercice ou décès, continuer de vendre du pain en boutique, à la charge, par chacun d'eux, d'entretenir constamment en réserve un approvisionnement de dix hectolitres de farine de froment propre au service de la boulangerie.

Il est entendu que ceux qui ne voudront pas profiter de cette faculté pourront, concurremment avec tous autres individus qui voudraient s'établir fourniers à Chinon, continuer à cuire le pain que les particuliers font pour leur usage.

18. Les boulangers et débitans forains seront admis, concurremment avec les boulangers de Chinon, à vendre ou faire vendre du pain sur les marchés ou lieux publics et aux jours qui seront désignés par le maire, en se conformant aux réglemens.

19. Le maire de Chinon pourra faire les réglemens locaux nécessaires sur la nature, la qualité, la marque et le poids du pain en usage dans cette ville, sur la police des boulangers et débitans forains et des boulangers de Chinon qui ont coutume d'approvisionner les marchés, et sur la taxation des différentes espèces de pain.

Ces réglemens ne seront exécutoires qu'après avoir reçu l'approbation de notre ministre de l'intérieur, sur l'avis du préfet et du sous-préfet de l'arrondissement.

20. Les contraventions à la présente ordonnance autres que celles spécifiées en l'article 12 et aux réglemens locaux dont il est fait mention en l'article précédent seront poursuivies devant les tribunaux compétens, qui pourront prononcer l'impression et l'affiche des jugemens aux frais des contrevenans.

21. Nos ministres de l'intérieur et de la justice (comte Corbière et de Peyronnet) sont chargés, etc.

———

9 AOUT = Pr. 1er SEPTEMBRE 1826. — Ordonnance du Roi qui prescrit l'ordre d'avancement dans les troupes d'infanterie en garnison aux Antilles françaises, et contient des dispositions relatives aux garnisons de la Guiane, du Sénégal, de Bourbon, et de leurs dépendances. (8, Bull. 110, n° 3707.)

Voy. ordonnance du 17 AOUT 1828.

Charles, etc. — Sur le compte qui nous a été rendu de l'impossibilité où se trouvent les régimens stationnés dans nos colonies, de présenter des sujets réunissant les conditions voulues par la loi pour remplir tous les emplois vacans dans ces corps, et qui leur ont été réservés par l'article 6 de l'instruction réglementaire approuvée par nous le 28 août 1825 ; — Vu l'article 29 de la loi du 10 mars 1818 et notre ordonnance du 2 août suivant :—Sur le rapport de notre ministre secrétaire-d'Etat de la guerre, etc.

Art. 1er. Conformément à l'article 6 de l'instruction réglementaire du 28 août 1825, l'avancement dans les troupes d'infanterie en garnison aux Antilles françaises roulera, jusqu'au grade de chef de bataillon inclusivement, sur les officiers qui en feront partie, aussi long-temps qu'il s'y trouvera des sujets remplissant les conditions prescrites par la loi du 10 mars et l'ordonnance du 2 août 1818.

Le concours pour les emplois de chef de bataillon revenant soit à l'ancienneté, soit au choix, aura lieu sur tous les bataillons en garnison dans lesdites colonies: celui pour les grades d'officiers inférieurs aura lieu sur les bataillons d'expédition du corps où vaquera l'emploi.

2. Lorsqu'il ne se trouvera pas dans les bataillons d'un même régiment employés dans l'une des Antilles françaises de sous-lieutenans ou lieutenans remplissant les conditions requises par la loi pour obtenir l'avancement qui leur est réservé par l'article

1ᵉʳ, le concours, soit à l'ancienneté, soit au choix, pour les vacances de capitaine ou lieutenant, aura lieu sur tous les bataillons ou portions de bataillon en garnison dans la colonie où vaquera l'emploi, et, à défaut, sur les bataillons et portion de bataillon en garnison dans l'autre colonie.

3. S'il n'existait dans aucun des bataillons détachés aux Antilles, de sous-lieutenans ou lieutenans ayant l'ancienneté requise, il sera pourvu aux emplois de capitaine et de lieutenant qui y seront vacans, d'après les modes suivans, savoir :

1° Les emplois dévolus à l'ancienneté seront attribués d'abord au plus ancien officier du grade inférieur existant dans le bataillon de dépôt du régiment où la vacance a lieu, et ayant quatre ans de grade.

Dans le cas où ce bataillon n'offrirait aucun sujet ayant ce temps de service, la nomination portera sur le plus ancien officier accomplissant cette condition de tous les dépôts dont les régimens ont des détachemens aux Antilles; et enfin, si, par ce dernier moyen, on ne pouvait parvenir à remplir tous les emplois, alors l'avancement à l'ancienneté sera donné au plus ancien officier des bataillons d'expédition des corps où a lieu la vacance, pourvu qu'il ait au moins deux ans de grade.

2° Les emplois dévolus au choix seront affectés aux sous-lieutenans ou lieutenans desdits bataillons d'expédition ayant au moins deux ans de grade.

4. En exécution de l'article 6 de l'instruction réglementaire du 28 août 1825, tous les emplois de sous-lieutenant vacans dans les bataillons détachés aux Antilles françaises seront donnés aux sous-officiers de ces bataillons qui, réunissant les conditions prescrites par la loi du 10 mars 1818, seront portés sur les tableaux d'avancement, et présentés par les chefs de corps, conformément à l'ordonnance du 2 août suivant.

Pour pourvoir aux sous-lieutenances qui resteraient vacantes après que la liste des candidats désignés ci-dessus aura été épuisée, on établira un concours, d'abord entre les sous-officiers des bataillons en garnison dans la même colonie, ensuite entre ceux de tous les bataillons stationnés aux Antilles; puis, à défaut, entre les sous-officiers du bataillon de dépôt du corps où la vacance a eu lieu, et enfin entre ceux de tous les bataillons de dépôt dont les corps ont des détachemens aux Antilles. Si toutes ces ressources étaient insuffisantes, mais seulement dans ce cas, les places vacantes seront conférées, soit à des sous-officiers d'autres régimens, soit à des élèves de l'école militaire de Saint-Cyr; en réservant toutefois, jusqu'à ce qu'il puisse être rempli, conformément au vœu de la loi, le tiers des sous-lieutenances dont les sous-officiers ne doivent jamais être privés.

5. L'ordre d'avancement prescrit par les quatre articles précédens sera suivi pour les garnisons de la Guiane, du Sénégal, de Bourbon, et de leurs dépendances, mais sans qu'il y ait concours entre les officiers et sous-officiers employés dans l'une de ces trois colonies, avec ceux qui sont employés soit dans les deux autres, soit à la Martinique et à la Guadeloupe.

6. Les dispositions de l'article 6 de l'instruction approuvée par nous le 28 août 1825, sont et demeurent abrogées en ce qu'elles ont de contraire à la présente ordonnance.

7. Nos ministres de la guerre et de la marine (marquis de Clermont-Tonnerre et comte de Chabrol) sont chargés, etc.

9 = Pr. 26 AOUT 1826. — Ordonnance du Roi qui classe plusieurs chemins parmi les routes départementales de la Charente et de la Charente-Inférieure. (8, Bull. 109, n° 3677.)

9 AOUT 1826. — Ordonnance du Roi qui accorde des lettres de déclaration de naturalité au sieur Tarchioni dit Gilbert. (8, Bull. 316, n° 12145.)

9 AOUT 1826. — Ordonnances du Roi qui autorisent l'acceptation de dons et legs faits à des fabriques, à des prêtres, etc. (8, Bull. 153, n° 5546 à 5552.)

9 AOUT 1826. — Ordonnance du Roi qui autorise le sieur Tresvaux-du-Fraval à continuer de porter le nom de La Garenne. (8, Bull. 109, n° 3681.)

9 AOUT 1826. — Ordonnance du Roi qui accorde des pensions de retraite à cinq militaires. (8, Bull. 110 bis, n° 1.)

9 AOUT 1826. — Ordonnance du Roi qui accorde un secours annuel aux trois orphelins d'un militaire. (8, Bull. 110 bis, n° 2.)

9 AOUT 1826. — Ordonnance du Roi qui autorise l'inscription au Trésor royal de seize pensions ecclésiastiques. (8, Bull. 110 bis, n° 3.)

9 AOUT 1826. — Ordonnance du Roi qui accorde une pension à la veuve Demars. (8, Bull. 110 *bis*, n° 4.)

9 AOUT 1826. — Ordonnance du Roi qui accorde des pensions à vingt-huit veuves de militaires. (8, Bull. 110 *bis*, n° 5.)

9 AOUT 1826. — Ordonnances du Roi qui autorisent l'acceptation de dons et legs faits à des pauvres et à des hospices. (8, Bull. 114, n°˙ 3819 à 3831.)

9 AOUT 1826. — Ordonnances du Roi qui autorisent l'acceptation de dons et legs faits à des pauvres, etc. (8, Bull. 115, n°˙ 3841, 3842 et 3843.)

9 AOUT 1826. — Ordonnance du Roi qui autorise le sieur Mallet à conserver et tenir en activité l'usine à fer qu'il possède dans la commune de Saint-Médard (Dordogne). (8, Bull. 116, n° 3849.)

10 AOUT 1826. — Ordonnances du Roi qui autorisent l'acceptation de donations faites à des fabriques et au séminaire de Rouen. (8, Bull. 106, n° 3585 à 3591.)

13 ═ Pr. 26 AOUT 1826. — Ordonnance du Roi portant autorisation définitive des communautés de religieuses Ursulines établies à Bourges et à Tarascon. (8, Bull. 109, n° 3678.)

13 AOUT 1826. — Ordonnances du Roi qui autorisent l'acceptation de dons et legs faits à des séminaires, à des fabriques, à des évêques, à une communauté religieuse, à des pauvres, etc. (8, Bull. 153, n°˙ 3553 à 3573.)

16 AOUT ═ Pr. 6 SEPTEMBRE 1826. — Ordonnance du Roi relative aux routes départementales de Seine-et-Oise. (8, Bull. 111, n° 3716.)

16 AOUT 1826. — Ordonnance du Roi qui réintègre le sieur de Fleyres dans la qualité et les droits de Français, et l'autorise à continuer de servir près de S. M. le roi d'Espagne. (8, Bull. 185, n° 7075.)

16 AOUT 1826. — Ordonnance du Roi qui autorise le sieur Lueti à établir son domicile en France. (8, Bull. 109, n° 3682.)

16 AOUT 1826. — Ordonnance du Roi qui autorise l'inscription au Trésor royal d'une pension de donataire. (8, Bull. 114 *bis*, n° 1.)

16 AOUT 1826. — Ordonnance du Roi qui autorise les sieurs Ardaillon et Bessy à établir huit lavoirs à bras dans la commune de Crésancey (Haute-Saône). (8, Bull. 116, n° 3850.)

16 AOUT 1826. — Ordonnances du Roi qui autorisent l'acceptation de dons et legs faits à des hospices, aux pauvres. (8, Bull. 116, n°˙ 3851 à 3871.)

16 AOUT 1826. — Ordonnances du Roi qui autorisent l'acceptation de legs faits à des pauvres. (8, Bull. 117, n°˙ 3876 à 3884.)

20 AOUT ═ Pr. 1ᵉʳ SEPTEMBRE 1826. — Ordonnance du Roi portant autorisation définitive de la communauté des religieuses Ursulines établie à Dinan, département des Côtes-du-Nord. (8, Bull. 110, n° 3708.)

20 AOUT 1826. — Ordonnances du Roi qui autorisent l'acceptation de dons et legs faits à une commune, à des fabriques, à des séminaires, à des pauvres, à des prêtres, etc. (8, Bull. 155, n°˙ 3588 à 3607.)

20 AOUT 1826. — Ordonnance du Roi qui nomme M. Jacquinot-Pampelune membre de la commission instituée par l'ordonnance royale du 20 AOUT 1824. (8, Bull. 108, n° 3680.)

20 AOUT 1826. — Ordonnances du Roi qui accordent des pensions à des veuves de militaires. (8, Bull. 114 *bis*, n°˙ 2 et 4.)

20 AOUT 1826. — Ordonnance du Roi qui accorde des pensions de retraite à quatre-vingt-un militaires. (8, Bull. 114 *bis*, n° 3.)

20 AOUT 1826. — Ordonnance du Roi qui accorde un secours annuel à l'orpheline d'un militaire. (8, Bull. 114 *bis*, n° 5.)

23 AOUT 1826. — Ordonnance du Roi qui accorde des lettres de déclaration de naturalité au sieur Destrée. (8, Bull. 146, n° 5113.)

23 AOUT 1826. — Ordonnance du Roi qui accorde des lettres de déclaration de naturalité au sieur Lamberty. (8, Bull. 153, n° 5539.)

23 AOUT 1826. — Ordonnances du Roi qui autorisent l'acceptation de dons et legs faits à des fabriques, à des séminaires, etc. (8, Bull. 153, n°⁵ 5608 à 5625.)

23 AOUT 1826. — Ordonnance du Roi qui accorde des lettres de déclaration de naturalité au sieur Noël. (8, Bull. 298, n° 11402.)

23 AOUT 1826. — Ordonnance du Roi qui autorise le sieur marquis Despinay à continuer d'ajouter à son nom celui de Saint-Denis. (8, Bull. 110, n° 3709.)

23 AOUT 1826. — Ordonnance du Roi qui admet les sieurs Adler, Gerber, Juen, Küttgens, Pfeiffer, Schnitler et Wirth, à établir leur domicile en France. (8, Bull. 110, n° 3710.)

23 AOUT 1826. — Ordonnance du Roi qui autorise l'inscription au Trésor royal de trois cent quatre-vingt-seize pensions. (8, Bull. 114 *bis*, n° 6.)

23 AOUT 1826. — Ordonnances du Roi qui autorisent l'acceptation de dons et legs faits aux consistoires protestans de Lyon et de Castelmoron, et d'une donation faite à la commune de Hantay. (8, Bull. 117, n°⁵ 3885, 3886 et 3887.)

23 AOUT 1826. — Ordonnance du Roi qui autorise le sieur Robert à conserver et augmenter les usines à fer dites de l'étang de Bandy et de l'étang Dernier, commune de Saint-Yriex (Haute-Vienne). (8, Bull. 117, n°⁵ 3888 et 3889.)

23 AOUT 1826. — Ordonnance du Roi qui autorise le sieur de Montarby à établir quatre lavoirs dans la commune de Tremblay. (8, Bull. 117, n° 3890.)

23 AOUT 1826. — Ordonnances du Roi qui autorisent l'acceptation de dons et legs faits à des communes. (8, Bull. 118, n°⁵ 3896 à 3900.)

27 AOUT ⇌ Pr. 6 SEPTEMBRE 1826. — Ordon-

nance du Roi portant autorisation définitive de la communauté de sœurs de la Sainte-Famille établie à Lille, département du Nord. (8, Bull. 111, n° 3718.)

Charles, etc. — Vu la loi du 24 mai 1825; — Vu la déclaration des sœurs de la Sainte-Famille de Lille, qu'elles adoptent et s'engagent à suivre exactement les statuts enregistrés au Conseil-d'Etat, conformément à notre ordonnance royale du 30 avril 1826, pour la maison chef-lieu de Besançon; — Vu le consentement de la supérieure générale de la congrégation, du 9 août 1826; — Vu la délibération du conseil municipal de Lille, du 27 juillet 1826, tendant à ce que ledit établissement soit autorisé dans cette ville; — Vu le consentement de l'évêque de Cambrai, en date du 14 août 1826; — Sur le rapport de notre ministre secrétaire-d'Etat au département des affaires ecclésiastiques et l'instruction publique, etc.

Art. 1er. La communauté de sœurs de la Sainte-Famille établie à Lille, diocèse de Cambrai, département du Nord, gouvernée par une supérieure locale, dépendante de la supérieure générale, dont la résidence est à Besançon, dans la maison-mère de la congrégation, est définitivement autorisée.

2. Notre ministre des affaires ecclésiastiques et de l'instruction publique (Frayssinous) est chargé, etc.

27 AOUT ⇌ Pr. 6 SEPTEMBRE 1826. — Ordonnance du Roi portant autorisation définitive de la communauté des sœurs de la Nativité de Notre-Seigneur Jésus-Christ établie à Crest, département de la Drôme. (8, Bull. 111, n° 3719.)

Charles, etc. — Vu la loi du 24 mai 1825; — Vu la déclaration des sœurs de la Nativité de Notre-Seigneur Jésus-Christ établies à Crest, qu'elles adoptent et s'engagent à suivre les statuts enregistrés au Conseil-d'Etat, conformément à notre ordonnance royale du 30 avril 1826, pour la maison-mère de Valence; — Vu la délibération du conseil municipal de la ville de Crest, du 26 septembre 1826, tendant à ce que ledit établissement soit autorisé dans cette commune; — Vu le consentement de l'évêque de Valence, en date du 7 août 1826; — Sur le rapport de notre ministre secrétaire-d'Etat au département des affaires ecclésiastiques et de l'instruction publique, etc.

Art. 1er. La communauté de sœurs de la Nativité de Notre-Seigneur Jésus-Christ établie à Crest (Drôme), gouvernée par une supérieure locale, dépendante de la supérieure générale dont la résidence est à Valence dans la maison chef-lieu de la congrégation, est définitivement autorisée.

2. Notre ministre des affaires ecclésiastiques et de l'instruction publique (Frayssinous) est chargé, etc.

---

27 AOUT = Pr. 6 SEPTEMBRE 1826. — Ordonnance du Roi portant autorisation définitive de la communauté des religieuses Ursulines établie à Digne, département des Basses-Alpes. (8, Bull. 111, n° 3717.)

---

27 AOUT = Pr. 6 SEPTEMBRE 1826. — Ordonnance du Roi portant autorisation définitive des communautés de religieuses Ursulines situées à Aire et à Tonnerre. (8, Bull. 111, n° 3720.)

---

27 AOUT 1826. — Ordonnances du Roi qui accordent des pensions de retraite à des militaires. (8, Bull. 114 *bis*, n°⁵ 7, 8 et 9.)

---

30 AOUT = Pr. 27 OCTOBRE 1826. — Ordonnance du Roi qui rend obligatoire dans les deux îles de la Martinique et de la Guadeloupe, et dans les établissemens qui dépendent de cette dernière colonie, la computation monétaire en francs, telle qu'elle est établie en France. (8, Bull. 121, n° 4050.)

Voy. ordonnance du 15 OCTOBRE 1826.

Charles, etc.—Voulant donner à la circulation des monnaies, dans nos îles de la Martinique et de la Guadeloupe, des bases fixes et conformes à celles du système monétaire de la métropole;—Sur le rapport de notre ministre secrétaire-d'État de la marine et des colonies,

TITRE Iᵉʳ. De l'établissement de la computation en francs dans nos îles de la Martinique et de la Guadeloupe.

Art. 1ᵉʳ. A compter de la publication de la présente ordonnance, la computation monétaire en francs, telle qu'elle est établie dans notre royaume, sera obligatoire dans nos îles de la Martinique et de la Guadeloupe, et dans tous les établissemens qui dépendent de cette dernière colonie.

2. Le franc, composé de cinq grammes d'argent à neuf dixièmes de fin, sera la seule unité monétaire légale dans lesdites colonies.

3. Toutes computations en livres coloniales, ou en toutes autres monnaies de compte, sont et demeurent définitivement abolies.

4. Les sommes ou valeurs exprimées dans les contrats ou jugemens ne pourront plus, à l'avenir, être mentionnées qu'en francs ou en monnaies réelles. Il est expressément enjoint à nos gouverneurs, magistrats et administrateurs, de tenir la main à cette disposition, et à nos greffiers, notaires et autres officiers ministériels ou publics, de s'y conformer, à peine, contre ces derniers, d'une amende de cent francs pour chaque contravention. (Loi du 16 mars 1803.)

5. L'assiette et le recouvrement des contributions, tant directes qu'indirectes, ne pourront avoir lieu qu'en francs.

TITRE II. De la circulation des monnaies, tant françaises qu'étrangères.

6. Les monnaies d'or et d'argent françaises et les espèces étrangères désignées ci-après, articles 12 et 14, continueront d'avoir cours forcé dans nosdites îles de la Martinique et de la Guadeloupe et dépendances.

7. Néanmoins, les monnaies étrangères ne pourront être données en paiement, et ne seront reçues pour leur valeur de tarif qu'autant qu'elles auront été fabriquées au titre légal, et qu'elles n'auront pas subi par le frai ou autrement plus d'un cinquième de diminution dans leur poids de rigueur.

8. Les pièces étrangères qui ne réuniront pas les conditions exigées par l'article ci-dessus cesseront d'avoir cours forcé de monnaie, et ne pourront plus être employées que comme matière.

TITRE III. Du tarif des monnaies tant françaises qu'étrangères.

§ Iᵉʳ. *Monnaies en argent.*

9. La pièce de cinq francs et ses sous-divisions seront admises dans tous les paiemens pour leur valeur nominale.

10. Les écus de France dits de six et de trois livres tournois, fabriqués depuis 1726, auront également cours dans nosdites îles pour la valeur nominale qu'ils ont en France, savoir : la pièce de six livres, pour cinq francs quatre-vingts centimes, et celle de trois livres, pour deux francs soixante-quinze centimes.

11. Les pièces ci-dessus, lorsqu'elles seront rognées ou qu'elles n'auront pas conservé l'une de leurs empreintes, ne pourront avoir cours comme monnaies.

12. La piastre gourde (du poids de 26 grammes 98, ou sept gros quatre grains, et au titre de 896 millièmes) aura cours pour cinq francs quarante centimes;

La demi gourde, pour deux francs soixante-dix centimes;

Le quart de gourde, pour un franc trente-cinq centimes;

Le huitième de gourde, pour soixante-deux centimes et demi ;

Le cinquième de gourde, pour un franc huit centimes;

Le dixième, pour cinquante-quatre centimes ;

Le vingtième ou réal de veillon, pour vingt-sept centimes.

Néanmoins, les sous-divisions de la gourde ne pourront être employées pour plus d'un vingtième dans chaque paiement.

§ II. Monnaies en or.

13. Les monnaies d'or, tant de France que des pays étrangers, auront cours dans les deux colonies et dans les îles qui en dépendent ; savoir :

Les monnaies de France, pour la valeur qu'elles ont dans le royaume ;

Les pièces françaises hors de cours et les pièces étrangères, pour leur valeur réglée par l'arrêté du Gouvernement du 6 juin 1803 (17 prairial an 11).

14. En conséquence de l'article précédent, la valeur légale des pièces d'or ci-après désignées est et demeure fixée comme suit :

Pièce français e de quarante francs, du poids de 12 grammes 9032, et au titre de 900 millièmes de fin, quarante francs.

Pièce française de vingt francs, du poids de 6 grammes 4516, et au titre de 900 millièmes de fin, vingt francs ;

Pièce française de quarante-huit livres tournois, depuis 1785, du poids de 13 grammes 2090, et au titre de 904 millièmes de fin, quarante-sept francs vingt centimes ;

Pièce française de vingt-quatre livres, depuis 1785, du poids de 7 grammes 5884, et au titre de 904 millièmes de fin, vingt-trois francs cinquante-cinq centimes ;

Pièce anglaise dite *guinée*, du poids de 8 grammes 3802, et au titre de 917 millièmes de fin, vingt-six francs quarante-sept centimes ;

Pièce anglaise dite *souverain*, du poids de 7 grammes 9808, et au titre de 917 millièmes de fin, vingt-cinq francs vingt centimes ;

Pièce portugaise dite *lisbonine, moïde* ou *portugaise*, du poids de 14 grammes 334, et au titre de 917 millièmes de fin, quarante-cinq francs vingt-huit centimes ;

Pièce espagnole dite *quadruple*, depuis 1786, du poids de 27 grammes 045, et au titre de 875 millièmes de fin, quatre-vingt-un francs cinquante-un centimes.

Titre IV. Monnaie de billon.

15. Les pièces de billon actuellement en circulation dans les deux colonies, et connues sous les dénominations de *noirs* et d'é-tampées, continueront d'y avoir cours de monnaie, et seront admises dans les paiemens, chacune pour seize centimes et demi.

16. Les monnaies de billon, de cuivre et de bronze, ne pourront néanmoins être employées pour plus d'un quarantième de la somme totale du paicment.

17. L'introduction ou la circulation de toute monnaie de cuivre ou de billon de fabrique étrangère, dans lesdites colonies, sont expressément prohibées, sous les peines portées par les ordonnances.

18. Il sera fabriqué dans nos hôtels des monnaies, pour les colonies de la Martinique et de la Guadeloupe, des pièces de bronze de cinq et de dix centimes, semblables à celles qui viennent d'être fabriquées pour le Sénégal et pour la Guiane française. La circulation desdites pièces n'aura lieu que dans nos colonies.

Titre V. Contrats et engagemens stipulés antérieurement.

19. Sont et demeurent confirmées les dernières évaluations de la livre coloniale, telles qu'elles ont été réglées en 1817 par les arrêtés des gouverneurs et intendans de la Martinique et de la Guadeloupe. En conséquence, le dernier état légal de la monnaie de compte, dans les deux îles, est de cent quatre-vingt livres coloniales pour cent francs à la Martinique, et de cent quatre-vingt-cinq livres coloniales pour cent francs à la Guadeloupe.

20. Les contrats, marchés et créances existans lors de la publication de la présente ordonnance seront exécutés, et les sommes qui en restent dues seront payées conformément aux dispositions du Code civil sur la matière.

Titre VI. Dispositions générales.

21. Il ne pourra être apporté aucun changement aux dispositions de la présente ordonnance par l'autorité de nos gouverneurs dans lesdites colonies, même provisoirement et sous réserve de notre approbation.

22. Notre ministre de la marine et des colonies (comte de Chabrol) est chargé, etc.

30 AOUT 1826. — Rapport au Roi sur la computation monétaire à la Guadeloupe et à la Martinique. (Moniteur du 16 OCTOBRE 1826.)

Voy. l'ordonnance qui précède.

Sire,

Les deux colonies de la Martinique et de la Guadeloupe ont, dès les premiers temps de leur établissement, fait usage d'une monnaie de compte qui, sous la dénomination de livre coloniale, sert à régler le change entre les diverses monnaies qui y circulent.

Situées à de grandes distances de la France, et n'en recevant pas assez de numéraire pour subvenir à toutes leurs transactions, ces colonies ont dû admettre, à un cours légal et forcé, celles des espèces étrangères qui y sont le plus abondantes, et en même temps adopter une unité monétaire qui servît de régulateur commun pour leurs valeurs respectives.

Cette unité n'a été que nominale tant que la France, usant elle-même d'une monnaie de compte, n'a pu amener les deux Antilles à une computation monétaire qui convînt également à la métropole et à ses colonies.

Elle a reçu, dès son origine, une valeur fictive plus élevée que celle de la livre tournois, par suite de ce principe erroné, qu'en surhaussant le cours des espèces on pouvait en prévenir la sortie, et provoquer un plus grand débit de denrées.

Elle a d'ailleurs varié dans son rapport, soit avec les monnaies circulantes, soit avec la livre tournois, tant que les monnaies réelles n'ont subi aucune altération.

Mais plusieurs causes ont, vers la fin du siècle dernier, porté le trouble dans la circulation. Un grand nombre de pièces *de fabrique* y ont été introduites, et la fraude a usé de divers moyens pour diminuer le poids des anciennes espèces. Dès lors les changes ne sont plus restés les mêmes, et la livre coloniale, en exprimant leur pair légal, n'a plus été d'accord avec le pair de fait, qui l'avait remplacé dans les transactions.

Les administrations locales ont fait éprouver à la livre coloniale des surhaussemens propres à la mettre successivement en harmonie avec l'état réel des changes.

Le pair légal de cette monnaie de compte avec la livre tournois, lequel avait été depuis 1760, de 150 pour 100, a été porté à 166 2|3, savoir : à la Guadeloupe en 1803, et à la Martinique en 1805 ; et peu d'années après (en 1817) il a été élevé à 185 pour 100 dans la première de ces deux îles, et à 180 pour 100 dans la seconde.

Ces derniers rapports sont ceux qui existent encore légalement entre la livre coloniale et le franc ; mais ils ne sont plus qu'imparfaitement observés dans les transactions privées. Les tarifs de 1817 n'ont pas plus que les précédens, résisté à l'opinion, premier arbitre de la valeur des monnaies. De nouveaux surhaussemens seraient aujourd'hui nécessaires pour remettre la livre coloniale au niveau du pair de fait, et il est facile de prévoir que ce pair de fait ne tarderait pas, à son tour, à annuler les tarifs qui seraient établis.

Les variations que la livre coloniale a éprouvées ont blessé de nombreux intérêts. Celles qu'elle ne saurait manquer de subir encore, si elle était maintenue, portent dès à présent l'inquiétude sur l'avenir, et cette inquiétude est une source de défiance et de discrédit. En même temps, les contestations et les injustices se multiplient, par l'effet de la double concurrence d'un pair légal et d'un pair de fait, qui met tous les jours en présence les prescriptions du tarif et les résistances de l'opinion.

Il importe de mettre fin à un tel état de choses, et l'on ne saurait y parvenir au moyen de simples améliorations à apporter au change de la livre coloniale. Cette monnaie de compte sera toujours mobile et variable, parceque le cours des monnaies, qui lui sert de base, est lui-même exposé à de fréquens changemens. Elle laissera toujours à craindre des surhaussemens, parcequ'elle ne peut contenir la marche de l'opinion, et qu'ainsi le pair de fait amènera toujours à son niveau le pair légal.

L'application du système monétaire de la France à nos Antilles peut seule y donner de la fixité aux monnaies, et y assurer l'exécution exacte des conventions privées.

Le franc y tiendra lieu de la livre coloniale pour déterminer la valeur respective des diverses monnaies, et pour fixer leur pair légal. Il aura, sur cette unité monétaire fictive, le précieux avantage de n'être sujet à aucune variation, de ne comporter aucun surhaussement ni pour le présent ni pour l'avenir.

En effet, le franc est, par sa nature, l'étalon le plus exact de la valeur des monnaies. L'appréciation des espèces d'après cette unité monétaire, est uniquement réglée par la quantité d'or ou d'argent fin que chacune d'elles contient. Or, ce mode de comparaison est le seul vrai, le seul qui soit invariable, universel, et qui étant indépendant de l'autorité des gouvernemens comme de celle de l'opinion, convienne ainsi à tous les pays et à toutes les affaires.

Mais si les avantages et la nécessité de l'introduction de l'unité monétaire du franc dans nos Antilles me paraissent incontestables, j'ai dû reconnaître en même temps qu'il existait de nombreux motifs d'hésitation, quant à la convenance d'appliquer à la computation de ces îles les règles qui déterminent dans le royaume la valeur monétaire des espèces en or.

La valeur de l'or, relativement à l'argent, est, sur le continent et dans les îles de l'Amérique, plus considérable qu'en France. Quelles qu'en soient les causes, cette sur-évaluation est générale, et les îles de la Martinique et de la Guadeloupe l'ont adoptée comme toutes les autres colonies.

Peut-on espérer de parvenir, par le seul fait d'un nouveau réglement, à changer sur ces deux points le rapport de l'or à l'argent, tandis qu'il continuerait à subsister dans les autres îles ?

N'est-il pas à craindre que, dans le cas où une telle entreprise réussirait, les espèces d'or, qui trouveraient dans les contrées voisines un meilleur prix, ne s'éloignassent de nos possessions ?

Ces considérations sont graves, et ce n'est qu'après avoir pris sur la matière l'avis de l'administration des monnaies et celui de M. le ministre secrétaire-d'État des finances, que je me suis décidé à proposer à Votre Majesté de les faire céder aux avantages résultant de l'unité du système. Je m'y suis déterminé surtout par deux raisons qui me paraissent importantes :

L'une, que dans toutes les affaires qui se règlent au comptant, les monnaies d'or reçoivent en tous lieux, nonobstant les tarifs, une valeur de convention ;

L'autre, que les cas où il y aura lieu à faire application du tarif légal pour l'exécution de marchés à termes, devront être fort rares, parceque le débiteur aura toujours le droit de s'acquitter en celles des espèces qui lui seront les plus avantageuses, et qu'il aura d'autant plus de facilités à se procurer des monnaies d'argent, que les monnaies d'or auront elles-mêmes un cours de fait plus élevé.

Enfin j'ai pensé que si l'exportation des monnaies d'or pouvait momentanément résulter de la mise en vigueur du nouveau tarif, ces espèces ne s'éloigneraient pas de nos colonies sans y être remplacées par d'autres valeurs quelconques, et qu'il ne manquerait pas de s'établir, sous ce rapport, dans la circulation, une sorte d'équilibre qui se réglerait d'après les besoins locaux.

L'abolition de la monnaie de compte dans les Antilles doit nécessairement avoir, sur le paiement des anciennes créances, des effets qui ne pouvaient échapper à l'attention de Votre Majesté.

La livre coloniale a successivement parcouru la proportion de 3 à 2, celle de 5 à 3, celle de 9 à 5.

Il est hors de doute qu'il existe des dettes créées sous chacun de ces trois pairs de change, et que parconséquent un certain nombre de créanciers, notamment ceux dont les titres sont les plus anciens, seront exposés à perdre, si le dernier cours de la livre coloniale devient la règle des paiements.

D'un autre côté, on doit considérer que les différentes modifications du pair légal

n'ont eu lieu que pour s'accommoder au pair de fait, ensorte que le surhaussement de la livre coloniale atteste, à chaque mutation, que l'ancien tarif n'était plus observé ; mais que comme de telles mesures ne peuvent être consenties légèrement par l'autorité, elles n'ont été prises que long-temps après l'élévation du cours de fait ; que, cependant, les affaires n'ayant pas pu rester stationnaires, les ventes, les emprunts les marchés stipulés pendant cet état de choses, ont été réglés d'après le cours réel des monnaies, sans avoir égard au tarif légal, et qu'ainsi, en imposant aujourd'hui aux débiteurs la condition d'un remboursement au cours légal du jour du contrat, on ferait rendre à plusieurs d'entre eux plus qu'ils n'ont reçu.

Il y a observer de plus, qu'outre les surhaussemens opérés dans la livre coloniale, chaque tarif a consommé un surhaussement d'une autre espèce, à l'égard de certaines monnaies privilégiées, ou dont on voulait provoquer l'importation ; que le débiteur ne pouvant désormais se libérer qu'en monnaies réelles des sommes qui lui ont été comptées en monnaies ainsi surhaussées, il éprouverait, par ce seul fait, une aggravation de charges inévitables dans tous les cas.

Il serait difficile de prendre un parti entre des intérêts si compliqués, si l'autorité n'avait pas ici un droit positif à appliquer.

La question du surhaussement des monnaies, appliquée aux dettes contractées antérieurement, est résolue par la législation civile.

L'art. 1895 du Code civil porte que l'« obligation qui résulte d'un prêt en argent « n'est toujours que de la somme numérique « énoncée au contrat ; « que s'il y a eu aug- « mentation d'espèces avant l'époque du « paiement, le débiteur doit rendre la somme « numérique prêtée, et ne doit rendre que « cette somme dans les espèces ayant cours « au moment du paiement. »

Avant la promulgation du Code civil, la même règle était établie par la jurisprudence suivie dans le royaume, et fondée sur le texte précis des lois romaines.

Cette disposition de la loi positive constitue en faveur des débiteurs un droit qui ne saurait être modifié, même dans des vues d'équité, et ce droit est acquis aux habitans de nos Antilles, comme aux régnicoles, parceque l'article 1895 du Code civil a été promulgué sans aucune modification dans les deux îles, et qu'antérieurement elles étaient soumises au droit public du royaume, sauf certaines modifications spécialement déterminées, et étrangères à la question dont il s'agit.

Tout dérivant ici de la loi générale, on

eût pu, peut-être, se dispenser d'en faire une mention explicite dans l'ordonnance à intervenir; mais le règlement monétaire de la Guadeloupe du 30 avril 1817 ayant statué, pour cette colonie, que les anciens contrats seraient exécutés au cours légal du change existant à l'époque de leur stipulation, il devient indispensable de replacer explicitement sous la loi commune tous ceux à qui on pourrait en contester l'application en vertu de ce règlement.

Il m'a paru, d'ailleurs, que si la prudence du Gouvernement et son respect pour la propriété lui imposent de la réserve en cette matière, il était néanmoins de sa dignité, et peut-être de son devoir, en abolissant la livre coloniale, de ne point se faire d'une manière absolue à l'égard des créances contractées pendant l'existence de cette monnaie de compte.

Son intervention, à cet égard, pourra être exercée en insérant dans le nouveau règlement une disposition qui fasse connaître qu'il n'entend ni abroger le droit commun ni y rien ajouter.

J'ai l'honneur de soumettre à Votre Majesté un projet d'ordonnance préparé d'après les vues et sur les bases développées au présent.

30 AOUT ═ Pr. 9 SEPTEMBRE 1826. — Ordonnance du Roi portant nomination d'auditeurs de seconde classe au Conseil-d'État. (8, Bull. 112, n° 3730.)

30 AOUT ═ Pr. 9 SEPTEMBRE 1826. — Ordonnance du Roi qui distrait la commune de Dormelles du canton de Lorrez, département de Seine-et-Marne, et la réunit au canton de Moret, même département. (8, Bull. 112, n° 3731.)

30 AOUT ═ Pr. 13 SEPTEMBRE 1826. — Ordonnance du Roi portant autorisation définitive de la communauté des religieuses Ursulines établie à Quezac, département de la Lozère. (8, Bull. 113, n° 3764.)

30 AOUT 1826. — Ordonnance du Roi qui autorise l'acceptation d'une donation faite à la commune de Carville. (8, Bull. 155, n° 5026.)

30 AOUT 1826. — Ordonnance du Roi qui autorise l'acceptation d'une donation faite à une communauté religieuse. (8, Bull. 156, n° 5633.)

30 AOUT 1826. — Ordonnance du Roi qui

charge le garde-des-sceaux du portefeuille de l'intérieur pendant l'absence du ministre de ce département. (8, Bull. 111, n° 3721.)

30 AOUT 1826. — Ordonnance du Roi qui admet les sieurs Berberat, Bohringer, Gassmann, Raggi et Schubert, à établir leur domicile en France. (8, Bull. 112, n° 3733.)

30 AOUT 1826. — Ordonnance du Roi qui autorise l'acceptation d'un legs fait à des pauvres. (8, Bull. 116, n° 3872.)

30 AOUT 1826. — Ordonnances du Roi qui autorisent l'acceptation de dons et legs faits à des communes, aux pauvres et à des hospices. (8, Bull. 118, n°s 3901 à 3917.)

30 AOUT 1826. — Ordonnances du Roi qui autorisent l'acceptation de dons et legs faits à des pauvres, à des hospices. (8, Bull. 119, n°s 3960 à 3973.)

31 AOUT 1836. — Tableau des prix des grains pour servir de régulateur de l'exportation et de l'importation, conformément aux lois des 16 JUILLET 1819 et 4 JUILLET 1821, arrêté le 31 AOUT 1826. (8, Bull. 110, n° 3703.)

1er SEPTEMBRE 1826. — Ordonnance du Roi qui charge le ministre des affaires étrangères du portefeuille de la guerre pendant l'absence du ministre de la guerre. (8, Bull. 112, n° 3732.)

1er SEPTEMBRE 1826. — Ordonnance du Roi qui accorde des pensions à des veuves de militaires. (8, Bull. 114 bis, n°s 10 et 11.)

3 ═ Pr. 13 SEPTEMBRE 1826. — Ordonnance du Roi portant autorisation définitive de la communauté des sœurs de la Visitation établie à Périgueux, département de la Dordogne. (8, Bull. 113, n° 3765.)

Charles, etc. — Vu la loi du 24 mai 1825 ; — Vu la déclaration des sœurs de la Visitation de Périgueux, qu'elles adoptent et entendent suivre exactement les statuts des Visitandines de Mâcon, approuvés par ordonnance royale du 20 novembre 1816 ; — Vu la délibération du conseil municipal de Périgueux, du 23 juillet 1826, tendant à ce que ledit établissement soit autorisé dans cette ville ; — Vu le consentement de l'évê-

que de Périgueux, du 17 juin 1826; — Sur
le rapport notre de ministre secrétaire-d'Etat
au département des affaires ecclésiastiques
et de l'instruction publique, etc.

Art. 1er. La communauté des sœurs de la
Visitation établie à Périgueux (Dordogne),
gouvernée par une supérieure locale, est définitivement autorisée.

2. Notre ministre des affaires ecclésiastiques et de l'instruction publique (Frayssinous) est chargé, etc.

3 SEPTEMBRE 1826. — Ordonnances du Roi
qui autorisent l'acceptation de dons et legs
faits à des fabriques, à des communautés religieuses, etc. (8, Bull. 156, nos 5634 à
5646.)

6 = Pr. 20 SEPTEMBRE 1826. — Ordonnance
du Roi portant autorisation définitive de la
communauté des religieuses de la Réunion
au Sacré-Cœur de Jésus établie à Libourne,
département de la Gironde. (8, Bull. 114,
n° 3808.)

Charles, etc. — Vu la loi du 24 mai 1825;
— Vu la déclaration des religieuses de la
Réunion au Sacré-Cœur de Jésus à Libourne,
qu'elles adoptent et s'engagent à suivre les
statuts de la maison-mère, enregistrés au
Conseil-d'Etat, conformément à notre ordonnance royale du 30 avril dernier; — Vu
la délibération du conseil municipal de Libourne du 8 août 1826, tendant à ce que
ledit établissement soit autorisé; — Vu le
consentement de MM. les vicaires généraux
capitulaires du diocèse de Bordeaux, et le
siége vacant, du 14 août 1826; — Sur le
rapport de notre ministre secrétaire-d'Etat
au département des affaires ecclésiastiques
et de l'instruction publique, etc.

Art. 1er. La communauté des religieuses
de la Réunion au Sacré-Cœur de Jésus établie à Libourne (Gironde), gouvernée par
une supérieure locale, dépendante de la supérieure générale, dont la résidence est à
Bordeaux dans la maison chef-lieu de la
congrégation, est définitivement autorisée.

2. Notre ministre des affaires ecclésiastiques et de l'instruction publique (Frayssinous) est chargé, etc.

6 SEPTEMBRE = Pr. 1er OCTOBRE 1826. — Ordonnance du Roi qui annule un arrêté du
conseil de préfecture du département de la
Haute-Saône, et renvoie le sieur Ligny à se
pourvoir devant l'administration pour obtenir, s'il y a lieu, l'autorisation d'établir
une tuilerie. (8, Bull. 115, n° 3833.)

Charles, etc. — Sur le rapport du comité
du contentieux (1re section); — Vu la requête à nous présentée au nom du baron Le
Prieur de Blainvilliers, l'un des maires de
la ville de Paris; ladite requête enregistrée
au secrétariat général de notre Conseil-
d'Etat le 20 mai 1825, et tendant à ce qu'il
nous plaise le recevoir appelant d'un arrêté
du conseil de préfecture du département de
la Haute-Saône du 30 juillet 1824, lequel, en
passant outre aux oppositions formées, estime qu'il y a lieu d'accorder au sieur Ligny
de Mélin l'autorisation de construire, sur un
terrain dont il est en jouissance, un four
destiné à la fabrication et cuisson de la tuile,
et, statuant sur ledit appel, casser et annuler
ledit arrêté; — Vu l'ordonnance de soit communiqué au sieur Ligny, rendue par notre
garde-des-sceaux le 30 juin 1825; — Vu l'ex-
ploit de notification de ladite ordonnance au
sieur Ligny, sous la date du 16 août 1825,
lequel n'a pas répondu dans les délais du règlement; — Vu l'arrêté attaqué; — Vu le
décret du 15 octobre 1810 et l'ordonnance
royale du 14 janvier 1815, sur les établissemens, manufactures et ateliers qui répandent
une odeur incommode ou insalubre; — Considérant qu'il s'agit, dans l'espèce, d'un établissement de seconde classe; qu'il résulte
de l'article 7 du décret du 15 octobre 1810
que le conseil de préfecture ne doit donner
d'avis que sur les oppositions formées aux
autorisations accordées par le préfet; qu'aucune autorisation n'ayant été accordée au
sieur Ligny, il n'y avait pas lieu, par le conseil de préfecture, de statuer sur les oppositions; — Notre Conseil-d'Etat entendu, etc.

Art. 1er. L'arrêté du conseil de préfecture
du département de la Haute-Saône est annulé.

2. Le sieur Ligny est renvoyé à se pourvoir devant l'administration pour obtenir,
s'il y a lieu, l'autorisation d'établir une tuilerie.

3. Notre ministre de la justice, et notre
ministre de l'intérieur (comte de Peyronnet
et comte Corbière) sont chargés, etc.

6 = Pr. 20 SEPTEMBRE 1826. — Ordonnance
du Roi portant autorisation définitive de la
communauté des religieuses Ursulines établie à Saint-Chamond, département de la
Loire. (8, Bull. 114, n° 3609.)

6 SEPTEMBRE 1826. — Ordonnance du Roi qui
accorde des lettres de déclaration de naturalité au sieur Mahin. (8, Bull. 291, n°
11105.)

6 SEPTEMBRE 1826. — Ordonnance du Roi qui
accorde des lettres de déclaration de natu-

ralité au sieur Toussaint. (8, Bull. 298, n° 11405.)

6 SEPTEMBRE 1826. — Ordonnance du Roi qui accorde des lettres de déclaration de naturalité au sieur Leclerc. (8, Bull. 316, n° 12146.)

6 SEPTEMBRE 1826. — Ordonnance du Roi qui accorde des lettres de déclaration de naturalité au sieur Meteus. (8, Bull. 362, n°

6 .... 1826. — Ordonnance du Roi qui ...... des lettres de déclaration de naturalité au sieur Tasson. (8, Bull. 146, n° 5114.)

6 SEPTEMBRE 1826. — Ordonnance du Roi qui autorise le sieur Degranges à ajouter à son nom celui de Rancy. (8, Bull. 113, n° 5766.)

6 SEPTEMBRE 1826. — Ordonnance du Roi qui autorise le sieur Fenech à établir son domicile en France. (8, Bull. 115, n° 5767.)

6 SEPTEMBRE 1826. — Ordonnance du Roi qui autorise l'acceptation d'un legs fait à la fondation de Saint-Guillaume à Strasbourg. (8, Bull. 119, n° 5974.)

6 SEPTEMBRE 1826. — Ordonnance du Roi qui autorise le sieur Champion de Nansouty à établir une fabrique d'acier dans la commune de Perex-sous-Thil (Côte-d'Or). (8, Bull. 119, n° 5992.)

6 SEPTEMBRE 1826. — Ordonnance du Roi qui autorise le lieutenant-général Lepin à établir un feu d'affinerie dans la tréfilerie de Qu..... (.....), dont il est propriétaire. (8, Bull. 119, n° 5993.)

6 SEPTEMBRE 1826. — Ordonnance du Roi qui autorise les sieurs Philippon frères à établir un haut-fourneau dans la commune de Brazey (Côte-d'Or). (8, Bull. 119, n° 5994.)

6 SEPTEMBRE 1826. — Ordonnance du Roi qui autorise les sieurs Ardaillon et Bessy à établir un lavoir à bras et un lavoir à cheval dans la commune de Nantilly (Haute-Saône). (8, Bull. 119, n° 5995.)

6 SEPTEMBRE 1826. — Ordonnance du Roi qui autorise la dame veuve de Sorans et le sieur Gauthier à conserver le patouillet à roue qu'ils ont établi dans la commune de Mélans (Haute-Saône). (8, Bull. 119, n° 5996.)

7 SEPTEMBRE 1826. — Lettres-patentes portant érection de majorats en faveur de MM. Douineau de Charentais, de Guéroult et Chopin. (8, Bull. 114, n° 5810.)

12 SEPTEMBRE = Pr. ... NOVEMBRE 1826. — Ordonnance du Roi qui maintient l'abattoir public existant à Lunéville, département de la Meurthe. (8, Bull. 124, n° 4145.)

Charles, etc. — Sur le rapport de notre garde-des-sceaux, ministre de la justice, chargé du portefeuille du ministère de l'intérieur; — Vu la délibération du conseil municipal de Lunéville, du 6 juin 1826; — L'avis du préfet, du 15 du même mois; — Notre Conseil-d'État entendu, etc.

Art. 1er. L'abattoir public existant à Lunéville (Meurthe) est maintenu; le bâtiment appartenant à la ville dans lequel se fait l'abattage des bestiaux reste affecté à cet usage.

2. À dater de la publication de la présente ordonnance, l'abattage des bestiaux de toute espèce destinés à la boucherie de Lunéville aura lieu exclusivement dans ledit bâtiment, et les tueries particulières seront fermées.

3. L'abattage des porcs destinés à la charcuterie de ladite ville aura également lieu exclusivement dans le même local, mais seulement lorsque les dispositions à faire dans la maison attenante à l'abattoir, dont l'acquisition a été autorisée par notre ordonnance du 19 avril dernier, seront entièrement terminées, et un mois après que le public en aura été prévenu par affiches. À l'expiration de ce délai, tous les échaudoirs particuliers affectés à ce service seront ...nés.

Toutefois, les particuliers qui élèvent des porcs pour leur consommation auront la faculté de les abattre à domicile dans des lieux clos et séparés de la voie publique.

4. Les bouchers et charcutiers forains pourront faire usage dudit abattoir : mais cette disposition est simplement facultative pour eux, soit qu'ils concourent à l'approvisionnement de la ville, soit qu'ils approvisionnent seulement la banlieue; ils seront libres de tenir des abattoirs et des étaux hors de la commune, sous l'approbation de l'autorité locale.

5. Les droits à payer pour les bouchers et charcutiers pour l'occupation des plac...

dans l'abattoir public seront réglés par un tarif arrêté dans la forme ordinaire.

6. Le maire de Lunéville pourra faire les règlemens locaux nécessaires pour le service de l'abattoir public et pour le commerce de la boucherie et charcuterie; mais ces actes ne seront exécutoires qu'après avoir été approuvés par le ministre de l'intérieur, sur l'avis du sous-préfet de l'arrondissement et du préfet.

7. Notre ministre de l'intérieur (comte Corbière) est chargé, etc.

12 SEPTEMBRE = Pr. 11 NOVEMBRE 1826. — Ordonnance du Roi qui classe le chemin d'Orange à Valréas au rang des routes départementales de Vaucluse. (8, Bull. 124, n° 4146.)

12 SEPTEMBRE 1826. — Ordonnances du Roi qui accordent des lettres de déclaration de naturalité aux sieurs Estrada, Simon et Ascenzo dit Bigarello. (8, Bull. 145, n°s 5097, 5098 et 5099.)

12 SEPTEMBRE 1826. — Ordonnance du Roi qui accorde des lettres de déclaration de naturalité au sieur Gutzviller. (8, Bull. 146, n° 5115.)

12 SEPTEMBRE 1826. — Ordonnances du Roi qui autorisent l'acceptation de dons et legs faits à des fabriques, à des séminaires, etc. (8, Bull. 156, n°s 5647 à 5662.)

12 SEPTEMBRE 1826. — Ordonnance du Roi qui accorde des lettres de déclaration de naturalité au sieur Werdin. (8, Bull. 185, n°. 7088.)

12 SEPTEMBRE 1826. — Ordonnance du Roi qui accorde des lettres de déclaration de naturalité au sieur Gillet. (8, Bull. 271, n° 10446.)

12 SEPTEMBRE 1826. — Ordonnance du Roi qui accorde des lettres de déclaration de naturalité au sieur Koders dit Godard. (8, Bull. 316, n° 12147.)

12 SEPTEMBRE 1826. — Ordonnance du Roi qui réintègre dans la qualité et les droits de Français le sieur Bonnelle, ancien médecin des armées. (8, Bull. 115, n° 3837.)

12 SEPTEMBRE 1826. — Ordonnance du Roi qui admet les sieurs Kalchgruber et Smith à établir leur domicile en France. (8, Bull. 115, n° 3839.)

12 SEPTEMBRE 1826. — Ordonnance du Roi qui nomme M. de Villeneuve président du collège départemental de la Haute-Saône. (8, Bull. 116, n° 3844.)

12 SEPTEMBRE 1826. — Ordonnances du Roi qui autorisent l'acceptation de dons et legs faits à des communes, à des écoles d'arts et métiers. (8, Bull. 119, n°s 3975 à 3981.)

12 SEPTEMBRE 1826. — Ordonnance du Roi qui autorise le sieur Gallot à établir un haut-fourneau dans la commune d'Ivoy-le-Pré (Cher). (8, Bull. 119, n° 3997.)

12 SEPTEMBRE 1826. — Ordonnance du Roi qui autorise les sieurs Linossier et autres à établir un patouillet dans la commune de Bouhans (Haute-Saône). (8, Bull. 119, n° 3998.)

12 SEPTEMBRE 1826. — Ordonnance du Roi qui autorise les sieurs Derosne et compagnie à établir deux lavoirs à bras dans la commune d'Etrelle (Haute-Saône). (8, Bull. 119, n° 3999.)

12 SEPTEMBRE 1826. — Ordonnance du Roi qui autorise le sieur Thibaulot à établir deux lavoirs à cheval dans la commune d'Oyrière (Haute-Saône). (8, Bull. 119, n° 4001.)

12 SEPTEMBRE 1826. — Ordonnance du Roi qui autorise l'inscription au Trésor royal d'une pension en faveur de la veuve et des enfans d'un ancien soldat de l'armée royale du Midi. (8, Bull. 121 bis, n° 1.)

12 SEPTEMBRE 1826. — Ordonnances du Roi qui autorisent les sieurs Derosne et Bressand à établir et maintenir en activité des lavoirs à bras pour le lavage du minerai de fer dans les communes de La Chapelle-Saint-Quillan et de Raze (Haute-Saône). (8, Bull. 127, n°s 4360 et 4361.)

12 SEPTEMBRE 1826. — Ordonnance du Roi qui autorise la dame veuve Hébert et le sieur Besné à faire construire une forge à l'anglaise près d'Hennebon (Morbihan). (8, Bull. 127, n° 4362.)

12 SEPTEMBRE 1826. — Ordonnance du Roi qui autorise le sieur Duchon à établir deux lavoirs à bras dans la commune d'Etrelles (Haute-Saône). (8, Bull. 119, n° 4000.)

17 SEPTEMBRE = Pr. 1er OCTOBRE 1826. — Ordonnance du Roi portant autorisation définitive de la communauté des sœurs de la Nativité de Notre-Seigneur Jésus-Christ établie à Saint-Vallier, département de la Drôme. (8, Bull. 115, n° 3833.)

Charles, etc. — Vu la loi du 24 mai 1825 ; — Vu la déclaration des sœurs de la Nativité de Notre-Seigneur Jésus-Christ établies à Saint-Vallier, qu'elles adoptent et s'engagent à suivre les statuts enregistrés au Conseil-d'Etat, conformément à notre ordonnance royale du 30 avril 1826, pour la maison-mère de Valence ; — Vu la délibération du conseil municipal de Saint-Vallier, en date du 13 août 1826, tendant à ce que ledit établissement soit autorisé ; — Vu le consentement de l'évêque de Valence, du 27 du même mois ; — Sur le rapport de notre ministre secrétaire-d'Etat au département des affaires ecclésiastiques et de l'instruction publique, etc.

Art. 1er. La communauté des sœurs de la Nativité de Notre-Seigneur Jésus-Christ établie à Saint-Vallier (Drôme), diocèse de Valence, gouvernée par une supérieure locale, dépendante de la supérieure générale, dont la résidence est à Valence dans la maison chef-lieu de la congrégation, est définitivement autorisée.

2. Notre ministre des affaires ecclésiastiques et de l'instruction publique (Frayssinous) est chargé, etc.

17 SEPTEMBRE = Pr. 1er OCTOBRE 1826. — Ordonnance du Roi portant autorisation définitive de la communauté des religieuses Ursulines établie à Blois, département de Loire-et-Cher. (8, Bull. 115, n° 3834.)

17 SEPTEMBRE 1826. — Ordonnances du Roi qui autorisent l'acceptation de dons et legs faits à des fabriques, à des prêtres, etc. (8, Bull. 157, n°s 5685 à 5693.)

20 SEPTEMBRE 1826. — Ordonnance du Roi qui accorde des lettres de déclaration de naturalité au sieur Pfennig. (8, Bull. 232, n° 8482.)

20 SEPTEMBRE 1826. — Ordonnance du Roi qui autorise le sieur Gilles à faire précéder son nom du mot *Saint*. (8, Bull. 115, n° 3836.)

20 SEPTEMBRE 1826. — Ordonnance du Roi qui admet les sieurs Berguer, Boggiano, Guillaume, Mazay et Wolsky, à établir leur domicile en France. (8, Bull. 115, n° 3840.)

20 SEPTEMBRE 1826. — Ordonnances du Roi qui autorisent l'acceptation de dons et legs faits à des communes et au consistoire protestant du Vigan. (8, Bull. 119, n°s 3982 à 3988.)

24 SEPTEMBRE = Pr. 7 OCTOBRE 1826. — Ordonnance du Roi portant autorisation définitive de la communauté des sœurs de la Providence établie à Theys, département de l'Isère. (8, Bull. 116, n° 3845.)

Charles, etc. — Vu la loi du 24 mai 1825 ; — Vu la déclaration des sœurs de la Providence de Theys, qu'elles adoptent et s'engagent à suivre les statuts enregistrés au Conseil-d'Etat pour la maison chef-lieu de Grenoble, conformément à notre ordonnance royale du 30 avril 1826 ; — Vu la délibération du conseil municipal de Theys du 2 juillet 1826, tendant à ce que ledit établissement soit autorisé ; — Vu le consentement de l'évêque de Grenoble ; — Sur le rapport de notre ministre secrétaire-d'Etat au département des affaires ecclésiastiques et de l'instruction publique, etc.

Art. 1er. La communauté des sœurs de la Providence établie à Theys, département de l'Isère, diocèse de Grenoble, gouvernée par une supérieure locale, dépendante de la supérieure générale, dont la résidence est à Grenoble dans la maison-mère de la congrégation, est définitivement autorisée.

2. Notre ministre des affaires ecclésiastiques et de l'instruction publique (Frayssinous) est chargé, etc.

24 SEPTEMBRE = Pr. 7 OCTOBRE 1826. — Ordonnance du Roi portant autorisation définitive de la communauté des religieuses Ursulines établie à Chirac, département de la Lozère. (8, Bull. 116, n° 3846.)

24 SEPTEMBRE 1826. — Ordonnances du Roi qui autorisent l'acceptation de dons et legs faits à des fabriques. (8, Bull. 157, n°s 5694 à 5709.)

24 SEPTEMBRE 1826. — Ordonnance du Roi qui autorise l'aceptation d'un legs fait à une fabrique. (8, Bull. 158, n° 5715.)

27 SEPTEMBRE = Pr. 7 OCTOBRE 1826. — Ordonnance du Roi portant que les élèves de l'école forestière seront dispensés du service militaire, conformément aux disposi-

tions de l'article 15 de la loi du 10 MARS 1818. (8, Bull. 116, n° 3847.)

Charles, etc. — Vu l'article 15 de la loi du 10 mars 1818, sur le recrutement de l'armée, portant que les élèves de l'école polytechnique et des écoles de services publics seront dispensés et considérés comme ayant satisfait à l'appel pour le recrutement de l'armée, sous condition qu'ils perdront le bénéfice de la dispense s'ils abandonnent leurs études où ne sont point admis dans le service auquel elles préparent, ou s'ils le quittent avant le temps fixé pour la durée du service des soldats; — Vu nos ordonnances des 26 août et 1er décembre 1824, sur l'organisation des forêts et de l'école forestière; — Considérant que l'école forestière est une école de service public; — Sur le rapport de notre ministre secrétaire-d'Etat de la guerre; — Notre Conseil-d'État entendu, etc.

Art. 1er. Conformément aux dispositions de la loi du 10 mars 1818, les élèves de l'école forestière seront dispensés du service militaire.

2. Notre ministre de la justice, et nos ministres de la guerre et des finances (comte de Peyronnet, marquis de Clermont-Tonnerre et comte de Villèle) sont chargés, etc.

———

27 SEPTEMBRE = Pr. 24 OCTOBRE 1826. — Ordonnance du Roi qui porte à vingt-cinq le nombre des courtiers de marchandises dans la ville du Havre. (8, Bull. 120, n° 4003.)

Charles, etc. — Sur le rapport de notre ministre secrétaire-d'Etat au département de l'intérieur; — Vu les lettres de la chambre de commerce du Hâvre, des 31 mars et 8 septembre 1826; — Notre Conseil-d'Etat entendu, etc.

Art. 1er. Le nombre des courtiers de marchandises dans la ville du Hâvre, fixé à seize par l'ordonnance du 19 juin 1822, est porté à vingt-cinq,

2. Nos ministres de l'intérieur et des finances (comtes Corbière et de Villèle) sont chargés, etc.

———

27 SEPTEMBRE = Pr. 16 NOVEMBRE 1826. — Ordonnance du Roi qui dispense les courtiers gourmets piqueurs de vins près la halle de Paris des versemens dans la bourse commune réglés par le décret du 15 DÉCEMBRE 1813. (8, Bull. 125, n° 4154.)

Charles, etc. — Sur le rapport de notre ministre secrétaire-d'Etat au département de l'intérieur; — Vu le décret des 15 décembre 1813; — Sur la demande des courtiers gourmets piqueurs de vins près la halle de Paris; — Vu les délibérations en assemblées générale, des 9 mars et 6 mai 1826; — Notre Conseil-d'Etat entendu, etc.

Art. 1er. Les courtiers gourmets piqueurs de vins de la halle de Paris sont dispensés des versemens dans la bourse commune réglés par l'article 21 du décret du 15 décembre 1813.

2. Notre ministre de l'intérieur (comte Corbière) est chargé, etc.

———

27 SEPTEMBRE = Pr. 1er DÉCEMBRE 1826. — Ordonnance du Roi portant autorisation de la société anonyme formée à Strasbourg sous la dénomination de Filature de Poutay. (8, Bull. 127 bis.)

Charles, etc. — Sur le rapport de notre ministre secrétaire-d'Etat au département de l'intérieur; — Vu les articles 29 à 37, 40 et 45 du Code de commerce; — Notre Conseil-d'Etat entendu, etc.

Art. 1er. Est autorisée la société anonyme formée à Strasbourg, par acte passé le 18 janvier 1826, par-devant Rencker et son collègue, notaires, sous la dénomination de *Filature de Poutay*.

2. Les statuts contenus audit acte sont approuvés, sauf les modifications suivantes:

L'existence de la société ne comptera qu'à dater de la présente ordonnance;

Le capital social ne pourra être élevé à un million sans une nouvelle autorisation de notre part;

L'assemblée générale ne pourra délibérer, même dans le cas prévu par le second paragraphe de l'article 33 desdits statuts, qu'autant que dix sociétaires au moins seront présens à la séance.

3. La société sera tenue de remettre, tous les six mois, un extrait de son état de situation à chacun des préfets du Bas-Rhin et des Vosges, à la chambre de commerce et au greffe du tribunal de commerce de Strasbourg; pareil extrait sera également adressé à notre ministre de l'intérieur;

4. Nous nous réservons de révoquer la présente autorisation; en cas de violation ou de non-exécution des statuts par nous approuvés.

5. Notre ministre de l'intérieur (comte Corbière) est chargé, etc.

———

27 SEPTEMBRE = Pr. 24 OCTOBRE 1826. — Ordonnance du Roi qui réunit la commune de Pin au canton de Marnay, département de la Haute-Saône. (8, Bull. 120, n° 4002.)

27 SEPTEMBRE 1826. — Ordonnance du Roi qui réintègre dans la qualité et les droits de Français le sieur Dubourg, nommé à l'évêché de Montauban. (8, Bull. 114 *bis*, n° 3838.)

27 SEPTEMBRE 1826. — Ordonnance du Roi qui admet les sieurs Baas, Günther, Kegler et Schmidt, à établir leur domicile en France. (8, Bull. 116, n° 3848.)

27 SEPTEMBRE 1826. — Ordonnances du Roi qui accordent des pensions de retraite à des militaires. (8, Bull. 121 *bis*, nᵒˢ 2 et 3.)

27 SEPTEMBRE 1826. — Ordonnance du Roi qui accorde un secours annuel aux orphelins d'un militaire. (8, Bull. 121 *bis*, n° 4.)

27 SEPTEMBRE 1826. — Ordonnance du Roi qui accorde des pensions à dix-sept veuves de militaires. (8, Bull. 121 *bis*, n° 5.)

27 SEPTEMBRE 1826. — Ordonnances du Roi qui autorisent l'acceptation de dons et legs faits à des hospices et aux pauvres. (8, Bull. 128, nᵒˢ 4306 à 4366.)

30 SEPTEMBRE 1826. — Tableau des prix des grains pour servir de régulateur de l'exportation et de l'importation, conformément aux lois des 16 JUILLET 1819 et 4 JUILLET 1821, arrêté le 30 SEPTEMBRE 1826. (8, Bull. 115, n° 3852.)

30 SEPTEMBRE 1826. — Ordonnance du Roi qui autorise le sieur Martin à établir huit lavoirs à bras dans la commune d'Apremont (Haute-Saône). (8, Bull. 119 n° 3989.)

30 SEPTEMBRE 1826. — Ordonnance du Roi qui autorise les sieurs Ardaillon et Bessy à construire deux patouillets dans la commune de Delain (Haute-Saône). (8, Bull. 119, n° 3990.)

30 SEPTEMBRE 1826. — Ordonnance du Roi portant concession des mines de fer connues sous le nom de Villebois, département de l'Ain. (8, Bull. 119, n° 3991.)

1ᵉʳ = Pr. 14 OCTOBRE 1826. — Ordonnance du Roi portant autorisation définitive de la communauté des sœurs de la Visitation établie à Reims, département de la Marne. (8, Bull. 118, n° 3891.)

Charles, etc. — Vu la loi du 24 mai 1825; — Vu la déclaration des sœurs de la Visitation de Reims, qu'elles adoptent et s'engagent à suivre des statuts semblables en tout à ceux des Visitandines de Mâcon, approuvés par ordonnance du Roi du 20 novembre 1816; — Vu cette ordonnance; — Vu la délibération du conseil municipal de Reims, du 17 août 1826, tendant à ce que ledit établissement soit autorisé; — Vu le consentement de notre cousin cardinal archevêque de Reims, du 17 avril 1826; — Sur le rapport de notre ministre secrétaire-d'Etat au département des affaires ecclésiastiques et de l'instruction publique, etc.

Art. 1ᵉʳ. La communauté des sœurs de la Visitation, établie à Reims (Marne), gouvernée par une supérieure locale, est définitivement autorisée.

2. Notre ministre des affaires ecclésiastiques et de l'instruction publique (Frayssinous) est chargé, etc.

1ᵉʳ = Pr. 14 OCTOBRE 1826. — Ordonnance du Roi portant autorisation définitive de la communauté des religieuses Ursulines établie à Montbard, département de la Côte-d'Or. (8, Bull. 118, n° 3892.)

4 = Pr. 14 OCTOBRE 1826. — Ordonnance du Roi portant autorisation définitive de la communauté des sœurs de Saint-Charles, établie à Vinzieux, département de l'Ardèche. (8, Bull. 118, n° 3893.)

Charles, etc. — Vu la loi du 24 mai 1825; — Vu la déclaration des sœurs de Saint-Charles de Vinzieux, qu'elles adoptent et s'engagent à suivre les statuts approuvés par décret du 22 octobre 1810 pour la maison-mère de Lyon, — Vu la délibération du conseil municipal de Vinzieux, du 12 novembre 1825, tendant à ce que ledit établissement soit autorisé; — Vu le consentement de l'évêque de Viviers, du 12 septembre 1826; — Sur le rapport de notre ministre secrétaire-d'Etat au département des affaires ecclésiastiques et de l'instruction publique, etc.

Art. 1ᵉʳ. La communauté des sœurs de Saint-Charles établie à Vinzieux (Ardèche), diocèse de Viviers, gouvernée par une supérieure locale dépendante de la supérieure générale, dont la résidence est à Lyon dans la maison chef-lieu de la congrégation, est définitivement autorisée.

2. Notre ministre des affaires ecclésiastiques et de l'instruction publique (Frayssinous) est chargé, etc.

4 = Pr. 7 OCTOBRE 1826. — Ordonnance du Roi qui prescrit la publication du traité d'amitié, de navigation et de commerce, conclu entre Sa Majesté Très-Chrétienne et Sa Majesté l'empereur du Brésil. (8, Bull. 117, n° 3873.)

Voy. à la suite de cette ordonnance une autre ordonnance portant la même date.

Charles, etc. — Nous avons ordonné et ordonnons que le traité suivant d'amitié, de navigation et de commerce, conclu et signé à Rio de Janeiro, le 8 janvier 1826, entre nous et Sa Majesté l'empereur du Brésil, et ratifié par nous à Paris, le 19 mars dernier, sera inséré au Bulletin des Lois, pour être exécuté suivant sa forme et teneur.

AU NOM DE LA TRÈS SAINTE ET INDIVISIBLE TRINITÉ.

Sa Majesté le roi de France et de Navarre et Sa Majesté l'empereur du Brésil, désirant établir et consolider les relations politiques entre les deux couronnes, et celles de navigation et de commerce entre la France et le Brésil, ont résolu de faire le présent traité d'amitié, de navigation et de commerce, dans l'intérêt commun de leurs sujets respectifs et à l'avantage réciproque des deux nations. Par cet acte, Sa Majesté le Roi de France et de Navarre, dans son nom et dans celui de ses héritiers et successeurs, reconnaît l'indépendance de l'empire du Brésil et la dignité impériale dans la personne de l'empereur Don Pierre 1er et de ses légitimes héritiers et successeurs. Les deux souverains, d'après ces principes et à cette fin, ont nommé pour leurs plénipotentiaires, savoir :

Sa Majesté le roi de France et de Navarre, le sieur comte de Gestas, chevalier de l'ordre royal de la Légion-d'honneur, chargé d'affaires et consul général de France au Brésil ;

Et Sa Majesté l'empereur du Brésil, leurs excellences MM. le vicomte de Saint-Amaro, grand de l'empire, conseiller-d'État, gentilhomme de la chambre impériale, dignitaire de l'ordre impérial de Cruzeiro, commandeur des ordres du Christ et de la Tour et d'Épée, ministre et secrétaire-d'État au département des affaires étrangères, et le vicomte de Paranagua, grand de l'empire, conseiller-d'État, grand'croix de l'ordre impérial de Cruzeiro, chevalier de l'ordre du Christ, colonel du corps impérial du génie, ministre et secrétaire-d'État au département de la marine, et inspecteur général de la marine ;

Lesquels, après avoir échangé leurs pleins pouvoirs, qu'ils ont trouvés en bonne et due forme, sont convenus des articles suivans :

Art. 1er. Il y aura paix constante et amitié perpétuelle entre Leurs Majestés le roi de France et de Navarre et l'empereur du Brésil, leurs héritiers et successeurs, et entre leurs sujets de tous territoires sans exception de personne ni de lieu.

2. Sa Majesté Très-Chrétienne et Sa Majesté impériale conviennent d'accorder les mêmes faveurs, honneurs, immunités, privilèges et exemptions de droits et charges à leurs ambassadeurs, ministres et agens accrédités dans leurs cours respectives, selon les formalités d'usage ; et, quelque faveur que l'un des souverains accorde, à cet égard, dans sa propre cour, l'autre souverain s'oblige à l'accorder également dans la sienne.

3. Chacune des hautes parties contractantes aura le droit de nommer des consuls généraux, consuls et vice-consuls, dans tous les ports ou villes des domaines de l'autre, où ils sont ou seraient jugés nécessaires pour le développement du commerce et des intérêts commerciaux de leurs sujets respectifs, à l'exception des ports ou villes dans lesquels les hautes parties contractantes jugeraient que ces agens ne sont pas nécessaires.

4. Les consuls, de quelque classe qu'ils soient, dûment nommés par leurs souverains respectifs, ne pourront entrer dans l'exercice de leurs fonctions sans l'approbation préalable du souverain dans les États duquel ils seront employés. Ils jouiront, dans l'un et l'autre pays, tant dans leur personne que pour l'exercice de leur charge et la protection qu'ils doivent à leurs nationaux, des mêmes privilèges qui sont ou seraient accordés aux consuls de la nation la plus favorisée.

5. Les sujets de chacune des hautes parties contractantes jouiront, dans toute l'étendue des territoires de l'autre, de la plus parfaite liberté de conscience en matière de religion, conformément au système de tolérance établi et pratiqué dans leurs pays respectifs.

6. Les sujets de chacune des hautes parties contractantes, en restant soumis aux lois du pays, jouiront en leurs personnes, dans toute l'étendue des territoires de l'autre, de mêmes droits, privilèges, faveurs, exemptions, qui sont ou seraient accordés aux sujets de la nation la plus favorisée. Ils pourront disposer librement de leurs propriétés par vente, échange, donation, testament, ou de toute autre manière, sans qu'il y soit mis aucun obstacle ou empêchement. Leurs maisons, propriétés et effets ne pourront être saisis par aucune autorité contre la volonté des possesseurs ; ils seront exempts de tout service militaire, de quelque nature qu'il ce soit, et de tous emprunts forcés ou impôts et réquisitions militaires ; ils ne seront tenus à

payer aucunes contributions ordinaires plus fortes que celles que paient ou viendraient à payer les sujets du souverain dans les Etats duquel ils résident. De même, ils ne seront point assujétis aux visites et recherhes arbitraires, ni à aucun examen ou investigation de leurs livres et papiers, sous quelque prétexte que ce soit. Il est entendu que, dans les cas de trahison, contrebande ou autres crimes dont les lois des pays respectifs font mention, les recherhes, visites, examens et investigations, ne pourront avoir lieu qu'avec l'assistance du magistrat compétent, et en présence du consul de la nation à qui appartiendra la partie prévenue du vice-consul ou de son délégué.

7. En cas de mésintelligence ou de rupture entre les deux couronnes (puisse Dieu ne le permettre jamais !), lequel cas ne sera réputé exister qu'après le rappel ou le départ des agens diplomatiques respectifs, les sujets de chacune des hautes parties contractantes résidant dans les domaines de l'autre pourront y rester pour l'arrangement de leurs affaires, ou commercer dans l'intérieur, sans être gênés en quelque manière que ce soit, tant qu'ils continueront à se comporter pacifiquement et à ne commettre aucune offense contre les lois.

Dans le cas cependant où ils se rendraient suspects par leur conduite, ils seront sommés de sortir du pays, leur accordant la liberté de se retirer avec leurs biens dans un délai qui n'excèdera pas six mois.

8. Les individus accusés, dans les Etats de l'une des hautes parties contractantes, des crimes de haute trahison, félonie, fabrication de fausse monnaie ou du papier qui la représente, ne seront pas admis ni ne recevront protection dans les Etats de l'autre; et, pour que cette clause reçoive sa pleine exécution, chacun des deux souverains s'engage à faire expulser de ses Etats lesdits accusés, aussitôt qu'il en sera requis par l'autre.

9. Chacune des hautes parties contractantes s'oblige également à ne pas recevoir sciemment et volontairement dans ses Etats, et à ne pas employer à son service les individus, sujets de l'autre, qui déserteraient du service militaire de mer et de terre : devant les soldats et matelots déserteurs, tant des bâtimens de guerre que des navires marchands, être arrêtés et remis aussitôt qu'ils seront réclamés par les consuls ou vice-consuls respectifs.

10. Il y aura une liberté réciproque de commerce et de navigation entre les sujets respectifs des hautes parties contractantes, tant en navires français qu'en navires brésiliens, dans tous les ports, villes et territoires appartenant aux hautes parties contractantes, excepté dans ceux qui sont positivement interdits aux nations étrangères, restant entendu qu'aussitôt qu'ils seront rendus au commerce des autres nations, ils seront dès ce moment ouverts aux sujets des deux couronnes, de la même manière que si cela était expressément stipulé dans le présent traité.

11. En conséquence de cette réciproque liberté de commerce et de navigation, les sujets des hautes parties contractantes pourront respectivement entrer avec leurs navires dans tous les ports, baies, anses et mouillages des territoires appartenant à chacune d'elles ; y décharger tout ou partie de leurs marchandises, prendre chargement et réexporter. Ils pourront résider, louer des maisons et des magasins, voyager, commercer, ouvrir boutique, transporter des produits, métaux et monnaie, et gérer leurs affaires par eux, par leurs agens ou commis, comme bon leur semblera, sans l'entremise de courtiers.

Il en est excepté toutefois les articles de contrebande de guerre et ceux réservés à la couronne du Brésil, de même que le commerce côtier de port à port, consistant en produits indigènes ou étrangers déjà dépêchés pour la consommation, lequel commerce ne pourra se faire qu'en embarcations nationales, étant libre cependant aux sujets des hautes parties contractantes de charger leurs effets et marchandises sur lesdites embarcations, en payant les uns et les autres les mêmes droits.

12. Les navires et embarcations des sujets de chacune des hautes parties contractantes ne paieront dans les ports et mouillages de l'autre, à titre de phare, tonnage ou autre dénomination quelconque, que les mêmes droits que paient ou viennent à payer les navires et embarcations de la nation la plus favorisée.

13. Les hautes parties contractantes conviennent de déclarer que seront considérés navires brésiliens ceux qui seront construits ou possédés par des sujets brésiliens, et dont le capitaine et les trois quarts de l'équipage seront brésiliens : cette dernière clause cependant ne devant pas être en vigueur tant que le demandera le manque de matelots, pourvu toutefois que le maître et le capitaine du navire soient Brésiliens, et que tous les papiers du bâtiment soient dans les formes légales.

De la même manière seront considérés navires français, ceux qui navigueront et seront possédés conformément aux réglemens en vigueur en France.

14. Tous les produits, marchandises et articles quelconques qui sont de production, manufacture et industrie des sujets et territoires de Sa Majesté Très-Chrétienne, importés des ports de France pour ceux du

Brésil, tant en navires français que brésiliens, et dépêchés pour la consommation, paieront généralement et uniquement les mêmes droits que paient ou viendraient à payer les sujets de la nation la plus favorisée, conformément au tarif général des douanes, qui, à cette fin, sera promulgué dans tous les ports du Brésil où des douanes sont ou seraient établies.

Il est convenu qu'en parlant de la nation la plus favorisée, la nation portugaise ne devra pas servir de terme de comparaison, même quand elle viendrait à être privilégiée au Brésil en matière de commerce.

15. Il est bien entendu que, lorsque des produits français, agricoles ou industriels, n'auront pas une valeur déterminée dans le tarif brésilien, l'expédition en douanes s'en fera sur une déclaration de leur valeur, siguée de la partie qui les importera; mais, dans le cas où les officiers de la douane, chargés de la perception des droits, auraient lieu de soupçonner fautive cette évaluation, ils auront la liberté de prendre les objets ainsi évalués, en payant dix pour cent en sus de ladite évaluation; et ce, dans l'espace de quinze jours, à compter du premier jour de la détention, et en restituant les droits payés.

16. Tous les articles de production, manufacture et industrie des sujets de Sa Majesté Impériale, importés des ports du Brésil pour ceux de France, en navires brésiliens ou français, et dépêchés pour la consommation, paieront généralement et uniquement des droits qui n'excéderont pas ceux qu'ils paient actuellement par le tarif français, étant importés en navires français.

En conséquence, Sa Majesté Très-Chrétienne supprime, en faveur de la navigation brésilienne, la surtaxe de dix pour cent établie en France sur les marchandises importées par navires étrangers.

Sa Majesté Très-Chrétienne supprime en outre, en faveur des cotons du Brésil, la distinction existante dans le tarif français entre les cotons à longue et courte soie.

17. On est également convenu qu'il sera permis aux consuls respectifs de faire des représentations quand il leur sera prouvé que quelque article compris dans les tarifs est excessivement évalué, afin que ces représentations soient prises en considération dans le plus court délai possible, sans arrêter pour cela l'expédition des mêmes produits.

18. Sa Majesté Impériale accorde aux sujets de Sa Majesté Très-Chrétienne le privilége de pouvoir être signataires des douanes du Brésil avec les mêmes conditions et sûretés que les sujets brésiliens. Et, d'autre part, il est convenu que les sujets brésiliens jouiront, dans les douanes de France, de la même faveur, autant que les lois le permettent.

19. Tous les produits et marchandises exportés directement du territoire de l'une des hautes parties contractantes pour le territoire de l'autre seront accompagnés de certificats d'origine signés par les officiers compétens des douanes dans le port d'embarquement, les certificats de chaque navire devant être numérotés progressivement et joints avec le sceau de la douane au manifeste qui devra être certifié par les consuls respectifs, pour être le tout présenté à la douane du port d'entrée. Dans les ports où il n'y aurait ni douanes ni consuls, l'origine des marchandises sera légalisée et certifiée par les autorités locales.

20. Tous les produits et marchandises de production et manufacture des territoires de chacune des hautes parties contractantes qui seront dépêchés de leurs ports respectifs pour la réexportation ou le transbordement, paieront réciproquement, dans lesdits ports, les mêmes droits que paient ou viendraient à payer les sujets de la nation la plus favorisée.

21. S'il arrive que l'une des hautes parties contractantes soit en guerre avec quelque puissance, nation ou État, les sujets de l'autre pourront continuer leur commerce et navigation avec ces mêmes États, excepté avec les villes ou ports qui seraient bloqués ou assiégés par terre ou par mer.

Mais, dans aucun cas, ne sera permis le commerce des articles réputés contrebande de guerre, qui sont les suivans : canons, mortiers, fusils, pistolets, grenades, saucisses, affûts, baudriers, poudre, salpêtre, casques, balles, piques, épées, hallebardes, selles, harnais, et autres instrumens quelconques fabriqués à l'usage de la guerre.

22. Afin de protéger plus efficacement le commerce et la navigation de leurs sujets respectifs, les deux hautes parties contractantes conviennent de ne pas recevoir de pirates ni écumeurs de mer dans aucun des ports, baies, ancrages de leurs États, et d'appliquer l'entière vigueur des lois contre toutes personnes connues pour être pirates, et contre tous individus résidant dans leurs territoires qui seraient convaincus de correspondances ou complicité avec elles. Tous les navires et cargaisons appartenant aux sujets des hautes parties contractantes, que les pirates prendraient ou conduiraient dans les ports de l'une ou de l'autre, seront restitués à leurs propriétaires ou à des fondés de pouvoirs dûment autorisés, en prouvant l'identité de la propriété; et la restitution sera faite, même quand l'article réclamé serait vendu, pourvu qu'il soit prouvé que l'acquéreur savait ou pouvait savoir que ledit article provenait de piraterie.

23. S'il arrive que quelques navires de

guerre ou marchand appartenant aux deux
Etats naufragent dans les ports ou sur les
côtes de leurs territoires respectifs, le plus
grand secours possible leur sera donné tant
pour la conservation des personnes et effets
que pour la sûreté, le soin et la remise des
articles sauvés. Les produits sauvés du naufrage ne seront pas assujétis à payer les droits,
excepté quand ils seront dépêchés pour la
consommation.

24. Les hautes parties contractantes sont
convenues d'employer des paquebots pour
faciliter les relations entre les deux pays ;
une convention spéciale réglera ce service.

25. Les stipulations du présent traité seront perpétuelles, à l'exception des articles
12, 14, 15, 16, 17 et 20, qui dureront pendant le cours de six années, à commencer de
la date des ratifications.

26. Les ratifications du présent traité seront échangées à Rio de Janeiro dans l'espace de six mois, ou plus tôt, si faire se peut,
à compter du jour de la signature.

En conséquence de quoi, nous soussignés,
plénipotentiaires de Sa Majesté Très-Chrétienne et de Sa Majesté Impériale, en vertu
de nos pleins pouvoirs respectifs, avons signé
le présent traité de notre main, et y avons
fait apposer le sceau de nos armes.

Fait à Rio de Janeiro, le 8 de janvier de
l'année de la naissance de Notre-Seigneur
Jésus-Christ 1826.

Signé : le comte DE GESTAS. (L. S.)

Visconde DE S. AMARO. (L. S.)

Visconde DE PARANAGUA. (L. S.)

———————

4 = Pr. 7 OCTOBRE 1826. — Ordonnance du
Roi qui prescrit la publication des articles
additionnels et explicatifs des articles 4, 13
et 15 du traité d'amitié, de navigation et
de commerce, conclu entre Sa Majesté
Très-Chrétienne et Sa Majesté l'empereur
du Brésil. (8, Bull. 117, n° 5874.)

Charles, etc. — Nous avons ordonné et
ordonnons que les articles additionnels et
explicatifs des articles 4, 13 et 15 du traité
d'amitié, de navigation et de commerce,
conclu et signé à Rio de Janeiro le 8 janvier
1826, lesquels articles additionnels et explicatifs ont été également conclus et signés
dans ladite ville de Rio de Janeiro, le 7 juin
de la présente année, entre nous et Sa Majesté l'empereur du Brésil, et ratifiés par
nous, en notre château de Saint-Cloud, le 2
octobre suivant, seront insérés au Bulletin
des Lois pour être exécutés suivant leur
forme et teneur.

Art. 1er. On est convenu de déclarer que
non-seulement, comme il est dit dans l'ar-

ticle 4 du traité mentionné, les consuls respectifs jouiront dans l'un et l'autre pays,
tant dans leurs personnes que pour l'exercice de leur charge et la protection qu'ils
doivent à leurs nationaux, des mêmes priviléges qui sont ou seraient accordés aux
consuls de la nation la plus favorisée, mais
encore que ces agens seront traités sous tous
ces rapports, dans chacun des deux pays,
d'après les principes de la plus exacte réciprocité.

2. Il est également déclaré qu'en conve-
nant, par l'article 13 du même traité, que
la clause qui exige les trois quarts des nationaux dans l'équipage de tous navires brésiliens ne devra pas être en vigueur tant que
le demandera le manque de matelots, les
hautes parties contractantes n'entendent,
dans aucun cas, prolonger la suspension de
ladite clause au-delà de six années, déjà assi-
gnées pour terme de plusieurs autres stipulations du traité.

3. Il est déclaré enfin que le premier paragraphe de l'article 14, portant que tous les
produits, marchandises et articles quelconques qui sont de production, manufacture
et industrie des sujets et territoires de Sa
Majesté Très-Chrétienne, importés des ports
de France pour ceux du Brésil, tant en navires français que brésiliens, et dépêchés
pour la consommation, paieront généralement et uniquement les mêmes droits que
paient ou viendraient à payer les sujets de
la nation la plus favorisée, doit être entendu
en ce sens que le *quantum* des droits est de
quinze pour cent de la valeur des marchandises dont l'évaluation sera, selon le mode
général, établie ou à établir, ayant pour
base le prix du marché.

4. Les présens articles additionnels auront
la même force et valeur que s'ils avaient été
insérés mot à mot dans le traité du 8 janvier
1826.

En conséquence de quoi, nous soussignés
plénipotentiaires de Sa Majesté Très-Chrétienne et de Sa Majesté Impériale, en vertu
de nos pleins pouvoirs respectifs, avons signé les présens articles de notre main, et y
avons fait apposer le sceau de nos armes.

Fait à Rio de Janeiro, le 7 de juin de
l'année de la naissance de Notre-Seigneur
Jésus-Christ 1826.

Signé : le comte DE GESTAS. (L. S.)

Visconde DE S. AMARO. (L. S.)

Visconde DE PARANAGUA. (L. S.)

———————

4 = Pr. 7 OCTOBRE 1826. — Ordonnance du
Roi relative à l'exécution d'un traité de
commerce et de navigation conclu avec
l'empire du Brésil. (8, Bull. 117, n° 5875.)

Charles, etc. — Vu le traité d'amitié, de navigation et de commerce, conclu entre nous et Sa Majesté l'empereur du Brésil, le 8 janvier de la présente année; — Voulant assurer, en tout ce qui ne résulte pas déjà des lois générales du royaume, l'accomplissement des stipulations consenties à l'égard de la navigation et du commerce de l'empire du Brésil; — Sur le rapport du président de notre conseil des ministres, ministre secrétaire-d'Etat des finances, — Notre conseil supérieur de commerce et des colonies entendu, etc.

Art. 1er. A partir de la publication de la présente ordonnance, les navires brésiliens venant de quelque lieu que ce soit dans les ports de France ne supporteront les redevances de pilotage, de bassins et de quarantaine, que d'après le taux établi pour les navires français.

2. Les produits du sol et de l'industrie du Brésil importés des ports dudit empire dans ceux de la France par navires brésiliens ne paieront que les mêmes droits qui sont perçus sur lesdits produits venant des mêmes ports par navires français, pourvu qu'ils soient accompagnés de certificats d'origine délivrés par les agens des douanes du port d'embarquement, et attestés par les consuls ou vice-consuls de France dans le même port; lesquelles attestations devront être suppléées par celles de l'autorité locale, au cas où il n'existerait dans le susdit port aucun agent consulaire de France.

3. Jusqu'à ce qu'il en soit autrement ordonné, seront admis au bénéfice des deux articles précédens tous navires possédés par des sujets brésiliens, dont le capitaine sera également sujet brésilien, à quelque nation qu'appartienne le reste de l'équipage. En conséquence, demeure suspendue à l'égard desdits navires l'application de l'article 3 de l'acte du 21 septembre 1793, qui ne reconnait la nationalité des bâtimens étrangers qu'autant que les officiers et les trois quarts de l'équipage sont du pays dont les mêmes bâtimens portent le pavillon.

4. Les cotons *longue-soie* provenant du Brésil, et qui seront apportés directement de ce pays par navire brésilien ou français, ne paieront que le droit des cotons *courte-soie*.

5. La différence entre les droits des cotons longue-soie et celui des cotons courte-soie sera remboursée pour les quantités de coton du Brésil qui ont été importées en France aux conditions de l'article précédent, depuis le 8 juin 1826; jour où le traité du 8 janvier de la présente année a reçu son exécution au Brésil en faveur du commerce français.

6. Le président de notre conseil des ministres (comte de Villèle) est chargé, etc.

---

4 = Pr. 24 OCTOBRE 1826. — Ordonnance du Roi qui porte qu'une exposition publique des produits de l'industrie française aura lieu en 1827, et fixe l'époque de son ouverture. (8, Bull. 120, n° 4005.)

Charles, etc. — Sur le rapport de notre ministre secrétaire-d'Etat au département de l'intérieur; — Vu les ordonnances royales des 13 janvier 1819, 29 janvier et 23 février 1823, etc.

Art. 1er. Une exposition publique des produits de l'industrie française aura lieu en l'année 1827. Elle sera ouverte le 1er du mois d'août, à Paris, en notre palais du Louvre.

2. Les dispositions de l'ordonnance du 29 janvier 1823 seront suivies pour la nomination des jurys départementaux d'admission et du jury central. Aucun produit ne concourra à l'exposition, s'il n'a été admis par le jury de département. Le jury central jugera le mérite des produits admis; après son rapport, nous nous réservons de décerner, à titre de récompense, des médailles d'or, d'argent ou de bronze.

3. Les préfets, sur l'avis des jurys départementaux, feront connaître à notre ministre de l'intérieur les artistes qui, par des inventions ou procédés non susceptibles d'être exposés séparément, auraient contribué aux progrès des manufactures depuis 1823. S'il y a lieu, ils pourront avoir part aux récompenses.

4. Notre ministre de l'intérieur (comte de Corbière) est chargé, etc.

---

4 = Pr. 14 OCTOBRE 1826. — Ordonnance du Roi portant autorisation définitive de la communauté des religieuses Ursulines établies à Bonlieu, département de l'Ardèche. (8, Bull. 118, n° 3894.)

---

4 = Pr. 14 OCTOBRE 1826. — Ordonnance du Roi portant que, pendant le quatrième trimestre de 1826, la cour d'assises du département de la Seine sera divisée en deux sections. (8, Bull. 119, n° 3918.)

---

4 = Pr. 24 OCTOBRE 1826. — Ordonnance du Roi qui classe le chemin de Digne à Aix par Vinon, au rang des routes départementales du Var. (8, Bull. 120, n° 4004.)

---

4 OCTOBRE 1826. — Ordonnance du Roi qui accorde des lettres de déclaration de naturalité au sieur Mülhausen. (8, Bull. 146, n° 5116.)

4 OCTOBRE 1826. — Ordonnance du Roi qui accorde des lettres de déclaration de naturalité au sieur Schmitgen. (8, Bull. 295, n° 11290.)

4 OCTOBRE 1826. — Ordonnances du Roi qui autorisent l'acceptation de dons et legs faits à des fabriques, aux pauvres, à des communautés religieuses, etc. (8, Bull. 158, nos 5716 à 5727.)

4 OCTOBRE 1826. — Ordonnance du Roi qui admet les sieurs Kloefer et Renauld, à établir leur domicile en France. (8, Bull. 118, n° 3895.)

4 OCTOBRE 1826. — Ordonnance du Roi qui autorise l'inscription au Trésor royal de deux cent quarante-sept pensions militaires. (8, Bull. 121 bis, n° 6.)

4 OCTOBRE 1826. — Ordonnances du Roi qui autorisent l'acceptation de dons et legs faits aux pauvres, à des hospices. (8, Bull. 128, nos 4387 à 4404.)

4 OCTOBRE 1826. — Ordonnance du Roi portant concession de mines existant dans les communes de Caunette, Aigues et Aigues-Vives (Hérault), dans les hauts vallons de Fillols et de Taurinya (Pyrénées-Orientales), et dans les communes de Corcelle, Saulnot, Crevans, Villers-sur-Saulnot, la Chapelle-les-Grange, Malval et Grange-le-Bourg (Haute-Saône). (8, Bull. 128, nos 4439, 4444 et 4446.)

4 OCTOBRE 1826. — Ordonnances du Roi qui autorisent à établir ou à conserver en activité plusieurs usines dans les communes de Savignac-le-Drier (Dordogne, d'Etrelle, de Rigny, de Mantoche (Haute-Saône), et de Casteljaloux (Lot-et-Garonne). (8, Bull. 128, nos 4440 à 4447.)

8 = Pr. 18 OCTOBRE 1826. — Ordonnance du Roi portant autorisation définitive des communautés des religieuses Ursulines établies à Argentac et à Brive, département de la Corrèze. (8, Bull. 119, n° 3919.)

8 = Pr. 18 OCTOBRE 1826. — Ordonnance du Roi portant autorisation définitive de la communauté des religieuses Ursulines établie à Rouen, rue des Capucins. (8, Bull. 119, n° 3920.)

8 = 24 OCTOBRE 1826. — Ordonnance du Roi portant annulation de plusieurs brevets d'invention. (8, Bull. 120, n° 4006.)

8 OCTOBRE = Pr. 6 NOVEMBRE 1826. — Ordonnance du Roi portant proclamation des brevets d'invention, de perfectionnement et d'importation, pris pendant le troisième trimestre de 1826, et des cessions qui ont été faites, durant le cours de ce trimestre, de tout ou partie des droits résultant de titres de la même nature. (8, Bull. 123, n° 4122.)

8 OCTOBRE 1826. — Ordonnances du Roi qui autorisent l'acceptation de dons et legs faits à des fabriques, à des séminaires, etc. (8, Bull. 156, nos 5663 à 5678.)

8 OCTOBRE 1826. — Ordonnances du Roi qui autorisent l'acceptation de donations faites à des fabriques. (8, Bull. 158, nos 5728 et 5729.)

8 OCTOBRE 1826. — Ordonnances du Roi qui accordent des pensions à des veuves de militaires. (8, Bull. 121 bis, nos 7 et 9.) -

8 OCTOBRE 1826. — Ordonnances du Roi qui accordent des pensions à des militaires. (8, Bull. 121 bis, nos 8, 10 et 11.)

8 OCTOBRE 1826. — Ordonnances du Roi qui autorisent l'acceptation de dons et legs faits à des hospices, aux pauvres et aux communes. (8, Bull. 128, nos 4405 à 4438.)

8 OCTOBRE 1826. — Ordonnances du Roi qui autorisent l'acceptation de legs faits à des pauvres. (8, Bull. 129, nos 4455 et 4456.)

8 OCTOBRE 1826. — Ordonnance du Roi qui concède aux sieurs Samuel Blum et fils des mines de houille situées sur le département du Doubs et de la Haute-Saône. (8, Bull. 129, n° 4495.)

8 OCTOBRE 1826. — Ordonnances du Roi qui autorisent les sieurs Tenant de la Tour et Combescot à conserver en activité les forges de Teindeix et de Vaux (Dordogne). (8, Bull. 129, nos 4496 à 4497.)

15 = Pr. 24 OCTOBRE 1826. — Ordonnance du Roi qui proroge pour huit mois la chambre temporaire créée dans la cour royale de Pau. (8, Bull. 120, n° 4007.)

Charles, etc. — Vu l'art. 5 de la loi du 20 avril 1810 et l'art. 10 du décret du 6 juillet de la même année; — Vu l'ordonnance du 27 juillet 1825, portant érection d'une chambre temporaire dans notre cour séant à Pau; — Considérant que, malgré les succès notables obtenus par le secours de cette chambre dans l'expédition des affaires civiles arriérées, l'intérêt des justiciables exige qu'elle soit prorogée; — Sur le rapport de notre garde-des-sceaux, ministre secrétaire-d'Etat au département de la justice; — Notre Conseil-d'Etat entendu, etc.

Art. 1er. La chambre temporaire créée par notre ordonnance du 27 juillet 1825 dans notre cour séant à Pau est prorogée pour huit mois, à compter de son installation.

A l'expiration de ce temps, cette chambre cessera de droit, si elle n'a été prorogée ou renouvelée.

2. Notre ministre de la justice (comte de Peyronnet), est chargé, etc.

15 = Pr. 24 OCTOBRE 1826. — Ordonnance du Roi portant qu'il sera formé une chambre temporaire dans chacune des cours royales d'Amiens, de Bourges et de Nîmes. (8, Bull. 120, n° 4008.)

Charles, etc. — Vu l'art. 5 de la loi du 20 avril 1810 et l'art. 10 du décret du 6 juillet de la même année; — Vu l'état des travaux de nos cours séant à Amiens, à Bourges et à Nîmes, pendant les dernières années judiciaires; — Vu toutes les autres pièces; — Considérant qu'il existe un grand nombre d'affaires civiles arriérées devant nos cours d'Amiens, de Bourges et de Nîmes, et qu'il importe de remédier aux inconvéniens qui résultent d'un tel état de choses; — Sur le rapport de notre garde-des-sceaux, ministre secrétaire-d'Etat au département de la justice; — Notre Conseil-d'Etat entendu, etc.

Art. 1er. Il sera formé dans chacune de nos cours royales séant à Amiens, à Bourges et à Nîmes, pour l'expédition des affaires civiles, une chambre temporaire dont la durée n'excédera pas un an, à compter de leur installation.

Chacune de ces chambres cessera de droit à l'expiration de ce temps, si elle n'a été prorogée ou renouvelée.

2. Notre ministre de la justice (comte de Peyronnet), est chargé, etc.

15 = Pr. 24 OCTOBRE 1826. — Ordonnance du Roi portant qu'il sera formé une section

temporaire dans chacun des tribunaux de première instance de Bagnères, de Saint-Etienne et d'Issoire. (8, Bull. 120, n° 4009.)

Charles, etc. — Vu l'article 39 de la loi du 20 avril 1810; — Vu l'état des travaux des tribunaux de première instance de Bagnères, de Saint-Etienne et d'Issoire, pendant les dernières années judiciaires; — Vu les autres pièces; — Considérant qu'il existe un grand nombre d'affaires civiles arriérées devant nos tribunaux de première instance de Bagnères, département des Hautes-Pyrénées, de Saint-Etienne, département de la Loire, et d'Issoire, département du Puy-de-Dôme, et qu'il importe de remédier aux inconvéniens qui résultent d'un tel état de choses; — Sur le rapport de notre garde-des-sceaux, ministre secrétaire-d'Etat au département de la justice; — Notre Conseil-d'Etat entendu, etc.

Art. 1er. Il sera formé dans chacun de nos tribunaux de première instance de Bagnères, de Saint-Etienne et d'Issoire, une section temporaire, dont la durée n'excédera pas une année, à compter de leur installation.

A l'expiration de ce temps, chacune de ces sections cessera de droit, si elle n'a été prorogée ou renouvelée.

2. Notre ministre de la justice (comte de Peyronnet), est chargé, etc.

15 = Pr. 24 OCTOBRE 1826. — Ordonnance du Roi portant que la chambre temporaire créée au tribunal de première instance de Grenoble continuera d'exercer ses fonctions pendant une année. (8, Bull. 120, n° 4010.)

Charles, etc. — Vu l'art. 39 de l'ordonnance (1) du 20 avril 1810; — Vu l'ordonnance rendue, le 7 juillet 1824, par le feu Roi notre très-honoré seigneur et frère, laquelle prescrivit la création d'une chambre temporaire au tribunal de première instance de Grenoble, et en fixa la durée à une année, à compter du jour de son installation; — Vu notre ordonnance du 1er septembre 1825, portant prorogation de cette chambre pour une année; — Considérant que l'intérêt des justiciables exige encore le secours d'une chambre temporaire pour l'expédition des affaires civiles arriérées devant le tribunal dont il s'agit; — Sur le rapport de notre garde-des-sceaux, ministre secrétaire-d'Etat au département de la justice; — Notre Conseil-d'Etat entendu, etc.

Art. 1er. La chambre temporaire formée

(1) Lisez loi.

26

16

en notre tribunal de première instance de
Grenoble par l'ordonnance du 7 juillet 1824,
et déjà prorogée par l'ordonnance du 1er septembre 1825, continuera d'exercer ses fonctions pendant une année, à l'expiration de
laquelle son existence cessera de droit, s'il
n'en a été par nous autrement ordonné.

2. Notre ministre de la justice (comte de
Peyronnet), est chargé, etc.

_____

15 = Pr. 27 octobre 1826. — Ordonnance du
Roi qui autorise la formation, dans le département de la Charente, d'une seconde
école ecclésiastique, qui sera placée dans
la ville de la Rochefoucauld. (8, Bull. 121,
n° 4033.)

Charles, etc. — Vu la demande que nous
a faite l'évêque d'Angoulême d'autoriser une
seconde école ecclésiastique dans le département de la Charente ; — Vu l'avis de l'Université, du 8 avril 1826, et celui du ministre
de l'intérieur, du 23 août de la même année ; — Vu l'article 6 de l'ordonnance royale
du 5 octobre 1814 (1), — Les délibérations
du conseil municipal de la Rochefoucauld ;
— Sur le rapport de notre ministre secrétaire-d'État au département des affaires ecclésiastiques et de l'instruction publique ; —
Notre Conseil-d'État entendu, etc.

Art. 1er. L'évêque d'Angoulême est autorisé à former, dans le département de la
Charente, une seconde école ecclésiastique,
qui sera placée dans la ville de Larochefou-
cauld, à la charge de se conformer aux lois
et ordonnances concernant les petits séminaires.

2. Le maire de la ville de Larochefou-
cauld est autorisé à mettre à la disposition
de l'évêque diocésain les bâtimens et enclos
des ci-devant carmes pour y former une seconde école ecclésiastique, sous la réserve
exprimée que cette ville conservera la nue
propriété des immeubles ; qu'en cas de suppression ou d'abandon volontaire de l'établissement ecclésiastique, elle rentrera dans
tous ses droits de propriété et jouissance des
objets cédés, et qu'elle profitera, sans être
tenue à aucune indemnité, de toutes les
améliorations et constructions qui y auraient
été exécutées.

Notre ministre des affaires ecclésiastiques
et de l'instruction publique (Frayssinous)
est chargé, etc.

_____

15 = Pr. 27 octobre 1826. — Ordonnance du
Roi concernant l'effigie de la pièce de monnaie de cinq francs. (8, Bull. 121, n° 4034.)

Charles, etc. — Vu notre ordonnance du
1er mai 1825 ; — Sur le compte qui nous a
été rendu par notre ministre secrétaire-d'É-
tat des finances, qu'il a été jugé nécessaire
de prescrire des retouches et corrections dans
la gravure de notre effigie sur la pièce de
monnaie de cinq francs, etc.

Art. 1er. A dater du 1er janvier 1827, la
pièce de monnaie de cinq francs sera frap-
pée dans tous les hôtels des monnaies de notre royaume avec le nouveau coin à notre
effigie, tel qu'il nous a été représenté, et
qui sera déposé entre les mains de l'administration des monnaies.

Les poinçons, matrices et coins au type
actuel seront détruits.

2. Les dispositions de notre ordonnance
du 1er mai 1825 qui ne sont pas contraires
à la présente ordonnance continueront d'être
observées.

3. Notre ministre des finances (comte de
Villèle) est chargé, etc.

_____

15 octobre = Pr. 11 novembre 1826. — Ordonnance du Roi portant que les amendes
pécuniaires stipulées en livres dans les actes de l'autorité de la métropole qui sont
en vigueur aux colonies françaises, seront
exprimées en francs dans les jugemens et
arrêts à intervenir dans lesdites colonies.
(8, Bull. 124, n° 4138.)

Charles, etc. — Voulant mettre un terme
à toute incertitude dans nos colonies, et notamment dans nos îles de la Martinique et
de la Guadeloupe, relativement à la quotité
des amendes pécuniaires applicables à diverses contraventions, spécialement en matière de commerce étranger ; — Vu notre ordonnance du 30 août dernier, concernant le
système monétaire des Antilles françaises ;
— Sur le rapport de notre ministre secrétaire-d'État de la marine et des colonies, etc.

Art. 1er. Toutes amendes pécuniaires stipulées en *livres* dans les actes de l'autorité
de la métropole qui sont en vigueur aux colonies, et notamment dans les lettres-patentes du mois d'octobre 1727 et dans l'arrêt du
30 août 1784, concernant les contraventions
commises dans nos colonies de la Martinique
et de la Guadeloupe en matière de commerce
étranger, seront exprimées en *francs* dans
le prononcé des jugemens et arrêts à intervenir dans nosdites colonies, sans qu'il y ait
lieu à opérer aucune réduction en raison de
la différence de valeur existante entre le
franc et l'ancienne livre tournois.

2. Notre ministre de la marine et des co-

_____

(1) *Voy.* ordonnance du 16 juin 1828.

lonies (comte de Chabrol) est chargé, etc.

15 ⟳ Pr. 27 OCTOBRE 1826. — Ordonnance du Roi portant autorisation définitive de la communauté de religieuses Ursulines, établie à Saint - Symphorien d'Ozon, département de l'Izère. (8, Bull. 121, n° 4031.)

15 ⟳ Pr. 27 OCTOBRE 1826. — Ordonnance du Roi portant autorisation définitive de la communauté de religieuses Ursulines établie au Havre, département de la Seine-Inférieure. (8, Bull. 121, n° 4032.)

15 OCTOBRE 1826. — Ordonnances du Roi qui autorisent l'acceptation de dons et legs faits à des communautés religieuses, à des séminaires, à des fabriques, etc. (8, Bull. 158, n°s 5730 à 5750.)

15 OCTOBRE 1826. — Ordonnance du Roi qui accorde des lettres de déclaration de natulité au sieur Busset. (8, Bull. 271, n° 10447.)

15 OCTOBRE 1826. — Ordonnance du Roi qui accorde des lettres de déclaration de naturalité au sieur Schuler. (8, Bull. 284, n° 10918.)

15 OCTOBRE 1826. — Ordonnance du Roi qui accorde des lettres de déclaration de naturalité au sieur Luhts. (8, Bull. 298, n° 11404.)

15 OCTOBRE 1826. — Ordonnance du Roi qui réintègre le sieur Bousquet dans la qualité et les droits de Français. (8, Bull. 121, n° 4071.)

15 OCTOBRE 1826. — Ordonnances du Roi qui admettent les sieurs Beck, Feyel, Fowle et Pain à établir leur domicile en France. (8, Bull. 122, n° 4079.)

17 OCTOBRE ⟳ Pr. 1er NOVEMBRE 1826. — Ordonnance du Roi qui autorise la ville de Castel Sarrazin (Tarn-et-Garonne) à établir un abattoir public et commun. (8, Bull. 122, n° 4076.)

Charles, etc. — Sur le rapport de notre ministre secrétaire-d'État au département de l'intérieur ; — Vu la délibération du conseil municipal de Castel-Sarrazin, département de Tarn-et-Garonne, du 9 mai 1824 ; — L'avis du préfet du 6 mai 1822 ; — Notre Conseil-d'État entendu, etc.

Art. 1er. La ville de Castel-Sarrazin (Tarn-et-Garonne) est autorisée à établir un abattoir public et commun, en se conformant au décret du 15 octobre 1810 et à l'ordonnance royale du 14 janvier 1815, pour le choix de l'emplacement.

2. Aussitôt que les échaudoirs auront été mis en état de servir, et dans le délai d'un mois au plus tard après que le public en aura été averti par affiches, l'abattage des bœufs, vaches, veaux, moutons et porcs destinés à la consommation des habitans de la ville aura lieu exclusivement dans le nouvel abattoir, et toutes les tueries particulières seront interdites et fermées.

Toutefois, les propriétaires ou particuliers qui élèvent des porcs pour la consommation de leur maison auront la faculté de les abattre chez eux, pourvu que ce soit dans un lieu clos et séparé de la voie publique.

3. Les bouchers et charcutiers forains pourront faire usage de l'abattoir public, mais sans y être obligés, soit qu'ils concourent à l'approvisionnement de la ville, soit qu'ils approvisionnent seulement la banlieue : ils seront libres de tenir des échaudoirs et des étaux hors de la ville, sous l'approbation de l'autorité locale.

4. Les bouchers et charcutiers de la ville auront la faculté d'exposer en vente et de débiter la viande à leur domicile dans des étaux appropriés à cet usage, suivant les règles de la police.

5. Les bouchers et charcutiers forains pourront exposer en vente et débiter de la viande dans la ville, mais seulement sur les lieux publics désignés par le maire et aux jours fixés par lui, et ce en concurrence avec les bouchers et charcutiers de la ville qui voudront profiter de la même faculté.

6. Les droits à payer par les bouchers pour l'occupation des places dans l'abattoir public seront réglés par un tarif arrêté dans la forme ordinaire.

7. Le maire de Castel-Sarrazin pourra faire les réglemens locaux nécessaires pour le service de l'abattoir public et commun, ainsi que pour le commerce de la boucherie ; néanmoins ces réglemens ne seront exécutoires qu'après avoir reçu l'approbation de notre ministre de l'intérieur, sur l'avis du préfet.

8. Notre ministre de l'intérieur (comte Corbière) est chargé, etc.

17 OCTOBRE ⟳ Pr. 1er NOVEMBRE 1826. — Ordonnance du Roi qui maintient l'abattoir public et commun existant dans la ville de Rosières-aux-Salines, département de la Meurthe. (8, Bull. 122, n° 4077.)

Charles, etc. — Sur le rapport de notre ministre secrétaire-d'Etat de l'intérieur ; —

Vu la délibération du conseil municipal de Rosières-aux-Salines, département de la Meurthe, du 29 juin 1826 ; — L'avis du préfet du département du 14 juillet ; — Notre Conseil-d'Etat entendu, etc.

Art. 1er. L'abattoir public et commun existant dans la ville de Rosières-aux-Salines, département de la Meurthe, est maintenu ; le bâtiment appartenant à cette ville, et où a lieu l'abattage des bestiaux, reste affecté à cet usage.

2. A dater de la publication de la présente ordonnance, l'abattage des bestiaux de toute espèce et des porcs destinés à la boucherie et à la charcuterie de Rosières-aux-Salines aura lieu exclusivement dans ledit bâtiment, et les tueries particulières seront fermées.

3. Les bouchers et charcutiers forains pourront également faire usage dudit abattoir public : mais cette disposition est simplement facultative pour eux, soit qu'ils concourent à l'approvisionnement de la ville, soit qu'ils approvisionnent seulement la banlieue ; ils seront libres de tenir des abattoirs et des étaux hors de la commune, sous l'approbation de l'autorité locale.

4. Les particuliers qui élèvent des porcs pour leur consommation auront la faculté de les abattre à domicile, dans des lieux clos et séparés de la voie publique.

5. Les droits à payer par les bouchers et les charcutiers, pour l'occupation des places dans l'abattoir, seront réglés par un tarif arrêté dans la forme ordinaire.

6. Le maire de la ville de Rosières pourra faire les réglemens locaux nécessaires pour le service de l'abattoir public et l'exercice de la profession de boucher ; mais ils ne seront exécutoires qu'après avoir été approuvés par le ministre de l'intérieur.

7. Notre ministre de l'intérieur (comte Corbière) est chargé, etc.

---

17 OCTOBRE 1826. — Ordonnance du Roi qui accorde des lettres de déclaration de naturalité au sieur Schoot. (8, Bull. 252, n° 9250.)

---

17 OCTOBRE 1826. — Ordonnance du Roi qui admet les sieurs Grandmann, Lejeune, Mac-Dowald, Smith, Steiner, Breitsch, Caestlé, Christ, Hirman et Pfunder à établir leur domicile en France. (8, Bull. 122, n° 4080.)

---

17 OCTOBRE 1826. — Ordonnance du Roi qui accorde une pension au sieur d'Olivier, ex-conseiller de préfecture. (8, Bull. 128 bis, n° 7.)

---

17 OCTOBRE 1826. — Ordonnances du Roi qui autorisent l'acceptation de dons et legs faits aux pauvres, à des hospices. (8, Bull. 129, n°ˢ 4457 à 4468.)

---

17 OCTOBRE 1826. — Ordonnance du Roi qui autorise le sieur Paguelle de Larret à établir six lavoirs à bras dans la commune de Nantelly (Haute-Saône). (8, Bull. 129, n° 4498.)

---

17 OCTOBRE 1826. — Ordonnance du Roi qui concède au sieur Laurençon les mines d'anthracite de Rochasson (Hautes-Alpes). (8, Bull. 129, n° 4499.)

---

17 OCTOBRE 1826. — Ordonnance du Roi qui accorde des lettres de déclaration de naturalité au sieur Pohls. (8, Bull. 430, n° 4522.)

---

18 OCTOBRE 1826. — Ordonnance du Roi qui accorde des lettres de déclaration de naturalité au sieur Spraneck. (8, Bull. 314, n° 11978.)

---

22 OCTOBRE = Pr. 1er NOVEMBRE 1826. — Ordonnance du Roi portant autorisation définitive de la communauté des religieuses du Saint-Enfant Jésus dites de Saint-Maur, établie à Montluçon, département de l'Allier. (8, Bull. 122, n° 4078.)

Charles, etc. — Vu la loi du 24 mai 1825 ; — Vu la déclaration des religieuses du Saint-Enfant Jésus, dites de Saint-Maur, de Montluçon, qu'elles adoptent et s'engagent à suivre les statuts de la congrégation de ce nom, dont la maison-mère est à Paris ; lesdits statuts approuvés et reconnus par décret du 19 janvier 1811 ; — Vu ce décret ; — Vu l'avis du conseil municipal de Montluçon, en date du 31 août 1826 ; — Vu celui du sous-préfet de la même ville, du 13 septembre 1826 ; — Vu celui du préfet du 3 octobre 1826 ; — Vu le consentement de l'évêque de Moulins, du 20 août 1826 ; — Sur le rapport de notre ministre secrétaire-d'Etat au département des affaires ecclésiastiques et de l'instruction publique, etc.

Art. 1er. La communauté des religieuses du Saint-Enfant Jésus dites de Saint-Maur, établie à Montluçon, département de l'Allier, diocèse de Moulins, gouvernée par une supérieure, dépendante de la supérieure générale, dont la résidence est à Paris dans la maison-mère de la congrégation, est définitivement autorisée.

2. Notre ministre des affaires ecclésiastiques et de l'instruction publique (Frayssinous) est chargé, etc.

22 OCTOBRE 1826. — Ordonnances du Roi qui autorisent l'acceptation de dons et legs faits à des fabriques, à des séminaires, à des communautés religieuses, etc. (8, Bull. 158, n⁰ˢ 5752 à 5779.)

25 OCTOBRE = Pr. 16 NOVEMBRE 1826. — Ordonnance du Roi qui autorise la création d'un nouvel abattoir public et commun dans la ville d'Alençon, département de l'Orne. (8, Bull. 125, n° 4155.)

Charles, etc. — Sur le rapport de notre ministre secrétaire-d'Etat de l'intérieur ; — Vu la délibération du conseil municipal d'Alençon, département de l'Orne, du 14 mai 1825 ; — Vu les certificats d'affiches à Alençon et dans les communes voisines ; — L'opposition du maire de Saint-Germain du Corbeis ; — L'avis du conseil de préfecture, du 4 août 1826 ; — Vu l'avis du préfet du département, du 3 mars 1826 ; — Vu le décret du 15 octobre 1810 et l'ordonnance royale du 14 janvier 1815, — Notre Conseil-d'Etat entendu, etc.

Art. 1er. La création d'un nouvel abattoir public et commun dans la ville d'Alençon, département de l'Orne, en remplacement de celui qui existe actuellement, est autorisée.

Cet établissement sera construit à l'extrémité du faubourg de la Barre, sur un terrain voisin du moulin de Gueramé.

2. Aussitôt que les échaudoirs dudit établissement auront été mis en état de faire le service, et dans le délai d'un mois ou plus tard après que l'avis en aura été donné au public par affiches, l'abattage des bœufs, vaches, veaux, moutons et porcs, destinés à la consommation des habitans de la ville, aura lieu exclusivement dans le nouvel abattoir, et toutes les tueries publiques et particulières seront fermées.

Toutefois, les propriétaires ou particuliers qui élèvent des porcs pour la consommation de leur maison auront la faculté de les abattre chez eux, pourvu que l'abattage ait lieu dans un endroit clos et séparé de la voie publique.

3. Les bouchers et charcutiers forains pourront également faire usage du nouvel abattoir public : mais cette disposition est simplement facultative pour eux, soit qu'ils concourent à l'approvisionnement de la ville, soit qu'ils approvisionnent seulement la banlieue ; ils seront libres de tenir des échaudoirs et des étaux hors de la ville, sous l'approbation de l'autorité locale.

4 Les bouchers et charcutiers de la ville auront la faculté d'exposer en vente et débiter de la viande à leur domicile, dans des étaux appropriés convenablement à cet usage, suivant les règles de la police.

5. Les bouchers et charcutiers forains pourront exposer en vente et débiter de la viande dans la ville, mais seulement sur les lieux publics désignés par le maire et aux jours fixés par lui ; et ce, en concurrence avec les bouchers de la ville qui voudraient profiter de la même faculté.

6. Les droits à payer par les bouchers, pour l'occupation des places dans l'abattoir public, seront réglés par un tarif arrêté dans la forme ordinaire.

7. Le maire d'Alençon pourra faire les réglemens locaux nécessaires pour le service du nouvel établissement : mais ces réglemens ne seront exécutoires qu'après avoir reçu l'approbation de notre ministre de l'intérieur, sur l'avis du préfet.

8. Notre ministre de l'intérieur (comte Corbière) est chargé, etc.

25 OCTOBRE = Pr. 29 NOVEMBRE 1826. — Ordonnance du Roi portant création d'une classe de navigateurs sous le titre de volontaires de la marine. (8, Bull. 127, n° 4243.)

Charles, etc. — Voulant pourvoir aux moyens d'assurer complètement le service dont les élèves de la marine sont chargés à bord de nos vaisseaux, sans accroître le nombre de ces élèves dans une proportion qui ralentirait leur avancement et serait préjudiciable à la bonne composition de notre corps royal de la marine. — Nous avons reconnu que ce double but serait atteint, en faisant concourir de jeunes marins aux fonctions remplies par des élèves, et que cette disposition, qui contribuera à répandre des connaissances utiles, serait à la fois avantageuse au commerce maritime et à la marine militaire, en formant des navigateurs propres à servir, soit comme capitaines au long cours, soit comme officiers auxiliaires sur nos bâtimens de guerre. — En conséquence, sur le rapport de notre ministre secrétaire-d'Etat de la marine et des colonies, etc.

Art. 1er. Il sera établi, pour le service de nos bâtimens de guerre, une classe de navigateurs qui seront désignés sous le titre de volontaires de la marine.

2. Chaque année, notre ministre secrétaire-d'Etat de la marine fixera, en raison du nombre et de l'espèce des bâtimens dont l'armement sera ordonné, le nombre des volontaires qui pourront y être employés.

3. Tout candidat à une place de volontaire de la marine devra satisfaire à un examen public dont les conditions seront déterminées ci-après.

4. Chaque examen sera fait, chaque année,

dans les ports de Brest, Toulon, Rochefort, Cherbourg et Lorient, par une commission qui sera composée ainsi qu'il suit :

Un officier supérieur de la marine, président;

Deux officiers de la marine, un professeur de mathématiques, un professeur de dessin : membres.

Notre ministre de la marine fera connaître, au moins deux mois à l'avance, l'époque qu'il aura fixée pour l'examen des candidats.

5. Tout aspirant à une place de volontaire devra être âgé de seize ans au moins et de vingt ans au plus, à l'époque de l'examen qu'il subira.

Il ne pourra y être admis qu'en vertu d'une autorisation de notre ministre secrétaire-d'État de la marine.

Tout candidat lui adressera en conséquence, avec sa demande, laquelle indiquera le port où il désire être examiné, — 1° Son acte de naissance ; — 2° Un certificat constatant qu'il a été vacciné, qu'il est d'une bonne constitution et exempt de difformités ; — 3° Un certificat attestant qu'il a navigué pendant douze mois au moins, soit sur nos bâtimens de guerre, soit sur les navires du commerce ; — 4° Des certificats de bonne conduite délivrés par le maire de la commune du lieu de la résidence du candidat, par les professeurs sous lesquels il aura étudié, et par les capitaines sous les ordres desquels il aura été embarqué.

6. Notre ministre secrétaire-d'État de la marine arrêtera la liste générale des candidats susceptibles d'être admis à l'examen. Des extraits en seront adressés aux commandans de la marine des cinq grands ports, pour être remis, avec les pièces produites par les candidats, sous les yeux de la commission d'examen.

Chaque candidat, autorisé à faire preuve des connaissances exigées, devra se rendre dans le port à ses frais.

7. Les candidats devront justifier à la commission d'examen,

Qu'ils savent écrire lisiblement et qu'ils connaissent les élémens de la grammaire française ;

Qu'ils sont en état de faire et démontrer les quatre premières règles de l'arithmétique, et de dessiner une vue de côte ou une tête.

Le commandant de la marine procurera aux membres de la commission les moyens de faire exécuter par les candidats les manœuvres et exercices nécessaires pour juger de leur aptitude au métier de la mer.

8. Lorsque l'examen sera terminé, il en sera dressé un procès-verbal que tous les membres de la commission devront signer ;

il sera adressé à notre ministre secrétaire-d'État de la marine par le commandant, qui joindra à ce procès-verbal les observations qu'il croira devoir faire.

La commission classera les candidats par ordre de mérite.

9. Lorsque les procès-verbaux des examens seront parvenus à notre ministre secrétaire-d'État de la marine, il arrêtera également, par ordre de mérite, la liste générale des volontaires qui devront être admis à servir sur nos bâtimens, à raison des besoins du service.

Il fera expédier à chacun d'eux une lettre de nomination.

La conduite d'élève sera allouée aux volontaires pour se rendre du port d'examen à celui de leur destination.

10. Les volontaires de la marine porteront à bord et dans les ports militaires l'uniforme des élèves de seconde classe ; mais sans aiguillette ; le parement de l'habit sera bleu de ciel.

Ils feront le même service que les élèves, prendront rang après eux, et mangeront à la même table.

Ils recevront, comme les élèves, la ration de bord, les objets du couchage et le traitement de table.

Ils toucheront, en outre, la solde d'élève de seconde classe, à dater du jour de leur embarquement jusqu'à celui de leur débarquement.

Ils n'auront droit à aucune solde pendant leur séjour à terre.

11. Dans le cas où le nombre des volontaires de la marine excéderait celui nécessaire aux besoins du service, il sera pourvu à leur embarquement à tour de rôle, et, autant que possible, par égale proportion entre ceux qui auront un, deux, trois et quatre ans de navigation comme volontaires.

12. Lorsque les volontaires ne seront pas embarqués et qu'ils se trouveront dans les ports militaires, ils seront sous la police immédiate du major-général, et ils seront admis aux différens cours d'étude établis pour l'enseignement des élèves de la marine.

13. Lorsque les volontaires auront atteint l'âge de dix-huit ans, et qu'ils auront, à cette époque, complété deux années de navigation en ladite qualité, ils ne pourront plus être levés pour le service de nos vaisseaux dans un grade inférieur à celui de volontaire de la marine.

14. Les volontaires qui, étant désignés pour être embarqués, ne se rendraient pas à leur destination, seront, d'après le compte qui sera rendu à notre ministre secrétaire-d'État de la marine, rayés de la matricule ; ils rentreront alors dans l'inscription

maritime au grade et à la paie dont ils étaient précédemment pourvus.

45. Les volontaires employés sur nos bâtimens de guerre qui demanderont à débarquer ne pourront en obtenir la permission que sur l'autorisation de notre ministre secrétaire-d'État de la marine.

16. Les jeunes marins qui, ayant atteint l'âge de vingt-trois ans, auront navigué pendant trois ans au moins en qualité de volontaires sur nos bâtimens de guerre, seront admis à subir l'examen de capitaine au long cours, et ils en obtiendront le brevet, s'ils justifient des connaissances exigées par les réglemens.

47. A bord de nos bâtimens, un officier de l'état-major sera spécialement chargé de surveiller la conduite des volontaires, et de diriger leur instruction.

Cet officier veillera à ce que les premiers maîtres leur donnent des leçons de pratique, et aux époques déterminées par le commandant du bâtiment, il interrogera ces jeunes gens pour juger de leurs progrès.

48. Les commandans de nos bâtimens rendront compte, chaque année, au commandant de la marine du port d'armement, de la conduite, des dispositions et de l'instruction des volontaires embarqués sous leurs ordres.

Les commandans de la marine transmettront ces renseignemens à notre ministre secrétaire-d'État de la marine, et ils ajouteront les observations qu'ils jugeront convenables.

49. Tout volontaire qui, dans le cours d'une campagne, aura mérité plusieurs fois d'être puni, sera, d'après le compte qui sera rendu de sa conduite, rayé de la matricule des volontaires, et les dispositions de l'article 14 ci-dessus lui seront applicables.

20. Il sera tenu une matricule des volontaires dans les bureaux de notre ministre secrétaire-d'État de la marine, et à la majorité des cinq grands ports.

21. Nous nous réservons de récompenser, par la nomination au grade d'élève de la marine de première classe, ceux des volontaires qui, par des actions d'éclat ou par leur conduite, leurs services et leur instruction, seraient jugés susceptibles d'être admis dans le corps royal de la marine.

22. Notre ministre de la marine et des colonies (comte de Chabrol) est chargé, etc.

25 OCTOBRE.= Pr. 6 NOVEMBRE 1826. — Ordonnance du Roi portant convocation du collége du premier arrondissement électoral du département de la Manche. (8, Bull. 123, n° 4123.)

25 OCTOBRE 1826. — Ordonnance du Roi qui accorde des lettres de déclaration de naturalité au sieur Michel. (8, Bull. 291, n° 11106.)

25 OCTOBRE 1826. — Ordonnances du Roi qui autorisent l'acceptation de dons et legs faits à des fabriques, etc. (8, Bull. 158, n°s 5780, 5781 et 5782.)

25 OCTOBRE 1826. — Ordonnance du Roi qui admet le sieur Twedell à établir son domicile en France. (8, Bull. 122, n° 4084.)

25 OCTOBRE 1826. — Ordonnance du Roi qui autorise l'acceptation d'une rente de 3,000 f. léguée à l'Académie royale des Beaux-Arts. (8, Bull. 129, n° 4469.)

25 OCTOBRE 1826. — Ordonnances du Roi qui autorisent l'acceptation de dons et legs faits à des communes, à des hospices et aux pauvres. (8, Bull. 129, n°s 4470 à 4494.)

25 OCTOBRE 1826. — Ordonnances du Roi qui autorisent l'acceptation de legs faits à des hospices et aux pauvres. (8, Bull. 130, n°s 4525 à 4535.)

25 OCTOBRE 1826. — Ordonnance du Roi qui autorise le sieur Poissy à établir une verrerie dans son domaine de Lamothe (Saône-et-Loire). (8, Bull. 131, n° 4542.)

27 OCTOBRE = Pr. 1er NOVEMBRE 1826. — Ordonnance du Roi ayant pour objet d'empêcher l'introduction et la salaison frauduleuses en France des poissons provenant de pêche étrangère. (8, Bull. 122, n° 4075.)

Voy. ordonnance du 3 JANVIER 1828.

Charles, etc. — Sur le rapport de notre ministre secrétaire-d'État au département de l'intérieur ; — Vu l'article 3 de l'ordonnance royale du 14 août 1816, portant réglement sur la pêche du hareng et du maquereau, et qui défend expressément à tous pêcheurs et autres d'acheter en mer des harengs de pêche étrangère ; — Vu l'article 34 de la même ordonnance, qui charge les syndics de la pêche de constater par des procès-verbaux les contraventions aux dispositions qu'elle renferme ; et d'en poursuivre la répression ; — Vu l'ordonnance du 30 octobre suivant, — Considérant que ces mesures, prescrites spécialement dans l'intérêt de la pêche nationale, sont loin d'exclure l'application des lois générales sur l'introduction et la préparation en France du poisson provenant de pêche étrangère ; — Que les lois imposent un droit de quarante francs par cent kilogrammes sur le poisson de pêche étrangère introduit par navire français et de quarante-quatre francs par cent kilogrammes sur le même poisson quand il est introduit par navire étranger ; — Que le poisson étranger ne peut dans aucun cas jouir, pour sa préparation, de l'immunité sur le droit du sel, exclusivement réservée aux produits de la pêche nationale ; — Que c'est aux agens des douanes qu'il appartient d'assurer la perception de ce droit, et qu'ils doivent, soit avec l'aide des syndics de pêche, soit sans le concours de ceux-ci, rechercher et constater les tentatives qui pourraient être faites pour l'introduction et la salaison frauduleuses dans nos ports du poisson provenant de pêche étrangère ; — Notre Conseil-d'Etat entendu, etc.

Art. 1er. La faculté attribuée aux syndics de pêche de constater et de poursuivre les contraventions à l'ordonnance royale du 14 août 1816, est indépendante du droit qu'ont les préposés de nos douanes d'empêcher, par tous les moyens que les lois mettent à leur disposition, l'introduction et la salaison frauduleuses en France des poissons provenant de pêche étrangère.

2. Les officiers et employés de nos douanes dans les ports sont particulièrement chargés de constater l'origine des harengs et autres poissons rapportés de la mer par des pêcheurs français, et présentés pour être admis aux franchises et priviléges réservés aux seuls produits de la pêche nationale : à cet effet, lesdits officiers et employés auront, dans les cas douteux, à procéder, concurremment avec les syndics de pêche, et, au besoin, avec les officiers de l'administration de la marine, à l'interrogatoire des équipages, à l'examen des livres et papiers de bord et à toutes autres vérifications et recherches tendant à reconnaître si le poisson représenté a été pêché en mer par l'équipage du navire qui en est porteur, ou s'il a été acheté à des pêcheurs étrangers.

3. En cas de contravention, les préposés des douanes en rédigeront procès-verbal contre le maître du bateau pêcheur, l'armateur et les signataires des soumissions relatives au sel délivré en franchise pour servir à la salaison du poisson ; et les prévenus seront déférés aux tribunaux compétens en matière de douane.

4. Nos ministres de l'intérieur, des finances et de la marine (comtes Corbière, de Villèle et de Chabrol), sont chargés, etc.

28 octobre 1826. — Lettres-patentes portant érection de majorats en faveur de MM. le comte Charpentier, René de Guitton, Ducret, de Pradier, d'Agrain et Dodun. (8, Bull. 124, n° 4147.)

___

29 octobre = Pr. 11 novembre 1826. — Ordonnance du Roi portant nomination de ministres d'Etat et membres du conseil privé. (8, Bull. 124, n° 4141.)

Charles, etc. — Sur le rapport du président de notre conseil des ministres, etc.

Art. 1er. Notre cousin le cardinal duc de Clermont-Tonnerre, pair de France,

Notre cousin le cardinal duc de Latil, pair de France,

Notre cousin le duc de Brissac, pair de France,

Le sieur marquis de Pastoret, vice-président de la Chambre des pairs,

Le sieur comte de Saint-Cricq, président du bureau du commerce et des colonies,

Sont nommés ministres d'Etat et membres de notre conseil privé.

2. Le président de notre conseil des ministres (comte de Villèle) est chargé, etc.

___

31 octobre 1826. — Tableau des prix des grains pour servir de régulateur de l'exportation et de l'importation, conformément aux lois des 16 juillet 1819 et 4 juillet 1821, arrêté le 31 octobre 1826. (8, Bull. 122, n° 4074.)

___

1er = Pr. 11 nov. 1826. — Ordonnance du Roi portant que, dans les ports où il n'y a pas de tribunal de commerce, les procès-verbaux de visite des navires pourront être reçus par le juge-de-paix du canton. (8, Bull. 124, n° 4139.)

Charles, etc. — Vu l'article 225 du Code de commerce, lequel est ainsi conçu :

« Le capitaine est tenu, avant de prendre « charge, de faire visiter son navire, aux « termes et dans les formes prescrits par les « réglemens. Le procès-verbal de visite est « déposé au greffe du tribunal de commerce; « il en est délivré extrait au capitaine. »

Considérant qu'aucune loi ni réglement n'a prévu le cas où il n'existe pas de tribunal de commerce dans le lieu où le navire prend son chargement ; — Que cette omission expose quelquefois le commerce à des frais et à des retards qu'il convient de lui épargner, et qui ont excité de nombreuses réclamations ; — Qu'aux termes de l'article 243 du Code de commerce, lorsqu'il n'y a pas de tribunal de commerce dans le lieu de l'arrivée du navire, le capitaine est autorisé à remettre son rapport au juge-de-paix, qui le transmet au président du tribunal le plus voisin ; — Qu'il est juste de rendre cette disposition applicable au dépôt du procès-verbal de visite ; — Sur le rapport de notre garde-des-sceaux, ministre secrétaire-d'Etat au département de la justice ; — Notre Conseil-d'Etat entendu, etc.

Art. 1er. Dans les ports où il n'y a pas de tribunal de commerce, les procès-verbaux de visite dressés en exécution de l'article 225 du Code de commerce pourront être reçus par le juge-de-paix du canton.

2. Les capitaines pourront, dans les vingt-quatre heures de la remise des procès-verbaux, s'en faire délivrer un extrait par le greffier de la justice de paix.

3. À l'expiration du terme fixé par l'article précédent, le juge-de-paix sera tenu d'envoyer les procès-verbaux au président du tribunal de commerce le plus voisin, et le dépôt en sera fait au greffe de ce tribunal.

4. Notre ministre de la justice, et nos ministres de la marine et de l'intérieur (comtes de Peyronnet, de Chabrol et Corbière) sont chargés, etc.

1er ⚌ Pr. 11 nov. 1826. — Ordonnance du Roi qui fixe la distance légale de Paris à Montauban, chef-lieu du département de Tarn-et-Garonne. (8, Bull. 124, n° 4140.)

Voy. décret du 25 THERMIDOR an 11, ordonnances du 27 nov. 1816 et 18 JANV. 1817, et notes.

Charles, etc. — Vu l'article 1er du Code civil, — Le décret du 21 novembre 1808, qui fixe (article 3) la distance légale de Paris à Montauban, chef-lieu du département de Tarn-et-Garonne, — L'ordonnance royale du 27 novembre 1816, concernant la promulgation des lois et ordonnances ; — Sur le rapport de notre garde-des-sceaux, ministre secrétaire-d'Etat au département de la justice ; — Notre Conseil-d'Etat entendu, etc.

Art. 1er. La distance légale de Paris à Montauban, chef-lieu du département de Tarn-et-Garonne, indiquée dans le décret du 21 novembre 1808 (article 3) à huit cent cinquante-huit kilomètres ou quatre-vingt-cinq myriamètres huit kilomètres (cent soixante-dix lieues anciennes), est fixée à six cent trente-trois mille trois cent vingt-sept mètres soixante-cinq centimètres, ou soixante-trois myriamètres trois dixièmes (cent vingt-six lieues anciennes et trois cinquièmes).

2. Nos ministres sont chargés, etc.

1er ⚌ Pr. 16 nov. 1826. — Ordonnance du Roi portant que les statuts de la congrégation des sœurs de la charité de la Providence, établie à Ruillé-sur-Loire (Sarthe) seront enregistrés et transcrits sur les registres du Conseil-d'Etat, à l'exception des articles 7 et 16, qui sont supprimés. (8, Bull. 125, n° 4156.)

Charles, etc. — Vu l'article 2 de la loi du 24 mai 1825 ; — Vu l'approbation donnée, le 16 décembre 1821, par l'évêque du Mans, aux statuts de la congrégation des sœurs de la charité de la Providence, établie à Ruillé-sur-Loire, département de la Sarthe, gouvernée par une supérieure générale ; — Vu lesdits statuts ; — Sur le rapport de notre ministre secrétaire-d'état au département des affaires ecclésiastiques et de l'instruction publique, — Considérant que les articles 7 et 16 de ces statuts contiennent des dispositions contraires aux lois civiles et administratives du royaume ; — Considérant néanmoins qu'au surplus lesdits statuts ne dérogent pas aux lois du royaume touchant la nature et la durée des vœux ; que d'ailleurs ils ne contiennent rien de contraire à la charte constitutionnelle, aux droits de notre couronne, aux franchises, libertés et maximes de l'église gallicane ; — Notre Conseil-d'Etat entendu,

Art. 1er. Les statuts de la congrégation des sœurs de la charité de la Providence établie à Ruillé-sur-Loire, diocèse du Mans, département de la Sarthe, dûment vérifiés et tels qu'ils sont annexés à la présente ordonnance, seront enregistrés et transcrits sur les registres du Conseil-d'Etat, à l'exception des articles 7 et 16, qui sont supprimés ; mention de la transcription et desdits articles supprimés sera faite par le secrétaire-général du Conseil-d'Etat au bas de la pièce enregistrée.

2. Notre ministre des affaires ecclésiastiques et de l'instruction publique, et notre garde-des-sceaux, (Frayssinous et comte de Peyronnet), sont chargés, etc.

1er ⚌ Pr. 16 nov. 1826. — Ordonnance du Roi qui prescrit l'enregistrement et la transcription sur les registres du Conseil-d'Etat des statuts de vingt-quatre congrégations religieuses de femmes. (8, Bull. 125, n° 4157.)

Charles, etc. — Vu l'article 2 de la loi du 24 mai 1825 ; — Vu, 1° l'approbation donnée, le 19 décembre 1825, par l'évêque du Puy, aux statuts de la congrégation des religieuses de Notre-Dame établie à Lamothe, arrondissement de Brioude, département de la Haute-Loire, et aux statuts de la congrégation des religieuses de Notre-Dame, établie à Pradelles, même département ; — 2° L'approbation donnée, le 25 octobre 1825, par l'évêque de Rhodez, aux statuts des sœurs de l'association de Notre-Dame, établie à Rhodez, département de l'Aveyron, et aux statuts des religieuses filles de Notre-Dame établies à Notre-Dame d'Orient ; — 3° L'approbation donnée le lendemain par le même évêque aux statuts des sœurs de l'association de Notre-Dame, établie à Saint-Geniez ; — 4° L'approbation donnée, le même jour, par l'évêque de Baïeux, aux statuts des religieuses de Saint-Augustin de la congrégation de Notre-Dame de la ville d'Orbec, département du Calvados, et, le 7 novembre suivant, par le même évêque, aux statuts de la congrégation des religieuses de Notre-Dame de la Charité, établie à Baïeux ; — 5° L'approbation donnée, le 5 décembre 1825, par l'évêque de Nancy, aux statuts des dames de la congrégation de Notre-Dame, établie dans la ville de Dieuze, et aux statuts des dames religieuses de la congrégation de Notre-Dame, établie dans la ville de Vézelise ; — 6° L'approbation donnée, le 2 novembre 1825, par l'évêque de Versailles, aux statuts des religieuses de la congrégation de Notre-Dame, établie, maison de Grand-champ, à Versailles, et aux statuts des dames religieuses de la congrégation de Notre-Dame, établie à Versailles, avenue de Saint-Cloud, département de Seine-et-Oise ; — 7° L'approbation donnée, le 25 janvier 1826, par le même évêque, aux statuts des religieuses de la congrégation de Notre-Dame, établie à Etampes ; — 8° L'approbation donnée, le 15 novembre 1825, par l'évêque de Coutances, aux statuts des sœurs de l'association de Notre-Dame, établie à Carentan, département de la Manche, et, le 27 décembre suivant, par le même, aux statuts des sœurs de la congrégation de Notre-Dame, établie à Valognes, même département ; — 9° L'approbation donnée, le 10 octobre 1817, par l'évêque de Mende, aux statuts des sœurs de l'association de Notre-Dame, établie à Langogne, département de la Lozère ; — 10° L'approbation donnée, le 20 février 1821, par l'évêque de Poitiers, aux statuts de la congrégation des filles de Notre-Dame, établie à Poitiers ; — 11° L'approbation donnée le 18 octobre 1823, par l'évêque de Cambrai, aux statuts des religieuses de la congrégation de Notre-Dame, établie à Câteau, département du Nord ; 12° L'approbation donnée, le 18 avril 1819, par l'évêque de Limoges, aux statuts des religieuses filles de Notre-Dame, établies à Limoges, département de la Haute-Vienne ; — 13° L'approbation donnée, le 18 octobre 1825, par notre cousin le cardinal archevêque de Toulouse, aux statuts des religieuses filles de Notre-Dame, établies à Toulouse ; — 14° L'approbation donnée, le 23 novem-

bre 1825, par l'évêque de Moulins, aux statuts des religieuses de la congrégation de Notre-Dame, établie à Moulins ; — L'approbation donnée, le 18 octobre 1825, par l'évêque d'Amiens, aux statuts des religieuses de la congrégation de Notre-Dame, établie à Ham, département de la Somme ; — 16° L'approbation donnée, le 2 décembre 1825, par l'évêque de Saint-Flour, aux statuts des religieuses de Notre-Dame, établies à Saint-Flour, département du Cantal ; — 17° L'approbation donnée, le 14 février 1826, par notre cousin le cardinal archevêque de Rouen, aux statuts des religieuses de Notre-Dame, établie à Caudebec, département de la Seine-Inférieure ; — 18° L'approbation donnée, le 3 janvier 1826, par l'archevêque d'Auch, aux statuts des religieuses de Notre-Dame, établies à Masseube, département du Gers ; — Vu les statuts susmentionnés ; — Considérant que les congrégations religieuses de femmes susmentionnées ont déclaré dans leurs statuts qu'elles étaient soumises, dans les choses spirituelles, à la juridiction de l'ordinaire ; — Considérant que lesdits statuts ne dérogent point aux lois du royaume touchant la nature et la durée des vœux ; que d'ailleurs ils ne contiennent rien de contraire à la Charte constitutionnelle, aux droits de notre couronne, aux franchises, libertés et maximes de l'église gallicane ; — Sur le rapport de notre ministre secrétaire-d'Etat au département des affaires ecclésiastiques et de l'instruction publique ; — Notre Conseil-d'Etat entendu, etc.

Art. 1ᵉʳ. Les statuts des vingt-quatre congrégations religieuses de femmes connues, la première, sous le nom de *religieuses de Notre-Dame*, établie à Lamothe, arrondissement de Brioude, département de la Haute-Loire ; — la deuxième, sous le nom de *religieuses de Notre-Dame*, établie à Pradelle, même département ; — La troisième, sous le nom de *sœurs de Notre-Dame*, établie à Rhodez, département de l'Aveyron ; — La quatrième, sous le nom de *religieuses filles de Notre-Dame*, établie à Notre-Dame d'Orient, même département ; — La cinquième, sous le nom de *sœurs de l'association de Notre-Dame*, établie à Saint-Geniez, département de l'Aveyron ; — La sixième sous le nom de *religieuses de Saint-Augustin de Notre-Dame*, de la ville d'Orbec, département du Calvados ; — La septième, sous le nom de *religieuses de Notre-Dame de la Charité*, établie à Baïeux, même département ; — La huitième, sous le nom de *dames de la congrégation de Notre-Dame*, établie à Dieuze, département de la Meurthe ; — La neuvième, sous le nom de *dames religieuses de Notre-Dame*, établie à Vézelise, même département ; — La dixième sous le nom de *religieuses de Notre-Dame*, établie maison de Grandchamp, à Versailles, département de Seine-et-Oise ; — La onzième, sous le nom de *dames religieuses de Notre-Dame*, établie à Versailles, avenue de Saint-Cloud, département de Seine-et-Oise ; — La douzième, sous le nom de *religieuses de Notre-Dame*, établie à Etampes, département de Seine-et-Oise ; — La treizième, sous le nom de *sœurs de l'association de Notre-Dame*, établie à Carentan, département de la Manche ; — La quatorzième, sous le nom de *sœurs de l'association de Notre-Dame*, établie à Valognes, même département ; — La quinzième, sous le nom de *sœurs de l'association de Notre-Dame*, établie à Langogne, département de la Lozère : — La seizième, sous le nom de *filles de Notre-Dame*, établie à Poitiers, département de la Vienne ; — La dix-septième, sous le nom de *religieuses de la congrégation de Notre-Dame*, établie à Câteau, département du Nord : — La dix-huitième, sous le nom de *religieuses filles de Notre-Dame*, établie à Limoges, département de la Haute-Vienne ; — La dix-neuvième, sous le nom de *religieuses filles de Notre-Dame*, établie à Toulouse, département de la Haute-Garonne ; — La vingtième, sous le nom de *religieuses de la congrégation de Notre-Dame*, établie à Moulins, département de l'Allier ; — La vingt-unième, sous le nom de *religieuses de la congrégation de Notre-Dame*, établie à Ham, département de la Somme ; — La vingt-deuxième, sous le nom de *religieuses de Notre-Dame*, établie à Saint-Flour, département du Cantal ; — La vingt-troisième, sous le nom de *religieuses de la congrégation de Notre-Dame*, établie à Caudebec, département de la Seine-Inférieure ; — La vingt-quatrième, sous le nom de *religieuses de Notre-Dame*, établie à Masseube, département du Gers ;

Formant chacune un établissement isolé, dirigé par une supérieure locale, et les unes et les autres ayant pour but de donner l'éducation aux jeunes filles.

Lesdits statuts dûment vérifiés et tels qu'ils sont annexés à la présente ordonnance, seront enregistrés et transcrits sur les registres de notre Conseil-d'Etat ; mention de la transcription sera faite par le secrétaire-général du Conseil-d'Etat sur la pièce enregistrée.

2. Nonobstant toutes expressions desdits statuts qui pourraient n'y point paraître conformes, les personnes faisant partie desdites congrégations pourront disposer de leurs biens, meubles et immeubles, conformément aux dispositions du Code civil et dans les limites prescrites par l'article 5 de la loi du 24 mai 1825.

3. Nous nous réservons d'autoriser ultérieurement, s'il y a lieu, lesdites congrégations, après l'accomplissement des formalités prescrites par la loi.

4. Notre ministre des affaires ecclésiastiques et de l'instruction publique, et notre ministre de la justice (Frayssinous et comte de Peyronnet), sont chargés, etc.

1er ⹀ Pr. 22 nov. 1826. — Ordonnance du Roi contenant des dispositions relatives à l'abattoir commun de la ville de Lille, département du Nord. (8, Bull. 126, n° 4203.)

Charles, etc. — Sur le rapport de notre ministre secrétaire-d'Etat au département de l'intérieur ; — Vu l'ordonnance royale du 7 août 1822 ; — Vu la délibération du conseil municipal de Lille, du 6 juillet 1826, — Notre Conseil-d'Etat entendu,

Art. 1er. Aussitôt que l'abattoir commun dont l'établissement dans notre bonne ville de Lille (Nord) a été autorisé par l'ordonnance royale du 7 août 1822, aura été mis en état de servir, et dans le délai d'un mois au plus tard après que l'autorité locale en aura donné avis au public par affiches, les bouchers et charcutiers établis à Lille ne pourront abattre en aucun autre lieu les bestiaux et porcs servant à leur commerce, et toutes les tueries et les échaudoirs particuliers seront fermés.

Toutefois, les propriétaires qui élèvent des porcs pour la consommation de leur maison auront la faculté de les abattre chez eux, pourvu que l'abattage ait lieu dans un endroit clos et séparé de la voie publique.

2. Les bouchers et charcutiers forains pourront également faire usage dudit abattoir ; mais cette disposition est simplement facultative pour eux, soit qu'ils concourent à l'approvisionnement de la ville, ou qu'ils approvisionnent seulement la banlieue ; ils seront libres de tenir des abattoirs et des étaux hors de la ville, sous l'approbation des autorités locales.

3. Les bouchers et charcutiers forains ne pourront exposer en vente et débiter de la viande dans la ville que sur les places et dans les lieux publics désignés par le maire et aux jours fixés par lui ; et ce, en concurrence avec les bouchers de la ville qui voudront profiter de la même faculté.

4. Lorsque la fonderie et la triperie publiques qui se trouvent annexées à l'abattoir, auront été mises en état de servir pour l'usage auquel elles sont destinées, il ne sera plus délivré de permission pour ouvrir, dans la ville, de nouvelles fonderies ni des triperies particulières : néanmoins, toutes celles qui existaient antérieurement au décret du

15 octobre 1810, ou qui ont été régulièrement autorisées depuis cette époque, pourront continuer à exercer concurremment avec la fonderie et la triperie publiques.

5. Les droits à payer par les bouchers, charcutiers, fondeurs et tripiers, pour l'occupation des places dans l'abattoir, la fonderie et la triperie de Lille, seront réglés par un tarif proposé et arrêté dans la forme ordinaire.

6. Le maire de Lille pourra faire les réglemens locaux nécessaires pour la police de ces établissemens ; mais lesdits réglemens ne deviendront exécutoires qu'après avoir reçu l'approbation de notre ministre de l'intérieur, sur l'avis du préfet du département.

7. Notre ministre de l'intérieur (comte Corbière) est chargé, etc.

1er ⚊ Pr. 11 NOV. 1826. — Ordonnance du Roi portant nomination de conseillers-d'Etat et de maîtres des requêtes en service extraordinaire. (8, Bull. 124, n° 4142.)

1er ⚊ Pr. 11 NOV. 1826. — Ordonnance du Roi qui autorise deux conseillers-d'Etat et un maître des requêtes en service extraordinaire à participer aux délibérations du conseil-d'Etat. (8, Bull. 124, n° 4143.)

1er ⚊ Pr. 11 NOV. 1826. — Ordonnance du Roi qui nomme M. Duchatel conseiller-d'Etat honoraire. (8, Bull. 124, n° 4144.)

1er ⚊ Pr. 29 NOV. 1826. — Ordonnance du Roi qui nomme M. Frotier de Bagneux à la préfecture de Maine-et-Loire, et M. Fadate de Saint-Georges à celle des Côtes-du-Nord. (8, Bull. 127, n° 4244.)

1er NOV. 1826. — Ordonnance du Roi qui autorise la demoiselle Giraud des Echerolles à continuer de rester employée comme dame d'honneur à la cour de S. A. R. madame la duchesse Henriette de Wurtemberg. (8, Bull. 143, n° 4970.)

1er NOV. 1826. — Ordonnance du Roi qui autorise l'acceptation d'une donation et d'un legs faits à une congrégation, au séminaire, etc. (8, Bull. 158, n°s 5783 et 5784.)

1er NOV. 1826. — Ordonnance du Roi qui accorde des lettres de déclaration de natulité au sieur Melon. (8, Bull. 319, n° 11825.)

1er NOV. 1826. — Ordonnance du Roi qui admet les sieurs Pawlowski et Mac-Murray-West, à établir leur domicile en France. (8, Bull. 124, n° 4148.)

1er NOV. 1826. — Ordonnance du Roi qui fixe définitivement à quarante-cinq le nombre des huissiers du tribunal de première instance de Caen (Calvados). (8, Bull. 124, n° 4153.)

1er NOV. 1826. — Ordonnance du Roi qui actorise le sieur Lamarche à établir deux lavoirs à bras dans la commune de Champvans (Haute-Saône). (8, Bull. 131, n° 4543.)

1er NOV. 1816. — Ordonnance du Roi qui concède au sieur Laurence la mine de plomb sulfuré argentifère située dans la commune d'Alloue (Charente). (8, Bull. 131, n° 4544.)

1er NOV. 1826. — Ordonnances du Roi qui autorisent l'acceptation de dons et legs faits à des communes, à des hospices et aux pauvres. (8, Bull. 131, n°s 4545 à 4565.)

1er NOV. 1826. — Ordonnances du Roi qui accordent des lettres de déclaration de naturalité au sieur Billen. (8, Bull. 135, n° 4685.)

---

5 ⚊ Pr. 22 NOV. 1826. — Ordonnance du Roi relative au classement de différentes fabriques, usines, etc., au nombre des établissemens dangereux, insalubres ou incommodes. (8, Bull. 126, n° 4199.)

Voy. ordonnance du 20 SEPT. 1828.

Charles, etc. — Sur le rapport de notre ministre secrétaire-d'Etat de l'intérieur ; — Vu le décret du 15 octobre 1810 et les ordonnances des 14 janvier 1815, 29 juillet 1818, 25 juin et 29 octobre 1823, 20 août 1824 et 9 février 1825 ; — Notre Conseil-d'Etat entendu, etc.

Art. 1er. Le rouissage du chanvre en grand, par son séjour dans l'eau, est maintenu dans la *première classe* des établissemens dangereux, insalubres ou incommodes, sous la dénomination suivante : *Routoirs servant au rouissage, en grand, du chanvre et du lin par leur séjour dans l'eau.*

2. Sont rangées dans la même classe les fabriques de visières et de feutres vernis.

3. Sont rangés dans la *deuxième* classe :

Les forges de grosses œuvres, c'est-à-dire, celles où l'on fait usage de moyens mécaniques pour mouvoir soit les marteaux, soit les masses soumises au travail,

Les fours à cuire les cailloux destinés à la fabrication des émaux,

Les raffineries de blanc de baleine,

Le blanchiment des tissus et des fils de laine ou de soie par le gaz ou l'acide sulfureux,

Les fabriques de phosphore,

Les dépôts de rogues.

4. Sont rangés dans la *troisième* classe,

Les fabriques d'acide acétique,

(Les fabriques d'acide pyroligneux continuent d'appartenir à la première ou à la deuxième classe, où les a placées l'ordonnance du 14 janvier 1815, suivant les procédés dont on y fait usage).

Les fabriques d'acide tartareux,

Les fabriques de caramel en grand,

Les blanchimens des toiles et fils de chanvre, de lin ou de coton par les chlorures alcalins,

Les fabriques de briquets phosphoriques et de briquets oxigénés,

Le lustrage des peaux.

5. Le blanchiment des toiles par l'acide muriatique oxigéné est maintenu dans la *deuxième* classe, sous la désignation suivante : *Blanchiment des toiles et fils de chanvre, de lin et de coton, par le chlore.*

6. Les buanderies des blanchisseurs de profession et les lavoirs qui en dépendent, sont rangés dans la *troisième* classe quand ils ont un écoulement constant de leurs eaux, et dans la deuxième classe, lorsque cette condition n'est pas remplie complètement.

7. L'établissement des fabriques, usines, ateliers, dépôts, compris dans les articles qui précèdent, ne pourra plus avoir lieu qu'après l'accomplissement des formalités déterminées par le décret du 15 octobre 1810 et l'ordonnance du 14 janvier 1815, suivant la classe à laquelle ils appartiennent.

8. Notre ministre de l'intérieur (comte Corbière) est chargé, etc.

État général des ateliers et établissemens qui, à raison de l'insalubrité ou de l'incommodité ou des dangers qui en résultent pour le voisinage, ne peuvent être formés spontanément et sans permission, soit qu'ils ne produisent qu'un de ces inconvéniens, soit qu'ils en réunissent plusieurs; dressé par ordre alphabétique, d'après le décret du 15 octobre 1810, et d'après les ordonnances du Roi des 14 janvier 1815, 29 juillet 1818, 25 juin et 29 octobre 1823, 20 août 1824, 9 février 1825 et 5 novembre 1826; suivi de la nomenclature complète des mêmes ateliers et établissemens, dans laquelle ils sont distribués en trois classes; imprimé par ordre de son excellence le ministre secrétaire-d'Etat de l'intérieur.

(Cet état est le même que celui qui a été placé dans le volume de 1825; seulement on y a ajouté les établissemens que l'ordonnance qui précède a classés, et nous nous bornons à reproduire ces additions, qui, avec l'état de 1825, forment un ensemble complet.)

DÉSIGNATION DES ATELIERS ET ÉTABLISSE-MENS INSALUBRES OU IN-COMMODES OU DANGEREUX.	INDICATION SOMMAIRE de LEURS INCONVÉNIENS.	CLASSES dans lesquelles ils sont rangés.	DATES des DÉCRETS ET ORDONNANCES de classement.
Acide acétique (fabrique de).	Peu d'inconvénient.	3e	5 novembre 1826.
Acide tartareux (fabrique de).	Un peu de mauvaise odeur.	3e	5 novembre 1826.
Blanc de baleine (raffineries de).	Peu d'inconvénient.	2e	5 novembre 1826.
Blanchiment des tissus et des fils de laine ou de soie par le gaz ou l'acide sulfureux.	Émanations insalubres.	2e	5 novembre 1826.
Blanchiment des toiles et fils de chanvre, de lin ou de coton par le chlore.	Émanations désagréables.	2e	14 janvier 1815 et 5 novembre 1826.
Blanchiment des toiles et fils de chanvre, de lin	Peu d'inconvénient.	3e	5 novembre 1826.

DÉSIGNATION DES ATELIERS ET ÉTABLISSEMENS INSALUBRES OU INCOMMODES OU DANGEREUX,	INDICATION SOMMAIRE de LEURS INCONVÉNIENS.	CLASSES dans lesquelles ils sont rangés.	DATES des DÉCRETS ET ORDONNANCES de classement.
ou de coton, par les chlorures alcalins.			
Briquets phosphoriques et oxigénés (fabrique de).	Danger d'incendie.	3e	5 novembre 1826.
Buanderies de blanchisseur de profession et lavoirs qui en dépendent, quand ils n'ont pas un écoulement constant de leurs eaux,	Odeurs désagréables et insalubres.	2e	5 novembre 1826.
Buanderies des blanchisseurs de profession et les lavoirs qui en dépendent, quand ils ont un écoulement constant de leurs eaux.	Peu d'inconvénient.	3e	5 novembre 1826.
Caramel en grand (fabriques de).	Danger du feu, odeur désagréable.	3e	5 novembre 1826.
Chanvre (rouissage du). Voy. *Routoirs.*	Émanations insalubres, infection des eaux (fièvre).	1re	14 janvier 1815 et 5 novembre 1826.
Feutres vernis (fabriques de). Voy. *Visières.*	Crainte d'incendie, odeur désagréable.	1re	5 novembre 1826.
Forges de grosses œuvres, c'est-à-dire celles où l'on fait usage des moyens mécaniques pour mouvoir soit les marteaux, soit les masses soumises au travail.	Beaucoup de fumée, crainte d'incendie.	2e	5 novembre 1826.
Fours à cuire les cailloux destinés à la fabrication des émaux.	Beaucoup de fumée.	2e	5 novembre 1826.
Lavoirs des blanchisseurs de profession. Voyez *Buanderies.*	»	»	»
Lin (rouissage du). Voy. *Routoirs.*	»	1re	5 novembre 1826.
Lustrage des peaux.	Très peu d'inconvénient.	3e	5 novembre 1826.
Phosphore (fabrique de).	Crainte d'incendie.	2e	5 novembre 1826.
Rogues (dépôts de salaisons liquides connues sous le nom de).	Odeur désagréable.	2e	5 novembre 1826.
Routoirs servant au rouissage en grand *du chanvre* et *du lin*, par leur séjour dans l'eau.	Émanations insalubres, infection des eaux.	1re	14 janvier 1815 et 5 novembre 1826.
Visières et feutres vernis (fabrique de).	Odeur désagréable, crainte d'incendie.	1re	5 novembre 1826.

5 = Pr. 22 nov. 1826. — Ordonnance du Roi qui supprime le syndicat des bouchers de la ville de Versailles, et contient des dispositions réglementaires y relatives. (8, Bull. 126, n° 4204.)

Charles, etc. — Sur le rapport de notre ministre secrétaire-d'Etat au département de l'intérieur; — Vu l'ordonnance royale du 28 décembre 1815, sur l'exercice de la profession de boucher dans la ville de Versailles; — Vu la délibération du conseil municipal de cette ville, du 1er mai 1826 ; — Notre Conseil-d'État entendu, etc.

Art. 1er. Le syndicat des bouchers de Versailles, créé par l'ordonnance royale du 28 décembre 1815, est et demeure supprimé.

Le maire de ladite ville remplacera le syndicat dans toutes les attributions de surveillance et de police qui lui avaient été déléguées.

2. Dans la ville de Versailles, le nombre des bouchers ne pourra, en aucun cas et sous aucun prétexte, être limité.

3. Les individus qui voudront exercer la profession de boucher dans cette ville, seront tenus de se faire inscrire à la mairie, et d'y produire un certificat de bonnes vie et mœurs, dûment délivré par le maire de leur domicile.

Le maire délivrera l'autorisation d'exercer la profession de boucher à ceux qui justifieront de l'accomplissement des susdites formalités.

4. Les cautionnemens versés par les bouchers actuellement en exercice dans la caisse du mont-de-piété, en exécution de l'article 5 de l'ordonnance royale du 28 décembre 1815, leur seront restitués.

5. Les bouchers forains pourront exposer en vente et débiter de la viande dans la ville, sur les lieux ou marchés publics et aux jours désignés par le maire, et ce, en concurrence avec les bouchers de Versailles qui voudront profiter de cette faculté; mais ils ne pourront en colporter dans la ville.

6. Les dispositions de l'ordonnance royale du 28 décembre 1815 qui ne sont point contraires à la présente ordonnance continueront d'être exécutées dans leur forme et teneur.

7. Les statuts et réglemens locaux de la boucherie de Versailles qui sont maintenant en vigueur seront révisés et mis en harmonie avec les dispositions de la présente ordonnance.

Les nouveaux réglemens qui seront arrêtés par le maire ne deviendront exécutoires qu'après avoir été approuvés par le ministre de l'intérieur, sur l'avis du préfet.

8. Notre ministre de l'intérieur (comte Corbière) est chargé, etc.

---

8 = Pr. 11 nov. 1826. — Ordonnance du Roi portant convocation de la Chambre des pairs et de la Chambre des députés. (8, Bull. 124, no 4157.)

---

5 = Pr. 22 nov. 1826. — Ordonnance du Roi

qui élève à la dignité de pair du royaume M. le comte de Chéverus, archevêque de Bordeaux. (8, Bull. 126, no 4200.)

---

5 nov. 1826. — Ordonnances du Roi qui autorisent l'acceptation de dons et legs faits aux pauvres et à des hospices. (8, Bull. 131, nos 4566 à 4580.)

---

5 nov. 1826. — Ordonnances du Roi qui autorisent l'acceptation de legs faits aux hospices d'Apt. (8, Bull. 132, no 4586.)

---

10 = Pr. 22 nov. 1826. — Ordonnance du Roi qui prescrit la publication des bulles d'institution canonique de M. l'archevêque de Bordeaux et de MM. les évêques de Montauban et de Vannes. (8, Bull. 126, no 4201.)

---

12 = Pr. 22 nov. 1826. — Ordonnance du Roi qui appelle au Conseil-d'État M. de Saint-Cricq, ministre d'État, président du bureau du commerce et des colonies. (8, Bull. 126, no 4202.)

Charles, etc. — Vu l'art. 1er de l'ordonnance du 26 août 1824; — Sur le rapport de notre ministre secrétaire d'État au département de la justice.

Art. 1er. Le sieur comte de Saint-Cricq, ministre d'État, membre de la Chambre des députés, président du bureau du commerce et des colonies, est appelé au Conseil-d'État.

2. Notre ministre de la justice (comte de Peyronnet), est chargé, etc.

---

12 = Pr. 22 nov. 1826. — Ordonnance du Roi qui étend à l'administration de la dette publique les mesures de contrôle établies pour la comptabilité générale des finances. (8, Bull. 126, no 4198.)

Charles, etc. — Vu l'art. 7 de l'ordonnance royale du 10 décembre 1823, qui prescrit la formation d'une commission spéciale pour vérifier et arrêter les livres et journaux d'écriture tenus à la comptabilité générale des finances; — Voulant étendre à l'administration de la dette publique les mesures de contrôle établies pour la comptabilité générale des finances, et arrêter les dispositions nécessaires à l'effet de soumettre au jugement de notre cour des comptes toutes les opérations des agens de la dette inscrite, en ce qui concerne les rentes et pensions; — Sur le rapport de notre ministre secrétaire d'État des finances, etc.

Art 1er. Le compte rendu chaque année à notre cour des comptes par les agens comptables de la dette inscrite contiendra à l'avenir toutes les opérations consommées du 1er janvier au 31 décembre de l'année précédente, savoir : — 1° Les inscriptions nouvelles faites au grand livre de la dette publique; — 2° Les mutations dans la propriété des rentes inscrites ; — 3° Les pensions concédées et portées sur les registres des pensions à la charge des fonds généraux du trésor pendant le même laps de temps.

2. En conséquence des dispositions contenues dans l'article précédent, la commission de comptabilité instituée par l'ordonnance royale du 10 décembre 1823 vérifiera et arrêtera, le 31 décembre de chaque année, les livres et registres tenus à la direction de la dette inscrite, et servant à établir le montant des rentes et pensions subsistantes.

Elle sera chargée, en outre, de constater la concordance des écritures avec le compte rendu par le ministre des finances. Le résultat de ces opérations sera compris dans le procès-verbal de ses travaux, et distribué aux Chambres, conformément à ce qui est prescrit pour la comptabilité générale des finances.

Il sera dressé un procès-verbal particulier, le 31 décembre de la présente année, pour déterminer la situation de la dette inscrite, relativement aux rentes et pensions existantes au 1er janvier dernier. Ce procès-verbal servira de base au premier compte qui sera soumis à notre cour des comptes.

3. Notre cour des comptes ne prononcera la libération des agens comptables de la dette inscrite, en ce qui concerne les accroissements résultant de nouvelles inscriptions de rentes ou pensions, qu'après avoir constaté, 1° qu'elles n'excèdent pas les crédits législatifs sur lesquels elles auront été imputées : 2° que lesdites inscriptions ont eu lieu sur pièces régulières.

4. Notre ministre des finances (comte de Villèle) est chargé, etc.

12 = Pr. 29 nov. 1826. — Ordonnance du Roi qui réduit à quatre le nombre des administrateurs de la régie des contributions indirectes. (8, Bull. 127, n° 4247.)

Charles, etc. — Vu l'ordonnance royale du 27 décembre 1823 ; et notamment l'article 1er ; — Sur le rapport de notre ministre secrétaire-d'Etat des finances, etc.

Art. 1er. Le nombre des administrateurs de la régie des contributions indirectes est réduit et demeure fixé à quatre.

2. Notre ministre des finances (comte de Villèle) est chargé, etc.

12 = Pr. 29 nov. 1826. — Ordonnance du Roi qui nomme M. de Lorimier président du collège électoral du premier arrondissement, du département de la Manche. (8, Bull. 127, n° 4245.)

12 = Pr. 29 nov. 1826. — Ordonnance du Roi qui nomme M. le comte de Sussy président de l'administration des monnaies. (8, Bull. 127, n° 4246.)

12 nov. 1826. — Ordonnance du Roi qui autorise le sieur Larreateguy de Vignolles à continuer de servir près de S. M. l'empereur d'Autriche. (8, Bull. 252, n° 9239.)

12 nov. 1826. — Ordonnances du Roi qui autorisent l'acceptation de dons et legs faits à un séminaire, à des fabriques et à des communautés religieuses. (8, Bull. 158, nos 5785 à 5806.)

12 nov. 1826. — Ordonnance du Roi qui autorise le sieur Tilt à établir son domicile en France. (8, Bull. 127, n° 4250.)

12 nov. 1826. — Ordonnances du Roi qui accordent des pensions à des veuves de militaires. (8, Bull. 128 bis, nos 2 et 6.)

12 nov. 1826. — Ordonnances du Roi qui accordent des pensions de retraite à des militaires. (8, Bull. 128 bis, nos 3 et 5.)

12 nov. 1826. — Ordonnances du Roi qui accordent des secours annuels à des orphelins de militaires. (8, Bull. 128 bis, n° 4.)

15 nov. = Pr. 12 déc. 1826. — Ordonnance du Roi qui maintient les abattoirs publics dans la ville de Montauban. (8, Bull. 129, n° 4450.)

Charles, etc. — Vu la délibération du conseil municipal de Montauban, du 27 juillet 1826 ; — Notre Conseil-d'Etat entendu, etc.

Art. 1er. L'abattoir public destiné à l'abattage des bestiaux, et situé sur le ruisseau Lagarrigue, aux fossés de notre bonne ville de Montauban, département de Tarn et Garonne, est maintenu et confirmé.

Est également maintenu et confirmé l'abattoir public destiné à l'abattage des porcs, et situé dans le pont du fort, sur le même ruisseau, en ladite ville.

2. A dater de la publication de la présente ordonnance, l'abattage des bœufs, vaches, veaux, génisses, moutons, brebis, agneaux et chevreaux, aura lieu exclusivement dans le premier de ces établissemens ; et l'abattage des porcs, dans celui qui leur est affecté. Tous les abattoirs ou échaudoirs particuliers seront interdits et fermés.

Toutefois, les propriétaires ou particuliers qui élèvent des porcs pour la consommation de leur maison auront la faculté de les abattre chez eux, pourvu que l'abattage ait lieu dans un endroit clos et séparé de la voie publique.

3. Les bouchers et charcutiers forains pourront également faire usage desdits abattoirs publics ; mais cette disposition est simplement facultative pour eux, soit qu'ils concourrent à l'approvisionnement de la ville, soit qu'ils approvisionnent seulement la banlieue.

4. Les bouchers et charcutiers de la ville devront être inscrits à la mairie, où ils feront connaître leur domicile.

Ils auront la faculté d'exposer en vente et de débiter la viande, à leur domicile, dans des étaux appropriés convenablement à cet usage, suivant les règles de la police.

5. Les bouchers et charcutiers forains pourront exposer en vente et débiter de la viande dans la ville, mais seulement dans les lieux publics désignés par le maire, et aux jours fixés par lui, et ce, en concurrence avec les bouchers et charcutiers de la ville qui voudront profiter de la même faculté.

6. Les droits à payer par les bouchers et charcutiers pour l'occupation des places dans les abattoirs publics seront réglés par un tarif arrêté dans la forme ordinaire.

7. Le maire de Montauban pourra faire les réglemens locaux nécessaires pour le service desdits établissemens, ainsi que pour le commerce de la boucherie et charcuterie ; mais ces réglemens ne seront exécutoires qu'après avoir reçu l'approbation du ministre de l'intérieur, sur l'avis du préfet du département.

8. Notre ministre de l'intérieur (comte Corbière) est chargé, etc.

————

15 NOV. 1826 = Pr. 12 JANV. 1826. — Ordonnance du Roi portant autorisation, conformément aux statuts y annexés, de la société d'assurance mutuelle contre la grêle, formée à Toulouse pour les dix départemens dénommés. (8, Bull. 135 *bis*, n° 1.)

Charles, etc. — Sur le rapport de notre ministre secrétaire-d'Etat au département de l'intérieur, — Notre Conseil-d'Etat entendu, etc.

Art. 1er. La société d'assurance mutuelle contre la grêle, formée à Toulouse par acte passé le 6 juillet 1826, par-devant Forqueray et son collègue, notaires à Paris, pour les départemens de la Haute-Garonne, de l'Arriége, de l'Aude, du Gers, du Lot, de Lot-et-Garonne, des Basses-Pyrénées, des Hautes-Pyrénées, du Tarn, de Tarn-et-Garonne, est autorisée ; ses statuts contenus audit acte sont approuvés, et demeureront annexés à la présente.

2. Nous nous réservons de révoquer notre autorisation en cas de violation ou de non-exécution des statuts, sans préjudice des dommages-intérêts des tiers.

3. La société est tenue de remettre, tous les six mois, une copie de son état de situation à chacun des préfets des départemens qui forment sa circonscription, ainsi qu'au greffe du tribunal et à la chambre de commerce de Toulouse ; pareille copie sera adressée au ministre de l'intérieur.

4. Notre ministre de l'intérieur (comte Corbière) est chargé, etc.

————

Société d'assurance mutuelle contre la grêle, pour les départemens de la Haute-Garonne, de l'Arriége, de l'Aude, du Gers, du Lot, de Lot-et-Garonne, des Basses-Pyrénées, des Hautes-Pyrénées, du Tarn et de Tarn-et-Garonne.

STATUTS.

CHAPITRE Ier. *Fondation.*

Art. 1er. Il y a société d'assurance contre la grêle entre les propriétaires soussignés, cultivateurs ou fermiers de biens ruraux, et ceux qui adhéreront aux présens statuts, dans les départemens de la Haute-Garonne, de l'Arriége, de l'Aude, du Gers, du Lot, de Lot-et-Garonne, des Basses-Pyrénées, des Hautes-Pyrénées, du Tarn et de Tarn-et-Garonne.

2. Cette société a pour objet de garantir mutuellement ses membres des risques et dommages que pourront causer les ravages de la grêle aux récoltes pendantes par racines ; elle n'entend assurer contre aucun autre dommage.

3. La durée de la société est de trente ans ; elle peut être prolongée, avec l'autorisation du Gouvernement. La présente association ne peut avoir d'effet que du moment où, par suite d'adhésions aux présens statuts, il se trouvera pour quatre millions de récoltes engagées à l'assurance.

4. La société est administrée par un conseil général de sociétaires, un conseil d'administration, un comité de surveillance, un directeur général, un secrétaire général remplissant les fonctions de directeur adjoint,

un inspecteur général et le nombre d'agens et d'employés nécessaire.

5. La société exclut toute solidarité entre les sociétaires, dont chacun, en tout état de cause, ne peut supporter que la part engagée à l'assurance, selon les états de répartition arrêtés par le conseil d'administration et mis en recouvrement.

Cette part ne peut, dans aucun cas, s'élever au-dessus d'un et demi pour cent ou de deux et demi pour cent, par an, de la valeur du revenu soumis à l'assurance, suivant que les récoltes engagées appartiendront à la première ou à la seconde classe établies dans l'article 26.

6. Chaque sociétaire est assureur et assuré pour une, trois, six ou neuf années, à partir du jour où il est devenu sociétaire.

7. Trois mois avant l'échéance de son assurance, il fait connaître, par une déclaration consignée sur un registre tenu à cet effet, s'il entend faire partie de la société pour un plus long délai, ou s'il y renonce.

8. Par le seul fait du défaut de cette déclaration à l'époque ci-dessus fixée, il cesse de faire partie de la société.

9. En sa qualité d'assureur, tout sociétaire est tenu de fournir à l'association, au moment où il y entre, une garantie pour le présent système d'assurance mutuelle. Cette garantie est de la moitié de la prime à payer selon les classes établies audit article 26.

La somme en résultant servira à couvrir les pertes éprouvées dans le courant de l'année. Si cette somme se trouvait insuffisante par l'effet du grand nombre de sinistres, ou dégâts, qui pourraient survenir, alors il serait fait un appel répartitif de fonds entre tous les sociétaires, ainsi qu'il sera indiqué ci-après à l'article 24.

Si ce premier fonds était plus que suffisant pour faire face à tous les dommages survenus pendant l'exercice courant, la partie non absorbée appartiendrait et serait transportée de droit à l'exercice suivant, et dans ce cas, les sociétaires n'auraient de versement à faire que pour le complément du fonds de garantie, qui sera toujours soit complété, soit renouvelé, en cas d'épuisement, au commencement de chaque exercice.

Chaque exercice commencera le 1er janvier et finira le 31 décembre.

10. Les frais de direction sont fixés par année à quinze centimes par cent francs de récoltes assurées, payables au commencement de chaque exercice.

Ceux de police d'assurance, ou acte contenant l'engagement entre l'association et l'assuré, sont réglés à cinquante centimes une fois payés, pour tout le temps de l'engagement.

Si cette police donne lieu à des frais de timbre, ils seront à la charge de l'assuré.

11. Les estimations des récoltes assurées seront toujours faites en sommes rondes de cent francs.

CHAPITRE II. Conditions de l'entrée en société, estimation des dégâts et mode de paiement des indemnités.

12. L'inscription sur le registre de la société, de la déclaration des récoltes que l'on veut faire assurer, et la quittance tant des frais de direction que du fonds de garantie, confèrent de droit au déclarant la qualité de sociétaire.

Cette déclaration devra désigner, en tant que de besoin, les pièces de terre, vignes, etc., leurs tenans et aboutissans, leur contenu, la nature de culture, et celle des semences ou fruits qu'on veut faire assurer.

La même déclaration contient en outre la valeur que le déclarant donne aux récoltes qu'il veut faire assurer.

La déclaration d'assurance sera datée du jour et de l'heure où elle sera faite et admise.

13. Le montant de l'estimation faite par le déclarant forme le capital à assurer, et ce capital, sauf la surveillance attribuée au directeur par l'article 47, est la base de la somme pour laquelle le sociétaire doit concourir au paiement des dommages, ainsi qu'il a été dit à l'article 5.

14. Toute personne ayant un intérêt direct ou indirect à la conservation des récoltes est admise à les faire assurer selon les dispositions de l'article 9.

Une récolte ne peut donner lieu qu'à une assurance, et elle tournera toujours au profit du propriétaire.

15. Le sociétaire appelé à fournir les portions contributives, comme il sera indiqué à l'article 21, en vertu des états de répartition arrêtés par le conseil d'administration, est tenu de verser son contingent entre les mains de l'agent comptable de la société dans le chef-lieu de canton, d'arrondissement ou de département, et sur le simple avis du directeur général.

Si, dans les quinze jours qui suivront le premier avis, le sociétaire n'a pas affecté le versement demandé, l'avertissement lui sera réitéré, et, faute par lui d'avoir satisfait à ce second avis, il sera poursuivi par toutes les voies de droit, à la requête du directeur général, auquel il est dès à présent conféré tous pouvoirs nécessaires à l'effet de parvenir au recouvrement desdites portions contributives.

16. Le directeur rend périodiquement compte au conseil d'administration du résultat des poursuites exercées contre les retardataires. Sur son rapport, il est pris à leur

égard par le conseil telles mesures qui lui paraîtront convenables à l'intérêt de la société.

17. Tout fait de perte de fruits ou de récoltes par l'effet des ravages de la grêle sera de suite dénoncé à la direction ou à celui de ses agens qui la représente dans la commune où le bien se trouve situé. La déclaration en sera faite par l'assuré ou par son ayant-cause, et elle contiendra la date et l'heure de l'accident, la désignation exacte des objets grêlés, la mention de l'espèce de récolte détruite, si le dégât est intégral ou partiel, et la valeur approximative du dégât. Cette déclaration est remise ou envoyée par l'intéressé, à peine de déchéance de l'indemnité, dans les dix jours au plus tard qui suivent le dégât, au bureau de la direction ou à l'agent de la société, qui en délivrera un récépissé.

La société enverra un inspecteur ou un agent pour vérifier les dégâts qui auront été occasionnés.

Si l'assuré ne s'en rapportait pas à l'évaluation donnée par l'agent de la société aux pertes qu'il a éprouvées, l'expertise est faite, dans le délai de dix jours, par des experts contradictoires nommés, l'un par la direction, l'autre par l'associé grêlé. En cas de discord, un troisième expert sera nommé par M. le juge de paix du canton dans lequel le dégât aura eu lieu.

Les frais de l'expertise seront supportés moitié par l'association et moitié par l'intéressé.

Les évaluations des experts se font en parties aliquotes des récoltes atteintes par la grêle; ainsi ils déclarent que la perte est d'un vingtième, de deux vingtièmes, etc., de la récolte assurée.

18. Si cependant le ravage causé par la grêle était tel sur quelques points qu'il n'y eût aucune espérance de récolte, et qu'il fût encore temps de réensemencer, le directeur, après avoir fait constater le dommage, pourra traiter amiablement avec l'assuré d'une diminution dans l'indemnité à lui payer, et l'assuré ensemencera une seconde fois. Ce traité sera soumis à l'approbation du conseil d'administration.

Si la grêle est tombée dans un temps où il est permis d'espérer que le mal qu'elle a causé se réparera de lui-même par des circonstances prises de la saison et de la vigueur de la sève, le directeur prendra les ordres du conseil d'administration pour faire procéder à une seconde expertise.

Dans le cas où le résultat de la seconde expertise différera de celui de la première, la société se tiendra à la plus basse des deux; sauf à régler le différent par arbitres et entre les limites de ces deux estimations du dommage, si l'associé grêlé ne se contentait pas de ce que la société aura cru lui devoir.

19. Immédiatement après la rentrée des récoltes, époque où tous les désastres sont connus, le directeur dressera, arrêtera et soumettra à l'approbation du conseil d'administration l'état des indemnités à payer.

20. Si le fonds de garantie mentionné en l'article 9 est suffisant pour faire face à tous les dégâts, il est employé sans délai à l'acquittement des sommes dues aux assurés qui ont éprouvé des pertes; et dans ce cas, le cultivateur grêlé peut à l'instant profiter du bienfait de l'assurance.

21. Si le fonds de garantie mentionné en l'article 9 était insuffisant, alors le directeur général établirait, en vertu des articles 15 et suivans, le compte des portions contributives dues par les sociétaires à raison des pertes survenues pendant l'exercice, et dans les bornes prescrites par l'article 5.

Le conseil d'administration vérifie ce compte, en arrête définitivement la répartition, et le directeur général demeure chargé d'en suivre immédiatement le recouvrement, en conformité des articles 15 et suivans. Ce compte est conservé à la direction; des copies, certifiées par le directeur général, en sont déposées chez les agens de département, et tous les sociétaires ont droit d'en prendre connaissance.

Pendant la confection de l'état des portions contributives, et sans attendre que leur recouvrement soit effectué, le fonds de garantie sera réparti et distribué, à titre d'à-compte, entre tous les intéressés, au profit desquels sera réparti ultérieurement le produit des portions contributives mises en recouvrement. Cette première distribution sera faite assez à temps pour mettre le cultivateur en état de se procurer des semences.

22. Dans les cas d'une année calamiteuse, où l'estimation des dommages excéderait la fixation portée à l'article 5, les portions contributives seront appelées en entier et réparties au marc le franc des pertes, mais sans excéder, dans aucun cas, les limites prescrites par ledit article 5.

23. Dans tous les cas possibles, le paiement des indemnités dues à raison des pertes essuyées sera toujours effectué dans le courant du dernier trimestre de l'année.

24. Il ne sera fait aucun appel de fonds si l'on ne s'est pas servi du fonds de garantie. Le présent article ne déroge pas aux dispositions de l'article 10.

Si, après un exercice révolu et après que le directeur général aura exercé, au nom de la société, toutes les formalités judiciaires usitées, pour obtenir l'entier recouvrement de toutes les portions contributives appartenant audit exercice, il existe encore des non

valeurs de la part de quelques associés in-
solvables, le montant en sera réparti au
compte de l'exercice suivant, et le directeur
en sera bien et dûment déchargé.

25. L'assuré quittant l'association n'aura
droit à aucune réclamation sur le fonds de
garantie, qui profitera à la masse des sociétaires.

CHAPITRE III. Classification des diverses
espèces de produits.

26. Les récoltes, étant, d'après leur nature, plus ou moins long-temps exposées aux
ravages de la grêle, et les dommages qu'elles
en éprouvent étant plus ou moins considérables, les produits assurés ont été rangés en
deux classes.

La première comprendra le blé, le seigle,
le méteil, l'orge, l'avoine, l'épeautre, le
maïs, le petit millet, le chanvre, le lin, les
vesces, les fèves, pois et haricots; enfin les
prairies naturelles et artificielles.

La seconde classe comprendra les vignes,
tabacs et houblonnières.

Les récoltes des deux classes contribueront à l'indemnité des dommages communs,
dans la proportion suivante :

Sur des valeurs égales, la contribution de
celles de la seconde classe sera à la contribution de celles de la première dans la proportion de cinq à trois (ou de deux et demi
à un et demi); mais dans aucun cas la contribution pour cent francs de récoltes ne
pourra excéder un franc cinquante centimes
pour la première classe et deux francs cinquante centimes pour la seconde.

CHAPITRE IV. Conseil général des sociétaires.

27. Il y a une assemblée de sociétaires,
sous le nom de *conseil général*, laquelle représente l'entière société.

28. La réunion des cinq plus forts assurés
pour chacun des départemens formera à Toulouse le conseil général des sociétaires, qui
ne pourra délibérer qu'autant que le nombre
de ses membres sera de seize. Les membres
de ce conseil pourront se faire représenter
par quatre autres sociétaires.

Les assemblées du conseil général seront
annoncées par les journaux et par lettres
missives aux assurés ci-dessus. Ceux qui se
feront remplacer remettront à leur représentant la lettre de convocation, avec mention
de leur délégation.

29. Le conseil général est présidé par un
de ses membres élu à la majorité des suffrages.

Il se réunit une fois par année, sauf les
convocations extraordinaires jugées nécessaires.

Le secrétaire général de la direction tiendra la plume.

Le directeur assiste au conseil général ;
mais il se retire avant la délibération.

30. Le conseil général nommera à l'avenir les membres du conseil d'administration.

CHAPITRE V. Conseil d'administration.

31. Le conseil d'administration est composé de vingt sociétaires.

Sont membres dudit conseil :

MM. le baron de Malaret, président de la
société royale d'agriculture de Toulouse ; —
Cavalié, avocat général à la cour royale de
Toulouse ; — Depuntis, propriétaire ; — Le
baron de Cambon, membre du conseil général du département, et président de la
cour royale ; — Le vicomte de Combette-
Caumont, conseiller à la cour royale ; —
Pagan, *idem* ; — Prévost Junior, membre
du conseil général du département ; — Li-
gnières, négociant ; — Colasson, négociant ;
— Le marquis de Berthier, propriétaire ; —
Le baron de Montbel, maire de Toulouse ; —
Roland fils, propriétaire ; — Le chevalier
d'Encausse, commissaire de Sa Majesté à
l'hôtel des monnaies de Toulouse ; — Giraud, propriétaire, maire de Bruyères.

Pour délibérer, ils doivent être au moins
au nombre de sept membres.

32. En cas de décès ou de démission d'un
de ses membres, le conseil d'administration
pourvoit provisoirement à son remplacement
jusqu'à la prochaine assemblée générale,
qui procédera à la nomination définitive
pour le temps qui restera à courir de l'exercice du remplacé.

33. Les membres du conseil d'administration sont renouvelés par cinquième tous les
ans, à l'assemblée solennelle du conseil général des sociétaires. Le sort désigne les
membres sortant les quatre premières années ; les années suivantes, ce sont les plus
anciens qui doivent sortir.

34. Les membres du conseil d'administration peuvent être nommés une seconde fois.

35. Tout membre du conseil d'administration doit être sociétaire, et avoir au moins
pour quatre mille francs de récoltes engagées à l'assurance mutuelle.

36. Le conseil d'administration se réunit
d'obligation le premier lundi non férié de
chaque trimestre, sauf les convocations qui
auront été jugées nécessaires par le directeur
ou le comité de surveillance, dont il sera
fait mention dans le chapitre suivant.

37. Lors de leur première réunion, les
membres du conseil d'administration choisiront dans leur sein un président, qui sera
nommé à la pluralité des suffrages.

38. Le secrétaire général tiendra la plume
au conseil.

39. Le directeur général assiste au conseil avec voix consultative ; mais il se retire avant la délibération.

40. Les membres du conseil d'administration ne sont responsables que de l'exécution du mandat qu'ils ont reçu.

Ils ne contractent, à raison de leur gestion, aucune obligation personnelle ni solidaire relativement aux engagemens de la société.

41. Le conseil d'administration délibère sur toutes les affaires de la société, et les décide par des arrêtés consignés sur des registres tenus à cet effet, et demeurant l'un entre les mains du directeur et l'autre en celles du président. Les décisions sont prises à la majorité des suffrages ; le directeur est tenu de s'y conformer.

42. Le conseil reçoit, vérifie et débat le compte annuel rendu par le directeur, des recettes et dépenses sociales ; il en fait son rapport au conseil général, qui l'arrête définitivement.

CHAPITRE VI. Comité de surveillance.

43. Les fondateurs nomment parmi les associés, et hors du conseil d'administration, un comité de cinq sociétaires chargés de suivre pendant le courant de l'année toutes les opérations de l'administration.

44. Le comité de surveillance peut prendre part aux délibérations du conseil général et du conseil d'administration, et il y a voix consultative.

Le comité pourra faire convoquer extraordinairement soit le conseil d'administration, soit le conseil général, pour les cas urgens.

Il rend compte au conseil général des observations qu'il a pu faire pendant l'année, et des abus qu'il aurait pu reconnaître dans l'administration.

Le conseil général délibère sur les rapports du comité, et statue sur ses observations.

45. Le comité de surveillance sera renouvelé, après cinq ans d'exercice, à une assemblée du conseil général, convoquée extraordinairement à cet effet par le directeur général.

CHAPITRE VII. Direction.

46. Il y a un directeur général ; il assiste avec voix consultative aux assemblées du conseil d'administration et du conseil général des sociétaires.

Il convoque ces diverses assemblées.

Le directeur met sous les yeux du conseil général des sociétaires, lors de sa réunion, l'état de situation de l'établissement, celui des recettes et dépenses de l'année précédente, et le compte détaillé de tout ce que la compagnie a été dans le cas de rembourser pour cause de dégâts.

Il donnera aux membres du comité de surveillance tous les renseignemens qu'ils pourront désirer ; il leur communiquera les registres des délibérations et arrêtés de l'administration, les états de situation de l'établissement, et leur procurera toutes les instructions que les intérêts de leurs commettans exigeront. Il donnera également à chacun des sociétaires tous les renseignemens dont il pourra avoir besoin.

Trois mois après la révolution de chaque exercice, le directeur présentera au conseil d'administration, dans une réunion spéciale, le compte des recettes sur fonds de garantie et portions contributives, et de toutes les dépenses et non-valeurs pour portions non-recevables, à imputer sur le fonds de garantie ; ce compte sera appuyé des pièces justificatives nécessaires.

47. Le directeur surveille, avec l'approbation du conseil d'administration, l'estimation des récoltes engagées ou à engager à l'assurance, de manière à prévenir les abus qui pourraient nuire aux intérêts de la masse des associés.

A cet effet, aucune déclaration d'assurance ne sera admise qui excède seize fois le montant de la contribution foncière du sol qui la produit.

Il sera chargé de la délivrance des polices d'assurance, des rapports de la société avec les autorités, de la correspondance, enfin de la confection comme de la suite ou exécution de tous les actes qui pourront concerner l'établissement.

48. Le directeur chargé de l'exécution des présens statuts ne pourra s'en écarter ; en conséquence, il sera tenu d'ouvrir les registres nécessaires au conseil d'administration, pour ses délibérations et arrêtés : d'avoir un journal général qui présente, dans un ordre convenable, les noms des sociétaires, la désignation et la valeur de leurs récoltes assurées, et le compte ouvert à chacun d'eux, les registres relatifs aux déclarations de dégâts et aux évaluations de dommages.

49. Tous frais de loyer de l'administration, ceux de correspondance, d'impressions et de bureau, les traitemens des employés, enfin toutes dépenses de gestion, sont et demeurent à la charge du directeur.

Pour subvenir à ces dépenses, les frais de direction, ainsi qu'il a été mentionné à l'article 10, sont fixés à quinze centimes par cent francs de récoltes assurées ; de plus, les indemnités pouvant provenir des intérêts sur les fonds déposés dans les caisses de la société ; enfin, les frais de police d'assurance, fixés par ledit article 10 à cinquante centimes une fois payés.

Ces recettes et dépenses forment entre l'association et le directeur un traité à forfait dont la durée est fixée à cinq ans.

A l'expiration de ce délai, le directeur général présentera l'état des dépenses qui auront été faites pour tous les frais d'administration et de direction, au conseil général des sociétaires, qui fixera convenablement l'indemnité à accorder pour toute la durée de la société.

50. Les fondateurs ont nommé pour directeur général M. Jacques-Paul-Auguste Pelleport-Jaunac, ancien officier du Roi d'Espagne, associé résidant de la société royale d'agriculture de Toulouse, et membre correspondant de la société royale et centrale d'agriculture de Paris, Auch, etc.

Pour secrétaire général remplissant les fonctions de directeur adjoint, M. Jean-Henri-Joseph-Elisabeth Pijon, propriétaire résidant à Toulouse ;

Et pour inspecteur-général M. Azaric Pisteau, avocat, vice-secrétaire de la société royale d'agriculture de Toulouse.

En cas de décès, de maladie, d'empêchement ou de révocation du directeur général, le secrétaire général le remplacera dans toutes les opérations de l'administration.

51. Le domicile central de la société et de l'administration est à Toulouse, rue Tolosanne, n° 15.

52. Pour la commodité des propriétaires et la régularité des opérations, le directeur pourra nommer un agent directeur dans chaque chef-lieu de département, un agent particulier par chaque arrondissement de sous-préfecture, et un agent secondaire dans chaque canton de justice de paix compris dans la circonscription de la société.

Le directeur a le droit d'autoriser les agens à signer en son nom et à délivrer les polices d'assurance dans leurs départemens respectifs.

CHAPITRE VIII. Comptabilité.

53. Elle est tenue par le directeur ainsi qu'il suit :

Les espèces versées pour fonds de garantie ou portions contributives entre les mains des agens comptables des cantons seront transmises immédiatement par eux dans la caisse du receveur particulier de la société de l'arrondissement ou du receveur général de la société qui seront établis dans chaque département. Néanmoins, les associés pourront aussi faire leur versement directement dans les caisses des receveurs particuliers et des receveurs généraux de la société.

Le directeur général veillera à ce que les deniers sociaux perçus dans les cantons et arrondissemens soient transmis immédiate-

ment par les agens comptables dans la caisse générale établie dans chaque département, de manière qu'ils y demeurent jusqu'à ce qu'ils soient attribués au paiement d'indemnités aux sociétaires qui auront éprouvé des désastres. Pour aucune autre cause les fonds sociaux ne pourront être distraits desdites caisses.

Les paiemens d'indemnités s'effectueront contre des coupons de mandats tirés sur l'agent comptable de l'arrondissement par le directeur général, et contresignés par le président ou un membre désigné du conseil d'administration ; ces coupons seront en nombre égal à celui des sociétaires qui auront éprouvé des désastres, et à leur ordre. Lesdits coupons de mandats seront adressés par le directeur général à l'agent directeur particulier ou secondaire de la société, qui les remettra auxdits sociétaires contre leur récépissé, afin qu'ils puissent par eux-mêmes toucher le montant de l'indemnité à eux dévolue.

54. Les fonds perçus par les agens directeurs particuliers ou secondaires de la société pour frais de direction seront de même versés par eux dans les caisses de la société, avec la seule différence qu'ils y seront exclusivement à la disposition du directeur général, sur ses simples mandats.

CHAPITRE IX. Dispositions générales.

55. Tous les cas non prévus par les présens statuts seront décidés par le conseil d'administration réuni au comité de surveillance, les membres dudit comité présens ou dûment appelés, le directeur entendu.

56. Un arrêté du conseil d'administration, dont il sera donné connaissance au ministre de l'intérieur, prononcera la mise en activité de la société : il sera notifié aux sociétaires par le directeur général. Jusque là toutes les adhésions ne sont que provisoires.

57. A l'expiration de la présente société, il sera procédé, par le conseil d'administration alors existant, à l'examen du compte moral présenté par le directeur. Ce conseil décidera si l'on doit demander ou non autorisation de prolongation au Gouvernement.

Dans le cas où cette prolongation ne serait pas demandée ou obtenue, le conseil procédera à la liquidation définitive sur le compte dressé par le directeur, et le restant en caisse sera réparti et distribué au marc le franc entre tous les sociétaires alors existans.

58. S'il survient quelques contestations entre la société comme chambre d'assurances et un ou plusieurs associés, elles seront jugées, à la diligence du directeur, par trois arbitres, dont deux seront nommés par les

parties respectives, et le troisième par le président du tribunal de commerce de Toulouse. Leur jugement sera sans appel, et ne pourra être attaqué même par voie de recours en cassation.

Les frais seront à la charge de la partie qui aura succombé.

59. Les fondateurs soussignés autorisent le directeur général ou le secrétaire général faisant fonctions de directeur adjoint à se pourvoir auprès des autorités supérieures pour parvenir à l'homologation des présens statuts; comme aussi à souscrire au nom de tous aux rectifications qui seront jugées nécessaires par le Gouvernement aux dispositions de tels articles de ces statuts qui seraient contraires aux lois en vigueur.

Quant à tous autres changemens, ils seront consentis, le cas échéant, par le conseil d'administration. A cet effet, les fondateurs donnent dès ce moment à ce conseil tous les pouvoirs à ce nécessaires.

60. Le domicile de la société est élu à Toulouse, dans le local de la direction générale : chaque sociétaire est tenu d'en élire un à Toulouse ou au domicile d'un des agens de la société.

Article supplémentaire. Les adhésions des propriétaires pour faire partie de l'association contre la grêle devront être faites chaque année, avant le 31 décembre, pour l'exercice suivant.

Toutefois, pour donner la plus grande facilité aux propriétaires qui manifesteront le désir d'assurer leurs récoltes, il est permis, mais seulement pour la première année, de soumettre ses récoltes et de recevoir les adhésions jusqu'au 24 juin exclusivement.

---

15 NOV. ═ Pr. 12 DÉC. 1826. — Ordonnance du Roi qui réunit la commune de Saint-Arnoul à celle de Blainville-Crevon, département de la Seine-Inférieure. (8, Bull. 129, n° 4449.)

---

15 NOV. 1826. — Ordonnance du Roi qui accorde des lettres de déclaration de naturalité au sieur Wetzllar. (8, Bull. 214, n° 8013.)

---

15 NOV. 1826. — Ordonnance du Roi qui accorde des lettres de déclaration de naturalité au sieur Albert. (8, Bull. 252, n° 9251.)

---

15 NOV. 1826. — Ordonnance du Roi qui accorde des lettres de déclaration de naturalité au sieur Levecque. (8, Bull. 252, n° 9252.)

---

15 NOV. 1826. — Ordonnance du Roi qui accorde des lettres de déclaration de naturalité aux sieurs Pigeot et Poncelet. (8, Bull. 367, n° 13142.)

---

15 NOV. 1826. — Ordonnance du Roi qui accorde des lettres de déclaration de naturalité au sieur Mamdy. (8, Bull. 298, n° 11405.)

---

15 NOV. 1826. — Ordonnance du Roi qui admet les sieurs Benninger et Upham à établir leur domicile en France. (8, Bull. 127, n° 4251.)

---

15 NOV. 1826. — Ordonnance du Roi qui accorde une pension à M. de Sartiges, ancien préfet du département de la Haute-Loire. (8, Bull. 128 *bis*, n° 1.)

---

15 NOV. 1826. — Ordonnances du Roi qui autorisent l'acceptation de legs faits à des communes. (8, Bull. 132, n°s 4587 à 4592.)

---

15 NOV. 1826. — Ordonnance du Roi qui concède au sieur Guétat et consorts des mines de houille situées dans l'arrondissement de Saint-Etienne (Loire). (8, Bull. 132, n° 4612.)

---

15 NOV. 1826. — Ordonnance du Roi qui concède au sieur Nisson fils les mines de manganèse existant sur le territoire de la commune de Saint-Martin de Fressengéas (Dordogne). (8, Bull. 132, n° 4613.)

---

15 NOV. 1826. — Ordonnance du Roi qui autorise le sieur Grenouillet à conserver et tenir en activité la forge du Cros, commune de Jumillac (Dordogne). (8, Bull. 132, n° 4614.)

---

15 NOV. 1826. — Ordonnance du Roi qui autorise les sieurs Gignoux et compagnie à conserver et tenir en activité la forge qu'ils possèdent dans la commune de Cuzorn (Lot-et-Garonne) et à l'augmenter de deux martinets. (8, Bull. 132, n° 4615.)

---

15 NOV. 1826. — Ordonnance du Roi qui autorise la dame Duchaylard à établir une usine à fer dans la commune de Redange (Moselle). (8, Bull. 132, n° 4616.)

---

15 NOV. 1826. — Ordonnance du Roi qui autorise le sieur de Bourbon-Busset à établir une verrerie destinée à la fabrication de

gobeletterie, cristaux, et verres à vitre, dans la commune de Chérouvilliers (Eure). (8, Bull. 132, n° 4617.)

---

15 nov. 1826. — Ordonnance du Roi qui accorde des lettres de déclaration de naturalité au sieur Quisard. (8, Bull. 135, n° 4686.)

16 nov. 1826. — Ordonnances du Roi qui accordent des lettres de déclaration de naturalité aux sieurs Metzler et Richard. (8, Bull. 130, n°s 4808 et 4809.)

19 = Pr. 29 nov. 1826. — Ordonnance du Roi concernant les obligations et la responsabilité des comptables des finances envers le Trésor, les communes et les établissemens de bienfaisance. (8, Bull. 127, n° 4241.)

Charles, etc. — Vu les lois et réglemens relatifs à la surveillance et à la responsabilité des receveurs des finances pour la gestion des comptables qui leur sont directement subordonnés, notamment les décrets des 4 janvier et 20 juillet 1808 ; — Vu les décrets des 21 décembre 1804 (30 frimaire an 13), 27 février 1811 et 24 août 1812, l'ordonnance royale du 31 octobre 1821, d'après lesquels les percepteurs des contributions directes reunissent à leurs fonctions celles de receveurs des communes, d'hospices et d'établissemens de bienfaisance, lorsque les revenus des communes et des hospices n'excèdent pas la proportion déterminée par les susdits décrets et ordonnances ; — Vu l'art. 1251 du Code civil sur la subrogation légale ; — Considérant qu'il convient de régler avec plus d'ordre et de précision les obligations et la responsabilité des comptables des finances envers le Trésor, les communes et les établissemens de bienfaisance, ainsi que les garanties auxquelles ils ont droit pour les couvrir des effets de cette responsabilité. — Sur le rapport de notre ministre secrétaire-d'Etat des finances, etc.

Titre Ier. Surveillance et responsabilité des receveurs généraux à l'égard des receveurs particuliers.

Art. 1er. Les receveurs généraux des finances sont responsables de la gestion des receveurs particuliers de leur département.

Chaque receveur général est, à cet effet, chargé de surveiller les opérations des receveurs particuliers de son département, d'assurer l'ordre de leur comptabilité, de contrôler leurs recettes et leurs dépenses.

Les receveurs généraux disposent égale-

ment, sous leur responsabilité, des fonds reçus par les receveurs particuliers, soit qu'ils les fassent verser à la recette générale, soit qu'ils les emploient sur les lieux, soit qu'ils en autorisent la réserve entre leurs mains, ou qu'ils leur donnent toutes autres directions commandées par les besoins du service.

2. En cas de débet d'un receveur particulier, le receveur général du département sera tenu d'en couvrir immédiatement le Trésor royal : en conséquence, il demeurera subrogé à tous les droits du Trésor sur le cautionnement, la personne et les biens du comptable.

Le receveur général pourra toutefois se pourvoir auprès de notre ministre secrétaire-d'Etat des finances pour obtenir, s'il y a lieu, la décharge de sa responsabilité ; les décisions à intervenir sur les réclamations de l'espèce seront prises au vu de la délibération du comité des finances, et sauf appel par-devant nous en notre Conseil-d'Etat.

3. Conformément aux dispositions contenues en l'art. 1er ci-dessus et à partir du 1er janvier 1827, les talons des récépissés délivrés par les receveurs particuliers et présentés au visa des sous-préfets, et qui, d'après les dispositions du décret du 4 janvier 1208, étaient adressés directement au Trésor par les préfets et sous-préfets, seront, à l'avenir, transmis par ces fonctionnaires au receveur général de leur département.

Le receveur général comparera ces pièces aux déclarations de recette contenues dans les livres journaux des receveurs particuliers, et les fera parvenir immédiatement à notre ministre des finances.

4. A la fin de chaque mois ; les receveurs particuliers dresseront un relevé de tous les récépissés qu'ils auront délivrés pendant le mois expiré; ils remettront ce relevé aux sous-préfets, qui le compareront avec les livres de la sous préfecture, et l'adresseront, dûment certifié, à notre ministre des finances.

5. Les préfets se feront remettre, chaque mois, par le receveur général de leur département, un état des récépissés délivrés pour la recette de l'arrondissement du chef-lieu, et, après l'avoir comparé aux récépissés inscrits sur les registres de la préfecture, ils l'adresseront, dûment certifié, à notre ministre des finances.

Titre II. Surveillance et responsabilité des receveurs des finances à l'égard des percepteurs des contributions directes, chargés de la recette des revenus des hospices et des communes.

6. Les percepteurs des contributions directes qui sont en même temps receveurs

des communes et des établissemens de bienfaisance n'auront qu'une seule caisse pour toutes les recettes en deniers dont ils sont chargés, et tous les faits de leur gestion seront réunis dans une même comptabilité : néanmoins, ils continueront à tenir et à rendre des comptes séparés pour chacun des services spéciaux qui leur sont confiés, conformément aux lois et réglemens propres à chaque service.

7. Les receveurs des finances continueront à surveiller tous les détails de la comptabilité des percepteurs receveurs des communes et d'établissemens de bienfaisance ; à se faire représenter par ces préposés les rôles, budgets et autorisations supplémentaires de recette et de dépense, baux, actes d'adjudication et tous autres titres qu'ils ont entre les mains ; à vérifier leurs caisses, leurs écritures, leurs pièces justificatives et leurs comptes annuels : à faire placer en compte courant, conformément aux réglemens, les sommes qui excéderont les besoins du service.

Les préfets restent chargés de remettre aux receveurs des finances les états du montant des rôles de toute nature qu'ils ont rendus exécutoires ; ils leur feront fournir aussi, comme moyen de contrôle et de surveillance, des relevés sommaires des budgets de communes et d'hospices aussitôt après qu'ils auront été arrêtés et renvoyés aux maires, et les arrêtés rendus sur les comptes de gestion présentés par les percepteurs et portant charge ou injonction à leur égard.

8. Les receveurs des finances sont tenus, pour toutes les gestions confiées aux percepteurs qui leur sont subordonnés, de surveiller le recouvrement exact des produits en deniers aux échéances fixées par les titres et par l'administration, l'acquittement régulier et la justification des dépenses, la conservation des deniers, la tenue des écritures, la reddition et l'apurement des comptes.

9. Lorsque des irrégularités seront constatées sur les divers points du service relatés dans les articles précédens, les receveurs des finances prendront ou provoqueront envers les comptables les mesures prescrites par les réglemens ; ils sont même autorisés à les suspendre immédiatement de leurs fonctions et à les faire remplacer par des gérans provisoires à leur nomination, en donnant avis de ces dispositions au préfet de leur département.

10. Il n'est rien changé aux dispositions des réglemens antérieurs, d'après lesquelles les receveurs des finances sont responsables de la gestion des percepteurs, en ce qui concerne les contributions directes.

En cas de déficit de caisse portant sur les deniers des communes et des établissemens

de bienfaisance, dont la recette aura été constatée sur le journal à souche, le receveur des finances de l'arrondissement sera tenu d'en couvrir immédiatement le montant avec ses deniers personnels : en conséquence, il demeurera subrogé à tous les droits des communes et des établissemens de bienfaisance sur les cautionnemens, la personne et les biens du comptable. Si le déficit provient de force majeure ou de circonstances indépendantes de sa surveillance, le receveur des finances pourra obtenir la décharge de sa responsabilité.

Les décisions sur les demandes en décharge de responsabilité seront prises de concert par nos ministres des finances et de l'intérieur, au vu de la délibération de notre comité des finances, et sauf appel par-devant nous en notre Conseil-d'Etat.

11. Nos ministres des finances et de l'intérieur (comtes de Villèle et Corbière) sont chargés, etc.

————

19 nov. ⊃ Pr. 1er déc. 1826. — Ordonnance du Roi portant autorisation définitive de la congrégation des sœurs de la charité de la Providence établie à Ruillé-sur-Loir, département de la Sarthe. (8, Bull. 128, n° 4364.)

Charles, etc. — Vu l'article 2 de la loi du 24 mai 1825 ; — Vu les statuts de la congrégation ci-après dénommée, vérifiés et enregistrés au Conseil-d'État, conformément à notre ordonnance royale du 1er novembre 1826 ; — Sur le rapport de notre ministre secrétaire-d'État au département des affaires ecclésiastiques et de l'instruction publique, etc.

Art. 1er. La congrégation des sœurs de la charité de la Providence, gouvernée par une supérieure générale, établie à Ruillé-sur-Loir, département de la Sarthe, est définitivement autorisée, à la charge de se conformer en tout point à ses statuts ci-annexés.

2. Nous nous réservons d'autoriser ultérieurement, sur la demande qui en sera présentée dans la forme voulue par l'article 3 de la loi du 24 mai 1825, les maisons particulières qui dépendent de ladite congrégation.

3. Notre ministre des affaires ecclésiastiques et de l'instruction publique (Frayssinous) est chargé, etc.

————

19 nov. ⊃ Pr. 1er déc. 1826. — Ordonnance du Roi portant autorisation définitive de vingt-quatre communautés religieuses de femmes. (8, Bull. 128, n° 4365.)

Charles, etc. — Vu l'article 2 de la loi du 24 mai 1825 ; — Vu les statuts des commu-

nautés religieuses de femmes ci-après dénommés, vérifiés et enregistrés au Conseil-
d'Etat, conformément à notre ordonnance
royale du 1er novembre 1826, etc.

Art. 1er Les communautés formant chacune un établissement isolé, dirigé par une
supérieure locale, — 1° Des religieuses de
Notre-Dame à Lamothe (Haute-Loire), —
2° Des religieuses de Notre-Dame à Pradelles, même département, — 3° Des sœurs
de Notre-Dame à Rodès (Aveyron), —
4° Des religieuses filles de Notre-Dame à
Orient, même département, — 5° Des sœurs
de l'association de Notre-Dame à Saint-Geniez, même département, — 6° Des religieuses de Saint-Augustin de Notre-Dame à
Orbec (Calvados), = 7° Des religieuses de
Notre-Dame de la Charité à Baïeux, même
département, — 8° Des dames de la congrégation de Notre-Dame à Dieuze (Meurthe),
— 9° Des dames religieuses à Notre-Dame à
Vézelise, même département, — 10° Des
religieuses de Notre-Dame à Versailles, maison de Grandchamp (Seine-et-Oise), —
11° Des dames religieuses de Versailles,
avenue de Saint-Cloud, même département,
— 12° Des religieuses de Notre-Dame à
Etampes, même département, — 13° Des
sœurs de l'association de Notre-Dame à
Carentan (Manche), — 14° Des sœurs de
l'association de Notre-Dame à Valognes,
même département, — 15° Des sœurs de
l'association de Notre-Dame à Langogne
(Lozère), — Des filles de Notre-Dame à
Poitiers (Vienne), — Des religieuses de la
congrégation de Notre-Dame à Câteau
(Nord), — 18° Des religieuses filles de Notre-
Dame à Limoges (Haute-Vienne), — 19° Des
religieuses filles de Notre-Dame à Toulouse
(Haute-Garonne), — 20° Des religieuses de
la congrégation de Notre-Dame à Moulins
(Allier), — 21° Des religieuses de la congrégation de Notre-Dame à Ham (Somme),
— 22° Des religieuses de Notre-Dame à
Saint-Flour (Cantal), — 23° Des religieuses
de la congrégation de Notre-Dame à Caudebec (Seine-inférieure), — 24° Des religieuses de Notre-Dame à Masseube (Gers),
— Sont définitivement autorisées, à la charge
de se conformer en tout point à leurs statuts
ci-annexés.

2. Notre ministre des affaires ecclésiastiques et de l'instruction publique (Frayssinous) est chargé, etc.

19 NOV. = Pr. 18 DÉC. 1826. — Ordonnance
du Roi qui appelle à l'activité quarante-cinq
mille jeunes soldats de la classe de 1825, et
fixe leur répartition conformément aux états
y annexés. (8, Bull. 130, n° 4500.)

22 = Pr. 29 NOV. 1826. — Ordonnance du
Roi relative à la répartition, entre les départemens, des deux centimes et demi destinés à couvrir les non-valeurs de la contribution des portes et fenêtres. (8, Bull. 127,
n° 4242.)

Charles, etc. — Vu la loi de finances du
6 juillet 1826, qui fixe pour 1827 le nombre
du centimes à imposer additionnellement à
la contribution des portes et fenêtres, et réduit à deux centimes et demi ceux qui seront destinés à couvrir les décharges, réductions, remises, modérations et non-valeurs
sur cette contribution ; — Considérant que
ces deux centimes et demi, qui, dans un
grand nombre de départemens, excéderont
les besoins, pourront cependant, dans plusieurs autres, ne pas suffire pour y satisfaire, et qu'il importe de donner à tous les
départemens les moyens d'assurer cette partie du service ; — Sur le rapport de notre ministre secrétaire-d'Etat des finances, etc.

Art. 1er. A compter de 1827, sur les deux
centimes et demi destinés à couvrir les non-
valeurs de la contribution des portes et fenêtres, un centime sera, dès le commencement de chaque année, mis à la disposition
des préfets.

2. Il sera formé du centime et demi restant un fonds commun dont la distribution
sera faite ultérieurement par notre ministre
secrétaire-d'Etat des finances entre les divers
départemens du royaume, en raison de l'importance de leurs besoins.

3. Les dégrèvemens qui n'auraient pu
être accordés en temps utile, et les mandats
qui n'auraient pas été acquittés sur les crédits de l'exercice auquel ils se rattachent,
seront, conformément à l'ordonnance royale
du 14 septembre 1822, imputés sur les crédits ouverts pour l'exercice suivant.

4. Notre ministre des finances (comte de
Villèle) est chargé, etc.

22 NOV. = Pr. 12 DÉC. 1826. — Ordonnance
du Roi portant établissement d'un mont-de-
piété dans la ville de Rouen. (8, Bull. 129,
n° 4451.)

Charles, etc. — Sur le rapport de notre
ministre secrétaire-d'Etat au département
de l'intérieur ; — Notre Conseil-d'Etat entendu, etc.

Art. 1er. Il sera formé dans notre bonne
ville de Rouen (Seine-Inférieure) un mont-
de-piété, qui sera régi, sous la surveillance
du préfet et l'autorité de notre ministre de
l'intérieur, par une administration gratuite
et charitable, composée de trois membres de
la commission administrative des hospices,
de deux membres des bureaux de bienfai-

sance, d'un notable versé dans les opérations de banque, et d'un jurisconsulte.

2. Pour la première fois, la nomination des deux derniers administrateurs sera faite par notre ministre de l'intérieur, sur une triple liste de candidats présentés par le préfet. Les autres administrateurs seront nommés par le ministre de l'intérieur, sur l'avis du préfet et sur la présentation des administrations charitables dont ils doivent nécessairement faire partie.

En cas de vacance, il sera pourvu conformément au réglement annexé à la présente ordonnance.

3. Les registres, les reconnaissances, les procès-verbaux de vente, et généralement tous les actes relatifs à l'administration du mont-de-piété de Rouen, sont exempts des droits de timbre et d'enregistrement.

4. Le capital destiné à subvenir aux prêts sur nantissement est fixé à six cent mille francs. Il ne pourra être porté au-delà de cette somme, sans l'autorisation de notre ministre de l'intérieur.

5. Le capital indiqué par l'article précédent sera formé, en partie, par les cautionnemens en numéraire des préposés du mont-de-piété, des receveurs des établissemens de bienfaisance du département de la Seine-Inférieure ou d'autres départemens, en tant que les lois existantes n'ordonnent pas le versement de ces cautionnemens au Trésor royal.

6. Pourront aussi être versés dans la caisse du mont-de-piété, afin de concourir à la formation du capital indiqué à l'article 4, tous les deniers appartenant aux établissemens de bienfaisance, qui proviendront de recettes extraordinaires et qui n'auront pas d'affectation spéciale.

7. Le mont-de-piété pourra aussi recevoir les fonds qui lui seront offerts par des particuliers, soit à titre de placement, soit comme simple dépôt, dans la forme et sous les conditions indiquées au réglement.

8. Enfin, le capital de six cent mille francs sera, au besoin, complété par les versemens qui seront effectués dans la caisse du mont-de-piété, par celle des hospices de Rouen.

9. Le taux des intérêts à payer par l'établissement, pour les fonds provenant des cautionnemens indiqués à l'article 5, sera le même que celui que paie le Trésor royal pour les cautionnemens qui y sont versés; et le taux des intérêts à payer pour les sommes provenant des placemens indiqués aux articles 6, 7 et 8, sera déterminé par le ministre de l'intérieur, sur la proposition de l'administration et l'avis du préfet.

10. Les bénéfices résultans des opérations

du mont-de-piété, toutes les dépenses payées, seront, ainsi que le montant des *boni* non réclamés dans les trois années de la date des dép ts, versés dans la caisse des hospices de Rouen.

11. En exécution de la loi du 16 pluviose an 12 (6 février 1804), et au moyen des dispositions précédentes, la maison de prêt qui existe à Rouen sous le nom de mont-de-piété cessera toutes ses opérations autres que celles de sa liquidation.

12. Notre ministre de l'intérieur (comte Corbière) est chargé, etc.

Réglement pour le mont-de-piété de Rouen.

TITRE Ier. *De l'administration.*

Art. 1er. L'administration du mont-de-piété de Rouen sera, conformément à l'article 1er de l'ordonnance de création, composée de trois membres de la commission administrative des hospices, de deux membres des bureaux de bienfaisance, d'un notable versé dans les opérations de banque, et d'un jurisconsulte.

2. Les administrateurs seront nommés par le ministre de l'intérieur, sur une liste triple de candidats présentés par l'administration du mont-de-piété, et sur l'avis du préfet. Les administrateurs qui seront membres de la commission des hospices ou des bureaux de bienfaisance resteront en fonctions tant qu'ils conserveront ces dernières qualités; les deux autres resteront en fonctions pendant cinq ans : ils seront tous rééligibles.

3. Le maire sera président-né de l'administration ; et lorsque, pour cause d'absence ou de maladie, un adjoint sera investi de la plénitude de ses pouvoirs, ce dernier pourra, mais dans ce cas seulement, assister aux séances et les présider.

4. L'administration élira dans son sein un vice-président, qui sera renouvelé tous les six mois et ne pourra être réélu. Le vice-président suppléera le maire, président-né, lorsque ce fonctionnaire, ou l'adjoint qui peut le remplacer dans le cas prévu par l'article 3, n'assistera pas aux séances de l'administration.

5. L'administration choisira aussi parmi ses membres un secrétaire, qui tiendra les registres de la correspondance et des délibérations, en délivrera toutes les expéditions nécessaires, signera les billets de convocation, et aura, en outre, la garde des archives. Ses fonctions dureront un an, et il pourra être réélu.

6. L'administration pourra, si elle le juge nécessaire, désigner un employé, qui aura le titre de secrétaire-adjoint, et qui aidera

l'administrateur-secrétaire dans ses fonctions.

7. L'administration désignera également parmi ses membres un administrateur, qui sera spécialement chargé de la surveillance de l'établissement. Ses fonctions ne seront que de trois mois, et devront être exercées successivement par tous les administrateurs. L'administrateur surveillant cotera et paraphera tous les registres de l'établissement.

8. Les réglemens nécessaires, ou les modifications à faire à ceux qui auront été adoptés, seront adressés par l'administration au préfet, qui les transmettra, avec son avis, au ministre de l'intérieur, pour être soumis, s'il y a lieu, à l'approbation du Roi.

9. L'administration s'assemblera en réunions ordinaires, à des époques fixes et qui seront déterminées par elle. Le maire, président-né, ou l'administrateur vice-président, pourra, en outre, convoquer des assemblées extraordinaires aussi souvent que l'exigeront le bien du service et l'expédition des affaires.

TITRE II. Des préposés et des employés.

10. Il y aura, près de l'administration et sous ses ordres, un directeur, un caissier, un garde magasin, un appréciateur, et le nombre d'employés reconnu nécessaire pour assurer le service de l'établissement.

11. Le directeur, le caissier et le garde-magasin sont nommés par le ministre de l'intérieur, sur une liste de trois candidats présentés par l'administration pour chaque place vacante, et sur l'avis du préfet.

12. Conformément aux dispositions de l'article 5 de l'ordonnance du 26 juin 1816, l'appréciateur sera choisi par le ministre de l'intérieur, sur l'avis de l'administration et du préfet, parmi trois commissaires-priseurs désignés par la compagnie des commissaires-priseurs de Rouen ; et, dans le cas où un seul appréciateur ne suffirait pas aux besoins du service, le ministre pourra en désigner un plus grand nombre, en suivant les mêmes formalités.

13. Dans le cas où les commissaires-priseurs de Rouen refuseraient de remplir les fonctions d'appréciateurs au mont-de-piété, il sera procédé à la nomination de l'appréciateur, de la manière indiquée pour la nomination du directeur, du caissier et du garde-magasin.

14. Les employés seront nommés par l'administration et révocables par elle.

15. Sur la proposition de l'administration et l'avis du préfet, le ministre de l'intérieur réglera le nombre des employés, fixera le nombre de leurs appointemens, et leur accordera, s'il y a lieu, des gratifications.

16. Le directeur, le caissier, le garde-magasin et l'appréciateur, dans le cas prévu par l'article 13, seront tenus de fournir, avant d'entrer en fonctions, des cautionnemens en numéraire, dont la quotité sera fixée par le ministre de l'intérieur, sur la proposition de l'administration et l'avis du préfet, et qui seront versés dans la caisse du mont-de-piété, et porteront intérêt au profit de ceux qui les auront fournis.

17. Si, pendant la gestion d'un préposé, il y a lieu d'attaquer son cautionnement pour cause de responsabilité qui d'ailleurs n'entraîne pas destitution, ce cautionnement devra être rétabli ou complété dans le délai de trois mois, au plus tard ; faute de quoi, le préposé cessera d'appartenir à cet établissement.

18. Les droits à exercer sur le montant des cautionnemens, soit par l'administration, soit par les bailleurs de fonds, soit enfin par les créanciers particuliers des titulaires, se régleront conformément aux lois des 25 nivose et 6 ventose an 13 (15 et 25 février 1805.)

19. En cas de décès d'un agent assujéti à fournir un cautionnement, ce cautionnement ne pourra être remboursé à ses héritiers ou ayans-cause qu'après l'acceptation par son successeur du compte de clerc-à-maître qui doit être rendu à ce dernier.

20. Le directeur, le caissier, le garde-magasin et l'appréciateur seront tenus, avant d'entrer en fonctions, de prêter serment, entre les mains du président du tribunal de première instance, de bien et fidèlement remplir leurs fonctions.

21. Les bureaux du mont-de-piété seront ouverts au public tous les jours, les dimanches et fêtes exceptés, depuis huit heures du matin jusqu'à trois heures, à dater du 1er avril jusqu'au 1er octobre, et depuis neuf heures du matin jusqu'à trois heures, à dater du 1er octobre au 1er avril.

22. Les préposés et les employés de l'établissement se rendront le matin au mont-de-piété avant l'heure de l'ouverture des bureaux, pour disposer le travail de manière que le public n'éprouve aucun retard ; et ils y resteront, le soir, tout le temps nécessaire pour faire la récapitulation et expédier leurs bulletins, en sorte qu'il ne reste rien en arrière pour le lendemain.

23. Il est expressément défendu à tout préposé ou employé du mont-de-piété de faire lui-même aucun prêt sur nantissement, même après que les demandeurs auraient été refusés dans les bureaux, sous peine de destitution, et d'être en outre poursuivis devant les tribunaux, conformément à l'article 3 de la loi du 16 pluviose an 12 (6 février 1804.)

24. Il leur est également défendu, sous peine de destitution, de se rendre adjudicataire d'aucun effet mis en vente par le mont-de-piété.

TITRE III. Des fonctions des divers préposés de l'établissement.

Du directeur.

25. La gestion immédiate de l'établissement est confiée au directeur.

26. Il inspecte le travail de tous les employés, veille à l'exécution des lois, ordonnances, décisions, réglemens, et à celle des délibérations de l'administration.

27. Il surveille les magasins, et doit en faire la visite au moins deux fois par semaine.

28. Il lève les difficultés qui peuvent survenir entre les emprunteurs et les employés de l'établissement.

29. Il reçoit les réclamations, déclarations et oppositions, ainsi que les propositions qui peuvent être faites; mais il est tenu de prendre, sur les objets d'un intérêt majeur, l'avis de l'administrateur surveillant, et de se soumettre à sa décision.

30. Il est chargé de toutes les dépenses relatives à l'entretien des bâtimens, aux fournitures de bureau, aux traitemens des employés, aux mesures de sûreté, et généralement de tous les frais de régie. Il y pourvoit par des états ou mandats que le caissier est tenu d'acquitter, après qu'ils ont été visés par l'administrateur surveillant.

31. Il tient tous les registres utiles à sa gestion, et les présente toutes les fois qu'il en est requis, soit par l'administrateur surveillant, soit par l'administration.

32. A chaque séance ordinaire de l'administration, il remet sur le bureau un bordereau de recette et dépense, qu'elle arrête après l'avoir vérifié, ainsi qu'un état de situation des magasins et un tableau analytique des opérations de l'établissement. Une copie de ces bordereaux est transmise, chaque trimestre, par l'administration, au préfet, qui l'adresse au ministre de l'intérieur avec ses observations, s'il y a lieu.

33. Le directeur fait également, à chaque séance, les rapports et les propositions qu'il croit utiles à l'établissement.

34. Le budget annuel des recettes et dépenses présumées de l'établissement est présenté par lui à l'administration, dans le courant du troisième trimestre de chaque année, pour l'année suivante.

35. Le compte annuel des opérations et de leurs résultats est rendu par lui, dans le cours du premier semestre de chaque année, pour l'année précédente.

36. Ces comptes et budgets, vérifiés par l'administration, seront réglés conformément aux dispositions de l'ordonnance royale du 18 juin 1823.

37. Le directeur ne peut s'absenter sans une permission de l'administration, qui règle la manière dont il sera remplacé pendant son absence.

Du caissier.

38. Le caissier est dépositaire des fonds de l'établissement. Il est chargé de faire toutes les recettes et d'acquitter toutes les dépenses.

39. Il ne peut faire aucun paiement sans un état ou un mandat du directeur, visé par l'administrateur surveillant, pour des dépenses autres que les prêts journaliers qu'il effectue sur le vu des reconnaissances du garde-magasin, et la remise du *boni* qui a lieu d'après les comptes de vente.

40. Il ne peut non plus recevoir de fonds autres que ceux provenant des dégagemens, renouvellemens et ventes, si ce n'est d'après un bordereau signé par le directeur.

41. Le caissier tient tous les registres nécessaires à la régularité de sa comptabilité: le nombre et la forme en sont réglés par l'administration sur le rapport du directeur.

42. Il fournit, chaque jour, à ce dernier, un bulletin des opérations qui ont eu lieu dans son bureau.

43. A l'expiration de chaque année il remet au directeur le compte de ses recettes et de ses dépenses, appuyé des pièces justificatives, pour être joint à celui que le directeur doit rendre lui-même à l'administration.

44. En cas d'empêchement légitime, il peut se faire remplacer momentanément, avec l'agrément du directeur, en restant personnellement responsable de celui qui le remplace, mais il ne peut faire d'absence qu'avec l'autorisation de l'administration.

Du garde-magasin.

45. Le garde-magasin a, en cette qualité, la manutention des magasins. Il est tenu de veiller soigneusement à la garde et à la conservation des effets qui y sont déposés; il est responsable de leur disparution, sauf les cas de force majeure indiqués par l'article 130. Il est également responsable de leur détérioration, à moins qu'il ne prouve qu'elle n'est pas le fruit de sa négligence.

46. Le garde-magasin devra faire le remuement des objets déposés et susceptibles de détérioration au moins deux fois par mois, et il en rendra compte au directeur.

47. Il est seul dépositaire des clés des différens magasins où sont placés les effets donnés en nantissement.

48. Les diamans, les bijoux, l'argenterie, doivent être renfermés dans des armoires particulières.

49. Le garde-magasin tient soigneusement les registres et répertoires qui lui sont indiqués par l'administration ou par le directeur.

50. Il fournit, chaque jour, à ce dernier, un bulletin des opérations qui ont eu lieu dans son bureau.

51. En cas d'empêchement légitime, il peut se faire remplacer momentanément, en restant toutefois garant de celui qui le remplace. Il ne peut néanmoins s'absenter qu'avec l'autorisation de l'administration.

De l'appréciateur.

52. L'appréciateur fait l'estimation de tous les objets présentés en nantissement. Lorsque l'emprunteur acquiesce à cette estimation, l'appréciateur signe la mention qui en est faite sur le registre des prêts ; il signe également un bulletin portant le montant de l'évaluation, et qui reste joint au nantissement.

53. Lorsqu'un nantissement est composé de plusieurs objets, ils sont tous appréciés séparément, et l'appréciateur porte les diverses estimations sur le bulletin dont parle l'article précédent ; mais leur montant total est seul porté sur le registre des prêts.

54. L'appréciateur est garant, envers l'établissement, des évaluations par lui faites. En conséquence, si le produit des ventes des nantissemens ne suffisait pas pour remplir l'établissement des sommes prêtées d'après l'évaluation, ainsi que de ce qui se trouverait lui être dû pour intérêts et frais, l'appréciateur serait tenu de lui en rembourser la différence ; à l'effet de quoi son cautionnement (dans le cas prévu par les articles 13 et 16) sera spécialement affecté.

55. Néanmoins si cette différence est reconnue provenir, en tout ou en partie, de circonstances particulières et indépendantes de la capacité de l'appréciateur, telles, par exemple, que la diminution qu'auraient produite dans la valeur des nantissemens les variations commerciales, l'administration pourra, après avoir reconnu la réalité de ces causes, proposer de remettre à l'appréciateur une portion ou la totalité de son débet. Le ministre de l'intérieur décidera, sur l'avis du préfet.

56. En cas d'insuffisance du cautionnement de l'appréciateur pour couvrir entièrement le débet définitivement arrêté envers l'administration, il sera pris, à la diligence du directeur, toutes les mesures nécessaires pour assurer les droits de l'établissement contre ce proposé, qui ne pourra, au reste,

continuer ses fonctions qu'après avoir entièrement satisfait à ce qui est prescrit par l'article 17 du présent réglement.

57. Si l'appréciateur est membre de la compagnie des commissions - priseurs de Rouen, cette compagnie sera responsable envers le mont-de-piété des suites des estimations de cet appréciateur, aux termes de l'article 5 de l'ordonnance du 26 juin 1816.

58. L'appréciateur aura soin de visiter, au moins une fois par semaine, les nantissemens déposés dans les magasins, afin de s'assurer qu'ils y sont bien distribués et gardés. En cas de négligence de la part du garde-magasin, il en fera son rapport au directeur, pour être communiqué à l'administration ou à l'administrateur surveillant.

59. Il jouira, pour droit de prisée, d'une indemnité fixée, chaque année, par le ministre de l'intérieur, sur la proposition de l'administration ou l'avis du préfet.

Cette indemnité, qui ne pourra excéder un demi-centime par franc du principal du prêt, sera à la charge de l'administration, qui l'emploiera dans la dépense comme frais de régie. Elle ne pourra être exigée pour les évaluations qui n'auront pas été suivies de prêts.

60. Il sera alloué à l'appréciateur, pour vacations et frais de vente, un droit qui sera également fixé, chaque année, par le ministre de l'intérieur, sur la proposition de l'administration et l'avis du préfet.

Ce droit, qui sera réglé par quotité sur le montant du produit des ventes, sera à la charge des acheteurs, et sera ajouté, pour chacun d'eux, aux prix des objets qui lui auront été adjugés.

61. Moyennant le paiement des droits mentionnés à l'article précédent, tous les frais dépendans des ventes seront à la charge de l'appréciateur.

TITRE IV. Des opérations du mont-de-piété.

62. Les opérations du mont-de-piété consistent dans le prêt sur nantissement, principalement en faveur des indigens.

63. Les prêts seront accordés sur engagement d'effets mobiliers, déposés dans les magasins de l'établissement.

64. Nul ne sera admis à déposer des nantissemens pour lui valoir prêt à la caisse du mont-de-piété, s'il n'est connu ou domicilié, ou assisté d'un répondant qui remplisse ces conditions.

65. Il ne sera prêté aux enfans en puissance paternelle, ou en tutelle, que de l'aveu de leurs parens ou tuteurs.

66. Il sera pris, dans le cas où les nantissemens seraient présentés par des individus soupçonnés de les avoir volés, les me-

sures indiquées au titre XII du présent réglement. (*Police et contentieux*).

67. Lorsque le dépôt aura été jugé admissible, il sera procédé à l'estimation des effets et ensuite au réglement de la somme à prêter sur leur valeur, d'après les bases fixées ci-après, art. 74.

68. Tout déposant sera tenu de signer l'acte de dépôt des effets donnés en nantissement. Si le déposant est illettré et inconnu, l'acte de dépôt sera signé par son répondant; mais, s'il est connu, il sera dispensé de présenter un répondant.

69. Le garde-magasin fournira au déposant une reconnaissance du nantissement engagé: elle sera au porteur, et contiendra la date du dépôt, la désignation du nantissement, le numéro sous lequel il a été enregistré, l'estimation qui en a été faite, la quotité du prêt et ses conditions.

70. Sur le vu de cette reconnaissance, le caissier remettra à l'emprunteur la somme qu'elle indiquera comme devant lui être prêtée.

71. Dans le cas où l'emprunteur perdrait cette reconnaissance, il devrait en faire aussitôt la déclaration au directeur, qui sera tenu de la faire inscrire sur le registre des prêts et sur celui du garde-magasin, en marge de l'article dont la reconnaissance sera adirée.

Titre V. Des formes et des conditions du prêt.

72. Les prêts du mont-de-piété seront accordés pour un an: ce terme pourra être changé par une décision du ministre de l'intérieur, prise sur la proposition de l'administration et l'avis du préfet.

73. Les emprunteurs pourront dégager les effets avant le terme fixé pour la durée du prêt; ils pourront aussi renouveler les engagemens à l'échéance, ainsi qu'il est expliqué au titre VI (*des Renouvellemens*).

74. Le montant des sommes à prêter sera réglé, quant aux nantissemens en vaisselle, en bijoux d'or et d'argent, aux quatre cinquièmes de leur valeur au poids, et, pour tous les autres effets, aux deux tiers de leur estimation.

75. Si l'emprunteur n'a pas besoin de toute la somme qui pourrait lui être prêtée d'après l'évaluation du nantissement, la reconnaissance ne doit pas moins porter l'évaluation entière, telle qu'elle doit toujours être faite par l'appréciateur, à qui il est expressément défendu de la réduire dans la proportion du prêt.

76. Sur la proposition de l'administration et l'avis du préfet, il pourra être fixé par le ministre de l'intérieur un *maximum* au-dessus duquel l'établissement ne pourra pas

être obligé de prêter à la même personne, et un *minimum* au-dessous duquel les dépôts ne seront pas reçus. Ces fixations pourront être changées et les restrictions pourront même être entièrement levées, en remplissant les mêmes formalités.

77. Le droit unique à percevoir par l'établissement pour frais d'appréciation, de dépôts, de magasinage, de garde et de régie, ainsi que pour l'intérêt des sommes prêtées, sera fixé par le ministre, sur la proposition de l'administration et l'avis du préfet; mais dans aucun cas il ne pourra dépasser douze pour cent par an.

78. Les décomptes du droit dû par les emprunteurs se feront par mois, et le mois commencé sera dû en entier.

Titre VI. Des renouvellemens.

79. A l'expiration de la durée du prêt, l'emprunteur pourra être admis, si rien ne s'y oppose, à renouveler l'engagement des effets donnés en nantissement, et par ce moyen en empêcher la vente.

80. Pour obtenir ce renouvellement, l'emprunteur sera tenu de payer d'abord les intérêts dus au mont-de-piété, à raison du premier prêt; de consentir à ce que le nantissement soit soumis à une nouvelle appréciation, et à payer le montant de la différence qui pourrait être trouvée, d'après la nouvelle estimation, entre la valeur actuelle du nantissement et celle qu'il avait à l'époque du premier prêt.

81. Le renouvellement s'effectuera, d'après la valeur actuelle du gage, dans la même forme, aux mêmes termes et conditions et pour le même délai que le prêt primitif.

82. La reconnaissance délivrée lors du premier engagement sera retirée, il en sera fait mention au registre des prêts, à l'article où elle aura été inscrite d'abord, et sera reportée au registre des dégagemens. Il sera délivré à l'emprunteur une nouvelle reconnaissance, dont on fera note au registre des prêts.

Titre VII. Des dégagemens.

83. Tout possesseur d'une reconnaissance de dépôt qui remboursera à la caisse de l'établissement la somme prêtée, plus les intérêts et les droits dus, pourra retirer le nantissement énoncé en ladite reconnaissance, soit avant le terme, soit même après son expiration, dans le cas où la vente n'en aurait pas encore été faite.

84. Pour opérer le dégagement, on devra présenter la reconnaissance au caissier, qui, après en avoir reçu le montant et en avoir fait note au bas de ladite reconnaissance, y

apposera sa signature et la remettra ensuite au garde-magasin, qui restituera à l'emprunteur son nantissement.

85. Si l'effet donné en nantissement était perdu et ne pouvait être rendu à son propriétaire, la valeur lui en serait payée au prix de l'estimation fixée lors du dépôt, avec l'augmentation, à titre d'indemnité, d'un cinquième ou d'un tiers en sus, suivant que le nantissement consistait en vaisselle, en bijoux d'or ou d'argent, ou en autres effets, ainsi qu'il est dit à l'article 74.

86. Si l'effet donné en nantissement se trouve avoir été avarié, le propriétaire aura le droit de l'abandonner à l'établissement, moyennant le prix d'estimation fixé lors du dépôt, si mieux il n'aime le reprendre en l'état où il se trouve, et recevoir en indemnité, d'après estimation de l'appréciateur de l'établissement, le montant de la différence reconnue entre la valeur actuelle dudit effet et celle qui lui avait été assignée, lors du dépôt.

87. L'emprunteur qui aura perdu sa reconnaissance et qui aura fait la déclaration prescrite par l'article 71, ne pourra toutefois dégager le nantissement avant l'échéance du terme fixé pour l'engagement; et lorsqu'à l'expiration de ce terme ledit emprunteur sera admis, soit à retirer son nantissement, soit à recevoir le boni résultant de la vente qui en aura été faite, il sera tenu d'en donner décharge spéciale, avec caution d'une personne domiciliée et reconnue solvable.

88. Les décharges spéciales requises dans les cas prévus par l'article précédent seront simplement inscrites sur un registre et signées par l'emprunteur et la caution, lorsqu'elles auront pour objet des effets d'une valeur au-dessous de cent francs; elles seront données par acte notarié, s'il s'agit d'effets d'une valeur au-dessus de cette somme.

TITRE VIII. Des ventes des nantissemens.

89. Les effets donnés en nantissement et qui, à l'expiration du terme stipulé dans la reconnaissance délivrée à l'emprunteur, n'auront pas été dégagés, seront vendus pour le compte de l'administration, jusqu'à concurrence de la somme qui lui sera due, sauf, en cas d'excédant, à en tenir compte à l'emprunteur.

90. Dans aucun cas ni sous aucun prétexte, il ne pourra être exposé en vente, au mont-de-piété, des effets autres que ceux qui auront été mis en nantissement, dans les formes voulues par le présent réglement.

91. Les ventes se feront publiquement et sur une seule exposition, au plus offrant et

dernier enchérisseur, par le ministère de l'appréciateur de l'établissement et à la diligence du directeur, d'après un rôle ou état sommaire par lui dressé sur la note que lui aura fournie le garde-magasin, des nantissemens dont le terme de prêt est échu, et qui n'ont été ni retirés ni renouvelés.

92. Le rôle dressé par le directeur sera préalablement rendu exécutoire par le président du tribunal de première instance de l'arrondissement, ou par l'un des juges du même tribunal, à ce commis, en vertu d'une ordonnance mise sans frais au bas de la requête qui sera présentée par le directeur.

93. Le directeur veillera à ce qu'il y ait au moins une vente par mois.

94. Les nantissemens qui devront faire partie de chaque vente seront remis par le garde-magasin à l'appréciateur, qui lui en donnera récipissé.

95. Dans le cas où, à la première exposition, un nantissement ne serait pas porté au montant de la somme due au mont-de-piété en principal et accessoires, l'appréciateur aura la faculté d'en renvoyer l'adjudication à la vente suivante; et, s'il en arrivait de même à la seconde exposition, la vente ne pourra être suspendue qu'avec l'assentiment du directeur, et elle devra toujours être consommée à la troisième exposition.

96. Quoique l'appréciateur ne soit responsable qu'envers l'établissement pour ce qui lui est dû sur les effets exposés en vente, il ne devra pas perdre de vue que ces effets appartiennent à des pauvres; et lorsque, dans une première exposition, ils ne seront pas portés à leur valeur au moins approximative, l'appréciateur devra user, dans l'intérêt des emprunteurs, de la faculté qui lui est donnée, dans le sien, par l'article précédent.

97. L'administrateur surveillant devra assister à chaque vente, afin de veiller aux intérêts des pauvres et à ceux de l'établissement.

98. Lorsqu'il verra qu'un objet n'est pas porté à sa valeur ou qu'il y a collusion entre les enchérisseurs, il requerra sur-le-champ la suspension de la vente de cet objet, et en renverra l'adjudication à la vente suivante.

99. Quel que soit le motif qui fasse suspendre la vente d'un objet, le propriétaire ne pourra, en aucun cas, être obligé de payer, sur le boni qui pourra lui revenir après la vente, l'intérêt du temps qui sera écoulé entre la première et la dernière exposition.

100. Lorsque les nantissemens entièrement composés ou même seulement garnis d'or ou d'argent se trouveront compris dans

le rôle de vente, il en sera donné avis au contrôleur des droits de marque, avec invitation de venir procéder à la vérification desdits nantissemens.

101. Le contrôleur se transportera, à cet effet, au dépôt des ventes du mont-de-piété et formera, après cette vérification, l'état de ceux desdits nantissemens d'or ou d'argent qui, n'étant pas revêtus de l'empreinte de garantie, ne pourront être délivrés qu'après l'avoir reçue, à moins que les adjudicataires ne consentent à les laisser briser et mettre hors de service.

102. Les ventes du mont-de-piété se feront dans le local désigné par l'administration, et seront annoncées, au moins huit jours à l'avance, par la voie du journal du département, et par des affiches publiques, ou même, lorsqu'il y aura lieu, par des catalogues imprimés et distribués, des avis particuliers, et une exposition publique des objets à mettre en vente.

103. Toute affiche ou annonce contiendra l'indication sommaire, tant des numéros des articles divers à vendre, que de la nature des effets et des conditions de la vente.

104. Les oppositions formées à la vente d'effets déposés en nantissement au mont-de-piété n'empêcheront pas que cette vente n'ait lieu, et même sans qu'il soit besoin d'y appeler l'opposant, autrement que par la publicité des annonces, et sauf d'ailleurs audit opposant à faire valoir ses droits, s'il y a lieu, sur l'excédant du boni restant net du prix de la vente, après l'entier acquittement de la somme due au mont-de-piété.

105. La décision par laquelle, conformément à l'article 60, la quotité du droit alloué à l'appréciateur pour vacations et frais de vente aura été fixée, sera affichée dans la salle des ventes.

106. Indépendamment du droit ordinaire de vente, il sera perçu, pour les ventes des nantissemens qui auront exigé une annonce extraordinaire par catalogues imprimés, avis particuliers et exposition publique, un droit d'un pour cent du produit de la vente.

107. Ce droit sera perçu au profit de l'établissement, et sera, comme le droit ordinaire, à la charge de l'adjudicataire, et en sus du prix de son adjudication.

108. Tout adjudicataire sera tenu de payer comptant le prix total de son adjudication et des frais accessoires. A défaut de ce paiement complet, l'effet adjugé sera remis en vente, à l'instant même, aux risques et périls de l'adjudicataire, et sans autre formalité qu'une interpellation verbale à lui adressée par l'appréciateur-vendeur de payer actuellement la somme due.

109. Les effets adjugés seront remis aussitôt à l'adjudicataire qui en aura payé la valeur.

110. Quant aux effets d'or et d'argent non empreints de la marque de garantie, et que l'adjudicataire désirera conserver dans leur forme, ils seront provisoirement retenus pour être présentés au bureau de garantie, et n'être remis audit adjudicataire qu'après l'acquittement par lui fait des droits particuliers dus à la régie des contributions indirectes.

111. A la fin de chaque vacation de vente, l'appréciateur en versera le produit entre les mains du caissier de l'établissement, et lui remettra également les registres qui contiendront les procès-verbaux des ventes et tous les actes qui y sont relatifs, et au vu desquels le caissier formera, pour chaque article d'engagement, le compte du déposant emprunteur.

112. Ce compte sera composé, d'une part, du produit de la vente, et, de l'autre, de la somme due par le déposant emprunteur, tant en principal qu'intérêts et droits, et il indiquera pour résultat, soit l'excédant ou boni dont il y a lieu de tenir compte au déposant, soit le déficit à supporter par l'appréciateur, conformément à l'article 54, soit enfin la balance exacte des diverses parties du compte.

113. Les articles non adjugés seront remis par l'appréciateur au garde-magasin, qui lui en donnera décharge.

TITRE IX. De l'excédant ou boni.

114. Le paiement de l'excédant ou boni restant net du produit de la vente d'un nantissement se fera sur la représentation et la remise de la reconnaissance d'engagement.

115. A défaut de représentation de ladite reconnaissance, l'emprunteur qui aura fait la déclaration priscrite par l'article 71 sera tenu de donner décharge spéciale du paiement du boni dans les formes prescrites par les articles 87 et 88.

116. Les créanciers particuliers des porteurs de reconnaissances seront reçus à former des oppositions à la délivrance du boni à ces derniers.

117. Les oppositions ne pourront être formées qu'entre les mains du directeur, et ne seront obligatoires pour le mont-de-piété qu'après qu'elles auront été visées par ce proposé, qui sera tenu de le faire sans aucuns frais.

118. Lorsqu'il aura été formé opposition à un paiement de boni, ce paiement ne pourra avoir lieu entre les mains de l'emprunteur que du consentement de l'oppo-

sant, et sur le vu de la décharge ou main-
levée de son opposition.

119. Les excédans ou boni qui n'auront
pas été retirés dans les trois ans de la date
des reconnaissances ne pourront plus être
réclamés.

120. Les dispositions de l'article précédent devront êtres rappelées, en forme
d'avis, dans la formule des reconnaissances.

Titre X. De l'emprunt.

121. Conformément aux dispositions de
l'art. 8 de l'ordonnance de création du
mont-de-piété, cet établissement pourra,
lorsque les besoins du service l'exigeront,
recevoir et employer les fonds qui lui seront
offerts par les particuliers, soit en placement,
soit en simple dépôt.

122. Ainsi qu'il est dit au même article 8
de l'ordonnance, le taux de l'intérêt auquel ces placemens seront reçus sera fixé
par une délibération de l'administration,
sauf confirmation par le ministre, sur l'avis
du préfet : mais les simples dépôts ne porteront intérêt que lorsque les propriétaires
consentiront à les laisser au moins six mois
dans la caisse de l'établissement.

123. Il sera délivré, à titre de reconnaissance du placement, deux billets payables
au porteur, ou nominatifs, au choix du déposant, dont l'un pour le principal, et
l'autre pour les intérêts. Les billets porteront le numéro d'enregistrement, la date de
l'émission et celle de l'échéance.

124. Le billet pour le principal indiquera
la quotité du placement, et le billet relatif
aux intérêts en indiquera le montant; ils
seront signés par le caissier, enregistrés à la
direction, et la mention de cet enregistrement sera signée par le directeur ; enfin les
billets seront visés par l'administrateur surveillant.

125. Au fur et à mesure de l'acquittement de ces divers effets, mention en sera
faite en marge de leur article d'enregistrement.

Titre XI. Hypothèque et garantie des prêteurs et des emprunteurs.

126. Les fonds empruntés pour les besoins du mont-de-piété, et tous ceux qui auront été versés dans sa caisse, à quelque titre
que ce soit, auront pour hypothèque les
biens possédés par les hospices, auxquels
les bénéfices de l'établissement sont affectés.

127. Ces mêmes biens serviront de garantie aux propriétaires des nantissemens,
jusqu'à concurrence de l'excédant de la valeur desdits nantissemens sur les sommes
prêtées.

128. L'établissement étant garant et res-

ponsable, sauf son recours contre qui il appartiendra, de la perte des nantissemens,
l'administration prendra ou provoquera
toutes les mesures nécessaires pour en empêcher la détérioration et en prévenir la
soustraction, le vol et l'incendie.

129. Les bâtimens du mont-de-piété,
ainsi que leur mobilier, dans lequel sont
compris les nantissemens déposés dans ses
magasins, seront assurés contre l'incendie, à
la diligence de l'administration.

130. Sont exceptés de la garantie stipulée
par l'art. 128 les vols et pillages à force ouverte ou par suite d'émeute populaire, et
les incendies causés par le feu du ciel, ou
enfin tous les autres accidens extraordinaires
et hors de toute prévoyance humaine.

Titre XII et dernier, Police et contentieux.

131. Dans le cas où il serait présenté en
nantissement des effets volés ou même soupçonnés de l'avoir été, la reconnaissance ne
pourra être délivrée qu'après que le directeur aura entendu le porteur desdits effets,
et qu'il ne restera plus de doute sur la véra-
cité de sa déclaration.

132. S'il restait encore quelques soup-
çons, les déclarations seraient constatées
par un procès-verbal dressé par un commissaire de police, que le directeur requerrait
de se transporter au mont-de-piété. Ce procès-verbal sera transmis sur-le-champ au
procureur du Roi. En attendant, il ne sera
prêté aucune somme au porteur desdits
effets, lesquels resteront en dépôt dans les
magasins de l'établissement jusqu'à ce qu'il
en soit autrement ordonné.

133. Les nantissemens revendiqués pour
vol ou pour quelque autre cause que ce soit
ne seront rendus aux réclamans qu'après
qu'ils auront légalement justifié que ces
effets leur appartiennent, et qu'après qu'ils
auront acquitté, en principal et droits, la
somme pour laquelle lesdits effets auront été
laissés en nantissement, sauf leur recours
contre ceux qui les auront déposés, et contre
leurs répondans ; le tout sans préjudice du
recours contre le directeur ou les autres
préposés et employés, en cas de fraude, de
dol, ou de négligence de l'exécution des
art. 131, 132, 134, 135 et 136 du présent
règlement.

134. Il ne sera admis, pour preuve légale
de la propriété desdits effets, qu'un jugement d'un tribunal compétent qui l'aura
reconnue.

135. Les réclamations pour effets perdus
ou volés qui parviendront à la connaissance du directeur seront inscrites sur un
registre particulier. Celles qui seront faites
directement au mont-de-piété seront signées

sur ce registre par ceux qui les apporteront. Aussitôt après l'enregistrement des unes ou des autres, il en sera distribué des notes dans les bureaux, et l'on vérifiera sur-le-champ si les effets sont au mont-de-piété, afin d'en prévenir les réclamans.

136. S'ils n'y ont pas été apportés, tous les employés par les mains desquels passent les effets offerts en nantissement n'en devront pas moins faire la plus grande attention aux notes qui leur auront été remises, afin de pouvoir reconnaître les effets, dans le cas où ils seraient présentés ; auquel cas le directeur en sera averti, pour qu'il puisse prendre les précautions ci-dessus indiquées et en informer les réclamans.

137. Toutes les difficultés et contestations qui pourraient survenir, soit entre l'administration du mont-de-piété et ses préposés ou employés, soit entre les divers préposés ou employés pour frais d'administration, et même les difficultés et contestations qui naîtraient entre l'administration et la compagnie des commissaires-priseurs par suite de la solidarité établie par l'article 57 du présent règlement entre cette compagnie et l'appréciateur de l'établissement, pour faits résultant des opérations de ce dernier, seront portées, dans les formes prescrites par l'arrêté du 7 messidor an 9 (26 juin 1804), devant le conseil de préfecture, et décidées par lui, sauf recours au Conseil-d'Etat par le ministère d'un avocat aux Conseils.

138. Le recours réservé par l'article précédent devra être exercé dans la huitaine de la signification de l'arrêté du conseil de préfecture ; à défaut de quoi, l'administration pourra poursuivre l'exécution des décisions intervenues.

139. Toute contestation qui surviendrait entre l'établissement et des particuliers sera portée devant les tribunaux ordinaires.

Dispositions générales.

140. Des extraits du présent réglement, contenant tout ce qu'il est utile que le public connaisse, seront affichés dans les différentes salles où il est admis.

141. Si le bien du service l'exige, il pourra être établi dans les divers quartiers de la ville, des commissionnaires au mont-de-piété, qui seront autorisés à recevoir les nantissemens destinés à être déposés dans cet établissement, et à les en retirer.

142. Dans le cas prévu par l'article précédent, le ministre de l'intérieur arrêtera un réglement particulier destiné à déterminer tout ce qui concernera le personnel des commissionnaires, leurs fonctions, leurs relations avec l'administration du mont-de-piété et

avec le public, les cautionnemens qu'ils devront fournir pour garantie de leurs gestions, les remises qui leur seront allouées pour les engagemens, les dégagemens et les renouvellemens qu'ils seront chargés de faire, et enfin le mode d'inspection auquel ils seront assujétis.

Vu par nous, ministre secrétaire-d'Etat au département de l'intérieur pour être annexé à l'ordonnance du Roi du 22 novembre 1826, enregistrée sous le n° 5271.

Signé CORDIÈRE.

---

22 NOV. = Pr. 12 DÉC. 1826. — Ordonnance du Roi qui maintient l'abattoir public existant à Vézelise, département de la Meurthe. (8, Bull. 129, n° 4452.)

Charles, etc. — Sur le rapport de notre ministre secrétaire-d'Etat au département de l'intérieur ; — Vu la délibération du conseil municipal de Vézelise, département de la Meurthe, du 18 mai 1826 ; — Vu l'avis du préfet de ce département du 15 juillet suivant ; — Notre Conseil-d'Etat entendu, etc.

Art. 1er. L'abattoir public et commun existant dans la ville de Vézelise, département de la Meurthe, est maintenu. Le bâtiment appartenant à la commune, où se fait actuellement l'abattage des bestiaux, reste affecté à cette destination.

2. A dater de la promulgation de la présente ordonnance, l'abattage des bestiaux de toute espèce et des porcs destinés à la boucherie et à la charcuterie de Vézelise aura lieu exclusivement dans ledit bâtiment, et les tueries particulières seront fermées et interdites.

Toutefois, les particuliers qui élèvent des porcs pour leur consommation auront la faculté de les abattre chez eux, dans des lieux clos et séparés de la voie publique.

3. Les bouchers et charcutiers forains pourront également faire usage dudit abattoir ; mais cette disposition est simplement facultative pour eux, soit qu'ils concourent à l'approvisionnement de la ville, soit qu'ils approvisionnent seulement la banlieue ; ils seront libres de tenir des abattoirs et des étaux hors de la commune sous l'approbation de l'autorité locale.

4. Les droits à payer par les bouchers et charcutiers pour l'occupation des places dans l'abattoir public seront réglés par un tarif arrêté en la forme ordinaire.

5. Le maire de Vézelise pourra faire les réglemens nécessaires pour le service de l'abattoir public et pour le commerce de la boucherie et charcuterie ; mais ils ne seront exécutoires qu'après avoir été approuvés

par le ministre de l'intérieur sur l'avis du préfet.

6. Notre ministre de l'intérieur (comte de Corbière) est chargé, etc.

22 nov. ═ Pr. 12 déc. 1826. — Ordonnance du Roi portant établissement d'un conseil de prud'hommes dans la ville de Metz. (8, Bull. 129, n° 4455.)

Charles, etc. — Sur le rapport de notre ministre secrétaire-d'État au département de l'intérieur ; — Notre Conseil-d'État entendu, etc.

Art. 1er. Il sera établi un conseil de prud'hommes pour les trois cantons de notre bonne ville de Metz, département de la Moselle. Ce conseil sera composé de sept membres, dont quatre seront choisis parmi les marchands-fabricans, et les trois autres parmi les chefs d'atelier, contre-maîtres ou ouvriers patentés. Les branches d'industrie ci-après dénommées concourront à la formation du conseil, suivant leur importance respective, savoir : les fabriques de soieries, de papiers peints, de draperie commune, de passementerie, les filatures de coton, les ateliers de broderie, les tanneries, les amidonneries, les ateliers de teintures et les fabriques de poteries de grès.

2. Indépendamment des sept membres dont il est question dans l'article précédent, il sera attaché audit conseil deux suppléans : l'un, marchand-fabricant, et l'autre, chef d'atelier, contre-maître ou ouvrier patenté ; tous deux également pris parmi les fabricans et ouvriers du pays. Ces suppléans remplaceront les membres qui, par des motifs quelconques, ne pourraient assister aux séances, soit du bureau particulier, soit du bureau général des prud'hommes.

3. La juridiction du conseil s'étendra sur tous les marchands-fabricans, chefs d'atelier, contre-maîtres, commis, teinturiers, ouvriers, compagnons et apprentis travaillant pour les fabriques de Metz, quel que soit le lieu de la résidence des uns et des autres.

4. Dans le cas où il serait interjeté appel d'un jugement rendu par les prud'hommes, cet appel sera porté devant le tribunal de commerce de l'arrondissement de Metz.

5. L'élection et le renouvellement des membres du conseil auront lieu suivant le mode et de la manière qui sont réglés par le décret du 15 juin 1809. Ces membres se conformeront, dans l'exercice de leurs fonctions, aux dispositions établies par ledit décret, ainsi que par la loi du 18 mars 1806 et par le décret du 3 août 1810.

6. La ville de Metz fournira le local pour la tenue des séances du conseil : la dépense de premier établissement, et celles de chauffage, d'éclairage, et de paiement de traitement du secrétaire, seront également à sa charge.

7. Notre ministre de la justice, et notre ministre de l'intérieur (comtes de Peyronnet et Corbière), sont chargés, etc.

22 nov. 1826 ═ 12 janvier 1827. — Ordonnance du Roi portant autorisation de la société anonyme dite Société royale pour l'emploi des laines longues et des laines lustrées. (8, Bull. 135 bis, n° 2.)

Charles, etc. — Sur le rapport de notre ministre secrétaire-d'État au département de l'intérieur ; — Vu l'acte consécutif d'une société anonyme ayant pour objet l'emploi des laines longues et des laines lustrées, établie par notre permission dans les bâtimens de la Savonnerie ; — Vu les articles 29 à 37, 40 à 45, du Code de commerce ; — Notre Conseil d'État entendu, etc.

Art. 1er. La société anonyme dite : Société royale pour l'emploi des laines longues et des laines lustrées est autorisée conformément à son acte constitutif passé devant Riant et Clausse, notaires à Paris, les 10, 16, 20 et 23 octobre 1826, lequel restera annexé à la présente ordonnance. Les statuts contenus audit acte sont approuvés.

2. Nous nous réservons de révoquer notre présente autorisation, en cas de violation ou de non-exécution desdits statuts, sauf les dommages-intérêts des tiers.

3. La société sera tenue de remettre, tous les six mois, un extrait de son état de situation au préfet de la Seine, au greffe du tribunal et à la chambre de commerce de Paris ; pareil extrait sera adressé à notre ministre de l'intérieur.

4. Notre ministre de l'intérieur (comte de Corbière) est chargé, etc.

Société anonyme de la Savonnerie, pour l'emploi des laines longues, lustrées, et autres, de France.

Organisation de la société.

Art. 1er. Il est, par ces présentes, formé entre les comparans et tous ceux qui par la suite deviendront titulaires des actions ci-après créées, une société dont les opérations embrasseront l'acquisition, la préparation, le détri, le peignage et la filature des laines longues et lustrées, ainsi que toutes autres laines de France ; le tissage, la teinture et les apprêts à la manière anglaise ou française de ces laines, et la fabrique de toutes les étoffes auxquelles elles sont propres ; le débit des objets fabriqués; l'amélioration et le perfectionnement de ces genres de laine.

La société devra se livrer exclusivement aux opérations ci-dessus déterminées ; tout autre genre d'industrie et toute opération étrangère à son commerce lui sont expressément interdits.

2. Cette société sera anonyme.

Sa Majesté sera suppliée de vouloir bien l'autoriser à prendre le nom de : *Société royale pour l'emploi des laines longues et des laines lustrées.*

3. La durée de la société est fixée à vingt-sept années, qui commenceront du jour où l'autorisation du Gouvernement lui aura été accordée.

4. Le siège de la société sera établi à Paris, dans le local dont la jouissance appartiendra à la société, en vertu de l'art. 5 ci-après.

Fonds social.

5. Monseigneur le duc de Doudeauville, pour Sa Majesté, met en société, sans garantie des conséquences de l'article 15 de la loi du 8 novembre 1814, la jouissance, pendant la durée de vingt-sept années de cette société, des bâtimens de la Savonnerie et dépendances appartenant à Sa Majesté, sis à Paris, près Passy, ou à défaut de convenance, de tout autre immeuble équivalent dont Sa Majesté serait propriétaire et dont elle voudrait bien disposer à cet effet.

Cette jouissance sera représentée par deux cent cinquante actions distinctes des actions du fonds numéraire, et dont Sa Majesté sera titulaire.

6. Le fonds social se compose :

1° De la jouissance immobilière mise dans la société par Sa Majesté, pendant sa durée;

2° D'un capital d'un million en numéraire, partageable en mille actions de mille francs chaque.

7. MM. . . . . souscrivent pour. . . . . . actions, savoir. . . . . .

Le surplus sera délivré aux personnes qui adhéreront aux statuts de la société par acte en suite des présentes, qui contiendra le nombre d'actions pour lequel chacun aura souscrit.

Tous les souscripteurs devront élire un domicile à Paris, auquel tous les actes et significations pourront être valablement faits.

8. Le montant de ces mille actions sera versé moitié dans le mois de l'obtention de l'ordonnance qui aura autorisé la société anonyme, un quart six mois après, et le

dernier quart six mois après ; le tout à partir du jour de l'ordonnance d'autorisation.

Dans le cas où un actionnaire serait en retard d'affecter tout ou partie de ses versemens à chacune des échéances ci-dessus déterminées, il sera, dès le lendemain, invité par le directeur à faire son versement, et si, dans la huitaine, il n'y a pas satisfait, il lui sera fait sommation de verser par un acte extra-judiciaire pour constater sa mise en demeure. Si, dans la quinzaine de cette mise en demeure, il n'a pas satisfait au paiement réclamé, il sera poursuivi et contraint audit versement par toutes les voies et moyens de droit, et en outre il deviendra passible, par le seul fait de ce retard, des dommages-intérêts envers ladite société, lesquels dommages-intérêts sont, dès à présent, fixés au tiers des versemens déjà effectués par ledit actionnaire en retard.

9. Les actions sont nominales.

Celles créées par le présent acte seront numérotées de *un à douze cent cinquante.*

Elles seront extraites d'un registre à souche; et sur le talon ainsi que sur l'action il sera fait mention du nom du titulaire et de son domicile à Paris.

Les actions seront signées par deux des administrateurs, visées par le directeur, qui sera dépositaire du registre à souche, et frappées d'un timbre sec appartenant à la société.

Elles seront conformes au modèle suivant.

(Suit le modèle.)

10. Les actions ne seront délivrées à chaque actionnaire qu'après qu'il en aura intégralement payé le montant.

A chaque versement partiel, il lui sera donné un récépissé provisoire de la somme payée, signée par le directeur et visé par deux administrateurs; les récépissés seront échangés contre l'action lors du paiement qui en soldera le prix.

11. Les actions seront productives d'un intérêt annuel de cinq pour cent à compter du jour de chaque versement; cet intérêt sera payable en deux termes égaux, les 1er janvier et 1er juillet de chaque année.

Néanmoins les intérêts dus pour la première année sociale ne seront pas payés dans le cours de cette année, à cause des premiers frais que nécessitera la mise en activité de l'établissement; ils seront cumulés avec ceux de la seconde année, et seront payés avec ces derniers intérêts, en les divisant par moitié entre les deux semestres. Ces actions donneront en outre droit au dividende à résulter des bénéfices que les opérations sociaes présenteront chaque année, ainsi qu'il sera ci-après expliqué.

12. Les actionnaires ne pourront, sous aucun prétexte, être soumis à aucun appel de fonds; ils ne seront tenus à aucune autre chose qu'au versement du montant de leurs actions.

13. Les actions ne pourront être transférées qu'autant que le prix en aura été entièrement payé, et que par suite elles auront été délivrées à l'actionnaire.

Le transfert s'opérera par une déclaration du cédant au profit du cessionnaire, signée par tous deux et visée par l'un des administrateurs et par le directeur. Cette déclaration sera faite sur un registre à souche destiné à cet effet, qui sera déposé dans les mains du directeur.

L'action transférée sera annulée, et il en sera délivré une autre au nouveau titulaire sous le même numéro que celle transférée. Les noms et domicile du cessionnaire seront mentionnés sur le talon et sur l'action, avec un numéro de renvoi à celle annulée.

14. Les actions ne pourront être divisées; en cas de mutations par décès, donation ou à tout autre titre gratuit, s'il y a concours d'héritiers ou autres ayant-droit, ils seront tenus de se faire représenter par une seule personne, sans pouvoir, en aucun cas, faire apposer les scellés sur les registres ou valeurs de la société.

Administration.

15. La société sera gérée par un directeur, surveillé par un conseil d'administration composé de cinq administrateurs.

Les administrateurs seront nommés par l'assemblée entière des actionnaires.

Le directeur le sera par le conseil d'administration. Il y aura en outre trois administrateurs suppléans aussi nommés par l'assemblée générale pour remplacer, en cas d'absence ou d'autre empêchement, les administrateurs en exercice.

16. Nul ne pourra être élu administrateur s'il n'est titulaire d'au moins dix actions.

Le directeur devra être titulaire d'au moins trente actions; et, attendu qu'aux termes de l'article 32 du Code de commerce, il est tenu à la garantie de sa gestion, ces actions répondront de l'exécution de son mandat, sans préjudice de plus ample garantie s'il y a lieu, et ne seront pas transférables tant qu'il exercera les fonctions de directeur; il en sera fait mention sur chacune de ses actions par l'un des administrateurs, qui signera ladite mention.

17. Les administrateurs surveilleront le directeur dans toutes les opérations de la société.

18. Le directeur gérera toutes les opérations sociales; il aura seul sous sa responsabilité personnelle le choix et la nomination des commis et autres personnes qu'il jugera pouvoir lui être utiles, à moins qu'il ne préfère les faire agréer par le conseil d'administration : il fera tous les achats et ventes.

Il fournira les factures, acquittera, réglera les comptes, et recevra toutes sommes dues à la société.

Il souscrira les engagemens à terme qui seront nécessités par les achats, les dépenses et fournitures de l'établissement; les engagemens devront être visés par l'un des administrateurs.

Il recevra les effets ou valeurs donnés en paiement, en fera les négociations, les endossera, et donnera les acquis.

Il tiendra les divers livres prescrits par le Code de commerce, plus les livres et écritures d'usage. Ces livres et écritures seront tenus en parties doubles, régulièrement, et constamment à jour.

A la fin de chaque mois, et au plus tard dans les huit jours qui suivront, le directeur rendra compte au conseil d'administration des opérations par lui faites; il lui remettra un état renfermant le détail des opérations du mois, et constatant l'aperçu de la situation financière de la société, qui sera arrêté par les administrateurs.

Le directeur consacrera exclusivement tout son temps et toute son industrie aux opérations de la société.

19. Les fonctions des administrateurs seront gratuites; seulement chacun d'eux aura droit à un jeton de présence pour chaque séance à laquelle il assistera.

La forme de ces jetons, leurs dimensions, l'emploi des fonds destinés à cette dépense, seront réglés par le conseil d'administration, qui soumettra le règlement définitif à la plus prochaine assemblée des actionnaires.

20. Le directeur jouira d'un traitement annuel de la somme de huit mille francs, payable par douzième de mois en mois. Indépendamment de ce traitement, il aura droit sur les bénéfices à un prélèvement qui sera ci-après déterminé.

Il sera en outre logé dans le local de la société où se tiendront les bureaux, chauffé et éclairé, le tout aux dépens de la société.

21. Le conseil d'administration et le directeur se réuniront au moins une fois par quinzaine. Il sera tenu un registre de délibérations destiné à constater le résultat de chaque séance. Les administrateurs auront seuls voix délibérative; le directeur n'aura que voix consultative. Les délibérations seront prises à la majorité des voix. Il suffira de la présence de trois administrateurs pour délibérer, mais, si les administrateurs ne

sont qu'au nombre de trois, leur délibération devra être unanime.

Les administrateurs suppléans auront le droit d'assister aux assemblées; mais ils n'auront voix délibérative qu'autant qu'ils remplaceront les administrateurs absens. Dans ce cas seul aussi ils auront droit au jeton de présence.

Le conseil d'administration choisira, chaque année, celui d'entre les administrateurs qui devra le présider, et celui qui devra remplacer le président en cas d'absence.

22. Les administrateurs seront, comme le directeur, et conformément à l'article 32 du Code de commerce, responsables de l'exécution de leur mandat.

23. Le renouvellement des administrateurs en exercice se fera par cinquième d'année en année, et celui des administrateurs suppléans, par tiers; néanmoins le renouvellement ne commencera qu'à la fin de la troisième année sociale.

Le sort décidera, aux premiers renouvellemens des administrateurs et suppléans primitifs, de ceux qui devront sortir : la cessation des fonctions sera ensuite déterminée par l'ancienneté.

En cas de décès, démission, empêchement de l'un des administrateurs, il sera pourvu à son remplacement provisoire par le conseil d'administration, y compris les administrateurs suppléans, qui dans ce cas auront voix délibérative; et à la première assemblée générale il sera pourvu au remplacement définitif.

24. Le directeur ne pourra être révoqué que par l'assemblée générale, délibérant à la majorité de ceux qui composeront cette assemblée.

S'il y avait urgence de le révoquer et de pourvoir promptement à son remplacement, le conseil d'administration, votant à l'unanimité, devra immédiatement convoquer à cet effet l'assemblée générale des actionnaires.

Néanmoins, si l'intérêt de la société l'exigeait, le conseil d'administration pourra, autant toutefois qu'il sera unanime, suspendre le directeur et le remplacer provisoirement : il convoquera, unanimement, l'assemblée des actionnaires, qui fera cesser la suspension ou prononcera la révocation définitive.

25. Si, par une maladie grave ou quelque autre cause de force majeure, le directeur était momentanément empêché de vaquer à ses fonctions, il pourra se faire remplacer par une personne qu'il devra préalablement faire agréer par le conseil d'administration.

Le directeur, en ce cas, répondra des opérations de celui qu'il se sera substitué; il supportera tous les frais qu'occasionnera son remplacement.

Inventaire, Assemblée générale, Partage des bénéfices.

26. A la fin de chaque année sociale, le directeur dressera un inventaire des opérations de la société et de sa situation active et passive.

27. Chaque année, il sera convoqué, au local de la société, une assemblée générale des actionnaires, dans la quinzaine, au plus tard, qui suivra la clôture de l'inventaire ordonné par l'article précédent.

Indépendamment de cette assemblée annuelle, le conseil d'administration pourra, si les intérêts de la société royale l'exigent, et sur la demande soit de l'un des administrateurs, soit du directeur, convoquer d'autres réunions extraordinaires, dont il déterminera le jour.

Les convocations seront faites par circulaires du directeur à chacun des actionnaires, envoyées quinze jours au moins avant celui fixé pour la réunion, et l'avis en sera en outre inséré dans l'un des journaux d'affiches du département de la Seine, huit jours avant ladite réunion.

28. L'assemblée générale se composera de tous les actionnaires porteurs de quatre actions au moins, qui seuls auront le droit d'y assister, et représenteront la généralité des actionnaires.

Il suffira de la présence de plus de la moitié des actionnaires ayant le droit de voter, pour constituer l'assemblée, et de la majorité des membres présens, pour former une délibération.

Cependant, si les actionnaires ne se trouvaient pas réunis au nombre exigé à une assemblée générale dûment convoquée, la réunion sera remise, et le procès-verbal qui en sera dressé énoncera les objets à mettre en délibération; il sera fait à quinzaine une autre convocation dans la forme ci-dessous prescrite, et, quel que soit le nombre des actionnaires qui seront présens à cette nouvelle réunion, ils pourront délibérer seulement sur les objets qui auront été indiqués par le procès-verbal de remise, et leur délibération sera légale, comme si plus de la moitié y avait assisté.

Les actionnaires ayant droit à voter pourront se faire représenter aux assemblées générales par un mandataire qui sera pris exclusivement parmi les actionnaires, quel que soit au surplus le nombre d'actions dont ce mandataire sera porteur : ce mandataire émettra le vote qui appartiendra à son commettant, indépendamment du sien propre, s'il a droit de voter personnellement.

29. Les assemblées générales seront présidées par le président du conseil d'adminis-

tration, et à son défaut par le vice-président : en cas d'absence de tous deux, le propriétaire du plus grand nombre d'actions parmi les membres présens exercera la présidence. Le plus jeune des actionnaires remplira les fonctions de secrétaire.

30. Lors de l'assemblée générale annuelle, le directeur rendra compte des opérations de la société pendant le cours de l'année précédente ; il soumettra à l'assemblée l'inventaire constatant ces opérations, et la situation générale active et passive de la société.

L'assemblée nommera trois commissaires pris dans son sein pour examiner et vérifier le compte rendu et l'état de la situation de la société.

Ces commissaires feront cet examen et vérification, et présenteront leur rapport à une nouvelle réunion d'actionnaires qui aura lieu, sans convocation nouvelle, quinze jours après la première.

Par suite de ce rapport il sera procédé à la fixation des bénéfices de cette année, et ordonné que le montant en soit réparti d'après les bases et dans les termes ci-après fixés.

31. Sur les bénéfices nets il sera fait en faveur du directeur un prélèvement de dix pour cent à titre d'encouragement. Le surplus sera divisé en quatre portions, dont l'une sera mise en réserve pour l'accroissement du fonds capital, toutefois après en avoir défalqué la somme nécessaire pour les jetons de présence mentionnés sous l'article 19.

Un quart sera mis à la disposition du conseil d'administration pour être employé aux gratifications, primes d'encouragement, ou de toute autre manière qu'il avisera utile à la société, et il sera rendu compte de cet emploi.

Les deux autres seront répartis entre les actionnaires proportionnellement au nombre de leurs actions.

Cependant la répartition des bénéfices arrêtés dans une assemblée générale n'aura lieu qu'après la clôture de l'inventaire de l'année suivante, et autant que cet inventaire ne présenterait aucune perte.

Dans ce dernier cas lesdits bénéfices serviraient jusqu'à concurrence à couvrir cette perte, et l'excédant seul, s'il y en avait, serait réparti.

Dissolution de la société.

32. Si, par le résultat d'un inventaire, la société se trouvait en perte de cinquante pour cent sur le fonds capital, la société serait dissoute de plein droit, sans qu'il y eût besoin de délibération pour prononcer cette dissolution.

Si, au bout de trois années, il y avait par les inventaires une perte constatée de trente pour cent sur ledit fonds capital, la dissolution de la société pourrait être demandée et arrêtée par l'assemblée générale.

A chaque période de neuf années depuis l'existence de la société, l'assemblée générale pourra aussi prononcer la dissolution, dans le cas seulement où, balance faite des résultats obtenus jusqu'alors, la société n'aurait recueilli aucun bénéfice, et où l'on n'envisagerait pas une meilleure chance de succès pour l'avenir.

33. Lors de la dissolution de la société, qui serait prononcée par les causes exprimées en l'article précédent, ou à l'expiration des vingt-sept années pour lesquelles elle est formée, il sera procédé à la liquidation de la société par le directeur, sous la surveillance de trois, au moins, des administrateurs lors en exercice.

34. A la dissolution de la société pour quelque cause que ce soit, l'immeuble formant la mise sociale de sa Majesté sera retiré libre de toute charge, sauf à sa Majesté à payer en numéraire la portion que ses deux cent cinquante actions devraient supporter dans la perte commune s'il en existait. Cet immeuble sera rendu à sa Majesté dans le même état que celui où il aura été livré à la société, conformément à l'inventaire qui en sera fait, l'entretien pendant la jouissance étant à la charge de ladite société.

Dispositions particulières.

35. Le directeur pourra faire faire le travail des laines dont l'emploi forme l'objet de la présente société, soit dans les ateliers de la manufacture de Paris, soit partout ailleurs.

36. Autant que faire se pourra et sans nuire aux opérations de la manufacture, le local de la société entreposera les laines longues et lustrées lavées à dos, et toutes autres qui appartiendraient aux actionnaires ; et ce, moyennant le droit qui sera déterminé par le conseil d'administration, lequel pourra en outre aviser au meilleur mode de vente ou d'emploi de ces laines.

37. Si la prospérité des opérations sociales et leur accroissement exigeaient dans la suite l'augmentation du fonds capital, cette augmentation et sa quotité pourront être proposées par le conseil d'administration à l'assemblée générale des actionnaires, composée ainsi qu'il est ci-devant expliqué. Si l'assemblée générale admet cette proposition, elle fixera l'augmentation à donner au fonds social, et il y sera pourvu par nouvelle émission d'actions après en avoir toutefois obtenu l'autorisation du Gouvernement. Ces

actions seront délivrées dans la même forme que celles créées par le présent acte, en suivant l'ordre des numéros établis par l'article 9; chaque action sera de valeur égale à celles déjà existantes, et ne pourra être négociée au-dessous de sa valeur.

Les nouvelles actions seront, au surplus, soumises aux mêmes conditions que les premières, et donneront les mêmes droits.

Les nouvelles actions émises seront, par préférence, offertes aux premiers actionnaires, qui auront le droit de les prendre dans la proportion du nombre des actions dont ils seront lors titulaires. A cet effet, aussitôt que l'émission aura été arrêtée et autorisée, il en sera donné avis par une circulaire du directeur aux actionnaires primitifs, qui devront se prononcer dans le mois de cette circulaire pour la quantité d'actions qu'il leur conviendra de prendre sur le pied de leur montant. Les actions qui n'auront pas été prises de cette manière seront livrées au public.

38. Les créanciers des actionnaires ne pourront s'immiscer en aucune manière dans les affaires de la société, ni faire apposer aucun scellé sur ses valeurs ou sur ses livres; ils n'auront que la faculté de saisir la portion de leur débiteur entre les mains du directeur; et ils seront tenus d'admettre le résultat des comptes arrêtés par l'assemblée générale.

39. En cas de difficultés et contestations entre les associés sur l'exécution du présent acte, elles seront soumises à trois arbitres dont conviendront les parties, ou qui, à défaut d'accord, seront nommés par le président du tribunal de première instance du département de la Seine.

Ces trois arbitres prononceront souverainement à la majorité d'entre eux.

40. Les comparans nomment déjà à présent pour administrateurs de la société : 1° Mme la comtesse du Cayla, 2° M. le vicomte d'Ambray, 3° M. le marquis de Sainte-Fère, 4° M. Lemoine-Desmares, 5° M. Camille Beauvais; pour suppléans : M. Tellier, MM. . . . . Ces deux derniers seront nommés subséquemment.

Tous actionnaires de ladite société au nombre voulu pour les fonctions d'administrateur, lesquels acceptent leur nomination.

Les administrateurs susnommés, en exécution de l'article 14 ci-dessus, nomment dès à présent pour directeur M. Dautremont, titulaire de trente actions.

Ils demeurent chargés de solliciter du Gouvernement l'ordonnance nécessaire pour la formation de la société anonyme, et de remplir, aussitôt après l'obtention de cette ordonnance, toutes les formalités légales,

d'organiser la présente société, et de faire, en un mot, tout ce qui sera nécessaire pour la mettre en activité.

Fait et passé à Paris, en la demeure respective des parties, l'an 1826, les 10, 16, 20 et 25 octobre. Et ont signé avec les notaires, après lecture faite, la minute des présentes.

22 = Pr. 29 nov. 1826. — Ordonnance du Roi qui autorise M. Jules Pasquier, conseiller-d'Etat en service extraordinaire, à participer aux délibérations du Conseil-d'Etat. (8, Bull. 127, n° 4248.)

22 = Pr. 29 nov. 1826. — Ordonnance du Roi qui nomme M. le comte Jules de Rességuier maître des requêtes en service ordinaire. (8, Bull. 127, n° 4249.)

22 nov. 1826. — Ordonnance du Roi qui accorde des lettres de déclaration de naturalité au sieur Gobert. (8, Bull. 252, n° 9253.)

22 nov. 1826. — Ordonnance du Roi qui accorde des lettres de déclaration de naturalité au sieur Calen. (8, Bull. 284, n° 10919.)

22 nov. 1826. — Ordonnance du Roi qui accorde des lettres de déclaration de naturalité au sieur Scher. (8, Bull. 309, n° 11826.)

22 nov. 1826. — Ordonnance du Roi qui autorise l'inscription au Trésor royal de quarante-six pensions militaires. (8, Bull. 136 bis, n° 1.)

22 nov. 1826. — Ordonnance du Roi qui admet le sieur Hun à établir son domicile en France. (8, Bull. 127, n° 4252.)

22 nov. 1826. — Ordonnance du Roi qui réintègre le sieur Curcier dans la qualité et les droits de Français. (8, Bull. 127, n° 4253.)

22 nov. 1826. — Ordonnances du Roi qui autorisent l'acceptation de dons et legs faits à des pauvres et à des hospices. (8, Bull. 132, n° 4593 à 4611.)

22 nov. 1826. — Ordonnances du Roi qui autorisent l'acceptation de dons et legs faits à des hospices, à des pauvres, à la fabrique et à la commune de Fresne. (8, Bull. 133, n° 4625 à 4635.)

22 nov. 1826. — Ordonnance du Roi qui concède au sieur Sablon et compagnie la mine de plomb de Joursat, commune de Singles (Puy-de-Dôme). (8, Bull. 134, n° 4657)

22 nov. 1896. — Ordonnances du Roi qui autorisent les sieurs Buyer, Gauthier, Blum, Huot et Petit Guyot, et la dame veuve Harpin et son fils à établir des usines dans les communes d'Aillevillers, de la Chapelle-Saint-Quillain, de Travers, Dessertenne et de Verfontaine, département de la Haute-Saône. (8, Bull. 134, n°s 4658 à 4662.)

22 nov. 1826. — Ordonnances du Roi qui accordent des lettres de déclaration de naturalité aux sieurs Lang et Macaire. (8, Bull. 135, n° 4687 et 4688.)

22 nov. 1826. — Ordonnance du Roi qui accorde des lettres de déclaration de naturalité au sieur Shmitt. (8, Bull. 135, n° 4689.)

25 nov. 1826. — Ordonnance du Roi qui accorde des lettres de déclaration de naturalité au sieur Vinterer. (8, Bull. 135, n° 4684.)

26 nov. ⸗12 déc. 1826. — Ordonnance du Roi portant fixation du prix des poudres qui seront livrées, pendant l'année 1827, aux départemens de la guerre, de la marine et des finances. (8, Bull. 129, n° 4448.)

Charles, etc. — Vu l'article 2 de l'ordonnance du 25 mars 1818, relatif à la fixation du prix des poudres fournies par la direction générale des poudres aux départemens de la guerre, de la marine et des finances ; — Sur la proposition de notre ministre secrétaire-d'État au département de la guerre, etc.

Art. 1er. Le prix des poudres qui seront livrées pendant l'année 1827, par la direction générale des poudres et salpêtres, aux départemens de la guerre, de la marine et des finances, est réglé ainsi qu'il suit :

Poudre de guerre pour l'artillerie de terre, 2 fr. 53 c. le kilog.

Poudre de chasse fine pour idem, 2 fr. 65 c. idem.

Poudre de guerre pour la marine, 2 fr. 58 c. idem.

Idem pour le commerce, 4 fr. 46 c. idem.

Poudre de mine, 2 fr. 21 c. idem

Poudre de commerce extérieur, 1 fr. 80 c. idem.

Poudre de chasse fine pour les ventes, 2 fr. 81 c. idem.

Poudre de chasse superfine, 2 fr. 93 c. idem.

Poudre royale, 3 fr. 43 c. idem.

2. Nos ministres de la guerre, de la marine et des finances (marquis de Clermont-Tonnerre et comtes de Chabrol et de Villèle), sont chargés, etc.

26 nov. 1826. — Ordonnances du Roi qui autorisent l'acceptation de dons et legs faits à des séminaires, à des fabriques et à des communautés religieuses. (8, Bull. 158, n°s 5807 à 5817.)

29 nov. ⸗ Pr. 18 déc. 1826. — Ordonnance du Roi qui réunit la commune des Ifs à celle de Bouville, département de la Seine-Inférieure. (8, Bull. 130, n° 4501.)

29 nov. 1826. — Ordonnances du Roi qui accordent des lettres de déclaration de naturalité aux sieur Ryth et Peruset. (8, Bull. 146, n°s 5117 et 5118.)

29 nov. 1826. — Ordonnance du Roi qui accorde des lettres de déclaration de naturalité au sieur Nihet. (8, Bull. 160, n° 5952.)

29 nov. 1826. — Ordonnance du Roi qui accorde des lettres de déclaration de naturalité au sieur Lambert. (8, Bull. 317, n° 12198.)

29 nov. 1826. — Ordonnance du Roi qui admet les sieurs Silverwood, Skebensky et Meyer, à établir leur domicile en France. (8, Bull. 129, n° 4454.)

29 nov. 1826. — Ordonnances du Roi qui autorisent l'acceptation de legs faits à des pauvres et à un hospice. (8, Bull. 133, n°s 4636, 4637 et 4638.)

29 nov. 1826. — Ordonnances du Roi qui autorisent l'acceptation de dons faits à des pauvres, à des hospices et à des sœurs de la Charité. (8, Bull. 134, n°s 4641 à 4656.)

30 nov. 1826. — Tableau des prix des grains pour servir de régulateur de l'exportation et de l'importation, conformément aux lois des 16 juillet 1819 et 4 juillet 1821, arrêté le 30 novembre 1826. (8, Bull. 128, n° 4563.)

3 déc. 1826. — Ordonnances du Roi qui autorisent l'acceptation de dons et legs faits à des fabriques, à des séminaires et à des communautés religieuses. (8, Bull. 158, n°s 5818 à 5847.)

6 = Pr. 23 DÉC. 1826. — Ordonnance du Roi qui fixe, pour les militaires de toutes armes de la garde royale, le mode d'avancement, de classement et d'admission au traitement de réforme ou à la retraite. (8, Bull. 131, n° 4536.)

Charles, etc. — Vu la loi du 10 mars et l'ordonnance du 2 août 1818 ; — Vu l'ordonnance du 25 octobre 1820 et l'instruction royale du 15 février 1821 ; — Vu l'ordonnance du 5 février 1823 ; — Sur le rapport de notre ministre secrétaire-d'Etat de la guerre, etc.

Art. 1er. L'article 10 de l'instruction royale du 15 février 1821, qui donne aux officiers de notre garde la faculté de refuser de passer dans la ligne, est rapporté.

2. Les pages de notre maison, les adjudans sous-officiers, les sergens-majors ou maréchaux-des-logis chefs, les sergens ou les maréchaux-des-logis de notre garde, promus à des emplois de sous-lieutenans dans les corps qui la composent, ne pourront être classés parmi les officiers de ce grade, soit pour le commandement, soit pour le rang du grade supérieur, qu'à partir du jour où ils compteront quatre années de rang ou de services effectifs dans le grade de sous-lieutenant.

En conséquence, il sera formé un classement particulier des sous-lieutenans provenant des pages ou des sous-officiers de notre garde.

3. Les adjudans sous-officiers de notre garde qui, aux termes de l'article 1er de l'ordonnance du 25 octobre 1820, ont rang de sous-lieutenant, prendront ce rang à partir du jour où nous aurons donné notre approbation au travail d'inspection dans lequel ils auront été désignés pour l'obtenir, s'ils remplissent alors les conditions imposées par les lois aux sous-officiers pour qu'ils puissent devenir officiers ; et seulement du jour où ces conditions se trouveront remplies, si elles ne l'étaient pas au moment où nous aurons accordé notre approbation.

4. Après six ans de service dans notre garde, les militaires de tout grade qui auront droit à la retraite par ancienneté de service obtiendront le brevet et la pension du grade dont ils auront eu le rang pendant deux années.

En temps de guerre, toute retraite obtenue pour cause de blessures reçues dans un corps de notre garde emportera de droit le brevet et la pension du grade dont le militaire blessé avait le rang, quel que soit le temps pendant lequel ce militaire ait servi dans notre garde, ou joui du rang supérieur à son grade effectif.

5. Les officiers de notre garde admis au traitement de réforme pour cause d'infirmités provenant de fatigues du service ou de blessures auront droit au traitement de réforme du grade dont ils ont le rang.

Les officiers de notre garde qui seront admis au traitement de réforme après vingt ans de services effectifs, dont six dans notre garde et deux ans de rang du grade supérieur, obtiendront, lorsqu'ils seront admis à la retraite dans cette position, le brevet et la pension du grade dont ils avaient le rang au moment de leur mise à la réforme.

Lorsque les officiers réformés de la garde pour les causes énoncées ci-dessus seront remis en activité, ils ne pourront être admis que dans la ligne et dans le grade dont ils ont le brevet.

6. Indépendamment de l'avancement réglementaire, les officiers de notre garde pourront concourir pour les emplois dont ils ont le rang, qui deviendront vacans dans la ligne par la réforme ou la mise en non-activité, sans solde, des titulaires.

Cet avancement sera dit de permutation : en conséquence, toutes les fois qu'un officier de notre garde passera dans la ligne à ce titre, un officier de la ligne, du grade correspondant à l'emploi devenu vacant dans notre garde, sera nommé, à notre choix, pour cet emploi, et la permutation pourra se suivre de grade en grade jusqu'au dernier.

7. L'article 83 de l'ordonnance du 2 août 1818 est rapporté.

Nul officier de notre garde ne pourra passer avec avancement dans la ligne que par suite de la proposition qui en sera faite au travail d'inspection générale, soumis au major général de service et transmis par lui à notre ministre secrétaire-d'Etat de la guerre.

8. Les dispositions des ordonnances du 2 août 1818 et du 25 octobre 1820, et de l'instruction royale du 15 février 1821, qui sont contraires à la présente, sont et demeurent rapportées.

9. Notre ministre de la guerre (marquis de Clermont-Tonnerre) est chargé, etc.

6 DÉC. 1826 — Pr. 1er JANV. 1827 — Ordonnance du Roi portant établissement d'un mont-de-piété dans la ville de Strasbourg. (8, Bull. 133, n° 4620.)

Charles, etc. — Sur le rapport de notre ministre secrétaire-d'Etat au département de l'intérieur ; — Vu la loi du 16 pluviose an 12 (6 février 1804) ; — Notre Conseil-d'Etat entendu, etc.

Art. 1er. Il sera formé dans notre bonne ville de Strasbourg un mont-de-piété, qui sera régi, sous la surveillance du préfet du Bas-Rhin, et sous l'autorité de notre ministre de l'intérieur, par la commission administrative des hospices de cette ville, et conformément aux dispositions du réglement, qui restera annexé à la présente ordonnance.

2. Les registres, les reconnaissances, les procès-verbaux de vente, et généralement tous les actes relatifs à l'administration du mont-de-piété de Strasbourg, seront exempts des droits de timbre et d'enregistrement.

3. Le capital destiné à subvenir aux prêts sur nantissement est fixé à trois cent mille francs. Il ne pourra être porté au-delà de cette somme sans l'autorisation de notre ministre de l'intérieur.

4. Le capital indiqué par l'article précédent sera formé en partie par les cautionnemens en numéraire des préposés du mont-de-piété et des receveurs des établissemens de bienfaisance du département du Bas-Rhin et d'autres départemens.

5. Pourront aussi être versés dans la caisse du mont de piété, afin de concourir à la formation du capital indiqué à l'article 3, tous les deniers appartenant aux établissemens de bienfaisance, qui proviendront de recettes extraordinaires et qui n'auront pas d'affectation spéciale.

6. Enfin, le capital de trois cent mille francs sera complété par les hospices de Strasbourg, au moyen de leurs ressources disponibles, et spécialement des sommes placées en compte courant au Trésor royal par ces établissemens.

7. Le taux des intérêts à payer par le mont-de-piété pour les fonds provenant des cautionnemens indiqués à l'article 4 sera le même que celui que paie le Trésor royal pour les cautionnemens qui y sont versés; et le taux des intérêts à payer pour les sommes provenant des placemens indiqués aux articles 5 et 6 sera déterminé par le ministre de l'intérieur, sur la proposition de l'administration et l'avis du préfet.

8. Les bénéfices résultant des opérations du mont-de-piété, toutes les dépenses payées, formeront, avec le montant des *boni* non réclamés dans les trois années de la date des dépôts, la dotation de l'établissement. Ces fonds seront employés au remboursement successifs des capitaux prêtés par les hospices; ce qui permettra de diminuer le taux de l'intérêt des prêts sur nantissement.

9. En exécution de la loi du 16 pluviose an 12 (6 février 1804), et au moyen des dispositions précédentes, les maisons de prêt qui existent à Strasbourg seront fermées, et cesseront toutes leurs opérations autres que celles de leur liquidation.

10. Notre ministre de l'intérieur (comte de Corbière) est chargé, etc.

6 DÉC. 1826 = Pr. 1er JANV. 1827. — Ordonnance du Roi portant établissement d'un mont-de-piété dans la ville de Brest. (8, Bull. 133, n° 4621.)

Charles, etc. — Sur le rapport de notre ministre secrétaire-d'Etat au département de l'intérieur; — Notre Conseil-d'Etat entendu, etc.

Art. 1er. Il sera formé à Brest (Finistère) un mont-de-piété, qui sera régi, sous la surveillance du préfet, et sous l'autorité de notre ministre de l'intérieur, par la commission administrative des hospices de cette ville.

2. Les registres, les reconnaissances, les procès-verbaux de vente, et généralement tous les actes relatifs à l'administration du mont-de-piété de Brest, seront exempts des droits de timbre et d'enregistrement.

3. Le capital destiné à subvenir aux prêts sur nantissement est fixé à cent cinquante mille francs. Il ne pourra être porté au-delà de cette somme sans l'autorisation de notre ministre de l'intérieur.

4. Le capital indiqué par l'article précédent sera formé en partie par les cautionnemens en numéraire des préposés du mont-de-piété et des receveurs des établissemens de bienfaisance du département du Finistère ou d'autres départemens.

5. Pourront être versés dans la caisse du mont-de-piété, afin de concourir à la formation du capital indiqué par l'art. 3, tous les deniers appartenant aux établissemens de bienfaisance et provenant de recettes extraordinaires.

6. Le mont-de-piété est également autorisé à recevoir les fonds qui lui seront offerts par des particuliers, soit à titre de placement, soit comme simple dépôt, dans la forme et sous les conditions indiquées au réglement ci-joint.

7. Enfin, le capital de cent cinquante mille francs sera, au besoin, complété par les hospices de Brest, au moyen de leurs ressources provenant de l'aliénation des immeubles vendus en vertu de l'autorisation accordée par l'ordonnance royale du 20 août 1824.

8. Le taux des intérêts à payer par l'établissement pour les fonds provenant des cautionnemens indiqués à l'article 4 sera le même que celui que paie le Trésor royal pour les cautionnemens qui y sont versés; et le taux des intérêts à payer pour les sommes provenant des placemens indiqués aux articles 5, 6 et 7, sera déterminé conformément à ce qui est prescrit par le réglement.

9. Les bénéfices résultant des opérations du mont-de-piété, toutes dépenses payées, seront versés dans la caisse des hospices de Brest, ainsi que le montant des *boni* non

réclamés dans les trois années de la date des dépôts.

10. Notre ministre de l'intérieur (comte Corbière) est chargé, etc.

---

6 DÉC. 1826 = 1er JANV. 1827. — Ordonnance du Roi qui autorise la ville d'Astaffort (Lot-et-Garonne) à établir un abattoir public. (8, Bull. 133, n° 4622.)

Charles, etc. — Vu les délibérations du conseil municipal d'Astaffort, département de Lot-et-Garonne, des 7 mai et 7 juillet 1826, relatives à la construction d'un abattoir public en cette commune ; — Vu le procès-verbal de l'information *de commodo et incommodo,* — Ensemble l'avis du préfet de Lot-et-Garonne du 12 septembre 1826 ; — Sur le rapport de notre ministre secrétaire-d'Etat au département de l'intérieur ; — Notre Conseil-d'Etat entendu, etc.

Art. 1er. La ville d'Astaffort, département de Lot-et-Garonne, est autorisée à établir un abattoir public sur un terrain situé au lieu dit *à Lastanères.*

2. Aussitôt que les échaudoirs auront été mis en état de servir, et dans le délai d'un mois au plus tard après que le public aura été averti par affiches, l'abattage des bœufs, veaux, vaches, moutons et porcs destinés à la consommation des habitans, aura lieu exclusivement dans le nouvel abattoir, et les tueries particulières seront interdites et fermées.

Toutefois, les particuliers et propriétaires habitant la ville auront la faculté d'abattre chez eux les porcs qu'ils élèvent pour l'usage de leurs maisons, pourvu que l'abattage soit opéré dans un lieu clos et séparé de la voie publique.

3. Les bouchers et charcutiers forains pourront également faire usage dudit abattoir public, mais sans y être obligés, soit qu'ils concourent à l'approvisionnement de la ville, soit qu'ils approvisionnent seulement la banlieue ; ils pourront avoir des étaux et des échaudoirs particuliers dans la commune de leur domicile, sous l'approbation de l'autorité locale.

4. Les mêmes bouchers et charcutiers forains pourront exposer en vente et débiter de la viande dans la ville d'Astaffort, mais seulement sur les lieux publics désignés par le maire et aux jours fixés par lui, et ce, en concurrence avec les bouchers et charcutiers de la commune qui voudront profiter de la même faculté.

5. Les droits à payer par les bouchers et charcutiers pour l'occupation des places dans l'abattoir public seront réglés par un tarif arrêté dans la forme ordinaire.

6. Le maire d'Astaffort pourra faire les réglemens locaux nécessaires pour le service du nouvel établissement, ainsi que pour le commerce de la boucherie ; toutefois ces actes ne seront exécutoires qu'après avoir reçu l'approbation du ministre de l'intérieur, sur l'avis du préfet.

7. Notre ministre de l'intérieur (comte Corbière) est chargé, etc.

---

6 DÉC. 1826. — Ordonnance du Roi qui accorde des lettres de déclaration de naturalité au sieur Derot. (8, Bull. 338, n° 13373.)

---

6 DÉC. 1826. — Ordonnances du Roi relatives aux foires des communes de Benfeld et de Niederrœdern (Bas-Rhin), de Saint-Fortunat (Ardèche), de Villeneuve-sur-Bellot (Seine-et-Marne), de Castres (Tarn), de Broglie (Eure), de Jouques (Bouches-du-Rhône), de Fayence, de Montauroux et de Pourrière (Var), de Mur (Côtes-du-Nord), de Bagnols (Puy-de-Dôme) et de Saint-Flavien. (8, Bull. 136, n°s 4696 à 4705.)

---

6 DÉC. 1826. — Ordonnances du Roi qui autorisent l'acceptation de dons et legs faits à des communes et à des pauvres. (8, Bull. 136, n°s 4706 à 4715.)

---

6 DÉC. 1826. — Ordonnances du Roi qui accordent des pensions de retraite à des veuves de militaires. (8, Bull. 136 *bis*, n°s 2 et 4.)

---

6 DÉC. 1826. — Ordonnance du Roi qui accorde un secours annuel aux orphelins d'un militaire. (8, Bull. 136 *bis*, n° 3.)

---

6 DÉC. 1826. — Ordonnance du Roi qui accorde des lettres de déclaration de naturalité au sieur Lacombe. (8, Bull. 197, n° 7515.)

---

6 DÉC. 1826. — Ordonnance du Roi qui accorde des lettres de déclaration de naturalité au sieur Waldbillig. (8, Bull. 316, n° 12148.)

---

6 DÉC. 1826. — Ordonnance du Roi qui accorde des lettres de déclaration de naturalité au sieur Haillez. (8, Bull. 352, n° 13159.)

---

6 DÉC. 1826. — Ordonnance du Roi qui autorise le sieur Champ-Cobb à établir son domicile en France. (8, Bull. 130, n° 4323.)

6 déc. 1826. — Ordonnance du Roi qui réintègre le sieur Leslin dans la qualité et les droits de Français. (8, Bull. 130, n° 4524.)

6 déc. 1826. — Ordonnance du Roi qui autorise le sieur Lamotte-Pirotte à établir une usine à fer dans la commune de Thonelle (Meuse). (8, Bull. 134, n° 4663.)

6 déc. 1826. — Ordonnance du Roi qui concède au sieur Moré de Pontgibaud les mines de plomb argentifère situées aux environs de Pontgibaud (Puy-de-Dôme). (8, Bull. 133, n° 4664.)

6 déc. 1826. — Ordonnances du Roi qui autorisent les sieurs Normand, Villemain et de Montarby à établir des usines dans les communes de Chantes (Haute-Saône), de Pluvigner (Morbihan) et de Champvans (Haute-Saône). (8, Bull. 134, n°ˢ 4665, 4666 et 4667.)

6 déc. 1826. — Ordonnance du Roi qui change le jour de la tenue de la foire aux chevaux de Laon (Aisne). (8, Bull. 134, n° 4668.)

6 déc. 1826. — Ordonnance du Roi qui change les jours de terme de deux foires qui se tiennent, l'une à Cussy-en-Morvant et l'autre à Digoin, département de Saône-et-Loire. (8, Bull. 134, n° 4669.)

6 déc. 1826. — Ordonnance du Roi qui accorde une foire à la commune de Fraysse, et en rétablit une dans la commune de Saint-Gervais-Ville (Hérault). (8, Bull. 134, n° 4670.)

6 déc. 1826. — Ordonnance du Roi qui établit deux foires dans la commune de Brieules (Meuse). (8, Bull. 134, n° 4671.)

6 déc. 1826. — Ordonnance du Roi qui autorise le sieur comte de Briançon Vachon de Bellemont, à prendre du service près S. M. le roi de Bavière. (8, Bull. 135, n° 4690.)

10 = Pr. 23 déc. 1826. — Ordonnance du Roi portant autorisation définitive de la communauté des religieuses de Notre-Dame établie à Tournemire, département de l'Aveyron. (8, Bull. 131, n° 4539.)

Charles, etc. — Vu la loi du 24 mai 1825;

— Vu les statuts des religieuses de Notre-Dame établies à Tournemire (Aveyron), semblables à ceux des religieuses de Notre-Dame de Rodès, enregistré au Conseil-d'État, conformément à notre ordonnance royale du 1er novembre 1826; Vu la délibération du conseil municipal de Tournemire du 18 décembre 1825, tendant à ce que cet établissement soit autorisé; — Vu le consentement de l'évêque de Rodès, du 7 mars 1826; — Sur le rapport de notre ministre secrétaire d'État au département des affaires ecclésiastiques et de l'instruction publique, etc.

Art. 1er. La communauté des religieuses de Notre-Dame établie à Tournemire (Aveyron), gouvernée par une supérieure locale, est définitivement autorisée.

2. Notre ministre des affaires ecclésiastiques et de l'instruction publique (Frayssinous) est chargé, etc.

10 = Pr. 29 déc. 1826. — Ordonnance du Roi portant organisation du corps royal d'état-major. (8, Bull. 132, n° 4582.)

Charles, etc. — Vu l'ordonnance du 6 mai 1818, portant formation d'un corps royal d'état-major; — Voulant apporter à l'organisation de ce corps les modifications dont l'expérience a fait reconnaître la nécessité; — Sur le rapport de notre ministre secrétaire d'État au département de la guerre, etc.

CHAPITRE Ier. Dispositions générales.

Art. 1er. Le corps royal d'état-major, créé par l'ordonnance du 6 mai 1818, sera désormais composé:

1° D'officiers titulaires du cadre de l'état-major,

2° D'officiers détachés dans les corps de troupe de l'armée.

2. Le cadre de l'état-major sera composé de capitaines et d'officiers supérieurs, jusques et y compris le grade de colonel.

La portion du corps formée d'officiers détachés dans le corps de troupe sera composée d'officiers de divers grades, depuis le grade de sous-lieutenant jusqu'à celui de colonel inclusivement.

3. Aucun officier ne pourra être admis à faire partie du corps royal d'état-major, s'il n'a été élève de l'école d'application de ce corps, créée par l'ordonnance du 6 mai 1818, et s'il n'a satisfait aux examens de sortie de ladite école.

4. Les élèves de l'école d'application continueront d'être pris parmi ceux de l'école

spéciale militaire, dans l'ordre de leur classement de mérite, aux examens de sortie de ladite école.

Un des pages de notre maison pourra y être admis, conformément à ce qui est prescrit par l'ordonnance du 28 décembre 1825.

5. Il y aura dans chacun de nos régimens d'infanterie, de cavalerie, de l'artillerie et du génie, tant de notre garde que de la ligne, un emploi d'aide-major exclusivement dévolu aux lieutenans d'état-major.

Un réglement spécial, arrêté par notre ministre secrétaire-d'État de la guerre, déterminera les fonctions que ces officiers auront à remplir dans les corps.

6. Il y aura près de notre ministre secrétaire-d'État de la guerre un comité consultatif d'état-major.

Les membres et le secrétaire de ce comité seront, chaque année, nommés par nous, sur la proposition de notre ministre secrétaire-d'État de la guerre, qui pourra, en outre, leur adjoindre le nombre d'officiers supérieurs du corps royal d'état-major qu'il jugera nécessaire pour l'examen des affaires sur lesquelles ce comité sera consulté.

CHAPITRE II. Du cadre de l'état-major et des officiers d'état-major en général.

7. Le cadre des officiers titulaires du corps royal d'état-major est fixé ainsi qu'il suit :

Trente colonels, trente lieutenans-colonels, cent chefs de bataillon, deux cent quatre-vingt-dix capitaines ; total, quatre cent cinquante.

8. Les emplois de capitaine seront donnés au concours, dans l'ordre du classement des travaux spéciaux qui leur seront ordonnés, aux capitaines d'état-major détachés dans les corps de la ligne et aux lieutenans détachés dans les corps de la garde royale.

Les capitaines d'état-major détachés dans les régimens de la garde conserveront la faculté de concourir à ces emplois, aussi longtemps qu'ils n'auront pas été promus au garde effectif d'officier supérieur.

Ces officiers prendront rang dans ce cadre à dater du jour de leur admission.

Ils seront remplacés dans les corps auxquels ils étaient attachés.

9. Les emplois de chefs de bataillon, de lieutenant-colonel et de colonel, qui vaqueront dans le cadre de l'état-major, seront dévolus aux officiers de ce cadre du grade immédiatement inférieur, conformément à ce qui est prescrit par la loi du 10 mars et l'ordonnance du 2 août 1818.

10. Les colonels titulaires du cadre de l'état-major concourront avec les autres colonels de l'armée pour les emplois de maréchal de camp (ceux de l'artillerie et du génie exceptés.)

11. Toute permutation entre les officiers du corps royal d'état-major et ceux de toutes armes et d'autres corps spéciaux, est formellement interdite.

Les permutations ne pourront avoir lieu qu'entre les officiers du cadre de l'état-major et les officiers d'état-major employés comme titulaires dans les régimens d'infanterie et de cavalerie.

Les officiers détachés qui demanderont à permuter devront prouver, par des travaux déterminés et exécutés sous l'inspection du jury d'examen, qu'ils ont conservé leur aptitude au service spécial d'état-major.

Ils prendront rang dans le cadre à dater du jour de leur admission.

12. Les officiers titulaires du cadre de l'état-major seront susceptibles d'être placés comme officiers de troupe dans nos régimens d'infanterie et de cavalerie de la ligne, au tour de la réforme ou de la non-activité.

Ces officiers seront dans la même position que les autres officiers d'état-major détachés dans les régimens : s'ils sont officiers supérieurs, ils ne pourront rentrer dans le cadre des titulaires que par permutation, conformément à ce qui est déterminé par l'article précédent.

13. Les emplois de secrétaires-archivistes de divisions territoriales du royaume seront dévolus aux capitaines du cadre de l'état-major.

L'officier qui aura obtenu cet emploi cessera d'avoir droit à l'avancement, et sera en dehors du cadre.

14. Les officiers du cadre de l'état-major rempliront les fonctions ci-après :

1° Celles d'aide-de-camp auprès des maréchaux de France et des officiers généraux, sauf l'exception résultant, pour ceux des officiers généraux de l'artillerie et du génie, de l'article 28 de l'ordonnance du 6 mai 1818 ;

2° Celles d'officier d'état-major, aux états-majors généraux et divisionnaires de notre garde, à ceux des divisions territoriales de l'intérieur, aux états-majors d'armée ou de corps d'armée, ou à ceux des divisions actives, tant sur le pied de paix que sur le pied de guerre, et au dépôt de la guerre.

Ils pourront être employés au recrutement de nos troupes et dans les tribunaux militaires, et être attachés aux ambassades, sans cesser de faire partie du cadre de l'état-major.

Les officiers du corps royal d'état-major ne pourront, dans aucun cas, être employés comme officiers d'ordonnance auprès des officiers généraux.

15. Les officiers du corps royal d'état-major employés dans notre garde, soit comme officiers sans troupe, soit comme aides-majors, ne jouiront pas de la prérogative du rang supérieur accordé aux officiers de troupe de cette garde par l'article 1er de l'ordonnance du 25 octobre 1820.

16. Les lieutenans généraux employés pourront avoir en temps de paix un aide-de-camp du grade de chef de bataillon et un du grade de capitaine.

Les maréchaux-de-camp n'auront qu'un aide-de-camp du grade de capitaine.

CHAPITRE III. Des officiers détachés dans les corps de troupe.

17. Les officiers du corps royal d'état-major détachés dans les corps de troupe seront placés dans les positions ci-après :

1° Sous-lieutenans en pied, dans les régimens d'infanterie et de cavalerie de la ligne ;

2° Lieutenans aides-majors, dans les régimens d'infanterie, de cavalerie, de l'artillerie et du génie de notre garde et de la ligne ;

3° Officiers de divers grades, dans les corps d'infanterie et de cavalerie, tant de la garde royale que de la ligne.

18. Les élèves sous-lieutenans de l'école d'application d'état-major qui auront satisfait aux examens après deux années d'études (ou après trois années, s'ils sont dans le cas prévu par l'ordonnance du 6 février 1822), recevront le brevet de sous-lieutenant du corps royal d'état-major.

Ils seront classés définitivement entre eux d'après le rang qu'ils auront obtenu auxdits examens, et placés comme sous-lieutenans en pied dans les régimens d'infanterie et de cavalerie de la ligne, au tour réservé à notre choix par l'ordonnance du 2 août 1818.

19. Après deux ans de services effectifs en cette qualité, ces officiers seront promus au grade de lieutenant d'état-major, et placés comme aides-majors dans les régimens d'infanterie et de cavalerie de la garde royale ou de la ligne.

20. Après deux années révolues d'exercice de l'emploi d'aide-major dans les régimens d'infanterie et de cavalerie, les lieutenans aides-majors seront envoyés en la même qualité dans les régimens de nos corps royaux d'artillerie et du génie, pour y compléter leur instruction.

Ces officiers seront ensuite pourvus au tour qui leur sera assigné, des emplois de lieutenans en pied dans les régimens d'infanterie et de cavalerie de la ligne, et toujours, autant que possible, dans une arme différente de celle dans laquelle ils auront rem-

pli des emplois d'aides-majors pendant les deux premières années.

Ils concourront comme lieutenans en pied avec tous les lieutenans de leurs corps respectifs, soit pour l'admission dans notre garde, soit pour l'avancement au grade de capitaine.

Après deux ans de service effectif du grade de capitaine dans la ligne ou de lieutenant dans la garde royale, ils concourront, dans l'ordre des travaux spéciaux qui leur auront été prescrits, pour obtenir les emplois de capitaine dans le cadre des officiers titulaires du corps royal d'état-major.

21. Lorsque les capitaines d'état-major détachés dans les corps de troupe parviendront par l'avancement ordinaire au grade d'officier supérieur, ils cesseront de concourir pour les places vacantes dans le cadre.

22. Les sous-lieutenans d'état-major détachés dans les troupes comme officiers en pied ne pourront, dans aucun cas, être appelés à servir comme officiers d'état-major ou comme aides-de-camp.

23. Les lieutenans aides-majors ne pourront être distraits de leurs fonctions habituelles qu'en temps de guerre, et en cas d'insuffisance dans le nombre des officiers du cadre.

24. Les lieutenans et les capitaines du corps royal d'état-major détachés dans les corps de troupe pourront être appelés, en temps de guerre, à servir, les premiers, comme aides-de-camp ; les seconds, comme aides-de-camp ou comme officiers d'état-major.

Ces officiers continueront à compter dans les corps de troupe, jusqu'à ce qu'ils aient été admis dans le cadre des officiers titulaires d'état-major.

25. Les lieutenans d'état-major détachés des corps de troupe pour remplir les fonctions d'aide-de-camp, et qui obtiendraient pendant ce temps le grade de capitaine, ne pourront être admis dans le cadre qu'après être rentrés dans un corps de troupe et y avoir servi deux ans.

Ils ne pourront, en conséquence, obtenir un second avancement comme aides-de-camp.

Les capitaines qui seraient promus au grade d'officier supérieur seront censés avoir obtenu leur avancement dans la ligne, et ils devront y rentrer pour obtenir un second avancement.

CHAPITRE IV. Du comité consultatif d'état-major.

26. Le comité consultatif d'état-major, créé par l'article 6 de la présente ordonnance, sera composé :

D'un lieutenant général, président;
De deux maréchaux-de-camp,)
De quatre colonels ou lieute- } membres;
nans-colonels,)
Et d'un officier supérieur, secrétaire.

Le directeur général du dépôt de la guerre et le maréchal-de-camp commandant l'école d'application d'état-major y auront séance et voix délibérative.

27. Le comité consultatif d'état-major sera chargé,

1° De s'occuper de tout ce qui est relatif au perfectionnement de l'instruction théorique et pratique des officiers du corps royal d'état-major ;

2° De déterminer les travaux annuels que devront exécuter ces officiers, d'examiner ces travaux, et de les classer par ordre de mérite ;

3° Enfin, de donner son avis sur tous les objets relatifs au service de l'état-major qui lui seront désignés par notre ministre secrétaire-d'État de la guerre.

Un règlement arrêté par le ministre déterminera l'ordre des travaux de ce comité.

CHAPITRE V. De l'uniforme des officiers du corps royal d'état-major.

28. L'uniforme des officiers titulaires du cadre de l'état-major reste tel qu'il a été déterminé par le règlement du 23 septembre 1818 et par celui du 29 avril 1826.

Les officiers d'état-major détachés dans les corps de troupe d'infanterie et de cavalerie, soit en pied, soit comme aides-majors, porteront l'uniforme du régiment dans lequel ils seront employés, sans aucune marque distinctive que celle de leur grade.

Les lieutenans aides-majors ne changeront pas d'uniforme lorsqu'ils passeront dans les corps de l'artillerie et du génie.

CHAPITRE VI. Dispositions transitoires.

29. Les officiers généraux appelés à faire partie du corps royal d'état-major, en exécution de l'article 21 de l'ordonnance du 6 mai 1818, rentreront dans l'état-major général de l'armée.

30. Les emplois de chefs d'état-major général et d'aides-majors généraux aux armées et dans l'intérieur, celui de commandant de l'école d'application, qui, en vertu des articles 21 et 35 de la même ordonnance, étaient exclusivement dévolus aux officiers généraux du corps royal d'état-major, seront conférés aux officiers généraux compris dans les cadres d'activité de l'état-major général de l'armée.

31. Le nombre des officiers supérieurs ac-

tuels du corps royal d'état-major excédant le cadre déterminé par l'article 7 de la présente ordonnance, il ne sera pourvu au remplacement des vacances qui surviendront parmi ces officiers, que jusqu'à concurrence de la moitié desdites vacances, et ce jusqu'à l'extinction totale de cet excédant.

32. Les lieutenans actuels d'état-major seront placés comme lieutenans d'état-major détachés dans un des corps de troupe de la ligne.

Ce placement aura lieu au tour affecté à la disponibilité ou à la réforme ; à défaut de vacances, ils resteront en la même qualité à la suite du corps qui leur aura été assigné, jusqu'à ce qu'ils puissent être placés en pied dans ce corps.

Les dispositions de l'article 20 de la présente ordonnance, qui prescrit les conditions à remplir pour concourir aux emplois de capitaine du cadre de l'état-major, ne leur seront pas applicables.

33. Les aides-majors lieutenans seront pourvus, dans les corps auxquels ils sont attachés, des nouveaux emplois d'aides-majors créés par l'article 5 ; et les dispositions des articles 19 et 20 de la présente ordonnance leur sont applicables.

34. Les sous-lieutenants aides-majors de cavalerie seront pourvus, au tour qui n'est pas dévolu aux sous-officiers, de l'un des premiers emplois de sous-lieutenans en pied qui viendront à vaquer dans le régiment dont ils font partie, conformément à ce qui est déterminé par l'article 18 de la présente ordonnance.

35. Toutes les dispositions de l'ordonnance du 6 mai 1818 qui seraient contraires à la présente ordonnance, sont et demeurent abrogées.

36. Notre ministre de la guerre (marquis de Clermont-Tonnerre) est chargé, etc.

10 = Pr. 20 DÉC. 1826. — Ordonnance du Roi qui fixe, conformément au tarif y annexé, la solde du cadre du corps royal de l'état-major. (8, Bull. 132, n° 4585.)

Charles, etc. — Vu notre ordonnance de ce jour portant réorganisation du corps royal de l'état-major; — Sur le rapport de notre ministre secrétaire-d'État au département de la guerre, etc.

Art. 1er. A compter du 1er janvier 1827, la solde du cadre du corps royal de l'état-major sera payée conformément au tarif ci-annexé.

2. Notre ministre de la guerre (marquis de Clermont-Tonnerre) est chargé, etc.

TARIF DE LA SOLDE ET DES INDEMNITÉS

Accordées par ordonnance du Roi, en date du 10 décembre 1826, aux officiers du corps royal de l'état-major.

DÉSIGNATION des GRADES.	SOLDE D'ACTIVITÉ. par an.	SOLDE D'ACTIVITÉ. par jour. (f o m)	SOLDE de congé par jour. (f c m)	NOMBRE de rations de fourrages par jour sur le pied de paix.	INDEMNITÉS par an de logement.	INDEMNITÉS par an d'ameublem.	TRAITEMENT de disponibilité par an. (f c)	TRAITEMENT de disponibilité par jour. (f c m)
Colonel.	6,250	17 01 1	8 68 0	2	600	200	4,166 66	11 57 4
Lieutenant-colonel. . . .	5,300	14 72 2	7 36 1	2	540	180	3,533 33	9 81 4
Chef de bataillon.	4,500	12 50 0	6 25 0	1	480	160	3,000 00	8 33 3
Capitaine.	2,500	6 94 4	3 47 2	1	216	108	1,666 66	4 62 9

Le ministre secrétaire-d'État au département de la guerre,

Signé Marquis DE CLERMONT-TONNERRE.

10 = Pr. 23 DÉC. 1826. — Ordonnance du Roi portant autorisation définitive de la communauté des religieuses Ursulines établie rue de Vaugirard, n° 100, à Paris. (8, Bull. 131, n° 4538.)

10 DÉC. 1826. — Ordonnances du Roi qui autorisent l'acceptation de dons et legs faits à des séminaires, à des fabriques, à des curés, etc. (8, Bull. 158, n°s 5848 à 5863.)

10 DÉC. 1826. — Ordonnances du Roi qui autorisent l'acceptation de donations faites à des fabriques et à un séminaire. (8, Bull. 159, n°s 5866, 5867 et 5868.)

13 = Pr. 23 DÉC. 1826. — Ordonnance du Roi relative à l'admission des sous-officiers et soldats dans les compagnies sédentaires. (8, Bull. 131, n° 4537.)

Charles, etc. — Voulant donner une nouvelle marque de notre sollicitude envers les militaires par une extension du droit d'admission dans les compagnies sédentaires ; — Sur la proposition de notre ministre secrétaire-d'État au département de la guerre, etc.

Art. 1er. Pourront être admis dans ces compagnies les sous-officiers et soldats en activité, ou rentrés dans leurs foyers, qui, n'étant pas âgés de plus de quarante ans, auraient accompli huit années de service, et seraient reconnus susceptibles de recevoir cette destination.

2. Cette disposition n'est point applicable aux militaires pensionnés qui ne peuvent être relevés de l'état de retraite, ni aux hommes sortis volontairement des compagnies sédentaires, qui sont considérés comme démissionnaires ; à moins toutefois qu'ils n'aient repris postérieurement du service dans les corps actifs.

3. Les dispositions de l'ordonnance du 17 octobre 1821 relatives au droit d'admission dans les compagnies sédentaires sont maintenues.

4. Notre ministre de la guerre (marquis de Clermont-Tonnerre) est chargé, etc.

13 DÉC. 1826 = Pr. 1er JANV. 1827. — Ordonnance du Roi qui autorise la ville de Soultz (Haut-Rhin) à établir un abattoir public. (8, Bull. 133, n° 4623.)

Charles, etc. — Sur le rapport de notre ministre secrétaire-d'État de l'intérieur ; — Vu la délibération du conseil municipal de Soultz, du 22 août 1826, relative à l'abattoir public de cette ville ; — Vu le procès-verbal de l'information de commodo et incommodo; — Ensemble l'avis du préfet du Rhin (Haut) du 8 septembre 1826 ; — Notre Conseil-d'État entendu, etc.

Art. 1er. La ville de Soultz, département du Haut-Rhin, est autorisée à établir un abattoir public et commun sur un terrain situé à l'extrémité nord de la ville, entre le canal des Moulins et la rivière dite *Altbach*.

2. Aussitôt que les échaudoirs auront été mis en état de servir, et dans le délai d'un mois au plus tard après que le public en aura été averti par affiches, l'abattage des bœufs, veaux, vaches, porcs et moutons destinés à la consommation des habitans, aura lieu exclusivement dans le nouvel abattoir, et les tueries particulières seront interdites et fermées.

3. Les particuliers de la ville auront la faculté d'abattre les porcs et le petit bétail destiné à leur propre consommation, dans leurs maisons, pourvu que ce soit dans un lieu clos et séparé de la voie publique.

4. Les bouchers forains pourront également faire usage dudit abattoir public, mais sans y être obligés, soit qu'ils concourent à l'approvisionnement de la ville, soit qu'ils approvisionnent seulement la banlieue : ils pourront avoir des étaux et des échaudoirs particuliers dans la commune de leur domicile, sous l'approbation de l'autorité locale.

5. Les mêmes bouchers forains pourront exposer en vente et débiter de la viande dans la commune de Soultz, mais seulement sur les lieux publics désignés par le maire et aux jours fixés par lui, et ce, en concurrence avec les bouchers de la ville qui voudront profiter de la même faculté.

6. Les droits à payer par les bouchers pour l'occupation des places dans l'abattoir public seront réglés par un tarif arrêté dans la forme ordinaire.

7. Le maire de Soultz pourra faire les réglemens locaux nécessaires pour le service du nouvel établissement, ainsi que pour le commerce de la boucherie ; mais ces actes ne seront exécutoires qu'après avoir reçu l'approbation du ministre de l'intérieur, sur l'avis du préfet.

8. Notre ministre de l'intérieur (comte Corbière) est chargé, etc.

13 DÉC. 1826 = Pr. 1er JANV. 1827. — Ordonnance du Roi relative à l'établissement d'un abattoir public dans la ville de Remiremont, département des Vosges. (8, Bull. 133, n° 4624.)

Charles, etc. — Sur le rapport de notre ministre secrétaire-d'État de l'intérieur ; — Vu les délibérations du conseil municipal de Remiremont, des 2 octobre 1825, 22 janvier et 13 mai 1826 ; — Vu le procès-verbal d'enquête *de commodo et incommodo*, dressé les 6 et 12 mars 1826, — Ensemble l'avis du préfet du département des Vosges, du 14 septembre 1826 ; — Notre Conseil-d'Etat entendu, etc.

Art. 1er La ville de Remiremont, département des Vosges, continuera à avoir un abattoir public, lequel sera établi sur le bord du canal de Maxonrupt, au lieu dit *le Praillon.*

2. Aussitôt que les échaudoirs auront été mis en état de servir, et dans le délai d'un mois au plus tard après que le public en aura été averti par affiches, l'abattage des bœufs, vaches, veaux, moutons et porcs destinés à la consommation des habitans de la ville, aura lieu exclusivement dans le nouvel abattoir, et les tueries particulières seront interdites et fermées.

Toutefois, les propriétaires ou particuliers qui élèvent des porcs pour la consommation de leur maison auront la faculté de les abattre chez eux, pourvu que ce soit dans un lieu clos et séparé de la voie publique.

3. Les bouchers et charcutiers forains pourront également faire usage dudit abattoir public, mais sans y être obligés, soit qu'ils concourent à l'approvisionnement de la ville, soit qu'ils approvisionnent seulement la banlieue : ils pourront avoir des étaux et échaudoirs particuliers, sous l'approbation de l'autorité locale.

4. Les bouchers et charcutiers de la ville auront la faculté d'exposer en vente et débiter de la viande à leur domicile, dans des étaux appropriés convenablement à cet usage, suivant les règles de la police.

5. Les bouchers et charcutiers forains pourront exposer en vente et débiter de la viande dans la ville, mais seulement sur les lieux publics désignés par le maire et aux jours fixés par lui, et ce, en concurrence avec les bouchers et charcutiers de la ville qui voudront profiter de la même faculté.

6. Les droits à payer par les bouchers et charcutiers pour l'occupation des places dans l'abattoir public seront réglés par un tarif arrêté dans la forme ordinaire.

7. Le maire de Remiremont pourra faire les réglemens locaux nécessaires pour le service du nouvel établissement, ainsi que pour le commerce de la boucherie et charcuterie ; néanmoins, ces réglemens ne seront exécutoires qu'après avoir reçu l'approbation du ministre de l'intérieur, sur l'avis du préfet du département.

8. Notre ministre de l'intérieur (comte Corbière) est chargé, etc.

15 DÉC. 1826. — Ordonnance du Roi qui accorde une pension de retraite au sieur Chassoux, ex-sous-préfet. (8, Bull. 137 *bis*, n° 5.)

15 DÉC. 1826. — Ordonnances du Roi qui autorisent le sieur d'Abel à établir une usine à fer et un moulin à blé dans la commune d'Urdos (Basses-Pyrénées). (8, Bull. 139 , nos 4778 et 4779.)

13 DÉC. 1826. — Ordonnance du Roi qui autorise le sieur Lobstein à continuer d'exercer les fonctions de greffier en chef près le tribunal de première instance de Landau, royaume de Bavière. (8, Bull. 143, n° 4971.)

13 DÉC. 1826. — Ordonnance du Roi qui accorde des lettres de déclaration de naturalité au sieur Martin. (8, Bull. 146, n° 5119.)

13 DÉC. 1826. — Ordonnance du Roi qui accorde des lettres de déclaration de naturalité au sieur Dewingle. (8, Bull. 153, n° 5540.)

13 DÉC. 1826. — Ordonnances du Roi qui autorisent l'acceptation de dons et legs faits à des fabriques, à des communautés religieuses, etc. (8, Bull. 159, nos 5869 à 5875.)

13 DÉC. 1826. — Ordonnance du Roi qui accorde des lettres de déclaration de naturalité au sieur Basse. (8, Bull. 271, n° 10448.)

13 DÉC. 1826. — Ordonnance du Roi qui admet les sieurs Binder, Borraz, Ferrari, Frizell, Rieder et Ventosa à établir leur domicile en France. (8, Bull. 131, n° 4341.)

16 DÉC. 1826. — Lettres-patentes portant institution de majorats en faveur de MM. Marc de Saint-Pierre, Loppin, Devilliers et Rigollier. (8, Bull. 131, n° 4540.)

17 DÉC. 1826. — Ordonnances du Roi qui autorisent l'acceptation de dons et legs faits à des fabriques, à des communautés religieuses, etc. (8, Bull. 159, nos 5876 à 5892.)

20 DÉC. 1827 ⹀ Pr. 4 JANV. 1826. — Ordonnance du Roi portant autorisation définitive de la communauté des Filles de la Croix, dites de *Saint-André,* établie à Igon, département des Basses-Pyrénées. (8, Bull. 134, n° 4639.)

Charles, etc. — Vu la loi du 24 mai 1825; — Vu la déclaration des religieuses de la Croix, dites *de Saint-André*, établies à Igon, qu'elles adoptent et s'engagent à suivre les statuts de la maison chef-lieu de la congrégation, à la Puye (Vienne), enregistrés au Conseil-d'Etat, conformément à notre ordonnance royale du 30 avril 1826 ; — Vu la délibération du conseil municipal de la commune d'Igon, du 23 septembre 1826, tendant à ce que cette communauté soit autorisée ; — Vu le consentement de l'évêque de Bayonne, du 29 novembre 1826 ; — Sur le rapport de notre ministre secrétaire-d'Etat au département des affaires ecclésiastiques et de l'instruction publique, etc.

Art. 1er. La communauté des Filles de la Croix, dites *de Saint-André*, établie à Igon, diocèse de Bayonne, département des Basses-Pyrénées, gouvernée par une supérieure locale, dépendante de la supérieure générale, dont la résidence est à la Puye, dans la maison chef-lieu de la congrégation, est définitivement autorisée.

2. Notre ministre des affaires ecclésiastiques et de l'instruction publique (Frayssinous) est chargé, etc.

---

20 déc. 1826 = Pr. 9 janv. 1827. — Ordonnance du Roi qui autorise la conversion d'une boucherie publique en un abattoir commun, dans la ville de Cernay, département du Haut-Rhin. (8, Bull. 135, n° 4674.)

Charles, etc. — Sur le rapport de notre ministre secrétaire-d'Etat au département de l'intérieur : — Vu la délibération du conseil municipal de Cernay, département du Haut-Rhin, du 31 juillet 1826, relative à l'établissement d'un abattoir public en cette commune ; — Vu le procès-verbal d'information *de commodo et incommodo*, dressé par le maire de Cernay le 12 octobre ; — Ensemble l'avis du préfet du département du 26 octobre 1826 ; — Notre Conseil-d'Etat entendu, etc.

Art. 1er. La ville de Cernay, département du Haut-Rhin, est autorisée à convertir la boucherie publique existant dans cette commune en un abattoir public et commun.

2. Aussitôt que les échaudoirs auront été mis en état de service, et dans le délai d'un mois au plus tard après que le public en aura été averti par affiches, l'abattage des bestiaux de toute espèce et des porcs destinés à la consommation des habitans aura lieu exclusivement dans l'abattoir public, et les tueries particulières seront fermées.

3. Les propriétaires et particuliers qui tueront des porcs pour leur consommation pourront continuer à les abattre chez eux, pourvu que ce soit dans un lieu clos et séparé de la voie publique, et en se conformant d'ailleurs aux réglemens de police.

4. Les bouchers et charcutiers forains auront la faculté de se servir dudit abattoir public, mais sans y être obligés, soit qu'ils concourent à l'approvisionnement de la ville, soit qu'ils approvisionnent seulement la banliene ; ils pourront avoir des étaux et des échaudoirs particuliers sous l'approbation de l'autorité locale de la commune où ils les établiront.

5. Les mêmes bouchers et charcutiers forains auront aussi le droit d'exposer en vente et de débiter de la viande dans la commune de Cernay, mais seulement sur les lieux publics désignés par le maire et aux jours fixés par lui, et ce en concurrence avec les bouchers et charcutiers de la ville qui voudront profiter de la même faculté.

6. Les bouchers et charcutiers de la ville devront être inscrits à la mairie, où ils feront connaître leur domicile et justifieront de leur patente.

7. Les droits à payer par les bouchers et charcutiers pour l'occupation des places dans l'abattoir public seront réglés par un tarif arrêté dans la forme ordinaire.

8. Le maire de Cernay pourra faire les réglemens locaux nécessaires pour le service du nouvel établissement, ainsi que pour le commerce de la boucherie et charcuterie ; mais ces actes ne seront exécutoires qu'après avoir reçu l'approbation du ministre de l'intérieur, sur l'avis du préfet.

9. Notre ministre de l'intérieur (comte Corbière) est chargé, etc.

---

20 déc. 1826. — Ordonnances du Roi qui autorisent l'acceptation de dons et legs faits à des pauvres et à un hospice. (8, Bull. 136, n°* 4716 à 4719.)

---

20 déc. 1826. — Ordonnance du Roi qui autorise l'inscription au Trésor royal de soixante-cinq pensions civiles et militaires. (8, Bull. 136 *bis*, n° 6.)

---

20 déc. 1826. — Ordonnances du Roi qui autorisent l'acceptation de dons et legs faits à des pauvres et à des hospices. (8, Bull. 138, n°* 4736 à 4769.)

---

20 déc. 1826. — Ordonnance du Roi qui autorise le sieur Queylard à établir une verrerie dans la commune de Caillau (Var). (8, Bull. 138, n° 4770.)

20 déc. 1826. — Ordonnances du Roi qui autorisent les sieurs Duchou, Tugnot de la Noye et Ferey à établir des lavoirs à bras dans les communes de Broyes-les-Loups et d'Auvet (Haute-Saône). (8, Bull. 138, nos 4771 et 4772.)

20 déc. 1826. — Ordonnance du Roi qui autorise le sieur Jacquinot à conserver et tenir en activité la fabrique de faux de Droiteval, commune de Chaudron (Vosges), et à y établir un feu d'affinerie. (8, Bull. 139, no 4780.)

20 déc. 1826. — Ordonnances du Roi portant concession des mines de houille de Saint-Zacharie (Var) et de Single (Puy-de-Dôme), au sieur Cachard et aux sieurs Sablon, de Forget, Vial, Chenot et compagnie. (8, Bull. 139, nos 4781 et 4782.)

20 déc. 1826. — Ordonnance du Roi qui autorise le sieur Marey à prendre du service près de S. M. le roi de Sardaigne. (8, Bull. 143, no 4972.)

20 déc. 1826. — Ordonnance du Roi qui accorde des lettres de déclaration de naturalité au sieur Pourbaix. (8, Bull. 146, no 5120.)

20 déc. 1826. — Ordonnances du Roi qui autorisent l'acceptation de dons et legs faits à des fabriques, à une communauté religieuse, etc. (8, Bull. 139, nos 5893 à 5901.)

20 déc. 1826. — Ordonnance du Roi qui accorde des lettres de déclaration de naturalité au sieur Arnulf dit Arneuf. (8, Bull. 185, no 7089.)

20 déc. 1826. — Ordonnance du Roi qui accorde des lettres de déclaration de naturalité au sieur Breda. (8, Bull. 284, no 10920.)

20 déc. 1826. — Ordonnance du Roi qui admet les sieurs Vassalo et Wirth à établir leur domicile en France. (8, Bull. 132, no 4584.)

20 déc. 1826. — Ordonnance du Roi qui réintègre le sieur Paillette dans la qualité et les droits de Français. (8, Bull. 132, no 4585.)

24 = Pr. 29 déc. 1826. — Ordonnance du Roi qui rend applicables aux hospices et aux bureaux de bienfaisance les règles de comptabilité prescrites pour les communes par l'ordonnance royale du 23 avril 1823 (8, Bull. 132, no 4581.)

Charles, etc. — Sur le rapport de notre ministre secrétaire d'Etat au département de l'intérieur ; — Vu les lois et réglements relatifs à la comptabilité des hospices, et l'ordonnance du 23 avril 1823, concernant la comptabilité des communes, etc.

Art. 1er. Les règles de comptabilité prescrites pour les communes par l'ordonnance dg 23 avril 1823, en ce qui concerne la durée et la clôture des exercices, sont rendues applicables aux hospices et aux bureaux de bienfaisance.

2. Notre ministre de l'intérieur (comte Corbière) est chargé, etc.

24 déc. 1826 = Pr. 4 janv. 1827. — Ordonnance du Roi portant autorisation définitive de la communauté de religieuses Ursulines établies à Avignon, département de Vaucluse. (8, Bull. 134, no 4640.)

24 déc. 1826. — Ordonnances du Roi qui autorisent l'acceptation de dons et legs faits à des fabriques et à des séminaires. (8, Bull. 139, nos 5902 à 5916.)

27 déc. 1826 = 1er janv. 1827. — Ordonnance du Roi portant que l'article 58 du décret du 26 août 1805 n'a pas cessé d'être applicable aux suppléans et remplaçans qui n'auraient pas rejoint, ou qui auraient déserté après avoir rejoint (1). (8, Bull. 133, no 4619.)

Charles, etc. — Sur le rapport de notre garde-des-sceaux, ministre secrétaire-d'Etat au département de la justice, relatif à un référé ordonné par jugement du conseil permanent de révision de la troisième division militaire, du 11 mai 1826 ; ledit référé motivé sur ce qu'après annulation d'un ju-

_____

(1) Le 2e conseil de guerre de Lyon a jugé en 1828, contrairement à cette ordonnance, que le décret du 8 fructidor an 13 est abrogé, et qu'en conséquence on ne doit appliquer au déserteur remplaçant que la même peine qu'à tout autre déserteur, aux termes de l'art. 72 du décret du 19 vendémiaire an 12 (Voy. Gazette des tribunaux du 9 novembre 1828).

gement du deuxième conseil de guerre permanent, pour contravention à la loi, et renvoi de l'accusé au premier conseil de guerre permanent, le jugement rendu sur ce renvoi par ce dernier conseil est attaqué pour la même contravention dans l'un de ces chefs : — Vu le jugement rendu par le deuxième conseil de guerre permanent de la troisième division militaire, en date du 9 mars 1826, portant condamnation à cinq ans de boulet contre Jean Hoffmann, fusilier au 61e régiment d'infanterie de ligne, pour désertion à l'intérieur d'une place de première ligne, étant remplaçant ;

Le jugement du conseil permanent de révision de la même division, du 15 dudit mois de mars, qui, « attendu que la peine « n'a pas été appliquée conformément à la « loi, 1° parceque le conseil n'a pas eu égard « aux circonstances aggravantes qu'il a re- « connues ; 2° parce que la peine de cinq « ans de boulet a été déterminée d'après « l'article 58 du décret du 26 août 1805 (8 « fructidor an 13), décret qui était spécial et « relatif à la seule conscription de l'an 14, « annulle ledit jugement et tout ce qui s'en « est suivi, et renvoie l'accusé devant le « premier conseil de guerre permanent de « ladite division ; »

Le jugement rendu sur ce renvoi par le premier conseil de guerre permanent, le 9 avril 1826, qui condamne Hoffmann à sept ans de boulet, dont cinq conformément au même article 58 du décret du 26 août 1805 (8 fructidor an 13), pour le fait de désertion à l'intérieur, et deux, conformément au n° 3 de l'article 70 du titre 9 de l'arrêté du Gouvernement, du 12 octobre 1803 (19 vendémiaire an 12), pour la circonstance aggravante de la désertion d'une place de première ligne ; — Vu le second jugement du conseil permanent de révision, du 11 mai 1826, qui, « attendu que le premier juge- « ment rendu par le second conseil de guerre « a été annulé, 1° parcequ'il n'avait pas eu « égard aux circonstances aggravantes ; « 2° parcequ'il avait infligé une peine déter- « minée par l'article 58 du décret du 26 « août 1805 (8 fructidor an 13), et que, « sous ce dernier rapport, le second juge- « ment est attaqué par le même moyen que « le premier, ordonne qu'il en sera référé ; »

Vu toutes les pièces produites et jointes au dossier ; — Vu l'article 58 du susdit décret du 26 août 1805 (8 fructidor an 13), ainsi conçu : — « Les suppléants qui ne rejoin- « dront pas ou qui déserteront après avoir « rejoint seront dénoncés par le commandant « du corps pour lequel ils étaient destinés « ou dont ils faisaient partie, pour être « traduits devant un conseil de guerre « spécial, et condamnés par ledit conseil à

« cinq ans de la peine du boulet, etc. ; »

Vu enfin l'article 2 de l'ordonnance du 21 février 1816 ; — Considérant que le décret du 26 août 1805 (8 fructidor an 13) contient des dispositions transitoires et des dispositions générales, tant sur la levée de l'an 14 que sur le mode dont les lois sur la conscription devaient dorénavant être exécutées; que les premières de ces dispositions ont dû cesser après la levée de l'an 14, et que les secondes ont été abrogées par la loi de 1818 sur le recrutement de l'armée ; — Mais que l'article 58 du même décret, rappelé dans l'ordonnance du 21 février 1816, est général et subsiste en ce qui est relatif aux peines applicables aux remplaçants et suppléants qui n'auraient pas rejoint, ou qui auraient déserté après avoir rejoint, puisque cette disposition n'est pas relative au mode de recrutement, mais à la discipline de l'armée, et s'applique à une classe de militaires dont la position sous le drapeau n'a pas été changée par le nouveau mode de recrutement ;

Notre Conseil-d'Etat entendu,

Nous avons ordonné et ordonnons ce qui suit:

Art. 1er. L'article 58 du décret du 26 août 1805 (8 fructidor an 13), n'a pas cessé d'être applicable aux suppléants et remplaçants qui, après avoir été admis par les conseils de recrutement, et postérieurement à l'acte de remplacement, se trouveraient dans les cas prévus par ledit article.

2. Notre ministre de la justice, et notre ministre de la guerre (comte de Peyronnet et marquis de Clermont-Tonnerre), sont chargés, etc.

27 déc. 1826 = Pr. 9 janv. 1827. — Ordonnance du Roi qui autorise l'établissement d'un abattoir public et commun dans la ville de Rennes, département d'Ille-et-Vilaine. (8, Bull. 135, n° 4675.)

Charles, etc. — Sur le rapport de notre ministre secrétaire-d'Etat au département de l'intérieur ; — Vu les lois des 24 août 1790 et 22 juillet 1791; — Vu la délibération du conseil municipal de Rennes, du 12 mai 1826, relative à l'établissement d'un abattoir public et commun dans cette ville ; — Le mémoire des bouchers contre cet établissement, et la réponse du maire audit mémoire ; — L'avis du préfet, consigné dans sa lettre du 6 novembre 1826 ; — Notre Conseil-d'Etat entendu, etc.

Art. 1er. Notre bonne ville de Rennes, département d'Ille-et-Vilaine, est autorisée à élever un abattoir public et commun, après avoir accompli, pour le choix de l'emplacement sur lequel cet établissement sera construit, les formalités prescrites par le décret du 15 octobre 1810 et par l'ordonnance royale du 14 janvier 1815.

2. Aussitôt que les échaudoirs auront été mis en état de servir, et dans le délai d'un mois au plus tard après que le public aura été averti par affiches, l'abattage des bestiaux de toute espèce et des porcs destinés à la consommation des habitans aura lieu exclusivement dans ledit abattoir, et les tueries particulières seront interdites et fermées.

3. Les propriétaires et les particuliers qui élèvent des porcs pour la consommation de leur maison conserveront la faculté de les abattre chez eux, pourvu que ce soit dans un lieu clos et séparé de la voie publique, et en se conformant d'ailleurs aux réglemens de police.

4. Les bouchers et charcutiers forains pourront également faire usage de l'abattoir public, mais sans y être obligés, soit qu'ils concourent à l'approvisionnement de la ville, soit qu'ils approvisionnent seulement la banlieue.

5. Les bouchers et charcutiers de la ville devront être inscrits à la mairie, où ils feront connaître leur domicile et justifieront de leur patente.

Ils auront la faculté d'exposer en vente et de débiter de la viande à leur domicile, dans des étaux appropriés convenablement à cet usage, suivant les règles de police.

6. Les bouchers et charcutiers forains pourront exposer en vente et débiter de la viande à Rennes, mais seulement dans les lieux publics désignés par le maire et aux jours fixés par lui, et ce, en concurrence avec les bouchers et charcutiers de la ville qui voudront profiter de la même faculté.

7. Les droits à payer par les bouchers et charcutiers pour l'occupation des places dans l'abattoir public seront réglés par un tarif arrêté dans la forme ordinaire.

8. Le maire de Rennes fera les réglemens locaux nécessaires pour le service dudit établissement, ainsi que pour le commerce de la boucherie et charcuterie : mais ces réglemens ne seront exécutoires qu'après avoir été approuvés par le ministre de l'intérieur, sur l'avis du préfet du département.

9. Notre ministre de l'intérieur (comte Corbière) est chargé, etc.

27 DÉC. 1826. ⚌ Pr. JANV. 1827. — Ordonnance du Roi qui maintient l'abattoir public existant dans la ville de Pont-à-Mousson, département de la Meurthe. (8, Bull. 135, n° 4676.)

Charles, etc.—Sur le rapport de notre ministre secrétaire-d'Etat au département de l'intérieur;—Vu les délibérations du conseil municipal de Pont-à-Mousson, des 21 août et 30 septembre 1826, relatives au maintien de l'abattoir public existant dans cette ville ; —Vu le procès-verbal d'information *de commodo et incommodo,* fait par le maire, à la date du 16 août 1826; — Ensemble l'avis du préfet du département de la Meurthe, du 14 novembre 1826; — Notre Conseil-d'Etat entendu, etc.

Art. 1er. L'abattoir public existant dans la ville de Pont-à-Mousson (Meurthe) est maintenu ; la partie du bâtiment appartenant à la ville, où a lieu maintenant l'abattage des bestiaux, reste affectée à cette destination.

2. A dater de la promulgation de la présente ordonnance, l'abattage des bestiaux de toute espèce destinés à la boucherie de Pont-à-Mousson aura lieu exclusivement dans ledit bâtiment, et les tueries particulières seront fermées et interdites.

3. L'abattage des porcs destinés à la charcuterie de la ville aura également lieu exclusivement dans le même local, mais seulement lorsque la ville y aura fait les dispositions et constructions nécessaires pour ce service.

Cette mesure ne sera obligatoire pour les charcutiers qu'un mois après qu'ils en auront été prévenus par affiches : à l'expiration de ce délai, tous les échaudoirs particuliers affectés à l'abattage des porcs seront fermés.

4. Les particuliers qui élèvent des porcs pour leur consommation conserveront la faculté de les abattre à domicile, pourvu que ce soit dans des lieux clos et séparés de la voie publique.

Jusqu'à l'époque où les porcs destinés à la charcuterie pourront être abattus à l'abattoir public et commun, les charcutiers ne pourront également les abattre que dans des lieux clos et séparés de la voie publique.

5. Les bouchers et charcutiers forains pourront faire usage dudit abattoir ; mais cette disposition est simplement facultative pour eux, soit qu'ils concourent à l'approvisionnement de la ville, soit qu'ils approvisionnent seulement la banlieue ; ils seront libres de tenir des abattoirs et des étaux hors de la commune, sous l'approbation de l'autorité locale.

6. Les bouchers et charcutiers forains pourront exposer en vente et débiter de la viande à Pont-à-Mousson, sur les marchés ou lieux désignés par le maire et aux jours fixés par lui, et ce, en concurrence avec les bouchers et charcutiers de la ville qui voudront profiter de la même faculté.

7. Les droits à payer par les bouchers et charcutiers pour l'occupation des places dans l'abattoir public seront réglés par un tarif arrêté en la forme ordinaire.

8. Le maire de Pont-à-Mousson pourra faire les réglemens locaux nécessaires pour le service de l'abattoir public et pour le commerce de la boucherie et de la charcuterie; mais ces actes ne seront exécutoires qu'après avoir été approuvés par le ministre de l'intérieur, sur l'avis du préfet.

9. Notre ministre de l'intérieur (comte Corbière) est chargé, etc.

27 DÉC. 1826 = Pr. 15 JANV. 1827. — Ordonnance du Roi portant création d'un préfet maritime dans chacun des cinq grands ports militaires du royaume (1). (8, Bull. 136, n° 4693.)

Charles, etc. — Nous étant fait rendre compte de l'état de nos ports militaires et des effets du système administratif qui les régit, nous avons reconnu : — Que la division des pouvoirs qui fait la base de ce système n'a pas réalisé les avantages qu'on avait cru pouvoir en attendre; — Que la double action exercée par les commandans et intendans de la marine, lors même qu'elle ne donne pas lieu à des froissemens, produit des complications de formes préjudiciables au service; — Que, dans nombre de circonstances, les attributions du commandant et de l'intendant, confondues ou mal définies, produisent des conflits d'autorité d'où résultent des lenteurs incompatibles avec la célérité d'action qui doit caractériser les opérations de la marine militaire; — Que la part de chacun des deux pouvoirs aux mesures qu'ils sont appelés à prendre en commun ne peut pas être assez exactement appréciée pour qu'on puisse attribuer à chacun la responsabilité qu'il devrait offrir, et que le gouvernement doit pouvoir trouver dans tous les agens chargés de l'exécution de ses ordres; — Que, les divers élémens qui constituent l'ensemble d'un arsenal maritime étant d'une importance qui peut varier selon les circonstances, il convient de placer près d'eux un centre d'action capable de les maintenir réciproquement dans de justes rapports, et de les faire concourir ensemble au but commun; — Que ce centre d'action nécessaire au succès de toute administration considérable, qui a été introduit antérieurement avec avantage dans le gouvernement des ports, et que l'organisation actuelle du personnel maritime en corps permanent rend de plus en plus désirable dans la marine, ne peut se trouver que dans une autorité élevée, prépondérante, et dégagée de toutes rivalités; — Qu'ainsi il

est urgent d'établir dans nos ports militaires le système de l'unité des pouvoirs, seul capable de constituer cette autorité. — D'après ces considérations, — Sur le rapport de notre ministre secrétaire-d'État au département de la marine et des colonies, etc.

Art. 1er. Un préfet maritime sera établi dans chacun des cinq grands ports militaires du royaume.

2. Les attributions du préfet maritime, et celles des fonctionnaires placés sous ses ordres dans le régime administratif des ports, seront déterminées par un réglement soumis à notre approbation.

3. Notre ministre de la marine et des colonies (comte de Chabrol) est chargé, etc.

Louis-Antoine, fils de France, Dauphin, amiral de France;

Vu l'ordonnance ci-dessus, à nous adressée,

Mandons et ordonnons aux préfets maritimes, aux officiers civils et militaires de la marine, et à tous autres qu'il appartiendra, de tenir la main à l'exécution de la présente ordonnance.

Donné au château des Tuileries, le 3 janvier 1827.

Signé LOUIS-ANTOINE.

Par Monsieur le Dauphin, amiral de France :

Signé le chevalier de PANAT.

27 DÉC. 1826. — Ordonnance du Roi qui accorde des lettres de déclaration de naturalité au sieur Remi. (8, Bull. 271, n° 10449.

27 DÉC. 1826. — Ordonnance du Roi qui accorde des lettres de déclaration de naturalité au sieur Schœnmann. (8, Bull. 309, n° 11827.)

27 DÉC. 1826. — Ordonnance du Roi qui autorise les sieurs Michel et Muel à reconstruire le haut-fourneau dont ils étaient propriétaires dans la commune d'Attigneville (Vosges). (8, Bull. 139, n° 4783.)

27 DÉC. 1826. — Ordonnance du Roi qui autorise le sieur Maître à établir, en remplacement et auprès du moulin qu'il possède dans la commune de Batterans (Haute

(1) Les préfets maritimes ont été établis par le réglement du 7 floréal an 8, art. 3. Ils ont cessé d'exister lors de l'organisation introduite par l'ordonnance du 29 novembre 1815.

Saône), un haut-fourneau, un patouillet et quatre lavoirs à bras. (8, Bull. 139, n° 4784.)

———

27 DÉC. 1826. — Ordonnance du Roi qui accorde des lettres de déclaration de naturalité au sieur Aquarone. (8, Bull. 146, n° 5121.)

———

27 DÉC. 1826. — Ordonnance du Roi qui autorise le sieur Etli à établir son domicile en France. (8, Bull. 135, n° 4694.)

———

30 DÉC. 1826. — Tableau des prix des grains pour servir de régulateur de l'exportation et de l'importation, conformément aux lois des 16 JUILLET 1819 et 4 JUILLET 1821, arrêté le 30 DÉCEMBRE 1826. (8, Bull. 133, n° 4618.)

———

31 DÉC. 1826 = Pr. 9 JANV. 1827. — Ordonnance du Roi portant organisation des écoles royales d'arts et métiers de Châlons et d'Angers. (8, Bull. 135, n° 4672.)

Charles, etc. — Vu l'ordonnance royale du 26 février 1817, relative à l'organisation des écoles royales d'arts et métiers de Châlons-sur-Marne et d'Angers ; — Voulant ramener ces écoles à leur véritable destination, qui est d'enseigner spécialement la théorie et la pratique nécessaires pour former des chefs d'atelier et de bons ouvriers ; — Sur le rapport de notre ministre secrétaire-d'État au département de l'intérieur, etc.

Chapitre Iᵉʳ. Élèves.

Art. 1ᵉʳ. Le nombre des élèves dans les écoles royales d'arts et métiers est fixé à six cents, dont quatre cents à Châlons, et deux cents à Angers.

2. Seront, dans ce nombre, à la charge de l'État,

Cent cinquante pensions entières,
Cent cinquante trois-quarts de pension,
Cent cinquante demi-pensions,

Et, en outre, soixante-quinze bons de dégrèvement d'un quart de pension, pour servir de récompense et d'encouragement à ceux des élèves qui s'en seront montrés dignes par leurs progrès et leur bonne conduite.

Les pensions entières, les trois-quarts de pension, les demi-pensions et les bons de dégrèvement, seront répartis entre les deux écoles, dans la proportion des deux tiers pour celle de Châlons et d'un tiers pour celle d'Angers.

3. La pension entière demeure fixée à cinq cent francs par an.

4. Les élèves seront nommés par notre ministre de l'intérieur.

Continueront à être réservées pour chaque département, sur la présentation du préfet, une place à pension entière, une à trois-quarts de pension et une à demi-pension.

La société d'encouragement pour l'industrie nationale conservera aussi la présentation à huit places pour l'école de Châlons, savoir : six à pension entière, et deux à trois-quarts de pension.

5. A l'avenir, l'âge d'admission aux dites écoles sera depuis treize jusqu'à quinze ans révolus.

Nul ne pourra être reçu qu'après avoir subi au chef-lieu du département de son domicile, par les soins du préfet, un examen qui devra constater qu'il sait lire et écrire correctement et qu'il connaît les quatre premières règles de l'arithmétique.

Chapitre II. Administration.

6. Chaque école aura un directeur, un chef de travaux, un maître des études, un administrateur, un économe, un garde-magasin des ateliers, des professeurs de mathématiques, et des chefs d'atelier.

7. Un aumônier sera chargé du service religieux.

8. Les professeurs de mathématiques seront au nombre de six pour l'école de Châlons, et de trois pour celle d'Angers.

Le nombre des chefs d'ateliers sera de six pour la première de ces écoles, et de cinq pour la seconde.

Chaque chef d'atelier aura pour aide un sous-chef ouvrier.

9. Le conseil des dépenses établi par l'article 6 de l'ordonnance du 26 février 1817, continuera à proposer, débattre et régler les dépenses de l'école, sauf celles qui sont propres aux ateliers, lesquelles seront proposées, débattues et réglées par un conseil spécial sous le nom de conseil des ateliers. Celui-ci réglera tout ce qui aura rapport aux achats des matières, fabrication et vente des produits. Les inventaires et comptes généraux seront arrêtés annuellement par lesdits conseils et soumis à l'approbation de notre ministre de l'intérieur.

10. Le conseil des dépenses sera composé du directeur, qui le présidera, du maître des études, de l'administrateur et de l'économe.

Le conseil des ateliers sera composé du directeur, président, du chef des travaux, de l'administrateur et du garde-magasin des ateliers.

11. L'autorité supérieure du directeur s'étendra à toutes les parties de l'école ; il dirigera les opérations des conseils et en aura la responsabilité.

12. Les attributions du chef des travaux et du maître des études seront distinctes et indépendantes entre elles.

Le premier sera chargé de l'instruction pratique des ateliers et des travaux qui en dépendent, ainsi que de la confection et des débouchés des produits. Le garde-magasin des ateliers lui sera subordonné pour l'exécution des achats, fournitures et ventes arrêtés au conseil des ateliers.

Le second sera chargé de l'enseignement théorique et de l'inspection des classes et des salles d'études. Il aura de plus la police et le maintien de la discipline dans toute l'école. Les personnes employées à la surveillance ou au service lui seront subordonnées.

Le chef des travaux et le maître d'études prendront les ordres du directeur et lui rendront compte, chacun en ce qui le concerne.

13. L'administrateur sera comptable, et devra, en conséquence, fournir un cautionnement, lequel sera réglé par notre ministre de l'intérieur.

L'économe, chargé des approvisionnemens autres que ceux qui concernent les ateliers, et le garde-magasin des ateliers, chargé des achats et des ventes qui s'y rapportent, seront subordonnés à l'administrateur pour leur comptabilité particulière.

14. Le directeur de chaque école sera nommé par nous.

Les autres fonctionnaires seront à la nomination de notre ministre de l'intérieur, qui pourra, en outre des fonctions et emplois énumérés aux articles précédens, nommer, sur présentations du directeur, les aides et commis qu'il jugera indispensablement nécessaires aux besoins du service.

Chapitre III. Instruction.

15. L'instruction ordinaire dans les écoles durera quatre années. Le temps qui y sera journellement consacré se divisera en deux parties : la première, embrassant les deux tiers de sa durée, appartiendra aux travaux manuels et au dessin linéaire ; la seconde, embrassant l'autre tiers, à l'instruction théorique.

16. L'instruction théorique comprendra l'arithmétique, les élémens de géométrie et de trigonométrie, la géométrie descriptive, avec leurs applications aux tracés de charpentes, aux engrenages, etc., à la mécanique industrielle ; les notions principales des sciences physico-chimiques appliquées aux travaux de l'industrie, et l'exposition des recherches sur la force et la résistance des différens matériaux de construction.

17. Les cours de mathématiques seront divisés en cinq classes.

18. Les travaux manuels sont fixés aux arts et métiers de charron, charpentier et menuisier, forgeron, limeur et ajusteur, tourneur en bois, tourneur en métaux, monteurs de machines, mouleur, fondeur de fer au creuset et à la Wilkinson, fondeur de cuivre au creuset.

19. Ces différens arts et métiers seront classés dans six ateliers spéciaux à Châlons, et dans cinq à Angers.

Chaque élève, dès son entrée à l'école, sera placé dans celui des ateliers qui paraîtra convenir le mieux à son instruction et à ses forces physiques. Il y restera à l'essai jusqu'à la fin de la première année scolaire. Au commencement de la seconde, il sera classé définitivement dans l'atelier pour lequel on lui reconnaîtra le plus d'aptitude, sauf les dispositions ci-après.

21. A la fin de chaque année, un jury composé des principaux fonctionnaires de l'école, et nommé par notre ministre de l'intérieur, examinera chaque élève, et prononcera tant sur le classement prescrit par l'article précédent que sur la promotion d'une classe à l'autre dans l'instruction théorique.

22. A la fin de la troisième année, chacun des élèves qui aura atteint ce terme sera soumis à un examen pratique et théorique devant le même jury. Ceux qui dans cette épreuve seront jugés en état de recevoir un degré de plus pourront être autorisés à travailler dans plusieurs ateliers.

23. A l'expiration de la quatrième année, un jury spécial également nommé par notre ministre de l'intérieur examinera les élèves qui auront fini leur instruction ordinaire à l'école, et proposera d'autoriser un certain nombre de ceux qui se seront fait remarquer par leur capacité et leur bonne conduite, à y rester encore une année.

Dans aucun cas cette liste de proposition ne pourra excéder la moitié des élèves de la quatrième année d'études, sans distinction de ceux aux frais de l'Etat ou au compte de leurs parens.

Le jury déterminera quels ateliers ces mêmes élèves pourront fréquenter pendant leur cinquième année, ou s'ils doivent être admis dans tous indifféremment.

A l'expiration de la cinquième année, et après un nouvel examen, le jury spécial pourra proposer à notre ministre de l'intérieur d'envoyer un certain nombre des élèves les plus distingués dans les principales manufactures du royaume pour y compléter leur instruction, et où ils seront aux frais de l'Etat pour une année ; ces récompenses, s'il y a lieu de les accorder, ne pourront, chaque année, excéder le nombre de dix pour les deux écoles.

24. Les leçons d'écriture et de grammaire française concourront avec l'étude de l'arithmétique pendant la première année. Le dessin des machines, des ornemens d'architecture et du lavis, le seul admissible dans les écoles, sera enseigné pendant tout le temps de l'instruction.

Il y aura dans chaque école, pour l'un et l'autre enseignement, des maîtres particuliers, qui seront nommés ainsi qu'il est réglé pour les autres professeurs.

25. L'instruction religieuse sera donnée par l'aumônier aux jours et heures qui seront fixés par le directeur.

26. L'instruction, soit théorique, soit pratique, ne pourra s'étendre à d'autres études qu'à celles qui sont déterminées par les dispositions ci-dessus. Aucun maître externe ne pourra être introduit ni toléré sous aucun prétexte. Aucun élève externe ne pourra être admis aux cours ni aux travaux des écoles.

Dispositions générales.

27. Notre ministre de l'intérieur fera les réglemens nécessaires, soit pour l'exécution de la présente ordonnance, soit pour la discipline des écoles, et prendra les mesures transitoires qu'il jugera utiles à l'accomplissement des nouvelles dispositions.

28. Notre ministre de l'intérieur (comte Corbière) est chargé, etc.

31 DÉC. 1826 = Pr. 23 JANV. 1827. — Ordonnance du Roi qui prescrit l'enregistrement et la transcription, sur les registres du Conseil-d'État, des statuts de seize congrégations religieuses de femmes. (8, Bull. 157, n° 4723.)

Charles, etc. — Vu l'article 2 de la loi du 24 mai 1825; — Vu 1° l'approbation donnée, le 28 mars 1818, par l'évêque de Cambrai, aux statuts de l'association des filles de Sainte-Agnès, établie à Cambrai, département du Nord; — 2° L'approbation donnée, le 22 avril suivant, par le même évêque, aux statuts de la communauté des religieuses pénitentes établie à Bourbourg, département du Nord; — 3° L'approbation donnée, le 1er février 1819, par le même évêque, aux statuts des religieuses de l'ancienne abbaye de Flines, ordre de Citeaux, établies à Douai, département du Nord; — 4° L'approbation donnée, le 25 janvier 1820, par le même évêque, aux statuts des religieuses franciscaines, établies à Lille, département du Nord; — 5° L'approbation donnée, le 8 mars 1824, par l'évêque de Vannes, aux statuts des sœurs associées sous le titre de *sœurs de Mauron*, établies à Mauron, arron-

dissement de Ploërmel, département du Morbihan; — 6° L'approbation donnée, le 26 septembre 1825, par l'évêque de Grenoble, aux statuts des religieuses chartreuses de Beauregard, établies à Courblevie, département de l'Isère; — 7° L'approbation donnée, le 17 novembre suivant, par l'archevêque de Paris, aux statuts des dames religieuses dites *de Port-Royal*, établies à Paris, rue de l'Arbalète, n° 25; — 8° L'approbation donnée, le 3 décembre suivant, par l'archevêque d'Albi, aux statuts des sœurs de la Présentation, établies à Castres, département du Tarn; — 9° L'approbation donnée, le 14 du même mois, par l'évêque de Chartres, aux statuts des sœurs des écoles chrétiennes, dites *de l'immaculée conception de la Très-Sainte-Vierge*, établies à Nogent-le-Rotrou, département d'Eure-et-Loire; — 10° L'approbation donnée, le 16 du même mois, par l'archevêque de Paris, aux statuts des religieuses de la Miséricorde, établies à Paris, rue Neuve-Sainte-Geneviève, n° 25; — 11° L'approbation donnée, le 23 janvier 1826, par l'archevêque de Bordeaux, aux statuts de la communauté de Marie-Thérèse, ou des servantes de Jésus-Christ, établie à Bordeaux, département de la Gironde; — 12° L'approbation donnée, le 14 février 1826, par l'évêque de Saint-Brieuc, aux statuts des sœurs maîtresses d'école de Saint-Quay, établies à Saint-Quay, département des Côtes-du-Nord; — 13° l'approbation donnée, le 17 avril suivant, par notre cousin le cardinal archevêque de Reims, aux statuts de la communauté religieuse des sœurs du Saint-Enfant Jésus, établie à Reims, département de la Marne; — 14° L'approbation donnée, le 26 mars suivant, par l'évêque de Rennes, aux statuts des filles de la Sainte-Vierge, établies à Rennes, département d'Ile-et-Vilaine; — 15° L'approbation donnée, le 20 juillet suivant, par l'évêque d'Angers, aux statuts des dames religieuses de Sainte-Marie de Fontevrauld, établies à Chemillé, département de Maine-et-Loire; — 16° L'approbation donnée, sans date, par l'évêque d'Arras, aux statuts des religieuses annonciades, établies à Boulogne, département du Pas-de-Calais; — Vu les statuts susmentionnés; — Considérant que les congrégations religieuses de femmes susmentionnées ont déclaré, dans leurs statuts, qu'elles étaient soumises dans les choses spirituelles à la juridiction de l'ordinaire; — Considérant que lesdits statuts ne dérogent point aux lois du royaume touchant la nature et la durée des vœux; que d'ailleurs ils ne contiennent rien de contraire à la Charte constitutionnelle, aux droits de notre couronne, aux franchises, libertés et maximes de l'Eglise gallicane (1); — Sur le rapport de notre ministre secrétaire-d'Etat au département des affaires ecclésiastiques et de l'instruction publique; — Notre Conseil-d'Etat entendu, etc.

Art. 1er. Les statuts des seize congrégations religieuses de femmes connues, la première, sous le nom d'*association des filles de Sainte-Agnès*, établie à Cambrai, département du Nord; — La deuxième, sous le nom de *religieuses pénitentes*, établie à Bourbourg, département du Nord; — La troisième, sous le nom de *religieuses de l'ancienne abbaye de Flines, ordre de Cîteaux*, établie à Douai, département du Nord; — La quatrième, sous le nom de *religieuses franciscaines*, établie à Lille, département du Nord; — La cinquième, sous le nom de *sœurs de Mauron*, établie à Mauron, département du Morbihan; — La sixième, sous le nom de *religieuses chartreuses de Beauregard*, établie à Coublevie, département de l'Isère; — La septième, sous le nom de *dames religieuses* dites *du Port-Royal*, établie à Paris, rue de l'Arbalète, n° 25; — La huitième, sous le nom de *sœurs de la Présentation*, établie à Castres, département du Tarn; — La neuvième, sous le nom de *sœurs des écoles chrétiennes de l'immaculée conception de la Très Sainte-Vierge*, établie à Nogent-le-Rotrou, département d'Eure-et-Loir; — La dixième, sous le nom de *religieuses de la Miséricorde*, établie à Paris, rue Neuve Sainte-Géneviève, n° 25; — La onzième, sous le nom de *communauté de Marie-Thérèse* ou *de servantes de Jésus-Christ*, établie à Bordeaux, département de la Gironde; — La douzième, sous le nom de *sœurs maîtresses d'école de Saint-Quay*, établie à Saint-Quay, département des Côtes du Nord; — La treizième, sous le nom de *sœurs du Saint-Enfant Jésus*, établie à Reims, département de la Marne; — La quatorzième, sous le nom de *filles de la Sainte-Vierge*, établie à Rennes, département d'Ile-et-Vilaine; — La quinzième, sous le nom de *dames religieuses de Sainte-Marie de Fontevrauld*, établie à Chemillé, département de Maine-et-Loire; — La seizième, sous le nom de *religieuses annonciades*, établie à Boulogne, département du Pas-de-Calais;

Formant chacune un établissement isolé, dirigé par une supérieure locale, et ayant pour but, soit de donner l'éducation et l'instruction à de jeunes filles, soit d'offrir une retraite temporaire aux personnes qui veulent se livrer à des exercices spirituels ou de piété, soit de soigner et consoler les pauvres malades et de catéchiser les personnes peu instruites des vérités de la religion, soit d'instruire les sourds et muets, soit d'offrir un asile aux personnes du sexe qui veulent se retirer du monde, soit enfin de visiter et d'assister gratuitement à domicile les malades indigentes;

Lesdits statuts, dûment vérifiés et tels qu'ils sont annexés à la présente ordonnance, seront enregistrés et transcrits sur les registres de notre Conseil-d'Etat; mention de la transcription sera faite par le secrétaire-général du Conseil-d'Etat, sur la pièce enregistrée.

2. Nous nous réservons d'autoriser ultérieurement, s'il y a lieu, lesdites congrégations, après l'accomplissement des formalités prescrites par la loi (2).

3. Notre ministre des affaires ecclésiastiques et de l'instruction publique (comte de Frayssinous), et notre ministre de la justice (comte de Peyronnet), sont chargés, etc.

31 DÉC. 1826 = Pr. 23 JANV. 1827. — Ordonnance du Roi qui prescrit l'enregistrement et la transcription, sur les registres du Conseil-d'Etat, des statuts de treize congrégations religieuses de femmes. (8, Bull. 137, n° 4724.)

Charles, etc. — Vu l'article 2 de la loi du 24 mai 1825; — Vu 1° l'approbation donnée, le 4 juin 1817, par l'évêque de Bayeux, aux statuts des religieuses Bénédictines de l'adoration perpétuelle du Saint-Sacrement, établies dans la ville de Caen, département du Calvados; — 2° L'approbation donnée, le 29 août suivant, par les vicaires-généraux capitulaires du diocèse de Toulouse, le siége vacant, aux statuts des religieuses Bénédictines, établies à Toulouse, département de la Haute-Garonne; — 3° L'approbation donnée, le 20 octobre 1817, par l'évêque de Nancy, aux statuts des dames de charité dites *de Saint-Benoît*, ou *dames religieuses bénédictines de l'adoration perpétuelle du Saint-Sacrement* établies à Saint-Nicolas-de-Port, département de la Meurthe; — 4° L'approbation donnée, le même jour, par l'évêque de Bayeux, aux dames Bénédictines de l'adoration perpétuelle du Saint-Sacrement établies à Bayeux, départe-

(1) *Voy.* décret du 25 février 1810; loi du 18 germinal an 10; déclaration des évêques du 5 avril 1826.
(2) Une ordonnance suffit, parceque ces congrégations existaient, au moins de fait, au 1er janvier 1825. *Voy.* notes sur la loi du 24 mai 1825.

ment du Calvados; — 5° L'approbation donnée, le 1ᵉʳ août 1818, par l'évêque de Versailles, aux religieuses Bénédictines de Brai et Lu, établies à Mantes, département de Seine-et-Oise; — 6° L'approbation donnée, le 7 juillet 1819, par l'évêque de Cambrai, aux religieuses Bénédictines dites *de la Paix de Jésus*, établies à Estaires, département du Nord; — 7° L'approbation donnée, le 19 février 1820, par l'évêque de La Rochelle, aux anciennes religieuses de l'ordre mitigé de Saint-Benoît, établies à Saint-Jean-d'Angély, département de la Charente-Inférieure; — 8° L'approbation donnée, le 31 janvier 1821, par feu notre cousin le cardinal de Périgord, alors archevêque de Paris, aux statuts des religieuses Bénédictines dites *du Calvaire*, établies à Paris; — 9° L'approbation donnée, le 20 février suivant, par l'évêque de Poitiers, aux statuts des sœurs de la charité de Saint-Benoît établies à Poitiers, département de la Haute-Vienne; — 10° L'approbation donnée, le 14 août 1825, par l'évêque d'Arras, aux statuts des religieuses Bénédictines de l'adoration perpétuelle du Saint-Sacrement établies à Arras, département du Pas-de-Calais; — 11° L'approbation donnée, le 15 novembre suivant, par l'évêque de Coutances, aux statuts des religieuses Bénédictines dites *de la Protection*, établies à Valognes, département de la Manche; — 12° L'approbation donnée, le 26 du même mois, par l'évêque d'Arras, aux statuts de l'association religieuse des dames de charité dites de *Saint-Benoît*, placée sous l'invocation de Notre-Dame-de-Paix, établie à Calais, département du Pas-de-Calais; — 13°. L'approbation donnée, sans date, par l'évêque de Quimper, aux religieuses Bénédictines du Calvaire, établies à Landernau, département du Finistère,—Vu les statuts susmentionnés;— Considérant que les congrégations religieuses de femmes susmentionnées ont déclaré, dans leurs statuts, qu'elles étaient soumises dans les choses spirituelles à la juridiction de l'ordinaire; — Considérant que lesdits statuts ne dérogent point aux lois du royaume touchant la nature et la durée des vœux; que d'ailleurs ils ne contiennent rien de contraire à la Charte constitutionnelle, aux droits de notre couronne, aux franchises, libertés et maximes de l'Eglise gallicane(1). — Sur le rapport de notre ministre secrétaire-d'Etat au département des affaires ecclésiastiques et de l'instruction publique; — Notre Conseil-d'Etat entendu, etc.

Art. 1ᵉʳ. Les statuts des treize congrégations religieuses de femmes connues,

La première, sous l e nom de *religieuses Bénédictines de l'adoration perpétuelle du Saint-Sacrement*, établie à Caen, département du Calvados; — La seconde sous le nom de *religieuses Bénédictines*, établie à Toulouse, département de la Haute-Garonne; — La troisième, sous le nom de *dames de la charité*, dites *de Saint-Benoît*, ou *dames religieuses Bénédictines de l'adoration perpétuelle du Saint-Sacrement*, établie à Saint-Nicolas-de-Port, département de la Meurthe; — La quatrième, sous le nom de *dames Bénédictines de l'adoration perpétuelle du Saint-Sacrement*, établie à Baïeux, département du Calvados; — La cinquième, sous le nom de *religieuses Bénédictines de Brai et Lu*, établie à Mantes, département de Seine-et-Oise; — La sixième, sous le nom de *Bénédictines*, dites *de la Paix de Jésus*, établie à Estaires, département du Nord; — La septième, sous le nom d'*anciennes religieuses de l'ordre mitigé de Saint-Benoît*, établie à Saint-Jean-d'Angély, département de la Charente-Inférieure; — La huitième, sous le nom de *religieuses Bénédictines* dites *du Calvaire*, établie à Paris; — La neuvième, sous le nom de *dames de la charité de Saint-Benoît*, établie à Poitiers, département de la Vienne; — La dixième, sous le nom de *religieuses Bénédictines de l'adoration perpétuelle du Saint-Sacrement*, établie à Arras, département du Pas-de-Calais; — La onzième, sous le nom de *religieuses Bénédictines*, dites *de la Protection*, établie à Valognes, département de la Manche; — La douzième, sous le nom de *dames de charité*, dites *de Saint-Benoît*, placées sous l'invocation de Notre-Dame-de-Paix, établie à Calais, département du Pas-de-Calais; — La treizième, sous le nom de *religieuses Bénédictines du Calvaire*, établie à Landernau, département du Finistère;

Formant chacun un établissement isolé, dirigé par une supérieure locale, et les unes et les autres ayant pour but, soit de donner l'instruction et l'éducation à de jeunes filles, soit d'offrir un asile aux personnes du sexe qui désirent vivre dans la retraite;

Lesdits statuts, dûment vérifiés et tels qu'ils sont annexés à la présente ordonnance, seront enregistrés et transcrits sur les registres de notre Conseil-d'Etat : mention de la transcription sera faite par le secrétaire général du Conseil-d'Etat sur la pièce enregistrée.

2. Nous nous réservons d'autoriser ultérieurement, s'il y a lieu, lesdites congrégations, après l'accomplissement des formalités prescrites par la loi (2).

_____

(1 et 2) *Voyez* notes sur l'ordonnance précédente.

3. Notre ministre des affaires ecclésiastiques et de l'instruction publique (comte de Frayssinous), et notre ministre de la justice (comte de Peyronnet), sont chargés, etc.

31 DÉC. 1826 = Pr. 9 JANV. 1827. — Ordonnance du Roi portant nomination des trois auditeurs de première classe au Conseil-d'Etat. (8, Bull. 135, n° 4673.)

31 DÉC. 1826. — Ordonnances du Roi qui accordent des pensions de retraite à des militaitaires. (8, Bull. 140 *bis*, n°s 1, 3 et 4.)

31 DÉC. 1826. — Ordonnance du Roi qui ac-

corde un secours annuel à l'orpheline d'un militaire. (8, Bull. 140 *bis*, no 2.)

31 DÉC. 1826. — Ordonnance du Roi qui accorde des pensions à trente-une veuves de militaires. (8, Bull. 140 *bis*, n° 5.)

31 DÉC. 1826. — Ordonnances du Roi qui autorisent l'acceptation de donations faites à des communautés religieuses. (8, Bull. 160, n°s 5955, 5956 et 5957.)

31 DÉC. 1826. — Ordonnances du Roi qui autorisent l'acceptation de dons et legs faits à des fabriques et des communautés religieuses, etc. (8, Bull. 159, n°s 5917 à 5924.)

FIN DU TOME VINGT-SIXIÈME.

www.ingramcontent.com/pod-product-compliance
Lightning Source LLC
Chambersburg PA
CBHW060426200326
41518CB00009B/1505